MW01633669

Gecenin maskesini takanlar,
gün ışığına asla erişemeyenlerdir.

Siyah Kuğu

I

Siyah Kuğu I
Beyza Aksoy

Yayın Yönetmeni: Aslı Tunç
Kapak Tasarım: Dilan Kaya

17. Baskı: Haziran 2022
ISBN: 978-605-173-241-1

Baskı ve Cilt:
Yıldız Mücellit Matbaacılık ve Yayıncılık San. ve Tic. A.Ş.
Maltepe Mah., Gümüşsuyu Cad.,
Dalgıç Çarşısı, No: 3/4
Zeytinburnu/İstanbul
Tel: (212) 613 17 33 Faks: (212) 501 31 17
Sertifika No: 46025

Yayımlayan:
Epsilon Yayınevi Tic. San. A.Ş.
Osmanlı Sk. Osmanlı İş Merkezi 18/4-5 Taksim / İstanbul
Tel: (0212) 252 38 21 Faks: (0212) 252 63 98
İnternet adresi: www.epsilonyayinevi.com
e-mail: epsilon@epsilonyayinevi.com
Sertifika No: 49067

Siyah Kuğu

I

BEYZA AKSOY

1. KISIM
"Acı, sevgiden beslenir."

1

Nil Han.

Adım bu. Kısa ve öz, basit bir adım var. Sanırım buna hiçbir zaman alışamayacağım fakat adımın beni tanımladığına inanıyorum, şayet daha uzun bir isme sahip olsaydım bu benim gibi sadeliğin beden bulduğu bir insana fazla efsunlu kaçardı.

Ama imkânsız gelse de, alıştığım şeyler var.

Bazen insan olduğumu ben bile düşünmüyorum. Herkes gibiyim ama kimseyim. Bende değişik bir şeyler var. Aileme yalan söylemek zorunda kaldığım, etrafıma bu yüzden çok fazla kişiyi yaklaştırmadığım bir sır… Her geçen gün beni yok eden bir sır. Varlık ve yokluk arasındaki o ince ipte cesur mu yoksa aptal mı olduğumu ayırt edemediğim bir cambaz gibiyim, her an üzerinde dans ettiğim uçurumun dibi bana gözükmüyor; zifiri karanlığın içinde görebildiğim tek şey dolunayın göz ardı edilemez afili ışıltısı… Bir de ruhumu avuçlarına teslim ettiğim, saf bir gece var fakat adı yalnızca bu olamaz; biliyorum.

"Nil, hoca sana diyor, duymuyor musun?"

Dersinde bulunduğum hocanın bana seslendiğini, en yakın -aslında tek daha iyi bir sıfat olurdu- arkadaşım Nisan'ın dürtüşüyle fark edebilmiştim. "Nil pek iyi görünmüyorsun. Zilin çalmasına on beş dakika kaldı ama yine de biraz dışarı çıkıp hava almak ister misin?"

Zeynep Hoca'nın elindeki kitabı kapatarak yanıma gelip elinin tersini alnıma değdirerek söylenmesiyle kendimi hızla geriye çektim. Aynı anda o da çekmişti. "Nil... Çok soğuksun, üşüdün mü? Hasta falan mısın kızım?"

Bir şeyler uydurmak için beyin fırtınası yapacağım sırada Nisan'ın, "Hocam Nil'de kansızlık var," demesiyle hızla kafamı salladım. "O yüzden bedeni biraz soğuk."

"Bu sıcak havada da..."

"Hocam," diyerek ayağa kalktım ve Nisan'a bir bakış attım. "Haklısınız, biraz midem bulanıyor. Dışarı çıkabilir miyim?"

Nisan çoktan nereye gideceğimi anlamış, bana o anlamlı bakışlarından atıyordu ama şu anda ona cevap verecek durumda değildim. Edebiyat hocamız yanımızdaydı ve bütün sınıfın dikkati bizdeydi.

"Tabii, revire uğramayı unutma. Gerçekten betin benzin atmış."

Kafamı sallayarak sıradan kalktım ve sınıfın kapısına doğru yürüdüm. Ben çıkarken Zeynep Hoca elindeki kitaptan okuduğu paragrafı başa sarmıştı bile.

Ekim ayının başlarındaydık, havanın çok da soğuk olduğu söylenemezdi. Tam olarak bir açıklama yapmam gerekirse, sebebi bendim. Ya da *o* idi. Emin değildim, sıraya sokabilsem birçok nedeni listeleyebilirdim ama bir eylemi gerçekleştirmek, dile getirmekten her zaman daha kolaydı, bu yüzden konuşmayı pek sevmezdim.

Antrenman için öğle teneffüsünden önceki derse girmeyen arkadaşları ve Koç ile birlikte, okulumuzun gurur kaynağı olan tribünlerle donatılmış büyük açık hava spor sahasında zil çalmadan önceki son alıştırmaları yapıyordu. Üç adım, muhteşem bir dönüş ve basket.

Yarın Kuzey Lisesi'nin Doğu Lisesi ile yapacağı büyük basketbol maçına hazırlanıyorlardı. Şehir, bölge ve ülke genelindeki maçlar aralık ayındaydı ama bu maç da onlar için önemliydi, çünkü geçen seneyi tek mağlubiyetle kapatmışlardı ve bu sene, bir olan mağlubiyet sayısını sıfıra düşürmeyi hedefliyorlardı. Böylece gerçekten iyi bir takım olduklarını kanıtlayabilecek ve o üniversite için istediği bursu alabilecekti. Birinci ağızdan duymasam da bildiklerim bunlardı.

Dersten çıkar çıkmaz bahçeye inmiş ve tribünlerin en arkasına geçip beni göremeyeceği bir noktadan onları izliyordum. Nisan bunu yapacağımı biliyordu. Sadece, onu sabahtan beri görmemiştim ve onu görmeyince günüm berbat olacakmış gibi geliyordu. Şimdiden geç kalmış hissediyordum mesela.

Koç'un düdüğüyle çalışmaları sona erdiğinde, hepsi kendini çimenlerin üzerine attı. Zilin çalmasına birkaç dakika vardı. Tribünden aşağı doğru inerken arkadaşlarına, "Şimdi püfür püfür bir rüzgâr esse var ya…" diye söylendiğini duydum. Diğerleri de yorgunluktan onay mırıltıları çıkardığında hafifçe tebessüm ettim. Etrafta, ileride esneme hareketleri yapan amigo kızlardan başka beni görebilecek kimse yoktu, onlar da yeterince uzak mesafedeydiler zaten. Bu yüzden derin bir nefes aldım ve gözlerimi kapattım.

Birkaç saniye sonra esen serin rüzgârı hissedebiliyordum.

Yere serilmiş sporcular sevinç nidalarıyla ayaklanıp kollarını açtıklarında ve rüzgârı kucakladıklarında hızla tribünden inip okul binasına doğru yürümeye başladım. Kaan'ın, "Oğlum sen seçilmiş falan mısın?" diyerek sırtına atladığı sırada dönüp onlara bakıyordum. Gülerek omuz silkmişti ve sağ yanağındaki gamzeyi bu mesafeden görebilmiştim.

Esen rüzgâr saçlarımı uçuştururken, okul binasına girmemle zilin çalması bir olmuştu. Vakit kaybetmeyerek yer tutmak için yemekhaneye indiğimde, arkalardan bir yere oturup Nisan'ı beklemeye başladım.

Lise son sınıftaydık, bu sene bitiyordu. O gidiyordu. Küçüklüğümden beri tanıdığım, hissettiklerimi hep içimde tuttuğum o çocuk Amerika'ya gidiyordu. Soyhan'dan, kendi şehrinden ayrılıp, ülke dışına çıkıyordu. Onu bir daha göremeyecektim, onunla hiç konuşamayacaktım ve ona söylemem gereken şeyler hep içimde kalacaktı. Hep içimde tutacaktım.

Ben yedi yaşındayken, oturduğumuz sokağa taşınmışlardı. Evlerimiz arasında beş dakikalık mesafe yoktu bile. Geldiği günden itibaren, dikkatimi çekmişti hep. Her gün saat beşte sahilin yanındaki parka giderdi ama sadece banka oturup insanları izlerdi. Bazen kayalıklara çıkıp oralarda dolanır, çok geçmeden eve dönerdi. Onlu yaşlara gelince değişti. Yaşıtı arkadaşları ve birkaç kızla kaykaya binerek gitmeye başladı bu sefer. Saati ise hiç değişmedi. Hep öğleden sonra beş. Hep o park. Hep o sahil. Ve hep ben, onu izleyen.

Liseye geçtikten sonra ise basketbola merak saldı. Bazen evlerinin bahçesine babasının yaptırdığı sahada basketbol oynadığını görüyordum ama bu sefer gerçekten oynuyordu. Gerçek rakipler, gerçek bir kupa, gerçek bir oyun. Ama saat öğleden sonra beş olunca, yine park. Yine sahil.

İlk kez lise birinci sınıftayken bir kız arkadaşı olmuştu. Okulun en güzel kızlarından biriydi, ama sadece iki hafta birlikte göründüler. Yakışıyorlardı ama bundan olayın görünüşle değil, kişilikle ilgili olduğunu anlayabilirdiniz. Sonra lise ikinci sınıf olduk. Büyümüştük biraz daha ve ben silikleştikçe onun popülerliği artıyordu sanki. Lise üçüncü sınıfta, okuldan sonra yaptıkları antrenmanları izlemek için çıkışa kalan kızları uzaktan izliyordum. Çıkış zili çalınca hepsi lavaboya doluşup, üstlerini değiştirerek makyaj yaparlardı. Sonra doluşurlardı spor sahasına, tribünlere yerleşip antrenmanlarını ve hazırlık maçlarını izlerlerdi. Bir sürü fotoğraf, video… Neyse ki, o senenin sonunda Koç, Müdür'le konuşarak takımdan olmayan kişilerin izlemesini yasaklamıştı.

Tabii amigo kızlar vardı. Onlara izin vardı. Hepsi ileride

koreografilerini çalışırken, bir yandan da takımdakileri keserlerdi. Durum böyle olunca, amigo takımının değeri artmıştı ve gruba girmek de zorlaşmıştı tabii. Amigoların takım kaptanı ise Mine'ydi. Lise üçüncü sınıfın başından, bundan bir ay öncesine kadar ikisi birliktelerdi.

Tam olarak bilmiyordum ama Nisan'ın anlattığına göre, Mine ve bir çocuğu bir partide uygunsuz bir vaziyette bulmuştu. Mine iyi bir kızdı, güzelliğiyle okulda ve çevrede tanınıyordu, tıpkı onun gibi. Böyle bir şey nasıl olmuştu, olaylar nasıl böyle gelişmişti hiçbir fikrim yoktu ama durum böyleydi işte. Mine her ne kadar ona yaklaşmaya çalışsa da arkadaşları onunla görüşmesine ve konuşmasına izin vermiyordu. Mine suçunu kabul ediyor ve sürekli özür diliyordu ama onun bu konudaki tavrı açık ve netti.

Birbirlerine âşıklardı, bunu biliyordum. Bunu herkes biliyordu. Onlar altın çiftlerdi. Okulun altın kızı ve altın çocuğu.

Amerika işi ise onlar ayrıldıktan hemen sonra ortaya çıkmıştı. Ortak üniversite hayalleri kurduklarını biliyordum ve şimdi, onun Mine'den kaçmasının tek yolu Amerika gibi görünüyordu.

Ya da bütün bunları öğrendiğim Dedikoducu Kız'ın hayal dünyası fazlasıyla genişti ve çok güzel hikâyeler uydurabiliyordu. Emin değildim.

"Bu ne hâl böyle Nil?"

"O ne demek şimdi?"

"Yani diyorum ki karalar bağlamışsın. Oturup şuracıkta arabesk açsam eşlik edecek kıvamdasın yine. Patlatayım mı en yürek vuranından bir tane? Müzik üyeliğim daha dün başladı. Ablan çevrimdışı da müzik dinleyebiliyor artık."

Fakat değişmeyen ifademi fark etmiş olmalı ki duraksadı ve suratını buruşturdu. "Yine o mu bir şey yaptı? Ne oldu? Bir şey yaptı değil mi? Bir şey oldu?"

Kaşlarımı çatıp geriye yaslandım ve kollarımı göğsümde

birleştirdim. "Hiç de bile, sadece bu akşam kulüpte yeni bir koreografi deneyeceğiz, onun için heyecanlıyım."

Kaşlarını kaldırarak sorarcasına bakmaya başladığında omuz silktim. Öyle olmadığımı biliyordu, onu düşündüğümü biliyordu. Ben hep onu düşünürdüm.

"Kafan yerine geldiyse dışarıdaki rüzgâr olayını durdurabilir misin artık? Ayrıca bu akşam dans çalışman yok, biliyorum," diye fısıldayarak yanıma oturup eğildiğinde ilerideki camı gösterdi. Üç kız, saçlarını uçuşturan rüzgârdan önlerini göremiyordu bile. Esmer olanın başındaki bandana ve yanındakinin de gözlüğü uçtuğunda gözlerim kocaman açıldı ve göğüs kafesimde hissettiğim ağırlığın kayboluşuyla hava sakinleşti.

"Şu olayı tam olarak ne zaman kontrol altına alabileceksin Nil?" Sorusunu sorduktan sonra sandalyeleri iterek kalktık ve yemek sırasına girdik.

Bir tepsi aldıktan hemen sonra, "Hiçbir fikrim yok," diye söylendim. Sırada arkama geçtiğinde yan dönüp yemek seçmeye başlamıştık bile. "Bu hava ne zamana kadar sürecek peki?"

Seslice nefes verdim. Anlamazlıktan gelmeliydim ama anlayacağını biliyordum. Biz ortaokuldan beri çok sıkı arkadaşlardık. "Ne havası? Rüzgâr durdu ya işte."

"Hadi ama Siyah Kuğu," diye söylendi gözlerini devirerek. Bu benim lakabımdı. Sürekli siyah giyindiğim için dans kulübündekiler bana Siyah Kuğu derlerdi. Bale yapmıyordum ama esnek bir yapım olduğu için çok fazla süzülüyordum. Bir nevi, hip-hop dans türüyle baleyi harmanlıyordum; bu engel olamadığım, ne kadar çalışsam da tamamen kendi alanıma dönemediğim bir zayıflığımdı.

"Havayla oynamadım."

"Meteoroloji merkezi Soyhan şehrindeki bu ani sıcaklık değişimlerini açıklayamıyor, Nil. Onlara göre şu an burayı sel götürmeliydi ama tek damla yağmur yok. Senin için bunu yapmanın ne kadar kolay olduğunu biliyoruz."

"Neden yapayım ki?" Sıranın başına geldiğimde çatal, kaşık, bıçak ve peçete de alarak masaya doğru ilerlemeye başladık.

"Yarınki maç açık havada oynanacağı için olmasın?"

İşte anahtar cümle. *Yarınki maç açık havada oynanacağı için.* Kapalı spor salonumuz tadilattaydı ve eğer normal hava şartlarına izin verirsem onların burada çalışamayacağını, çalışmak için başka bir okuldan izin alıp onların kapalı spor salonunu kullanacaklarını biliyordum ama en son bu olduğunda o okulun öğrencileriyle aralarında kavga çıkmıştı. Üstelik o okulun müdürü izin verene kadar maç günü yaklaşırdı ve doğru düzgün antrenman yapamazlardı bile. Maç sahası önceliği de bizim okuldaydı, tek şansımız açık hava spor sahamızdı. Bu Ahmet Amca için de iyi bir şeydi hem. Maçtayken gezinip su, içecek ve yiyecek bir şeyler dağıtıp kazancını arttırabilirdi. Zararsız bir hava oyunuydu benim yaptığım. Maçtan sonra her şeyi düzeltecektim.

"Ve şu rüzgâr da sıcaktan bunalmış basketbol takımımız için olmasın?"

Seslice nefes verdim, beni çok iyi tanıyordu. "Pekâlâ, tamam, ben yaptım." Ve ben de suçumu kabul ettim. Şimdiye kadar bana bunun hakkında soru sorup gerçeği öğrenmemesi garipti zaten. Nisan her şeyimi bilirdi. Ben de onun her şeyini bilirdim.

"Şu maçı kesin kazanacaklar," diyerek başka bir konuşma başlattığında çorbamı kaşıklayıp kafamı salladım. "Okul puanının başarılı oldukları her aktivitede daha da arttığını biliyor muydun? Bu maçı kazanırsak, puan daha da yükselir ve üniversitede daha iyi bir yer edinebiliriz. Müdür dedi ki, bu dönemki şampiyonayı alırsalar sınav stresini azaltmak için bir kamp düzenleyeceklermiş. Tamamen eğlence amaçlı ve sadece son sınıflar için. Basketbol takımına yine çok iş düşüyor."

"Ne güzel." Çatalımı mayoneze buladığım makarnama daldırdım.

"Sen beni dinliyor musun?" diyerek elini önümde salladığında, tam olarak kafamı kaldırıyordum ve aynı anda o ve arkadaşları da yemekhaneye girmişlerdi; duş almış, formalarını giymiş bir halde. Bunu hep düşünüyordum, bazen bazı şeyler olmazdı sadece size öyle gelirdi ama etraftaki azalan gürültü ve kızların bakışlarının ona dönmesi... İşte bu, eğer bir yanılgıysa sadece bana öyle gelmediğinden emindim, çünkü Nisan'ın da bakışları o gruba çevrilmişti. "Zaten burunları havada, bir de sen rüzgârı estirip keyiflerine keyif katıyorsun şunların. Hiç anlamıyorum seni Nil."

"O öyle biri değil," dedim. Bu cümleyi onun için kaç milyonuncu kez kurmuştum, hatırlamıyordum bile. Sadece bunu biliyordum işte. *O öyle biri değil.*

O öyle biri olsaydı, kalbim onu seçmezdi. O öyle biri olsaydı, milyonlarca kişinin arasından onda takılı kalmazdım. O öyle biri olsaydı, her defasında onun için düşerken bunu bunca sene içinde fark ederdim.

"Gerçekçi olalım Nil." Nisan geriye yaslandı ve benimle göz teması kurdu. Gözlerimi her zamanki masalarına oturmuş, muhabbet eden o ve arkadaşlarından ayırarak Nisan'a çevirdiğimde devam etti. "Onunla kaç kere konuştun?"

"Yedi yaşından beri bütün doğum günü partilerine katıldım," diyerek başka bir şey öne sürdüğümde, "Ve hiçbirinde onunla konuşmadın," diye karşılık verdi. "Lise bitiyor Nil... Son sınıfız artık. Sence de bunu ona söyleme vaktin gelmedi mi?"

"Hayır." İtiraz ettim. "Bu benim içimde başladı, sessizce. Ve aynı şekilde de bitecek. Kimseler duymadan. O gidecek, Nisan... Amerika'ya gidecek. Üstelik ona söylesem de bu bir şeyi değiştirmez. Bunları milyon kere konuştuk zaten, kelimeleri tekrarlayıp ziyan etmeye gerek yok."

"Ama artık aşmalısın bunu, yeter artık şu çocuğa takılıp kaldığın. Onun diğerlerinden bir farkı yok."

Seslice nefes verip elimi saçlarımdan geçirdim. "Bilmiyorum, sanırım… Sanırım haklısın."

"Tabii ki öyleyim," diyerek güldüğünde ben de tebessüm ettim. Bu ego değildi, onun sadece her insanda olması gerektiği kadar özgüveni vardı ama ben yalnızca konuyu dağıtmak, geçiştirmek, kapatmak için böyle bir cevap vermiştim.

"Her neyse," diyerek ayağa kalktım ve tepsimi de aldım. "Bütün öğle arasını yemekhanede harcamayacağım. Bahçeye gidelim mi? Orada yeriz. Hava çok güzel." Göz kırptım.

"Delisin sen, deli…" Mırıldanarak ayağa kalktığında arkamdan geliyordu. Aynı anda o da arkadaşlarıyla oturduğu masadan kalkıp aniden bu tarafa döndüğünde, kenardan sıyrılıp geçecektim ki Nisan'ın ayağıma çelme takmasıyla ona doğru itildim ve elimdeki tepsi, beyaz okul formasının üzerine döküldü.

İşte, tam olarak bu anı geriye sarmak istiyordum. Keşke böyle bir gücüm olsaydı.

Bütün yemekhane bize dönmüş ve sesler kesilmişken, kocaman açılmış gözlerim, kenarda iri ela gözlerle ellerini kaldırarak *ben suçsuzum* bakışları atan Nisan ve karşımda tişörtünü batırdığım çocuk arasında mekik dokuyordu.

"Ahh, hayır…" Mırıldanmalarım arasında ellerimle yüzümü kapatıp bunun bir rüya olmasını diledim ama ayaklarımın dibine düşen metal tepsinin bütün yemekhanede yankılanan sesi kulaklarıma ulaşmıştı bile. "Ben… Çok özür dilerim, kahretsin. Ne diyeceğimi bilmiyorum."

Bir küfür mırıldanarak parmaklarıyla mahvolmuş tişörtünü yapıştığı göğsünden ayırdığında, kafasını eğdiği için görebildiğim tek şey saçlarıydı. Şampuan kokuyordu ama belli bir aroması yok gibiydi. Bunu dışında alabildiğim bir koku daha vardı: *Salep ve tarçın?* Hayır. Bu bir çeşit illüzyon muydu?

"Ahh be kızım, dikkatli olsana biraz…" diye mırıldanıp suratıma bakarak ofladığında, masadan kalkmak ve kalkmamak arasında kalmış hemen ilerideki Mine'yi görebiliyordum. Arkadaşlarından biri elini tutup onu durdurduğunda kafasını çevirip oturmuştu.

Ne diyeceğimi bilemeyerek tepsisini kenara bırakmış Nisan'ı kolundan yakaladım ve aceleyle onu çekip oradan sıyrılarak hızla yemekhaneden çıktım. Koridorda şaşkın bakışlarla izleyenleri geçerek kızlar tuvaletine girdiğimde ise kolunu tuttuğum Nisan'ı duvar kenarına çekiştirdim. "Az önceki hareketinle ne halt ettiğini sanıyorsun sen?"

Kolunu çekti ve bir insan fısıltıyla konuşarak nasıl bağırabiliyorsa o kadar bağırdı. "Ne mi yaptığımı sanıyorum? Muhtemelen bunları söyleyeceğim için bana çok film izliyorsun diyeceksin ama bana o filmlerin gerçek olduğunu sen gösterdin," dedi elleriyle beni işaret ederek. "Yıllarca bir çocuğa takılı kalmanı izlemek nasıl bir şey biliyor musun sen? Bir şekilde başlasın istedim, Nil. Filmlerde de böyle olmaz mı? Sadece ne olacaksa olsun, çünkü artık lise son sınıftayız ve sen böyle uzaktan ona destek olup hayatını kolaylaştırmaya devam ettikçe benim sinirim tepeme çıkıyor. Hiçbirini bilmiyor, Nil. Onun için yaptığın hiçbir şeyi bilmiyor ve ben en yakın arkadaşın olarak bunu izlemeye dayanamıyorum. Ne ondan gidebiliyorsun, ne de ona gidebiliyorsun. Orada durup sadece uzaktan onu izliyorsun. Diğer kızlarla konuşmasını, flörtleşmesini... Buna nasıl dayanabiliyorsun? Sana çelme taktım ve tepsindekiler onun tişörtüne saçıldı, bu sayede yüzünü gördü ve artık biri ona senin fotoğrafını gösterip *'Bu kız sizin okulda mı?'* diye sorarsa *'Onu hiç görmedim, muhtemelen bizim okuldan değil,'* diyemeyecek."

İşte bu, tam olarak bir insanın içine attığı tüm o çığlıkların ve isyanların taştığı noktaydı. Bir kısmı... Sadece bir kısmı. Çünkü ne kadar çok konuşursanız konuşun, her zaman bir kısmı içinizde kalacaktır.

"Bekle, bekle," diyerek onu durdurdum, bir konuya açıklık getirmek için. "Kim benim fotoğrafımı ona gösterdi ve ondan bu cevabı aldı?" Böyle konuşabilmesi için birinin bunu yapmış ve onun da buna şahit olması gerekirdi. Ya da… "Ona fotoğrafımı gösterdin ve, *'Bu kız sizin okuldan mı?'* diye mi sordun Nisan?"

"Ben…" Gözlerini kapatıp duvara yaslandı ve ellerini saçlarından geçirdi. "Evet. Ama bunun için bana kızma, sürekli *'Fotoğrafımı göstersek okuldan olmadığıma yemin edebilir, o kadar bilmiyor beni,'* diye söyleniyordun…"

"Ve sen de gidip bunu denedin?" Öfkemi bastırarak geri çekildikten sonra suyu açıp eğildim ve kendime gelmek için ellerimle yüzümü yıkadım. Sessiz geçen saniyelerin ardından yüzümü kurulayıp onun gibi karşısındaki duvara yaslandım ve eğilip derin bir nefes aldım. "Ne zaman oldu bu?"

"Birkaç ay önce, yaz tatilindeyken. Ben sizin sokakta yürürken, o da evinden çıkmış elindeki basketbol topuyla sahil yoluna doğru gidiyordu. Cüzdanımdan resmini çıkarttım ve yanına gidip sordum."

"Başka bir şey dedi mi?"

"Hayır, cevap verdikten sonra teşekkür edip oradan ayrıldım."

Seslice nefesimi verdim ve kafamı kaldırarak gözlerimi gözlerine diktim. "Şimdi neden onunla konuşmadığımı anlıyor musun? Benimle ilgilenmiyor, Nisan. Yedi yaşından beri bütün doğum günü partilerine katıldım, annelerimiz senelerdir arkadaş, evlerimiz aynı sokakta, aynı okuldayız ve matematik derslerimiz ortak. Ama beni görmüyor işte. Adımı bilmiyor. Fotoğrafımı gösterip aynı okulda olup olmadığımızı sorduğunda bile kurguladığım cevabın gerçeğini bizzat kendi kulaklarınla duymuşsun. İşte sessiz kalmamın sebebi bu. Peki neden ona karşılıksız yardım edip o bilmese bile yanında olduğumu mu soruyorsun? Çünkü yapamıyorum, bunun bir ismi var mı ya da varsa ne bilmiyorum ama yapamıyorum işte. İhtiyacı olduğunda yanında olmadan duramıyorum."

Ellerimle yüzümü kapatıp yere çöktüğümde, ayakkabısının zeminde bıraktığı o tok sesi dinledim. Birkaç saniye sonra o da yanıma çöktüğünde ellerini bileklerime sardı ve ellerimi yüzümden çekti. "Nil Han," dedi. "Sen hayatımda tanıdığım en özel insansın."

Gülmeye çalıştım. "Evet, biliyorum, ben bir süper kahramanım."

"Hayır," dedi o da gülerek ama gözlerindeki o bakışı anlayabiliyordum. "Ondan bahsetmiyorum…" Kafasını eğdi. "Anladın işte." Ve kollarını bana sardı. Beklemeden ben de ona sarıldım ve başımı omzuna koyarak gözlerimi kapattım.

"Bundan sonra o yok, tamam mı? Onu umursamayı, önemsemeyi bırak. Unutmaya çalış. Bilmeden de olsa daha fazla incitemesin kalbini."

"Tamam," dedim gözlerim hâlâ kapalıyken, gözkapaklarımı daha da birbirine bastırarak. Sanki gözlerimi kapatabildiğim kadar kapatsaydım, unutabilecekmişim gibi.

"Söz mü?"

"Söz."

Öğle arası boyunca orada, o halde sarılarak kaldık.

Küçüklüğümden beri yalnız bir kızdım. Ne yaparsam yapayım yalnız olmayı seviyordum. Babamla beraber yaptığımız bir ağaç evimiz vardı ve zamanımın çoğunu orada geçirirdim zaten. Yazları bazı geceler orada kalırdım… Gökyüzünü izlemeyi seviyordum, yıldızları izlemeyi ve onlara isimler vermeyi. Onlarla konuşmayı. Babam bir astronomi mühendisiydi, bir çeşit bilim adamı. Eskiden bana daha çok zaman ayırabiliyordu ama birkaç sene önce işleri iyice büyütmüşlerdi, bu yüzden annemle beraber çok çalışıyorlardı. Annem şirketin meteoroloji uzmanıydı. Gökyüzüyle ilgili ciddi olaylar olduğunda eve hiç gelmeyebiliyorlardı ve o zamanlar onu televizyonu açıp canlı olarak görebiliyordum, çünkü resmi televizyon kanalında bunu sunuyor oluyordu. Bir keresinde tam üç gün eve gelmemişlerdi ve sırf annemi televizyonda görebilmek için, neredeyse evlerin çatılarını uçuruyordum. Bazen yaptıklarımı kontrol edemiyordum -aslında çoğunlukla kontrolden çıkıyorlardı- ve bunu çok geç fark ediyordum. Gökyüzü ve hava olayları, oynamak isteyebileceğiniz son şeydi. Bunu yüzde yüz emin olarak söyleyebilirdim.

On dördümü bitirmek üzereydim ve haziran ayındaydık. Bir perşembe gecesi annem ve babam evde yoktu yine; her zamanki gibi sürekli arayıp kapıların kilitli olduğundan emin oluyorlar, dışarı çıkmamamı tembihliyorlardı. Televizyonda annemi izliyordum. O zamanlar normal bir kızdım.

Bir kuyruklu yıldız etkisinden söz ediyordu haberde. Dünyanın çok yakınından bir kuyruklu yıldız geçecekti ve bunun gökyüzündeki işleri birbirine katabileceğinden bahsediliyordu. Ayrıca büyük bir akım oluşturabileceğinden, bir fırtınaya dönüşebileceğinden... Tehlikeliydi. Ekranın üzerinde parlayan büyük ve kırmızı harflerle yazıyordu bu kelime: *Tehlikeli*.

O gece uyumayıp babamın odasındaki büyük teleskopla gökyüzünü izliyordum. Gece olmasına rağmen gökyüzü yeşil ve mavi renklerine bulanmış, parıl parıl parlıyordu; daha önce hiç görmediğim bir görüntüydü ve normal olmadığını algılayamamıştım. Büyüsüne kapılmıştım ama bu yeterli değildi. Ben de odamdaki teleskobu alarak bahçeye çıkmış ve oradan izlemeye karar vermiştim. Sokaklar o kadar sessizdi ki kendimi korku filminde gibi hissetmiştim ama hiç korkmuyordum. Gökyüzünün renkleri kırmızının tonlarına döndüğü zaman kuyruklu yıldızın parıltısı da tüm gökyüzünü kaplamıştı. Bahçeye açılan teras kapısından, içeride son ses açık bıraktığım haber kanalındaki annemin konuşmasını duyabiliyordum.

"Ölüm tehlikesi var," diyordu. *"Tekrar ediyorum, bu bir tatbikat değildir. Lütfen kapalı alanlarda kalın ve gökyüzüyle iletişiminizi kesin. Perdelerinizi kapatın ve mümkünse dışarıya camları olmayan kiler, banyo gibi yerleri tercih edin. Kuyruklu yıldızın etkisi en az dört saat sürecek ve insanlar için tehlike arz etmekte."*

Ama dinlememiştim. Gökyüzünü izlemeye devam ettiğim sırada, simsiyah bulutlar aniden gökyüzünü kaplamıştı ve her yer zifiri karanlık olmuştu, elektrikler kesilmişti. Teleskobumun ayaklarını topladığım sırada ise çok güçlü bir şimşek çakıp bir saniyeliğine her tarafı görmemi sağlamıştı. Teleskobum babamın profesyonel koleksiyonunun en küçük parçası olsa da yine de büyüktü ve ben ayaklarıyla beraber onu dikine havaya kaldırıp eve yöneldiğim sırada ise, bir anda karanlığa gömülmüştüm.

Küçük bir kızın renkli ve ışıltılı dünyası, bir anda geceye esir düşüvermişti. O soğuk zindanların ürpertisi bugün bile üşütüyordu düşlerimi… Ölümcül bir hastalığın pençesinde zar zor nefes alabiliyordum.

İki ay sonra, Tornado'da uyandığımda ise beni kuyruklu yıldızın tamamen kendi enerjisinden oluşturduğu binlerce watt elektrikle çarptığını öğrenmiştim. Tornado, anne ve babamın kurduğu bilim şirketinin adıydı ve o zamanlar daha yeni büyümeye, ismi popülerleşmeye başlamıştı. Beni kuyruklu yıldızın çarpmış olması etraftakilerden gizli tutulmuştu ve komşularımızın hepsi bizi tatilde sanıyordu. Yaşamam, oradaki bilim insanlarına göre bir mucizeydi. O güçte bir enerjiyle parçalarımı bile bulamamaları gerekiyormuş ama beni bulduklarında tam olarak bahçede, çimenlerin üzerinde uzanıyormuşum. Beni Tornado'ya getirdiklerinde kalbim atmıyormuş. Olayın üzerinde kırk sekiz saat geçtikten sonra, ailem ölümüm için cenaze işlemlerini başlatacağı sırada morga götürülüyormuşum ve parmaklarımın kıpırdadıklarını görmüşler. Nefes almaya başlamışım, kalbim yeniden atmaya başlamış. İki gün boyunca hiçbir yaşamsal faaliyet göstermemişim, kalbim atmamış bile ve ben iki gün sonra sanki her şey normalmiş gibi uyanmışım. Bunlar benden gizli tutuluyordu tabii, ta ki babamın dosyalarını karıştırana kadar.

Yan etkileri ise vücudumun normal insan vücudu sıcaklığından her zaman daha soğuk olacak olmasıydı. Ama üşümüyordum, sorun değildi.

Diğer yan etkisini öğrenene kadar, sanki o olay daha önce yaşanmamış gibiydi. Kendimi kötü hissettiğim zamanlar yazın ortasında sular seller götürecek kadar yağmur yağabiliyordu veya bu şehrin insanları kışın ortasında otuz derecelik bir sıcak ve güneşle uyanabiliyordu. Bunun benimle ilgili olduğunu fark etmek benden bir yılımı götürmüştü fakat sonunda, sahilde Nisan ile konuşurken fark edebilmiştik. Havada tek bulut yokken sadece içimden yağmur yağmasını dilemiştim ve bulutların gökyüzünü sarıp yağmuru başlatması bir dakika bile sürmemişti. O zamandan beri böyleydim. Tam dört senedir. Zamanla bunu kontrol altına almayı öğrenmiştim tabii; en azından bir nebze.

Okul çıkışı direkt olarak eve geçerek odama yöneldiğimde, bir saat kadar dinlenip biraz test çözerek kafamı dağıtmış, hemen ardından ise ikişer saatlik iki film izleyip zaman geçirmiştim. Kafamı dağıtmam gerekiyordu, böylece onu düşünmeyebilirdim ama annem ve babam eve gelmediği için onlarla vakit geçirme planım suya düşmüştü. Saat gece yarısına yaklaşırken beklediğim mesaj, Tornado'da sabahlayacaklarını ve bir proje üzerinde çalıştıklarını belirten bir açıklamayla geldiğinde ise bu düşüncem tam olarak suya düşmüşe benziyordu.

Daha fazla evde kalmaya dayanamayarak üzerime bir siyah pantolon ve kapüşonlu geçirdim. Saat gece yarısına yaklaşıyordu, evet ama kendimi nerede olursam olayım güvende hissediyordum. Hava olaylarını değiştirebilmek, havayı ve suyu bükebilmek benim için bir hediyeydi. Hâlâ silik, hayalet bir kız olabilirdim ama yine de bu bendeki o kendime duyduğum güvensizliği götürmüştü. Ben ayakları üzerinde dimdik duran, güçlü bir kızdım. Tek zaafım ise sevdiğim kişilerdi.

Boynuma geçirdiğim kulaklıklarımı telefonuma takarak bir müzik listesini açtım ve kulaklıkları kulağıma geçirdim. Her zamanki gibi baştan aşağıya siyahtım. Bu benim için bir lanet gibiydi, ne alışverişteyken ne de dolabımdan giysi seçerken hiçbir şekilde siyahtan başka giyinemiyordum. Bazen grinin tonlarına bulaştığım oluyordu ama sadece o kadar.

Ellerimi ceplerime soktuğumda tam önümden arkama doğru bir rüzgâr esti ve derin bir nefesi ciğerlerime çekerek sahil yoluna girdim. Uzun, düz kahverengi saçlarım omuzlarımın hemen arkasından belimden aşağı doğru süzülüyordu. Bunu seviyordum... Saçlarımı uzatmayı. Bazen istemsizce elim saçlarıma gidiyordu ve dakikalarca oynuyordum fark etmeden.

Şarkının akustik ritmiyle bütünleşen ayaklarım uçmuş gibi beni sahile getirdiğinde, kayalıklara çıkmayı planlıyordum ki parkta oturan, aynı benim gibi bir kapüşonlu giymiş ama kapüşonu kafasına geçirmiş birini fark ettim. Etraf sessizdi, sahilde çok kişi yoktu. Belki başka birisiydi ama bu birinin o olduğuna yemin edebilirdim. Sadece, hissediyordum işte. Aynı bank, aynı pozisyon. Yıllarca aynı sessizlik...

Nisan'ın sözleri kulaklarımda çınlıyordu şimdi. *"Sana çelme taktım ve tepsini onun tişörtüne döktün, bu sayede yüzünü gördü ve artık biri ona senin fotoğrafını gösterip 'Bu kız sizin okulda mı?' diye sorarsa 'Onu hiç görmedim, muhtemelen bizim okuldan değil,' diyemeyecek."*

Haklıydı. Hem de sonuna kadar haklıydı. Ani gelen cesaretle saçlarımı iki yanıma alarak kapüşonumu yüzüm görünmeyecek şekilde kafama geçirdim. Banka doğru arkasından yürüyüp ellerimi ceplerimden çıkarmadan yanında bıraktığı boş yere oturdum. Bu sene, on birinci senemdi. Onu tanıdığım, ona nedensizce bağlandığım, yine de hâlâ tek kelime konuşmadığım... Bugün, Nisan'ın bana çelme takması ve tepsiyi üzerine devirmem sayesinde bir-iki cümle konuşabilmiştik ve bu kaydedebildiğim en büyük ilerlemeydi. Önceden neden onunla tanışmamıştım? Belki de kendimi onu izlemeye alıştırıp bu imkânsızlığa çok kaptırmıştım, belki de bu senenin son senemiz olması ve Amerika'ya gidecek olması beni artık harekete geçmeye itiyordu ama hiçbir zaman, o istediği erkeği elde eden kızlardan olamayacağım. Bunu damarlarımda akan kandan, neredeyse 18 yıllık hayat tecrübemden anlayabiliyorum.

Kaşları çatık bir şekilde uzun bacaklarını uzatmış, ellerini kapüşonlusunun ceplerine sokmuş, düz bir şekilde ileriye bakıyordu.

"Merhaba," dedim. Cevap vermesi için bir dakikayı aşkın bir süre bekledim ama cevap vermedi. Bu bile deli gibi acıtıyordu canımı. "Anlatmak ister misin?" Bir şeyler olmuştu. Biliyordum. Önceden buraya gelip oturduğunda suratı ifadesiz olurdu ya da bazen kalkıp çocuklara pamuk şeker alıp dağıtırdı ama şimdi, bir şeyler olduğunu hissedebiliyordum. Yüzündeki ifadeden açıkça anlayabiliyordum bunu.

Konuşmadı. Dakikalarca bir şey söylemesini bekledim ama konuşmadı. Bu kadar mı umursamıyordu beni? Bu kadar mı önemsizdim? Haklıydı da, tanışmıyorduk bile... Hakkımda hiçbir şey bilmiyordu. Onun için bir hiçtim.

Burada daha fazla oturmanın bir anlamı olmadığı için kalkıp ona arkamı döndüğüm sırada, "Ben..." dedi ve durmamı sağladı. Dudaklarımı birbirine bastırıp konuşması için bekledim.

"Ona karşı hiçbir şey hissetmiyorum, tekrar onunla birlikte olursam bu onu kandırmak olur."

Ruhu güzel adam, diye düşündüm istemeden. *Ruhunun güzelliği yüzüne yansımış bir adam.* Kız arkadaşını bir partide uygunsuz bir şekilde basıyordu ve hâlâ ona saygılı davranıyordu, ona karşı hiçbir şey hissetmediğini ve eğer onunla birlikte olursa bunun onu kandırmak olacağını düşünüyordu. Kim yapardı ki bunu?

Ne iğrençlikler görmüştüm şu lisede. Her şey birbirine karışmış, insanlar yollarından sapmışlardı sanki. Sırayla bütün erkeklerle çıkmak için koridordaki dolaplarında çetele tutan kızları bile biliyordum. Sınıfımızın olduğu ikinci kattaki kızlar tuvaleti ise tam bir cehennemdi. Dedikodu makinesi gibi durmadan birileri bir şeyler uyduruyor veya olan şeyleri çarpıtarak anlatıp insanların hayatlarına karışıyor, yorum yapıyorlardı. Öyle ki, dizilerden özenilmiş bir Dedikoducu Kız sayfası bile vardı okulun sitesinde. Okulda kim var, kim yok herkesin cep telefonu numarası o kızda vardı ve Mine'yle onun ayrıldığının haberini herkes bu yolla almıştı.

Boğazımı temizleyip yutkunduktan sonra, "Ona bunu söylemelisin," dedim. "Anlayacaktır."

Ona arkam dönük bir şekilde ilerlerken tekrar sesini duydum, bu sefer uzakta olduğum için sesini yükseltmek zorunda kalmıştı. "Peki ya sen kimsin?"

Tebessüm ettim ve o anki şokla, dudaklarımdan dökülecek en mantıklı isme izin verdim. "Siyah Kuğu."

Ona lakabımı söyleyişimin hemen ardından ise eve doğru hızlı adımlarla, boynuma taktığım kulaklıklarımı tekrar kulağıma yerleştirip yüzümde aptal bir gülümsemeyle yürümüştüm.

Bütün gece Nisan'la neler olduğuna dair mesajlaşmış, hemen ardından huzurlu bir uykuyla kapanışı yapmıştım.

Sabah olduğunda bu sefer kendime özenmek isteyerek duş aldım. Krem rengi şort eteğimi altıma geçirip beyaz formamı da üzerime giydikten sonra, saçlarımı tarayıp düzelterek salık bıraktım. Yüzümü yıkayıp çantamı hazırlayarak kahvaltı için aşağı indikten sonra, hızla önceden hazırlayıp paketlere sararak buzdolabına attığım hazır tostlardan alıp tost makinesine koydum ve bir bardağa süt doldurdum. Enerji doluydum, mutluydum bu sabah. Bir an önce okula gidip Nisan'la beraber öğle arasından önceki iki ders boyunca oynanacak maçı izlemek istiyordum. Bu yüzden tostumu neredeyse hiç soğumadan sıcak sıcak yedim ve sütümü kafama dikerek hızla evden çıktım. Okul eve yakın olduğu için tek yapmam gereken sahil yolunun tam tersi yöne on dakikalık bir yürüyüştü. On dakika beklediğimden daha hızlı geçtiğinde ise okula alt kapıdan girerek direkt sınıfa yöneldim.

Dakikalar sonra, dün akşam olanları analiz edip tekrar üzerinden geçmiştik ve Nisan'ın tek yaptığı şey dudağını ısırıp gözlerini kısarak kafasını sağa sola çevirmek ve, "Bu çocuk kesin sana âşık," demek olmuştu.

Masanın üzerine çıkardığım kitabı kafasına vurup gözlerimi devirdim. Dalga geçiyordu tabii ki. "Komik değil, Nisan. Bu kaydedebildiğim en büyük gelişme."

"Siyah Kuğu ha? Yakında kendine kostüm ayarlayıp suçlularla bu isimle savaşırsın da sen."

"Nisan!" dedim vurgulayarak. "Komik değil."

"Peki, peki," diyerek kafasını salladıktan sonra, dirseğini masaya yaslayıp avucunun içine çenesini yerleştirdi. "Ama yüzünü göstermemişsin be kızım, nasıl anlayacak şimdi sen olduğunu?"

"Boş ver." Omuz silktim. "Anlamasına gerek yok. Bunca zaman yanındayken ruhu duymadı, bunu da bilmeyiversin."

"Ahh be koca yürekli kız..." Diğer elini omzuma koyup acı bir tebessümle yavaşça vurduğunda omuz silktim tekrardan. "Ama bir daha onun için şu doğaüstü güçlerden kullanmak yok, tamam mı?" dedi onayımı almak istercesine gözlerini kocaman açarken. "Maç bitince sen de havayı normale çevireceksin. Ekimin sonuna geldik ama mayısın sonundaymışız gibi sıcak."

"Tamam," dedim kafamı sallayarak.

İlk iki dersin fizik olması dolayısıyla dikkatimi maç olayından tamamen uzak tutarak bütün dersi dinledim. Bilimle ilgiliydim; fizik, matematik, biyoloji, kimya... Bu derslere çalışmayı seviyordum. Hem kafamı dağıtıyorlardı hem de daha iyi hissediyordum.

İkinci teneffüs zili çaldığında ise, dersten lavabo bahanesiyle erken çıkan kızlar tribünlerdeki en iyi yerleri kapmışlardı bile ama sorun değildi. Tribünlerde arka koltuklara oturmaya alışmıştım, beni göremeyeceği bir yere... Hep oraya otururdum.

Karşı takımdakiler ve bizimkiler sahada alıştırma hareketleri yaparken o ve Kaan'ın olmadığını fark ettim. Kaan onun en yakın arkadaşlarında biriydi, çoğu şeyi beraber yaparlardı. Bazen bahçede salıncakta sallanıp kitap okurken görüyordum onları.

"O ve Kaan yok," dedim Nisan'a dönüp fısıldayarak. Her taraf yeni bir dedikodu isteyen kızlarla doluydu ve bu konuda biraz dikkatli olmam gerektiğini biliyordum. En ufak bir şeyde kızlar tuvaletinin ve Dedikoducu Kız'ın diline düşerdim, bunu kaldıramazdım. Bazen dillerinden dökülen abartı ve yalan cümleler insanların hayatlarında büyük bir etki yaratabiliyordu.

"Lavabodadırlar," dedi beni rahatlatmak istercesine. "Onun takım kaptanı olduğunu biliyorsun, Kaan'la bir strateji geliştiriyorlardır."

"Bu bir takım oyunu, Nisan. Bir strateji geliştireceklerse bunu maçtan önce yapmaları gerekirdi ve bütün takımla konuşmaları. Böyle maça on dakika kala sahadan ayrılmazlardı. Umarım lavabodadırlar."

İleride tribünlerin altındaki soyunma odalarından çıkan endişeli ve kızgın Koç'u gördüğümde Nisan'ı dürttüm tekrar. "Ya kesin bir şey oldu... Baksana Koç'a, nasıl sinirli."

"Sabahtan beri antrenman yapıyorlar, bunlardan birine bir şey olmuş olmasın?" diyerek aklımda felaket senaryoları kurmamı sağladığında, gözlerimi kırpıştırıp ellerimi endişeli bir şekilde saçlarımdan geçirdim. "Ben gidip bir bakacağım."

"Erkeklerin soyunma odasına giremezsin, seni görürler. Saçmalama. Hava olaylarında iyi olabilirsin ama maalesef görünmez olamıyorsun."

Dayanamayıp ayağa kalktım. "Koç'la bir konuşayım öyleyse. Hemen dönerim."

Bir şey söylemesine kalmadan tribün merdivenlerine yönelip hızla indim vee sahayı dolaşıp Koç'un yanına yürüdüm. Gerçekten çok gergin görünüyordu, alnındaki ter damlacıklarını görebiliyordum. Onun için yapabileceğim tek şey hafif bir rüzgâr estirmekti ki bunu onun yanına ulaşmadan hemen önce yaptım. "Koç, takım kaptanı ve Kaan Vuslat sahada değil. Nerede biliyor musunuz acaba?"

Koç kafasını kaldırıp ensesindeki elini azalmış saçlarından geçirdi ve sıkıntılı bir şekilde ofladı. "Takım kaptanı antrenmanda ayak bileğini burkmuş, revirdeki hemşire yumuşak doku zedelenmesi diyor. Ayağa kalkıp yürüyebiliyor ve maça çıkmakta ısrar ediyor ama hemşire eğer maça çıkarsa ayağında kalıcı bir hasar oluşabileceğini söyledi." Öfkeyle önündeki direğe ayağını geçirdikten sonra sessizce bir küfür mırıldandı. "Bu maça çıkmak zorundayız, ama takım kaptanı olmadan olmaz! Yedeklerin hepsini toplasak bir o etmiyor."

"Maçı iptal edemez misiniz?" En yumuşak ses tonumla nazikçe mırıldandığımda, "Keşke!" diyerek ellerini açtı. "Ama kurallar bu konuda çok açık. Yani bir mucize olmadığı sürece maç iptal olmaz."

Karşı tarafın takım Koç'u bu tarafa doğru iğrenç bir gülümsemeyle yürümeye başladığında, onları yalnız bırakıp yavaşça tribüne yöneldim ama sonra durdum. Gözlerim Nisan'ı bulduğunda yüzümdeki ifadeden neler olduğunu anlayabildiğini biliyordum. Ne yapacağımı da anlamış gibiydi.

Ama kıyamazdım ki ben ona... Ayak bileğini incitmişti, böyle maça çıkamazdı. Çıksa bile ona zarar gelmesine, böylesine tutkuyla bağlı olduğu bir şeyden kopmasına dayanamazdım. Böyle giderse istediği bursu da alamazdı...

Bu yüzden durdum. Nisan'ın gözlerinin içine baka baka durdum. Tribündekiler pankart açmış, amigo kızlar çoktan gösteriye başlamıştı ve hemen ardından da maç başlayacaktı. Dayanamadım. Ayaklarım istemsizce okul binasına doğru hareket etmeye başladı ve ben de akışına bıraktım. Sessizce okul bahçesine geldiğimde, kameraların göremeyeceği kör bir noktaya yerleşerek gözlerimi kapattım. Gözlerimin dolu olduğunu bilmiyordum bile... Hemencecik bir yaş süzülmüştü yanaklarımdan aşağı. Yağmur gibiydi sanki. *Gözyaşına karşılık yağmur*. Onun için. Değer miydi? Bunca zaman değmiş miydi? Nedense her zaman bu sorgulama kısmını atlıyordum.

Yavaş yavaş gökyüzünü kaplayan bulutların ardından küçük buz taneleriyle gizlenmiş yağmur hızlı bir şekilde yeryüzüne düşmeye başladığında orada kaç dakika durduğumu hatırlamıyorum bile. Sadece yağıyordu, buz taneleri çıplak teninize değdiğinde canınızı yakıyordu ve... Yağıyordu işte. Ama bu kadarı yeterli değilmiş gibi maçın iptal olması duyurusunun hâlâ gelmediğini fark ettiğimde bütün yorgunluğuma rağmen göğüs kafesimde beliren sancıya kulak verdim; o sancı, kalbime giden damarları düğüm düğüm etti ve nefes almam zorlaştı. Görüşüm bulanıklaşmıştı, başım dönüyordu ve ellerim titriyordu ama bunu birçok defa yaşamıştım, geçici olduğunu biliyordum.

Birkaç saniye sonra, *"Maç şiddetli yağmur ve fırtına nedeniyle iptal edilmiştir, herkesin okul binasından içeriye girmesi rica olunur!"* duyurusunu duyduğumda, kollarımı aşağı indirerek sarsılan bedenime ayakta durma emri verdim. Sırılsıklam olmuş uzun saçlarım deli gibi esen rüzgârda savruluyor, yüzüme ve boynuma yapışıyordu.

Ve ben sözümü tutmamıştım.

Beklediğim gibi Nisan'ı biraz uzağımda aynı benim gibi dururken gördüğümde elindeki şemsiyeyi düz tutmaya çalışıyordu ama çok geçmeden şemsiye parçalandı.

"O şemsiyeye kırk lira vermiştim ben!" diyerek sesini duyurmak amacıyla bağırdığında acı bir tebessüm yerleştirdim yüzüme. Tam önümde durup omuzlarını düşürerek aynı acıyla bana baktığında burkulan dudaklarımı oynatarak, "Özür dilerim," dedim. "O…"

O kim miydi?

O, çocukluğumdan beri takıntılı olduğum çocuktu. Her zaman etrafında olmama rağmen beni fark etmeyen, adımı bile bilmeyen çocuktu. O, arkadaşım ona fotoğrafımı gösterip, *"Bu kız sizin okuldan mı?"* diye sorduğunda, *"Onu hiç görmedim, muhtemelen bizim okuldan değil,"* cevabını veren çocuktu. O uğruna fırtınalar kopardığım çocuktu. O Pamir Yelkıran'dı. O, tebessüm ederek kafasını yere eğerken sağ yanağındaki gamzesini çıkartan ve küçük çaplı kalp krizlerime zemin hazırlayan çocuktu. O benim ilk kalp ağrımdı, tutunmak isteyip; tutunamadığımdı. Yarım kaldığım, yanına kalamadığımdı. İmkânsızımdı. Bilinmezimdi. Katilimdi. Kıyamadığımdı.

"Nil…"

"Kıyamadım, Nisan… Kıyamadım."

2

Şarkının ritmiyle yere çömelip başımdaki kepi çevirdikten sonra, diğerleriyle birlikte kalktım ve etrafımda dönüp ayağımı kaydırarak geriye çekilip durdum.

Duvarlarda yankılanıp kalbimdeki odacıklarda seken ve göğüs kafesimin içinde yankı bulan ağrılarımı susturup bana bir nefes aldıran şarkının ritmini damarlarımda hissedebiliyordum. Şu an tek ihtiyacım olan şey, kafama dikebileceğim bir şişe dolusu serin su ve saçlarımı toplayabilmem için bir lastikti ama her zamanki gibi, bu fikrimin üzerimi değiştirdikten sonra değişeceğine emindim. Toplarsam can çekişeceklermiş gibi hissediyordum.

Ümit Hoca büyük elleriyle bizi alkışlarken derin nefesler çekiyorduk içimize ve hiç durmaksızın deli gibi inip kalkıyordu göğsümüz. Adam ellerini uzun saçlarından geçirip önümüzde durdu ve bize baktı. "İşte bu, çocuklar. Ben de bundan bahsediyordum."

Yaklaşık dört saattir neredeyse aralıksız çalışıyorduk ve artık yorulmuştuk. Deli gibi acıkmıştım, çok fazla su kaybettiğime emindim, çünkü dudaklarım kurumuştu. Ümit Hoca sürekli daha da hızlanmamızı istiyor, araya yeni hareketler katıyor ve feleğimizi şaşırtıyordu resmen. Diğerleri gibi başımdaki siyah kepi sepete bırakıp çantama yöneldim. Helin, Ümit Hoca'nın eline tutuşturduğu sepetle bize küçük soğuk sular dağıtıyordu. Bana geldiğinde beni bilerek es geçti. Bilerek yaptığını biliyordum, çünkü onunla yıldızımız hiç barışmamıştı.

"Hey, Helin. Beni unuttun," diyerek yanına doğru bir adım attığımda dönüp bana o *ben bir kraliçeyim* bakışlarından attı. "Ahh, pardon... Ama sen bu değil misin? *Unutulmuş.*"

Bana birçok kez lakap taktığına şahit olmuştum ama bu aralarından en kırıcı olanıydı, geçen seferki *ezik* kelimesi bunun yanında çerez kalırdı. Unutulmuş. Unutulmakla ilgili sorunlarım vardı. Ailem işleri yüzünden beni unuturlardı. Tıpkı bu gece de olduğu gibi.

"Seninle uğraşamayacağım," dedim siyah çantamdaki havluyu alıp boynuma atarak. Tam o kırmızı ruju özenle yedirdiği dolgun dudaklarını açacaktı ki, Baran'ın onu belinden tutup çekerek dudaklarını dudaklarına bastırmasıyla başka bir şeyle meşgul olmuş oldu. Kimsenin garibine gitmeyen bu durumdan birkaç saniye sonra ise vücutlarını birbirlerine bastırmış bir şekilde bu işe devam ediyorlardı. Baran, onun biricik sevgilisiydi ama ikisinin ilişkisinin bir çıkar ilişkisi olduğunu herkes bilirdi. Onların ilişkilerindeki duygular kısmı, aşktan veya hoşlantıdan fazlasıyla zevke kaçmış bir şekilde inşa edilmişti.

Gözlerimi devirerek derin bir nefes verdim ve siyah çantamı alıp yanlarından ayrılarak duş bölümüne yürüdüm. Bunu nasıl yapabiliyorlardı? Ben birine bakmaya kıyamazken onlar birbirlerini sevmedikleri halde birbirlerini yiyebiliyor, yatıp kalkabiliyorlardı. Biz sadece 18 yaşındaydık, fazlası değil. Son sınıf öğrencisiydik, fazlası değil.

Hızlıca duş alıp üzerimi değiştirerek saçlarımı kuruttum ve çantamı da alarak dans kulübünden ayrıldım. Buraya üç senedir geliyordum ve artık profesyonelliğe adım atmış bir sınıftaydım. Dans etmek beni rahatlatıyordu ve böylelikle fark etmeden yukarıdaki işleri karıştırmıyordum. Büyük duygu patlamaları yaşadığım zamanlar hava da buna göre değişebiliyordu.

Annem ve babam bir haftadır eve gelmiyorlardı. Her ne kadar akşamları onlarla konuşsam da yeni bir proje üzerinde çalıştıkları için çok meşgul olduklarını ve projeyi yarım bırakmak istemediklerini söylüyorlardı ama burada, evde yarım kalmış bir projeleri daha vardı. O proje bendim. On yedi yaşının son haftalarında evde yalnız başına kalan bir kızları vardı ve bunu unutuyorlardı. Annemle beraber yemek yapmayı ve mutfağı birbirine katmayı özlüyordum. Babamla beraber arabayı bahçede yıkarken su savaşı yapmayı özlüyordum.

Bir taksi çevirerek okulun adresini verdim ve arkama yaslanarak derin bir nefes daha aldım. Bu sabah Ümit Hoca çağırmıştı. Sabahın beşinde kalkıp dans kulübüne gitmiştik ve tabii ki eksiğimiz vardı ama çok geçmeden bunun bir sınav olduğunu anlamıştık. Gelenlerden oluşan bir grupla ülkenin liseler arası final maçında gösteri sergileyecek ve bundan ücret alacaktık. Bütün gece uyuyamamıştım ve Ümit Hoca'nın mesajını gördüğüm an sanki bunu bekliyormuş gibi fırlamıştım yataktan. Dans etmeyi seviyordum. Piyano sesini seviyordum. Yağmurun yağmasını seviyordum. Kahveyi seviyordum... Bir de *onu*. Bir de *onu* seviyordum galiba.

Taksi okulun önünde durduğunda ücreti ödeyerek indim. Bugün her zamankinin aksine daha bir dağınıktım. Bir kere okulun gri eşofmanlarıyla gelmiştim, çünkü evde ütülemeye çalışırken eteğimi yakmıştım, ikinci olarak saçlarım nemliydi ve birbirine karışmıştı, toplama isteği uyandırıyordu; üçüncü ve son olarak da uykum vardı. Dizlerim hafiften ağrıyordu ve acıkmıştım.

Adımımı okulun içine atarken, saçlarımı toplamak ve toplamamak arasında kalmış bir şekilde düşüncelerimle boğuşuyordum. Normalde saçlarım düz, uzun ve kahverengi olduğu için bir şey yapmama gerek kalmazdı ve hep açık bırakırdım. Küçük bir yüze sahip olduğum için de saçlarım hep gözümün önüne gelir ve yüzümü saklardı. Arada topuz yapıyordum ama pek de tercih etmezdim, saçlarımla uğraşmaya hep üşenirdim ama kestiremezdim de. Tıpkı müzik listemdeki dinlemediğim ama silmeye de kıyamadığım şarkılar gibi.

Maç olayının üzerinden tam bir hafta geçmişti ve karşılaşma ileri bir tarihe ertelenmişti. Yani bir buçuk hafta gibi bir zaman dilimi vardı ve bu sürede kapalı spor salonumuzun tadilatı da bitmiş olacaktı. Nisan'a verdiğim söz yüzünden artık onun için kullanmayacaktım güçlerimi. Geçen hafta havanın dengesiyle oynadıktan sonra akşama kadar dindirememiştim gökyüzünün çığlıklarını. Şehrin hemen girişindeki ormana bir yıldırım düştüğünü ve yangının zorla durdurulabildiğini izlemiştim haberlerden. Bazen bu iş kontrolümden çıkabiliyordu ve ben böyle küçük şeyler için birine zarar vermekten çok korkuyordum.

Nisan bugün okula gelmeyecekti, yani yalnızdım. Göz kontrolü vardı ve bu yüzden raporluydu. Yetişebilirsem öğleden sonra gelirim demişti ama yetişse bile gelmek isteyebileceğini sanmıyordum çünkü bugün ayrıca bir şeyin kesinleşeceği gündü. Pamir'in en yakın arkadaşı olan Kaan'ın kuzeni Buğra'nın okula gelip gelmeyeceğinin.

Lise birinci sınıftayken Buğra ve Nisan'ın aralarında ufak bir şeyler yaşanmıştı. Sonra büyük bir kavga etmişlerdi ve ayrılmışlardı. Onlara kızgındım çünkü imrendiğim tek çifttiler ama ayrıldıkları için ne Nisan'a, ne de Buğra'ya suç atabilirdim. Onlar sadece... Ayrılmışlardı işte. Her çiftin başına gelebileceği gibi. Buğra'nın İstanbul'a, teyzesinin yanına gideceğini öğrendiğinde dünya başına yıkılmıştı sanki. Ona havaalanına gidip o uçağı düşürerek intikamımızı almayı teklif etmiştim ama benim bu acımasız intikam planıma gülmüştü. Sonra da burnunu çekerek tam üç saatlik bir duşa girmişti. Bileklerini kestiğini sanıp banyonun kapısını kilerdeki büyük portatif merdivenle kırdığım gün hâlâ gözlerimin önünde… Hayır, bileklerini falan kesmemişti. Sadece küvette uyuyakalmıştı. Hem de kıyafetleriyle beraber. Harika.

İki gün önce okulun sitesindeki dedikodu sayfasından öğrenmiştik. Buğra'nın yeni çekilmiş bir fotoğrafını bulanıklaştırıp üzerine kocaman bir soru işareti koyarak bugün okula döneceğini ve bu okuldan mezun olmak istediğini söylediğini yazmışlardı. Nisan, gideceğini öğrenince onu bütün sosyal hesaplarından silmişti bu yüzden görünüşünün iki yılda ne kadar değiştiğini bilmiyorduk. Okulun ilk senesi, Pamir kadar olmasa da Buğra da dikkat çeken bir tipti. Hatta Pamir, Kaan ve Buğra birlikte takılırlardı hep. Buğra ve Nisan çıkmaya başlayınca Pamir'e hissettiklerim yüzünden o grupla hiç yüz yüze gelmemiştim ama Nisan'ı tanıyorlardı, yengeleri olarak. O zaman öyleydi… Sonra gel zaman git zaman, dengeler değişti.

Biri gelir, senin senelerce içine sığdıramadığını, bakmaya kıyamadığını bir anda alıp bir de üzer ya… Mine'nin bu davranışına rağmen nefret edemiyordum ondan. Ta ki, dün geceye kadar. Geçen hafta akşam sahildeki parkta Siyah Kuğu kod adıyla Pamir'le konuştuktan sonra, her akşam o parka gitmiştim ve biz yedi gün boyunca aynı bankta yan yana oturup sessizliği dinlemiştik. İkimiz de konuşmamıştık ama dün gece, bana Mine'nin yeni bir sevgilisi olduğunu söylemişti. Böylece artık vicdan azabı çekmediğini. Neyin azabını çekecekti ki? Aldatan Mine değil miydi?

Sigara içtiğini bilmiyordum mesela ama dün akşam ben giderken bir tanesini yakıyordu. Onun için yakıyordu.

Bir insan, bir insanın elindeki o nefret ettiği sigaranın duruşunu bile sever miydi? Ellerinde sigara bile hayat buluyordu sanki. Kim bilir benim ellerim, saçlarım nasıl dururdu? Bunu düşünmekten kendimi alıkoyamıyor, hemen ardından utanıyordum ama bir süre sonra geçiyordu. Burası Soyhan'dı. Burası ülkenin en karanlık şehriydi. Burada doğup büyümüş olmama rağmen, bu kadar utangaç ve saf olmak bazen kendimden nefret etmemi sağlıyordu.

Neyim ben? Düşünceleriyle hava olaylarını kontrol eden bir ucube mi?

Tam olarak öyle.

Sessiz geçen birkaç dersin ardından öğle teneffüsünde, yemek tepsimi kucaklamış bir şekilde bahçenin arka taraflarında boş bir masa arıyordum. Bu yalnızlık olayı beni tam bir görünmez yapmış gibiydi. O kadar bitkin hissediyordum ki, ayağım takılsa ve düşsem oracıkta uyuyakalırdım herhalde. Şu anlık tek moral kaynağım eve gidip sıcak bir duş alarak biraz kestirmek ve akşam saat on birde her zamanki gibi sahildeki parka gitmekti. Onu ya da onunla birlikte sessizliği dinlemek bana huzur veriyordu. Onun birkaç santimetre yanımda oturuyor olması, sanki sözleşiyormuşuz gibi her akşam geldiğimde orada oturuyor olması bana aramızda bir bağ olduğunu hissettiriyordu. Bu beni mutlu ediyordu. Saç diplerimden parmak uçlarıma kadar mutluydum.

Gözüme kestirdiğim masa bahçedekilerin en uzağındakiydi. Sessiz bir şekilde yemeğimi yiyebileceğim bir masa, şu an tepsimdeki yemekleri yeme düşüncesi kadar cazip geliyordu bana. Sabahki şarkının ritmi o kadar sesli ve hızlıydı ki hâlâ kulağımda çınlıyordu. Dalgın bakışlarım tepsimdeyken tepsimi sertçe masanın üzerine koydum, ama çıkan ses sadece benim tepsimden çıkmamıştı. Nisan okulda değildi ve okulun geri kalanı beni ilgilendirmiyordu, özellikle şu an başım bu kadar ağrırken kimseyi çekemezdim. *Kabalığım için özür dilerim.*

"Dinle, başım ağrıyor ve başka bir çatal sesini daha kaldırabileceğimi sanmıyorum. O yüzden bahçedeki masalardan birine geç."

Başımı kaldırmadan gözlerimi kapatarak konuştuktan sonra derin bir nefes verdim. Karşımdaki çocuk, "Ne kadar da aynı fikirleri paylaştığım bir kız," diyerek göz devirdiğinde, başımdaki ve kulağımdaki ağrının yüzlerce katını karnımda, göğüs kafesimde ve başımda hissettim. *Kelebekler,* demek istedim. *Sakin olun. Hem sizin orada ne işiniz var? Sizi de mi yedim?*

Kalp çarpıntımı bastırarak kafamı kaldırdığımda, dağınık topuzumdan çıkmış bir tutam saç gözlerimin önüne geliyordu. Üzerine siyah bir kapüşonlu geçirerek kafasını örtmüştü. Baygın ve bir şeylerden bıkmış, canı sıkılmış bir ifadeyle bana bakıyordu. Aynı benim gibi tepsisini masaya koymuş bir şekilde karşımdaydı. Park olayını ve üzerine yemek dökmemi saymazsak, ilk defa bu kadar yakınımdaydı ve benimle konuşuyordu. Sadece benimle. Siyah Kuğu'yla ya da üzerine yemek döken kızla değil, Nil Han'la. Soğuk bakışlara sahip, saçlarıyla yüzünü kapatan okulun silik siyahlar içindeki kızı.

"İlk ben geldim," dedim her bir kelimenin üzerine basarak. Ona belli etmemeliydim. Hiçbir aşk hikâyesi kızın saplantılı bir şekilde âşık olduğu çocuğun daha ilk sahneden dibine düşmesiyle başlamazdı. Nisan haklıydı, belki de insanın yaşadıklarını veya yaşayacaklarını bir peri masalına dönüştürmesi kendi elindeydi.

"Dalgın dalgın yürüyen bendim sanki." Gözlerini devirip bakışlarını üzerime çevirdi. "İlk ben gördüm, ilk ben geldim. Şimdi al tepsini ve defol."

"Hadi ya?" Tepsiyi tutmayı bırakıp ellerimi göğsümde birleştirip ona küçümseyen bakışlar attım. "Sen şu okulun altın çocuğu değil misin? Burada değil popülerler masasında olman gerekmiyor muydu senin?"

"Şşşt," diyerek kaşlarını çattı ve etrafına baktı. "Sus. Gitmeyeceğim oraya, kafamı dinlemek istiyorum."

"Ait olduğun yere dön."

"Sen çok biliyorsun ya. Çok meraklıysan sen git otur yerime."

İçimdeki siyah kız *Senden ne oyuncu çıktı böyle…* diyerek şaşkın gözlerle bizi izlerken beyaz olan da *Acaba nereye kadar sürecek bu oyunculuk çok merak ediyorum…* diye yorumluyordu bunu. İkisini de kafamdan defedip ona cevap verdim. "Basketbol takımının kaptanısın diye okulun da sahibi mi sanıyorsun kendini? Yürü git arkadaşlarının yanına."

"Gitmiyorum," dedi ve tepsisini tamamen bırakıp oturdu karşıma. "Hadi kaldır beni."

Bir an, kuvvetli bir rüzgârla onu ileriye savurmak geldi içimden ama kendime engel oldum. Her ne kadar gıcık bir kişiliği olsa da ona hissettiklerimi durduramazdım. Sadece ortam onun gıcıklık yapmasına elverişliydi ve ona göre benim de gıcık göründüğüme emindim. Bu yüzden ne zaman yumruk yaptığımı bile fark etmediğim elimi açıp, "Pekâlâ," diye mırıldanarak karşısına oturdum. Kaşlarını kaldırarak bana *Ne yapıyorsun sen?* Bakışlarından attığında ise bunu umursamadan devam ettim. "Tek isteğim sessiz bir şekilde oturup yemek yemek ve sonra da kalkıp gitmek. Ses çıkarmayacaksan ben de sorun çıkarmayacağım."

"Kabul edilmiştir," diyerek kafasını salladığında çatalını alıp yemeğine gömüldü. Ama ben o karşımda otururken onu izlemeden nasıl yemek yiyebilirdim ki? Önceden onu hiç çekinmeden izlemeye alışmıştım çünkü o beni görmüyordu ve aramızda metreler oluyordu ama şimdi tam karşımda oturuyordu ve biz az önce konuşmuştuk.

Kafamı öne eğerek burada yalnız olduğuma inandırmaya çalıştım kendimi. Sessiz ve sakin bir ortam düşledim. Bahçedeki kalabalıktan uzak, huzurlu bir sessizlik.

Kendimi inandırabildiğimde çatalımı patatesime geçirdim ve tavuğu da küçük bir parçaya bölerek peşinden mideme gönderdim. İçeceğimi yudumlayacağım sırada ise başım istemsizce kalkmıştı ve ona kaymıştı bakışlarım. Gözleri yemeğine odaklanmıştı. Tavuğu seçip patatesleri yiyordu, demek ki tavuk sevmiyordu. Üstelik sağ elini kullandığını biliyordum ama yemek yerken iki elini de kullanabildiğini bilmiyordum. O yemek yemeye devam ederken, ben de sanki tek işim buymuş gibi izliyordum onu.

"Buldun tabii benim gibi taş çocuğu, mideni değil gözünü mü doyuruyorsun?"

Sözlerinin ardından öyle bir irkildim ki, saniyelerdir tuttuğum içeceğimle beraber masada geriye devrilerek bir de içeceğimi üzerime döktüm. Dehşetle açılan gözlerimle düştüğümü idrak etmeye çalışırken sırtımda birkaç parça kemiğin çıtırdadığına yemin edebilirdim.

"Yalnız o ayranı kapüşonunun değil senin içmen gerekiyordu."

Elimle yüzümü silip masadan çıkarak ayağa kalktığımda, hiçbir şey olmamış gibi yemeğine devam ettiğini gördüm. Derin nefeslerimin ardından, "Oha ama ya!" diye bağırdım. "Hani sessizce yemek yiyecektik? Senin sessiz anlayışın bu mu?"

Yüzümü ve tişörtümü gösterdi. "Senin de yemek anlayışın bu mu?"

Sinirden kahkaha atarak uzanıp kolasını aldım ve başından aşağıya döktüm. Ben dökerken o da kollarını kaldırarak ayağa kalkıyordu. "Sanırım bu konuda hemfikiriz," diyerek yemek yeme anlayışımızı kast ettim ve onu taklit ederek umursamazlığımı suratıma takındım. Senelerce uzaktan izleyip sevdiğim, geceleri gizlice dertlerine ortak olduğum, ayağı sakat maça çıkamaz diye fırtınalar kopardığım çocuk karşımdaydı ve ben onun üzerine kolasını dökmüştüm!

"Ne yaptın sen ya?" Islanmış kapüşonlusuna baktığında dehşet içinde açılmış gözleri bana döndü. Ben de kocaman gözlerle ona baktığımda, "Hatırladım seni," dedi. "Bu kaçıncı kızım ya? Geçen gün de tepsini üzerime devirmiştin sen."

Cevap vermek yerine kahkaha attım. Bu seferki sinirden değildi... O şaşkın ve yavaş yavaş öfkeye dönüşen ifadesiyle o kadar tatlıydı ki... Ve yüzü yakından daha da yakışıklıydı. Aptaldım. Delirmiştim. Bu kişinin ben olduğuma inanamıyordum. Kendim olmak istemiyordum.

"Bilerek yapıyorsun değil mi?" dedi küçümseyici bakışlarını üzerime çevirerek. "O gün de bilerek yaptın. Ama tebrik etmek gerek, iyi oyuncusun. Yalnız bu şekilde aramıza girebileceğini ya da başka bir şey yapabileceğini sanıyorsan çok yanılıyorsun."

Ellerimin titrediğini hissettim. Duygularıma hâkim olamıyordum. Kontrol edemiyordum. Sahip çıkamıyordum. Hayır... Hayır...

Sakin ol, Nil. Sakin ol. Nefes al, nefes ver. Nefes al, nefes ver. Sadece çek şu lanet oksijeni içine ve geri ver!

Olmadı. Bir şimşek hemen üzerimizde gürültüyle gökyüzünü esir aldığında deli gibi nefes alıyordum, göğsüm daralıyordu sanki. Göğüs kafesimdeki o organ, kan pompalamak olan görevinin dışına çıktığında işler hep karışıyordu. Sıkıştırıyordu göğsümü işte. Nefes alamıyordum.

Gök şiddetli bir şekilde gürlediğinde rüzgâr o kadar şiddetli esti ki tepsilerimizi devirdi, kuvvetine dayanamayan saçlarım lastikten kurtuldu ve savruldu o rüzgârda. O dehşet içinde açılmış gözlerle bana bakarken daha fazla burada duramayacağımı anlayarak yutkundum ve, "Tam bir pisliksin," dedim. *Senin gibi pisliklere böyle görünüşler verilmemeliydi. Keşke insanın içi dışına yansısaydı da kimin ne olduğunu ilk bakışta anlayabilseydik.*

Saniyeler içinde koşarak terk ettim orayı. Gözyaşlarım göz pınarlarımda tek bir göz kırpışımla aşağı inmeyi beklerken koşa koşa okulun bahçesine çıktım. Rüzgâr yüzünden dışarıdakiler içeriye doluşmaya çalışıyordu, bu yüzden bekçi onları dizginliyordu. Kapalı kapıya tırmanıp üste çıktım ve aşağı atladım. Koştum. Koştum. Koştum. Sanki koşsam beni sevecekmiş gibi. Sanki daha hızlı koşsam az önceki sahne hiç yaşanmamış olacakmış gibi koştum.

Bence en büyük hayal kırıklığı, senelerce gözlemleyip ne kadar iyi biri olduğu kanısına vardığınız kişinin pisliğin teki çıkmasıydı. Doğru bildiğiniz, yanlışa dönüşüyordu ve ilerleyebildiğiniz bütün merdivenler kıvrılarak sizi aşağıya düşürüyordu çünkü verdiğiniz cevap yanlıştı. Testi geçememiştim. Yalnızlığıma ortak olamazdı o…

Kendimi dizginleyebildiğimde çıkış saatini bir-iki saat geçirmiştim. Çantamı almak için geri döndüğümde okulda kimse yoktu. Öfkem gibi rüzgâr da dinmişti, dakikalar boyunca kendimi dizginlemeye çalıştığım anlarda deli gibi çakan şimşekten ve yarılırcasına gürleyen gökten hiç haber yoktu şimdi. Tatlı bir rüzgâr esiyordu sadece o kadar. Ama eve gitmek istemiyordum. Çünkü gitsem, yine o yalnızlık çalacaktı kapımı. Belki bu sefer aramazdı annemler, bir not bırakmış olurlardı sadece. Ya da hiç gelmemiş… Yarın da gelmezlerse onları ziyaret etmek için Tornado laboratuarlarına gidecektim. Beni daha ne kadar uzaklaştırabilirlerdi ki kendilerinden?

Eve dönmeden önce ise okul formamızın satıldığı mağazaya girerek bir etek almıştım. Evde yaktığım eteğin kokusunun hâlâ duvarlarda olduğunu biliyordum ve annem eteğimin o halini görüp kızabilirdi. Ya da kızmazdı, çünkü ortalıkta yoktu.

Çantamı alıp eve döndüğümde beklediğim gibi bir sessizlikle karşılaştım. Kapıyı açıp anahtarımı anahtarlığa fırlatırken, "Merhaba, anahtarlık," diyerek selamladım onu. "Merhaba halı, merhaba kolon. Merhaba salon, merhaba merdivenler…"

Odama girip, "Merhaba odam," dedikten sonra dolabımdan temiz iç çamaşırları ve siyah bir eşofman takımı çıkardım. "Bir hoş geldin bile yok mu?"

Banyoya girmeden önce, "Orada mısın?" dedim ama

ağlamak üzereydim. "Anne... Sana anlatacağım o kadar çok şey var ki... Ama yoksun."

Kapıyı açıp içeri girerken, "Ahh, doğru ya, ben yalnızım," dedim kendi kendime gülerek. Kendimi hemen sıcak suyla doldurduğum küvetin içine bırakıp duş kabinini es geçtim. Tek istediğim ılık suyun içine gömülmekti. Saatlerce.

Aklıma lenslerimi unuttuğum geldiğinde ise çıkıp dolaptan lens kaplarımı çıkardım. Gözlerim... Hayır, onlarla bir sorunum yoktu. Ama dünyanın olabilirdi. Gözlerim uzay rengindeydi. Sanki uzaydaki yıldızların parlayarak aldığı o rengârenk fotoğraflardaki gibi... Ve benim bunu saklamam için her sabah o lensleri takıp, her gece de yatmadan çıkarmam gerekiyordu. Öyle parlıyorlardı ki, simsiyah bir lens almak zorunda kalmıştım. Ancak böyle kapatabiliyordum çünkü. Önceden de koyu kahverengi gözlerim olduğu için pek dikkat çekmiyordu. Gerçi, dikkatini çekeceği biri de yoktu ya... Nisan mı? O zaten biliyordu. Anne ve babamın eve geldiği bile yoktu. Pamir mi? O... Ahh!

Kendime kızıp tırnaklarımı avuç içlerime geçirerek aynaya bakıp mırıldandım. "Salaksın kızım, çok salaksın hem de. O kadar salaksın ki bunu tek seferde açıklayabilecek bir kelime yok hiçbir dilde! Sadece bu... Salaklığın doruk noktasısın."

Ve tekrar suyun içine gömüldüm.

Unutur muydum onu? Unutur muydum sahi? Bir gün gerçekten de unutur muydum? Onun kalbimde açtığı yara geçse, iyileşse, izi kalmaz mıydı? *Hiç olmamış gibi...* Öyle yapabilir miydik? Hiç olmamış gibi? Hiç olmamış gibi yaşayabilir miydik bir gün? Yapar mıydık sahi...

Yaklaşık bir saat o şekilde kaldıktan sonra yetmiş yaşında bir babaanneye dönüşme potansiyelini buruşan parmak uçlarımda görerek çıktım ve kurulanarak temiz kıyafetleri üzerime geçirdim.

Düşünmemek istiyordum ama o sahnenin fotoğraf kareleri teker teker doluyordu aklıma. Küçümseyici bakışlar ve o sözler...

Aynanın buğusunu silerek dolmuş gözlerime baktım. Burnum sızlıyordu. Yüreğim sızlıyordu. Canım çok yanıyordu çünkü o hiçbir şey bilmiyordu. Bilmeden de ne güzel beceriyordu ama canımı yakmayı... Kim bilir bilse ne kadar acıtabilirdi?

Beni ona oyun oynayan, bilerek etrafında dolanan popülerlik meraklısı bir kız olarak görmüştü. Ne kadar da aptaldım. Sessizce beraber yemek yemeyi teklif etmiştim bir de. O an o masadan kalkmalıydım. Tuvalette de olsa başka bir yerde yemeliydim yemeğimi ya da sabahtan beri aç gezmemi yok sayarak yememeliydim hiçbir şey. O zaman bembeyaz kalırdı her şey. O zaman acıtmazdı bu kadar.

Ama o zaman bu saf hallerime devam ederdim. Onu iyilik meleği olarak görmeye ve ona her gün daha fazla bağlanmaya devam ederdim ve belki de yıkımım bundan daha büyük olurdu. Beyazdan nefret ediyordum. Siyahın kirli insanları, kötüleri temsil ettiği söylenirdi hep ama bu yalanın daniskasıydı. Siyah, tozpembe gözlüklerini çıkartıp dünyaya yalın gözlerle bakarak gerçekleri görebilenlerin simgesiydi ve gerçekler, benim lügatımda *acı* kelimesinin saltanatıyla açıklanabiliyordu sadece. Acı seni insan yapardı. Acı seni değiştirirdi. Her şeyin bir bedeli vardı. Hiçbir şey öylesine verilmiş bir hediye değildi.

Eşofman takımının kapüşonlu üstünü giydikten sonra banyodan çıktım ve ıslak saçlarımı topuz yaparak mutfağa geçtim. Sabahtan beri resmen aç dolanıyordum ortalıkta. Büyük bir tost yapıp portakal suyuyla birlikte yedikten sonra, saat neredeyse 11'e geliyordu. Acaba parkta mıydı? Bugün ki olaydan sonra yanına gidip onu dinleyebileceğimi sanmıyordum. Yapamazdım. Sessiz kalsa, konuşmasa bile yapamazdım. Bu yüzden daha fazla düşünmeyi bırakarak cep telefonumu çıkartıp Nisan'ı aradım. Birkaç saniye içinde açtığında, "Biliyordum!" diye cırladı hemen. "Ne oldu? Hemen anlat!"

"Neyden bahsediyorsun sen?" Şaşkınlıkla açılmış gözlerimle sanki görebiliyormuş gibi onu düşünüyordum. Muhtemelen telefonun diğer ucundan bağırırken o da gözlerini kocaman açmış bir şekilde zıplamıştı. Bu hareketini biliyordum.

"Pamir'e çarptın, seni hatırladı ve sana baş belası demeye başladı. Böylelikle sizin de hikâyeniz başlamış oldu. Değil mi? Nil? Bana öyle olduğunu söyle. Bu saatte aramanın başka bir açıklaması olamaz, yarın da anlatabilirdin. Çok değerli uykumu böldün çünkü."

Gülsem mi ağlasam mı bilemeyerek mutfaktaki bar sandalyelerinden birine oturup dirseğimi masaya, çenemi de avuç içime yasladım. "Bir nevi öyle bir şey oldu ama bunun iyi bir yanı yok... Eğer masal falan sanıyorsan da çok yanılıyorsun çünkü bugün olanlar bir kâbustan ibaretti. Yani... En azından ben öyle olmasını diliyorum."

Derin bir nefes aldım ve olanların hepsini beş dakikaya sığdırarak ona anlattım. İyice gerildiğimi fark ettiğimde ise kalkıp dolabı açtım ve bir çikolata çıkardım. Gergin olduğumda çikolata yerdim.

"Paketin sesini duyabiliyorum," dedi telefonun diğer ucundan. "Belli ki gerçekten canın sıkkın. Nil, annenler evde yok değil mi? Onlara bir mesaj at ve bize gel. Bu gece bizde kalırsın, sabah da beraber gideriz okula. Çantana doldur eşyalarını."

"Bilmem ki..." Bakışlarımı büyük ve boş eve çevirince hiç tereddüt etmeden bir, "Tamam," çıktı ağzımdan. "Geleceğim. Orada görüşürüz."

"Görüşürüz."

Ekran kilidini kapayıp yukarı çıktım ve büyük bir çantanın

içine pijama ve okul kıyafetimi yerleştirdim. Birkaç bir şey daha koyduktan sonra altıma siyah bir pantolon, üzerime de bol siyah bir kapüşonlu geçirdim. Siyah ayakkabılarımı da ayağıma geçirdikten sonra hazırdım.

Lenslerimi de takarak çantamı alıp evden çıktığımda, kapıyı kilitledikten hemen sonra bahçe kapısından çıktım. İki yol vardı: Biri sahilden gidiyordu, diğeri de şehrin içindeki sokaklardan. Eğer sahilden gidersem onu görecektim... Bunun bana ne hissettireceğini bilmiyordum, yeniden sinirlenebilirdim. Göğsümün içindeki organ kan pompalamak olan görevinin dışına çıktığında, beynim ve mantıklı düşüncelerim devre dışı kaldı ve ayaklarım istemsizce sahil yoluna doğru adımladı. İşte böyle oluyordu. Konu o olunca dünya duruyordu sanki ve biliyordum ki dünyayı durduran o salak da bizzat bendim. Kendi kuyumu kendim kazıyordum resmen, bunun bilincinde olup hiçbir şey yapamamak berbattı.

Parkın önüne geldiğinde önce adımlarım yavaşladı, sonra tamamen durdum. Saat gece yarısını geçiyordu ve o oradaydı. Yanına gidip oturduğu banka, hemen yanına oturmak istedim. O fark etmesin ama ben başımı omzuna yaslayayım istedim. O sabahları beni incitsin, kırsın, parçalasın ama akşamları yine ona sığınayım istedim.

Yanından hızlı adımlarla geçerek ağaçların gölgesinde yürümeye başladım. Bu saatte buradan ilerisi çok tehlikeli oluyordu ama taksiye binmek istemiyordum, bunun yerine yürümek daha cazipti. Yürümek, beni yorardı ve böylelikle düşünmeye vaktim kalmazdı: Ya da daha fazla düşünürdüm. Bilmiyorum. Bu aralar hiçbir şey bilmiyorum.

Soyhan şehri bir nevi terk edilmişliklerin şehriydi, ama buna rağmen ülkenin kalan kısmına göre ormanlık alanı daha büyük ve geniş bir şehirdi. Annemlerin Tornado'yu buraya kurmalarındaki asıl amacı şimdi daha iyi anlıyordum. Nüfusu çok kalabalık sayılmazdı ama az da değildi, ormanlık bölge çok olduğu için araştırmalar ve gözlemleme için uygundu. Ayrıca buradaki insanlar bunu umursamazdı, çünkü şehir karanlığa bulanmıştı. Kötü çocukları veya şuursuz kızları saymazsak, ben vardım bir de. Şehrin doğasıyla oynayıp dengeleri bozuyordum resmen. Bunun bir bedeli yok muydu yani? İzlediğim filmlerde ve okuduğum kitaplarda böyle şeylerle uğraşmanın hep bir bedeli olurdu. Canıma susamış değildim ama sadece daha fazla bilmeden bir şeyler yapmak istemiyor gibiydim. Şu üç yıl beni çok tüketmişti. Şu üç yılda hepimiz normalden daha hızlı bir şekilde büyümüş ve değişmiştik. O böyle biri değildi… O aynı masada yemek yediği bir kıza tanımıyor olsa da böyle bir muamele yapacak bir çocuk değildi. Bende neyin değiştiği belliydi… Peki, ya onda neler değişmişti?

Barlar sokağından geçerken kulaklığımı çıkartıp kulaklarıma taktım. Korkmuyordum. Gecenin bir yarısı böyle yerlerden geçmekten korkmuyordum çünkü kimse bana zarar veremezdi. Böyle aptal bir özgüvenim vardı işte ama sadece yalnızken, kendi kendime yaşayabiliyordum.

Sokağın sonuna doğru loş sokak lambasından yansıyan ışık, arkamdaki iki gölgenin varlığını belli ettiğinde titredim ama bozuntuya vermedim. Yürürken hafifçe kafamı çevirip baktığımda, başlarında siyah bir bere olan iki içkili arkadaş tam olarak bakışlarını bana çevirmişti. Gülmek istedim. Haberlerde izlediğim kadarıyla, bunlar iki puşttan başka bir şey değildi. İşimi halletmem için yapmam gereken tek şey, onları kuytu bir köşeye çekmek olabilirdi ancak.

Korkuyormuş gibi tekrar arkama dönüp baktıktan sonra hızlı adımlarımı ıssız bir sokak köşesine çevirdim. Kahkahalarını kulaklığımdan sızan şarkı eşliğinde duyabiliyordum, içki kokan nefesleri bende kusma isteği uyandırıyordu. Biraz daha midemi bulandırabilseler, gökten kusmuk yağdırabilir miydim acaba üzerlerine? İlginç bir deneyim olurdu ama gerçekliği sorgulanabilecek bir olaydı.

Sokağa girerken çevirdiğim kafamdan gözlerimin görebildiği kadarıyla sokağın başından başka bir adam daha hızlı adımlarıyla bu tarafa doğru yürüyordu. O gelmeden bu işi bitirmeliydim.

Adımlarımı yavaşlatırken durdum. Kapüşonumu kafama geçirerek yavaşça onlara doğru döndüğümde, ikisi de yüzlerine en pislik sırıtışlarını yerleştirmişlerdi. Hatta birinin eli kemerine gitmişti bile.

"Siz şimdi beni buraya sıkıştırıp tecavüz edeceğinizi falan sanıyorsunuz," dedim içimdeki gülme isteğini bastırarak. İğrençlerdi. Böyle insanlar için idam cezası geri gelmeliydi. "Hatta sizi bu ıssız sokağa çektiğim için buraları pek bilmediğimi de düşünmüşsünüzdür eminim. Ve hatta belki de buraya girdiğim için benim de istediğimi? Mahkemeye çıksak aynen böyle söyleyip ceza indirimi de isterdiniz kesin…"

Diğerine göre daha iri yapılı olan kahkaha atıp, "Ne akıllı şeysin sen öyle," dedi. "Dudaklarının böyle tahrik edici büzülüşünü başka şeylerin üzerinde de görmek isterim."

Ve işte beni çileden çıkaran düşünce. Parmak uçlarımda hissettiğim hava akımıyla ikisini de aynı anda duvara yapıştırdığımda gözleri kocaman açılmıştı. "Havanın kaldırma kuvvetini göz ardı etmeyin," diyerek vücutlarına uyguladığım ağırlığı daha da canlarını yakacak bir hale getirerek göğüs kafeslerini sıkıştırdım. "Sizi paramparça edebilirim."

"D-dur," lafı çıktı az önce konuşanın yanındakinden. Ondan daha küçüktü sanırım, benim yaşlarımda duruyordu. "N-ne yapıyorsun? Nesin sen?"

"Nesin lan sen!"

Az önce konuşup midemi altüst eden adam tekrar ağzını açtığında, "Konuşma orospu çocuğu!" diyerek kafasını duvara çarpmasını sağladım. "Ecelinizim. Çok yanlış bir zamanda, çok yanlış bir kıza denk geldiniz!"

Elimi öyle sıkmıştım ki tırnaklarımın avuç içlerime bastığını hissedebiliyordum. "Sizden iğreniyorum," dedim. "Sizin her hücrenizden iğreniyorum. Nefes almanızdan iğreniyorum. Canımı sıkıyorsunuz!"

Sabahki olayların üzerine eklenen bir sahne canımı daha çok yakabilirmiş gibi acıttığında, "Buradan gidecek ve bir daha içkiyi ağzınıza sürmeyeceksiniz," dedim. "Sizi izleyeceğim. En ufak kötü bir davranışınızda tepenizde olacağım. Ve geldiğimde, sadece canınızı almayacağım. Duydunuz mu beni!" Sesimi daha da yükselttim. "Üzerinize asit yağdıracağım. Çığlıklarınızı dinleyecek, can çekişmenizi izleyeceğim. Tıpkı sizin biraz önce bana yapmayı düşündüğünüz gibi!"

"Abla yapma ne olursun…"

İkisi de ağlamaya başladığında büyük bir çığlıkla yumruk yaptığım ellerimi duvara çarptım ve boğazıma dizilen hıçkırıklarımı teker teker serbest bıraktım. Daha fazla tutamazdım kendimi. "Hepiniz aynı mısınız?" Sesim o kadar çaresizdi ki… "Hepiniz mi aynısınız ulan, cevap verin bana!"

Ellerim yavaşça duvarda kayarken sessizce yere çömelip deli gibi ağlamaya başladım. Onlara uyguladığım hava kuvvetini yitirdiğinde, ikisi de ayaklarından asılı kaldıkları duvardan indi ve bir, "Koş oğlum koş!" cümlesiyle birlikte kaçmaya başladılar.

Ben ise, bu ıssız sokakta çömelmiş deli gibi ağlıyordum…

Nefret ediyordum erkeklerden. Hiç bir kadın ıssız sokaklardan birinde bir erkeği takip edip ona tecavüz ediyor muydu? Peki neden bizim yapmadığımız bir şey, onların bir güç göstergesi olarak gösteriliyordu? Tecavüz, adam öldürmekle eş değerdi. Sen tecavüz etmiyordun, sen bir can alıyordun. Hem de alabileceğin en berbat, en canice, en şerefsizce ve en adi şekilde.

"Sen iyi misin?"

Salep ve tarçın.

Bir rüya sandım. Bir rüyanın içindeyim, orada ağlarken başım düşmüş ve uyuyakalmışım sandım ama öyle değildi. Sokağın başında, aramızda birkaç metre varken dikilmiş, nefes nefese kalmış bir şekilde duruyordu. "Sana bir şey yaptılar mı?"

Kapüşonumu iyice indirip ses tonumu hafif kalınlaştırarak boğazımı temizledim ve, "Hayır," dedim. "Ben iyiyim."

"Seni takip ettiklerini gördüğüm için peşinizden geldim ama az önce ters yöne doğru koşuyorlardı, bir şey onları çok korkutmuş gibiydi."

Gözlerimi üzerine çevirdiğimde, dağılmış saçlarını ve gözlerini gördüm. Siyah bir kapüşonlu ve koyu renk bir kot giymişti. Bakışları her zamanki gibi kendinden emin ama sabahki olaya nazaran daha sakindi.

Beni tanımasını istemediğim için, "Bir ara tekvando kursuna gitmiştim, kendimi savunmayı biliyorum. Birinin kafasını çok sert çarptım galiba duvara," diyerek ayağa kalktım ve sokağın ortasına bıraktığım çantamı alıp yanından geçmek için yürüdüm. "Yine de iki erkeğin bir kızı böyle bir yerde kıstırıp kirli düşüncelerini uygulamaya geçireceğini düşünerek peşimizden geldiğin için teşekkürler." Yutkundum. "İyi geceler."

"Bekle," dedi kolumu tutup beni geri çektikten hemen sonra. Başımı eğmiş, kapüşonumun kafamla beraber yüzümü de kapatmış olmasını umuyordum ama çenemden tutup yüzümü kaldırdığında kapüşonu sanki bunu bekliyormuş gibi arkaya düştü. "Seni hatırlıyorum," dedi. "Sen sabah tartıştığım kızsın."

Gözlerimi devirerek elini çenemden çektim. Dokunuşunun bende yarattığı duyguları kelimelere dökebilecek gücüm yoktu, buna cesaret edemezdim. Önce bir soğukluk, sonra buzun üzerine tutulmuş bir kibrit ateşi gibi... Sonra buz eriyip suya dönüşüyor ve buharlaşıp atmosfere karışıyor. Bu sadece bir örnek.

"Gözüne kestirdiğin masaya seninle birlikte oturup beraber

yemeyi teklif ederek aranıza girebilmeyi ve sevgilin olabilmeyi planlayan ve bunda çok yanılan bir kızı hatırlayabildiğine sevindim," dedim sertçe bakarak. "Çünkü hani ben siliğim ya, hani hep silik kalacağım?"

Seslice nefes verip elini ensesine attı. "Ne kadar sinir bozucu olduğunu unutmuşum."

"Her neyse." Seslice nefes verdim. "Görüşmemek üzere." Ona asker selamı verip kaşlarımı kaldırdım ve keyifsizce bakarak yanından geçtim. Yanından geçtikten hemen sonra ise elim kalbimin olduğu yere, göğsüme gitmişti. Deli gibi çarpıyordu. Oyunculukta sertifikam olmalıydı, bu nasıl bir şeydi böyle? Plaket falan hak ediyordum herhalde. Oyuncu olmayı bir düşünmeliydim.

"Bir dakika," cümlesiyle ayaklarım yere çakılı kaldığında gözlerimi sıkıca kapatıp sertçe yutkundum ve geri açtım. Her akşam saat 11'de parkta yanındaki banka oturduğum kız olup olmadığımı anlamamalıydı. Buna izin veremezdim. Ama ya anladıysa? Ya birazdan *sen Siyah Kuğu'sun,* gibi bir şey söylerse?

"Bu saatte dışarıda ne işin var?" dedi. "Biriyle mi buluşacaktın?" Bir yandan da üzerimdekileri süzüyordu.

Evet, aptal. Seninle, demek istedim ama sabah ki davranışı yüzünden bugün onunla buluşmayacaktım. Sadece... Merak etmiştim işte. Düz, basit bir merak. Ona hâlâ sinirliydim oysaki. Hem Nisan'a gidiyordum ben, sadece yolum buradan geçiyordu... "Sana ne?" dedim dönerek gayet gıcık bir şekilde. Madem beni sinir bozucu buluyordu, ben de sinir bozucu olacaktım.

Gözü kapüşonluma ve kafamın üzerindeki ıslak topuzuma kaydığında, onunla buluşurken hep siyah kapüşonlu giydiğimi ve saçlarımı açık bırakarak önüme aldığımı hatırladım; bu yüzden cevap vermeliydim. "Bir arkadaşıma gidiyorum, bu gece onda kalacağım. Normalde bu saatlerde çoktan uyumuş olurdum ama bu gece uyku tutmadı işte."

İçimdeki kötü kız dişlerini göstererek yalanıma gülümserken, iyi olan sadece üzgün bir ifadeyle bakıyor ve kendimi belli etmemi istiyordu ama özellikle bu sabah olanlardan sonra kendimi belli etmeye meraklı değildim. Onu seviyor olabilirdim ama bu davranışlarından hoşlanmamıştım. Üstelik şu an, ona karşı sinirliydim ama kendimi bastırmam gerekiyordu. Ayrıca o iki çocuğun niyetini anlayıp peşimizden gelmişti. Eğer onlara bir şey yapmasaydım, onları dayak manyağına çevireceğine emindim. On sekiz yaşında olmasına rağmen hayvan gibi kasları vardı herifin. Bir de basketbol oynuyordu, zaten tipinden bahsetmeyelim, eh zengin de… Bir kızın sahip olmayı isteyeceği erkek modeli tam olarak karşımda duruyordu. Benim o kaslardan, basketbol kaptanlığından çok önce fark etmeden vurulduğum, yüreğini sevdiğim çocuk karşımda duruyordu ama artık fiziksel özelliklerinden yüreği görünmez olmuştu.

Rüyalarımda görürdüm onu hep… Bir keresinde, omzumda uyuduğunu görmüştüm. Hissetmiştim, rüya olması imkânsız gibiydi, yemin ederim. Ama rüyaydı işte. Basit, aptal bir rüya. Omzumda uyuduğunu gördüğüm saniyeler boyunca hayatımda hiç olmadığım kadar huzurluydum. Sonra ise uyanmış, okula gitmiş ve onunla beraber el ele okula giren sevgilisini görmüştüm. İmkânsızlık ne demek işte o zaman anlamıştım. Biz imkânsızdık. O benim gibi birine fazlaydı, ben de ona yetmezdim. Çünkü o her yönden artılarla doluyken ben hep eksiktim.

"Oldu mu?" dedim kafamı eğip kaşlarımı kaldırarak ondan cevap beklerken. Kapüşonlumu ve saçlarımı süzmeyi bırakıp kendine gelmek istercesine kafasını salladı ve dalgınca, "Oldu," dedi. Sonra ise hızla yanımdan geçip adımlarını büyülttü. Peşinden sokaktan çıkarak, "Ne bu acele? Bir şey mi unuttun?" diye seslendim ona. Koşarken bana dönüp, "Birini bekliyordum, gelmiş olabilir!" diye cevapladığında önüne dönüp koşmaya devam etti ve beni orada öylece buz kesmiş bir şekilde bıraktı.

Onu o parkta dinleyen kızdan bahsediyordu... Siyah Kuğu'dan. Onun ben olduğumu bilmiyordu, hiçbir şey bilmiyordu. O kızın neden bu gece gelip yanına oturmadığını da merak ediyor olmalıydı. Bugünkü olaydan sonra yanına gitmezsem, bunu anlayabilir miydi? Anlayabilirdi. İhtimaller söz konusuydu ve ben hiçbir zaman anlamayacağından, bilip bilmeyeceğinden emin olamazdım. Yarın onun yanına gittiğimde, iyi bir bahanem olmalıydı bu yüzden. Bugün kendimi daha fazla riske atamazdım.

Yüzümdeki gözyaşları çoktan kurumuştu, hafif tuz tabakasını ve gözlerimin altında gerdiği tenimi hissedebiliyordum. Bir an önce Nisan'lara varıp yüzümü yıkasam iyi olurdu. Belki bana bir kahve yapardı ve ben de olanları anlatırdım ona.

Çantamı daha sıkı kavrayıp yoluma devam ederken istemsizce güldüm. Ne ironiydi ama... Sabahki umursamaz, ego yığını, kötü çocuk, gece kim olduğunu bile bilmediği bir kızı koruyabiliyordu. Bununla ilgili bir yarası vardı da, gocunuyor muydu yoksa?

Yine de söküp atamıyordum onu içimden. Beni öldürüyordu, göğsümün içinde açtığı yaraya tuz basıyordu. Sanki ben yanıyorum dedikçe o benzin döküyordu üstüme. Bir kanser gibiydi, önce yüreğime dokunan bir kanser; oysaki tenime bile değebilmiş değildi. Dokunmadan sevmek mümkünse, paralel evrendeki ben kitabını yazmış olmalıydı.

3

Ne yapacağınızı bilmediğiniz bazı anlar olurdu. Önceden de aynı şeyi düşündüğünüzü bildikçe asıl sorunun bu seferki olduğunu söylerdiniz kendinize ama her seferinde olması gereken bir döngü gibi tekrarlanırdı bu, fark etmezdiniz. Çünkü ne istediğinden emin olmayan insanlar emin olmadığı şeyin de alakadar olduğu bir olayda hiçbir zaman ne yapacağını bilemezdi. Onlara bir labirent gibi görünürdü olay, duvarların senin bir karara varamadığın her saniye yer değiştirdiği ve bu işin içinden çıkamayacağını düşündüğün bir hâle getirdiği.

Evet, durumumu açıklamak gerekirse tam olarak böyleydi. Ne istediğimi biliyor muydum? Evet ama bu cevabı oldukça ironi dolu bir soruydu. Pamir'i istiyordum ama benden uzakta mutluydu, onu yaşadığım bu karmaşanın içine çekmek bencillik olurdu. Bu neydi? Fedakârlık mı? Öyleyse şimdiye kadar yaptıklarımın en büyüğüydü.

Kolumu Nisan'ın başından kurtarıp kendime çektiğimde çoktan uyuşmuştu bile. Ona anlattıklarımdan sonra oldukça geç bir saate kadar konuşmuştu ve bir saat önce uyumuştu ama ben uyuyamıyordum. Saat beşte dans kulübüne gidip takım çalışmasına katılmam gerekiyordu, umarım Ümit Hoca bizi dünkü kadar zorlamazdı, çünkü bu sefer sadece dalgınlık ve baş ağrısıyla kurtulabileceğimi zannetmiyordum. Vücudum bu aralar çok bitkindi ve bunu aşmak benim için her zaman sorun olmuştu. Sürekli yorgun hissediyordum ama çoğu zaman uyuyamıyordum. Huzurlu bir uyku çektiğim tek bir an yoktu. Şimdi bile Nisan'ın annesinin şu kapıdan içeri girip bizi kontrol etmek isteyebileceği ve beni uyanık bulup lenssiz bir şekilde yakalayarak gözlerimi görebileceği endişesiyle doluydum. Buna paranoyaklık diyebilirdiniz ya da bunun gibi herhangi bir şey ama benim aklımda olan bundan daha fazlasıydı. Olası senaryolar, felaket anları ve mutluluk veren hayaller yerine korkunç kâbuslar her yerdeydi. Ben bir paranoyak hastasından daha fazlasıydım. Bu hissiyata amansızca kapılmış zavallı bir kızın aksine, böyle olmak zorundaydım. Hayatta böyle şeylerin de olabileceğini görmüş biriydim ve size söyleyebileceğim en huzur dolu cümle şu olurdu sanırım: Gökyüzü aydınlık diye mi üzülüyorsunuz? Teninizi yakan güneşe gülümseyin. Çünkü karanlığın içindekileri bir kez gördüğünüzde, bir daha asla eskisi gibi olamazsınız.

Topladığım saçlarımdaki lastiği çözerek Nisan'ın yatağından kalktım ve açık camdan içeri süzülen lacivert gökyüzünü gözlerimin önüne serdim. İşte bu... Bu bir hazine. Bu saate kadar beklemek, bitene kadar izlemek ve finalde kafayı vurup akşama kadar yatmak. İsteklerim arasında ilk sıralarda yer alırken planlarım arasında olmaması ne kadar da acıydı. Gökyüzünün güneşin doğmasına kendini hazırladığı, o günün ilk ışıklarını bize bahşettiği saatler var ya: İşte o saatler günün en güzel saatleriydi. İçini karanlık bürümüş bir adamın en zayıf noktasıydı o saatler, zaafıydı belki de. Ya da yaşamaması gereken bir şeyler yaşamış bir kızın kendini boğduğu sigara dumanını dağıtacak kadar masum zamanlardı. Emin değildim, belki de sadece günün bir saatiydi işte. Yine de benim en sevdiğim saatlerdi.

Koca bir saati sadece pencereden gökyüzünü seyrederek

geçirdikten sonra Nisan'ın alarmının sesiyle yuvarlanarak yataktan düşmesini keyifle izledim. Saçları birbirine dolanmıştı ve yeşil gözleri hiç olmadığı kadar koyu bir tondaydı. Üzerindeki ayıcık desenli pijamalar onda kendimi görmemi sağlıyordu ama yine de üzerimde her zamanki siyah pijama takımlarımdan vardı. Siyah, siyah, siyah. İşte benim olayım bu.

İnleyerek başını tuttuğunda elleriyle yerden destek alarak ayaklanmıştı bile. "Off, bu alarmın sesi beynimi kızarttı. Bir ara sesini kısmalıyım."

"Bence gayet kısık sesliydi." Omuz silktim. "Hem sen de ne diye bu saate alarm kurdun ki?"

Yumruk yaptığı elleriyle gözlerini ovalayarak esnedi. "Seninle kulübe geleceğim, şu özel takımı merak ediyorum."

Gözlerimi devirerek çantama yöneldim. "Hiç de özel değil."

"İçinde Helin de var mı?"

"Sence kaçırır mı?"

"Gerçekten hiç de özel değilmiş."

Nisan'ın kısa bir duş almak için odadan çıkmasından sonra dolabına yönelip siyah taytını çıkardım. Üzerine de siyah, bol bir tişört alıp üzerimi değiştirdim ve artık at kuyruğu olmaktan çıkmış saçlarımı açıp hafif ıslatarak taradım. Bir yandan da aklım annemlerdeydi tabii… Orada ne yapıyorlardı da eve gelmiyorlardı? Bazen o koca evde yalnız kalmanın kaderimde olduğunu ve bunun için doğduğumu düşünüyordum. Bugün de eve gelmezlerse Nisan'ın odasına taşınacaktım artık. Yalnız kalmak çoğu zaman tercihim olsa da, şimdi beni rahatsız ediyordu çünkü pençelerini boğazıma geçirip sürekli *Sen zaten hep yalnızdın,* diyen sesi durduramıyordum. Hayır, yalnız değildim. Nisan vardı. Olmasa bile Pamir vardı… Bazen okuduğum kitaplara özenip, aynada saçlarımı tararken beni kapı pervazına yaslanarak izlediğini hayal ederdim. Öyle olmaz mıydı hep? Klişenin danıskasıydı ama kabul edelim ki hepimizin hoşuna giderdi bu sahne. Sonra yanıma gelip, tarağı aldığını ve saçlarımı tarayarak ördüğünü. Hemen ardından ne olurdu biliyor musunuz? Gözlerim dolardı. Çünkü içimdeki kötü kız uyanır, bana acıdığını ve bu hayalin bir acizlik olduğunu söylerdi. İyi kız ise susardı çünkü artık o da anlamıştı hayallerimin acıttığını. Hayaller acır mıydı? Benimkiler acıyordu.

Nisan duştan çıkıp saçlarını kuruttuğunda ben de saçlarımı örüyordum. Beceriksizliğim öyle bir boyut atlamıştı ki, bol örmek terimi en koyusundan saçlarımda can bulmuştu sanki. Saçlarımı tutup uzunu bağlasam da bir şey değişmeyecek bir şekilde örmüştüm resmen.

Dakikalar sonra odadan çıktığımızda eve uğrayıp da dans kulübüne geçmiştik. Sabahın bu saatinde yollar boş olduğu için yürümek daha kolayımıza gelmişti ancak birkaç sokaktan sonra yorulup bir taksi çevirmiştik.

Nisan saçlarını geriye atarak cebindeki telefonu çıkardığında ekranı aydınlandı, birkaç saniye ekrana boş boş bakarken bakışlarımı gözlerine çevirdiğimde onların dolu dolu olduğunu gördüm. 27 Ekim. Bu tarihin ondaki önemi neydi peki?

"Nisan?" dedim inatla tekrar önüne düşmüş saçları iterek. Burnunu çekip kafasını kaldırdı. "O burada, değil mi?" dedi. "Yarın onun doğum günü."

28 Ekim. İşte bunun bir anlamı vardı… En azından onun için.

Onu aradan bu kadar zaman geçmesine rağmen unutmaması gerçeğinden nefret ediyordum.

İçimdeki kötü kız uyanıp gözlerini kırpıştırarak bana baktığında kocaman bir kahkaha attı. *Söyleyene de bakın hele?*

Tüylerim diken diken oldu. Saatin sabah beş olmasından mı içeri sızan soğuk yüzünden mi, yoksa içimdeki kötü kızın gözlerini devirip mırıldandığı şeylerden miydi bilemiyordum. Ama bu sefer iyi kız da ona katılıp, "Dinime laf eden Müslüman olsa," diyerek onu savunduğunda yumruklarını tokuşturdular. Gözlerimi devirerek alnımı ovuşturdum. "Kutlarsa gidecek misin?"

Güldü. Histerik bir gülüştü bu. "Tabii ki gideceğim." Birden enerjik bir sesle cevap verdiğinde pençelerini çıkarmış bir kedi gibiydi. Gözlerini açıp kapatarak derin bir nefesi ciğerlerine bahşetti ve güldü. "Onu, oradaki kızlara bir kez daha kendi ellerimle teslim edeceğini sanıyorsa çok yanılıyor. Son birkaç yıldır yaptığı bu değil mi zaten? Bir daha olmayacak."

"İşte benim kızım." Mırıldandıktan sonra yumruklarımızı tokuşturduğumuzda, çoktan dans kulübüne gelmiştik bile. Ücreti ödeyip taksiden indik ve kulübün kapısından içeri girerek asansöre bindik. Dakikalar sonra dört bir yanı boydan boya ayna kaplı salonun içindeydik, Ümit Hoca etrafta yoktu ve diğerleri ısınma hareketleri yapıyorlardı.

Nisan'dan bir, "Iyk!" sesi geldiğini duyduğumda, çantamı kenara bıraktıktan hemen sonra ona döndüm. Helin bacaklarını açmış, kendini esnetirken, Baran hemen arkasındaydı ve elleri beline sarılı bir şekilde vücutlarını birbirlerine yaslamışlardı. "Başka bir çift yapsa normal bile görebilirim ama başkarakterler Helin ve Baran olunca işler değişiyor."

Gülerek gözlerimi devirdikten sonra bacaklarımı açarak yere oturdum ve yukarı uzanarak esneme hareketlerine başladım. Nisan da karşıma oturup bağdaş kurduğunda beni izlemeye başladı. "Pamir'in doğum günü de yaklaşıyor."

5 Kasım.

"Ya da düzeltiyorum, iki haftadan az kaldı."

"On dokuz olacak..." diye mırıldandım derin bir nefes vererek. Son sınıflardan bir yaş büyüktü, normalde hazırlık olmadan üniversite ikinci sınıfa gitmesi gerekiyordu.

"Bence on dokuz bitiyor, ama yine de sen bilirsin tabii." Güldü. "Bunu nasıl öğrendiğin hakkında hâlâ hiçbir fikrim yok. Yakında Müge Anlı'nın kayıp kızı olduğunu söylersen hiç şaşırmayacağım." Biraz düşündükten sonra tekrar güldü. "Aslında, ne söylersen hiç şaşırmayacağım. Ne diyorum ben? Hava olaylarını kontrol eden medyum bir arkadaşım var."

Hemen arkamdaki kızlardan bir kıkırtı geldiğinde bizi mi dinliyorlar diyerek onlara döndüm, ama ellerindeki cep telefonuyla uğraşıyorlardı. Boş verip önüme dönecektim ki, "Bu Dedikoducu Kız da az değil," lafını duymamla istemeden de olsa kulak verdim. "Böyle fotoğrafları hangi ara çekiyor? Pamir'in bile henüz haberinin olmadığına eminim. Bu kıza bayılıyorum, sayesinde gözümüz bayram ediyor. Hem şu son fotoğraflardan sonra bizim için en azından bir gecelik umut var bence."

Nisan'a çevirdim bakışlarımı. Uzanıp kenara yığdığımız çantaların içinden kendi telefonunu çıkardı ve birkaç saniye sonra gözleri pörtlemiş bir şekilde bana gösterdi. "Oha," dedi. "Oha." Ve kafasını kaldırıp endişeli gözlerle bana baktı. "Nil..."

Uzanıp kıvrak bir hareketle elinden telefonu aldım ve bakışlarımı ondan yavaşça çekerek telefona indirdim. Bu yeni eklenmiş bir albümdü. On tane fotoğraf vardı. İlkinde sabah koşuya çıkmış gibi bir hâli vardı, eve girerken kafasındaki kapüşonu sıyırıyordu ve bütün kasları gözler önündeydi. İkinci resimde arkadaşlarıyla basketbol oynuyordu ama resmî bir maç olmadığı her hallerinden belliydi, ondan başka tanıdık olarak sadece Kaan vardı. Üçüncü fotoğrafta bir grup toplanmasındalar gibiydi, evinin bahçesinden çekildiğine yemin edebilirdim. Salonun bahçeye açılan büyük cam duvarının perdeleri çekilmemişti ve içeride beş kişi sayılıyordu. Pamir, Kaan, Mine ve Yaren. Aslında biraz daha dikkatli bakınca salona giren birini daha fark edebiliyordunuz. Saçına ters olarak taktığı kepten, bunun Melih olduğunu söyleyebilirdim. Yani grup tamdı. Dördüncü fotoğrafta yine üstü yoktu, spor salonundan çıktığını ve arabasına yürüdüğünü görebiliyordum. Ahh, Porsche. Bu arabasına bayılıyordum.

Beşinci fotoğraf ise tam bir fiyaskoydu. Gece kulübündeydi ve kucağından yüzü tanıdık gelen, ama tanıyamadığım esmer bir kız oturuyordu. Altıncı fotoğrafta yüzünde bir sırıtışla kızın yüzüne eğiliyordu ve…

Telefonu elimden atıp gözlerimi hızla kırpıştırdığımda, Nisan fırlattığım telefonu havada yakalamıştı. Nefeslerimin hızlandığını ve boğazımın kuruduğunu hissedebiliyordum.

"Nil…" dedi tekrar. "Bunu yaptığını biliyordum," dedim. "Bunu yaptığını biliyordum. Bunu yaptığını biliyordum ama kabul etmek istemedim, tamam mı? Hayır."

Ellerimi yere dayayıp yutkunmaya çalıştığımda olmadı.

Güçlü bir şimşek tüm heybetiyle gökyüzünü adeta yardığında, kesik kesik gelen ışıklar bir anda kapandı.

Nisan koluma yapışıp, "Nil," dedi. "Nil. Sakin ol, tamam mı? Sakin ol. Yavaşla."

Etrafımdakilerin endişeyle odadan çıkıp koridordaki pencereye yöneldiklerini ayak seslerinden anlayabiliyordum ama tepki veremiyordum. Beni de ezip geçebilirlerdi, gıkım çıkmazdı. Hatta ezip geçmeliydiler de.

Büyük bir gök gürültüsüyle çığlık atıp ellerimi yüzüme kapadım. Kontrol edemiyordum. Kontrol edemiyordum. Kontrol bende değildi. Nisan ağzını oynatıyordu ama onu duyamıyordum Kontrol edemiyordum. Kontrol edemiyordum. *Hayır. Olmuyordu.*

Bakmaya kıyamadığım gözler son beş fotoğrafta da başka kızların gözlerine bakıyordu, gözlerine bakabilsem bakışlarımı indiremediğim dudakları onların üzerinde dans ediyordu.

Çığlık attım. Sarsıldım. Gök durmadı. Ben durmadım. Hızlı nefeslerim yavaşlamadı. Durmadım. Onun nasıl değiştiğini, bu kadar kısa süre içinde nasıl da değişebildiğini kalbime tırnaklarımla kazımak istiyordum. Onun artık eski Pamir olmadığını beynimin başköşesine yerleştirmek, onun tanıdığım kişi olmadığını kabullenmek istiyordum.

"Ne oluyor lan!"

Sonra durdum. Buğulanmış gözlerim durdu, yavaşça gözkapaklarımı kaldırdım. Nisan'ın, "İşte böyle bebeğim, işte böyle. Yavaşça nefes al ve ver," dediğini duyabiliyordum artık. "Sakin ol."

Hayal mi görmüştüm? Sesi hayal miydi?

Kenardan tutunarak ayağa kalktım ve gözlerimi silerek örgümün açılarak bambaşka bir boyut kazandırdığı saçlarımı parmaklarımdan geçirerek geriye ittim.

"İyi misin?" dedi Nisan, yutkunduktan hemen sonra kafamı salladım ve kafamı kaldırdım.

Sırılsıklam olmuş bir şekilde oradaydı. Geniş koridora doluşmuş dansçıların arasında, Kaan ile birlikte sırılsıklam bir şekilde duruyordu. Ufak bir kahkaha kaçtı boğazımdan. Nisan iyi olmadığımı düşünerek önüme atıldığında gözlerindeki endişeyi görebiliyordum. "İyiyim, iyiyim," dedim ellerimi kaldırarak.

Sevgi değiştirirdi, acı değiştirirdi. Değer verdiğin bir insanın değiştiğini görmek ise, seni baştan aşağı yaratırdı.

Koridora yürüyerek camdan dışarı baktığımda sert bir sağanağın her yanı esir aldığını gördüm. Sonra hemen arkamdan Pamir'in sesi geldi tekrar. "Şansımıza sıçayım, bu ne biçim yağmur lan?"

"Ne bileyim oğlum," diye cevapladı onu Kaan. "Yalnız buz taneleri harbi acıttı."

Muhtemelen koşuya çıkmışlardı, üzerlerindeki -ıslanmış da olsa- kıyafetlerden bunu anlayabiliyordum. Buraya sığınmış olmalıydılar.

Ama bu kötüydü, çünkü Helin dâhil bütün kızların gözü

üzerindeydi. Kenardaydılar, Pamir telefonunu çıkarırken Kaan da boynundaki kulaklıktan sızan şarkının sesini kapatmaya yeltenerek elini cebine attı.

"Ümit Hoca gelmeyecekmiş millet!"

Esmer çocuklardan biri ellerini kaldırarak duyuru yaptığında isyan cümlelerine karşı, "Kaza olmuş," dedi. "Bir de yağmur bastırınca trafik kapanmış. Gelsem bile geç kalırım diyor, dağılabilirsiniz dedi."

Bakışlarımı kafasını telefonuna eğmiş Pamir'e çevirdim. Diğer kızların bakışlarını bilmesine rağmen kafasını kaldırmamıştı, ama ben baktığımda sanki anlamış gibi yavaşça kafasını kaldırdı. Sertçe gözlerine baktım. Onunla tanışmamız hiç de hayal ettiğim gibi olmamıştı, bana bahçede söylediklerinden dolayı ona hâlâ kızgınken bu fotoğrafları görmek yarama tuz basmaktan öte, benzin döküp ateşe vermiş gibiydi. Kaşlarını hafifçe çattığında beni tanıdığını anladım. *Bundan böyle hiçbir şey aynısı gibi olmayacaktı.* Bunu da anlamıştım.

Nisan salona geri dönüp çantalarımızı aldığında Kaan'ın bakışları Nisan'a çevrildi. Buğra onlarla çok sıkı arkadaş olduğu için Nisan'ı tanıdığını biliyordum, hatta Nisan, Buğra ile çıkarken tanıştıklarını da biliyordum ama şimdi böyle bakması sanki okulda olacakların habercisi gibiydi. Kaan atılıp Nisan'ın kolunu tuttuğunda bakışları ona çevrildi. "Konuşmamız lazım, hemen."

Nisan anlamış gibi derin bir nefes verdiğinde bana dönüp, "İki dakika bekle," diyerek Kaan'la beraber koridorda ilerledi. Kaan, Buğra'nın kuzeni olarak şimdi iyi çocuk rolünde miydi, yoksa kötü çocuk mu olmuştu? Bunu anlayabilmemiz için olaylar karşısında onu gözlemlememiz gerekecekti sanırım. İçimde büyüyen öfkemi bastırarak bakışları hâlâ bende olan Pamir'e bakmadan yanına, koridorun sonuna doğru yürüdüm. Diğerinden uzaktaydı, merdivenlerin korkuluğuna havalı bir şekilde yaslanmış, telefonunu karıştırıyordu. Saçlarım tekrar yüzümü örterken yanına yürüyüp merdivenlerin üçüncü basamağına oturdum ve çantamı kucağıma alarak içinden su şişemi çıkardım. Birkaç yudumdan sonra kapağını kapatarak yerine koyduğumda bakışları tekrar bana döndü.

"Bana öyle bakma," dedim dişlerimi sıkarak. "Popüler olmak veya aptal grubunuza katılmak gibi bir amacım yok."

Bakışları koridorun sonuna, Kaan ve Nisan'ın gittiği yola çevrildiğinde tekrar sinirli bir şekilde ofladım. "Popüler olmak ve aptal grubunuza katılmak için en yakın arkadaşımı, arkadaşının üzerine ittiğim veya olay çıkardığım da yok."

"Ben öyle demedim," dedi.

"Sen hiçbir şey demedin," diye cevapladım onu. Uzağımızdaki kızların bakışlarını umursamadan dirseklerimi bacaklarıma yasladım ve yüzümü avuçlarımın içine aldım.

"Şu meşhur Nisan'dı o, değil mi?" Soğuk bakışlarını yüzüme çevirdiğinde ona döndüm. "O nereden *Meşhur Nisan* oluyor?"

"Sanırım yeterince yakın değilsiniz."

Buğra'yı kast ettiğini anladığımda ayağa fırlayıp önünde dikildim. Bunu yaptığıma inanamıyordum ama yapmak zorundaydım. Ona karşı beslediğim duyguların üzerine kilit vurmalı, tutumumu değiştirmeliydim. Böyle bir yere varamazdım.

"Arkadaşının aptal kuzenini Nisan'ın etrafından uzak tutmaya bak sen."

Kolumu tuttu. Parmakları, sertçe kolumu kavrarken sadece dokunduğu nokta değil, bütün vücudum yanıyordu. Bir ateş saç diplerimden ayakuçlarıma kadar beni içine hapsetmişti şimdi.

"Bakıyorum da dilin bayağı uzamış senin." Saçlarından birkaç ton daha kapalı olan koyu kahveler gözlerime çevrildiğinde, o kadar sert baktı ki bir an lenslerimin eriyip yok olacağını sandım.

"Ben dilime sahip çıkabiliyorum ama görünüşe bakılırsa,

senin de bazı şeylere sahip çıkman gerekiyor. Bunu senden öğrenecek değilim." *Hormonlarını bastırıp kendine hâkim olsan ve o kızları tek gecelik de olsa yatağına almasan olmaz mı?*

Kolumu ondan çekmeye çalıştığımda bırakıp üzerime doğru gelerek gerilememi sağladı. Sırtım soğuk duvarla buluştuğunda içime sinen korkunun bıraktığı iğrenç hissi hissedebiliyordum, sevdiğiniz adamın size bunu yapması kadar kötü bir şey yok gibiydi.

"Çok meraklısın galiba," dedi dudakları dalga geçen bir sırıtışla can bulduğunda. Vücudu neredeyse vücuduma yaslıydı ve yüzüne ilk defa bu kadar yakındım. Elimi kaldırıp yüzüne dokunmamak için zor tutuyordum kendimi.

Saniyeler içinde Nisan ve Kaan geldiğinde, bir elin aramıza girerek ikimizi de uzaklaştırdığını gördüm. "Ne oluyor lan burada?" Kaan, Pamir'i geri çekerken Pamir'in gözleri hâlâ sertliğini korur bir biçimde üzerimdeydi. Nisan, sonuna kadar açılmış gözleriyle yanıma gelip, "İyi misin Nil?" dediğinde gözlerim hâlâ ondaydı. Nisan, Kaan'a dönüp, "Ne oldu ya?" diye sorduğunda Kaan bana dönüp gözlerini üzerimizde gezdirdi. "İki dakika yoktuk lan sadece, bu ne hâl?"

Ani bir dürtüyle, "Senden nefret ediyorum," diye mırıldandım sesimi çıkartabileceğim en sert tonda. Dolunun buz parçaları sertçe cama çarpmaya başladığında çantamı alıp merdivenlerden indim. "Uçkuruna düşkün, pislik."

Nisan beni çekiştirip merdivenlerden indirirken, Kaan'da Pamir'e ne olduğunu soruyordu. Pamir'in, kolunu Kaan'dan çekiştirip merdivenlere oturduğunu gördüm en son. Aşağı indiğimizde ise yağmur öyle şiddetliydi ki, sokağın açıldığı cadde bile boş görünüyordu. Kenara çekilmiş arabalar, yağmurun dinmesini bekliyorlardı. İşte bundan bahsediyordum. Soyhan tehlikeliydi. Çünkü ben vardım, çünkü karanlık sokakları vardı, çünkü ne bok yediği bilinmez insanlarla doluydu her taraf. Issızdı bir kere. Olaylara polisin pek de karışabildiği söylenemezdi, küçük bir devlet gibiydi burası. En başta da zengin ve güçlü aileler vardı tabii. Pamir'in ailesinin de onlardan biri olduğunu biliyordum.

"Ne oldu anlatıyorsun hemen," dedi Nisan bir yandan da telefonunu çıkartırken. Muhtemelen taksinin numarasını bulmaya çalışıyordu.

"Anlamlı anlamlı bakmaya başlayınca geçenki tartışmadan yola çıkarak laf attım, sinirlendi; dilin çok uzamış senin deyince de tutamadım kendimi cevap verdim. Sonra daha da kızdı, kolumu tuttu, geri çektim, sonra duvara kıstırdı dingil."

"Dingil mi?" Arkamdan sesini duyduğumda buz kestim. "Daha yaratıcı bir şeyler beklerdim."

Nisan'ın bakışları tıpkı benim gibi şokla ona döndüğünde Kaan da arkasından göz devirerek geliyordu. Pamir'in kapıya ilerlemesine karşı Kaan yanımızda durdu. "Şoförüm arabamı getirdi, aynı yere gittiğimizi varsayarsak bizimle gelebilirsiniz."

"Bu çok iyi olur," dedi Nisan ama ona gözlerimi büyülterek baktım ve Pamir'i işaret ettim. "Ben bu dingille aynı arabaya binmem!" Sinirim hâlâ geçmemişti.

"Hadi ya, ben zaten ölüyordum seninle aynı arabaya binmek için. Şuna bak, cadaloz."

"Tamam, tamam, sakin olun." Kaan ellerini kaldırarak ortamı sakinleştirmeye çalıştığında, "İki dakika çenenizi kapatıp dayanabilirsiniz bence," diyerek Nisan'a başıyla arabayı işaret etti. *Sen görürsün*, diyerek dişlerimi sıktığımda öfkemi kontrol edemiyordum. Onu pataklamak istiyordum. İçimdeki acıyı geçiremezdi, eşit bir şekilde acıtamazdım onu ne kadar vurursam vurayım belki ama yine de yapmak istiyordum. Bu kadar şey canımı acıtıyordu. Bu kadar şeyi bilmemesi, bilmeden bile böylesine canımı yakabilmesi beni çok korkutuyordu. Onu öyle bir yere yerleştirmiştim ki içimde, beni kontrol edebiliyordu.

Hem de hiç fark etmeden.

Nisan kolumdan tutup beni de dışarıya çektiğinde, "Şunu kesemez misin artık?" diyerek bana döndü. Kapıdan çıkarken gözlerimi gökyüzüne çevirdim. Birkaç sert buz parçasının Pamir'in kafasına yönelmesini sağladığımda yerinden sıçrayarak, "Siktir," diye inledi ve elini ensesine attı.

Gülerek kendime gelmeye çalıştığımda Nisan da bana bakarak sırıtıyordu. Ona eğilip, "Artık kontrol etmiyorum," dedim. "Bu normal hava."

Kaşlarını kaldırarak önüne döndü. Kenardan kenardan yürürken sonunda önümüzdeki Ferrari'yi fark edebilmiştik. Lacivertti. Kenarda dikilen adam anahtarları Kaan'a uzattığında geri çekilip bekledi. Sanırım taksiyle dönecekti.

Açılan kapıların ardından ön koltuğu öne eğen Kaan'ın yanına hareket eden Nisan'ın peşinden arabaya bindim. Kaan ön koltuğu düzelttikten sonra dolaşıp sürücü koltuğuna geçti ve Pamir de yanında yerini aldıktan sonra kapıları kapattılar. Buzu sert bir şekilde indirmiş olacağım ki, Pamir'in eli hâlâ ensesindeydi.

Kaan ve Pamir önümüzde olduğu için Nisan'a ne konuştuklarını soramıyordum, cama vuran sert yağmur yüzünden kenara çekmiş araçlara rağmen hareket ettiğimizde hiç umursamadan caddeye çıktı ve okula doğru sürmeye başladı.

Nisan yutkunup başını cama çevirdiğinde, "Şu an okulda mı?" dedi, kısık sesle konuşmuştu ama ortam o kadar sessizdi ki hepimiz duymuştuk.

"Okulda," diyerek onu onayladı Kaan. Nisan daha fazla konuşmadı. Ben de çaktırmadan cam tarafına dönerek Pamir'i izlemeye başladım. Buğulu cama yansıyan yüzünü görebiliyordum, dışarıyı izliyordu. Birkaç saniye sonra onu izlediğimi fark etmişçesine bakışları hafiften bana döndüğünde hızlıca kafamı çektim. Saniyeler sonra okulun önündeydik.

Otoparka girdiğimiz sırada yağmur da tamamen durmuştu. Bahçede tek tük insanlar vardı ama kapalı çardaklardaki grupları görebiliyordum. Nisan ve benim bu arabadan onlarla beraber çıkmamız, Dedikoducu Kız'ın radarına takılmamız demekti.

"Biz dışarıda mı inseydik ya?" diye mırıldandım istemsizce. Kaan mahcup bir şekilde bize döndüğünde Nisan sorun yok dercesine baktı. Kapılar açıldığında Pamir ve Kaan'ın ardından arabadan çıktık, kafamı yere eğmiştim. Kaldırmak istemiyordum, çünkü eğer kaldırırsam insanların bize nasıl baktıklarını görecektim. Nisan'ın Kaan'a, "Görüşürüz," demesine kalmadan onu kolundan tutup çekiştirdim ve binaya girerek soyunma odasına yöneldik.

"Ne konuştunuz?" dedim artık dayanamayarak. Seslice nefes verdiğinde, soyunma odasının kapısını açarak içeri girdik. Bir-iki amigo kızdan başka kimse yoktu. Sabah çantama tıkıştırdığı formasını alarak kabinlerden birine girdiğinde, ben de hemen yandaki kabine girdim ve çantamdan okul formamı çıkardım.

"Şu an sırası değil," dedi. Değildi. Okulda kimseye güven olmuyordu. Ya dışarıdaki iki kız Dedikoducu Kız'ın arkadaşlarıysa? Ya aralarından biri ta kendisiyse?

Nisan'ın taytını ve tişörtünü katlayıp çantaya koyduğum sırada, soyunma odasının kapısının büyük bir gürültüyle açıldığını duydum. Bir kız çığlığı bütün odada yankılanırken, sert bir ses duyuldu. Sanırım ayağını duvara geçirmişti.

"Sakin ol, Mine," dedi bir kız sesi. "Arabalarından çıktılar diye birlikte değiller ya."

Bunu biliyordum. Bunun olacağını biliyordum. Bu yüzden dışarıda inmek daha mantıklıydı ama o kadar salaktık ki, böyle bir ayrıntıyı unutmuştuk. Kabinin kapağına asılarak üzerine çıktığımda, gözlerimi aşağı indirip bir anda dolan soyunma odasına göz attım. Bugün günlerden perşembeydi. Muhtemelen her zaman olduğu gibi okula erken gelip salonda çalışmışlardı ve şimdi de üzerlerini değiştirip derse girmek için buradaydılar.

Mine tekrar sinirlenip duvara yumruğunu geçirdiğinde bu sefer elinin acısıyla ağlamaya başladı. Kısık bir sesin, "Salak," dediğini duydum. Ses hemen yanımdan, benim gibi kabin kapağına asılıp dışarıyı izleyen Nisan'dan gelmişti. Gözlerimi büyültüp ona baktığımda susmamı söyleyen bir bakış attı.

Kızlardan biri Mine'ye su şişesini uzattığında, şişeyi alıp duvara çarptı. "Onu gördüm," dedi. "Kıza baktı. Pamir ilgisini çekmeyen kızlara bakmaz!"

"Saçları," dedi kızlardan biri. "Saçları çok uzundu. O yüzden bakıyordur belki. Düz saçları çok seviyor ya hani-"

Mine sertçe ona dönerek kızın sözünü kestiğinde gözlerim saçlarına takıldı. Sırtından aşağı uzanan sarı saçları, düzleştirilmekten ölmüş haldeydi. Bu yüzden mi düzleştiriyordu saçlarını? Pamir sevsin diye mi?

Mine lavaboya eğilip aynaya bakarak kafasını kaldırırken, kendimi geriye ittim ve kapaktan aşağı atladım. Beni görebilirdi. Nisan'ın da aynı şeyi yapmış olmasını ummaktan başka bir seçeneğim yoktu, aksi halde Mine bu sinirle onun kabinine saldırabilirdi. Garip bir şekilde amigo kızların hepsi Mine'ye bağlıydılar. Sanki para verdiği adamları gibiydiler. Bunu sadece Kaptan olarak yapabilmesi imkânsız gibiydi ama okulun altın kızı olduğunu varsayarsak, diğerleri kendilerini onun yanında güvende hissediyor olmalıydı.

Daha fazla beklemek istemedim. O ne kadar kıskanıyor, sinirini bu şekilde dışa vuruyorsa aynı şeye benim de hakkım vardı. Bana hiçbir şey yapamazdı. Ona karşı kin beslemiyordum, hiçbir duygum yoktu. Bana nasıl yaklaşırsa, ona karşı tutumum öyle olacaktı. İlk adımı -iyimser ya da kötümser fark etmez- ben atmayacaktım. Saniyeler içinde çantamın fermuarını çektim ve kabinin kilidini açarak çıktım. Çantamın kulpunu koluma asarken bütün gözleri üzerimde hissediyordum. Onlara açıklama yapmak zorunda değildim, onlara bakmak zorunda değildim, onlarla konuşmak zorunda da değildim.

Nisan'ın çıktığımı fark etmesi yalnızca birkaç saniye sürdü. Ben sertçe kapatılmış kapıyı açarken o da kabininin kapısını açarak içeriden çıktı ve peşimden geldi. Merdivenlerden çıkarken sessizce elindeki pantolon tişörtü bana uzattı, beklemeden alarak çantama koydum ve dolabıma doğru ilerledim. Şifreyi girip açtıktan sonra çantamı içeri koyarak kapağı kapattım. Ders kitaplarım ve okul çantam evde kalmıştı ama bunun bir önemi yoktu, bugün ders dinleyecek kafam yoktu.

Koridorda yürürken kantine indik, kahvaltı yapmadığımız için birer tost ve kahve alıp masalardan birine oturduk ve işte o zaman konuşmaya başladı.

"Doğum günü partisine beni de çağırmış," dedi. Hemen ardından daha kapsamlı bir açıklama isteyeceğimi bilerek oyalamak için tostundan koca bir lokma ısırdığında, onu şaşırtarak, "Pekâlâ, bunu bekliyordum," dedim ve kahvemi yudumladım.

Bana gözlerini pörtleterek baktığında tostunu hızla çiğneyip yuttu. "Ama ben beklemiyordum," dedi. "Oraya gitmek sabah benim için sadece bir dalga konusuyken gerçekten bir parti olacağını öğrendim ve bu benim için zor."

"Nerede?" diye sordum. Derin bir nefesi içine çekip geri verdikten hemen sonra oflayarak, "Bir gece kulübünde," dedi. "Gitmek zorunda değiliz."

Görmek zorunda değilsin, demek istemişti aslında. *Pamir'i orada kızlarla birlikte görmek zorunda değilsin.*

"Sence yarın geceki tercihi ne olur?" diye sordum. "Bence dünkü esmerden sonra yarın gece üzerine bir kızıl iyi gider, tabii yarınki partiyi bekleyemeyecek kadarsa bugüne de bir sarışın sığdırabilir."

"Nil…" Nefesi kesildi. "Parti bu gece."

Yutacağım tost boğazımda kalırken, sıcak kahveden peş peşe birkaç yudum aldım ve boğazımı çizen parça gözlerimi doldururken geçmesini bekledim. "Ne?"

"Parti bu gece. 27 Ekim'i 28 Ekim'e bağlayan gece."

"İşte benim beklemediğim kısım da buydu," diye mırıldanarak yarım tostumu masaya bıraktım ve geriye yaslanarak huzursuzca inledim. "Bu nasıl olacak?" Kafamı ona çevirdim. "Bu kadar kolay olamaz. Onu görünce ne hissedeceksin? Ya kız arkadaşı varsa? Ya değişmişse? Ya sana eskisi gibi davranmazsa?"

Nisan gözleri dolu bir şekilde tostunu bırakarak öne eğildi ve sessizce, "Onu seviyorum…" diye mırıldandı. "Tek bildiğim bu. Onu hâlâ seviyorum. O benden gitse de, ben ondan gitmedim."

Burnunu çekip gözlerini sildikten sonra, "Neyse, neyse," diyerek konuyu değiştirdi ve dudaklarını anında bir gülümseme kapladı. *"Pamir ilgisini çekmeyen kıza bakmaz, ha?"*

"Kavga ettik," dedim. "Tabii ki okula girmeden önce son kez tüm nefretiyle bakacak."

Geriye yaslanıp bana inanmıyormuşçasına dilini yanağına vurdu ve şaklattı. "Bilemeyeceğim artık."

"Ne bok yerse yesin, umurumda değil artık."

"Öyle mi?" dedi öne eğilip dirseklerini masaya yaslayarak. "Öyle," dedim tereddütsüz. Ama birkaç saniye sonra, "Pamir şu an yan tarafta bir kızı ağaca yaslamış öpüyor," dediğinde çaresizce, "Ne!" diye sıçrayıp ayağa kalktım ve resmen cama yapıştım. Ama ortalıkta ne Pamir vardı, ne bir kız, ne de bir kızı ağaca yaslamış öpen biri.

Nisan kahkaha atarak ayağa kalkıp kahvesini eline aldığında, "Gerçekten de hiç umursamıyormuşsun," diyerek kapıya doğru yürüdü. Seslice oflayarak elimle alnımı ovaladım ve kendime gelmeye çalıştım. Ne zaman umurumda olmamıştı ki?

İlk dersin ardından öğle teneffüsüne kadar sınıftan çıkmamıştık. Birkaç kez Nisan'ı kayıtlı olmayan bir numara aramıştı ama açmamıştı. Öğle yemeğine bile inmeden sınıfta geçirdiğimiz kırk beş dakikadan sonra patlama noktasına gelip dışarıdan bizi izleyen birinin *kıçıma yapıştığını* düşüneceği sandalyeden kalkıp cam kenarında oturmuş ve bahçeyi izlemiştim. Yerler ıslaktı ama bu çardakta yemek yemelerine engel değildi. Dikkatimi çeken bir diğer nokta ise, Pamir'in çardağında her zamanki grupla oturduğunu görmekti. Garip olan bu değildi, garip olan grubun eksiksiz orada olmasıydı. Pamir, Kaan, Yaren ve Melih'e ek olarak Mine de oradaydı. Beraber yemek yediklerini ve konuştuklarını görmenin kalbimde açtığı yarık, tartışılamazdı. Mine kendine başka bir erkek arkadaş yapmamış mıydı? Nasıl olur da Pamir'le aynı masaya oturabilirdi? Nasıl olur da Pamir onunla aynı masada kalabilirdi?

Bu gördüğümü Nisan'a anlattıktan hemen sonra başka birinin varlığını daha hissetmiştim. Aynı çardağa yürüyen, çardaktakilerin kalkıp teker teker selamlaştığı başka bir erkek. *Buğra.* Oradaydı ve üzerinde okul formasından başka bir pantolon tişört vardı. Saçlarının her zamanki gibi altın sarısı bir şekilde parladığını görebiliyordum, Nisan onun en çok saçlarını severdi. Ama bunu ona söylemeye cesaretim yoktu. O, sırf bugün onu görmemek için sınıftan çıkmıyorken ona bunu yapamazdım. Bu yüzden bir şey söylemedim. Okul çıkışı beklemeden direkt çıktığımızda önce onlara, sonra da bize geçtik. Parti için kendine birkaç bir şey almıştı ve bizde hazırlanacaktık.

Kapıyı açıp onu içeri buyur ettiğimde spor çantamı kenara bırakıp mutfağa yöneldim. Sabahtan beri bir tostla duruyordum ve onu da tam olarak bitirmiş sayılmazdım.

"Ne yapıyorsun sen?" dedi mutfağa giderken kolumdan

yukarı doğru çekiştirerek. "Yemek yiyecektim?" dedim ama beni dinlemedi. "Hazırlanalım, makyaj yapmadan önce atıştırırsın bir şeyler."

Somurtarak peşinden odama girdiğimde, "Daha kaç saat var partiye, ne gerek var şimdiden hazırlanmaya? Son on dakikada giyip çıkarım ben."

"Olmaz öyle şey," dedi. "O partide Pamir de olacak."

"Evet." Bunu umursamazca söylemiştim. "Muhtemelen kucağında bir kızılla. Ya da sarışın mı demeliydim? Belki de yine aynı esmerle takılır."

"Kes şunu," dedikten hemen sonra dolabımın kapaklarını açtı ve gözlerini raflarda gezdirdi. "Hımm bakalım. Siyah…" Eline bir etek alıp geriye attı. "Siyah." Siyah gömleğimi de fırlatıp attı. "Siyah." Siyah elbiselerimin arasına daldığında elinde başka bir elbiseyle çıktı. "Ahh, şuna bak. Yine siyah. Nedense hiç şaşırmadım."

"Huyumu biliyorsun." *Okul forması dışında kimsenin beni siyahtan başka bir renge boyayamayacağını biliyorsun.*

"Bilmez miyim…" Sonunda siyah elbiselerden birini alıp üzerime tuttu. Bunu bana o almıştı, doğum günümde. "Bunu giyiyorsun."

"Ne?" Askıyı tutup gözlerimi pörtleterek ona baktım. "Hayır, Nisan seni kırmak istemiyorum ama ben böyle giyinemem."

"Saçmalama Nil ve giy şunu. O partiye gelecek bütün kızların üzerindeki kumaş parçalarını toplasan anca bu kadar eder. Açık değil, normal bir elbise."

"Ama kısa," dedim.

"Üzerinde harika duracağına eminim. Saçlarını da hafif dalgalandırırız." Ellerim saçlarıma gitti. "Hayır, o sıcak maşayı saçıma değdirip canımı yakamazsın."

Gözlerini deviren Nisan elbiseyi üzerime tutuşturup odamdaki küçük banyoya doğru itti. "Giyindikten hemen sonra geliyorsun, ben de maşayı fişe takıyorum."

"Saçlarıma dokunamazsın."

"Öyleyse kendin dalgalandırırsın." Tekrar banyoya iteledi. "Hadi Siyah Kuğu, göster dişiliğini."

"Ya ben böyle iyiyim…"

"Nil!"

Oflayarak, "Tamam," dedim sonunda. Bana bu elbiseyi giydireceğine inanamıyordum. Acaba altına kısa da olsa şort giyseydim olur muydu?

Elbiseyle beraber banyoya girmeden çekmecemden siyah bir iç çamaşırı takımı aldım ve, "Beş dakikalık duşa giriyorum öyleyse," diyerek kapıyı kapattım. Üzerimdekilerden çabucak kurtulduktan sonra kendimi kabinin içine attım ve önce saçlarımı, sonra da vücudumu yıkadıktan sonra durulanarak çıktım. Kurulanıp elbiseyi giydikten sonra ıslak saçlarıma bakarak dudak büzdüm.

Elbisenin boyu kalçamdan taş çatlasa iki karış aşağıdaydı. Çok hoş dantel işlemeleri vardı ve belimden kalın bir kemer gibi geçen yerde astar yoktu, sadece dantel vardı, tenimi belli ediyordu. Elbise yukarıya, göğüslerime kadar uzanıp onları sarıyordu. Kenarlarda ise kalın iki askılık şeklinde, sırtıma doğru gidiyordu. Sırtımda bir çaprazlama olduğuna emindim. Elime bir tarak alıp saçlarımı tarayıp başka bir havluyla daha nemini aldıktan sonra banyodan çıktım. Nisan koyu yeşil elbisesini giymiş, aynada kendine bakıyordu ama gözleri bana takıldıktan sonra tamamıyla bana döndü. "Nil…" dedi. "Sende ne cevherler gizliymiş böyle?"

"Sevmiyorum," dedim eteği aşağıya doğru çekiştirirken. "Bu yüzyılın tarzını ve kadınların giyinişini hiçbir zaman anlayamayacağım. Hiçbir gizem yok, her şey ortada."

Güldü. "Sen çok şık ve güzel olmuşsun Nil," dedi elimden tutup beni etrafında döndürürken. "Bu çıplaklık ya da öyle bir şey değil. Bu sadece giyim. Bundan kat kat daha açık giyinenler var, sana çıplaklar plajından bahsetmiş miydim?"

Midem boğazıma kadar geldiğinde elimle ağzımı kapayıp yüzümü buruşturdum. "Sanırım var olan iştahım da kaçtı."

Tekrar gülerek masanın üzerindeki tabağı gösterdi. Bana sandviç mi hazırlamıştı? "Ya da kaçmadı. Hepsi yerinde duruyor." Masaya yönelip oturarak tabağı önüme çektiğimde bir altınmış gibi sandviçi kavradı parmaklarım ve koca bir ısırık aldım. "Sandviçlerine bayılıyorum. Çok teşekkür ederim."

"Önemli değil," dedikten sonra makyaj çantasını çıkartıp makyajını yapmaya başladı. Açık ten rengi, yeşil gözleri ve sarıya kaçan açık kahve saçlarıyla uyumlu güzel bir makyaj yaptı. Önce eyeliner çekti, sonra kirpiklerini kıvırıp takma kirpik takarak rimel sürdü. Yeşilin o koyu tonuna gidecek güzel bir ruju da dudaklarına yedirdikten sonra hafif bir allık sürerek parfüm sıktı. "İşte bu kadar."

Sandviçim bitmişti. Benim tek yapmam gereken, uygun bir ayakkabı giyip saçlarımı kurutmaktı o kadar. Bir de hava soğuk olduğu için üzerime bir ceket almalıydım sanırım.

"Bir saate çıkarız," dedi. "Dön bana senin de makyajını halledeyim."

"Ne?" Ona döndüm. "Makyaj falan istemiyorum ben. Saçım kurusun, ayakkabılarımı giyip ceketimi de alır çıkarız."

Bana dalga geçiyormuşum gibi baktı. "Saçmalıyorsun."

"Gayet ciddiyim, Nisan. Makyaj yok."

"Benim adım da Nisan'sa sana o makyajı yapacağım." Dönüp gözlerini kıstığında ona yalvaran gözlerle baktım. "Ya ben alışkın değilim öyle şeylere, elbiseyi giydirdin hem. Makyaj yapmasam olmaz mı?"

"Bak söz çok hafif olacak," dedi güven verici bir sesle. "Sadece ince bir eyeliner, rimel ve birazcık da ruj."

"Ruj olmaz," dedim gözlerimi büyülterek. "Dudak kremi süreyim yeter."

"Deli misin sen?" Elbisemi gösterdi. "Bu siyah elbiseye bordo ruj ne kadar güzel gider haberin var mı senin?"

"Bordo mu?" Yüzümü buruşturdum. "Hayır…"

"Evet." İtiraz kabul etmedi. Eyeliner göz kapağıma sürülürken gözlerimi kapattım. Kirpiklerimi kıvırdıktan sonra rimeli de çekip dudaklarıma geçti. Bir dudak kalemiyle onları belirginleştirdikten sonra bordo ruju dudaklarıma yaydı.

"İşte şimdi oldu," dedi. "Allık da ister misin?"

"Bari o kalsın," diyerek masadan kalkarken aynaya bakıyordum. Gözlerim takılı kaldı. Midem boğazımdaydı sanki. "Ben değilim bu." O kızlardan ne farkım kalmıştı şimdi? Onlar gibi açık saçık bir elbise, onlar gibi makyaj… Beni ayırt edecek, soyutlayacak şey neydi?

"Hayır, sensin," dedi. "Huyunu bilirim, şimdi kendini dışarıdaki fahişelere de benzetirsin sen. Ama öyle bir şey yok."

"Ama o benzetir…" Gözlerim dolu doluydu. Bu ben olamazdım. Bu ben değildim. "Silelim," dedim Nisan'a dönerek. "Ne olursun Nisan, bari ruju silelim. Yapamam…"

İsyanımı kabul etmez bir şekilde baksa da gözlerimi gördükten sonra daha fazla dayanamadı ve dudaklarımdaki ruju sildik. Sadece koruyucu krem ve mat bir parlatıcı sürdükten sonra işini bitirmişti. Kuruyan saçlarımı alıp tekrar taradıktan sonra ısıttığı maşayı gözümün önüne getirip iğrenerek baktım. "Yok," dedim. "Olmaz bu. Çok sıcak. Öldürür saçlarımı."

"Saçlarını çok seviyorsun, kuaföre bile ellettirmiyorsun tamam ama bu belki de her şeyi değiştirecek bir parti, Nil." Yanıma oturduğunda düzleştirdiği saçları yanlarına düşmüştü. "Aşk bazen fedakârlık gerektirir."

"Aşk mı?" Güldüm sadece. "Bugün bir peri masalına dönüşmeyecek, Nisan," dedim saçlarımı ayırıp maşaya dolarken. Canım yanıyordu, ama manevî olarak. "Bir peri gelip sihirli değneğiyle dokunmayacak, o bana âşık olmayacak, beni sevmeyecek. Lise bitecek ve Amerika'ya gidecek. İşte olacak olan bu."

O da güldü, ama bu benimki gibi çaresizce bir gülüş değildi. Bana inanmayarak bakıyordu. "Bunu, havayı kontrol eden medyum bir kız mı söylüyor?"

İstemsizce kıkırdadım ve önüme dönüp saçlarımı dalgalandırmaya devam ettim. Hava karardığında etrafı topluyorduk. Zor da olsa topuklularla yürümeyi öğrenmiştim ve yavaş hareket ettiğimde ayağımı o kadar da ağrıtmıyorlardı ama aynı şey Nisan için geçerli değildi. O sanki bunlarla koşabilirdi bile.

Birkaç dakikalık toplama işinden sonra, "Hazır mısın?" dedi bana bakarak. Dolaptan siyah deri ceketimi çıkardım, o da ince beyaz ceketini giydi. Altımdaki siyah platform topuklulara alışamayacağımı, mutlaka orada bir yerde düşeceğimi hissedebiliyordum. Bu elbet olacaktı.

"Bence," dedim son bir kez ona dönüp şansımı denemek için. "Bu elbisenin altına siyah Converse'lerim çok iyi olur."

"Nil," dedi somurtarak. "Yürü."

Gözlerimi devirerek son kez aynaya baktım. Neyse ki saçlarımdaki dalgalar iyice açılmıştı da, gayet doğal bir görünüm katıyordu. Umarım o sıcak maşayı onlara değdirdiğim için bana küsüp kırılmazlardı. Saçlarım çok uzundu benim, hiç kestirmezdim. İki üç ayda bir uçlarından kendim keserdim sadece. Saçlarıma dokundurtmazdım kimseyi… Annemi bile.

Sahi, onlar neredeydi? Saat sekizdi ve bu akşam da mı gelmeyeceklerdi?

Siyah çantamı alıp odadan çıktıktan sonra küçük adımlarla merdivenlerden inmeye çalıştım, düşmeden mümkün olabildiğince yavaş inmeye çalışıyordum ama Nisan sanki uçarak inivermişti.

Çağırdığımız taksinin kornası kulaklarımızı doldurduğunda ne olur ne olmaz diyerekten annemlere küçük bir not bırakıp buzdolabının üzerine astım. Hemen ardından kapıyı kapatıp kilitleyerek Nisan'la beraber taksiye bindim.

Okul çıkışında, Dedikoducu Kız tarafından cep telefonlarımıza gelen mesajda, Buğra'nın dönüşünden bahsetmiş ve mekânın adresini vermişti. Sadece okuldan gelenlerin olmayacağını biliyordum, okuldaki herkesin cesaret edip gelemeyeceğini de biliyordum. Tek planım, kenarda bir yerde oturup Buğra'nın pastasını kesmesini beklemek, doğum gününü kutlamak ve gitmek olacaktı: Eğer Nisan'la aralarında bir uçurum olmasaydı. Ne olacağını bilmiyordum, kendimi Nisan'ın yerine koymaya çalıştığım her an Buğra'nın görüntüsü silikleşiyor ve yerini Pamir alıyordu. Şu ana göre ise Buğra ve Nisan karşılaştığında neler olacak, merak konusuydu doğrusu. Bu partinin, yarın sabah en bomba fotoğraflarla birlikte okulun Dedikoducu Kız sayfasında olacağından adım gibi emindim. Bir kere Pamir orada olacaktı, okulun gururu, Basketbol Takımı'nın kaptanı. Kaan ve Melih de yakışıklılıklarıyla en az Pamir kadar dikkat çekiyorlardı. Şimdi Buğra da partinin tam olarak düzenlenme sebebiydi ve okula geri dönmesi, kızlar tuvaletini tamamen ayaklı dedikodu dolabına çevirmişti. Bütün kızların, bu dört erkeğin etrafında pervane olacağına emindim. Hatta hepsinin sırf onlar için partiye geleceklerine ve süsleneceklerine emindim. İşte bu yüzden katılmıyordum partilere. O grup partilerin ve gece kulüplerinin aranan yüzleriydi ve ben kenara oturup somurtarak kızların sıraya girmiş bir şekilde Pamir'e asılmasına göz yumamazdım. Biri bir şey yapardı, sinirlerim bozulurdu, kendimi kontrol edemezdim, çatıyı uçururdum falan... Aslında çok da fena fikir değildi. O kızların hepsini içine çekecek bir hortum...

Vahşileşen düşüncelerimin arasından sıyrıldım. Geriye kim kalıyordu? Mine ve Yaren. Mine, okulun altın kızıydı. Amigo takımının biricik kaptanı, uzun sarı, kalın bukleli saçlara sahip... Ama artık solmuşlardı, o kadar çok düzleştiriyordu ki canlılığını kaybetmişti saçları. Pamir için düzleştiriyordu. Pamir düz saç sevdiği için. Saçmalığın daniskasıydı. Yaren ise siyah saçları, beyaz teni ve mavi gözleriyle gerçekten dikkat çeken bir kızdı. Çok makyaj yapmazdı, bazen eyeliner çektiğini görüyordum sadece. Muhtemelen Melih'le birlikteydi, emin değildim. Dedikoducu Kız, bununla ilgili bir dedikodu başlatmıştı bir ara ama kimse aralarında gerçekten ne olduğunu bilmiyordu. Aslına bakarsanız, Mine ve Pamir'den başka o gruptan okula sır sızmazdı hiç. Çok gizemliler diyebilirdim. Mine ve Pamir'den sızan sırdan da kast ettiğim, çıkmaya başlamaları ve ayrılmalarının sebebi olan o olay.

Taksici, "Geldik abla," diyerek dikiz aynasından Nisan'la göz teması kurduğunda, ücreti ödeyip taksiden indik.

"Havada bayağı soğumuş..." diye mırıldanıp ceketine sarıldığında, "Eee," dedim yanında yürüyerek. "Havayı kontrol edecek bir arkadaşı yok maalesef." Ilık bir esintinin üzerimizden geçmesine izin verdiğimde, "Teşekkür ederim," diyerek gerindi. Kulüp bir ara sokaktaydı. Buralar şehrin en ücra yerleriydi, nasıl oluyordu da burada parti verebiliyorlardı? Çok ıssızdı. Buraları bilmeyen bir kız bu sokağa girse ve...

Yol kenarından geçen iki sarhoş çocuğun bize baktığını gördüğümde, "Yürü Nisan, yürü," dedim. "Gir şu lanet kulübe."

"Tamam, tamam," diye homurdanarak kapının önünde dikilip duygusallık yapmaktan vazgeçti ve kapının kenarındaki iki ızbandut gibi adama bakınıp içeri geçti. Ses yalıtımı çok iyi olmalıydı ki, koridorda ilerleyip yaklaşana kadar hiçbir şey duyulmuyordu. Sonunda içeriye vardığınızda ise...

Ses, değil kulak zarımı, -öyle bir şey var mı bilmiyorum ama- beyin zarımı bile patlatacak güçteydi. Bar kısmı tıklım tıklımdı, iki barmen çalışıyordu. Dans pistindekiler dans etmekten ölecek gibiydiler. İlerideki siyah koltuklardakilerin onlar olduğunu biliyordum, kapının girişinde de birkaç koltuk ve masa vardı. Yine de burası o kadar büyüktü ki, insanın başının dönmemesi imkânsızdı.

Dans pistinden sıyrılarak yürümeye başladığımızda, gerçekten kızların çok açık giyindiklerini fark etmiştim. Üstüne üstlük, bir de neredeyse çıplak kalmış vücutlarını, dans eden adamların bedenlerine sürtüyorlardı. Bu manzaraya daha fazla bakamayarak kafamı çevirdim ve sabahtan beri üçüncü kez hissettiğim safra tadıyla ağzımı kapatıp sertçe yutkundum. Sanırım, alkolsüz bir meyve kokteyli içsem iyi gelebilirdi.

Ama düşüncelerim arasında, tahmin ettiğim masadan kalkmış bir Buğra bize doğru yaklaşmaya başladı. Ya da, Nisan'a doğru mu demeliydim? Çünkü doğrudan ona bakıyordu. Bu bakışları biliyordum, her ne kadar hiçbir zaman yaşamamış olsam da biliyordum; filmlerden, okuduğum kitaplardan, gördüklerimden…

Yanlarından sıyrılarak ileriye doğru yürüdüm. Masanın biraz yakınında duvara yaslanıp kollarımı göğsümde birleştirdiğimde, onların arasında sadece bir metre kalmıştı ve masadaki bakışların, hâlâ sarhoş olmamış olanlarla beraber onlara çevrildiğini görebiliyordum. Gözlerim istemsizce yan tarafımdaki masaya kaydı. Pamir'in bakışları ani bir sapmayla Nisan ve Buğra'ya çevrilmişti.

Az önce bana mı bakıyordu o?

Nisan'ın gözlerinin dolduğunu gördüm. Buğra'nın bir elini beline, diğer elini de yanağına koyduğunu gördüm. Nisan'ın kafasını eğip yanağını eline bastırışını, hemen ardından yaklaşmalarını ve öpüşmelerini.

İşte bu kadardı. Ayağa kalkıp, *"Mission completed!"* diye bağırmak ve ağzımdaki safra tadını geçirecek bir şeyler içmek istiyordum. Belki hemen ardından Nisan'ı burada bırakıp eve gidebilirdim. Ya da gidemezdim. Bilmiyordum… Pamir buradaydı. Hemen karşısında, mavilere bürünmüş bir Yaren ve beyazlara bürünmüş bir Mine oturuyordu. Yaren'i tanımıyordum ama Mine, onca yaşanmışlıktan sonra nasıl hâlâ aynı masaya oturabiliyordu? Ayrıca yeni sevgilisi neredeydi? Pamir öyle söylemişti, umursamadığını. Anlatmak istediği başka bir şey vardı biliyorum, ama geçiştiriyordu. Ne zaman söylemek istese Mine'ye dönüyordu, anlatmak istediği şeyi kafasından atabilmek için. Biliyordum.

Etraftan bir alkış tufanı koptuğunda, dudaklarımı bir gülümseme esir aldı. En azından aşk hayatında Nisan mutluydu, değil mi? Ben zaten, çok önceden kabullenmiştim Pamir'le olmayacağını. Biz onunla iki yarım elmaydık, ama birleşemezdik çünkü o benim diğer yarımım değildi. Sanki yarım elmalarla donatılmış bir yere kapatılmıştık ve herkes eşini bulmuştu ama biz... Onun fazla tarafları vardı. Birleşmeye çalıştığımızda, o fazla olan tarafları karşılık bulamıyordu ve boşlukta kalıyordu. Benim fazla olan taraflarım ise onda karşılık bulamayarak boşlukta kalıyordu. Bazen dayanamıyordum, dikiyordum o fazla taraflarımızı kesip biçerek. Ama bu daha da acıtıyordu. Öyle çok acıtıyordu ki, söküp atmak istiyordum kalbimi. Yapamıyordum yine de.

Nisan kollarını Buğra'ya dolayarak sarıldığında ağladığını biliyordum. Ağlıyordu ve makyajını umursamıyordu bile.

İçimdeki kötü kız kahkaha atarak *Salak*, dediğinde ona dikkat kesildim. *Akmayan makyaj diye bir şey var, değil mi? Yemin ederim oksijen alıp cahidioksit veriyorsun.*

Ona güldüm. Dakikalar sonra Buğra, elini Nisan'ın beline sarıp bir şeyler söylemeye devam ederken Nisan'ın tekrar dolan gözleri beni buldu. Ona dudaklarımı oynatarak *Biliyordum*, dedim ve güldüm. Benim yanıma doğru gelmeye başladıklarında, işte bu beklemediğim bir tepkiydi. Şu aptal grubun yanına gitmeliydi, ben de kenarda Pamir'i izlemeliydim çaktırmadan. Sonra Buğra onu eve bırakıp, bir iyi geceler öpücüğü verirdi ve belki her şey yoluna girerdi. Ama ben silik kız olarak kalmalıydım. Riske giremezdim. Arkadaşlar demek, değer demek. Değer demek, sırların önünde sonunda açığa çıkması demek. Ve dünya bana hazır değil... Hiçbir zaman da olmayacak.

"İşte Nil," dedi. "Çok değişmiş değil mi?"

"Vay canına..." Buğra elini uzattığında sıktım. "Elbise, topuklular ve makyaj... Çok değişik olmuşsun."

"Nisan'ın işleri," diye mırıldandım. "Yarın yine Külkedisi olacağım ya da her neyse..."

Buğra, Nisan'ı sıkı sıkı sarıyordu. Bırakmaya niyeti yok gibiydi. "Bizim masaya gelsenize," dedi. Ama bu bir rica değildi. Nisan'a dolanmış kolu, sanki beni tehdit eder gibi *O masaya oturacaksın,* diyordu. Nezaketen de ekliyordu: *Nisan için.*

"Sadece Nisan için," diye mırıldanarak kafamı salladım. Buğra biliyordu. Pamir'e karşı hissettiklerimi biliyordu. Belki bir hoşlantı zannediyordu ya da gelip geçici bir şey. Ama biliyordu. Okulun ilk senesi biliyordu. Şimdi de beni test etmek ister gibiydi. Ona kimseye söylemediği veya kast etmediği için minnettardım. Gerçekten çok iyi bir çocuktu.

Adımlarımız masaya çevrildiğinde, Nisan, Buğra'nın yanına geçip oturdu. Ben de boş koltuğa rahatsız bir şekilde geçip masadakilerin üzerinde yapmacık bir gülüş gezdirdiğimde önüme dönüp sırıtmayı kestim. Saçlarım dalgalandığı için yüzüm apaçık ortadaydı ve bunun masadakiler için de, okuldakiler için de bir ilk olduğuna yemin edebilirdim. Nisan hariç.

"Vay canına," dedi Melih bana dönerek. Siyah saçları ve kumral bir teni vardı. "Sürekli saçlarınla yüzünü örttüğün için bir cilt sorunun olduğunu düşünmüştüm..." Gözleri yüzümde gezindi. "Ama şöyle bir bakıyorum da, güzelmişsin."

Göğsümün kabarması mı gerekirdi? Sevinip, teşekkür etmem mi gerekirdi? Ya da olmayan özgüvenimin temellerini atmam?

Oysa ben sadece utanmış ve üzülmüştüm. İnsanlar bana iltifat etmesin istiyordum. İltifat ettiklerinde, kötü hissediyordum. Hem de çok kötü.

"Teşekkür ederim," dedim yine de. Kibarlık etmem gerekirdi. Sonuçta bana kötü bir şey söylediği aklının ucundan bile geçmezdi, çoğu kişi için bu bir iltifattı. Aslında, herkes için iltifattı ama benim için öyle değildi. Sadece susup, bir şey demeseler olmaz mıydı?

"Çocuklar bu Nil, Nisan'ın en yakın arkadaşı," diyerek takdim etti Buğra beni. Mine'nin bakışlarını yüzümde hissediyordum ama ona dönmek istemiyordum. Ben onun rakibi bile değildim. Sabah olanların, tamamen bir tesadüf olduğunu ona anlatsa mıydım?

"Ve tilki, gözüne kıstırdığı avının inine sızar."

Kafamı kaldırdım. Bu kelimelerin sahibi Pamir'di. Siyah bir gömlek giymiş, kollarını geriye sıvamıştı. Altında da her zamanki siyah kotlarından vardı ve saçları hafif dağınık duruyordu. Dikkatli bakınca dudağının kenarında küçük bir patlak olduğunu fark ettim. Küçüktü, ama dikkat edilebilirse fark edilirdi. Kavga mı etmişti?

"Efendim?" diyerek ona döndüm. Neyi kast ettiğini çok iyi biliyordum. Beni, gruplarına sızmak isteyen bir kız zannediyordu. Popülerlik peşindeki bir kız. Öyle olmadığımı biliyordum ama kötü hissetmem için sadece onun böyle düşündüğünü bilmek bile bana yetiyordu.

"Hiç," dedi elinde döndürdüğü bardağı dudaklarına götürüp sonuna kadar içerek.

Pekâlâ, bu acıtmıştı.

"Seni daha önce hiç görmemiştim aslında," dedi Melih tekrar konuşarak. Elindeki bardağı da koltuğunun kenarına bırakmıştı. "Çok ortam kızı değilsin herhalde?"

Mine güldü. Ben de onun bu haline histerik bir şekilde

gülümseyip kafamı çevirdikten sonra Melih'e cevap verdim. "Partiden partiye koşup insanlarla pek de alâkadar olan bir tip değilimdir."

"Derslere takılıp gençliğimi harcıyorum diyorsun yani?"

Mine'nin sorusuyla başımı kaldırdım. Bana düşman gözüyle mi bakıyordu? O böyle biri miydi? Hayır. Sadece şu an kıskanıyor olabilir miydi? Ama kıskanması için hiçbir sebep yoktu ki. Kafam allak bullaktı.

Ona içten bir şekilde gülümsedim. "Hayır, geleceğime zemin hazırlayıp gençliğimi de tadını kaçırmadan yaşıyorum diyorum. Sonradan pişman olacağım şeyler yapmak istemiyorum."

Nisan'ın gözleri Buğra'nın üzerindeydi. Zaten onun göğsünde duruyordu. Şu manzara, beni alıp yıllar öncesine, lise birinci sınıfa götürüyordu. Ve yeniden gözde çiftimin onlar olduğunu kabullenebilirdim artık. Çok tatlılardı. Şu an birinin *Nothing Like Us* şarkısını söyleyip beni kıskandırmasını ve hüzünlendirmesini bekliyordum sadece, bu andan başka bir beklentim yoktu.

Ancak öyle olmadı. Hatta aksine, müzik daha da hareketli bir şeye dönüştü ve başımın ağrımasına neden oldu.

Alnımı ovduktan sonra ortamın daha da ısınmasıyla ceketimi çıkardım. Nisan çoktan çıkarmıştı bile. Ceketi katlayıp kenara koyduktan sonra önüme gelen saçı kulağımın arkasına sıkıştırırken Pamir'in bakışını fark ettim. Hemen ardından Mine'nin de onun ve benim aramda gezen gözlerini. İşte buydu. Mine, Pamir bana bakıyor diye kızgındı.

Kalbimin teklediğini hissettim. Sanki elleri aramızdaki mesafeye rağmen göğsümü yardı ve kalbimi avuçları arasına alarak tırnaklarını batırdı. *Bana bakıyordu.*

Bu anı öyle çok beklemiştim ki… Herkes farklı şeyler beklerdi. Ben sadece baksın istemiştim. Ve şimdi bakıyordu. Ne yani, bakması için onun dikine gidip kavga etmem yeterli miydi? Bunu her zaman yapabilirdim. Belki arkadaş olurduk. Onunla arkadaş olmayı çok isterdim.

"Son bir saat," dedi Buğra, Nisan'la konuşmayı kesip. Ne konuştuklarını bile duyamıyordum. Melih'in bana baktığını biliyorum, Pamir bakışlarını çevirmişti. Mine etrafı seyredip içkisini yudumluyordu, Yaren ise cep telefonuyla uğraşıyordu. Bir süre sonra Buğra ve Nisan dansa kalkınca Melih'in bakışları üzerime çevrildi ve gülümseyip pisti işaret etti. "Dans edelim mi?"

"Yok, ben almayayım."

"Dans da mı edemiyorsun yoksa?" Gibi bir aptal cümle kaçtı Mine'nin ağzından. Buna kahkaha atmayı çok isterdim, eğer Pamir karşımda oturuyor olmasaydı.

"GreenLight'ta beş yıllık profesyonel dansçıyım, sadece bu şekilde zevk için dans etmek yapıma uygun değil. Dans bir sanattır ve bedenlerden çok ruhların dans etmesi gerekir."

Mine cevabımla kızarıp bozarırken Yaren anında kafasını kaldırmıştı. Sanırım dans kulübümün adı ilgisini çekmişti.

"Zevk için değil," dedi Melih. "Eğlenmek için sadece. Birazdan pasta kesilecek."

"Olsun," dedim. "Teklifin için teşekkür ederim."

Hemen ardından Mine'yle beraber kalktılar. Masada sadece Yaren ve Pamir'le kaldığımda gerilmiştim. Bir süre sonra Yaren de, "Off, çok sıkıcısınız," diyerek kalktığında içki bardağını kafasına dikti ve sallana sallana piste yürüdü.

Arkama yaslanıp açılan bacaklarımı eteğimi çekiştirerek örtmeye çalıştığımda bakışları bir anlığına bacaklarıma kaydıktan sonra yüzüme çıktı. Bir şey söylemek zorunda hissettiğim için konuşmaya karar verdim. "Dudağının kenarına ne oldu?"

Duut! sesini duyar gibi oldum. Evet, bu yanlış bir soruydu. Ona hakaret etmem bile daha normal kaçardı.

Tekrar bitirdiği bardağını masaya bıraktığında bu sefer

doldurmadı ve geriye yaslanarak etrafı süzerken mırıldandı. "Hem cadaloz, hem de burnunu seni alakadar etmeyen işlere sokacak kadar meraklısın."

"Ha-ha." Gözlerimi devirmemek için kendimi zor tutuyordum. "Hey, ben buradayım, unuttun mu? Kendi kendine konuşmandan daha az dengesizce bir şey varsa, o da benimle konuşmandır."

"Öyle mi hanımefendi?"

Sessizce hızlı bir nefes verip ayağa kalktım. "Ben lavaboya gidiyorum. Bunu da neden söylediysem…" Oflayarak çıkacaktım ki eli bugün ikinci kez bileğime dolandı. "Burası tekin bir yer değil, bence kızlardan biri gelene kadar bekle."

Bileğimi çektim. "Kendimi savunabilirim."

"Ahh, doğru," dedi alayla. "Sen Tekvando biliyordun değil mi?"

Onu dinlemedim. Yanından geçip giderken tekrar bir koridora girdim. Müziğin sesi burada daha boğuktu.

Lavaboya girdikten hemen sonra elimi yüzümü yıkayacaktım ki, yüzümde makyaj olduğu geldi aklıma. Midemin bulantısını geçirmek adına ellerimi yıkayıp boynumu ve yanaklarımı soğuk suyla ıslatırken yanımdaki iki kızdan birinin telefonu çaldı. Kız dudağındaki koyu kırmızıyı tazelerken, "Ne?" dedi gözlerini pörtleterek. "Hemen geliyorum!"

Umursamadım. Bir kez daha elimi yanağıma götürdükten sonra peçeteye uzandım.

"Kızım, Pamir koltuklarda yalnız kalmış! Sonunda! Partinin başından beri bu anı bekliyordum." Saçlarını savurup parfümünün kokusunu daha da almamı sağladığında, biraz olsun düzelmiş midem tekrar altüst oldu ve elimi ağzıma götürüp sertçe yutkundum. *Safra.*

"Şu Mine cadalozuyla ayrılmaları ne iyi oldu be. Artık sadece bir kıza ait değil, hepimize ait."

Hepimize ait.

Sabahki fotoğraflar, ortamın ve kızın parfümünün kokusu, bir de ima ettiği lafın iğrençliğiyle birleştiğinde daha fazla dayanamadım. Adımlarım kabinlere yönelirken birinin içine girip kapıyı kapattım ve eğilerek kustum.

İşte bu kadardı. Sabah yediğim yarım tost ve Nisan'ın sandviçi de midemden çıktığında, karnım açlıkla büzüştü.

Kendime gelmek adına birkaç saniye orada bekledikten sonra kızın dediklerini hatırladım. *Pamir koltuklarda yalnız kalmış! Artık sadece bir kıza değil, hepimize ait.*

Hayır.

Kabinden çıktıktan hemen sonra ağzımı çalkalayıp silerek lavabodan çıktım. Koridorda iki kişi vardı. Bir adam, kızı duvara yaslamış bir şekilde dudaklarını boynunda gezdirirken ona sürtünüyordu. Eğer midemde bir şeyler kalmış olsaydı, hemen ayaklarının dibine öğürebilirdim sanırım. Gerisi meçhul.

Adımlarım hızlanarak ileriyi hedef aldığında bir elin bileğime dolanmasıyla vücudum kasıldı ve ardından bileğime dolanan eli tüm gücümle duvara ittim. Kırklarındaki adam duvara çarpıp sertçe yere düşerken, işi pişirmekle meşgul olan çiftin umurunda olmamıştı.

Adımlarımı ilerletip az önce kalktığım masaya geçtim. Lavabodaki kız etrafta görünmüyordu, Pamir ise masada oturuyordu. Kaşlarımı çatarak sessizce geçip eski yerime oturduğumda, sıkıntıdan ve açlıktan patlamak üzere ofladım.

Oflayışımı duymuş olacak ki sessiz bir gülüş dudaklarını kapladı ve kafasını çevirdi.

"Ne?" dedim ona dönerek.

"Ne oldu? Ortalığı karıştırabileceğin biri bulamadın mı?"

"Ne oldu? Kucağına alıp düzebileceğin biri bulamadın mı?"

Keyifli hali birden öfkeliye dönüş yaptığında, gözlerinin kararışına bizzat tanık oldum. Bana, "Gözlerin lens," dedi.

"Ne?"

"Gözlerin," dedi tekrardan, doldurduğu bardağı yudumlarken. "Lens. Allah bilir saçların da boyadır."

Elim istemsizce saçlarıma gitti. "Miyobum," diye yalan attım. Aksi taktirde lenslerimi çıkarırsam beni disko topu niyetine tavana asabilirlerdi. "Saçlarım da doğal. Sarışın mıyım ki sahte diyorsun? Kendi rengi bu."

"Neden sürekli insanlara açıklama yapma ihtiyacında bulunuyorsun?" Bunu beklemiyordum. Gözlerini kısarak bana bakmaya devam etti.

"Ç-çünkü yapım böyle." Kahretsin. Kekelemiştim.

"Çok alıngan bir tipe benziyorsun zaten, başka ne beklenirdi ki?"

Gözlerimi başka tarafa çevirdim. Onunla konuşmayı deli gibi isterken, aynı zamanda da susmasını dilemek en büyük ironilerden biri değildi de neydi?

Daha fazla konuşmadık. Buğra gece yarısına biraz kala gelip koca bir bardak içkiyi kafasına dikmişti. Nisan'ın karışmamasını anlamıyordum, sanırım daha yeni bir araya geldikleri için böyle davranıyordu. Ancak sonra bir şey oldu.

Mine, sarhoş bir şekilde gelip *o benim,* dercesine hızla Pamir'in oturduğu koltukta üzerine oturup elbisesinin açılmasını umursamadan saçlarından kavradı ve dudaklarıyla dudaklarını birleştirdi.

Bunu beklemiyordum.

Gökyüzü de bunu beklemiyordu ki, tırnaklarım avucuma batıp kanımı akıttı hemen ardından büyük bir şimşeğe ev sahipliği yaptı. İşte beni kontrol edebilmesi bu kadar kolaydı, sonra ben kontrolü kaybediyordum ve o sanki elinde benim uzaktan kumandamı tutuyordu.

4

Bazı insanlar hak etmiyordu.

Sevilmeyi, içinde sürüklendiği hayatı, ailesini, arkadaşlarını, yediği yemeği, giydiği kıyafeti, ayağındaki ayakkabıyı, cüzdanındaki parayı, mevkisini, gözyaşlarını, aldığı notları ve hatta sahip olduğu sevgilisini bile. Ama hepsi saygı duyulmayı hak ederdi. Çünkü saygı olmalıydı, sevmeyebilirdiniz insanları ama saygı duymak zorundaydınız. Benim düşüncem bu yöndeydi.

Ta ki Mine gözlerimin içine bakarak sanki inadına yapıyormuş gibi Pamir'in kucağına atlayıp onu öpene kadar.

Mine'ye duyduğum saygı bu an, burada noktalanmıştı. Çünkü o kendine, bedenine saygı duymuyordu. Kendine ve bedenine saygı duymayan biri saygıyı hak eder miydi?

İyi bir kalbi olabilirdi, okulun altın kızı olabilirdi, dışarıdan bir iyilik perisi olarak da görünebilirdi ama bu... *Sevgilisi vardı.* Şimdi Pamir'e yaptığının aynısını o çocuğa yapmamış mıydı? Bir parti, bir koltuk, bir kucak, birleşen dudaklar... Mine, iflah olmaz bir kızdı. Sırf kıskandığı için değişimine göz yumup arkadaşlarından birinin doğum günü partisinde eski sevgilisini öpecek kadar kendine ve bedenine saygısızdı.

Peki ya ben? Ne hissetmeliydim? Kalbimi bir kenara atıp, hiç yapmadığım bir şeyi yaparak içkinin dibine vurmalı ve efkârlanmalı mıydım? Gitmek için izin isteyip, yalnızlığımın başıma yıkıldığı o evde yatağıma girip yastığıma sanki Pamir'miş gibi sarılıp ağlamalı mıydım?

Belki de arada yaptığımı yapar, onun geceleri kafasına göre evden çıktığı saatlerde penceresine tırmanıp yastığını çalardım. Sabaha kadar o yastığa sarılarak uyur, kokusunu uyuşturucummuş gibi içime çeker ve kendimden geçerek huzurlu bir uykuya teslim ederdim kendimi. Ahh... Ne cazip bir fikirdi. Ne var ki, bunu en son yaptığımda neredeyse annesine yakalanıyordum.

Pamir onu öptü. Kalçasını avuçladı. Ama sonra, tıpkı Dedikoducu Kız'ın siteye yüklediği fotoğraflardaki kızlardanmış gibi kucağından itti ve ayağa kalktı. "Seninle aramdaki ilişki..." dedi, keskin ve sert bakışlarını onun gözlerine çevirmeden hemen önce. Alevlenen bakışlarda şehvet ve arzudan çok durgunluk vardı. Ama yine de koyu kahvelerinin ateş aldıklarını hissedebiliyordum. Siyaha çalıyorlardı. "Bu andan sonra yataktan ileriye gidemez, gitmez. O yüzden bunu benden bir şey bekleyerek yapma. Bir daha asla. Duydun mu beni?"

Yutkundum. Sertçe yutkundum. Bir dakika öncesinin görüntüleri beynimde tekrar ederken bedenimdeki her hücrenin buna karşılık titrediği, dışarıya akacak gözyaşını bir zehre dönüştürerek içine akıttığı, bedenimi bir kez daha zehirleyerek kalbimi yok saydığı ve anlık kareleri hor görmeden bir bir suratıma vurduğu inkâr edilemez bir gerçekti ama öyle olmaması için her şeyimi verebilirdim. Bir dakika öncesinin, en azından gözlerimin önünde ve o bana bu kadar yakınken yaşanmamış olması için birçok şeyden vazgeçebilirdim.

Keşke böyle bir seçeneğimiz olsaydı ama o zaman, eminim ki elimde kalan tek şey ruhum olurdu.

Birkaç ay içerisinde sevgilisinden ayrılmış, huy ve davranışlarını değiştirmişti. Eskiden kırmızı giyerdi, mavi giyerdi, yeşil giyerdi... Hele gözleri koyu kahve olmasına rağmen lacivert öylesine yakışırdı ki ona, en çok lacivert giydiğinde hayran hayran bakardım ona. Şimdiki giyim tarzıyla birkaç ay önceki hiç uyuşmuyordu. Şimdi siyahlara, grilere, beyazlara bürünmüştü sadece. Beyaz dediysem de, bu renk sabahki koşularında üzerine giydiği beyaz tişörtten başka bir kıyafete bulaşmıyordu hiç. Basketbol maçlarına çıkmasını ve lacivertli beyazlı formasını giymesini dört gözle beklerdim bu yüzden hep.

Doğru mu Yelkıran? Geç mi kaldım ben sana? Yetişemedim mi ruhuna?

"Peki," dedi Mine, ağlayacak gibiydi ama yere çevrilmiş bakışları kalkarken benimkilerle buluşunca saniyeler içinde toparladı kendini. Çökmüş omuzları tekrar dikleşti, bakışları yine o cüretkâr hâline döndü ve elbisesini düzelterek Yaren'e bir bakış attı. "Lavaboya gideceğim, benimle gel."

Kafasını sallayan Yaren bize bir bakış atıp Mine'yle beraber lavabonun yolunu tuttuğunda buraya bakan insanlar topluluğu da kendi işlerine dönmüştü artık. Kenarda, hâlâ şaşkın bakışlarını üzerimizde gezdiren Buğra ve Nisan adımlarını bu tarafa çevirdiğinde Melih de çok geçmeden yanımıza gelmişti. Sol elini saçlarından geçirirken dudağını yaladı. "Of, çok fenaydı."

Pamir'e çevirmemek için Melih'in yüzünde gezdirdiğim bakışlar, dudaklarını yalamasıyla bana çevrildiğinde kendimden utandım. Nedensizce bir ihanet duygusuna kapılmıştım. Ama sonra, kucağına atlayan bir kıza dudaklarıyla cevap veren bir adamı sevdiğimi idrak ettim ve kalbim buruk bir gülümsemeye ev sahipliği yaptı. O, bunu bana gözlerimin önünde yapabiliyordu ama ben yanlışlıkla göz göze geldiğim başka bir erkek yüzünden ona ihanet etmiş gibi hissedebiliyordum. Bu nasıl bir şeydi böyle? Kalbim beynime hükmediyordu sanki, düşünce yapıma bile hayret edebiliyordum. Üstelik o hiçbir şey bilmiyordu…

Bana hiç gelmeyen bir adama, başka tek bir erkeğe bakmakla bile ihanet etmiş gibi hissediyordum. İroninin dibi.

Buğra ortamı düzeltmek adına elini beline attığı Nisan'ı biraz daha kendine çekerek, "Şu pastayı kessek mi artık sanki?" diye mırıldandı ve masadaki gözler ona çevrildi. Melih oturmuşken, Pamir hâlâ ayaktaydı ama ona bakamıyordum.

"Ben hallederim," diyen Melih adımlarını bar kısmına doğru atarken bir an bu kadar alkolik bir gruptan nasıl bir pasta çıkabileceğini düşündüm. İçine alkol kattıkları, bitter çikolatalı bir pasta? Öyle bir pastayı tatmak isterdim doğrusu. İlginç bir deneyim olurdu. Ya da istemezdim… Bu aralar kesin olarak ne istediğimi asla bilemiyordum.

Buğra ve Nisan yerlerine geçerken, oturmadan önce istemsizce bakışlarım Pamir'e çevrildi. Sağ elini ensesini atmış, düşünceli bir şekilde yere bakıyordu. Saniyeler içinde onda takılı kalan bakışlarımı fark etti. "Bir şey mi söyleyeceksin?"

Oturdum. Dakikalar önce üzerinde sakin kalabildiğim, uslu uslu gizliden onu izlemeye çalıştığım ama dışarıya ona laf atarak vurduğum sevgim bir darbe daha alırken oturdum. Bir şey söylemem mi gerekiyordu? Hayır, içimdeki fırtına dinene kadar bir şey yapmamalıydım. Ama dudaklarına bakarsam, midemin altüst olduğunu hissedeceğimi biliyordum. Bu tamamen psikolojikti ve eğer bu olursa, Mine ve Yaren'in peşinden gidip midemdekileri bir kez daha klozete boşaltabilecek zamanı bulamayabilirdim. Gerçi, midemde bir şey de kalmamıştı. Açlıkla büzüşen midemin derdini dakikalar önce unutmuştum ama şimdi o büzülmeyi tekrar hatırlayarak pastayı düşlemek zorundaydım.

"Hayır." *Sen bana hiç gelmedin, ama ben de senden hiç gidemedim. En acısı da ne biliyor musun? Gözümün önünde etimi kemiğimden sıyırdın, yine de vazgeçemedim senden. Ve yine de bilmiyorsun beni. Hiç bilmedin. Belki de hiç bilmeyeceksin.*

Bir şey söylemeden oturdu yerine. Saniyeler sonra Mine ve Yaren geldiğinde, Mine'nin dudaklarındaki kırmızı ruju tazelediğini gördüm. Gitmeden önce ruj dağılarak dudaklarından taşmıştı ama şimdi ilk zamankinden daha parlak duruyordu. Delici bakışlarını üzerimde gezdiren Mine'ye, *ben senin için bir tehdit değilim, neden böyle yapıyorsun?* der gibi baktım. Ama anlamadı, bakışlarını çevireceği yerde gözlerindeki alevi fark ettim.

Nisan'a döndüğümde bakışları Buğra'dan bana döndü. Gitmek istiyordum. Gitmek istediğimi biliyordu. Tıpkı benim gibi yüzüne bir maske yerleştirmiş, güler bir yüzle Buğra'ya bakıyordu çünkü onun keyfini kaçırmak demek bugünü kökünden söküp atmak demekti. Birkaç dakika sonra Buğra'nın doğum gününe giriş yapacaktık, bunun için çok heyecanlı olduğunu ve her ne kadar görsem bile bana her şeyi anlatmak için yanıp tutuştuğunu biliyordum. Haklıydı. Dışarıdan bir kızın elini tutan bir erkek görüyordunuz. Bir cümle. *Elini tutuyordu.* Ama o anı kıza veya erkeğe sorduğunuzda, sayfalar dolusu cevap alıyordunuz. Çünkü gördüğünüz sahneyi size bir cümleyle beyniniz söyletiyordu, ama o anı yaşayanlar bunu kalpleriyle anlatıyordu.

Bazen hiç bitmeyen, sonu gelmeyen uçuk hayallerimin ortasına biraz umut olsun diye mum diker ve ucunu ateşe verirdim. O ateş beni hem yakar, hem de aydınlatırdı. Mutluluğa ulaşırken cayır cayır yanardım her adımda.

"Ve işte pasta geldi," diyerek son harfini biraz uzatıp konuşan Melih kenara çekildi ve koltuğuna oturdu. Görevli olduğunu düşündüğüm çocuk pastayı dikkatli bir şekilde masaya koyduğunda, ortamdaki gerginliğin tüylerimi diken diken yaptığını hissettim ama o gerginliği, oluştuğu yerden sömüren bir çift vardı hemen çaprazımda. Buğra ve Nisan. *Hiç ayrılmayın, çocuklar. Bir daha asla.*

Pasta bitter çikolatalı ve ananaslıydı. Üzerine mum dikmek gibi bir çocukluk yapılmamıştı, geldiği andan sonra yine aynı çocuk tarafından kesilip dağıtılmıştı.

Birkaç dakika sonra, saat 12'yi vurduğunda bütün ışıklar birden kapandı ve ses kesildi. DJ diye tahmin ettiğim çocuk hafif ışıkla aydınlanan bar sandalyesine oturduğunda, elindeki mikrofonla Buğra'nın doğum gününü kutluyordu. Arkadaş olmalıydılar.

Ayağa kalktım. Her şey o kadar bulanıktı ki... Bu kadar karanlık, gözlerimdeki parıltıyı saklayabilir miydi? Lenslerimin altında güvende miydim? Sadece iki ince tabaka beni ucubelikten kurtarabiliyor muydu?

Kenardan sıyrılarak insanların arasından geçtim. Buradan gitmeliydim, buradan gitmeli ve Nisan'a çıktığıma dair bir mesaj atarak eve dönmeliydim. Bu yüzden adımlarımı hızlandırdım, topuklularımın zeminde çıkardığı tok ses bile midemi bulandırıyordu. İçki kokusu, sandığımdan da berbat bir şeyken insanlar bunu nasıl bardaklarca, şişelerce içebiliyordu? Asla alkol alıp sarhoş olan bir kız olmayacaktım, asla o zehri dudaklarımla buluşturmayacaktım.

Kulübün kapısından çıktıktan hemen sonra elimde tuttuğum siyah deri ceketimi geçirdim üzerime. Kapıda ızbandut gibi dikilen iki koruma yerinde dikiliyor ve sert bakışlarını etrafta gezdiriyordu. Madem böyle güvenlikli, sıkı bir kulüptü de neden böyle ücra bir köşedeydi?

Telefonumu çıkarıp Nisan'a mesaj attıktan sonra, taksinin numarasını çevirdim ve kenara çekilerek duvara yaslandım. Gelmesi on dakikadan fazla sürmezdi ama etraf pek de tekin değildi. Aklıma dolan düşünceler bedenimin kaskatı kesilmesine neden olurken elim istemsizce bileğime gitti. Bugün iki defa dokunmuştu bileğime, iki defa tenini tenimde hissetmiştim. Basit aptal bir âşık profili çizerek bileğimi yıkamasa mıydım acaba? Yıkasam teninin izi geçer miydi? Hiç olmamış, hiç dokunmamış, hiç değmemiş gibi…

Kulübün hemen yan tarafındaki duvara bir bedenin yaslandığını gözlerim bir felaket fragmanıymış gibi bana sunduğunda, kalbim laf dinlemez ve iflah olmaz küçük yaramaz bir kızmış gibi atmaya başlamıştı. Tarçın ve salep kokusu alıyordum, biraz da sigara. Bu üçünün harmanlanmış hâli sanki bir yiyecekmiş gibi önüme sunulmuştu. İstemsizce kafam o tarafa çevrildiğinde, önce sigarası tüten ve uzun, ince tütünü parmaklarının arasında gevşekçe tutan bir el görüş açıma girdi. Gözlerim yavaş yavaş yukarı çıkarken, sigarayı tutuşundan bile tanıyabileceğim geldi onu aklıma. Salep ve tarçınla harmanlanmış hafif sigara. Onun kokusu buydu. Biraz tatlı, biraz acı.

Sigarasını dudaklarına götürdükten hemen sonra yanakları içe göçtü ve gözlerini kapatarak içine zehri çekti. Bu manzara yutkunmama sebep olurken kalbimden gelen bir titremeyle kafamı önüme çevirdim. Beni fark etmiş miydi? Fark etmiş olamazdı, değil mi?

Bir rüzgâr esti ondan bana doğru. Şimdi salep, tarçın ve sigara üçlüsünün keskin kokusu daha netti.

"Tarçınlı salep," diye mırıldandım istemsizce gözlerimi kapatarak kokusunu içime çekerken. Yastığı da böyle kokuyordu. Odası da böyle kokuyordu. Acaba tarçınlı salebi çok mu seviyordu?

Bakışları bana çevrildi. Önceden fark etmemişse bile şimdi fark ettiğini biliyordum. Gözleri, *ne saçmalıyorsun sen?* diyordu sanki ama dudakları kıpırdamıyordu.

"Hiç," dedim kendi kendime konuşuyormuşçasına. Omuz silkip önüne döndüğünde tekrar sigarasından bir nefes dolusu zehir çekti içine. Kendisinin de bir zehir olduğunu biliyor muydu? O da benim sigaramdı sanki ve ben bir bağımlıydım…

İçime her çekişimde zehirliyordu beni.

Birkaç saniye sonra taksinin ışıkları karanlık sokağın başında göründüğünde, ona son bir kez daha olsun bakmadan taksiye yöneldim. Kapıyı açıp içine bindikten sonra, taksi hareket etmeden hemen önce ona baktım.

Kulübün kapısından çıkan Mine, bakışlarını onun duvara yaslanmış bedenine çevirmiş ilerliyordu. Araba ileriye doğru hareket ettiğinde geçerken gözleri üzerimdeydi. Onu anlayamıyordum... On ikinci sınıftaydık ve bu lisedeki son senemdi. Lise hayatım boyunca ne kadar mükemmel ve iyiliksever biri olduğunu düşünüp durmuştum ama şimdi tanıştığım Mine, düşündüğümün tam tersiydi sanki. Ya da ona bunu yaptıran bir şey vardı ve o dışarıdan böyle göründüğünü bilmiyordu. Bu olabilir miydi? İhtimaller arasında en güçlü iki seçenekten biriydi. Diğeri ise, beni ikinci bir hayal kırıklığına sürükleyecek olandı: Mine başından beri böyleydi, sadece dışarıya iyi bir görünüm sergileyip insanların onu sevmesini sağlıyordu ve sevimli görünüyordu.

Seçenekleri kafamdan atarak adresi taksiciye verdiğimde geriye yaslanıp telefonumun ekranının aydınlanmasını sağladım. Nisan bana sabah konuşacağız gibisinden bir mesaj atıp iyi geceler dilemişti. İstemsizce üst dudağımı dişledim ve kafamı cama yaslayarak gözlerimi kapattım. Pamir'in sert bakışları, lavabodaki kızların onu sahiplenişi, Mine'nin onun üzerine atlaması ve Pamir'in bir anlık da olsa ona karşılık vermesi... *Sahiden iyi mi geceler?*

Anahtarlarımı çantamın içinden güçlükle bulduğum sırada evde yanan ışıklar dikkatimi çektiğinde geriye çekilip kapının hemen kenarındaki camdan gelen ışığın kaynağına çevirdim gözlerimi. Salonun ışıkları yanıyordu. Görüş açımı değiştirerek biraz daha yana kaydığımda annemin mutfaktan çıktığını gördüm. Üzerinde rahat bir pantolon ve tişört vardı, elindeki tabaktan bir kaşık alıp ağzına götürdüğünde göz göze geldik. Değişen ve odak noktasına beni alan bakışları, ayaklarının ilerlediği yönü değiştirdiğinde kapıya doğru yürümeye başladı ve ben de kapının önünde yerimi alarak açmasını bekledim. Beyaz ahşap kapı geriye doğru açıldığında, bu manzaraya belki de hayatımda ilk defa seyirci oluyordum. "Anne?" dedim burada olduğunu gerçekten kendime inandırmak istercesine. Bu bir rüya, halüsinasyon veya hayal miydi?

"Evet?" Tekrar bir kaşık alıp ağzına götürdüğünde, kâsenin içindekinin dondurma olduğunu anlayabilmiştim. Hem de çikolata soslu ve bitter çikolata parçacıklı bir kâse dolusu.

"Bu sen misin?" Kapının ağzında dikilmiş onu izliyordum. Annem kot pantolon giymezdi, ya kalem etek ya da kumaş pantolon tercih ederdi. Üzerine tişört giymezdi, daima gömlek ve gömlek tarzı şeyler giyerdi ama asıl sorun; annem çikolata veya dondurma gibi kalori aldıran yiyecekleri ağzına sürmezdi.

Boşalmış kaşığı ağzından çekerek yutkundu ve geri çekilip, "Geç bakalım küçük hanım," dedi içeriyi göstererek. Adımlarımı içeriye attıktan hemen sonra artık ağrıyan ayaklarımdaki topukluları çıkardım. Geriye çekilip beni süzdüğünde, "Ooo, çok şık olmuşuz. Nereden geliyoruz böyle?" dedi gülerek. İşte şimdi, alkolün kokusunu alabiliyordum. Annem içmiş miydi? Annem içmezdi. Annem neden içmişti?

"Anne... Beni korkutuyorsun." Tekrar gülüp geriye doğru sallandığında ağzından bir hıçkırık kaçtı. Soğuk havaya rağmen koca bir kaşık dondurmayı tekrar ağzına götürdüğünde kolundan tutup onu salona götürdüm ve normal günlerden biri olsa, zorlayıp üzerine para verseniz karşılaşamayacağım bir manzarayla karşılaştım. Babam, elindeki içki şişesiyle salondaki koltuklardan birine kurulmuş, pizza paketlerinden birinin içinden aldığı koca bir dilimi ısırıyordu, üstelik televizyonda bu akşamki maçlardan birinin tekrarı vardı ve onu izliyordu.

Annem kolumdan kurtulup babamın yanına geçtiğinde, "Tatlım," dedi alkolün verdiği cesaretle adamın kucağına otururken. Annem. Benim yanımda. Babamın. Kucağına. Oturmuştu. "Kızımız sence de çok güzel olmamış mı?"

"Anne..." Yerdeki cips paketlerine basmamaya çalışarak aralarından geçtim ve televizyonu kapatarak onlara döndüm. "Ne bu hâliniz? Ne oldu size?"

Babam da hıçkırarak gülmeye başladığında, annem sanki onun hıçkırması çok komik bir şeymiş gibi kahkahalarıyla ona katılmıştı. "Ne kadar içtiniz?" dedim ellerimi saçlarıma geçirerek etraftaki içki şişelerine bakarken. Salonun vitrininde duran ve misafir geldiğinde nadiren ikram edilen içki şişeleri, şimdi boş bir şekilde koltukları, masanın üzerini ve halıyı süslüyordu. Salon ağır bir şekilde içki kokuyordu. Bar gibi bir ortamdan çıkıp yine aynı ortama gelmek... Kaderimde kusmak vardı.

"Bilmem." Annemin sesi bir hıçkırıkla bölündüğünde, tekrar gülmeye başlamıştı ki elinden düşmek üzere olan dondurma kâsesini alarak masanın üzerine yerleştirdim. "Lütfen kendinize gelir misiniz? Baba, ne oluyor?"

"Dünyanın çivisi çıkmış kızım." Güldü ve elindeki şişeyi kafasına diktikten sonra kahkaha atarak daha sesli bir şekilde tekrar etti. "Dünyanın çivisi çıkmış!"

Derin bir nefes verdim. Ne dediklerini bile bilmiyorlar, sürekli kıkırdıyorlardı, hıçkırdıklarında ise bu kıkırdama kahkahalara dönüşüyor ve olmadıkları bir karaktere bürünüp bunu gözlerimin önünde bana sunuyorlardı. "Ne oldu ama ya..." Bıkkınlıkla nefes verdim. "Beni dinlemiyorsunuz bile, değil mi?"

Annemin gözleri elbiseme çevrildiğinde, beni baştan aşağı süzdü ve bakışları sonunda yüzümde durduğunda donmuş bakışlarını babama çevirdi. Babam kaşlarını çatmış, ne olduğunu anlamaya çalışırken ona bakmaya başladı. Annem bir anda büyük bir kahkahayı boğazından salıverdiğinde, avucumu sertçe alnıma bastırdım suratımdan aşağı kaydırdım.

"Levent..." dedi elini ağzıyla kapatmaya çalışıp kıkırdarken. "Bizim kızımız âşık oldu var ya..."

"Anne!" Kolunda tuttum ve gözlerine büyük bir ciddiyetle bakmaya başladım. Bunu nasıl babama söyleyebilirdi?

"Hem de kime biliyor musun?"

"Anne?" Büyük bir şok dalgasıyla açılan gözlerim annemi bulduğunda, tekrar hıçkırarak içki şişesine uzandı ve kafasına dikti. Elinden çekip, "Anne, ne diyorsun sen?" dediğim sırada babam da kahkaha atan bakışlarını ben ve annemin üzerinde gezdiriyordu. Kaç şişe içmişlerdi? Ne zamandır içiyorlardı? *Neden içiyorlardı?* Sorular, tasması bırakılmış kuduz köpekler gibi saldırıya geçtiğinde çıldırmak üzereydim.

Annem ne söylediğini unutmuş gibi bir, "Ha?" sesi çıkartarak hıçkırdığında, şişeyi masaya bırakıp gözlerimi kapattım ve sinirlerimin yatışması için birkaç saniye verdim kendime. Derin bir nefes aldığımda ciğerlerime ziyafet çektiğim söylenemezdi, zira bütün salon içkinin uğursuz kokusuyla dolmuştu. Kokuyla sarhoş olunabilir miydi? Öyle değilse neden oturup şişelerce içmişim de şimdi ağrısını çekiyormuşum gibi başım çatlıyordu?

"Ben uyumaya gidiyorum," dedim bakışlarımı ikisinin de üzerinde gezdirerek. "Sabaha ayılmış olursunuz ve şu yaptığınız şeyleri hatırlarsınız umarım, zira burada psikolojik bulantı yaşıyorum. Biraz anne-vari olacak ama umuyorum ki geçerli bir nedeniniz vardır, anne," dedim anneme dönerek. "Baba," dedim ve ardından bakışlarımı babama çevirdim, sonra da geri çekilerek salonun çıkışına yürüdüm. "İyi geceler."

Daha önce hiç böyle bir şey olmamıştı. Anne ve babamın ciddi iş yemeklerinde alkol olarak en fazla şarap tükettiklerini biliyordum, onlar aklı başında, belki de bu şehirdeki en aklı başında iki ebeveynlerdi. İki bilim insanıydı onlar, alkolün onlara ne denli zarar vereceğinin bilincinde ve kesinlikle alkol alan insanları desteklemeyen. Peki şimdi ne olmuştu da annem ona zorla anlattığım çok gizli sırrımı babama anlatacak kadar içmişti? Ne olmuştu da maçları hiç umursamayan adam televizyonun başına geçmişti? Bir şey olmuştu, bunu biliyordum. Tek bildiğim buydu zaten ama devamını da öğrenecektim. Sadece bugün değil. Onlar sarhoşken ve aşağıda hiç olmadıkları gibi davranırken değil.

Kısaca bir duş alıp siyah kalın pijama takımımı çıkardığımda, hiç olmadığım kadar üşüyordum. Hasta mı oluyordum? Sabahtan beri midem bulanıyordu ve soğuk hissetmem de soğuk aldığımın bir göstergesi olabilirdi. Tişörtümü başımdan geçirirken hapşırdığımda, burnumu çekerek tişörtü düzelttim ve alt pijamamı da giyerek yorganımı çekip yatağın içine oturdum. Bacaklarımı kendime çekerek bağdaş kurduğumda, tam olarak beynimdeki ipinin ucunu kaçırdığım soruları düşünüyordum.

Partiye gidişimiz, Buğra'nın Nisan'ı çekip öpmesi, tek kelime etmeden tekrar beraber olmaları, Melih'in ettiği iltifat, Mine'nin soğuk bakışları ve ardından gerçekleştirdiği o çirkin sahne, Pamir'in...

Tekrar hapşırdığımda bir toz bulutuymuş gibi dağıldı cümlelerim. Dikkatim uçup gittiğinde, odamı incelemeye başladım. Korkunç bir odam vardı.

Duvarlar mat siyah duvar kâğıdıyla döşenmişti, bir duvar boylu boyunca işlemeli bir siyahtı ama. Bu fikir annemde çıkmıştı. Büyük giysi dolabım, komodinim, kenardaki çekmeceliğim, çalışma masam ve oda boş kalmasın diye kenara yerleştirdiğim aynalı masam da siyah ahşaptı. Dolabımın içi, siyah ayakkabılardan ve siyah kıyafetlerden oluşuyordu. Bilekliklerim, takmadığım yüzüklerim ve kolyelerim bile siyahtı. Nevresim takımlarım, odamdaki küçük banyo, halım, parkeler...

Hayatımdaki tek renk, okul formamdı diyebilirdim. Bir de kahverengi saçlarım. Eğer takmasam, lenslerimi çıkardığımda çıplak kalan gözlerime de renkli diyebilirdim sanırım. İnsanlar hep siyahı karanlık, beyazı saflık, masumluk olarak görmüştü ama bana göre öyle değildi. Siyah saflıktı, siyah kirlenemez bir renkti çünkü bütün renkleri sömürür, yine de kendi berraklığından ödün vermezdi ama bir kırmızı, bir yeşil öyle miydi? Değildi. Beyaz da elbet öyle değildi. Hatta beyaz en kirli renkti. Bütün renkleri içine katsanız, bir daha yüzüne bakamayacağınız bir renge dönüşürdü beyaz. O yüzden saf değildi, hiçbir zaman olmamıştı. Beyaz zayıflık demekti. Ben zayıf değildim. Ben güçlüydüm. Ben bana ne kadar zarar vermeye çalışırsanız çalışın, sizi sömürür ve atardım. Canım yansa bile bunu size asla göstermezdim, insanların içinde ağlamazdım, yalvarmazdım. Sadece... Sadece bir istisnam vardı bu konuda, kendisi de istisna olduğunu bilmediği için beni değiştiremezdi. Bu yüzden hayatıma kirli renkleri katıp berraklığımı bozamazdı insanlar. Yüzümün önündeki saçlarımı çekip de, bana hayatın berbatlığını gösteremezlerdi çünkü ben zaten o dünyayı biliyordum. O dünya kirliydi. O dünya bütün renkleri barındırıyordu ve siyahı dışlıyordu. O dünya bütün renkleri birbirine katıp kirletiyordu. İnsanlar siyahtan korkuyorlardı, kirli buluyorlardı, karanlık ve çirkin... Ama asıl saf, asıl temiz, asıl iyi siyahın ta kendisiydi.

Okulda sürekli renkli, marka ve cıvıl cıvıl giyinen bir kız düşünün. Ne kadar sevimli ve şirin değil mi? İnsanlara gülümsemese bile kimse onu yanlarına konuşmaya yaklaştığında dışlamaz. Kimse onu istemezlik yapmaz. Çünkü o renkli giyiniyordur ve iyi görünür size. Belki de asıl kötülük, asıl şeytan odur, nereden bilebilirsiniz ki? Sadece yargılayabilirsiniz.

Bir de siyah giyinen, saçlarını hep açık bırakan ve yüzünün önünden çekmeyen bir kız düşünün. Aşağıdan başlıyorum:

Siyah botlar, siyah bir pantolon, siyah bir tişört, siyah bir ceket, uzun koyu renkli saçlar, siyah bir sırt çantası, siyah defterler, siyah kalemler... Gözleri lens olsa bile siyah. Her şey siyah. İşte o kız, melek olsa bile kimse ona yanaşmak istemez. Şeytan gibi, mazoşist gibi ve hatta terörist gibi görünür etrafındakilere. Dışlanır. Silikleşir. Onunla göz göze gelenler somurtur, belki korkar, hatta korktuğu için kötü duruma düşürmeye çalışır... Ama asıl iyi, asıl melek odur. Peki insanlar ne yapar? Yargılar. Sadece yargılar. Çünkü giyim tarzınızı bile değiştirmeniz beklenir sizden, sırf o önyargılı bakışları kendinizden uzak tutmak için.

Ama ben değiştirmedim. Daha bir bağlandım siyaha gün geçtikçe. Daha bir benimsedim. Daha bir istedim. Her şeyim siyah olsun istedim... Ve bunu istediğimde sadece on üç yaşındaydım. Normal bir yedinci sınıf öğrencisiydim. Sadece yedinci sınıftaydım ve biraz kilo aldığımı düşündüğüm için siyah giyiniyordum.

Zaman. Geçecek derler, zamana bırak derler ama zaman iyileştirmez. Zaman öldürür. Zaman değiştirir. Zaman sizi uçuruma sürükler ama asla iyileştirmez. Sadece bir yarayı kapatırken yenilerini açar ve siz fark etmezsiniz bile. Zaman katildir. Eli kanlı, kötü bir katil. İnsan katili. Çocuk kalmış ruhların katili. Masum düşüncelerinin arkasına saklanmış küçük çocukların ellerindeki oyuncaklarını kendilerine bırakmalarını bekleyen ve onları kıran bir katil.

Umut. Umut et derler, umudun olsun derler. Umut bir şeyi başarabilmenin ilacıdır derler ama umut çoğu zaman ölüm sebebidir. Umut bazen insanı öldürür... Ne komik değil mi? Bize ilerlediğimiz yolda eşlik eden umut, bazen iki dağ arasında köprü olur ama bazen de iki yol arasındaki bataklık. Bazen hayat verir, bazen öldürür.

Karanlık odama yansıyan beyaz bir ışık dikkatimi çektiğinde, düşüncelerimden arınıp bakışlarımı perdesi açık kalmış pencereme çevirdim. Ayağa kalkarak perdeyi çekmek için uzandığımda, sokağın başındaki araba gözüme çarpmıştı. Siyah bir Porsche. Araba sessizce ilerlediği sokakta ait olduğu evin önünde durduğunda, sürücü kapısından kaslı ve kızların hiç de masum olmayan hayallerini süsleyebileceği yakışıklılıkta, hafif cüsseli bir erkek çıktı. Bu Pamir'di. Arabasının kapılarını kilitlemeden evinin kapısından içeriye girdiğinde, taksi beklerkenki hâlimi hatırladım, salep ve tarçın kokusunu anımsadım. Sanki buradaydı ve ben gerçekten onun kokusunu alabiliyordum ama gerçek acıydı. O burada değildi ve benim hissettiğim koku sadece bir anımsamaydı.

Gelişi güzel park ettiği arabasına doğru hareket eden bir Pamir gördüğümde kaşlarım çatıldı. Evinin ışıkları yanmıyordu, kapıyı çarpıp arabaya doğru hareket etmişti. Bu saatte nereye gidiyordu? Sabaha kadar çocuklarla içecek miydi? Endişe ve sorular, beynime giden yoldaki merak merdiveninden büyük bir hızla tırmanırken o tekrar arabasına bindi ve kıvrak bir hareketle dönüp, sokağın çıkışına doğru sürdü. Arabasına binerken eline aldığı spor çantası dikkatimi çekmişti.

Masanın üzerinde bıraktığım telefonumu alarak hızlıca Nisan'a bir mesaj yazdım.

Kime: Nisan
Ne yapıyorsunuz? (01:58)

Elimde telefonu döndürüp perdeyi kapatıp yatağa oturduğumda, bağdaş kurarak dirseklerimi bükülmüş dizlerime yasladım ve yüzümü ellerimin arasına alarak telefonu hemen karşıma, yatağın üzerine bırakarak gözlerimi ekranına diktim. Birkaç dakika sonra ekran aydınlandığında hemen ekran kilidini açarak mesaja tıklamıştım.

Kimden: Nisan

Buğra'yla sahildeyiz şu an, konuşuyoruz biraz. Sen iyi misin? Öyle çekip gidince, ne olursa olsun endişelendim. Hem uyumamışsın da. Bir şey mi oldu? (02:04)

Parmaklarımı dokunmatik ekranda kaydırarak hızlıca bir cevap yazdım.

Kime: Nisan

Grup dağıldı mı? O gitti mi? Diğerleri ne yaptı? (02:05)

Kimden: Nisan

Melih kızları eve bıraktı, kendisi de eve geçecekti oradan. Kaan sızacak kadar içince ona da bir taksi çağırıp eve gönderdik. Pamir senden sonra ortadan kayboldu. Bir şey mi oldu Nil? (02:07)

Kime: Nisan

Sadece merak ettim. Size Buğra'yla iyi eğlenceler, yarın bütün detayları istiyorum. (02:08)

"Siktir." Sessizce mırıldanarak elimle yüzümü sıvazladığımda gerçekten pot kırdığımı anlamıştım. Ben karşımdaki Nisan da olsa kimseyle özel hayatı hakkında konuşmak istemez, *bütün detayları istiyorum* gibi bir cümle kurmazdım. Birkaç dakika sonra ekran tekrar aydınlandığında açıp mesajı okudum.

Kimden: Nisan

Yarın ne boklar yediğini anlatacaksın, büyük pot kırdın Siyah Kuğu.

Dudaklarımı birbirine bastırarak telefonu komodinin üzerine bıraktıktan sonra, loş bir ışık yayan gece lambamı kapattım ve başımı yastığa koyarak gözlerimi kapattım. Nereye gidiyordu? Elindeki çantada ne vardı?

Ben taksi beklerken duvara yaslanmış sigara içiyordu, demek ki o kısımdan sonra Mine'yi reddedip gitmiş ve içeriye girmemişti.

Dudaklarıma bir gülümseme için izin verirken onu düşündüm. Bugün çok dolu bir gün olmuştu. Sabahki fotoğraflar yüzünden çıldırıp yukarıdaki işleri karıştırmıştım, onunla merdivenlerde bir kavganın eşiğinden dönmüştüm, bileğimi tutmuştu, bana şarlatan demişti, partide aynı masaya oturmuştuk, bana laf sokma çabasına girmişti, lavaboya giderken uzun ve biçimli parmaklarımı aynı gün içerisinde bir kere daha bileğime sarıp beni uyarmıştı. Ayrıca ışıklar kapandığında, onunla aynı anda dışarıya çıkmış olmalıydık. O benden önce davranarak dışarıya çıkmış ve bir sigara yakmış olabilirdi, ben de ondan birkaç saniye sonra gelip bir taksi çağırmıştım... Sonra, sonra kokusu... Gerisi salep ve tarçın. Biraz da sigara dumanı.

Aşağıdan yükselen bir kahkaha odak noktamı altüst ederken, yorganı üzerime çekerek arkamı döndüm ve elimi yastığın altına sokarak derin bir nefesi ciğerlerime çektim. Nisan, yeniden Buğra'yla birlikte olduğuna göre onların grubuyla takılmam gerekebilirdi ve bu durum benim için başa çıkılamaz bir hâle gelebilirdi ama her şeyden önce, onunla aynı ortama girmenin düşüncesi bile kalbimi deli gibi çarptırmaya yetiyordu. Bazen, o küçücük organı göğüs kafesimden dışarı fırlatıp kanatlanarak uçacağını düşünmüyor değildim. Sadece onunla birlikteyken kendimi o kadar sıkıyordum ki, düşünmüyordum bile.

Nazım Hikmet'in bir sözü vardı: *Öleceğini bile bile nasıl yaşar insan? Ya çıldırır ya da unutur bir gün öleceğini.* Ben de onu sevdiğimi bile bile nasıl onun yanında durabilirdim? Çıldırmamak için, onu sevdiğimi onun yanındayken kalbimin kapalı kapıları ardına zincirliyordum. Böylece saçma sapan hareketler yapmıyor ve ona belli etmiyordum.

Kâbuslarla dolu, ara ara uyandığım bir geceyi geride

bırakarak uyku mahmuru bir şekilde sabaha uyandığımda lacivert gökyüzü penceremden taşıyordu. Perdemin aralığından odama sızan ışık huzmesi gözlerime nüfuz ettiğinde, alarmımın çalmasına yalnızca on beş dakika kalmıştı. Bu işkenceye daha fazla dayanamayacağımı düşünerek kalktım ve banyoya geçerek yüzümü yıkadım. Çoğu gece böyle oluyordu ve ben uyuyamıyordum. Gördüğüm rüyaları hatırlayamıyordum da ama bilinçsiz bir şekilde korkuyordum. Güvende hissetmiyordum. Uykusuzluğum dayanılmaz bir raddeye geldiğinde ise erkenden yatağa giriyor, o an bayılıyor gibi oluyordum ve sabaha kadar uyanmıyordum. Gecelerim bu şekilde geçiyordu ve buna bir çözüm bulmak istediğim tek şeydi.

Bir keresinde evlerinin bahçesindeki ağaçtan penceresine tırmanıp, yatağındaki yastıklardan birini âdeta çalmıştım Pamir'in. Yokluğu hiç anlaşılmamıştı. Hafiften salep ve tarçın kokan yastık bir hafta boyunca kollarımdaydı ve o hafta o kadar huzurlu uykular çekmiştim ki... Huzurlu ve güvende hissetmem için kendisine bile ihtiyacım yoktu, bunu anlamıştım o zaman. Kokusu yeterdi, tenine değdiğini bildiğim ve onun gibi kokan bir yastık yeterdi.

Salebi sevdiğim söylenemezdi ama üzerine tarçın döküp içsem, huzurlu bir şekilde uyuyabilir miydim? Çünkü yastıktaki koku bir hafta sonra kaybolmuştu ve ben yıkayıp onun odasına geri bırakmıştım. Keşke kokusunu bir kavanoza saklayabilseydim... Anne ve babamın bilim insanı olmalarını kullanıp, bir parfüm oluşturmalarını isteyebilirdim ve yastığıma sıkıp huzurla uyuyabilirdim o zaman. Onunki gibi olur muydu? Onun tarçınlı salep kokusu biraz ağır ve acıydı ama. Çok fark edilmiyordu, ama yine de çok hafif bir sigara sinmişliği vardı. Çok mu içiyordu acaba? İçmese olmaz mıydı? Sigara içen insanların daha az yaşadığını ve akciğer kanserine yakalanma ihtimallerinin daha yüksek olduğunu biliyordum. Dün gece dudağındaki yara için bile çok üzülmüştüm, onu zehirleyen sigara için de üzülmem normal miydi?

Gittikçe saplantılaşıyor, dedi içimde dikilip yeni uyandığını belli ederek gözlerini ovuşturan kötü kız. İyi olana dönmek istedim ama onun uyuduğunu biliyordum. Birkaç saniye sonra kulaklarını dikmiş bana baygın bakışlar atan kötü kız da kafasını çevirip uyuduğunda, derin bir nefes verip dişlerimi fırçaladım. Bu sabah dans antrenmanı yoktu, bu yüzden çok şanslıydım. Bedenimi iyi hissetmiyordum, dans edecek gücüm olduğu söylenemezdi. Üstelik gecenin bir yarısı uyutmayan kötü rüyalar sonucunda anne ve babamın o hâllerini kafama takmış ve başımı ağrıtmayı başarmıştım.

Düz saçlarım omuzlarımdan sarkarken, dolabımı açıp kışlık formayı çıkardım. İşte buydu. En sevdiğim. Havalar soğumaya başladığı için bir hafta içinde tüm öğrencilerin bu formaya geçeceğini biliyordum, o yüzden şimdi giysem kimse bir şey diyemezdi. Okulun iki forması vardı: Biri yaz ve ilkbahar döneminde giydiğimiz, krem etek ve beyaz Lacoste'tan oluşan takımdı. Diğeri ise siyah bir pantolon ve beyaz tişört üzerine siyah hırkadan oluşuyordu. Siyah pantolonumu giyip siyah bir atleti kafamdan geçirdikten sonra okulun armasının basılı olduğu beyaz tişörtü boş verip okulun hırkasını da yanına atarak başka siyah, kapüşonlu bir hırka giydim. Siyah çoraplarımı ayağıma geçirdikten sonra bileğimin biraz daha üzerine gelen siyah botlarımı giydim ve bağcıklarını bağlayıp fırlamamaları için sıkıştırdım. Siyah ceketimi de üzerine giyip siyah sırt çantamı alarak odamdan çıktım. Merdivenden inerken telefonuma kulaklığımı takmaya çalışıyordum.

Salon aynı vaziyetteydi, anne ve babam odalarında olmalılardı. Koku burnuma gelir gelmez hırkamın kapüşonunu kafama geçirip saçlarımı iki yandan saldım ve sonunda kulaklıklarımı kulağıma geçirerek telefonumu ellerimle birlikte ceketimin cebine soktum. Yavaş yürürsem, erken çıktığım için normalde okulda olduğum aynı zamana denk getirebilirdim ama her ne kadar dişlerimi fırçalamış olsam da, dün geceden kalan mide büzüşmesini hâlâ hissedebiliyordum. Midem resmen açlığını ilan etmiş, oraya bir şeyler göndermem için yukarıya sinyaller yolluyordu. Bu yüzden adımlarımı hızlandırarak sokağın çıkışına yürüdüm ve caddeye çıkarak bir pastaneye girdim. Zeytinli bir poğaça ve şeftali suyu aldıktan sonra tekrar sokağa çıktım. Hava durgundu, hafif esiyordu ve bu saçlarımı uçuşturuyordu. Bulutlar gökyüzünü kaplamıştı. Gökyüzü sanki aldatılmış bir kadındı da, az sonra ağlayacakmış gibi bir sinyal veriyordu. Bunu düzeltebilirdim ama o kadar yorgundum ki kontrol altına alabileceğimi sanmıyordum. Okulun sokağına girdiğimde, elimdeki boş pastane paketini ve ben hepsini bitirmeden önce şeftali suyunu barındıran cam şişeyi çöp kutusuna atmak için karşıya geçecektim ki, sokağa hızlı bir giriş yapan siyah Porsche bana çarpmadan hemen önce önümde durdu. Ani bir korkuyla elimdeki cam şişe ve pastane paketi yeri boylarken tiz bir kırılma sesi kulaklarımı doldurmuştu. Çıldırmaya yüz tutmuş yerinde debelenerek *bu onun arabası!* diye çığlıklar atan kalbimi mi, yoksa ayaklarımın dibine şiddetli bir şekilde düşmüş cam şişesini mi düşüneyim bilmiyordum. Zira fırlayan bir cam parçası bileğime saplanmıştı. Dudağımı ısırarak bileğimdeki sızıyı unutmaya çalıştım ama deli gibi acıyordu.

Arabanın sürücü kapısı açılırken, bileğime dönen bakışlarımı kaldırdım ve oraya çevirdim. O da kışlık formayı tercih etmişti. Siyah bir pantolon giymişti. Siyah bir kapüşonlu ve siyah bir ceket. Okul kışları, yaz ve ilkbahar döneminde sıkı tuttuğu forma anlayışını gevşetiyordu. Sade giyinirsek, hiçbir şekilde karışmıyorlardı bu yüzden altımızda siyah pantolon olması ve çok renkli giyinmemek şartıyla serbest gelebiliyorduk.

"Önüme atlayacak başka zaman bulamadın mı?"

Öfkeyi hissedebiliyordum. Hislerimi kalbimin kapalı kapıları ardına zincirlerken, öfkem bütün vücuduma yayılıyordu. *Hâlâ onunla görülebilmek ve gruplarına katılabilmek, kısacası popüler olabilmek için bunları bilerek yaptığımı düşünüyordu.* İstemsizce içeride, kalbimde bir şeylerin paramparça olduğunu hissettim. Tıpkı avuçlarımdan kayarak yere düşen boş şeftali suyu şişesi gibi, parçalara ayrılmıştı bir şeyler ama bu sefer cam bileğime değil, doğrudan kalbime batmıştı.

Sinirle ona döndüğümde bileğimin acısıyla inledim. Sağ kalan elimi kolumun etrafına sararak yukarı kaldırdığımda ne kadar kötü olduğuna bakıyordum. Aslında çok da kötü değildi ama birkaç kılcal damarımı kestiğim kesindi.

Bileğime çevirdiği bakışları koyulaşırken yaralandığımı fark etti. *Salak.* Ruhuma batırdığı cam parçaları içeride bundan daha fazla kan akıtıyor ve canımı yakıyordu ama onun görebildiği, şimdilik sadece bileğime saplanmış bu cam parçasıydı.

"Yaralandın mı?"

Bunu öyle bir sesle söylemişti ki, o an bileğimin acısını bırakıp kollarımı ona dolayabileceğimi hissettim. Yine de sert görüntüsünü ve bakışlarının keskinliğini koruyordu, değişen tek şey koyu kahvelerinin yoğunluğuydu.

"Önüne atlamak için böyle bir zamanı seçmiş bir kız için gayet ideal bir ceza," diye mırıldanarak acıyla çattığım kaşlarımı bileğime çevirdim. Ahh, siktir. Az falan acımıyordu, deli gibi acıyordu. Bileğimden akan kan asfalta damladığında sertçe yutkundum. Bir özür için bakışlarımı ona çevirdiğimde sadece bileğime bakan boş bakışlarını fark ettim ve tekrar mırıldandım. "Neyse ya, boş versene."

"Dur, dur, dur," dedi hızlıca tek elini kaldırıp gözlerime bakarak. O ana kadar yüzünün hâlini fark etmemiştim. Gözaltları hafif çökmüştü ama dikkatli bakmayınca belli olmuyordu, dudağındaki minik yara varlığını hâlâ belli ederken uykusuz kaldığı her hâlinden belli oluyordu. Gecenin ikisinde bir yere gittiğini biliyordum, acaba oradan geri dönmüş müydü? Uyuyabilmiş miydi orada ya da uyuyabileceği bir yere gitmiş miydi? Bütün gece bir kızla birlikte *yatakta* olmasını ve bir-iki saat de olsa gözlerini kapatabilmiş olmasını, bütün gece ayakta olmasına ve direksiyon kullanmasına tercih ederdim. Benim ne kadar canımın yandığı önemli değildi, canım hep yanardı benim. Hep yakardı bilmese de. Önemli olan oydu benim için… Uyuyabilmiş olması, öncesinde ne yapmış olursa olsun bir-iki saat gözlerini dinlendirebilmesi, kokusunu başının altına yasladığı yastığına geçirmesi…

"Atla arabaya, okul yukarıda. Aynı yere gidiyoruz zaten."

Gözlerimi kısarak onu süzdüm. "Sen karşılıksız bir şey yapmazsın."

Bir elini ensesine atarak, "Doğru," dedi ve nefes verdi. "Ama bileğine girmiş cama bir nevi ben sebep oldum, seni okula götürüp revire en kısa sürede bırakmakla da karşılığını ödemiş olacağım."

Sadece karşılık için, diye fısıldadı çoktan uyanmış iyi kız. *Sadece karşılık için onun arabasına bineceksin ve seni götürecek. Yerinde başkası olsaydı, ona da aynısını yapardı. Onu da alırdı arabasına. Kendini kandırırsan, sonunda üzülen yine sen olursun.*

Gözlerini devirdikten sonra kafasını sallayan kötü kız da ellerini beline atmış Pamir'i süzüyordu. *Bir özelliğin yok, Nil. Ona baksana… Sen ve o, imkânsızsınız.*

İmkânsız.

"Hayır, gerek yok." Yolun ortasında durmaktan vazgeçip karşı kaldırıma geçtiğimde teklifini reddetmeme şaşırmış gibi bir hâli vardı. "Emin misin?" dedi afallamış bir şekilde ama tavrımı bozmadan cevap verdim. "Eminim, istemiyorum." *Emin değilim, istemiyorum.*

Gece neredeydi?

"Sen bilirsin." Omuz silkerek arabasına geri bindiğinde *öküz*, dedim kendi kendime. Bileğimde bir cam parçası vardı, bilmem farkında mıydı? Ve bunun tek sebebi o ve dalgın aptal davranışıydı.

Dalgın aptal davranışı.

Dalgın.

Uyumamıştı. Bütün gece ayakta kaldığının veya uyumadığının göstergesi buydu, dalgındı. Onu tanıyanların bilmesi gereken şeylerden biri de Pamir Yelkıran asla dalgın olmazdı. O her zaman mükemmel davranışlar sergileyen olmuştu. Üstelik bir gecelik uykusuzluğun onu bu raddeye getirmeyeceğini de biliyordum, en az iki-üç gecedir uyumuyor olmalıydı. O da benim gibi kâbuslar mı görüyordu yoksa?

Derin bir gök gürültüsüyle adımlarımı hızlandırdım. Bunu durdurabilirdim ama yapabilecek gücü kendimde bulmuyordum, artı olarak durdurmak istediğim de söylenemezdi. Ayrıca sokakta birkaç kişi daha vardı ve ben ne zaman havayla oynasam hafiften güçsüzleşiyordum, toparlanmam birkaç saatimi alıyordu. Bu yorgunluk ve uykusuzlukla yere yığılabilirdim.

Siyah Porsche havalı bir şekilde yukarı çıkıp okulun bahçesine döndüğünde, derin bir nefesi ciğerlerime çekip adımlarımı bahçe kapısına yönlendirdim. Okuldan içeriye girerek binaya yürüdüğümde, o da otoparka kolayca park ettiği arabasından çıkıyordu. Etraftaki kızların ona ağızlarının sularını akıtarak bakmalarına dayanamıyordum ama buna karışabilecek bir konumda değildim, ben onun fotoğrafımı gösterip, *"Aynı okulda mısınız?"* diye sorsalar, *"Sanmıyorum, onu hiç görmedim,"* diyeceği hiç kimsesiydim sadece. Silik, basit, hayalet kızdım. Saçları yüzünü gizleyen, siyah giyinen ve ortalıkta ruh gibi dolanan o kız.

Bakışları bana ve elimin arasına alarak havada tuttuğum bileğime kaydığında gözlerimi ondan çekip binanın içine girerek alt kata indim. Revire doğru yürüyerek kapıyı açıp içeri girdiğimde, Gözde Hemşire'nin kahvesini yudumlayıp gazetesini okuduğunu gördüm.

Birkaç dakika sonra ise bileğimdeki cam kırığı çıkmıştı, bileğim kalın bir sargı beziyle sarılmış ve temizlenmişti. Acı yerini hafif bir sızıya bırakmıştı ve artık o kadar da çok acımıyordu canım. Dikişe gerek kalmadığı için şanslı sayabilirdim sanırım kendimi.

Üçüncü teneffüste sevgilisinin özlemine dayanamayan Nisan'la öğle teneffüsünü bekleyemeyen Buğra'nın yanına iniyorduk. Daha doğrusu bahçeye, her zaman oturdukları çardağa doğru ilerliyorduk. İlk üç ders boyunca uyuklamış, onun anlattıklarını tam olarak dinleyememiştim ama ana fikrin o ve Buğra olduğuna yemin edebilirdim. Sadece, kafamı koyup uyumak geliyordu içimden ama onların yanındayken de uyuklayacak değildim.

Bahçede beni de peşinden sürüklerken hızla esen korkunç soğuklukta bir rüzgârla yerime çakıldım. "Ceketimi de mi alsaydım? Bu hırkayla üşüyorum sanırım."

"Sen zaten hep üşüyorsun," dedi gözlerini devirip bir saniye bekledikten sonra yürümeye devam ederken.

"Hadi ya? Buldun tabii sevgiliyi, sat arkadaşını sen."

"Ya öyle değil…" Durup bana dönerek beklediğinde sıkıntıyla nefes verdi. "Tamam, tamam," dedim onun bu hâline gülerek. "Hadi yürü. Beklemeyelim. Teneffüs kaç dakika zaten?"

Adımlarımız tekrar o çardağa yöneldiğinde, etraftaki kızların da oraya bakıp gülüştüklerini fark ettim. Yine. Yeniden. Ya da her zamanki gibi mi demeliydim? Pamir onların rahatça izleyebileceği bir pozisyonda oturuyor, bir şey düşünüyor gibiydi. Kaan ve Melih telefonlarında bir şeye bakıyor, Yaren'le bir şey tartışıyorlardı. Mine orada tapu mankeni gibi Pamir'i izliyordu Buğra da uzaktan geldiğini gördüğü sevgilisine doğru bakarak sırıtıyordu.

Çardağa geldiğimizde kenara oturup somurtmaya başladım. Nisan, "Selam millet," diyerek gayet samimi bir şekilde Buğra'nın yanına oturduğunda konuştukları şeyi dinlemedim.

"N'aber güzellik?" sesiyle Melih'e döndüğümde, bundan rahatsız olmuştum. Bana iltifat etmesini istemiyordum. Kendimi berbat hissetmeme neden oluyordu. Mümkünse kimse bana iltifat etmesindi. "Külkedisine dönmüşüz yine."

Aptal değildim. Melih'in ilgisini çektiğimin farkındaydım ama sadece bunu gerçekten istemediğimden dillendirmek zor geliyordu. Veya aptal olan bendim, Melih sadece öylesine takılıyordu. Onun diğerleri gibi kızlar konusunda rahat bir kişilik olduğunu biliyordum bu yüzden ona bunlar normal geliyor olabilirdi ama benim kitabımda buna düpedüz asılmak, flörtleşmek deniyordu ve ben karşılık vermek istemiyordum. Hele de Pamir'in yanında…

"Her zamanki hâlim." Ona sahte bir gülüş gönderdikten sonra önüme dönecektim ki Pamir'in bileğime inen bakışları altında donakaldım. Kendini suçluyor olabilir miydi?

"Koluna ne oldu?" dedi bakışlarını yüzüme çevirmeden. Mine'nin dikkati hemen bana yöneldiğinde gözlerinin de koyulaştığını hissedebilmiştim.

Diğerlerinin dikkati de bana çekildiğinde Nisan kaşlarını çatarak hırkamın açık bıraktığı sargılı bileğime çevirdi bakışlarını. Muhtemelen *ben bunu nasıl fark edemedim?* düşüncesindeydi ama öyle yorgundum ki, unutuvermiştim. O da neler olduğu hakkında sıkıştırmadığı için bir şey anlatmamıştım tabii. Şimdi ise onun da meraklı bakışları gözlerime çevrilmişti.

"Dengesiz hıyarın teki sabah az kalsın bana çarpıyordu," dedim keyifli solgun bakışlarımı yüzüne çevirerek. "Ayyaşın tekiydi. Tam bana çarpacakken durunca panik oldum ve elimdeki meyve suyu şişesi sertçe yere düştü. Düşüp paramparça olan cam kırıklarından biri bileğime saplandı."

Mine kışlıklarını giymediği için eteğinin örtebildiği kadar kalan bacaklarını birbirine geçirip bacak bacak üzerine attı. Bana cüretkâr bir bakış attığında bakışlarımı kaçırdım.

Pamir tam, "Dengesiz hıyar mı?" diyerek karşı çıkacakken etraftan ve Melih'le Kaan'ın da telefonundan yükselen mesaj sesiyle sustu. Mine hızlıca cep telefonunu çıkardıktan birkaç saniye sonra ekrana bakarak güldü. "Meyve suyu şişesi mi? Zaten hiç inanmamıştım. Sen şuna ilgi çekmek istiyorum, ergenliğimi yaşayamadım desene."

Kaskatı kesildim. Etraftaki bakışlar birer birer bana dönerken Pamir de telefonunu çıkarmış, bir şey okuyordu. Cep telefonumu çıkartarak herhangi bir mesaj aradım ama bulamadım. Nisan'ın bakışları bana döndüğünde kafamı kaldırarak ona doğru bakıyordum. "Nil..." dedi ama dudağını ısırarak kafasını telefona eğdikten hemen sonra sustu ve gözlerini kapattı.

"Ben bu dedikoducu sürtüğün anasını, avradını..."

Buğra'nın küfrü yarıda kesildiğinde uzanıp Nisan'ın telefonunu aldım ve ekranda açık kalan mesaja baktım. Az önce çekilmiş bir fotoğraf süslüyordu ekranı ve hemen altında da bir link vardı. Linke tıklayıp açılmasını bekledim ama etrafı korkunç bir sessizlik kaplamıştı. Link açılırken fısıltılar ve konuşmaların da arttığını hissetmiştim.

Dün geceden bir fotoğrafla başlıyordu yazı. Boydan bir fotoğrafım vardı ve bunun Buğra'yla Nisan'a gülümserken çekildiğine yemin edebilirdim. *Silik kızın hazin değişimi*, yazıyordu altında. Hemen alta indiğimde, lavaboya gitmeden önce Pamir'in kolumu çektiği sahne yer alıyordu. *Yoksa yeni bir aşk mı?*

Parmaklarım aşağıya kaydığında Mine'nin Pamir'in kucağına oturduğu an vardı. *Ya da sadece bir eğlence,* yazıyordu altında ve kenara da özellikle benim tepkim kırpılmıştı. Ama asıl sorun bunlar değildi...

Az önce çekilmiş bir fotoğraf yüzümdeki bütün kanın çekilmesine neden olurken, sargılı bileğimi net bir şekilde gözler önüne seren fotoğrafın altına çevrildi gözlerim. *Yoksa okulda mazoşist bir delimiz mi var? Ahh, bu günlerde insanlara hiç güvenilmiyor! Bir dahaki sefere tavsiye: Bileğini dikine kesmeyi dene. Direkt morga gidersin güzelim.*

Midem bulanıyordu. Sabah yediğim zeytinli poğaça ve şeftali suyunun boğazımda tırmandığını hissedebiliyordum. Böyle iğrenç bir yalanı kim uydurmuştu? Bu iftirayı benim gibi sessiz bir kıza atacak kadar alçak olabilir miydi bir insan?

"Bu..." diye mırıldandım ama devamını getiremedim.

"Yalan."

Gözlerimi kaldırabildiğim kadar kaldırdığımda, karşımda oturmuş gözlerini bana çeviren Pamir'le göz göze geldim. Kokusuna ihtiyacım vardı ama ona sarılamazdım. Sarılamazsam hemen burada ağlayabilirdim. Bu yüzden ondan bana doğru ılık bir esinti gönderdim. Salep ve tarçın kokusu burnuma dolduğunda biraz olsun rahatlayabilmiştim. Melih, Kaan ve Buğra bu tarafa meraklı ve önyargılı bakışlar atan insanlara *kesin sesinizi* tarzından bir bakış attığında herkes kafasını başka bir tarafa çevirmişti.

"Çok mantıklı bir yalan öyleyse," diye devam etti Mine ama onunla ne uğraşmak istiyordum ne de uğraşabilecek gücüm vardı şu an. Çünkü benim doğruma inanmaktansa benim aleyhimde bir yalana inanabileceğini hissetmiştim.

Zilin sesiyle bahçedeki nöbetçi öğretmen de banklardakileri binanın içine çağırarak içeriye doğru hareket ettiğinde sertçe yutkundum. "Kim bu Dedikoducu Kız?" dedim sertçe. Sanki bu ses benim değildi, tanıyamamıştım bile. "Bilen var mı aranızda?"

Kaan ve Melih ateş ediyormuşçasına ellerini havaya kaldırdıklarında, Buğra da bilmiyorum dercesine omuz silkti.

Yaren ve Mine'nin bakışlarından da bilmediklerini anlamıştım ama Pamir yere doğru boş bakıyordu. Beni duyduğunu bile zannetmiyordum.

"İçeri girelim," dedi Buğra. "Bu konuyu sonra konuşuruz."

Masadakiler teker teker kalkarken yanıma gelen Nisan'a, "Siz gidin," dedim keyifsizce. "Ben girmeyeceğim bu derse. Burada kalayım biraz, temiz hava alırım." Sessizce kafasını salladığında o da gitmişti. Ayaklarımı kırıp dirseklerimi bacaklarıma yaslayarak çenemi avuçlarım arasına aldığımda, gözlerimi kapattım.

Bu okuldaki kimseye zarar vermemiştim, aslına bakarsanız yaşayan veya yaşamayan herhangi birine de zarar verdiğimi düşünmüyordum. Neden bunu bana yapmıştı? O kız kimdi? Bu fotoğrafları fark ettirmeden böylesine nasıl çekebilmişti?

Küçükken bir yavru köpek sahibi olmuştum. On yedi yaşıma kadar onunla yakındım hep, Nisan akşamları evine gittiğinde gece boyunca bahçede onunla oynar, onunla yatıp yıldızları izlerdim. Adı Kara'ydı. Nadir bulunan bir türdü, sizinle yaz günlerinde oyun oynayabilecek irilikteydi ama siyahtı. Onu edindiğimde sadece on bir yaşındaydım ve şimdi ilk geldiğindeki hâlinden eser yoktu. O öyle, dost canlısıydı ki… Bazen insanlardan tamamen soyutlanıp sadece onunla kalmak istiyordum. Hayatın bir gün bana böyle bir kazık atacağını biliyordum, üstelik bunun son olmayacağının da farkındaydım ama böyle olacağını hiç düşünmemiştim. Böylesine ani, böylesine nefes kesici… Çıkmaz bir sokakta gibiydim. Güçlerimi kullanamayacak kadar yorgun ve hastaydım, sanki birkaç tane kötü niyetli çocuk beni sıkıştırmıştı. Geçen sene hasta olduğu ve buranın havası onu çok etkilediği için kuzenimle İstanbul'a göndermiştik. Onu çok özlüyordum.

Kalın ve biçimli parmaklar alnımdan aşağıya doğru yamuk bir iniş sergileyerek yüzümün önündeki saçları çektiğinde tam olarak önümdeki siyah gölgeyi nasıl fark edemediğimi düşünüyordum. Saçlarımı omzumdan aşağı, arkaya attıktan sonra ellerini çekti. "İnsanların düşüncelerine bu kadar kulak asarsan sonunda ya çıldırırsın ya da gerçekten intihar edersin."

Titreyen bakışlarımı yukarı kaldırarak doğrulduğumda ağlamak istiyordum. Deli gibi ağlamak ve hıçkırmak. Bana dokunmuştu. Defalarca kez hayal ettiğim sahnelerden biri gerçekleşmişti. Kalın ve biçimli güzel parmakları yüzümde aşağı kayarak saçlarımı itmiş ve yüzümü açığa çıkarmıştı. Saçlarım yüzümü örtmüyor, onu saklamıyordu artık.

"Yapamam," dedim sesim açıkça titrerken ve ayağa kalkarak önünde dikildim. "Çünkü umursuyorum. Lanet olsun ki her ne kadar tam tersi olarak gözükse de umursuyorum. Deli gibi."

Bakışları bir süre artık tamamı ortada olan yüzümü incelediğinde utanmıştım. Son olarak gözlerimde oyalanan bakışlar aşağı indiğinde ellerini pantolonunun ön ceplerine sıkıştırarak okul binasına döndü. "Tüm dertleri sikik bir üniversite sınavı olmuş bu önyargılı bakışların sahiplerine acıyorum," dedi derin bir nefes vererek. "Asıl sınavın insanlık namına verildiğini bilmiyorlar. En acısı da ne biliyor musun? Hepsi o sınavdan kalacak."

Ve gitti. Cümlesinin sonuna noktasını koyduktan sonra adımlarını okul binasının içine doğru atarak bir süre sonra gözden kayboldu ve beni boş bahçede, o çardakta yalnız bıraktı. Ya da yalnız olan ben değildim, düşüncelerimdi... Bilmiyorum. Sadece orada durması, parmaklarını kullanarak saçlarımı geriye itmesi ve bana birkaç cümle söylemesi o kadar iyi hissettirmişti ki, attıkları bu iğrenç iftiranın izlerini birkaç saniye içinde silebilmişti.

Sevmek bu muydu? Seni gecelerce uyutmayan, kokusuna bağımlı kılan, vazgeçmen gerektiğini bildiğin hâlde vazgeçemediğin bir uyuşturucu muydu? Seni zehirliyordu, seni öldürüyordu... Kollarına atladığında tutacağını bilsen ölüm döşeğindeki tırtıl kelebeğe dönüşebilirdi ama daha nice iyi kötü anıları tehlikeye atamıyordun çünkü ne olursa olsun o vardı. O yaşıyordu ve sen de yaşamak istiyordun.

Ne kadar acıtsa da, boğulsan da, ruhunu keskin tırnaklarıyla kazıyıp seni ateşe atıp üzerine benzin dökse de bırakamıyordun.

Ve o bunu bilmiyordu bile.

Saçlarımı tekrar önüme atıp hırkamın kapüşonunu başıma geçirdim ve yağmaya başlayan yağmurla beraber yavaş adımlarımı okul binasına çevirdim. Etraf sessizdi. Sanki az önceki sahne hiç yaşanmamış gibi. Binanın içine girerek lavaboya yöneldikten sonra hızla merdivenlerden çıktım ve içeriye girdiğimde suratıma soğuk suyu çarptım.

Okul çıkışı, Nisan beni Buğra'yla buluşacaklarını söyleyerek ektiğinde, eve dönüş yolunu sabahki gibi tek başıma yürümüştüm. Hava bozuktu ve caddeden çıkıp ara sokaklardan birine girdiğinizde yağmurun sesinden başka hiçbir şey duyamıyordunuz. Islak bir köpek yavrusu gibi eve doğru adımlarken, önünden geçeceğim sadece birkaç ev kalmıştı ve sonra gidip ılık bir duş alarak film izleyebilirdim. Belki bir pizza sipariş ederdim ve sessizliğin tadını çıkarırdım. Ya da annemle babam evde olurdu ve bana dün gecenin açıklamasını yaparlardı.

Yol kenarına park edilmiş mavi bir arabanın altından çaresiz bir miyavlama sesi geldiğinde, adımlarımı durdurarak başımı eğdim ve elimi yüzüme siper ettim. Gözlerimi etrafta gezdirirken aynı ses tekrar ettiğinde, yerlerin ıslaklığına rağmen diz çökmüş, arabanın altına bakıyordum. "Hey?"

Oradaydı. Arabanın tekerleğinin altına sıkışmıştı ve simsiyah olduğu için görünmüyordu bile. Ona uzanmaya çalıştığımda ise geriye kaçıyordu, ürkmüş olmalıydı. Bir saniye. Sadece bir saniyeliğine beynimi kullanarak gücümü ne kadar da salakça şeyler için kullandığımı kendime hatırlattım. Şimdi bu küçük, yavru ve ürkmüş kedi için kullansam belki de önceden kullandıklarımdan daha yararlı olurdu. Bu yüzden etrafı kolaçan ettikten sonra yine de kimse göremesin diye etrafımıza sisten bir duvar ördüm ve kediciğe baktım tekrar.

Zifir.

Onu gördüğümde aklıma gelen ilk kelime buydu.

Havanın kaldırma kuvvetini kullanarak onu incitmeden kendime doğru ittiğimde deli gibi miyavlıyordu. Onu arabanın altından çekip çıkardığım an sisin de dağılmasına izin verdim ve ayağa kalkarak kediyi kucağıma aldım. "Çok tatlısın sen…" Miyavladı. "Korktun mu Zifir?"

Sanırım adını da bulmuştum. "Seni eve götürüp beslemem gerek." Kaldırıma çıkıp adımlarımı eve atarken onu kollarımın arasında tutuyor ve kafamı eğerek daha fazla ıslanmasına engel oluyordum. Sonunda eve ulaştığımda bahçe kapısını aralayıp içeri girdim ve anahtarlarımı çıkartarak kapıyı açtım. Görünürde kimse yoktu. Salon temizlenmiş ve havalandırılmıştı, içki kokusu yerine kahve kokuyordu ev. Kahveye dayanamazdım. Bu yüzden kucağımdaki kedicikle birlikte mutfağa yöneldim.

Anne ve babam, karşılıklı oturmuşlar bir şey konuşuyor ve kahve içiyorlardı. Mutfağın ortasındaki tezgâhın üzeri kâğıtlarla doluydu ve babam dinlendirici gözlüklerini takmıştı. Sanırım bir iş üzerindeydiler. "Ayık olmanıza sevindim," dedim onları süzerek. Annem dudaklarına götürdüğü kahve fincanını durdurup, "Nil?" dedi sessizce. Babamın bakışları da bana döndüğünde, kedi korkuyla kafasını kollarıma gömdü ve sessizce miyavladı.

"Onu sokakta buldum ve evde besleyebileceğimi düşünüyorum." Minnacık ve korunmaya muhtaçtı. Yeni doğmuş olduğu her hâlinden belli oluyordu. Onu sokağa bıraksam bir arabanın altında kalabileceği düşüncesiyle hareket etmiş ve eve getirmiştim, bundan zerre pişmanlık duymuyordum. İzin vermeseler bile onu odamda tutabilirdim, çünkü anne ve babamın eve çok da uğradığı söylenemezdi.

"Tabii, tabii," dedi babam kafasını sallayarak ve gözleri kucağımdaki küçücük bedenini süzdüğünde, dudakları şefkatle tebessüm etti.

"Nil." Tekrar anneme döndüm. "Dün gece hakkında…"

O an, aslında ihtiyacım olanın bir açıklama olmadığını fark ettim. Onlar iki yetişkindi ve neye içerseler içerlerdi, ben onlara karışamazdım. "Açıklama yapmanıza gerek yok," dedim. "Ben odamdayım. Bugün dışarı çıkacak mısınız?"

"Hayır," dedi babam gözlerini Zifir'in küçücük bedeninden ayırıp bana çevirerek. "Hayır, kızım. Birkaç gün evde olacağız, seni ve evi çok boşladığımızı fark ettik. Kendini yalnız hissetmene sebebiyet verdiysek annen de ben de, çok özür dileriz." Bunu söylerken annemin belinden tutmuş mahcup bakışlarını yüzümde gezdiriyordu. Annemin ve babamın gözlerindeki merhameti gördükten sonra onlara daha fazla dayanabileceğimi düşünmüyordum zaten. Sadece… Yorulmuştum. Yorulmuştum ve yukarı çıkıp Zifir'i temizleyip besledikten sonra uyumak istiyordum. "Affedildiniz," dedim onlara gülümseyerek ve hemen ardından anneme döndüm. "Anne, ben Zifir'i yıkayıp temizleyeceğim. Sen de onun için sıcak süt hazırlayabilir misin? Henüz çok küçük."

Annem babamın kollarından çıkıp dolaba yöneldiğinde, onlara bu kadar anlayışlı davrandığım için şaşırmış gibiydi. "Tabii Nil, tabii kızım." Gülümsüyordu. "Ahh, kilerde biberon olması lazım. Senin küçüklüğünden kalmıştı, saklamıştım. Sütü ısıtıp biberona koyarak sana getiririm."

Kafamı sallayarak babama başımla selam verip, "Kolay gelsin," dedim önündeki kâğıtları göstererek.

"Sana da." Beni cevaplarken gözleri de Zifir'e çevrilmişti. Kollarımda mayışıp uyuyakalan Zifir'e bakıp gülümseyerek mutfaktan çıktım ve merdivenlere yönelerek odama geçtim.

Zifir'i yatağımın üzerine bırakarak üzerimdekileri çıkardım ve siyah eşofman takımımı giyerek saçlarımı kulaklarımın arkasına sıkıştırdım. Zifir'i kucağıma alıp banyoya geçtiğimde, musluğu ılık sıya ayarlayarak onu iki elimle kavradım ve vücudunu temizledim. Gözleri açılmıştı ama bana bakıyor ve tepki vermiyordu. "Hoşuna mı gitti bakalım?" Onaylayan birkaç mırıltı çıkartıp miyavladığında gülümsüyordum. Garipti, kediler suyu sevmez diye biliyordum ama görünüşe göre o çok sevmişti. Çok tatlı, çok küçük ve simsiyahtı. Gözleri de tüyleri gibi siyahtı ve tüyleri yumuşacıktı. Onu temizledikten sonra kurulayarak siyah, küçük bir havlu içerisinde odama geri döndüm ve dolaptan yumuşak siyah bir battaniye çıkartıp katlayarak yatağımın ucuna koydum. Zifir'i de üzerine bıraktığımda, lacivert gözleri etrafı süzüyordu. Minik patilerini tüylerinin içine gizlemiş, yumuşak siyah battaniyeyle âdeta bir bütün olmuş bir şekilde oturmuştu. Birkaç dakika karşısında oturup onu izledikten sonra, kapının tıkırtısı dikkatimi oraya vermeme neden oldu. Siyah, ahşap kapım tekrar tıklandığında, "Gir," dedim düz bir sesle. Annem elinde küçük bir biberonla geldiğinde, içindeki sütü görebiliyordum. İçeri girip kapıyı kapattıktan sonra yanıma gelip oturdu ve biberonun ucunu bileğine dayayıp hafifçe sıktı. "Çok sıcak değil, içebileceği ılıklıkta. Ona sen mi içireceksin?"

Kafamı sallayıp Zifir'i tekrar kucağıma aldım ve miyavlamaya başladıktan hemen sonra annem gözlerini onun altına dikti. "Bu bir kız," dedi gülerek. "Yeni doğmuş bir kız."

Ona gülümseyip elindeki biberonu aldığımda Zifir'in dudaklarına dayadım. Minik ağzı aralandıktan sonra biberonun içindeki sütü büyük bir açlıkla içmeye başladı. Garip bir duyguya kapılmıştım, sanki anne olmuşum gibi hissediyordum. Onun sorumluluğu artık benim üzerimeydi. Benim küçük, tatlı Zifir'im… Yalnızlığıma ortak olmaya hazır mısın?

Yatakta bir kez daha döndükten sonra sıcak bastığını hissederek yorganı yataktan aşağıya attım. Bu gece 5 Kasım, Pamir'in doğum günüydü. Zifir'i bulduğum günün üzerinden tam bir hafta geçmişti ve saat gece yarısını vurduğunda onun doğum günü olacaktı. Hem bu yüzden, hem de huzursuzluktan uyuyamıyordum. Geri uyusam bile kâbuslardan hemen uyanmayacağımın garantisini veremezdim kendime.

Okuldan sonra hafta sonunu evde Zifir'le geçirmiştim. Pazar gecesi Nisan beni arayıp Buğra'yla olanları anlatmıştı. Anlatırken telefonun diğer ucundan deli gibi gülümsediğini hissetmiştim ve en azından birinin mutlu olmasına sevinmiştim. Pazartesi Pamir okula gelmemişti, insanlar bana bulaşıcı bir hastalıkmışım gibi bakıyor ve her zamankinden daha da uzak duruyorlardı. Melih bulduğu her fırsatta benimle konuşuyordu ve Kaan da etraftakilerin bakışlarını gördükten sonra bana tavsiye vermişti. Yaren'i biraz daha çözmüştüm... Gotik bir tipti, ama tam olarak öyle de denilemezdi. Baygın bakışlı, sessiz bir kızdı. Mine, Pamir gelmediği için çok fazla konuşmamıştı ama Yaren ve Kaan'la iyi anlaştıklarını görebiliyordum, sanırım sorunu sadece benimleydi çünkü Nisan'a bile iyi davrandığına şahit olmuştum. Buğra ise utanmasa kızlar tuvaletine bile Nisan'la gidecekti.

Salı günü Pamir geldiğinde çok dinçti, uykusunu iyi almış gibiydi ve morali yerindeydi. Öğle teneffüsünden önceki iki derse girmeyip basketbol antrenmanına katılmışlardı ve öğle yemeğini bahçede hep beraber yemiştik. Onlar sohbet ediyorlardı ve ben bana bir şey sorulmadıkça konuşmuyordum. Bugüne kadar da bu şekilde devam etmişti. Hiçbir şekilde temas, konuşma veya başka herhangi bir şey olmamıştı ve bu beni üzüyordu. Onun yanında, onun dibindeydim ve hiçbir şey olmuyordu. Sadece çenemi kapayıp yemeğimi yiyor, telefonumla oynuyor, müzik dinliyor veya onları izliyordum. Nisan mutluydu. Buğra'yla beraber olduğu için eskisi kadar sık takılamıyorduk ama bunu sorun etmiyordum, benimle birlikte mutsuz olacağına Buğra ile birlikte mutlu olmasını tercih ederdim.

Gözlerimi saate çevirdiğimde, henüz saatin sadece on buçuk olduğunu gördüm. Yatakta oturarak etrafı süzdüğümde kendime gelmeye çalışıyordum. Ne uyuyabiliyordum, ne de kendime gelebiliyordum. Tam bir dengesizlik abidesiydim doğrusu.

Zifir'e aldığım hasır sepet kenarda duruyordu, içindeki yumuşak siyah yastığın üzerinde de Zifir uyuyordu. Onu eve alalı sadece bir hafta olmuştu ama şimdiden çok çabuk bağlanmıştım, o çok sevimli ve şekerdi. Simsiyah görüntüsüne rağmen masum bir minikti.

Dolaptan sessizce temiz kıyafetler çıkartarak banyoya geçtim ve kısa bir duş aldıktan sonra nemli saçlarımı kurutup taradım. Daha fazla duramayacaktım, ya gidip Pamir'in odasından bir yastığını çalacaktım yine ya da uykusuzluğa mahkûm olup yarın sabah okula şiş ve kan kırmızısı gözlerle gidecektim. Her zamanki siyah dar pantolonlarımdan birini altıma geçirdikten sonra siyah bir kapüşonlu ve siyah bir deri ceket giydim. Temiz siyah çoraplarımdan da bir çift çıkartıp ayağıma geçirdikten sonra botlarımı da ayaklarıma giyip sımsıkı bağlayarak son kez Zifir'i kontrol ettim. Uyuyordu.

Anne ve babam bu akşam gelmeyeceklerini bir mesajla belirtmiş ve her zamanki gibi Tornado'ya kapatmışlardı kendilerini. Onlara kızmıyordum, işleri buydu ve bilime âşıktılar. Bıraksalar ben de Pamir'in dibinden ayrılmazdım.

Odamdan çıkıp merdivenlerden inerek kapıyı kilitleyip evi terk ettiğimde temkinliydim. Odasında olabilirdi ve o odasındayken içeri savunmasız bir şekilde öylece girmek onu ne yaptığıma dair şüpheye düşürebilirdi, öylece yastığını isteyemezdim… Mutlaka başka bir şey düşünürdü.

Nemli saçlarımı tek omzumda toplayarak onların bahçesinin çitlerinden atladığımda arka tarafa doğru yürüdüm ve etrafı kolaçan ederek ağaca tırmandım. Yalnızca birkaç dakika sonra penceresinin önündeydim ve içerisinin ışığı yanıyordu ama kimse yoktu.

Kendimi biraz aşağı çektiğimde açık bahçe kapısından mutfağın ışığının yandığını gördüm. Anne veya babası olabilir miydi? Babasının çok çalıştığını ve annesinin de sürekli seyahatte olduğunu biliyordum ama evde olup olmadıkları yine de bir gizemdi. Uyku akan gözlerimi yukarıya çevirerek tehlikeyi göze aldım ve açık penceresinden içeri süzüldüm. Odasını ilk defa tamamen aydınlık bir şekilde görebiliyordum. Büyük, siyah bir dolabı vardı. Duvarlar duvar kâğıdıyla bezenmişti ve lacivert ile gümüş renklerinin uyumu harikaydı. Yatağının lacivert çarşafı dağınıktı ve dört yastıktan ikisi yatakta, biri yerde, diğeri de dolabın önündeydi. Çalışma masasının toplu olduğunu söyleyemezdim, kenardaki gitarı görebiliyordum ve odasındaki kişisel banyosunun kapısı da açıktı. Bir an içimden dolaba saklanıp onu izlemek geçse de bir an önce yastıklardan birini kapıp şimşek hızında terk etmeliydim burayı. Ama yapamıyordum. Oda baştan aşağı salep ve tarçın kokuyordu. Bu koku beni öyle mayıştırmıştı ki, yatağına kıvrılıp yastıklara sarılarak uyumamak için zor tutuyordum kendimi.

Adımlarımı yatağın kenarındaki yastığa doğru atarken koridordan gelen adım seslerini işittim. Yastığı alıp pencereden fırlamam ve o beni görmeden gitmem imkânsızdı. Bedenimde yükselen adrenalin kalp atışlarımı hızlandırdığında, hızlı düşünerek ve girmeyeceğini umarak kendimi karanlık banyosunun kapısından içeri attım.

Hemen ardından odasının kapısı da açılmıştı.

"Oğlum iki dakika sus lan, sabahtan beri başımın etini yedin be! Anladık, tamam, geliyoruz işte bir sus."

Odanın kapısı sertçe kapandığında sıçrayarak nefes alıp verişlerimi sessizleştirmek için elimi ağzıma kapadım. Banyonun aralık kapısından yatağının başucundaki çekmecelikten bir şey baktığını görebiliyordum. Üzerinde siyah bir pantolon, mavi bir tişört vardı. Ceketini üzerine giyip arabanın anahtarlarını ve cüzdanını aldıktan sonra aniden arkasını döndüğünde, dehşetle hızlanan kalbimi yatıştırmak adına kendimi geri çektim ve sakinleşmeye çalıştım.

Birkaç saniye sonra tekrar kapı aralığından onu izlemeye döndüğümde, dolabının sürgüsünü çekti ve geçen hafta onu gördüğümde elinde olan siyah spor çantasını aldı. Telefonunu da alarak ışığı kapatıp odayı terk ettiğinde, korkudan bayılacak durumdaydım. Sesini özlemiştim bir kere, okulda çok konuşmuyordu. Telefonda konuştuğu her kimse onu bile kıskanmıştım...

Yavaş ve temkinli hareketlerle banyodan çıkarak odasının ortasında durduğumda, aşağıdan sertçe kapanan kapının sesi kulaklarımı doldurmuştu. Pencereden garaja doğru gittiğini gördüğümde yastığı bırakıp beklemeden pencereden ağaca, ağaçtan da bahçeye atladım ve ona görünmeden sokağın sonuna doğru koştum. Nereye gittiğini, ne yaptığını ve o çantada ne olduğunu öylesine merak ediyordum ki, onu takip edebilecek kadar cesurluk nüfuz etmişti kanıma. Caddeye çıkar çıkmaz bir taksi durdurup sokağa girmesini ve kenarda beklemesini rica ettiğimde, nefesimi düzene sokmaya çalışıyordum.

Ve siyah Porsche garajdan çıkarak sokağın sonuna doğru ilerlemeye başladı. Taksiciye hitaben, "Öndeki arabayı fark ettirmeden takip edin lütfen," dedim ve arkama yaslanarak arabayı izlemeye başladım. Taksici adam tek kelime etmeden Porsche'yi uzaktan takibe aldığında, soluksuz bir şekilde etrafı izliyordum. Soyhan sokakları bomboş ve sessizdi, Pamir her nereye gidiyorsa caddeye çıkmamıştı ve ara sokaklarda ilerliyordu. O sokaktan çıktığında biz giriyorduk ve böylece fark etmiyordu.

Kırk dakikalık bir takibin sonunda Pamir arabasını yıkık dökük evlerin olduğu bir sokağın girişine park ettiğinde, "Burada inebilirim abi," dedim ve taksimetrede yazan ücreti ödeyerek arabadan indim. Taksi sessizce ara sokaklardan birine dalarak ortalıktan kaybolduğunda, Pamir de ıssız sokakta ilerliyordu ve elinde o çanta vardı. Hava soğuktu ve şimdiden üşümeye başlamıştım, hapşıracağımı hissediyordum ama kendimi sıktığım için olası bir ihtimalde ses çıkarmadan içime hapsedebilirdim gibi geliyordu. Bu yüzden elimi ağzıma kapatıp kısık nefesler alarak sokağın başında kalıp onu izledim. Bir süre yürüdükten sonra camları kırık bir evin bahçesine girdiğinde harekete geçtim ve sessiz ama hızlı adımlarla eve ulaştım. Bahçede gezinirken etrafta hiç kimse yoktu. Onun böyle bir yerde ne işi vardı?

Evin arka kapısının açık olduğunu gördüğümde beklemeden içeri daldım ve sessizce duvarlardan tutunarak ilerlemeye başladım. Evin salonunun ortasındaki kolonlardan birinde bir kapı vardı. Onun dışında etraf sessizdi ve başka bir yer görmüyordum. Yavaşça kapıya doğru ilerlerken yerdeki kırık tahtaların çıkardığı ses kulaklarımı tırmalıyordu ama sonunda kapıya ulaşarak koluna dokundum. Ve kapı açıldı.

Karanlık merdivenlerin başı gözüme korkunç göründüğünde geriye dönmek için çok geçti, ayağımın kaymasıyla kapıya tutundum ama kapı kapandıktan sonra kolu ellerimden kaydı ve merdivenlerden yuvarlanırken korkunç ağrılar kaburgalarımda ve bacaklarımda belirdi.

Onu takip etmiş, sonra kaybetmiş, sonra da bulma çabasına girerek merdivenlerden yuvarlanmıştım. İçimdeki kötü kız kahkahalarını sıralarken, iyi kız da, *İyi bok yedin!* diyerek kötü kıza bakıp somurtuyordu. Kafamı sallayıp düşüncelerimin dağılmasına izin vererek dirseklerimin üzerinde kalkmaya çalıştım ama ağzımdan ufak bir inleme kaçtı. Sabaha kadar burada böyle yatsam, sonunda gelip beni bulur ve hiçbir şey olmamış gibi hastaneye götürür müydü?

Seslice oflayarak doğrulmaya çalıştım, sonunda çabalarım sonuç vermeye başladığında hangisini ovuşturacağımdan emin değildim, ayak bileğimi mi yoksa bileğimdeki yarası yeni kapanmaya başlamış cam yarasını mı? Çünkü midem altüst olmuştu ve üç metrelik bir merdivenden tepe taklak yuvarlanmıştım, beynimin düzgün çalışmadığı gerçeği benim suçum değildi. Sadece ayağım kaymıştı ve şimdi o her nereye kaybolduysa onu arayacak güçte bile değildim... Peki buraya kadar gelmişken geri mi dönmeliydim?

Tabii ki hayır, dönmeyecektim.

Yavaş adımlarla bileğimi tutarak hırkamın ve pantolonumun üzerindeki tozları silkeledim ve dar koridorda yürüdüm. Koridorun sonunda iki tane kapı vardı: Biri düz siyahtı, diğerinin üzerinde ise bir çizik işareti vardı. Dürtülerim beni düz siyah kapıya yönlendirdiğinde beklemeden kapıyı açtım ve içeriye girdim. Kapı sessizce arkamdan kapanırken kendimi askılıkların arasında bulmuştum. "Ne?" dedim kısık bir sesle yüzüme değen tişörtleri çekerek. Ama sonra bir şey fark ettim. Tişörtlerden birkaçı yeni yıkanmış gibi, birkaçı da salep ve tarçın kokuyordu. Hafif bir sigara kokusu da vardı.

Arkamdaki kapıya bir göz atıp bu taraftan nasıl da profesyonelce kamufle edildiğine hayranlıkla baktım. *Bir dolabın içindeydim.* Bir dolabın içindeydim ve hafif aralık kapağından içeriden sızan ışığı görebiliyordum.

"Kaan son kez söylüyorum, bir kere daha o sikik çeneni açarsan yumruğu suratının ortasına yersin."

"Vov, vov, vov, sinirini ringe sakla kardeşim." Birkaç çıtırtı duyuldu. "Ben sadece tavsiye veriyorum sana. Bu seferki adamın kolay lokma olmadığını bilmen gerekiyor, bayağı iri bir şey."

Tişörtleri önümden çekerek aralık dolap kapısından bakışlarımı içeri çevirdiğimde, kanımın donduğunu hissettim. Pamir üzerindeki ceketi çıkarıyordu ve çantasını kenara bırakmıştı. Burası lacivert ve beyazın ön plana çıktığı bir odaydı. Kenarda kapısı açık bir oda vardı, banyo olmalıydı çünkü buradan klozeti görebiliyordum. Diğer kapı ise tam tersi taraftaydı ve kapalıydı. Hemen karşımdaki masanın üzerinde duvara monte bir ayna vardı, kenarda tekli bir koltuk, onun yanında siyah çarşaflı tek kişilik bir yatak… Kaan tekli koltuğun kenarına oturmuş, bacaklarını açmış bir şekilde elindeki elmayı havaya atıp tekrar elleri arasına alıyordu. Üzerinde koyu yeşil bir deri ceket ve koyu lacivert bir pantolon vardı. Ceketinin açık fermuarından içindeki v yaka siyah tişörtü görebiliyordum. Pamir ise üzerini değiştirecekmiş gibi duruyordu, ceketini yatağın üzerine bırakmıştı ve kaslarını geriye doğru germişti.

Tekrar onlara kulak verdiğimde yutkundum.

"O Malik piçi de burada mı?" dedi Pamir banyonun karşısındaki kapıyı göstererek. Sanırım orası birazdan gideceği yere açılıyordu.

"Hem de başköşede." Kaan'ın cevabı kısa ve kışkırtıcıydı. Elindeki elmayı çevirmeyi bırakıp ayağa kalktığında, "Ben yerime geçiyorum," dedi. "Çok oyalanmadan gel bak, işi de kısa kes. Sabah okula gitmek zorundayız, yarın senin doğum günün."

Bakışlarımı istemsizce duvardaki saate çevirdim. On ikiye sadece bir-iki dakika kalmıştı, sonra 5 Kasım'a girecektik.

Kaan etrafı süzüp Pamir'e son bir bakış attıktan sonra gitmek istedikleri yere açıldığını tahmin ettiğim kapıyı açtı ve dışarıya çıktı. Kapı ardından kapanırken Pamir de üzerindeki tişörtü sıyırıyordu. Koyu mavi tişörtü çıkartıp dolabın önüne doğru attığında hafifçe geri sıçradım. Bakışlarımı tekrar ona çevirdiğimde, kenarda yeni fark ettiğim mini buzdolabından bir şişe su çıkartmış kafasına dikiyordu.

Suyu kenara bırakmasıyla eli pantolonunun düğmesine gitti. Gözlerim dehşetle açılırken gözkapaklarımı zorlayarak gözlerimi sımsıkı yumdum ve ne zaman ağzıma dayadığımı bilmediğim elimi geri çektim.

"Artık çıkacak mısın yoksa manzarayı izlemeye devam mı edeceksin?"

Kanım dondu. Gözlerimi yavaşça aralarken bu sefer, sert bakışlarının odağının ben olduğumu fark etmiştim. Tek kaşını kaldırarak gayet sakin bir şekilde bunu söylemesi hem korkmama yol açmıştı hem de içimden bir şeyleri koparmıştı. Yine de gerçekler korkunçtu.

Dolapta olduğumu biliyordu.

Adımlarını dolaba doğru atıp iki kapağını da sertçe kendine doğru çekerek açtığında, titreyen ve ağrıyan bacaklarımı zorlayarak ayağa kalktım. Beni süzen bakışları gözlerimde durduğunda, "Beni mi takip ettin?" dedi her kelimenin üzerinde sertçe durarak. Gözlerimi ondan çekip başka bir şeye odaklamaya çalıştım. Olmuyordu, bu sefer hislerimi zincirli kapılar ardına kilitleyemiyordum sanki. Bu yüzden gözlerim tam on ikiyi vuran saatte takılı kaldı ve çaresizce mırıldandım.

"Doğum günün…" Sertçe yutkundum. "Kutlu olsun?"

5

İnsanı tek bir duygu mahvedebilir, uçuruma sürükleyebilir, beraberinde dahasını getirebilir ve göğüs kafesinin içindeki kalbi ezip, büzüştürebilirdi. *Merak* mı, yoksa henüz daha adını bile koyamadığım bu *his* mi? Bilmiyordum sadece.

Henüz.

Ayaklarım uyuşmuştu, parmak uçlarım acıyordu ve uykusuzluktan ölüyor bir vaziyetteydim ama yine de içimde bir yanım şikâyet etmiyordu. Kötü kız ve iyi kız susmuş, kendi odalarına çekilip ışıkları kapatmışlardı sanki.

"Sen..." Ayakuçlarımdan geçen elektrik beynime ulaşıp devrelerimi yakmadan hemen önce ayağa kalkmam gerektiğinin bilincindeydim, duruşu ve bakışı tehditkârdı. *Burada olmamalıydın,* diye haykıran ve kafasını olumsuz anlamda sallayan bambaşka bir tarafım ortaya çıkmıştı ama kalbim bütün aptal âşık tavırlarını ortaya dökerek yüzünü incelememi ve ona öylece bakmamı sağlıyordu... Koyu kahvelerinin tonunu şimdi anlayabiliyordum. Acı kahve gibiydi, tohum hâliyle gözlerimin önüne serilmiş, işlenmemiş kahve çekirdeği gibi, kahve aşığı olmama rağmen içemediğim; ağzıma süremediğim o filtre kahve gibi.

Daha önce bu duygularla bu kadar yakınına gelemediğim için hissettiklerim sanki bir sabunmuş gibi köpürüyordu, her an daha da yükseliyorlardı sanki ve sonunda sadece kalbimi değil; bütün bedenimi ele geçirmesinden korkuyordum sadece. Ya izin verecektim beni tamamen kaplamasına ya da zaten son raddesine kadar sıktığım zincirleri daha da zorlayıp ellerimi kanatacak ve o zincirleri birbirlerine tutundukları yerden kıracaktım. Ve öyle bir noktadaydım ki, artık hangisinin bana zarar vermeyeceğinden çok hangisinin daha az zarar vereceğini düşünüyordum çünkü bütün kapılar koca bir ışık yığınıyla onu sunuyordu gözlerimin önüne... Ama o benim saklandığım, kalın siyah perdelerimi içeri sızmasın diye sıkıca çektiğim güneş gibiydi. Işığına odaklanıyordum... Hayır, asıl sorun bu değildi. Asıl sorun, o güneşin beni deli gibi yakacağıydı. Işığına odaklanıp ısısını unutmaktı bu.

"Kalkıyor musun yoksa ben kendi yöntemlerimle mi kaldırayım?"

Ona, *Seni tek hareketimle duvardan duvara çarparım çocuk, beni deli etme,* demek istedim ama ağzımı kapalı tuttum, çünkü ne ona bunu yapacak cesaret vardı ben de ne de kilitlenen zihnimi açabilecek bir anahtar. Belki de o benim kalbimin olduğu gibi, zihnimin de sol anahtarıydı. Ben dans ederken notalarını tenimde gezdiren bir anahtar. Simsiyah. Acı kahve gibi gözlere sahip, ışık saçan ama baktıkça yakan. Dilimi haşlayan ve her seferinde bundan nefret etsem de defalarca yaşanmasına izin verdiğim, beni bağımlısı yapan kahve. Ya da bu beş harfi, bol tarçınlı salep ile değiştirebilirdik. Çünkü kokusu beni bu uykusuzlukla çoktan sarhoş etmeye başlamıştı bile.

Ona kendi yöntemlerini sormadım. Dudaklarımı birbirine bastırıp yerden destek alarak kalktığımda, dolabın alt yüksekliğiyle bile boyuna yetişemediğimi fark etmiştim. Benim bir yetmişlik boyum, onunkinin yanında sıska bir cips parçası olarak kalıyordu. Onun nefes alış verişleriyle inen kaslı göğsüne denk geliyordum sadece... Belki de bu mükemmel uyumdu.

Eğer sarılırsak, kafam kalbine denk gelirdi ve...

"Sana diyorum, dilini mi yuttun kızım?"

"Ben..."

"Önceki asi tavrını ve ukalalığını görmemiş olsam, seni şu hâlinle sessiz sakin bir şey sanabilirdim kesinlikle. İyi rol kesiyorsun." Sesi gayet normaldi. Bu beni ürküttü. Kollarını dolabın kapaklarından çekip geriye yürüdü ve o çok merak ettiğim çantasının içinden ne olduğunu anlayamadığım siyah bir kumaş parçası çıkardığında, sağ ayağımı dolabın içinden çıkardım ve bedenimi ileriye iterek siyah Converse'lerimin parke zemine temas etmesini sağladım. O neden bu kadar sakindi? Bağırıp çağırması ve burada ne halt yediğimi sorması gerekmiyor muydu?

"Burada bekliyorsun," dedi aynı tonda ve kapıyı açarak bana bir bakış attı. Donmuş bir şekilde onu izlerken cevap vermekten öte, kafamı bile sallayamamıştım. Yüzümde nasıl bir ifade olduğunu duvardaki aynadan görebiliyordum ama kireç gibi yüzümdeki ifade emanet duruyordu ve az önce ne olduğunu algılayamıyordum.

Birkaç dakika sonra kapı aniden açıldığında, dakikalardır dikildiğim yerde büyük bir korkuyla geri sıçramıştım. Daha ürkütücü ne olabilirdi diye düşünmekten kendimi alıkoyamadığım yanım, öteki tarafa doğru derin çığlıklar atarken bu dış görünüşüme ve dıştaki tepkime sadece sessizlik ve kireç gibi bir ifade olarak yansıyordu.

Kaan, hafiften havaya diktiği saçlarını çıkardığı kapıdan bedenini iteleyerek içeri girdiğinde sağ eli hâlâ kapı kolunun üzerindeydi. "Vay anasını," dedi güldükten sonra çenesini okşayarak. "Bunun bir gün olacağını biliyordum ama o kişinin sen olacağı aklımın ucundan geçmezdi. Onu nasıl takip ettin?"

Elimle yüzümü sıvazlayıp saçlarımı arkaya ittim ve derin bir nefesi ciğerlerimden dışarı vererek rahatlamaya çalıştım.

"Benim dolapta olduğumu nasıl fark edebildi?"

Kaan boğazından büyük bir kahkahayı dışarı savururken ona sonuna kadar açılmış, dehşet içinde bakan gözlerimle ve kireç kesilmiş surat ifademle bakıyordum.

"Bir de dolaba mı girdin?" Eliyle ağzını kapatıp gülüşünü durdurmaya çalışırken derin nefes alarak, "Tamam, tamam," diyerek kendini sakinleştirdi. "Aslında bu iyi bir şey. Pamir Yelkıran'ın da hayatında bir kez olsun hata yaptığının bir göstergesi... Piç, bir de karanlık izbe yollardan geliyorum diyordu."

"Ahh, emin ol öyle yollardan geliyor." Gözlerimi devirip bir elimi belime attım ve tekrar önüme gelen saçlarımı geriye ittim. "Neden bu kadar sakindi? Yani... Onu takip ettim, böyle garip bir yere geldim ve sizi dinledim. Şu an son nefesimi veriyor olmam gerekirdi."

Kaşlarını kaldırıp bana alttan bir bakış attı ve bir şey söylemeden kapıyı sonuna kadar açarak kafasıyla dışarıyı işaret etti. "Gel," dedi. "Maç başlamak üzere. Cevabını orada alırsın."

Maç başlamak üzere.

"Ne?" Kaşlarım istemsizce çatılırken boğazımda oluşan yumrunun geçmesini dileyerek tekrar yutkunmaya çalıştım ve derin bir nefesi ciğerlerime çekerek ufak bir ziyafet verdim. "Basketbol," kelimesi çıktı ağzımdan. Biraz bekledikten sonra kafamı kaldırıp gözlerinin içine baktım. "Basketbol maçı gibi mi?"

Sessizce kıkırdayıp tekrar dışarıyı işaret ettiğine, "E hadi," dedi sabırsız bir şekilde. Yere çivilenmiş gibi santim oynatmadığım ayaklarımı ona çevirerek yanına doğru yürürken buraya gelirken aklımdan ne geçtiğini düşünüyordum, en korkuncu da bir yanım buna hiç pişman değildi.

Kaan'ın önüne geçtiğimde, kapıyı kapatıp kilitledi ve eliyle ileriyi işaret etti. "Korkma, bu koridoru sadece biz kullanıyoruz.

Asıl olay içeride."

Titreyen ellerimi sıkarak dudaklarımı birbirine bastırdım, midem bulanıyordu. Koridor dar ve karanlıktı, ayrıca içki ve sigara kokuyordu. Aralardan hafif bir tarçınlı salep kokusu alabiliyor gibiydim yine de, Pamir Yelkıran'ın bu koridordan geçtiği buraya kokusunu bahşetmesinden anlaşılıyordu... Bir an deli bir düşünce ile koridoru kıskandığımı hissettim, yastığı çalıp onunla uyuduğum zamanlarda üzerimde kalan tarçınlı salep kokusu gibi burada da o iki enfes tattan kalıntılar vardı ve bu hiç hoşuma gitmemişti.

Hastalıklı düşüncelerimi bir kenara iterek ilerideki ışığa doğru ilerlediğimde, bir kabine geldiğimizi fark ettim. İçeriye açılan bir kapı vardı ve kapı aralıktı ama Kaan daha fazla ilerlemeyecekmişiz gibi büyük camın yanına gittiğinde ben de durmuştum. Sanki bir kordon gibi alt kısmı hariç yüzeyi camla kaplanmış bir yerdi burası, sahne ışıklarını görebiliyordum. Yukarıdaydık. Aralık kapıda birkaç kırmızı, rahat koltuk vardı ve içerideki insanların zengin işadamları olduğuna, üzerlerindeki takımların çok pahalı olduğu kadar emindim. "Burası neresi? İçeridekiler kim?" dedim aniden gelen bir boş boğazlıkla. Hayır... Ben geveze değildim, aksine çok konuşmazdım. Bu geceyi bir istisna olarak sayarsak, boğazıma dizilen ve dışarı çıkmak için can atan sorularıma izin verebilirdim sanırım.

"Kapıdan içeriye görünme," dedi bana omzunun üzerinden bir bakış atarak. O, duvarın tam olarak önündeydi ve aşağıya bakıyordu. "İçeridekiler tekin adamlar diyemem, senin gibi bir kızın burada olmasını sorgulayabilirler."

"Yasak mı?"

"Hayır, hayır," derken sesi hafif boğuktu. "Sadece onlar... Bilirsin, sen güzel bir kızsın ve duymak istemeyeceğin laflara maruz kalabilirsin."

"Anladım." *Yani onların hepsi potansiyel bir Tecavüzcü Coşkun.*

Sorun değil, Zeus'culuk oynamayı severim... Bu da benim serbest serseri stilim.

Adımlarımı Kaan'ın dibine girdiği cama doğru attığımda, hemen yanında dikiliyordum. Kafamı kaldırıp camdan dışarıya baktığımda ise, boğazıma dizilen yumruların haddi hesabı yok gibiydi.

Onlarca... Hayır, hayır; yüzlerce insan, dört köşeli koca bir ringin etrafına siyah bir örtü gibi dizilmiş, stadyumu andıran ama herkesin ringi görebileceği bir şekilde ayakta duruyordu. Bulunduğum bölüm VIP gibiydi, yukarıdan ve daha net. Bağrışmalar, insanların fevri hareketleri, sonlara doğru hafifleyen ama ringe doğru sıklaşan kalabalık...

Elinde mikrofon olan adamın söyledikleri etrafta yankılanırken âdeta bir kulağımdan girip diğer kulağımdan çıkıyor gibiydi, sesler boğuk boğuktu. Kulaklarımın alev aldığını ve gözlerimin dolduğunu hissettim. Neresiydi burası? Pamir'in burada ne işi vardı? Kaan'la burada ne halt ediyorlardı?

"Ama..." Sağ elimi cama yapıştırdıktan sonra camın soğukluğunun avuç içimde bıraktığı etki tenimi titretti. "Burası basketbol sahasına benzemiyor... Kaan?"

Yan profilden ona baktığımda, dikkatli bir şekilde aşağıyı izlediğini gördüm. Ringe uzanan iki uzun kolun kapıları da büyük bir gürültüyle açıldığında, insanların çığlıkları daha da artmış gibiydi. Sanki camı delip geçiyordu ve kulak zarımı patlatabilecek bir seviyeye çıkıp beni deli ediyordu. Ringin bir ucundan, en az geçen hafta Buğra'nın doğum günü için gittiğimiz gece kulübünün kapısında dikilen ızbandut adamlar kadar kaslı ve iri bir adam çıkınca, ondan metrelerce yüksekte olduğumu bilmeme rağmen tüylerim diken diken oldu ve göz kapaklarım titredi. Bu bir *dövüş ringiydi* ve o ringde insanlar *dövüşüyorlardı*.

"Bu... Bu yasadışı değil mi?" Titreyen bakışlarımı

Kaan'a çevirdim. "Pamir ne yapıyor burada, Kaan? Siz ne yapıyorsunuz?"

"Nil." Yavaşça kafasını bana çevirirken, "Maç sonuna kadar sorularını kendine sakla lütfen," diye homurdandı. "Şu an içerideki rahat kırmızı koltuklarda biramı yudumlarken izlemem gereken maçı, ayakta izliyorum zaten. Bu yeterince büyük bir ceza."

Dudaklarımı birbirine bastırarak sertçe yutkundum. Aslında, cevabını bilmek istediğim tek bir soru vardı… *Pamir nerede?*

Aklımın ucuna yeni değen insafsız düşünce, kafamı ringe çevirmemle doğrulandığında başımdan aşağı kovalarca kaynar su dökülmüş gibi hissettim. *Oradaydı.* Pamir Yelkıran oradaydı ve siyah bir şortla o iri yarı adamın karşısındaydı, ringin içindeydi; bu yasadışı olayın tam olarak merkezinde, ayakları üzerindeydi. Ringin halatları dışında kalan bölgede popolarını sallayarak yürüyen bikinili kızların bakışlarının onun üzerinde olduğunu görebiliyordum ama o, sert ve keskin bakışlarını karşısındaki adama odaklamış bir şekilde başka hiçbir şey görmüyor, başka hiçbir şey duymuyor gibiydi.

Kızların ellerinde gezen bayraklar aşağı indiğinde, elinde mikrofon taşıyan adamın sesini etrafa herkesin duyabileceği şekilde yayan o aleti ağzına doğru götürdüğünü gördüm ve maç böylece başlamış oldu.

Tedirginlikle aniden Kaan'ın kolunu tutarak dehşet bir ifadeyle onu sarstığımda yerinden kıpırdamadığını görerek daha fazla sinirlendim. "Ne yapıyorsun? Manyak mısın sen! Onun orada ne işi var? Çıkar onu oradan!"

Bıkkın bir ifadeyle kolunu kendine çektikten sonra sakin bir şekilde, "Bir şey olmaz," diye mırıldandı ve bakışlarını tekrar camın ardından ringe çevirdi. "Bu onun ilk maçı değil."

"Ya ne demek bir şey olmaz?" Sinirlendiğimi hissediyordum. Korku, öfke ve endişe doluydum; böyle hissettiğim zamanlarda hiç iyi şeyler olmazdı. Kendimi dizginlemeye çalışarak tekrar sertçe yutkundum ve başıyla işaret ettiği yere, ringe çevirdim kafamı.

Pamir, adamı yere sermiş bir şekilde başını kolunun altından geçirmişti ve etraftaki çığlıklar kan görmeyi arzulayan bir vampir kadar istekliydi, onların hepsini birer mazoşist olarak görüyordum şimdi. "Bitti mi?" dedim hızlıca. "Bitti, değil mi? Hakem ona kadar sayacak ve adam kurtulamazsa Pamir kazanacak, değil mi?"

Kaan histerik bir şekilde hafifçe güldü ve kafasını olumsuzca salladı. Onda olan bakışlarımı gözleriyle yakalayıp ileriyi, ringi işaret etti ve hemen ardından kollarını mekanik bir hareketle göğsünde topladı. "İşte bu, tam olarak onu ne kadar kızdırdığın."

Gözlerim kafamdan ayrı bir şekilde gergin duruşlarını Pamir'in üzerine çevirdiğinde, elinde mikrofon olan adam çıldırmışçasına ringin içinde durup, Pamir ve ızbanduda yakından bakarak her şeyi bire bir anlatıyordu. Maçlardaki spiker gibiydi, ama onun jilet gibi bir takım elbise giydiğinden pek emin değildim.

Pamir, adamın üzerine çıkmış sayısız yumruklarını suratına geçiriyordu ve adamın suratı saniyeler içinde kan gölüne dönmüştü.

"Normalde bu gece yorgundu, adamın işini bitirip direkt eve gidecekti ama…"

Sözünü keserek, "Bana çok sinirlendi," diye tamamladım.

"Aslında, hayır," derken sesi sanki normal bir şeyi konuşuyormuşuz gibi çıkıyordu. Yüzeyi camdan bir kordonun içindeydik, yan odamızda beni görürse edepsiz düşüncelere sahip olabilecek adamlar vardı ve yıllardır sevdiğim adamın camın ötesinde, kendisinin iki katı bir adamın suratını dağıtmasını izliyordum ve hiçbir şey normal değildi.

"Sana sinirli değil. Sana sinirli olsaydı acısını senden çıkarırdı; o şu an kendine sinirli."

Göğsümde kol gezen ağrılar hat safhaya çıkıp beni boğmaya yeltendiğinde, içimdeki kötü kız siyah saçlarını savurarak kocaman olmuş gözlerini hemen üzerine oturduğu kalbime çevirdi. *Kendine sinirli olması,* dedi uzman bir psikolog edasıyla ve derin bir nefes aldı. *Başka birine sinirli olmasından daha hastalıklı ve tehlikeli.* İyi olan beyaz saçlarını her çarpışında savuran kalbime bir tekme attı ve acıyla dudaklarımı birbirine bastırmama neden oldu. *Aptal!* diye bağırdı tüm gücüyle. Sonra bir tekme daha. *Âşık olduğun kişiye bak! Adamın suratını dağıtıyor, hem de sadece sinirli olduğu için! Senin yüzünden, kendine sinirli!*

Gözlerimi kapatıp derin bir nefes içime çektim ve yenilgiyle düşen omuzlarımın ardından başımı tekrar camın ötesindeki ringe çevirdim; lacivert kadife bir örtüyle çevrelenmiş, dört köşesinden de kalın demirlere bağlanmış halatlarla heybetli bir görünüm sergileyen ve içinde kendinin üç katı ızbandut gibi kas yığını bir adamı pataklayan, yüzüne sertçe yumruklarını indiren sevdiğim adamı barındıran, o büyük ringe.

"Üç," dedi Kaan ve dikkatim hemen dağılarak kulaklarımın onun kelimelerini algılamasını sağladı. "İki," diye devam ettiğinde bakışlarım ringe çevrildi. Adamın kan içinde kalmış yüzü, iri yarı vücuduyla birlikte yerde uzanmıştı ve elinde mikrofon olan adam yere eğilmiş, kalkması için ona on saniye tanıyordu. Kaan sonra olarak, "Bir," diye tıslayıp gözlerini kıstığında elinde mikrofon olan adam boynundaki düdüğü üfledi ve ağır bir gürültü tribünlerden yükseldi. Yanına gidip Pamir'in sağ kolunu kaldırdığında midemin takla attığını fark ettim.

Bu yüzden uykusuz kalıyordu. Geceleri buraya geliyordu, burada dövüşüyordu; Buğra'nın doğum gününde dudağında olduğunu fark ettiğim küçük yara izinin sebebi burasıydı, dalgınlığının; gözünün altında oluşan hafif halkaların sebebi burasıydı.

Gerçeklik soğuk ve keskin bıçaklarını tenime batırırken orada öylece dikildim. Beynim kilitlenmiş gibiydi, yoksa burası çoktan savaş alanına dönmüştü. İçimdeki fırtınanın yukarıda nelere sebep olduğunu bilmiyordum ama burada bile benim canım bu denli yanıyorken, yukarısının çok da sakin olabileceğini söyleyemezdim. Saat kaçtı? Bugün doğum günüydü, neden doğum gününde de buraya gelmişti ki?

"Odaya gidiyor," dedi Kaan ve geri çekilerek adımlarını tekrar o karanlık koridora yönlendirdi. "Hadi, gidiyoruz."

Sessizce kafamı sallayarak onu takip edeceğim sırada, VIP bölümünün aralık kapısından bir çift kahverengi gözün üzerimde gezindiğini fark ettim ve bu kişinin bir erkek olması, tüylerimi diken diken etti. Kalın bukleli, hafif de olsa kıvırcık olarak adlandırabileceğimiz saçları ve kahverengi gözleri vardı. Teni esmerdi, yeni çıkmış kirli sakalları ona garip bir hava katıyordu ve üzerinde jilet gibi simsiyah bir takım vardı. Bakışları üzerimdeyken dudağının kenarı kıvrıldığında elimi karnıma götürerek bir nevi midemi tuttum ve Kaan'ın arkasından ona yetişebilmek adına koştum. Bazen fark etmeden insanları inceliyordum ve bu kişi bir erkek olduğunda beni utandırıyor, sanki gelecekteki sevgilime ihanet ediyormuşum gibi geliyordu.

Karanlık koridor kısa bir süre sonra bittiğinde Kaan gelmeden önce kilitlediği kapıyı, anahtar olmadan açtı ve içeri geçmem için kenara çekildi. Pamir'in banyoda olduğunu gelen su seslerinden anlayabiliyordum ve bunu düşünmek yanaklarımı kıpkırmızı yapabilirdi; eğer beyaz tenli olsaydım. Tamamen esmer değildim ama beyaz tenli olduğumda söylenemezdi. Sanırım buğday tenliydim.

"Saat kaç?" Durgun bakışlarımı bir sonraki benliğime sert bir dalga gibi vuran ve beni hazırlıksız yakalayan şoklardan birine hazır bir şekilde canlandırarak Kaan'a çevirdiğimde, elindeki telefonu çevirmeyi bırakıp ortasına bastı ve aydınlanan yüzünü bana çevirdi. Saat ikiydi, iki saattir buradaydım ve nedense bu iki saatin hayatımda çok büyük bir yer açıp beni derinden etkileyerek yaşamımı değiştireceğini hissediyordum. Aydınlanmış ekran kilidinde okul basketbol formaları üzerinde olan Kaan, Buğra, Melih ve Pamir'i görebilmiştim. Buğra buraya geleli bir hafta oluyordu ama dehşet bir şekilde basketbol oynadığı için direkt olarak takıma girmişti; bunda Kaan'ın kuzeni ve Pamir'in arkadaşı olmasının çok büyük bir rolü olduğunu elbette biliyordum ama fena oynamadığını duymuştum. Dedikoducu Kız, sitenin dedikodu bölümüne koca bir Buğra Vuslat fotoğrafı eklemişti ve basketbol takımına övgüler yağdıran bir bölüm yazmıştı. Geçen akşam Nisan'la oturup bunu konuşurken bana Dedikoducu Kız'ın kendisini de Buğra'nın sevgilisi olarak yazdığını, lisenin ilk senesi çıkıp sonradan ayrıldıklarını ve Buğra'nın teyzesine gittiğini, bu sene gelince de gece kulübünde hararetli ve içinde bol bol dudak teması geçen bir kısım yazdığını söylemişti. Tepkim elbette ilk olarak, *"Tüm bunların hepsini nasıl bilebiliyor?"* olmuştu ama önceden yaptığı haberleri de göz önünde bulundurursak, bunun onun için çok da zor olmadığını biliyordum. Ne yazık ki, bu sevgili olayı Nisan'a okuldaki kızlar tarafından eksi puan olarak yansımıştı; Buğra da 'Kuzey Lisesi'nin Altın Çocukları' adlı listenin başlarında yer aldığından, onu isteyen kızların sayısı pek de az değildi. Okula gelir gelmez onu Nisan'ın kapmış olması Kızlar Tuvaleti'nin iğrenç ve asılsız iftiralarla çalkalanmasına ve ben de dâhil olmak üzere kötü bakışlara maruz kalmamıza sebebiyet vermişti. Mine'nin bana olan tutumu biraz zayıflamıştı, Pamir'in gözleri üzerimde gezinmediği sürece içindeki hırçın kızı ortaya çıkarmadığı kesindi ve pençeleri yerindeydi, tek korkum bir gün kendimi tutamayarak ona patlamam ve bunun dışarıya yansıyacağı büyüklüktü, o yüzden bana sataşmaması ikimizin olduğu kadar tüm dünyanın yararınaydı. Bu işi gerçekten kontrol altına alabilmemin bir yolu var mı merak ediyordum ve eğer bir çözüm bulamazsam bir gün etrafımdakilere zarar vermekten korkuyordum...

Yaklaşık yirmi dakikanın sonunda su sesi kesildiğinde, Kaan'a çevirdim bakışlarımı; koltuğa yayılmış bir şekilde telefonunda Temple Run oynuyordu ve oyuna odaklanmıştı, benim ise bütün ruhum, kalbim ile birlikte banyo kapısının arkasındaki gerginliğe odaklıydı. Oradan çıkacak ve bana hayatımın en kötü gecesini yaşatarak kızacak, bağıracak gibi geliyordu. Ağlamak istemiyordum. Ben ağlamazdım. Sorun da buradaydı... Ben ağlamazdım ama kriz geçirirdim, o krizlerimde ise kendime gelebilmemin tek yolu olarak gördüğüm kendime zarar verme ve böylelikle acıya odaklanma metodumu kullanırdım. Bir keresinde annem kollarımdaki tırnak izlerini gördüğünde ona hırçın bir kedinin yaptığını söylemiştim ama ikinci seferde, bana inanmamıştı. Ben de bir şey diyememiştim zaten, anlamaması imkânsızdı. O gün, bir değişiklik yaparak boş defterlerimden birini açmış, bir tarih atmış ve bir cümle yazmıştım:

Sevgili Günlük,
Annem bu sefer kollarımdaki izleri bir kedinin yaptığına inanmadı ve tırnaklarımı kesebildiği kadar derinden kesti.

Bileklerimi kesmeye çalıştığım, ama gözlerimi kaplayan gözyaşlarından göremediğim için bıçağın keskin tarafını tutup yanlışlıkla avucumu yardığım zamanları da hatırlıyordum. Elimdeki sargıya garip gözlerle bakan insanları, kızlar tuvaletinde hakkımda çıkan dedikodulara bir yenisinin eklendiğini... Hepsini hatırlıyordum. Belki de Dedikoducu Kız'ın en son benim hakkımda yazdıklarını bu yüzden o kadar da çok umursamamıştım. Bir süre sonra insanların açtığı yara boyut atlıyordu ve aynı yere attıkları her darbede daha da hissizleşiyordun. Sonunda ruhsuz olup çıkıyordun benim gibi... Siyahlara bürünüyordun. Çünkü siz siyahı dışladınız, sırf diğer aptal renkleri içine aldığında başka bir renge bürünüp ikiyüzlü davranmadı diye; kendi kaldı diye, canı yandığı için diğer renklerin her saldırısını içine gömüp onları sömürdü diye dışladınız siyahı. Biz aynıydık. Ben siyahtım. Ben dışlanmıştım. Ben diğerleri gibi değildim.

Göğüs kaslarının üzerinde saçlarından akan damlaların yol yaptığı Pamir, elindeki havluyla saçlarını kurulayarak banyodan çıkarken gözlerimi ondan çekmeye çalıştım ama her seferinde kalbimden beynime ve oradan da gözlerime çıkmış iki varlık, çevirmemem için gözlerimi sıkı sıkı tutuyordu sanki. Bunlar içimdeki kötü ve iyiden başkası değildi. İşbirliği yapıp sanki küçük elleriyle gözlerimi kavramışlardı ve aynı fikirde olduklarından, bunu yapmaktan vazgeçecek gibi durmuyorlardı. Sertçe yutkundum. Eğer gözlerimi çeviremiyorsam, kafamı çevirirdim ben de.

Altında siyah bir pantolon vardı ve uzun, düzgün bacaklarını sarıyordu. Bir an önce bir yerden tişört çıkartıp üzerine geçirmesi için ona yalvarabilirdim, zaten kafasında kurguladığı Nil bakımından sabıkalıydım, bunun üzerine bir de ultra sapıklığın eklenmesi isteyeceklerimin arasından en sonda bile yer almıyordu.

Banyonun kapısını ve ışığını kapattıktan sonra kenardaki koltuğun başına kalçasını yaslayıp kafasını eğdi ve saçlarının ıslaklığını alma işlemine devam etti. Birkaç saniye sonra havluyu omuzlarına bıraktığında bakışları da bana dönmüştü. "Nereden başlıyoruz seni küçük fare?"

Gözlerim odak noktası olarak acı kahvelerini seçtiğinde elimi sıkmak istedim ama hâlâ hafiften sızlayan bileğim bana engel oldu. Zaten merdivenlerden yuvarlandığım için onu daha da acıtmıştım, bir de onunla uğraşamazdım. "Ben küçük bir fare değilim." Her kelimemin üzerine bastırarak dudaklarımdan çıkmasına izin verdiğim bu cümle, bir savaşın başlangıç işareti gibiydi. Karşı taraflarda biz vardık ve normal oyunlara göre, ikimiz de fazla siyahtık.

"Ya, öyle mi? Nesin öyleyse? Yolu tamamen tesadüf olarak buraya düşen ve bir anda dolabımda belirip bizi gizlice dinleyen bir köstebek mi?"

"Ben köstebek değilim!" Sesimin tonunu arttırarak söylediğim bu cümle karşısında her ne kadar şaşkına dönsem de bunu belli etmedim, dışarıdan burnumdan solur bir şekilde gözüktüğümü biliyordum ama sakin olmamı beklemesi imkânsızdı, bunu bekleyemezdi; gözlerimin önünde sanki çok normalmiş gibi halatlarla çevrili bir ringe çıkmış ve adamın tekinin suratını dağıtmıştı. Üstelik ondan önce nasıl dolapta olduğumu fark ettiğini bile bilmiyordum ve yarım saattir burada oturmuş beyefendinin duştan çıkmasını bekliyordum.

Rahat ifadesini değiştirerek keskin yüz hatlarını sertleştirdiğinde yerinden kalkıp beni yaslandığım duvar ile arasına sıkıştırdığı ellerini iki yanımdan geçirip duvara yasladı. İşte bu, tam olarak kalbimin çaresiz çırpınışlarını katlayarak daha da arttırdığı ve bana heyecanlanmaktan başka seçenek bırakmadığı sahneydi. Ne yazık ki bunu böyle hayal etmemiştim ama yine de yüzü çok yakındı. Ona sertçe bakmayı kesmedim, onu seviyor olabilirdim ama bu yanlış bir hareketinde onu itmeyeceğim anlamına gelmezdi, yine de onun bana senelerce verdiği duygusal zararı veremezdim ona. Bu yüzden bir saniye tereddüt etmezdim işte. Sadece bu konuda, ona fiziksel zarar vermekten bir saniye çekinmezdim. O benim felaketimdi, içimdeki fırtınayı dışarı çıkartma sebebimdi, o Soyhan'ın üzerine çöken kara bulutların ve mevsim normallerinin dışında seyreden, aniden değişiklik gösteren hava şartlarının asıl sebebiydi. Benim sebebimdi. Benim nedenim, benim sonucum, benim tercihimdi. Kendi fırtınamın sebebi ise bendim. Ona bu hakkı ben vermiştim. Onun her seferinde bedenime sapladığı keskin ve soğuk bıçakları ellerine ben vermiştim… Nasıl şikâyet edebilirdim?

Kaan'ın bakışları ikimizin arasında gidip geldiğinde, gözlerini devirerek telefonunu kilitleyip cebine attı ve ayağa kalkıp, "Ben bar bölümündeyim, tartışmanız bittiğinde oraya gelin de eve gidelim. Cidden çok uykum geldi," dedi. Esneyerek kapıya yürüdüğünde ikimizin de sert bakışları birbirimizin gözlerinden başka bir yerde değildi. Kaan ise kapıyı kapatarak çıkmadan önce mırıldandı. "Biliyorum zor ama birbirinizi öldürmemeye çalışın."

Bir an, kısa bir an o delici bakışlarının siyah lenslerimi eriterek yok edeceğini sandım ve dudaklarım titredi ama hemen toparlanarak sergilediğim güçlü görüntümün dayanak noktalarını daha da güçlendirdim. Ona hissiz bir duvar gibi bakıp dudaklarımı birbirine bastırdığımda ise, "Beni takip ettin," dedi. "Alakan olmayan bir işe burnunu soktun ve şu geldiğin yere bak. Seni tatmin etti mi gördüğün şey? Mutlu oldun mu beni takip ettiğin için? Merakın dindi mi?"

"Dindi," dedim sertçe. "Mazoşistçe adamın suratını dağıtışını ve bir canavara dönüşünü gözlerimle izledim, tatmin oldum; peşinden gelmekten vazgeçmediğim için bir kez daha azmimi tebrik ederek mutlu oldum ve merakım da dindi."

"Sen manyak mısın?" diye mırıldandı dişlerinin arasından sertçe. "Deli misin sen, nesin? Nasıl bir kızsın sen?"

Gözlerimin içine koyuluktan daha da siyaha yol alan acı kahveleriyle baktığında, daha fazla dayanamayacağımı anlayarak onu sertçe ittim ve kollarının arasından çıkıp dolaba doğru yürümeye başladım. "Bitti, bu kadar yeter. Ben gidiyorum."

Dolabın kapağını açacağım sırada histerik bir kahkaha atarak kolumu sertçe tuttuğunda beni çekip, "Nereye gittiğini sanıyorsun sen?” dedi ve acı kahveleri tekrar siyah gözlerimi hedef aldı. “Burada gördüklerini okuldakilere anlatmayacağına nasıl güveneceğim? Sonuçta sen dolaplara saklanıp sinsice insanları izleyen bir yılansın.”

Yüzümü buruşturdum. “Herkes senin kadar şerefsiz değil, Pamir. Şimdi bırak kolumu ve gitmeme izin ver.”

“Hiçbir yere gitmiyorsun.” Her kelimenin üzerine basıp duraklayarak kurduğu cümle bedenimi titretirken çekmecelerden birini açıp siyah, kısa kollu bir tişört çıkardı ve kolumu bırakıp tişörtü üzerine geçirdi. Kenardan telefonunu ve tekli bir anahtarı aldığında, “Yürü,” diyerek çenesiyle kapıyı işaret etti. “Kaan’ın yanına gidiyoruz, sonra da buradan gideceğiz.”

“Yürümüyorum,” dedim. “Hiçbir yere de gitmiyorum.” Ne dediğimi de bilmiyordum. Sadece içimden her ne derse ona karşı çıkmak geliyordu, aptal bir kız gibi oturup ağlamak yerine ona karşı gelmek güçlü görüntümü daha da sağlamlaştırıyordu ve karşısında böyle bir görünüm çizmek hoşuma gitmişti. Asi, ne derse tersini yapan ve ne isterse tersini isteyen bir kız. Baş belası.

Sanki zihnimi okumuş gibi, “Baş belası mısın kızım sen?” diyerek ellerini iki yanında açtığında kafasını hafifçe bana doğru eğdi. “Yürü diyorum, gideceksin işte!”

Kollarımı birbirine bağlayıp çenemi dikleştirerek ona baktığımda göğsümün üzerinde birleştirdiğim kollarımı ayırarak sağ bileğimi kavradı ve kafasını mekanik bir hareketle bükerek kapıya doğru yürüdü. O bizi dışarı çekip ışıkları kapatırken ve kapıyı kilitlerken sesimi çıkarmadım, bileğimi tutuşu ve sıcak tenini düşünmekle, kokusuyla sarhoş olmakla meşguldüm. Acaba duş jeli veya şampuanı tarçın ve salep aroması içeriyor olabilir miydi? Eğer çok sık duş alıyorsa, böyle kokmasının bir sebebi olabilirdi o zaman.

Peşinden yürüyüp daha önce görmediğim farklı bir kapının içinden geçerken, "Tarçın ve salep aromalı bir duş jeli veya şampuan mı kullanıyorsun?" diye sordum istemsizce. İşte bu yüzden çoğu zaman susuyordum. Dudaklarıma gelen kelimeler beynimden izin almadan çıkıveriyorlardı ve o zaman birkaç saniye öncesine dönüp öyle söylememiş olmayı diliyordum ama tabii ki böyle bir şeyi yapamıyordum.

"Ne saçmalıyorsun?" diyerek beni girdiği başka bir koridordan içeri çektiğinde yaptık bir kere mantığıyla tekrar, "Duş jelin veya şampuanın..." diye başlayan sorumu devam ettirecektim ki, "Hayır," dedi sertçe. "İkisi de sade, normal aromasızlardan işte."

İlerlerken neden ona bunu sorduğumun cevabını benden istemediği için rahat bir nefes alabilmiş, sonra etrafın içki koktuğunu fark edip içime çektiğim nefesi geri vermek istercesine hafifçe öksürmüştüm. İnsanların bu zıkkımı içmekle derdi neydi böyle?

Renkli ışıklarla loş bir görünüm sağlayan bar kısmı olduğunu tahmin ettiğim büyük yere giriş yaptığımızda, müziğin sesinin kulaklarımda boğuklaşmasına izin vererek seslice nefesimi dışarı üfledim. Bu hareketim, omzunun üzerinden bana bakmasıyla sonuçlandığında kalbimin kapılarını sonuna kadar sıkıca kapatıp zincirledim; zira buradan sağ çıkabilmemin tek yolu buydu.

Pamir seri adımlarla kalabalığı yararak ilerlemeye başladığında beni sersemleten ufak bekleme anını geride bırakarak onu takip ettim, bileğimi sıkıca tutuyordu ama sızlandığım söylenemezdi; düşüncelerim tam olarak en azından kokusunun birazının bileğime sinmesi yönündeydi.

Kaan gözlerini devirerek yanındaki sarışın kıza gülümsüyormuş gibi bir bakış attığında, kız sağ bacağını yavaş bir hareketle sol bacağının üzerine attı ve elbisesinin eteğinin açılmasına izin vererek düzeltme gereği duymadan yerinde kıpırdandı. Dudaklarındaki kırmızı rujun tonu midemi allak bullak ederken burayla ilgili her şeyin midemi bulandırdığı hakkında içimdeki yaramaz iki kızla hemfikirdim. İkisi de oturmuş, uslu uslu olanları izliyorlardı. Beyaz, yani iyi olan ayağa kalkıp, *Mısırlar olmuştur, ben onları getireyim,* dediğinde ona gözlerimi büyülterek şaşkın bir bakış fırlattım ama beni dinlemeyerek omuz silkti ve gözlerini devirdi. Siyah olan, *İşte benim kızım,* diyerek göz kırptığında alnıma şaplak attım.

"Ne yapıyorsun lan zibidi?" Kolumu bırakan Pamir'e dönüp dudak büzme isteğimi bastırıp içime gömdüm ve derin bir nefes alarak kızı süzdüm. Aslında saçları sarı değildi, turuncuya kaçıyordu biraz ama altlara doğru sarılaşıyordu. Giyiniş tarzı, dış görünüşü ve davranışları yüzünden onun tam olarak herkesle yatıp kalkan ve belki de bu işten para alan bir fahişe olduğunu düşünüyordum.

İnsanların düşündüğü gibi masumiyet, asla beden ve fizikle ölçülemezdi. Bir pastanın alkollü olduğunu düşünen, onu takip eden iki yabancıyı kıstırıp ölümle tehdit eden, gece vakti adamın tekini ıssız sokaklarda takip eden ve onun düşüncesiyle sinsice dolaba tüneyip onları dinleyen, karşısında gördüğü kızı sırf dış görünüşü ve davranışları yüzünden fahişelikle suçlayan bir kız ne kadar masum olabilirdi? Davranışlarım ve bedenim öyle olabilirdi ama düşüncelerim öyle değildi. Çünkü ben aptal değildim. Dışarıda ne boklar döndüğünün farkındaydım.

"Ben kafayı buldum abi, siz takılın," diyerek elinde döndürdüğü içki bardağını kafasına diken Kaan sırıttı ve o an, yanındaki ombre'li kız parmaklarını saçlarına dolayarak oynamaya başladı.

"Lan ne takılması?" Pamir'in çenesinin kasıldığını gördüğümde Kaan gözlerini devirerek yutkundu ve kızın elini saçlarından çekerek doğruldu. "Bırak işte Nil'i, gel sonra.

Bu gece eğlence var kesin burada, uyku falan kalmadı bende. Eğleniriz biraz."

Ombreli kız bu sefer bakışlarını Pamir'e dikip dişlerini göstererek göz kırptığında içimde harlanan ateş alevlendi, eğer bakışlarla öldürülebilseydi bir insan şimdiye cesedini koltuktan kaldırıyorlardı. Sertçe yutkunarak ona *çek gözlerini onun üzerinden* bakışı attım ve gözlerimi kısarak burnumdan soludum. Kaan'ın bakışları bir an bana döner gibi olduğunda saliseler içinde yüz ifademi hemen düzelterek, "Siz takılın o zaman," dedim. "Ben kendim giderim eve."

"İki dakika dur sen de be kızım, bırakacağız dedik." Pamir bu sefer kafasını bana çevirdiğinde, "Kendim giderim," diye ısrar ettim.

"Yanımdan ayrıldığın an kendini senden en az otuz yaş büyük iri yarı bir adamın tekinin altında bulursun."

Gözlerimi şokla açarak sertçe ona çevirdiğimde yumruk yaptığım elimi sıkıyordum. Burası neresiydi böyle?

"Nasıl geldiysem, öyle giderim," dedim ve hafifçe sırıttım. "Ruhun bile duymaz. Seni takip ettiğimde olduğu gibi."

Sinirlendiğini gözler önüne sererek sertçe kolumu tuttuğunda anında geri çektim. Keskin ve sert bakışlarımız birbiriyle çarpışırken ombre'li kızın kenardan birilerine bir şey işaret ettiğini görmüştüm. Çok geçmeden kızıl kafa, eteği belinde başka bir kız yanımıza yaklaşarak Pamir'in koluna tutunduğunda, sinirim hat safhaya ulaştı ve kendimi kontrol etmek adına tırnaklarımı acımadan sertçe avuç içime bastırdım. Elim tamamen uyuşurken, tırnaklarımın keskinliği bana soğuk ve keskin bıçakların tenime saplanışını hatırlatıyordu ama o bıçakların sahibi karşımdaki kütük olduğu için şimdiki yanında bir hiç kalıyordu.

"Yelkıran buradaymış," dedi kızıl kafa parlatıcı sürdüğü belli olan dudaklarını oynatarak. Bana küçümseyen bir bakış atarak

Pamir'in koluna asıldığında tenine değen ellerini parçalamak, kimsenin bir daha birleştiremeyeceği atom parçalarına, moleküllerine ayırmak istedim ama hiçbir şey yapamazdım... O küçümseyici ve ego dolu bakışlarını benden çekip hayran hayran Pamir'e bakmaya başladığında sertçe yutkundu ve devam etti. "Kalıyor musun bebeğim?"

Pamir omzunun üstünde önce kıza, sonra da Kaan'a bir bakış atıp bedenini ona döndürdüğünde, "Şunu eve bırakıp geliyorum, bir yere ayrılma," dedi ve kolumu tutup, "Yürü," emriyle peşinden sürükledi.

Ses çıkarmadım. Yemin ederim ki, kalbim göğüs kafesimin içinde parçalara ayrılırken gıkımı çıkarmadım.

Elini sertçe bileğimden çekmeye çalıştığımda kurtulmama izin verdi, onu takip eden adımlarımı boşluğa atıyormuşum gibi hissettiğimde gözlerim buğulanmış gibiydi ve sanki sarhoş olmuşum gibi etrafı pek iyi göremiyordum. Yine de peşinden koridora çıktım, karanlık koridorun sonu hiç bitmeyecekmiş gibi her adımımda daha da uzarken dudaklarımı birbirine bastırdım ve yumruk yaptığım ellerimi sanki daha fazla sıkabilecekmişim gibi sıktım.

Onun odasına geri döndüğümüzde, kilitlediği kapıyı açarken, "Ne oldu?" dedi ve kapıyı açarak geri çekildi. "Sessizleştin aniden."

"Beğenemedin mi? Açayım mı ağzımı?"

Gözlerini hafifçe büyülterek, "Aman aman, kalsın," derken sıcak nefesini kalın dudaklarından dışarıya üfledi. Nemli olduğu belli olan saçlarından tarçın ve salep kokusu yükseliyordu, elini onlara daldırdığında uzanıp tutamlarında parmaklarımı gezdirmemek için ayrı bir çaba sarf ettim ve sonunda kendime kalbimin kırıldığını hatırlattım. Kapıyı kapatmıştım, zincirlemiştim ama o öyle sarsıntılı ve şiddetli bir depremdi ki, kalbime açılan yoldaki kalın çelik kapıyı ve zincirlerimi yerle bir ederek onu parçalara ayırmıştı. Sonuç neydi? Aptal, üzücü ve acı verici bir *kalp kırığı.*

Beni evime atıp, kendisi geri dönecek ve sonra da o kızıl kafayla...

Devam etmedim. Kapıyı arkadan kilitleyerek dolabın kapaklarına yöneldiğinde, açtığı kapaklardan ilk kendi geçti ve ben de arkasından girerek peşine takıldım. Görülmesi imkânsız olan kapıyı açıp kendini o buz gibi, beton duvarların arasına attığında beklemeden peşinden gittim ve kapıyı kapatıp ellerimi cebime sokarak peşinden ilerlemeye başladım. Konuşmuyordum, yanımdaydı ama konuşmak istemiyordum. Şimdi bu aptal sahneler yüzünden karakterlere sövüp kitabı duvara fırlatma raddesine geldiğim yazarları anlayabiliyordum işte... Gurur, öyle gereksiz ve yıkıcı bir duyguydu ki, onu söküp atabilecek tek şey kuşkusuz gurursuz bir aşktı.

"Ne zamandır buradasın?"

Sorumu ona yönelttikten sonra saçlarımı içime sokarak kapüşonlumu kafama geçirdim ve bakışlarımı yere çevirdim. Bana cevap vermeyip kızacağını sanıyorken, tok sesi merdivenlere doğru yürüdüğümüz bu beton ve soğuk geçitte yankılandı. "Bir yılı geçti."

"Bu gece kaç yaşına girdin?"

"Yirmi." Geniş sırtı durarak benim de hafiften ona çarpmamı sağladığında salep ve tarçın kokusuyla büyülenip etkisinin geçmesi için nefesimi tuttum ve kendimi geriye çektim. Omzunun üzerinden kafasını ve hafifçe bedenini bana çevirdikten sonra, "Bunu neden sordun?" dedi. "Bir şeyler mi biliyorsun?"

Hayır, salak. İlkokula geç başladığını ve Kasım doğumlu olduğun için seni bir sonraki seneye attıklarını, bu yüzden de bizden iki yaş büyük olduğunu kesinlikle bilmiyorum.

"Bizim meşhur kızlar tuvaletinde dönen bir dedikoduydu," dedim. "Sadece merak ettim."

"Etme."

"İyi."

"Güzel."

Dişlerimi sıkıp gözlerimi kapatarak açtığımda, tekrar yürümeye başladığını gördüm. Derin bir nefesi ciğerlerime çektiğimde buranın çok tozlu olduğunu anlayabilmiştim; en azından içki, sigara ve ter karışımı mide bulandırıcı bir koku değildi.

Merdivenlerden seri adımlarla ikişer ikişer zorlanmadan çıkmaya başladığında peşinden hızlı adımlarla ona yetiştim ve o kapıdan çıkarken peşinden bedenimi dışarıya sürükledim. Gözlerim uykusuzluktan deli gibi acıyordu, acıkmış, yorulmuş, bir kez daha kusmanın çok yakınından geçmiştim ayrıca eve gittiğimde bayılmadan uyuyamayacağım gerçeği yüzüme sert tokatlarını indirerek beni daha da yoruyordu. Bunun için yüksek dozda bir uyku ilacı iğnesi olmak zorunda kalacaktım; genelde bayılmayı tercih ediyordum çünkü o iğnenin yan etkileri dansımı etkiliyordu. Güzel ve uzun bir uykunun karşılığı, konsantrasyon bozukluğu ve dengesizlik olarak geri dönüyordu. Çok yorulduğum için bir kez daha buna katlanabilirdim sanırım.

Pamir yıkık dökük evin dışına çıktığında sokakta ilerlemeye başladı, ona yetişmek adına biraz koşup hizasına geldiğimde adımlarımı normal tempoya indirdim ve hapşırdım.

"Geç geber."

Lafına büyülttüğüm gözlerimle bakarak kahkaha attığımda sadece uyku dengemin değil de, davranışlarımın da bozulduğuna yemin edebilirdim. Bu gece kaç gün oluyordu? Altı mıydı? Uykusuz altı gün… Acaba insan hiç uyumadığı için ölebilir miydi?

Kafasını hafifçe bana çevirerek gözlerini gülümseyen dudaklarıma çevirdiğinde, kasılmış çenesini görebilmiştim.

Hemen düzelip, surat ifademi normale çevirdiğimde yutkunarak boğazımı temizledim ve o arabasının kilidini açarken sessizce ön koltuğa yerleştim.

Arabayı kıvrak bir hareketle sokakta çevirip onu takip ettiğim yoldan ilerlemeye başladığında, "Evin nerede?" dedi ve o can alıcı soruyu bana yöneltti.

Bunun bir gün olacağını biliyordum.

Bir keresinde, on üçüncü yaş gününde yanına gidip onunla tanışmaya yeltenmiştim. Her zamanki gibi evlerinde güzel bir doğum günü partisi vardı ve annesi beni de davet etmişti. Geçen senelerdeki gibi hediyesini bırakıp, kenardan onu izlemek yerine tanışmaya yeltenmek benim için kesinlikle büyük bir gelişmeydi; eğer bana cesaretimi kaybettirerek arkadaşlarıyla Playstation oynamak için odasına çıkmasaydı. Biraz bekleyip, sonra da annesine teşekkür ederek eve gitmiştim. O on üçündeyken ben on birimdeydim ama çoğu kişi onu da on bir zannediyordu tabii.

Onun için doğum günü partilerine gelen aynı sokakta oturdukları kız bile değildim... Beni hiç fark etmemişti. Hiçbir zaman.

"Evine sür," dedim. "Sizin iki bahçe yanınızda oturuyorum."

Kaşlarını çatarak bana dönüp kısa bir bakış attığında, "Öyle mi?" dedi. Sesi biraz şaşkınlık içeriyordu. "Ne zaman taşındınız?"

Hafifçe gülerek gözlerimi cama çevirdim. "Ben iki yaşındayken taşınmışız, on altı sene önce." *Sen ise diğerlerine göre 7, bana ve gerçeğe göre 9 yaşındayken taşındın oraya. Senden önce ben, Pamir. Senden önce ben vardım.*

Cevap vermedi, muhtemelen beni hiç görüp görmediğini düşünüyordu ama bunu umursamamaya çalışarak eve doğru sürüşünü izledim. Yarım saat sonra evin önündeydim. Ona iyi geceler ve iyi sabahlar dilemek isterdim ama bunu yapacak gücü kendimde bulamıyordum. Bu yüzden kapıyı açmaya yeltendim.

Uzun, güzel ve biçimli parmakları bir kez daha bileğimi sardı ve beni geri çekti. "Bu gece gördüklerinden kimseye bahsetmeyeceksin."

Baygın bakışlarımı ona çevirerek sert, acı kahvelerini odak noktama aldım. "Merak etme, kötü çocuk. Senin yasal olmayan bir yerde Jackie Chan'cilik oynadığını Dedikoducu Kız'a söylemek veya kızlar tuvaletinde gıybetini yapmaktan daha önemli işlerim var."

"Jackie Chan, Kung Fu gibi kendi milletine özgü savunma sanatlarıyla ilgileniyordu, benim yaptığım Kick Boks."

"Her neyse," diyerek bileğimi çekmeye çalıştım ama bırakmadı. "Söz ver," derken sesi soğuk, sert ve yabancıydı.

"Söz." Gözlerimi büyültüp ses tonumu yükselterek verdiğim sözden sonra kolumu tutan elini gevşetti.

"İyi," dedi.

"Güzel."

"Peki."

"Tamam."

Hırçınca sarf ettiğimiz anlamsız laf karmaşasından sonra sertçe kolumu çekip arabadan çıktım ve topuklarımı yere vura vura eve yürüdüm. Ben çıktıktan hemen sonra o da gazlamıştı. Tabii, kızıl kafasını bekletmek istemiyordu. Bir an önce yanına gitmek ve...

Bunu kendi doğum gününde yapmasa olmaz mıydı?

Beni orada bıraktı. Evimin önünde, yalnız ve sessiz bir şekilde siyah geceye meydan okurken kanattığım avucumdaki kuru kan izlerimle. Kalbim o bar köşesinde kaldı. *Kırıldı.* Doktora gitsem, alçıya alır mıydı?

6

Uzaktan sevmek… Herkes yapamaz.

Bir hayaletmiş gibi uzaktan izlemek, uzaktan kıyamamak, uzaktan sövmek, uzaktan bakmak, uzaktan karışamamak ve çıldırmak, uzaktan vazgeçmemek ve en ağırı da, bedenlerinizin arasında santimler varken bile ruhlarınızla kilometrelerin olması.

O ve ben, ayrı ağaçların yapraklarıydık. *Biz,* kalıbını bile oturtup bir tutamıyordum ikimizi. Benim özüm ona zehir, onunki bana zehirken bile şifaydı. Bunu karşısına geçip nasıl anlatabilirdim? Yapamazdım, en kötüsü de buydu. Dünyaya karşı yıkılmaz bir cesaretim ve öfkem varken konu o olduğunda kanatlanıp uçuyordu sanki son kalan kırıntılar da bedenimden, izi bile kalmıyordu. Yalın oluyordum, onun uzaktan ne kadar yumuşak göründüğünü bilmediği saçları ve benimkinde hissettiğimde tir tir titrediğim tenini anlatamıyordum süslü şiirlerle, o çikolata ve çilekle süslenmiş bir waffle tabağıydı ve ben de hiçbir zaman yenmeyen ya da sıyrılmayan, porselen tabağın üzerindeki ince sostum sanki. Tabaktakiler bittikten sonra can sıkıntısının verdiği hisle çatalın ucuyla şekli bozulan, oynanan o ince sos. Sadece tabağı süslemek için. Birkaç dakika sonra sıcak suyu boylayarak ince ince işlenmiş karışımının dağılmasına izin verecek, kanalizasyonda diğer artıklarla kaybolacaktım. Varlığım da yokluğum gibi bir hiçti.

Kollarımı öne savurup bedenimi geriye atarak şarkının ritmine uyum sağladığımda kafamı sola sallayıp başımdaki kepi burnu arkaya gelecek şekilde çevirdim, ellerim belimin hemen yanında yer aldıktan sonra geriye atıldığında, bedenimi de ileriye aynı anda atarak ellerimle beraber geri çektim ve kepi düzelttim.

Sesli soluklarımın arasında yere oturarak bağdaş kurduktan sonra siyah kepi çıkartıp saçlarımı düzelttim ve derin bir nefesi ciğerlerime doldurdum. Boğazım yanıyordu ve susamıştım, evdeki her şeyi yiyebilecekmiş gibi açtım ama aynı zamanda da öylesine yorgundum ki normalde saniyeler içerisinde hızla yaptığım hareketleri büyük bir durgunluk ve baş ağrısıyla yapıyordum. Sabah saat 5'ten beri tekrar ettiğim bu ufak hareket, GreenLight'ta çalıştığımız koreografiden bir parçaydı ama bedenim öylesine sisliydi ki, gereken hıza ulaşamıyordum ve başım dönüyordu.

Gözlerimi saate çevirdiğimde, yarım saat sonra evden çıkmış olmam gerektiği gerçeğiyle yüzleştim ve başımı ileri atıp ellerimle yüzümü sıvazladım. Gözlerimi ovalarken canım yanıyordu çünkü deli gibi acıyorlardı ve kıpkırmızı olduklarına emindim. Lensler gözlerimle bir bütün hâline gelecek ve beni kör edecek diye öyle korkuyordum ki... Bugün yedinci gündü. Yedi gündür uyumuyordum. Yedi gündür gözlerimi uyku için dilenirken kapatıyor, uyumamak için direnirken buluyordum kendimi. Sebebini bilmediğim bu durumun bana kattığı olumsuzluklar öyle çoktu ki... Dansımı etkiliyordu bir kere. Gereken dengeyi kuramıyordum ya da çok dikkatli davrandığım için gereken hızı yakalayamıyordum; başım dönüyordu, ayağa kalktığım an midem altüst oluyordu ve gözlerim çok acıyorlardı. Kan çanağına döndüklerine bahse girebilirdim.

Dengemi sağlamaya çalışarak ayağa kalktım ve çantamın yanındaki su şişemi alıp kafama diktim. Boş şişeyi çantama tıkıp odanın ışıklarını kapattım ve asansöre yöneldim, zira bu kafayla tepe taklak aşağıda bulabilirdim kendimi… Ya da temizlikçilerden biri beni bulurdu ve gözlerimi hastanede açardım. Ya da açamazdım bile, ölmüş olurdum. Merdivenlerden yuvarlanıp beyin kanaması geçirmem ve hemen ardından tahtalı köyü boylamam olası bir seçenekti.

Çantamı koluma takıp elimi cebime soktum ve derin bir nefes alarak yağmurun yavaşlamasını sağlamaya çalıştım ama dileğim keskin bir baş ağrısıyla bana geri döndüğünde, kapının önünde sağanakla baş başa kalmıştım. GreenLight'taydım, Pamir beni eve bırakıp Kaan'ın ve Bayan Ombre'yle Kızıl Kafa'nın yanına döndüğünde annem ve babam yataklarında uyuyorlardı. Yeni gelmişler gibiydi, çünkü mutfaktaki su ısıtıcısının içindeki su hâlâ sıcaktı. Ben de tekrar kaynatıp, sıcak üç bardak kahve içerek duş aldıktan sonra buraya gelmiştim işte.

Uyuyamamak… Acı veriyordu. Uyuyabilen insanları kıskanır olmuştum bir anda, bu benim için bir rekordu. En fazla beş gün uykusuz kalabilmiştim önceden ve şimdi yedinci gündeydim, hâlâ bayılmamıştım. Her tarafım sızlıyordu, sanki estetik ameliyatındaydım da bütün vücudum işlemin içindeydi ve her tarafıma küçük keskin iğneler batırıyorlardı. Cidden, o ameliyatlara girenler buna nasıl dayanıyorlardı? Uyuşturmak da bir yere kadardı sonuçta.

Duvara tutunarak sokağın kenarından yürümeye başladığımda hırçın damlalar kontrolüm dışında saçlarımı ıslatmaya başladı. Aynı anda ellerini beline yerleştirmiş kötü kız, yüzünü buruşturarak bir anne gibi söylenmeye başladı. *Manyak mısın sen? Canına mı susadın? Uyuyamıyorsan da, uzan okul vakti gelene kadar. Daha mide bulantını, başının dönmesini durduramıyorken dans etmek senin neyine?*

Kötü kızın yerini iyi olan aldığında, onun da artık iyi yanından pek kırıntı kalmadığını fark etmiştim. Kötü olan da pek kötü değildi zaten. Sanki… İkisi de farklı düşüncelere sahip, benliğimin ikiye bürünmüş hâliydi. Dışım siyah, içim griydi ve o gri de ikiye bölünerek siyah ve beyazı oluşturmuştu.

Boş ver, bayılır zaten bir-iki saate bu gidişle.

Bugün okula gidemezdim, eve gidip uyku ilaçlarından birini her ne kadar beni kötü hissettirecek olsa da enjektör yardımıyla damarlarıma enjekte etmeli ve kendimi derin bir uykunun kollarına bırakmalıydım. En son bunu yaptığımda aralıksız yirmi altı saat uyumuştum, dört günün verdiği yorgunluk ve uykusuzlukla. O zaman hafta sonuna geldiği için okulu aksatma gibi bir durumum olmamıştı tabii ama şimdi yarım saat sonra gitmem gereken bir okul vardı ve bugün cumaydı. Uyku ilacını annem bizzat temin ettiği için bu durumdan haberi vardı, bu yüzden sorun edeceğini zannetmiyordum. Ciddi bir uyku sorunum olduğunu biliyorlardı, bunun için bir ilaç olduğundan ama yan etkileri olabileceğinden bahsettiklerinde ise itiraz etmeden kabul etmiştim, çünkü uykusuzluk berbattı ama gözden kaçırdığım bir nokta vardı; ilacın yan etkileri de uykusuzluk kadar berbattı.

Adımlarım eve yaklaşırken kulübün eve çok da uzak olmayışına şükrederken bulmuştum kendimi. Bayılacakmış gibi hissediyor, bayılamıyordum ve kafamda kopan fırtınalar artık ağırlık kat sayılarını arttırarak ayaklarım, belim ve boynum üzerine de yayılmıştı. Bu saatte etrafta taksi olmayışına mı, yoksa bu saatte dışarıda olmama mı yanayım karar veremiyordum.

Soğuk, keskin bıçaklarını bulduğu açıkta kalan her noktamdan döndürerek tenime sapladığında kaldırıma düşüp avuç içlerimi betona yasladım ve kafamı eğerek derin bir nefes aldım. Yukarıda, bulutların gruplaşarak gökyüzünü kapladığını ve ortalığın karıştığını hissedebiliyordum ama engel olamıyordum. Böyle gidemezdi, bunun bir çözümü olmalıydı. Hayatımın sonuna kadar böyle devam edemezdim, o güç bende yoktu. Birkaç gün daha uyumazsam organlarımda kalıcı bir hasar kalabilirdi, kötü bir hastalığa yakalanabilirdim ya da daha kötüsü olabilirdi.

Bir an düşündüm. Eğer bana bir şey olsaydı, o da gelir miydi hastaneye? Ölsem, üzülür müydü cenazemde?

Bazen onu ölerek üzmek istiyordum. Her şeyi ona anlatmak, son kez ağlamak ve kendimi hazır hissetmesem bile öyle olduğumu varsayarak ruhumu ölümün ürpertici tırnaklarına takmak. Belki o zaman onun için bir şeyler ifade edebilirdim.

Düşe kalka, duvarlara ve bahçe çitlerine tutuna tutuna sonunda eve varabildiğimde merdivenlerden yuvarlanmamaya çalışarak çıktım ve kendimi odama attıktan sonra kapımı kilitleyip banyoya geçtim. Hızlıca parmağımı gözüme sokmamaya çalışarak lenslerimi çıkardıktan sonra aynadaki canavar görüntüme bakmayıp, üzerimdekilerden kurtuldum ve pijamalarımı bedenime geçirip yorganın altına girdim. Uyumamam için hiçbir sebep yoktu.

Ama kan çanağına dönmüş gözlerim, dengesiz kalp atışlarım, zonklayan damarlarım ve işlevini yitirmiş titreyen soğuk ellerimle yorganın altında baş başa kalmıştım sadece. Acı gerçek buydu. Kabullensem daha az acı çekebilir miydim acaba? *Uyuyamıyordum.*

Bedenimi çevirip komodinin alt çekmecesine uzandım ve ilacı enjektörle beraber çıkartıp yatakta oturur pozisyona geçtim. Bir dozuna enjektörün iğnesini batırıp içine çekerken gözlerim kaymak üzereydi, boğazım tutulmuştu ve bayılmak üzere olduğumun farkındaydım. Ağrısına katlanabileceğimi aklımdan son kez geçirerek kolumu sıyırdım ve enjektörün iğnesini koluma sapladım.

Birkaç saniye sonra siyah odam gözlerimin önünde kaymaya başladı, midem kaynıyordu ve zonklayan damarlarım uyuşuyordu. Bir dakikadan kısa süre sonra gerçekten gözlerim kaydığında, ruhumun karanlığın sıcak koylarına çekilmesine izin verdim ve bilincimi boşluğa teslim ettim.

Hayatınızda yapabileceğiniz en büyük aptallık, birine sıkı sıkıya bağlanmak ve ona karşı hissettiğiniz şeyler hakkında sevgi, aşk gibi basit, kalıplaşmış ve günümüz şartlarıyla kirlenmiş kelimeler dahi kullanmamaktır. Çünkü eğer buna bir isim veremiyor ama gerçekten canınızı yaktığını hissediyorsanız, hemen şimdi gidip camdan aşağı atlayabilirsiniz. İnanın, bu daha az acı verici olurdu.

Gözlerimi kırpıştırmak birbirine yapışıp kalmış kirpiklerim için hayli zordu, kafamı kaldırıp boşluktan sıyrılmak ve durmadan çalan zile kulak vermek de öyle ama bazen bir şeyleri gerçekten yapmak zorunda hissediyordunuz... Sabahın köründe, hiç uyanmak istemediğiniz bir saatte alarm çaldığında mesela. Sıcacık yatağınızı bırakıp yorganı üzerinizden kaldırmak ve bedeninizi sabah serinliğine teslim etmek gibi. Sonrası ise kâbus, çünkü kimse okulun öyle olmadığını inkâr edemez.

Ruhumun çekildiği boşluk kendini doldurup beni uçurumun ucuna tekrar ittirdiğinde kanatlarım varmış gibi yukarı uçmak için çırpınıyordum. Saniyeler sonra tekrar başladığım ve bir adım bile ilerleyemediğim yola, uçurumun kenarına geri döndüğümde gözlerimin açıldığını hissettim. Odamın karanlığına alışmak için bekleyen gözbebeklerimin hiç ışık olmamasına rağmen küçüldüğünü nasıl oluyorsa bilebiliyordum, olmayan lenslerim ait oldukları yerde, sanki ucubeliğimi sakladıklarını bilerek başucumdaki yerlerinde görüş açıma girdiklerinde, bütün bedenimin uyku için hâlâ serzenişte olduğunu fark ettim. Aynı boşluk beni kucağına çağırıyordu, belki ilaç hâlâ damarlarımdaydı ve uyuyabilirdim ama deli gibi yumruklanan kapı ve ardı ardına basılan zilin melodisi uykumun açılmasına neden olmuştu.

Yorganı üzerimden atarken ağrıya omuzlarıma yüzümü buruşturup sol kolumla yataktan destek alarak doğrulmaya çalıştım, tamamen kendime geldiğimde dışarının karanlık olduğunu fark edebilmiştim. Sokaktaki tek lambanın beyaz ışığı, siyah perdelerimden sızmaya çalışıp hafif bir gölgeyle odamın içine süzülüyordu, gözlerim boğuk ışık huzmesinin üzerinde dolandıktan hemen sonra lenslerimin yokluğuyla titredi. Burnumu çekip ayaklarımı sıcak yatağımdan soğuk boşluğa sarkıttım ve kenardan lens kutumu kaptığım gibi ayağa fırladım. Başta dengemi sağlayamayıp dolaba tutunsam da yüzüme gelen saçlarımı çektikten sonra Zifir'i ezme düşüncesiyle endişeye kayan boş duygularımı yönlendirip yatağımın kenarlarındaki gece lambalarını yaktım. Oradaydı; onun için hazırladığım küçük yatağında kıvrılmış, büyük siyah gözleriyle bana bakıyordu. O kadar uysaldı ki, beni korkutuyordu.

Saatin gece yarısına yaklaştığını fark ettiğimde onu bütün gün aç bıraktığım düşüncesiyle sarsıldım ve daha fazla oyalanmadan banyoya geçip yüzümü yıkadıktan sonra lenslerimi gözlerime yerleştirdim. Hemen ardından hâlâ çalan kapıya yönelip odamdan çıkarak, Zifir'in de peşimden gelişini izledim. Merdivenlerden inerken hemen yanımdan aşağı doğru koşuyordu, alışveriş merkezlerinde satılan pahalı pelüş oyuncaklara benziyordu donuk bakışları, kedilerin suyu sevmediği düşüncesini çürütecek kadar uysaldı; onu bulduğum zaman minik bedenini musluğa tutarak yıkadığım aklıma dolduğunda istemsizce tebessüm ettim. Sonunda tekrar burnumu çekerek hafifçe öksürdükten sonra dikkatimi kapıya verdim ve birkaç adımda yanına ulaşarak kapıyı açtım.

Dışarıdan dolan sert rüzgâr anında saçlarımı uçuşturarak keskin soğukluğunu yüzüme çarptığında, orada, kapının önünde ince pijamalarımla dikildiğimi yeni idrak edebilmiştim. Yeni uyanmıştım, hiç müsait değildim ama yine de şu an bulabilecekleri en iyi görünüşteyim diyebilirdim. Az önce uzun bir uykudan uyanmıştım, yani uykumu aldım sayılabilirdi, bu yüzden gözlerimin çevresinin rengi atmamış ve damarlarım mor yeşil renkleriyle ortaya çıkmamış olmalıydı. Ayrıca enerjim normal seviyede yerindeydi, yani şu an gerçekten de bulabilecekleri en iyi Nil hâlindeydim.

Nisan'ı montuna sarılmış bir şekilde bir yandan bir eliyle beresini uçmaması için tutmaya çalışırken, bir yandan da kapıyı çalmak için eldivenlerini geçirdiği elini kapıya uzatmış bir şekilde bulduğumda nefesimi tuttum. Rüzgâr o kadar sertti ve hava o kadar soğuktu ki, bedenim donmaya yakın bir soğukluğa saniyeler içinde gelebilmiş gibiydi.

Konuşmak için ağzını açtığında, ondan tam olarak açıklama bekliyor bir hâldeydim ya da asıl açıklama yapması gereken bendim; bilmiyordum, ama henüz başlamadığı cümlesi yan taraftan gelen sesle bölündüğünde ikimiz de oraya döndük.

"Bahçe ve mutfak kapısı açık değil… Nil?"

Buğra, Nisan'ın taktığı rahatsızlık vermeyen pembe berenin lacivertini takmış ve aynı şekilde montuna sarılmış bir şekilde bahçe tarafından çıkageldiğinde kaşlarımı kaldırabildiğim kadar kaldırıp, "Buğra?" dedim şaşkınlıkla. "Nisan? Bir şey mi oldu?"

"Seni merak ettik…" Nisan'ın sesi hafif kısık geliyordu ama bunun titreyişiyle bir alakası olduğuna yemin edebilirdim. Sertçe esen bir rüzgârla soğuk tekrar içeriye dolduğunda kollarımı bedenime sardım ve, "İçeri geçin, öyle konuşalım," dedim. Buğra kafasını sallayıp içeri geçerken, Nisan'ı durdurup gözlerimle belli edercesine gökyüzünü gösterdim. Dudaklarını oynatarak, "Sorma, hiç sorma," dedi ve gözlerini büyültüp seslice nefes verdi. Peşlerinden kapıyı kapatıp mutfağa geçtim. Montlarını çıkartıp portmantoya astıklarında berelerini de çıkartıp kenara koydular, Zifir bir hayalet gibi Nisan'ın bacaklarının arasından geçtiğinde Nisan, son anda çığlık atmak için açtığı ağzını kapatıp kendini durdurabilmişti. "Ayy bir alışamadım şu kediye, hayalet gibi yemin ediyorum. Simsiyah. Aynı senin gibi Nil, vallahi tam adamını bulmuş şu tüy yumağı."

"Ben de onu diyecektim." Buğra kafasını sallayıp Nisan'a katıldığını belli ettiğinde hafifçe gülümseyip omuz silktim ve bana doğru gelen Zifir'in mama kabını çıkartıp doldurdum, suyuyla beraber kenara koyduğumda ise yere oturmuş, o yemeğini yerken tüylerini okşuyordum. "Eee, sizi hangi rüzgâr attı buraya?"

"Hangi rüzgâr mı attı? Bizi rüzgârın attığına eminizde, hangisinin ya da hangilerinin attığına emin olamıyoruz diyelim." Buğra cümlesini bitirdikten sonra kenara geçip bar sandalyelerinden birine oturduğunda Nisan da buzdolabına yaslanıp kollarını göğsünde doladı ve Buğra'yı onaylarcasına kafasını sallayıp konuşmak için dudaklarını araladı. "Arabayı Pamir'in evinin önüne park ettik, oradan buraya yürüyene kadar berem iki blok sürüklendi resmen. Almak için peşinden koşmak zorunda kaldım."

"Pamir ne alaka?" Kaşlarım sorumun dudaklarımdan kurtulmasıyla aynı anda istemsizce çatıldığında, Zifir'in tüylerini okşayan elim de durmuştu. Minik Zifir, elimin durduğunu fark etmişçesine kafasını mama kabından çıkartıp büyük siyah gözlerini bana çevirdiğinde kısa bir sessizlik yaşandı.

Nisan, "Al işte," dedi. "İnanmıyordun, bak."

Bunu bana değil de Buğra'ya söylediğini fark ettiğim an beynimde şimşekler çaktı. Buğra... Beni biliyordu. Lisenin ilk senesinden beri biliyordu hem de. Pamir'e karşı bir şeyler hissettiğimi, küçüklümden beri bu hissin var olduğunu ve bitmek bilmediğini... Bu yüzden Nisan'la beraberken benim o gruptan uzak kalmama yardım etmişti. Biraz da olsa beni anlıyordu.

"Vay anasını..." diye mırıldandı dirseğini masaya yasladığı

eliyle çenesini ovarlarken. "Hâlâ bilmiyor mu bizimki? Hâlâ anlamadı mı lan o it?"

Derin bir nefesi ciğerlerime doldurduktan sonra boğazımdaki ağrıyı yok sayıp sertçe yutkundum, acıyla burnum sızladığında gözlerimin de dolmaya başladığını hissetmiştim. Ayağa kalkıp su ısıtıcısına su koydum. "Kahve yapacağım, ister misiniz?"

"Yap bana da, bira içmekten kusacağım şimdi. Sütsüz olsun bu sefer, bira çarptı etkisini geçirir belki."

"Ya ben sana içme demedim mi kızım? Mine'leri görüp kendi kendine giriyorsun bir triplere, dikiyorsun kafana iki bardak, sorunca da bana vız gelir diyorsun ama burada hemen çarptıya geçiyorsun."

Buğra ve Nisan'ın atışmasına tebessüm ederek içinde kahve olan beyaz kavanozu çıkartıp üç kupaya hepsinc bir tatlı kaşığı kadar gelecek şekilde koydum. "Sana da yapıyorum Buğra."

"Yap bakalım geleceğin yengesi, içelim elinizden bir kahve."

Tükürüğüm boğazımda kaldığında gözlerimi kocaman açarak ona döndüm. Nisan kahkahayı koyarak surat ifademi parmağıyla işaret ettiğinde bakışlarım ona kaymıştı. En sonunda da, "Baldız diyeceksin ama yenge de olur," diyerek dudaklarını kilitlemişti.

"Yapmayın şunu," dedim sertçe. "En son karşı karşıya geldiğimizde kızıl kafanın tekini düzmek için can atıyordu, ayrıca çok can sıkıcı. Görücü usulü zorla evlendirilmiş töre kurbanları gibi hissettim kendimi, duysa o nasıl hisseder kim bilir. Düşünsene."

"Enişte," dedi Nisan tekrar yeşil gözlerini keyifle büyültüp kahkaha atarak. "İşte bu, kilit nokta. Yanlışlıkla ona enişte dersem ve Buğra da sana onun önünde yenge derse anlar belki."

"Oldu, istersen gidip nikâh tarihi de alayım tam olsun. İmzayı da büyük bir hayranın imzanı istedi, şurayı imzalar mısın diyerek yutturur üzerime zimmetlerim bedenini." Omuzlarım çöktü. "Ya ruhunu?"

Buğra dudaklarını birbirine bastırıp kaşlarını çattırarak önüne döndüğünde Nisan da oflayarak yanıma geldi ve su ısıtıcısını kapatıp suyu kahveleri koyduğum kupalara doldurmaya başladı. "Ne zaman aldın ilacını?"

Nisan'ın açılan çenemden uykumdan kalktığımı çıkarması gerçeğini idrak edebildiğimde, sorduğu şeyi anlamam saniyelerimi bile almamıştı. Uyuduğum zamanlar normal zamanlara göre daha uzun cümleler kurardım ve istemsizce baygın bakan bakışlarım canlılık kazanırdı.

"Ne ilacı?" dedi Buğra, Nisan'ın yanına gidip uzattığı kupayı alıp yanına koyduktan hemen sonra kaldırdığı kaşlarını hafifçe çatarak.

"Nil uyuyamıyor, bu yüzden annesi yurtdışından özel bir ilaç getirtiyor, uyuyamadığı zamanlarda da ilacı kullanıyor."

Ben susup açıklamayı benim tercihime bırakmasını beklerken, kurduğu cümlelerle dudağıma götürdüğüm kupayı geri çekip dehşet içinde açtım gözlerimi ve bedenimi ona çevirdim. "Yuh! Nüfus cüzdanı numaramı da verdin mi Nisan? Bu ne açık sözlülük?"

Nisan omuz silkti. Onun bu tavrına alışkın olduğum için gözlerimi kapatıp önüme döndüm ve Buğra'ya çevirdim gözlerimi. "Birine söylemek yok."

Buğra dudaklarında sanki bir fermuar varmış gibi çektiğinde, "Dudaklarım mühürlü," dedi ve yanına bıraktığı kahve kupasından büyük bir yudum alıp dilini haşladı.

Nisan kahvesini üfleyip soğutmaya çalışırken, küçük yudumlarla kahvemi yudumluyordum ben de. Birkaç saniye sonra Buğra'nın az önce açtığı bira muhabbetini düşünce süzgecimden geçirirken, "Bir dakika ya," dedim sakince. "Ne birası? Ne Mine'si?"

"Kahve içtikçe açılıyor bunun beyni," diye mırıldandı Nisan gülerek. Aynen onun yaptığı gibi omuz silkip başımı diktim ve gururla cevap verdim. "Bedenim burada olabilir ama ruhum hâlâ yatakta."

Buğra, Nisan'a gülüp kahvesini yudumladıktan sonra, "Bugün Pamir'in doğum günü. Parti falan istemeyince biz de kendi aramızda toplanalım deyip evini bastık, herif doğum gününde bile uyuyor lan, sen nasıl âşıksın buna? Hayır, yani aşk üçgeni bu resmen; sen ona, o uykuya ve uyku da Allah ne verdiyse artık. Geçmiş olsun be kardeşim."

Dudaklarım hafifçe kıvrıldığında aklıma bardaki kızıl kafa ve ombre'li kız geldi ve yavaşça oluşan gülümsememin yok olduğunu hissettim. "Yorulmuştur gece o," dedim imalı bir şekilde. Sonra da kahvemi kafama dikip dilimi haşladım, ama en azından boğazımın ağrısını geçiriyor gibiydi ve yutkunmam artık daha kolaydı.

"Ne oldu?" dedi Nisan hemen yüzümün asıldığını fark edince. Gözlerimi devirmemek için zor tutuyordum kendimi, Nisan'a anlatmam gereken şeyler vardı ve ben ilk defa bunu yapamayacağımı hissediyordum. Aramızda gizli saklı olmazdı, hatta bazen öyle anlar gelirdi ki beni benden daha iyi tanırdı ama ona son olanları anlatamazdım işte ve biliyordum ki, sırların soğuk kamçısı şimdiden sırtımda kol geziyordu.

"Yok bir şey," dedim kafamı sallayarak. "Saat kaç?"

"On bire geliyor." Buğra kolundaki saati düzeltip bana baktıktan sonra kahvesinin kalanını da kafasına dikti ve ayaklandı. "Hadi, kalk giyin sen de gel. Seni almaya gelmiştik zaten. On beş dakikadır falan kapındayız, sen açmayınca biz de bir şey oldu sandık. Pencereden tırmanacaktım neredeyse, Nisan kafamın etini yedi meraktan."

"Yok ya, siz gidin." Reddettim. Gönlüm gitmekten yana olsa da beynim mantıklı düşünmemi söylüyordu, oraya gidip bir Mine ve Pamir vakası daha yaşayamazdım. "Ben Zifir'e bakacağım hem, sabahtan beri uyuyorum, çok ilgisiz kaldı.

Onunla oynarım biraz." Gözlerimi Zifir'e çevirdim.

"Onu da al, beraber gidelim."

Minik siyah kedimin üzerinden çektiğim gözlerimi konuşan Buğra'ya çevirdiğimde Nisan da kafasını sallayıp, "Aynen," diye onayladı onu. "Hem şu sessiz evden bir-iki saatliğine kurtulur ve insan içine karışırsın, hem de Mine'nin Pamir'e asılmalarını izleyip hırslanırsın. Biraz hırstan kimseye zarar gelmez."

"Eski sevgilisi," dedim omuz silkerek. "Ne yapabilirim ki?"

"Adı üstünde, *eski.*" Buğra'nın gözlerini devirmesini izleyip devam etmesini bekledim. Bar sandalyesinden inip, adımlarını bana çevirdi ve elini omzuma koydu. "Ben senin tarafındayım, PaNil destekçisiyim ben. Sonuna kadar arkanızdayım."

Nisan da yanıma gelip diğer omzuma elini koyarak kafasını salladığında, ağzımı açıp cevap verecektim ki elini yumruk yapıp dirseğini kırarak kendine çekti ve, "Fighting!" diye bağırdı.

İstemsizce güldüm. Bunu ne zaman bir şeyi yapmakta kararlı olsak, cesaret için beraber söylerdik ve şimdi bunu söylemesi benim için büyük anlam taşıyordu. Ama gözden kaçırılan bir nokta vardı ki bu nokta olayın kilit noktasıydı... Bu işler o kadar kolay değildi. Kalbinizin göğüs kafesinizden uçup kimin avuçlarına konacağını kestiremediğiniz gibi, karşınızdakinin kalbini de kolay kolay kazanamıyordunuz. Hatta kazanamıyordunuz bile. O kadar zordu ki... Sizin geceleri ölüp ölüp dirildiğiniz, suratı asık diye gününüzü kendinize zehir edip yas ilân ettiğiniz, görseniz de görmeseniz de acı çektiğiniz çocuğun sizden haberi yoktu. Bir sene, beş sene ya da on bir sene. Fark etmiyordu. O sıcak avuçlarında cayır cayır yanan kalbinize keskin tırnaklarını geçirdiğinde, gıkınızı çıkaramıyordunuz. Haberi yoktu çünkü ve olmamalıydı da. Düşünsenize... Bir de vazgeçemediğinizi, bitiremediğinizi düşünün. Eğer söylerseniz ve gerçekten tek taraflı olduğunu fark ederseniz de, baharlarınız fırtınalı soğuk gecelere dönüşüyordu. Sanki üzerinizdeki ince geceliğiniz ve yalın ayaklarınızla, buz tutmuş kırık cam dolu bir yokuşu çıkmaya çalışıyordunuz; hava sıfırın altında bilmem kaç dereceydi ve donmak üzereydiniz ama yolun sonunda o vardı. Yine de ne ilerleyebiliyordunuz, ne de vazgeçebiliyordunuz… İşte o zaman işiniz bitiyordu. Bir de üzerine karşınızdakinin sizden kaçtığını, sizin olduğunuz ortamlardan özellikle uzak durduğunu düşünün. Ben bunu göze alabilecek kadar cesaretli değildim, bu yüzden bunca zaman içimde saklı tutabilmiştim. Belli etmeye ve kaybetmeye hiç niyetim yoktu.

"Tamam," dedim sessizce, kafamı salladıktan hemen sonra ve derin bir nefesi ciğerlerime çektim. "Giyinmeme izin verin, beş dakikaya geliyorum."

Buğra ve Nisan kafalarını sallayıp gülümsediklerinde, yanlarından sıyrılıp mutfaktan çıktım ve adımlarımı merdivenlere çevirip odama çıktım. Siyah, uzun ve yün bir kazağın altına kalın, siyah bir kot giyip saçlarımı düzelttim ve siyah ceketimi de alarak aşağı indim. "Hazırım."

Telefonumu arka cebime sıkıştırdıktan sonra bir elime ev anahtarlarımı, diğer elime de Zifir'i aldıktan sonra onu göğsüme yasladım ve beraber mutfaktan çıktık. Buğra önden kapıyı açıp buz gibi havaya, kafasına beresini geçirmeye çalışıp teslim ederken ben ve Nisan arkadan ilerledik. Buğra önümüzdeyken fırsat bu fırsat dermiş gibi Nisan bana eğildiğinde, "Sabahtan beri hava böyle," dedi sessizce ve elimden anahtarı alıp kapıyı kilitledi. "Muhtemelen sen uyuduktan sonra başladı. Bir anda sıcaklığın bu kadar düşmesi ve bu kadar rüzgâr normal değil, Nil. Şunu durdurmaya çalış. İki blok ötede koca bir ağaç devrildi, çocuk parkına."

"Ne diyorsun?" İstemsizce sonuna kadar açtığım gözlerim kısa bir anlığına karardığında gökyüzüne çevirdim. "Bir de çocuk parkına mı? Yaralanan oldu mu?"

Endişe incilerini saç diplerimden başlayarak bütün

vücudumda gezdirmeye başladığında, Nisan'ın dudaklarından beni rahatlatan o cümle döküldü.

"Hayır, neyse ki okul saatleri olduğu için ve hava çok fazla soğuduğundan sokak da, park da boştu."

Seslice nefes vererek ofladım ve gözlerimi kapatarak rahatlamaya çalıştım, sabah eve gelene kadar beynime hâkim olamamıştım ama şu an iyiydim.

Buğra'nın yolun yarısında onu takip etmediğimizi fark edip bize dönmesiyle, Nisan da kapıyı kilitleme işini bitirip anahtarı ceketimin cebine attı ve ben sert esen rüzgâra sırtımı dönerek Zifir'i kollarımın arasına daha da bastırdım. Birkaç saniye içinde zayıf bir baş dönmesiyle beraber rüzgârı dindirebildiğimde, Nisan kafasını sallayarak kısa bir teşekkür mırıldandı ve beraber Buğra'ya yetiştik.

Pamir'in evinin önüne geldiğimizde ise Buğra ve Nisan'ın bahçe kapısından beklemeden geçmesi üzerine, az sonra gireceğim yeri sindirmek istercesine süzdüm. Yastık hırsızlığım yüzünden sadece onun odasını biliyordum. Bir gün gerçekten yakalanacağımın farkındaydım ama bundan vazgeçebilmek pek de mümkün değildi. Kokusunu tanımlayamıyordum… Salep ve tarçın, sanki iki karşı cinsti ve onlar tutkulu bir şekilde birleşiyorlardı. Bir bardak dolusu tarçınlı salep içsem, aynı hazzı ve kokuyu alabileceğimden emin değildim. O çok… Berraktı.

"Zifir üşüyecek, Nil. Hadi."

Nisan'ın kapının önüne geçmeden hemen önce bana seslenmesiyle kendime gelerek bakışlarımı evin ihtişamlı görüntüsünden çekip bahçe kapısından içeriye doğru ilerledim. Buğra çoktan zile basmıştı ve ben de saniyeler içinde yanlarında yerimi almıştım.

Kapı üzerinde siyah, aynı benimki gibi yünlü bir kazak ve siyah bir kot pantolon giymiş Pamir tarafından açıldığında, bu basit siyah tesadüfümüze tebessüm etmemek için yanaklarımın içlerini dişledim sertçe. Gömmek. İşte, onu gördüğüm an artık istemeden içimde gerçekleşen şey buydu. Bir kara delik gibi göğsümün içinde açılan ve kalbimin orada olması gereken boşluk, hissedebileceğim bütün hücrelerimi içine çekiyor ve saniyeler içinde kapanıyordu. Belki de bu yüzden geceleri gerçekten yalnız kaldığım anlarda bir duygu patlaması yaşıyordum.

Pamir geri çekilirken, önde Buğra, ortada Nisan ve arkada ben olmak üzere adımlarımızı içeriye attık. Son olarak girdiğim eve ilk adımımı atarken özellikle onunla göz göze gelmemek için kafamı eğmiştim. Bedenimi içeriye ittiğim an burnuma dolan tarçın ve salep kokusu, içeride olan herkesi, şimdi, büyük bir hortum oluşturarak içine hapsedip dışarı def etmemi beynimde kurgulayarak gözlerimin önüne serdiğinde, katil duygularımı geri plana atmaya çalışarak derin bir nefes daha çektim içime. Keşke, keşke bu kokuyu sadece ben alabilseydim ve diğerlerinin koku alma duyuları çalışmaz olsaydı.

"O şey ne ya?"

Zifir'in minik, siyah bedenini bırakmadan ceketimi çıkartıp portmantoya bıraktığımda, kucağımdaki siyahlık dikkatini çekmiş gibi gözlerini üzerine dikmişti Pamir. Nisan'ın gözleri bir anlığına Buğra'yı bulduktan sonra, bana ve Pamir'e çevrildi hemen ve ortaya atıldı. "Tanıştırayım, Zifir. Bu gecelik misafirimiz olacak."

"Merak etme, tırmalamaz," dedim gözlerimi baygınca yüzüne çevirerek. Gözlerine bakamıyordum. Hâlâ.

"Aman." Gözlerini benim gibi baygınlaştırıp doğrudan siyah lenslerimi hedef aldığında, kafamı yana çevirip salona geçmek için adımlarımı içeriye çevirdim. İleriden içki kokuları ve kız kahkahaları geliyordu.

Zifir, kucağımda meraklı gözlerle hareketlenip kafasını gömdüğü yerden kaldırdığında, salona girmek üzereydim.

Minik bedenini kucağımdan aşağı attı ve koşarcasına ilerledi.

Tiz bir çığlık kulaklarıma dolup gözlerimi felç ettiğinde, Mine'nin elindeki bardağı bırakıp koltuğun üzerine çıktığını gördüm. "Pamir, evinde fare var!"

Abartılı bir şekilde gözlerimi devirerek sert bir nefes verdiğimde, Nisan'ın da, "Salak," diye mırıldanıp kenardaki koltuğa geçen Buğra'nın yanına oturduğunu ve bacaklarını, Buğra'nın bacaklarının üzerine attığını gördüm.

Pamir her zamanki hâliyle, "Evimde fare yok," diye mırıldanıp kendini Kaan'ın yayıldığı koltuğun boş kısmına attığında, Mine mavi ojenin tırnaklarında sergilediği göz yaşartan görüntüsüyle Zifir'i işaret etti. Gözlerimi, geniş ve kısa koltuk takımıyla aynı işlemelere sahip ahşap masanın altına serili beyaz halıda yuvarlanan Zifir'e çevirdim. Tamam, henüz yavru olduğu için küçüktü ama minik, şirin bir kediyi fareye benzetmek de neyin nesiydi?

"O bir fare değil," dedim sadece. Açıklama yapabilirdim ama ne bunu yapabilecek gücüm vardı, ne de isteğim. Ayrıca uzun cümleler kurmayı ve çok konuşmayı sevmezdim.

"Çıkarın şunu buradan, tırmalar bu beni."

Sinirlerime hâkim olmaya çalışarak kendimi tekli koltuğa attığımda, Yaren de hemen yanımdaki tekli koltukta karnının üzerine koyduğu cips kâsesindeki cipsleri avuçluyordu. Melih de çaprazımdaydı. Mine bir süre sonra kimsenin onu takmadığının farkına vararak yavaşça koltuktan inip normal bir şekilde oturduğunda, sert tutmaya çalıştığı bakışlarını üzerime çevirdi ve doğrudan gözlerimi hedef aldı. "Senin mi bu şey?"

"Birincisi," dedim sonunda pes edip bir açıklama yapma gereği duyarak. Aslında buna zorunlu değildim ama eğer yapmazsam, birazdan sinir bozucu bakışları yüzünden üzerine atlayıp Zifir'in kakasını ellerimle yedirme ihtimalim yüksekti. Zor ısınan, soğuyunca da tam soğuyan bir yapım vardı. "*Bu şey* değil, Zifir. İkincisi onu kimse buradan çıkarmıyor, üçüncüsü de evet bana ait. Şimdi başka sorun yoksa seni sessizliğe davet ediyorum, mümkünse sonsuza kadar."

Buğra, Melih ve Kaan aynı anda kıkırdamalarını durdurmaya çalışarak dudaklarını birbirine bastırdıklarında, Nisan'ın kapak işareti yapmamak için kendini zor tuttuğunu fark ettim. Yaren cipsleriyle aşk yaşarken, Melih de piercing'ini geçirdiği sağ kaşını havada tutarak bana dönmüştü. Rahatsızca yerimde kıpırdanarak fark ettirmeden Pamir'i izledim.

Koltukta rahat bir pozisyonda oturmuş, sırtını yaslamıştı ve bacakları açıktı. Siyah kazağı ve siyah kotu içinde gerçekten muazzam bir görüntü sergiliyordu.

"Bugün okulda değildin," dedi Melih elindeki sarı bir sıvıyla yarıya kadar dolu olan bardağı çevirerek ve hemen ardından gözlerini yüzüme çıkardı.

"Üşütmüşüm biraz, evde kalıp dinlendim, uyudum biraz." Evet, ne uyumaydı ama… Sabah saat altıdan, gece ona kadar tam 16 saat uyumuştum. Bu kadar uykusuzlukla 24 saate ulaştığım günler de olmuştu tabii.

Saniyeler sonra Kaan uzanıp kumandayı alıp televizyonu açmaya kalkıştığında Yaren, "Ya, açma şunu," diye mızmızlandı. Gözlerim Kaan'ın üzerinde dolaşırken, kumandayı bıraktığını ve televizyonu açmadığını gördüm. "Ya çok sıkıldım kızım, güya dağıtacaktık bu gece. Bu ne sessizlik?"

"Aynen."

Ortaya atılan Mine'ye ters bakışlarımı yolladıktan sonra görevimi başarıyla yerine getirmiş bir şekilde önüme döndüm ve Nisan'ın koltukta kıpırdanıp kendini halının ortasındaki masanın önüne atmasını izledim. Zifir, masanın altına girerek gözden kaybolduğunda Nisan da masanın üzerindeki boş içki şişelerini kenara çekiyordu.

"Ne yapıyorsun?" dedi Buğra sevgilisinden gözlerini

çekmeden. Nisan ona cevap vermeden yarıya kadar dolu içki şişesinin ağzını kapatıp yan çevirdi ve, "Hadi," dedi. "Şişe çevirmece. Alkollü."

Kaşlarımı kaldırarak bana dönen bakışlarını yakaladığım Nisan'a *ciddi misin?* der gibi baktım ve sertçe nefesimi verdim. "Basit bir şekilde değil tabii," diye devam etti Nisan konuşmasına. "Herkes beş bardak fondip yaptıktan sonra oyuna başlarız. Kaçmak, cevap vermemek, cesareti seçip de istenileni yapmamak yok."

"O zehri ağzıma sürmem," dedim itiraz ederek. Hiç içmediğimi ve içmeyeceğimi biliyordu.

"Önceden hiç içmedin mi sen?"

Gözlerini büyültüp bakışlarını bana çeviren Mine'ye, "İçmedim," dedim sertçe. "Ve içmeyeceğim de."

İçki, en nefret ettiğim üç şeyden biriydi. Birincisi sigara, diğeri de her hoşlantıyı aşk sanan geri kafalılardı.

Mine hafifçe dalga geçer gibi dudaklarını kıvırdığında gözlerimi devirdim. Nisan yavru köpek bakışlarını yüzüme çevirdiğinde, "Lütfen…" dedi tatlı bir sesle. "Hem bugün Pamir'in doğum günü, değişik bir şey yapmak istiyoruz gece bitmeden."

Göğüs kafesimdeki boşluk iğnelerini tenime batırarak burnumun direğinin sızlamasına neden olduğunda, Kaan ve diğerlerinin de kafalarını sallayıp Nisan'a katıldıklarına şahit oldum. Bin bir zorlukla, sonunda Pamir'e çevrilen bakışlarım kısa bir anlığına gözlerini hedef alabildi. Bana bir yasağımı çiğnetebilir miydi?

7

Hislerinizi kör kütük yaşadığınız zamanlar, koca bir boşluğun içinde kaybolursunuz ve o boşluk size öyle korkunç gelir ki, çıkmak için her şeyi yapabilirsiniz. Kör kütük demek; düşünmeden, beklemeden, sadece hislerimizden yola çıkarak bir şeyi pata küte yapmak demekti. Denileni ikinci kere düşünmezdiniz bile, o an beyniniz dururdu ve hareketlerinizi kalbiniz yönlendirirdi. Karşı koyamazdınız.

Ben o evreyi geçeli yıllar olmuştu.

"Hayır," dedim sertçe. "Siz oynayın, ben de izleyeyim." Bedenimi doğrulduğum koltuğa geri yaslarken Mine ayağa kalktı ve masanın önüne gelip, Nisan'ın yanına oturdu. "Ne oldu? Korktun mu?"

"Seninle bu tartışmaya girmeyeceğim bile," dedim gözlerimi yüzünde gezdirmeyi kesip, yan tarafa çevirirken. Mine bu hareketime karşılık gözlerini devirip odağına başka birini aldığında, "E hadi Pamir," dedi sesine heyecanını yansıtarak. Pamir'in kollarını göğsünde birleştirip kafasını olumsuz anlamda salladığını gördüm, yerinden kıpırdamadı bile.

Buğra koltuğundan kalkarken Melih'e kafasıyla kalkmasını işaret etti ve masayı gösterdi. Yaren de peşinden kalkıp cips kâsesini kenara bırakarak vitrine ilerledi. "Hangisinin bizi iyi çarpacağını biliyorum." Parmakları cam vitrininin üzerinde gezindi ve en sondaki bölmeyi açarak arkadan bir şişe içki çıkardı. "İşte bu." Adımlarını masaya çevirerek şişeyi masaya bıraktığı gibi küçük altı bardak çıkarıp, düşürmemeye özen göstererek masaya eğildi ve onları da içki şişesinin yanına bıraktı. "Hadi bakalım."

Bunun üzerine gözler Pamir'e ve hemen ardından bana çevrildiğinde gözlerimi içki şişesinden ayırmadan kafamı olumsuz bir şekilde salladım. Pamir de, "O saçma oyunu oynamayacağım," dedi kafasını benim gibi yavaşça sallarken. Buğra somurtarak ona döndüğünde gözlerim Kaan'a çevrildi, içki şişesinin kapağını açmak üzereydi. "Ama," diye devam etti Pamir sözüne. "Eğer oynayacaksak, gerçekten iyi bir taneye ihtiyacımız olacak."

Bu tavrına şaşırarak ona döndüğümde, seri bir şekilde kalkıp Kaan'ın elindeki şişeyi kaptığı gibi cam vitrine geri döndü, vitrinde bir içki koleksiyonu gözlerimizin önüne seriliyordu; onun alkol alıp kendini zehirlemesinden ve sigara içmesinden nefret ediyordum ama onu durduramaz ya da engelleyemezdim. Şişeyi yerine bırakıp altlardan başka bir şişe çıkardı, şişe koyu yeşil rengindeydi ve etiketi aşınmış bir kahverengiydi, gerçekten eski ve ağır olduğu buradan bile belli olabiliyordu. Ona engel olamadım; kalkıp şişeyi elinden alamadım ya da ona bir daha içmemesini söyleyerek kızıp, bağıramadım. Yapmak istediğim çok şey vardı aslında ya da yapmam gerektiğini hissettiğim... Ama hiçbirini yapamıyordum. Ona karşı o kadar ürkek ve meraklı bir kıza dönüşüyordum ki, bazen ben bile kendimi tanıyamıyordum.

Bir an, geri dönüşü olmayan bir öfke tünelinin içine hapsolduğumu hissettim. Pamir bedenini tek boş yere, Mine'nin karşısına denk gelen kısma bıraktığında, sanki nasıl hissettiğimi fark etmiş gibi bir anda bana döndü. Zifir, minik siyah bedenini masanın altından dışarıya çıkardığında, Pamir'in kucağına çıkıp miyavladı ve yavaşça kucağından inip yanıma, koltuğun üzerine çıktı. Küçük adımları kucağımda durduğunda ise, yatıp kafasını patilerinin altına gömdü ve öyle kaldı.

Kafamı kaldırmadım, birkaç saniye sonra içkinin kapağının açıldığını ve bardaklara doldurulduğunu duydum. Be hemen ardından, trajikomik bir şekilde ilk bardağı fondiplediler. Kaan ve Pamir hiç tepki vermezken; Buğra biraz yüzünü buruşturdu, Melih gözlerini kapattı, Mine, Yaren ve Nisan üçlüsü ise yüzlerini buruşturup hafifçe öksürdüler.

"Daha ilk bardaktan çarptı, sen daha içmiyorsun," diyerek Nisan'a dönen Buğra'ya çevrildi bakışlarım. Evet. İşte bu. İdeal sevgili.

"Hayır, hiç de bile." Nisan kafasını sallayarak bardağı tekrar masaya koyduğunda Yaren'e doldurmasını işaret etti. Buğra çattığı kaşlarını Nisan'a odaklarken, Nisan gülüp ileri atıldı ve dudağına küçük bir öpücük bırakıp elleriyle çatılmış kaşlarını düzeltti. Buğra hemen yumuşarken, Nisan da gülüp yerine geri oturmuştu.

Melih'in bakışlarını üzerimde hissederken koltukta rahatsızca kıpırdandım ve bardakları fondiplemelerini izledim. Son bardaklar da masaya çarpılıp odada boş bir tınının yankılanmasına sebep olduğunda benim gözlerim de eş zamanlı olarak onlara çevrilmişti. Melih kafasıyla beni işaret edip, "İçkiden kurtulmuş olabilirsin," dedi ve kaşlarını kaldırarak güldü. "Ama bu oturup oynamayacağın anlamına gelmez."

İtiraz edecektim. Hatta itiraz için dudaklarımı aralamıştım ama bir şey bana engel oldu. Mine'nin sarı saçlarında takılı kaldım, gözlerim hemen ardından karşısındaki acı kahvelere odaklandı ve yutkunamadım. Bir sahne canlandı gözümde istemsizce, engel olamadığım bir sahne.

Lise birinci sınıftaydık, öğle teneffüsündeydik. Nisan, Buğra'yla beraber banklardan birine oturmuştu ve ben de ileride kulaklıklarımı takmış bir şekilde etrafı izliyordum. Aynı dakikalarda bir voleybol topu olaya dâhil olmuş, birkaç kişilik çember saniyeler içinde büyümüştü ve o da o çemberin içindeydi. Orada, ağaçların arasında, banklardan birine oturarak onu izlemek röntgencilik miydi? Eğer öyleyse bile bunun için özür dilemeyecektim, bu hissin içine sürüklenmek benim suçum değildi. Topun ortaya atıldığı saniyelerde kurtarmak için öne atıldığı anları izleyip saçlarının havada savruluşunu hafızamın derinliklerine kazıyordum. Hayatımın içinde onun da olduğu sahneleri öyle dolu doluydu ki, bazen onsuz geçen zamanların boşluğunu o anları düşünerek dolduruyordum. Bu yüzden ona bakabildiğim, buna cesaret edebildiğim zamanlarda iyi kazıyordum onu beynime. Saniyesi saniyesine.

Nisan ve Buğra da çemberin içine girdiğinde, Nisan'ın gelmem için işaret yaptığını hatırlıyordum ama utangaç davranıp gitmemiştim. Aynı saniyeler içinde ise, top tekrar yamuk çıkıp aşağı indiği sırada o öne atılmıştı ve topu kurtardıktan sonra dengesini sağlayamayıp, arkası bana dönük olan sarışın bir kızın üzerine düşmüştü. Aslında tam olarak düşmek sayılmazdı, öne atıldığı için kıza çok fazla yaklaşmıştı ve Kaan'lar onu tutmuştu ama yine de çok kötü bir sahneydi işte. Kendimi zor tutmuştum, ki o zamanlar henüz bu kontrol işinde hiç ilerleyememiş biri olarak kendimi kaybetmemek için çok zor zapt etmiştim. Kızın onu tutmak niyetiyle refleks olarak kaldırıp göğsüne koyduğu elleri, eğildiği için öne düşen saçları ve aralarındaki mesafe…

Zaman durmuştu. Ben beynimde çakan şimşeklere engel olamıyordum daha, gökyüzündekilere nasıl engel olacaktım ki? Mayısın ortasında şimşekler çakabiliyor, ayak bileğini sakatladı diye sokakları su basabiliyordu… Bir keresinde hasta olmuştu, çok iyi hatırlıyorum. Çok solgundu yüzü, boğazının ağrıdığını da biliyordum. Yedinci sınıftaydık. Hiçbir şey gelmemişti elimden, tek yapabildiğim sınıfının önünden geçip iyi mi değil mi diye bakmaktı sadece. Çorba yapsam, ne diye götürecektim? Dışarıda üşüse, rüzgârı durdurabilecek miydim? Onu hasta eden sağanak yağmuru elimde olsa kesebilecek miydim? Bu yüzden şimdi yapabiliyorken elimden geldiğince yardım ediyordum ona, etmeyecek olsam bile dayanamıyordum ki. Kıyamıyordum bir kere. Dünyanın çivisi çıksa, yamyamlar bassa etrafı, açlıktan bizden birini kolundan tutup çekseler ve bu o olsa; bir saniye beklemeden kendimi onun yerine verirdim ellerine. Böyle de kördüm işte.

Haberi yok diye üzülmüyor değildim ama o zamanlar da tekrar ediyordum aynı sözü sürekli içimden. *Onun için kılımı kıpırdatsan yararını dokunduramadığın günlere say, Nil. Onun için hiçbir şey yapamadığın, elinden sadece izlemek geldiği günlere say. Boş ver, bilmesin…*

Ve şimdi fark ettiğim acı gerçek de, Mine'nin o günkü sarışın kız olduğuydu. Dört sene önce Pamir, voleybol oynarken Mine'nin üzerine düşmüştü.

"Nil?"

Silkelenerek kendime gelmeye çalıştığım ve geçmişi bir tarafa bırakıp derin bir nefes aldığım saniyelerin sonu geldiğinde, Yaren'in lafını yeni idrak edebilmiştim. "Efendim?" diye cevapladım onu çatallaşan sesimle ve sonrasında hemen boğazımı temizledim hafifçe.

"Diyoruz ki kaçışın yok, illa oturacaksın. Hadi, gel."

İçimdeki kötü kız kahkahalarını boğazına dizerken, iyi olan da bir kenara çekilip bağdaş kurmuş bir şekilde olanları izliyor, engel olmak adına hiçbir şey yapmıyordu. Bu yüzden Zifir'i de kucaklayıp koltuktan kalkarken kendime engel olacak herhangi bir düşünceyi aklımın ucundan geçirmedim ve ilerleyip Yaren'le Pamir'in ortasına oturdum.

Tek boş yer orasıydı.

Nefeslerimi kesecek tek yer de orasıydı.

Aslında fark etmezdi. Onun sesi, onun teni, onun bakışları, onun yastığı, onun kokusu ya da ondan iz taşıyan her şey nefesimi kesebilme potansiyeline sahipti.

Zifir tekrar kucağımdaki rahat yerini bulurken, "Çeviriyorum," diyerek şişeyi kavradım ve masaya yatırıp çevirdim.

Uzun ve ince şişe masanın ahşabı üzerinde hızla dönüp yavaşlayarak durdu, çıkardığı tok ses bakan bütün gözleri üzerine odaklarken dişlerimi birbirine sürttüm. Sanki ıssız ve sessiz bir kasabadaydık da birazdan iki kovboy olarak çarpışacaktık. Bunu kanıtlarmışçasına Mine ve Pamir'e denk gelen şişe Mine'nin gözlerini heyecanla açmasına neden olurken, şişe sanki görünmez bir elle itilmişçesine kendiliğinden biraz daha kaydığında bana denk geldi ve Mine'nin parlayan gözleri bir anda solarak neşesini yitirdi.

Keyifsizce sordu. "Doğruluk mu cesaret mi?"

"Bence bu olayı kaldıralım," dedim. "Karşısındaki ne istiyorsa öyle olsun. Sorusuna cevap vermek zorunda kalsın ya da sorusuna cevap vermezse, istediği şeyi yapsın. Bu sorma işi çok çocukça."

İddialı bir istek, diye mırıldanan kötü kız, iyi olanı dürtüp beni işaret ederken güldü. İyi olan yastığına sarılıp bir mırıltı çıkararak uykusuna devam ettiğinde kötü olan ona somurtup buraya dönmüştü. *Aman iyi, uyu sen.*

"Kabul," dedi Mine diğerlerine sorma gereği bile duymadan.

"Lenslerini çıkar."

"Ne?"

Ellerini iki yanında açarak sanki bir dinozordan pirzola yapmamı söylemiş gibi bana baktığında, kafamı olumsuz anlamda salladım. Pamir'in ifadesini göremiyordum ama Melih'in kaşlarını kaldırarak bakışlarını Mine'ye çevirdiğini fark etmiştim. Yaren ise dirseklerini masaya yaslamış, yüzünü avuçlarının içine almıştı. Nisan ve Buğra da Kaan gibi sessizliği seçmişlerdi. Tek kaşını kaldırarak gözlerini devirdikten sonra ona büyüdüklerine emin olduğum gözlerimi sonuna kadar açarak baktım. "Lens mi?"

"Lens takıyorsun," dedi boğazını temizleyerek, baygın gözlerinin ardından. "Ve gözlerinin koyu mavi olduğuna neredeyse eminim, neden o siyah lensleri takıyorsun ki?"

"Evet." Kaan'ın sesi her zamankinden daha kalın bir tınıyla kulaklarıma dolduğunda gözlerimi ona çevirdim. "Gözlerinin rengini ben de merak ediyorum, ama çıkartmak istemiyorsan ondan soru sormasını iste."

Masadaki meraklı bakışlar doğrudan gözlerime odaklandığında, korka korka, aniden gelen bir deli cesaretiyle Pamir'e çevirdim bakışlarımı. Umursamaz bakan gözleri, şişeye çevrilmişti ve soğuk bakışları camın üzerinde geziniyordu. Uzun bacaklarını ileriye doğru uzatmış, yukarı doğru kırmış, kollarını dizkapaklarından uzatmıştı ve asılı duruyorlardı. Daha fazla ona bakmamam gerektiğini kendime hatırlatarak önüme döndüm.

Kirpiklerimin titrediğini, midemin ağzıma geldiğini hissettim. Pamir de biliyordu lens taktığımı, tek bakışta fark edebilmişti. Mine'nin de beni bu kadar dikkatli izlemesinden lens taktığımı anlayacağını önceden tahmin etmeliydim.

Nisan'ın ifadesi yüzünde donmuştu, kaşlarını çatmış bir şekilde Mine'ye çevrilmişti bakışları ve milim kıpırdamıyordu.

"Soru olarak, ne soruyorsun?" Lenslerimi çıkarmayı aklımın ucundan bile geçirmeden, ne sorarsa ona cevap vereceğimi aklımın bir köşesine yazarak sessizce sert bir şekilde yutkundum ve kafamı kaldırarak gözlerimi üzerine sabitledim. Düzleştirilmiş, sarı saçlarına.

"Hımm…" diye bir mırıltı çıkardı. Pamir rahatsız olmuşçasına seslice nefes vererek geriye yaslandığında sıkılmaya başladığını fark edebilmiştim, hareketleri bana öylesine tanıdıktı ki… Sanki aynı evde, her anı birlikte yaşamıştık bunca zaman ama acı gerçek, benim onu senelerce uzaktan izlememden başka bir şey değildi. Mine, baygın bakışlarının ardından dudaklarına hafif gülümsemesini yaydı ve konuşmak için dudaklarını araladı. "Buzdan prensesin kalbi, bir kereliğine de olsa eridi mi Nil? Çok merak ediyorum, hiç âşık oldun mu?"

Hileli bir soru.

Ben ona âşık değildim ki… Aşk birkaç ay sürer geçerdi. Biterdi. Sonrasında ya kendimizi kandırırdık ya da sadece sevgiyle kalakalırdık ortada. Ben…

Bilmiyordum. Bu her neyse, bu his her neyse; sadece aşk olamazdı. Sadece basit bir hoşlantı veya saplantı olamayacağı gibi. O her şeyiyle hücrelerime tanıdıktı, o her şeyiyle kabulümdü, bana yaşattığı iyi anlarıyla da kötü hatıralarıyla da… Ve bunu fark etmek, en kötüsüydü. Çünkü yalnızdım. O olmadığı sürece de yalnız olacaktım.

"Hayır," dedim kolayca. Nisan bunu anlıyordu, bu yüzden herhangi bir tepki göstermedi ama Buğra'nın bakışlarının ani bir hareketle bana döndüğünü hissetmiştim.

"Yalan söylemek yok," dedi sanki beni biliyormuş gibi. Ama hayır, bu bir yalan değildi. Aşk saçmalıktı ve ben damarlarımda saçmalık bir hissin izlerini taşımıyordum. Hayır… On bir sene, o kadar da basit değildi.

"Yalan değil."

Boğuk bakışlarımın ardından göz kapaklarımı açılmaları için çok zorlamadan kaldırıp ona çevirdim, bir süre bakıştıktan sonra gözlerini çeviren o olduğunda ise gereksiz bir zafer hissiyle tebessüm etmemek için kendimi zor tutuyordum.

Eve git ve uyu.

Beynimi bulandırıp berraklığın ve belirginliğin kaybolmasını sağlayan siyahlar içindeki kötü kız konuştuğunda, onu susturmak adına yapabileceğim tek şeyin uyumak olduğunu biliyordum ve bu da belki de kendi isteğimle yapamayacağım yegâne şeylerden biriydi, bu yüzden susup onu duymamış gibi yapmak en iyisiydi.

Ne yazık ki, ben en büyük hatayı itirazım için hiç çabalamadan bu masaya oturarak yapmıştım.

Diğerlerine fırsat tanımayıp Mine'nin gülerek ne dediğini umursamadan şişeyi tekrar çevirdiğimde, şişenin kapak kısmı Nisan'a ve diğer tarafı da Melih'e gelmişti.

Melih bozmadan seri bir şekilde sorusunu sordu. "Lisenin ilk yılı Buğra'ylayken de Nil'le yakın mıydınız?"

"Evet."

Nisan'ın cevabı basitti. Basit ama beni bu ufacık bir ipucuyla tehlikenin kalbine atacak kadar da derin.

"O zaman neden Nil'i hiç göremedik?"

"Tek bir soru hakkın var," diyerek sorusunu reddeden Nisan, beklemeden şişeyi çevirdi ve arkasına yaslandı. Böylelikle bir sonraki turlarda Melih'in Nisan'a veya bana soru olarak ne soracağı da belli olmuştu. Kaçmak için iyi bir neden.

Bedenimi geriye atıp sırtımı koltuğa yasladığımda, huysuzca yerinde kıpırdanan Zifir kucağımdan atladı ve masanın altından geçerek salonu terk etti. Endişeli bakışlarım kaybolan minik siyah bedenini ararken, şişe Mine ve Pamir arasında durmuştu ve soran taraf Mine'ydi. Felaket çanlarının çaldığı, sessizliğin soğuk rüzgârlarının tenimizi ürperttiği o alışagelmiş film sahnelerinden biri olarak adlandırabilir miydim bu anı? Olmaması gereken ama olmazsa olmayan. Rahatsız olduğumu belli etmemek için yerimde kıpırdanma isteğimi bastırdım ve gözlerimi arkadan omzunu görebildiğim Pamir'e çevirdim. Arkadan bile çok güzeldi.

Mine parıl parıl parıldayan gözlerini Pamir'inkilere çıkardıktan sonra sağ omzundaki saçını arkaya attı ve, "Hımm…"

diye mırıldandı. "Doğum gününü ilk kim kutladı?"

Yaren, "Sinsi," diye homurdanırken Mine'ye bakıp güldü ve bu davranışını açıklamak istercesine gözlerini hepimizin üzerinde gezdirdi. "Arkadaş sabahın beşinde elinde pastayla Pamir'in kapısına dikildiği için..."

"Nil."

Sözünü kesti. Yaren kesilen sözüyle ağzını kapatıp yutkunmaya çalışırken gözlerini bana çevirdi. Bunu Pamir mi söylemişti gerçekten? O mu söylemişti bunu yoksa kulaklarım bana bir oyun mu oynuyorlardı? Yutkunmak istedim ama yutkunamadım. Kaan, Melih ve Buğra biliyormuş gibi gayet normal karşılarken, masadaki üç kız da kocaman açtıkları gözlerle odaklarına beni almıştı. Öncelikle Nisan, şoka uğramış bir şekilde hayal kırıklığıyla bana çevirmişti bakışlarını. Daha çok, *bu nasıl oldu? ne zaman oldu? neden bana söylemedin?* der gibiydi. Yaren ve Mine ise bildiklerinden emin oldukları doğrunun yanlış çıkmasının şokundaydılar.

Ama masada şok olmuş biri daha vardı; kocaman açtığı gözlerini donuk bir şekilde bir noktaya sabitleyen ve beynindeki cümleleri toparlamaya çalışan, anılardaki uyuşmazlığı devamlı ve devamlı bir şekilde karşılaştıran...

Bendim. Beni sabaha doğru eve bıraktıktan sonra, oraya kızıl kafanın ve ombre'li kızın yanına döndüğünü biliyordum, en azından öyle sanıyordum ama 40 dakikadan fazla süren bir yolu, gidip gelip bir de üzerine işini hallederek o saatte evde olamazdı.

"Ö-öyle mi?" dedi Mine yanlış söylemiş olmasını dilediği her halinden belli olan bir edayla ama Pamir söylediğini çürütecek hiçbir şey söylemedi. "Nasıl ya? Bir dakika... Ben saat beşte geldim ve-"

"Sadece tek bir soru," diye tekrar etti Kaan, az önce Nisan'ın da söylediği gibi. Sanki beni savunuyor gibiydi. Gözlerimi ona çevirdiğimde kafasını ağırca sallayıp gözlerini kapattığını gördüm.

Bir-iki tur sonra iyice sıkıcılaşmaya başladığında ve Mine tekrar sormak için fırsat yakalayamadığında, yerden destek alarak ayağa kalktım ve üzerimi düzelttim. "Bence bu kadar yeter, saat de epey geç oldu zaten. Artık kalkalım." *İlacın etkisi 48 saat sürüyor, lütfen uyuyabilir miyiz artık?*

Mine sarhoşluğun verdiği etkiyle kayan gözlerini kapatıp elini saçlarından geçirdiğinde kendine hâkim olmaya çalışıyor gibiydi, arkasındaki koltuktan ve Kaan'dan tutunarak ayağa kalktığında, "Gidelim," diye mırıldandı gevşekçe. Kendine hâkim olamıyor gibiydi, ellerinin titrediğini görebiliyordum.

Yaren, Kaan, Melih, Mine ve Buğra kalkıp vedalaştıktan sonra kapıya doğru ilerlediklerinde, Nisan'ın kaş göz yaparak *yarın hesabını alacağım ben senin* deyişini izledim. Onu olumlu bir tebessümle selamladıktan sonra kafamı Pamir'e çevirmeden salondan çıktım ve Zifir'e bakmak için etrafı yokladım. Melih'in iyi akşamlar anlamında kafasını salladığını gördüğümde, kapının pervazında ceketini giyiyordu. Ona kafamı sallayarak kısa bir bakış attıktan sonra Zifir'in minik bedeninin ayaklarımın üzerinden geçip merdivenlere yöneldiğini gördüm. "Dur bakalım seni küçük şeytan," diye mırıldanıp peşine takıldığımda, buram buram tarçınlı salep kokan evin ikinci katına çıktığını fark edememiştim bile.

Kokusu cenneti vadediyor gibiydi. Yanımda değildi, onu bilmiyordum bile ama bu öyle bir histi ki, onunla hiç konuşmamış olsam ve yanıma gelip bana bir şeyler anlatmaya başlasa hiç yabancılık çekmeden ona eşlik ederdim. Bana bir şeyler anlatsa, -ne olduğu önemli değil- onu sonsuza kadar dinleyebilirdim; hiç susmayabilirdi, saçmalasa bile umurumda olmazdı. İçinde onun olduğu hiçbir şey beni hiçbir duyguyla bezenip kötü hissettiremezdi.

Bugün, onu görme limitimin yaklaşık iki hafta kadar üzerine çıkmıştım. Bugün 5 Kasım'dı, bugün onun doğum günüydü ve bir seferlik bu istisna umarım çok çikolata yenildiğinde kilo alındığı gibi bana eksi olarak dönmez, zarar vermezdi. Eskiden onu gördüğüm anlar mutlu olur, gözden kaybolduğu andan itibaren boşluğa düşer, deli gibi düşünür ve onu ertesi gün tekrar görene kadar o boşluktan çıkamazdım. Ama şimdi, onu ne kadar görürsem göreyim daha bir yetmediği için boşluklara bile sığamıyordum. Daha kalbimi alamıyordu o boşluklar içine, beni nasıl alsınlardı sahi?

Zifir'in minik, siyah bedeni karanlığın içinde kaybolduğunda, odalardan birine girdiğini görür gibi oldum. Öylesine yoğun bir siyahtı ki, siyahın içinde bile kendini belli edebiliyordu biraz da olsa.

Fark etmeden adımlarımı yönelttiğim odayı tarçın ve salep kokusu hâkimiyeti altına almış, bana nerede olduğumu hatırlatırken olduğum yere sabitlendim ve nefesimi tuttum.

Onun odasındaydım.

Bu iki kelimeyi sindirebilmek için defalarca tekrar edebilirdim, yine de sindiremezdim. Bir kere olsun kapıdan girmediğim, metrekaresi içinde bulunduğum zamanlarda varlığımı fark ettirmediğim, yastık hırsızlığı yaptığım ve buram buram o kokan oda... Her yanı ondan izler taşıyan oda.

"Zifir," dedim titreyen sesimle ama hareket edecek gücü kendimde bulamıyordum. Eğer bulabilseydim, ilk yapacağım iş ışığı açmak olurdu.

"Az önce aşağı indi," diye cevapladı beni yalın, solgun ve soğuk bir ses. İliklerime kadar titrediğimde, ayaklarım benden istemsizce ona doğru dönebilmişti. Tam önümdeydi şimdi, bedeni çok uzundu; omuzlarına anca gelebiliyordum, ayrıca ona ait görebildiğim tek şey hafifçe kendini belli eden buğday teniydi.

"Şimdi de gizlice insanların odalarını karıştırmaya mı başladın?"

"Aynen." Sessizce mırıldandım. "Zevk alıyorum, çünkü fantezim bu benim. Gelmeseydin çorap çekmeceni karıştıracaktım hatta."

"Bir ayak fetişin eksikti zaten."

Nefes vererek histerikçe güldüm, onun da güldüğünü hissettiğimde ışığı yakmadığım için bir kez daha lanet ettim kendime. Şimdi o gülmüştü veya hafifçe tebessüm etmişti ve ben onun iyice çukurlaşan gamzelerini, kısılan gözlerini görememiştim...

Mine nasıl görmüştü ama... Defalarca kez görmüştü belki de. Hatta gamzesinden öpmüştür bile, kim bilir? Teninin tenine değmiş olması düşüncesi...

Ahh, acıtıyor.

Çünkü çok acıyor kalbimin senin avuçlarına uçtuğunda göğüs kafesimde bıraktığı o boşluk... Yakıyor bütün fidanlarımı, daha büyüyemeden kül oluyorlar. Nefes alamıyorum, aldırmıyorlar. Boğazıma batıyor içime çektiğim her nefes. Sesim çatallaşıyor, göğsüme yine o tanıdık ağrı giriyor bir kez daha, bir kez daha senin yüzünden ağlıyorum, bir kez daha ihanet ediyorum kendime. Tutamıyorum aynanın karşısına geçip gözlerime bakarak verdiğim sözleri. Ben ki gözlerine uzayı sığdırmış kızım... Ama sığmıyor işte gözyaşlarım, sığmıyor.

Çünkü benim gözlerine bakmaya kıyamadığımın, yüreğine dokunmuşlar.

"Nisan'lar gittiler mi?" dedim yutkunarak, dolan gözlerimi aşağıya çevirip.

"Hı-hı," diye onaylayan bir mırıltı çıkardıktan sonra, "Gözlerin..." dedi elinin tersiyle çenemi yukarı kaldırarak. Karanlıkta dolan gözler fark edilebilir miydi?

"Toz kaçtı, o yüzden sulandı biraz..."

"Hayır," diyerek sözümü kestiğinde, elini de indirmişti. Seslice nefes vererek alnını ovaladığında, "İçkiyi fazla kaçırdım herhalde," diye mırıldandı. "Gözlerin bir an parlıyor gibi geldi. Lenslerinin simli olma ihtimali?"

"Dedim ya," diyerek devam ettim, bozmamaya çalışarak. "Toz kaçtı, gözyaşı dolduğu için bir an öyle gelmiştir."

Her ne kadar siyah olsalar da, çok karanlık bir ortamda hafiften parladığını biliyordum gözlerimin. Daha önce başıma gelmemişti ama ne zaman Nisan'a yatıya gitsem veya o bize gelse, söylerdi bunu. *Lenslerin zifiri karanlıkta gözlerini belli ediyor* diye.

Bir an gözlerini üzerimde hissettim, görebilseydim, *çok derin bakıyorsun,* diyebilir gibiydim. Ama biz burada ne yapıyorduk? Karşıma dikiliyordu, gözlerimin parladığını söylüyordu bana ve ben ona *yalan söylüyordum.*

İnsan kıyamadığına yalan söyler miydi hiç?

"Yok be," dedi bir an kendi kendine konuşuyormuş gibi. "Hafiften parlıyor gözlerin senin."

"Nasıl?"

"Bayağı parlıyor işte."

"Sarhoş musun sen?" Bakışlarımı yüzünde gezdirmeye çalıştım ama bir şey göremediğimden tekrar gözlerine çevirdim.

"Genelde sarhoş olamam," diye cevapladı beni. "Bünyem alışmış. Hele böyle hafif bir içkinin beni çarpma ihtimali bile yok."

"Ama uzun cümleler kuruyorsun..." İstemeden de olsa tebessüm ettim ve sessizce burnumu çektim. *Karşımdaydı.* Gözlerimin dolmasına engel olamıyordum. Neden böyle oluyordu? Ne oluyordu bana? Ya da bu nasıl olmuştu? "Hafiften çakırkeyif olduğunu inkâr edemezsin."

"Sadece istediğim için."

Olmadı, durduramadım. Sağ gözümden firar eden minik,

sıcak ve tuzlu yaş yanaklarıma doğru bir yol çizerek çeneme inerken ona engel olamadım.

Mine de girmiş miydi bu odaya? Benim gizlice uyuyabilmek için aldığım yastıklara karşı o, onları almamın sebebi olan kokunun kaynağına sarılarak uyumuş muydu bu yatakta?

Gözlerimin daha da dolduğunu hissederken pencereye sertçe çarpmaya başlayan yağmur damlaları dikkatini çekti ve onlara çevirdi bakışlarını, hemen ardından bana döndü. "Gitmem gerek," diye mırıldandım. "Geç oldu. İyi geceler."

Yanından son bir kez kokusunu içime çekip giderken bana engel olmadı, aralık kapıdan sıyrılıp merdivenlere yöneldim ve kapının önünde oturmuş, gitmeye hazır bir vaziyette beni bekleyen Zifir'e kötü bir bakış attıktan sonra montumu ve onu kucaklayıp kapıyı açarak kendimi kasım yağmuruna, o soğuk havaya attım. Bir dakikadan kısa bir süre içinde eve vardığımda ise, ilk yaptığım şey Zifir'i yerine bırakıp bir saat sürecek ve hemen ardından beni yarım bıraktığım uykuma teslim edecek bir duş oldu.

Bedenlerimiz arasında sadece birkaç santim olduğu zamanlar bile aramızda kilometreler vardı... Varlığı bile uzaktı. Yokluğu ise tuzak.

Bana daha neler yaptırabileceğini düşünmüyor değildim bazen. Tırnaklarımla avuçlarımı kanata kanata çizdiğim sınırlarımı nasıl altüst ettiğini düşünmek bile istemiyordum oysa. İmkânsızdı. Boşluğuma gelmiş olmalıydı. Küçüktüm, çok küçüktüm hem de... Bunun büyüyünce başıma ne dertler açabileceğini bilmeyecek, ne anlama geldiğini düşünmeyecek yaştaydım.

Anne ve babamın bir gece daha beni yalnız bıraktıkları gerçeği geceme güneş gibi doğup, beni alışık olduğum karanlıktan aydınlığa çekerek rahatsız ederken, gözlerimi kamaştıran sabaha gözlerimi açtım. Alarmın çalmasına beş dakika vardı, siyah perdelerimin arasından sızan gündoğumu ışıklarını halımın ve duvarlarımın üzerine düşürüyordu. İlk yaptığım şey, yorganı üzerimden çekip okul kıyafetlerimi de alarak banyoya girmek oldu. Beni yalnızlığımla baş başa bırakmayan Zifir ise yerinde uyuyordu.

Yüzümü yıkayıp üzerimi değiştirdikten sonra çantamı da alarak Zifir'in yumuşak tüylerini okşadım ve kahvaltı için mutfağa indim. Birkaç bir şey atıştırdıktan sonra saate daha var olduğunu fark ettiğimde, mutfaktaki bar sandalyelerinden birinde oturmuş boş boş salonu izliyordum.

Onunla sahilin oradaki parkta, geceleri aynı saatlerde gelip konuşmuştuk, bazen beraber susmuştuk. Onunla orada konuşan kız hakkında bildiği tek şey ise Siyah Kuğu lakabıydı.

Aniden gelen bir cesaretle telefonumu çıkartıp Connected2. me uygulamasını açtım ve her zaman kullandığı kullanıcı adını yazdım. Hesabı saniyeler içinde gözlerim önüne serildiğinde ise beklemeden anonim kutucuğuna mesajımı yazdım.

Hiç arayıp sormuyorsun bakıyorum... -Siyah Kuğu (anonb37yz23ae)

Yaptığım saçmalığın farkına ise yalnızca birkaç saniye sonra, cevap vermeyeceği gerçeği yüzüme sert bir tokat gibi çarptığında fark edebilmiştim. Neden cevap versindi ki? Kim bilir en son ne zaman kullanmıştı bu uygulamayı, sosyal ağlara girme sıklığının lisenin ilk senesine göre daha da azaldığının ve son aylarda tamamen bittiğinin farkındaydım bir de... Tam bir mankafaydım. Ama ben mankafaysam, o da taş kafaydı.

Masanın üzerindeki meyve tabağından bir muz çıkarıp soyduktan sonra saniyeler içinde mideye indirdim, anlamsızca muhtemelen sıkıntıdan gelen bu açlık beni ele geçirmeye başladığında ise buzdolabını karıştırıyordum. Atıştırmalık tuzlu krakerlerden birkaç tane avuçlayıp tekrar yerime oturduğumda ise, telefonumun ekranının bir yeni bildirimle aydınlandığını fark ettim.

En son gecenin on birinde parkta yalnız oturduğumu hatırlıyorum, gelmeyen kız ne dedi? (pamiryelkiran)

Ya hemen büyüyelim ve bitsin bu iş ya da altı yaşında kalalım hep ve tek derdimiz tabağımızdaki yemeği bitiremeyişimiz olsun.

6

Biri gelir, *hayatta yapmam,* dediğin ne varsa fazlasıyla yaptırır ve yaparken zerre pişmanlık duymazsın bile çünkü kendinde değilsindir. Aşk bir hastalıktır ya da bu his her neyse. Zamanla saplantılaşır, engel olamazsın. Ve o öyle biridir ki, ilacın olduğunu bilirsin ama içtikçe yaran daha da açılır, daha da acır.

İşte aşk böyle bir şeydir.

Lisenin ilk senesinde, bahçede gezinirken Buğra ve Nisan'ı süzüp boğazımdaki acı tadı yok etmek için çikolata yiyordum ama geçmiyordu. Çikolatayı pek sevdiğim söylenemezdi, yediğim zamanlar çok nadirdi ve genelde onunla ilgili canımı sıkan meseleler olduğunda yerdim. O gün de okulun voleybol takımındaki kızlardan birini onunla konuşurken gördüğüm için sinirlerim bozuktu, öğle yemeğindeki acı çorbadan sonra da çikolata yemek farz olmuştu. Koluna dokunduğunu, güldüğünü ve kumral, uçlarına doğru sarılar olan kızın yüzünü beynime kazımış, bahçenin ağaçlık bölgesinde kol geziyordum. Saçlarını kızıla boyamış bir kız yoluma çıkıp, beni kimin böyle sinirlendirdiğini sorarak gülmüştü. Baştan cevap vermesem de peşime takılıp benden cevap almaya çalıştıkça aklımın dağıldığını fark ediyordum, en sonunda ise onun kapüşonlusunu başka bir kızın, Yaren'in üzerinde görünce çıldırıp peşimde takılan kıza patlamıştım. Büyük mavi gözleri ve boya da olsa kırmızı saçlarıyla güzel bir kızdı, yüzünde ona çok yakışan çilleri vardı ve okul eteğinin altına siyah fileli bir çorap giymişti. En sonunda beni kenara çekip ağzımdan cımbızla laf almayı başarabilmişti.

Yağmurun altında.

Henüz yeni yeni alıştığım psişik güçlerimin rağbetine uğrayarak kendimi kontrol edememiştim, hava zaten soğuk ve rüzgârlı olduğu için pek dikkat çekmemişti ama kalbime ilerleyen damarlarda hissettiğim kadar güçlü ve şiddetli bir şimşeğe kurban olmuştuk. Şanslıydım ki, kızıl kafalı kız, yani Gökçe, bu durumu anlamamıştı.

O günden sonra küçük sırrımı bilenlerin listesine bir isim daha eklenmişti; Gökçe. Kızıl kafalı, mavi gözlü, çilli ve file çoraplı kız. Garip bir tarza sahipti, okul kıyafetinde değişiklikler yapıp dururdu ve kimse de bir şey diyemezdi; eteğine işlediği kumaşlar, hırkalarına taktığı rozetler, dilindeki ve kaşındaki piercing, soluk kırmızı ruju... Yanımda durmazdı, Nisan Buğra'yla vakit geçirdiği zamanlar ortaya çıkıp beni yalnız bırakmazdı sadece. Kim, nerede, nasıl diye sorgulamadan anlattıklarımı dinler, cevaplar verirdi. Sadece adını bilirdim, sadece adımı bilirdi.

Ne yazık ki, sene sonunda, "Daha fazla bu patates kafalı bezelyelerle aynı ortamda kalamayacağım," diyerekten kaydını başka bir okula aldırarak gitmişti. O günden beri onu görmemiştim. Bugün, onunla tanıştığım günün anısı dolmuştu beynime istemsizce. Çünkü Nisan'ın attığı mesaj, beni buna itiyordu.

Kimden: Nisan
Okula gelirken ilk dersleri spor diye bahçeye bakınayım deme sakın.
(06:59)

Kime: Nisan
Bunun malum şahısın gri kapüşonlusuyla alakası olabilir mi acaba?
(07:01)

Kimden: Nisan

Psişik güçlerin her geçen gün gelişerek medyumluk gibi farklı denizlere mi yelken açıyor, yoksa sadece altıncı hissin mi çok kuvvetli? Her neyse, konuşmamız gereken şeyler var. (07:03)

Kime: Nisan

Altıncı his diyelim. Ve evet, kesinlikle konuşmamız gereken şeyler var. (07:05)

Çantamı omzuma almadan hemen önce telefonumdan son kez Connected2.me uygulamasını kontrol ettim, mesajına cevap vermemiştim. Dakikalarca ekrana bakıp saçma sapan hareketler yaparak vaktimi harcamış ve en sonunda da uygulamayı kapatıp kendime kahve yapmıştım.

Siyah Kuğu kod adıyla onunla konuşabilir, isim vermeden yanında olabilir miydim? Geceleri gizemli bir şekilde büyük iş adamlarının da izlediği bir ringde dövüşen bir ruh hastası için, fazla ileri gitmiş olurdum. Beni dalga geçecek biri zannedebilirdi, ki ben olsam direkt olarak engel atardım ama geceleri banka gelip yanında oturan bendim. Bunu hangi cesaretle yapmıştım şu an ben de çok merak ediyordum ama yapmıştım bir kere… Yanımda dönüp kapüşonumu indirebilir, boğuk çıkardığım sesin altındaki gerçek tınıyı duyabilir ve böylece okulda da beni fark edebilirdi ama yapmamıştı; bir kez olsun bana dönüp bakmamıştı. Mine'nin ona berbat günler yaşattığı bir anda küçük bir açığını yakalayarak içeri sıyrılmıştım ve şimdi de daha derinlere inmek istiyordum. Ne olursa olsun, bunu sahte hesaplarla ya da anonim bir şekilde yapamazdım. Eninde sonunda kimliğim ortaya çıkardı.

Risk.

Onun her zerresi için kendimi ölümün kucağına çekebilirdim ama onun yaşayacağı ufacık bir hayal kırıklığı, beni paramparça ederdi... Bir dirilir, bin ölürdüm. Bunu etraflıca düşünmeden ona yazamazdım.

Siyah kabanımın fermuarını çekip düğmelerini ilikledikten sonra spor dersi için içine ihtiyaçlarımı koyduğum küçük spor çantamı da alarak evden çıktım. Anne ve babam Tornado'da neyin peşindeydi? Eve geliyorlar mıydı, onu bile bilmiyordum artık... Eskiden onları kısıtlı bir şekilde görebildiğim zamanlar bu aralar resmen sıfıra inmişti. Bundan nefret ediyordum. Zaten tek çocuk olduğum için yalnızlığım suratıma çarpıp duruyordu, bir de düşüncelerimde boğulduğum anlarda bunları anlatabileceğim bir annem bile yoktu yanımda. Ben de erkek kardeşimle sudan sebepten tartışıp, onu babama şikâyet etmek istiyordum. Ben de kız kardeşim gizli gizli tişörtlerimi alıyor diye şampuanına tutkal dökmek istiyordum. Ben de kumanda kavgası yapmak, didişmek, arkadaşlarımla dışarı çıkarken peşime takılmasın diye odasına kilitlemek istiyordum onu. Annem şimdi çıkıp hamileyim dese, inanın gıkım çıkmazdı. Kırkında bir kadın olarak çok genç gösteriyordu bir kere, Tornado'da her ne yapıyorlarsa gençliğin de formülünü buldukları kesindi bir kere; bir keresinde annem veli toplantısına gelmişti ve herkes onu ablam sanmıştı. Bunu sürekli başıma kakan annem ise kendimi altmış yaşında menopoza girmiş kedileriyle yalnız başına yaşayan ve olmayan torunlarına yelek ören bir teyze gibi hissetmemi sağlamıştı. Neyse ki benden bir beden büyüktü de kıyafetlerime sarmamıştı. Gerçi benim onun deyimiyle iç karartan tarzım, bedenlerimiz uyuşsa bile ona uygun değildi. Bir avukat gibi ciddi giyinirdi hep; topuklu ayakkabı, kalem etek veya kumaş boru paça pantolon, gömlek, ceket.

Sekizinci sınıfın sonunda yaşadığım ve tüm yazımı feda ettiğim o olayın sabahını hatırlıyordum. Uyandığımda bedenimi hissetmiyordum; her tarafımdan kablolar sarkıyordu ve tek bir kolumda beş tane bir iğne takılıydı. İğneler değişik renklerdeki beş farklı seruma gidiyordu ve tenime giriş yerleri canımı çok yakıyordu. İlk yaptığım iş onları çıkarmak ve odadaki iki kapıdan birini açmak olmuştu. Banyoya açılan kapı ise, hayatımda yaşadığım en büyük korkuyu önüme sermişti... Gözlerim. Sonrasında ise ülkenin en güvenlikli binalarından birinden; Tornado'dan kaçmıştım. Eve. Gerisi büyük bir karmaşaydı. Liseye geçişim, gizliden lens alarak takışım, anne ve babama neden oradan kaçtığım ile ilgili yaptığım saçma açıklama ve kendime, yeni bene alışma sürecim.

Berbattı.

Tek dayanak noktam o idi. Onun bilmediği zamanlarda yanında olduğum gibi, o da benim yanımda olmuştu bir bakıma.

Daha fazla zaman kaybetmeden okula doğru yürümeye başladığımda bugünlük buna katlanamayacağımı düşünerekten Kasım ayında gözüme giren güneşin bulutlarına arasına girerek kaybolduğunu hayal ettim; hava çok soğuktu fakat güneş yalancılığını konuşturarak gözlerimi delip geçiyordu. En nefret ettiğim şeydi bu. Hem beni ısıtmayacaksın, hem de gözüme girip lanet ettireceksin. Oldu. Çay, kahve? Orada güzel mi havalar?

Üşüyen ve hiçbir zaman ısınmayan ellerimi kalın siyah kabanımın içine sokup saçlarımı iki yanıma alarak şapkasını kapattım ve caddeye çıkıp bir taksi durdurdum. Yaklaşık on dakika içinde vardığım okul, kasvetli havasıyla tenime çarpan rüzgârların sahibi olan bu siyah şehrin en büyük okuluydu. Bir de Doğu Lisesi vardı tabii, bize, Kuzey Lisesi'ne zamanında rakip olarak açılmış bir liseydi ve bu yüzden yıldızlarımız hiç barışık olmamıştı. İşin kökeninde kardeş kavgası yatıyordu tabii... Ama hiçbir zaman bu saçma olayı dinlemediğim için, ciddiyetini tam olarak kavrayamamıştım. Gerçi ortada bir ciddiyet var mıydı onu bile bilmiyordum. Pamir'in maçlarına gittiğim zamanlardan biliyordum, ne o okuldakiler bize; ne de bizimkiler onlara iyi davranıyordu. Özellikle basketbol maçlarında oynayanlar sanki gözleriyle ve basketbol topuyla birbirlerini döverlerdi. Amigo kızların çekişmelerinden bahsetmiyorum bile... Anlamsız bir açıklık ve 'seksilik' yarışına giren kızların radarına en çok takılan isimlerden biri, hatta ilki, Pamir olurdu. Ben de hepsinin olmayan beynini asit yağmurunda eritip çatıyı uçurarak kafalarını dağıtma hayalleri kurarak, aynı anda da dışarıdan gayet sakin, umursamaz ve zorla getirilmiş görüntüsü sergileyerek bitirirdim günümü. Mine o kızları kıskanmazdı, çünkü gerçekten güzel ve gösterişli bir kızdı. Ayrıca uzaktan kıskanıp sonra da trip atacağına kızların gözüne soka soka Pamir'in dibine girip her fırsatta ona dokunup öpmeye çalışarak herkese yerini gösterirdi. Akıllı bir kızdı, bunu inkâr edemezdim. Kimse edemezdi.

Taksinin kapısını kapatıp yanımdan motorun çıkardığı hırıltılı sesle ayrılmasına izin verirken, görüş alanıma elindeki eczane poşetliyle buraya doğru yürüyen Pamir girdi. Üzerinde kısa kollu bordo bir tişört, siyah bir eşofman ve siyah bir spor ayakkabı vardı ama merak ettiğim şey üzerindeki incecik tişörtle üşüyüp üşümediğiydi. Bir an üzerimdeki kabanla bile tenimi delip geçen soğuğun onu nasıl hasta edeceği düşüncesiyle doldum ve hislerim beni harekete geçirdi.

Ama hemen sonrasında, aklıma kapüşonlusunu yine bir kıza verdiği geldi ve kendime engel olup öfkelenmeme izin verdim. Madem bu soğukta kapüşonlusunu birine vermeyi göze alıyordu -bir kıza- bu soğuğa da katlanmalıydı. Hatta hasta olmalıydı. O kız ona sıcak çorba yapardı.

Okul bahçesini adımlarken yanımdan geçmek zorunda kaldığında, bakışlarını üzerimde gezdirdi. Sabah sabah insanlara gülümseyip *günaydın* diyen kıpır kıpır bir yapım yoktu bu yüzden ona selam vermedim, o da aynı şekilde sadece bakmakla yetindiğinde kapıdan beraber girmiştik.

İleriye doğru aynı anda attığımız bir adımla, önümüze doğru sıçrayan katil palyaço tipli birinin çığlık atması ve Pamir'in yumruğunu suratına indirip onu yere sermesi eş zamanlı olmuştu.

Tepki niyetine sadece gözlerimi kocaman açıp ellerimi kabanımın cebinden çıkarıp yüzümü kavradım ve Pamir'in refleks olarak yumruk attığı katil palyaço tipli çocuğa çevirdim gözlerimi. "Siktir," diye mırıldandı yerdeki katil palyaço gözünün hemen altını tutup inleyerek. Etraftaki meraklı bakışlar doğrudan üçümüzü hedef almıştı; gözlerimi onlara bakmak için çeviremiyordum bile... Az önce ne olmuştu?

"Ne yaptın be!" Ufak şaşkınlığım yerde yüzünü tutup can çekişen çocuğu görmemle üç kelimelik bir tepki olarak dışarı vurdum ve Pamir'in bakışları bana çevrildi. Hemen ardından benim çıkardığım sesin yaklaşık beş-on kat daha gürültülüsü tamamen çığlık olarak uzaktan geldiğinde, Nisan'ın karşıdan buraya koşturduğunu gördüm. Nisan diz çöküp anlam veremediğim bir ilgiyle yerdeki çocuğa yardım etmeye çalışırken, Buğra da hızlı ve seri adımlarla yanımıza geliyordu. "Ne yaptın lan çocuğa?"

Pamir sertçe kaşlarını çatarak elindeki poşeti Buğra'ya verdi ve, "Çekil," diyerek Nisan'ı hafifçe itip yere eğildi. Çocuğun yakalarından tutup hafifçe kaldırdığında sesi en soğuk ve en duygusuz tınısındaydı. "Kimsin lan sen? Canına mı susadın oğlum? Koskoca okulda şaka yapacak bir beni mi buldun lan?"

"Aman o seni ne yapsın?" diye araya girdi Nisan. "Nil'e sürpriz yapacaktı o, tabii hayvanın teki araya girip suratına bir tane indirmeseydi."

Pamir, Nisan'ı takmadı. Nisan ona göz devirip bakışlarını bana çevirirken farkındalık hissi bütün düşüncelerimi ele geçirdi. "Bana mı?"

"Bu kim ya-" diyerek öksürdü yerdeki çocuk. Bu sefer

konuştuğunda onu tanımıştım. "Eğer eniştemiz falansa-" Tekrar öksürdü ve sertçe yutkundu. "Ben onaylamıyorum. Kuzen onayı önemlidir."

"Çağrı!"

Zorlukla kurduğu cümlesinin ardından gözlerimi maviliklerine çevirdiğimde, berbat makyajının altındaki bebeksi yüzünü ve boncuk gözlerini hemen tanımıştım. Beşinci sınıfa kadar beraber okumuştuk, sonrasında ise onlar başka bir şehre taşınmıştı ama arada ziyaretime gelirdi. Doğrusu bu yüzden az çok konuşurduk. Nisan'dan sonra yakın olabildiğim birini sorsaydınız, size vereceğim cevap muhtemelen Çağrı olurdu.

"Hatırladığına sevindim kuzen." Bu lafının ardından suratını buruşturarak elini tekrar gözünün hemen altına tuttuğunda sertçe inledi. "Elin ağırmış kardeş bu arada."

Pamir ayağa kalkıp seslice soluyarak Buğra'dan sertçe poşetini çekip adımlarını okul binasına çevirdiğinde, Çağrı'yı kaldırmak için elimi uzattım. Çağrı elimi tutsa da ağırlığını bana vermeden kendi kalktığında gözlerim tam olarak Pamir'in sırtındaydı. Düz ilerleyip giriş kapısından içeriye daldığında, birkaç saniye içinde bedeni de gözden kaybolmuştu ama spor sahasındaki sınıfının seslerini duyabiliyordum... Hem, poşetinde ne vardı onun? Hasta mıydı?

"Hoppala... Kuzen? Yine nereye daldı gözlerin?"

Koyu kahve bir denize... Ya da kara delik mi demeliydim?

"Uykum var biraz," dedim hafifçe esneyerek. Tamamen düzmeceydi. Hem Çağrı birini sevdiğimi biliyordu, sadece o kişinin Pamir olduğundan bihaberdi. "Bu hâlin ne?"

Altında bol, kırmızı ve beyaz çizgileri olan bir pijama; üzerinde renkli yamaları olan lacivert bol bir gömlek vardı ve yüzündeki beyazlı kırmızılı palyaço makyajı hafif bozulmuştu; katil palyaço imajı buradan gelmiyordu tabii... Muhtemelen üşüdüğü için üzerine kendine ait olduğu belli olan siyah deri bir ceket giymişti ve başındaki sarı perukla da katil palyaço tiplemelerinin yer aldığı korku filmlerinden fırlamış gibi duruyordu.

"Sizin tiyatro hocası numaramı bulmuş, yılbaşı gecesindeki gösteride yer almamı istiyormuş. Çam ağacı falan yapacak beni de sazan sanıyor herhalde. Kadının bacaklar Antalya'daki deniz manzaralı evlerden farklı olmadığı için kabul ettim tabii, sence bugün ben geliyorum diye jartiyer giymiş midir?"

Gözlerimi devirip tebessüm ederek güldüm. Komik ve atılgan bir yönü vardı, iyi bir kuzendi. Doğrusu annemlerin yokluğunda bana evde eşlik edebilirdi ama yine de bir yanım lenssiz gözlerimi görebilir diyerek beynime uyarı gönderiyordu sürekli… Hangisiydi: Yalnızlık mı yoksa korkunç gerçekler mi?

"Yalnız Zühre Hoca'yı daha sabah gördüm ben, kadın kırmızı renkte kalem etek giymiş ama var ya…"

Buğra'nın dudaklarını birbirine bastırıp kafasını sallaması üzerine Nisan bacağına tekmeyi geçirdi ve yüzündeki nahoş ifade yerini acı dolu bir buruşukluğa bıraktı. "Ya Nisan ben ne yaptım şimdi ya?"

"Ya şuna bakın ya, bir de ben ne yaptım diyor. Ne diyeyim ben sana Buğra? İnşallah matematikçi 49'da bırakır seni, sekizi on bir geçe okula gelirsin de izin kâğıdı alamazsın yarım günün gider inşallah, ezana iki dakika kala regl olursun da…"

Çağrı'nın kahkahaları Nisan'ın duraklamasına neden olurken, Buğra da gözlerini büyültmüş Nisan'a bakıyordu. Kafamı olumsuz anlamda sallayarak, "Sana okuldaki kızlara ettiğin bedduaları ezberleme dememiş miydim? Böyle otomatiğe bağlayıp bir gün bunu bir erkeğe yapacağını biliyordum."

Nisan kızarıp bozararak, "Benim sınavım vardı ya…" diye okula yöneldiğinde Buğra kolunu tuttu. "Sınavlara tüm okul beraber giriyoruz ve iki hafta sonra başlıyorlar."

"Bu dershane sınavı."

"Sen dershaneye gitmiyorsun."

Hızlıca gözlerini üzerimizde gezdirip, "Artık gidiyorum," dedi ve Buğra'ya bakmadan kolunu çekip hızlı adımlarla okul binasına koştu.

Nisan'ın gidişiyle boşta kalan elini pantolonunun cebine sokan Buğra seslice nefes verdikten sonra kaşlarını kaldırıp güldü. "Bu garipti."

Omuz silktim. "Yalnız bugün pek peşinde dolanma, eve gidip yastıklarla kendini boğmaya çalışma seansını yapmadan yanına yaklaşacağını pek sanmıyorum."

"Yastıklarla kendini mi boğacak?"

Kafamı eğerek, "Çalışacak," dedim. "Sadece birkaç saniye nefesini tutabiliyor. Sonra nefessiz kalıp yastıkları çekiyor ve kendine gelene kadar ne için kendini yastıklarla boğmaya çalıştığını unutuyor. Şanslıysan bir ay boyunca hatırlamaz."

"Pekâlâ."

Gülümseyip Buğra'nın koluna hafifçe vurduktan sonra Çağrı'ya döndüm. "Ha bu arada, bu kıyafet ne içindi?"

"Palyaço gibi giyinip gelmemi söyledi." Cümlesinin hemen ardından kendi de yeni idrak edebilmiş gibi kaşlarını çattı. "Bir dakika, harbiden, niye böyle giyinmemi istedi? Üşüdüm de zaten. Nil, baksana, makyajım akmış mı?"

Buğra kahkaha atarak, "Bir erkekten makyajım akmış mı lafını da duydum ya, artık ölsem gam yemem. Neyse, ben gidip bir Nisan'a bakayım belli olmaz bunun işi. Eve kadar dayanamayacağını düşüp yastık da bulamayarak duvara kafa atıyor olabilir."

Kafamı salladım. Birkaç saniye içinde Buğra da ortalıktan kaybolduğunda etraftaki tek ses spor sahasından gelen top sesleriydi. "Kalacak mısın?" dedim yanında spor sahasına doğru yürürken.

"Buradan okula gitmek zor olur..." Dudaklarını büzdü.

Hemen ardından kolunu omzuma atıp, "Ama bakarız be güzellik," diye devam etti. "Bu haftam boş zaten, pek de önemli bir dersim yok. Kalabilirim belki."

Kafamı salladım. Bana ona pek kulak veremediğim bir şey anlatmaya başladığında, gözlerim tam olarak spor sahasında voleybol oynayan kız takımına sabitlenmişti. Kızlardan birinin üzerinde, tam olarak Nisan'ın da söylemek istemeyip belli ettiği gibi Pamir'in kapüşonlusundan vardı. Griydi, üzerinde dört büyük harf işliydi ve onu çok giyerdi. Böyle bir kapüşonluyu, öylece sınıftan bir kıza giymesi için verebilmesi…

Hayat öyle komik ki. Senin hayallerinde bile zar zor görebildiğin 'keşke'ler, bazılarının 'öylesine'si.

"Tamam, bu kadar yeter."

Buğra durmamı sağlayarak önüme geçtiğinde kafamı *neler oluyor?* dercesine salladım. Yapılı vücudu tam olarak kızın önüne denk geliyor ve onu görememi sağlıyordu, ayrıca boyu da benden biraz daha uzun olduğu için kafamı kaldırmak zorunda kalmıştım.

Üzerindeki katil palyaço tiplemeli kıyafeti ilgi çekiyordu. Mavi gözleri ve kusursuz kumral bir teni vardı, saçlarını genelde orta boyutta tutarak rampa modeli yapardı. Aslına bakarsak dış görünüş olarak her genç kızın ilgisini çekebilecek bir erkekti, benden iki yaş büyüktü -ki bu demek oluyordu ki Pamir'le yaşıttı- ve üniversiteye gidiyordu.

"Kıza öldürecekmiş gibi bakmayı kes," dedi seslice nefes verirken. "Kafanda çakan şimşekleri görebiliyorum." *Hayır, görmüyorsun. Öyle olsaydı o şimşekler sadece benim kafamda çakmazdı.*

Öylesine. Kısa. Yalan. Geçiştirilmiş. Boş verilmiş. Birkaç aya geçecek.

Geçecek…

Geçecek. Geçmek zorunda.

Daha fazla uzatmadı. Yüzümün ifadesi her neyse değiştirmek

için uğraşarak eski donukluğuma geri döndüm, onu okulun kantini sürükleyerek bana kahve ısmarlamasını sağladım ve tam üç bardak kahve içtim. Nisan matematik dersi boyunca bana bir şey sormadı ve uyukladı, teneffüslerde Buğra yanına gelir diye kızlar tuvaletinden çıkmadı ve gün boyunca bunu tekrar etti. Çıkış zili çaldığında Çağrı normal kıyafetlerini giymiş bir şekilde, okul çıkışında beni bekliyordu. Bana beklediğini söyleyen bir mesaj atmıştı ama onu sınıfın camından görebiliyordum; yağmur damlalarıyla süslenmiş, soğuğun içerideki insanı mayıştıran sıcakla tepkimeye girmesi sonucu camda oluşan buğu onu görmeme engel değildi. Küçüklüğümde olduğu gibi kalp çizmek istedim, camın buğusuna. Ama o şey göğüs kafesimin içindeki yerinde artık bir bütün değildi... Ne çizecektim, parçaları etrafa savrulmuş, tam ortasından kırılmış bir kalp mi?

Uzun ve gür siyah saçlarını iki yanına alıp bir kenara geçerek örmeye başlayan kötü kız, lakabının aksine tam bir iyilik abidesi görünümüne bürünerek, başka bir deyişle kendi Nirvana'sına ulaşarak tatlı bir tebessümü suratına yerleştirdiğinde, beyaz olan ona bakıp kahkaha attı. Bembeyaz saçları vardı, göz merceği bile beyazdı. O da uzun ve gür saçlarını aldı ve tepesinde dağınık bir topuz yaparak hemen yanındaki, kötü olana bir bakış attı. Kötü ve iyi kavramının siyah-beyaz renkleriyle olan anlam ilişkisinin yitirdiği anlardan birinde olmalıydım ya da insanların değişmesiyle ilgili bir ton felsefi cümlelerin satırlara kazındığı.

Okul çıkışı herkesten önce çıkıp Nisan'la eve doğru yürürken, ona ürpertici ve kurgusal gerçeklerle şahsım tarafından değiştirilmiş olanların aralarına perde çekilmiş taraflarını anlatıyordum. Ufak, çekişmeli ve saçma şişe çevirmece gecesinde göğüs kafesimin içindeki boş odacıklı sır kapılarının ardında, karanlığa, ışık gelmeyen; gölge bir yere gizleyip zincire vurmam gereken olaylardan yeterince taviz vermiştim, fazlasına ne idrak etmek bakımından ne de dilimin ucundan dışarıya, güvensizliğe ve kasvetli Soyhan havasına salabilme yönünden mecalim yoktu. Tek gerçek arkadaşıma anlatamayacağım kadar gizli tutmalı mıydım yoksa dile getirmeye üşeneceğim kadar önemsiz bir ayrıntı mıydı? Kesinlikle değildi. Ona bir şey söylememek, yalan söylemekle eş değer değildi ama bir zamanlar bunun aynı şey olduğunu savunup kendime kabul ettirdiğim anlar aklıma geldikçe kendimi suçlu hissediyordum ki o bana neler olduğunu sormuştu ve ben ona değiştirilmiş, yeniden kurgulanmış Zifir'li bir çat kapı sahnesi anlatmıştım. Yalanlarla beslemiştim, soru işaretleriyle dolu ruhunu. Cevap vermeye cesaretim yoktu.

Zifir de hava alsın diye biraz dışarı çıktık, Pamir'lerin evinin önünden geçerken kucağımdan atlayıp kaçtı. Bahçeye girip onu ararken de Pamir gürültüye çıktı, giderken saatin on ikiye vuruş sesini duyup doğum gününü kutladım.

Çok mantıklı.

"Yemedim bilesin."

Nisan'ın sesi, esneyişinin hemen ardından hafif boğuk bir tınıyla çıktığında, Çağrı elindeki cips paketini kafasına dikti ve buruşturup cızırtılı bir sesle beraber çöp kutusuna fırlattı. Eve yürüyorduk.

"Kız haklı, kuzen. Yemedik."

"Sen baya baya yedin yalnız, hiç konuşma. Sabahtan beri paket paket cips götürüyorsun. Doğru söyle, çantanda bir tane bile kitap yok ve içi cips paketleriyle dolu değil mi?"

Nisan'ın bir buz dağını andırıp çarpmış etkisi yaratan sesi yerini yaşan enerjili eski Nisan'a bıraktığında moralim düzelmekte level atlamıştı. İkisi yan yana yürüyüp bu konuyu tartışırken, aniden gelen bir dürtüyle cep telefonumu çıkardım ve Connected2.me uygulamasını açarak Pamir'e bir mesaj yazdım.

Mesajı gönderdikten hemen sonra uygulamayı kapatıp telefonu cebime geri yolladım ve donmakta seviyelere kafa atan ellerimi birbirine sürterek cebimden sarkan siyah eldivenlerimi parmaklarımdan geçirdim.

"Hah," diye bir ses çıkardı Çağrı. "Şimdi tam seri katillere benzedin."

Ona boş bir bakış gönderdiğimde gözlerini devirip dudaklarını büzdü. "Artık küçükken beni sıkıştıran yamuk bakışlı foşik beyinli Serdar'ı korkutmak için seni kullanabilirim, tabii önce saçlarını siyaha boyamamız gerek. Çocuk *Halka* filmindeki Samara'nın adını duyunca korkudan altına sıçıyor, sorsan semt abisi."

Nisan kahkaha atıp Çağrı'nın kafasını dirseğiyle arasına alarak bana döndüğünde, diğer elini de yumruk yapıp kafasına sertçe sürttü. "Oyy benim kara kuru deniz gözlümü sıkıştırıp harçlıklarını mı almışlar? Kafasına kafasına yumruklar atıp aralarında dövmüşler mi benim canım arkadaşımın biricik kuzenini?"

Çağrı kafasını Nisan'ın kolundan kurtarıp yardım dilenirken, Nisan da kolunu daha da sıkılaştırıp kahkahalar atıyordu.

Onlara tekrar bir göz atıp kafamı olumsuz anlamda salladım ve dudaklarımı birbirine bastırdım.

Pekâlâ, garip bir arkadaş ilişkileri vardı.

Nisan, Buğra'nın onu aramasıyla buluşacaklarını söyleyerek yanımızdan ayrıldığında, çantamdan anahtarımı çıkarmış bir şekilde kapıya uzanıyordum. Çağrı ise çantamdan aldığı biyoloji kitabını süzüp devlete saydırıyordu; hiçbir zaman okulun verdiği kitaplar yeterli gelmezdi, bu yüzden her seferinde kaynak kitap almak zorunda kalırdık. Çağrı buna karşıydı, bu yüzden lisedeyken okulun verdiği kitapların boş yerlerini eksik kalan bilgilerle doldururdu. Bu bir çeşit kitap yazmak gibi bir şeydi ve size kattığı çok şey vardı; örnek olarak Çağrı'nın gittiği tıp fakültesini örnek gösterebilirdim sanırım. Ülkenin en iyisiydi. Hocalarla her seferinde laf dalaşına girerek sözlülerden ve sınıf içi performanstan çakardı ama sınavları hep tam puan gelirdi.

Kapıyı ittirdiğim sırada, soğuk bir rüzgârın kıyamet alameti gibi usulca tenimi delip geçmesine izin verdim. Rüzgârın tenimde bıraktığı soğukluk bana hissizlik olarak geri döndüğünü dile getirmeme gerek yoktu, ancak Çağrı'nın sert bir titreme geçirdiğini söyleyebilirdim. Sorun yoktu, normal bir gündü. Birazdan içeri girecek ve Çağrı'yla kendime birer bardak kahve yapıp, akşam yemeğinde ne yememiz gerektiğini tartışacaktık. Bana üniversite anılarını anlatıp, eskiden olduğu gibi tavladığı kızların analizlerini yaptıracaktı.

Ama öyle olmadı.

Çünkü tam yedi saat sonra, kendimi siyah bir Porsche'nin sessizce karanlık ve ürkütücü garajdan ayrılışını, koyu ve yeni biçilmiş çimen kokan dağınık çalılıklarının ardından izlerken buldum. Siyahlar içinde bir hırsıza benziyordum. Üzerimde dizkapaklarıma kadar gelen bağcıklı siyah botlarım, siyah dar paça pantolonum, siyah uzun kollu ince kazağım, siyah kapüşonlu deri ceketim, içine kahverengi saçlarımı sıkıştırdığım siyah şapkam vardı.

Çağrı, ona gelen bir telefon ile arkadaşlarıyla buluşmak için dışarı çıkmıştı. O siyaha boyanmış, soğuk ve yağmurun atıştırdığı Soyhan gecelerinde dolanırken, ben de tek başıma oturmuş bir tencereye makarnayı sırf bir daha buzdolabına koymamak için mideme tıkıştırmaya çalışıyordum. Bana onunla gelmem için teklifte bulunmuştu ama onun arkadaşlarının nasıl 'arkadaşlar' olduklarını bildiğimden, hiç düşünmeden bu teklifi geri çevirmiştim. Çağrı kuzenim olabilirdi ama filmlerden ve kitaplarda öyle sahneler vardı ki, istemeden paranoyaklaşıyordu insan.

Bazı ruhlar doğuştan yaralıydı. Nefes alırken ağlaması, durup dururken bir yerlere dalıp ruhunu siyahın derin boşluğuna teslim etmesi, sessiz, sakin ve yorgun bir kişiliğe sahip olması için herhangi bir olay yaşaması gerekmezdi... Çünkü bazı ruhların külleri uçuşurdu kırık kalplerinden yeryüzüne sızan rüzgârlarda, kirpiklerine kadar acırlardı ama gıkını çıkaramazlardı.

Sanırım iki tarafa da mensup olduğum için biraz şanssızdım... Etrafımda bir şeyler oluyordu, bana sebebi açıklanamaz şeyler oluyordu ve tek yapabildiğim susmak, kabullenmek ve devam etmekti. Vazgeçmek yoktu, pes etmek yoktu... Benim kitabımda bu yazıyordu.

Anılar dejavu'nun ötesinde bir bir tekrar ederken taksicinin, "Abla," diyerek dalgınlığımı dağıtması, gözlerimi hızla geçip giden yoldan ayırıp ona dönmem saniyelerimi bile almadı. "Efendim?" dedim sessiz bir edayla, biraz boğazım ağrıyordu. Kendimi bitkin hissediyordum, ayrıca ruhen ölmüş gibiydim. Aslına bakarsanız ben hep böyleydim; bir cenaze kaçkını gibi her an, her saniye siyah giymek seni de yavaş yavaş siyaha boyuyordu. Tabii, siyah bir nesne daha ne kadar siyaha boyanabilirse.

"Takip etmemi istediğin, öndeki araç, bizim onu takip ettiğimizi biliyor mu?"

Gerginlik uzun ve keskin tırnaklarını ayakuçlarımdan başlayarak batırıp yukarı tırmanmaya başlarken, göz bebeklerimin bile titrediğini hissedebiliyordum artık. Pamir, onu takip ettiğimi biliyor muydu? Hayır. Fark etmiş olabilir miydi?

Muhtemelen, evet.

"Hayır ama fark etmiş olabilir mi?"

"Selektör yapıyor," dedi muhtemelen kırklı yaşlarının sonundaki adam dikiz aynasından benimle göz teması kurarak. "Fark etmese, durup dururken selektör yapacağı bir yerde veya durumda değil."

Ben de durup dururken çocuğun tekini takıntı hâline getirecek bir kız değilim, ama oluyor işte öyle arada be taksici amca.

"Siz mesafeyi koruyarak takibe devam edin lütfen."

İleride karanlık ve dar sokağın bitimine geldiğimizde, sağa döneceği sırada arabayı bir anda durdurmasıyla bedenim istemsizce öne savruldu. Kenardan tutunup son anda kafamı çarpmayı engellemiş olsam da, sallantıdan dolayı beynimin kafamın içinde taklalar attığını hissedebiliyordum.

"Yuh!" dedi adam arka koltukta benim oturduğumu unutarak ve basılı kaldığı kornadan elini çekerek susmasını sağladı. Zira, hemen önümüzde yan bir şekilde uzanmış Porsche motoru kapalı bir şekilde duruyordu ve güneş ışığı geçirmez film kaplı camların ardından bile onun keskin acı kahvelerinin üzerimde asılı olduğunu fark edebiliyordum.

Bazen kalemi kâğıdı elime alır, onun hakkında bir şeyler karalardım sayfalara. Mürekkebim bitse, kanımı akıtır yine de bırakmazdım onu yazmayı. Sahi... Denizler, okyanuslar mürekkebim olsa yeter miydi onu yazmaya? Yetmezdi. Gözlerinden başlasam, kirpiklerine gelene kadar tükenirdi bütün kaynaklar.

"Kusura bakma abla, galiba fark etmiş."

Sessiz bir homurtu çıkardım. "Galiba mı?"

Duymadı. Duymasını beklemiyordum da zaten. Benim olanları idrak etmeye çalışan ama her seferinde tam %99'da takılıp %0'a geri dönen üstün zekâlı yanım her zaman olduğu gibi bir şeyleri hazmetmeye çalışırken, telefonumun cebimde titremesiyle koltukta kıpırdandım ve elimi cebime atıp siyah mat kabındaki telefonumu çıkardım. Ekranda Pamir (K)Y(A) E(L)L(P)KIRAN yazıyordu.

Parmağını ekrana dokundurduktan hemen sonra telefonu kulağıma götürdüm ve sessiz kaldım, bir şeyler demesini bekliyordum ama duyabildiğim tek şey nefes alıp verişi ve muhtemelen radyodan kısık bir sesle kulaklarıma dolan almanca rap şarkıydı. Almanca Rap şarkılar mı dinliyordu?

"İn şu taksiden."

Fısıltı gibi çıkan sesi, sanki bir uzaktan kumandayla beynimi kontrol ediyormuşçasına emirlerini bir bir sıraya dizerken, taksiciye taksimetreden yazan paranın fazlasını verip, "Üstü kalsın," diyerek taksiden indim. Taksi geri geri gidip, yere dökülmüş sonbahar yapraklarının çıtırtıları eşliğinde sokağı terk ederken telefon kulağımdaydı; o hâlâ kapatmamıştı ve ben de buna tenezzül etmiyordum.

"Gel," dedi aynı ses tonuyla. Derin bir nefesi ciğerlerime doldururken bu sefer kuruyan boğazımdan hafif bir öksürük döküldü, buz gibi hava soluk borumu doldurup ciğerlerimi hasta ederken tereddüt bile etmiyordum. Hasta olmak hoşuma gidiyordu. Bünyem o zamanlar daha zayıf olduğundan, uyuma eylemini gerçekleştirebiliyordum… Ne mutlu bana.

Siyah Porsche'nin önüne gelip, karanlık sokaktaki tek ışık olan farların bedenimin üzerinde parlamasına izin verdiğimde, onun yüzünü daha net görebiliyordum artık. Üzerinde siyah bir kazak ve ona çok yakışan siyah deri bir ceket vardı. Sol kolunun dirseğini cam kenarına yaslamıştı ve telefonu da iki parmağıyla kulağına yaslı tutuyordu. Gözleri tam olarak gözlerimin içine bakıyordu ve öfke taşıyordu. Bir an, kısacık bir an, gözlerinin alev alıp ince bir şerit ile gözlerime ileteceğini ve lenslerimin eriyip yok olacağını düşündüm. Böyle bir şey olsaydı, korkup kaçar mıydı? Benden iğrenir miydi? Bir yaratık olduğumu düşünür müydü?

"Bin."

Ve son anahtar kelime, dudaklarından döküldükten sonra kulaklarıma doldu. Dirseğini kapıdan çekti, telefonunu indirerek koltuğunun yanındaki muhtemelen bir bölmeye koydu, arabanın sessiz motorunun tekrar çalıştığını hissettim ve farlar daha da bir canlanınca bu gözlerimi kırpıştırmama neden oldu. Adımlarımı tereddüt etmeden sürücü koltuğunun yanındaki ön koltuğun kapısına atarken, bu cesaret nereden geliyordu bilmiyordum ama garip bir şekilde korkmuyordum.

Yağmur damlalarının en zarif hâlleriyle yeryüzüne düşmeye başlamalarıyla eş zamanlı olarak elimi kapı kulpuna attığımda, son bir kez buz gibi havayı ciğerlerime doldurdum ve sertçe öksürdüm.

Ön koltuğa yerleşip kapıyı kapatmam iki saniyemi almıştı.

Göğüs kafesimin kemiklerini sallayıp kendine dikkat çeken siyahlar içindeki kız -ona artık Kötü Kız diyemiyordum, o sadece, siyahlar içindeydi işte-, koltukları kabararak *Ooo, düşünmeden hareket etmek mi? Bizde ata sporu,* dediğinde, beyazlar içindeki de bağladığı kollarını indirip siyahlar içindekine döndü. *Hah, lafı ağzımdan aldı.*

Düşünmeden hareket etmiştim. Yine onun peşine takılmıştım bir taksi ile. Sanki o bu gizli yanını bir kapının ardında kilit altında tutuyordu ve ben onu anahtar deliğinden izliyordum. Kendimi, annesiyle küsken onu mutfak kapısının aralığından izleyip özür dilemek için uygun anı kollayan küçük çocuklar gibi hissediyordum. Hatalı mıydım? Evet. Ama kendimi zararsız bir şekilde bu işten sıyırabileceğim, basit bir bahanem vardı: Merak.

En kötü ihtimalle suratıma yumruk yerdim.

Gecenin karanlığına karışmış Porsche, sessizce Pamir'in kumandası altında tek seferde dönüp sokaktan ileri devam ettiğinde emniyet kemerimi bağlayıp sertçe yutkundum. Kafamı çevirmeye gücüm yoktu, muhtemelen burnundan soluyordu.

Ona hak veriyordum. Eğer dile getirmek istemediğim işlerim olsaydı ve en yakın arkadaşlarımı bile bu işe karıştırmıyor olsaydım ama ne olduğu bile olmayan baş belası biri gelip beni devamlı takip etseydi, onun bir sapık olduğunu düşünürdüm. Saplantılı bir sapık.

Ya da sadece… Merak. Onun düşünmesini istediğim olayın bu ikinci versiyonuydu işte, sapık olduğumu düşünmesiyle ilgili olan değil de, merak ettiğim için onu takip ettiğim kısmıydı. Buna inanmasını istiyordum, buna inanmalıydı. Aksi benim için çok sancılı olurdu. Aksi ölümüm olurdu.

Bedenin ölmesi belki de en iyi kurtuluş ve kaçış yöntemiydi ama ruhun ölmesi demek, öle öle yaşamak demekti. Her gün ölüp dirilmek, fiziksel işkencelerin ruhsal bölümle harmanlanmış olanıydı ve delicesine nefret ettiğiniz düşmanınız için mükemmel bir cezaydı. Pamir bilmeden bana bunu yapabiliyordu. O hiçbir şey bilmeden, birçok şey yapabiliyordu. Önündeki salatanın limonu eksikti sanki ve o limon yerine elleri arasında ruhumu alıp delicesine sıkıyordu. Canımın canı çıkabilir miydi? Çıkıyordu işte.

"Röntgenci," diye mırıldandı dudakları arasından. "Yedi yirmi dört beni mi izliyorsun? Sapık mısın kızım sen? Ne diye takip ediyorsun beni?"

Merak, diyebilecek gücü bulamadım kendimde. İçimdeki siyahlar içindeki kız uzun siyah saçlarını savurarak genizden bir kahkaha attı, beyazlar içindeki ise ona göz devirip dil çıkardı.

"Anlamayacağımı mı sandın?"

Nefesimi tuttum.

Deniz kenarında kestane yediğim, kafamdaki seslere martıların seslerinin eşlik ettiği ve balıkların korku dolu av psikolojileriyle suyun dibine daldıkları ama yukarı çıkmak için meraktan öldükleri anlardan birinde sertçe umutlarımdan çekilip alınmıştım o sahneden sanki. O huzuru, o hayali bile çok mu görmüşlerdi bana?

Çok yoruldum anne… Neredesin?

Ben ne yapıyorum peki… Ne işim var benim burada?

"Neyi anlamayacağını sanmışım?" Belli etmiyordum. İçimde cam çerçeve iniyordu her saniye ama dışarıdan görebildikleri sadece asi, sessiz ve sert bir kızdı. Sessim titremezdi, sevdiğimin karşısında bile. Dans ederken tüm dünya etrafımda dönüyormuş gibi hissettiğimi sanırlardı ama ben sadece rahatlamak, ağlayamadığım anlarda o zehri dışarıya böyle atabilmek, yutkunamadığım zamanlarda boğazımda takılı kalan o yumruyu geçirebilmek için dans ederdim; asla havalı olabilmek, ego kasabilmek ya da bununla övünebilmek için değil. İnsanlar birçok şey yaparlardı, imaj için. Ama önemli olan bedeninizin imajı değildi, ruhunuzun imajıydı. Tabii bunu anlayabilmek için de karakter gerekirdi. Konu kilit.

Ne anlamayacağını sandığımı düşünüyordu? Yürek meselesi miydi bahsettiği, yoksa sadece takip olayı mıydı? Eğer konuşursam, eline koz verirdim. Bu yüzden çenemi kapalı tuttum ve cevap vermesini bekledim.

Araba yavaşlayıp ıssız sokakta durduğunda bedenini bana çevirdi. Kafamı sonunda ona çevirebildiğimde, tam karşımda bütün ihtişamıyla duranın bir insan evladı olduğunu söyleyebilmek güçtü. *İnsan mı yedin vicdansız?*

Bunu bir gün yüzüne de söyleyebilmeyi dilerdim, Yelkıran.

Soyadını yanlış koymuşlar senin. Yel değil, Kalpkıran olmalıymış.

Hafifçe eğilip gözlerini kıstı ve suratımı incelemeye koyuldu. O an kendimi çok çirkin, yetersiz ve kötü hissettim. Diğerleri bu yüzden mi makyaj yapıyordu? Bu kadar yakınlaştıkları erkeklere kusursuz görünmek için mi? Ama yağmurun altındayken akmıyor muydu makyajları?

Ahh, doğru. Onlar genelde yağmuru sevmezlerdi ki.

Ya da ben ilk defa bir erkekle bu kadar yakınlaştığım içindi bu cahilliğim.

"Ne bakıyorsun?" dedim kaşlarımı çatarak, sertçe. Soğukluğumu korumayı her daim sürdürmeyi kendime ilke edinmiştim ve bunu becerebildiğimi biliyordum ama neden bana öyle gelmiyordu?

"Salak mısın, yoksa numara mı yapıyorsun ona bakıyorum."

Sesinin tonu içimde kanat çırpan kuğuların tüylerini titretirken, bir an gözlerim dolacak sandım ama buna engel oldum ve gözlerimi kısarak yapmacık bir şekilde güldüm. "Ha, ha, ha, çok komiksin."

"Öyleyimdir."

Keskin hatlarını yüzünün tamamını bana döndürerek görmemi sağladığında soğuk bir bakış attı ve önüne dönüp tekrar arabayı sürmeye başladı. "Sahipsiz etin akbabası çok olur, kendine yazık edersin."

"Söylesem getirmezdin, ben de takip ettim." Omuz silktim tepkisizce.

"Tabii getirmezdim, ertesi sabah tecavüze uğramış bir şekilde iki damla uykumdan uyandırıp başıma bela olmanı istemiyorum. Bir de polisle uğraşamam. Sizin gibileri bilirim."

Parmak uçlarımdan sinir hücrelerimle beynime iletilen hislerim uyarı veriyordu, anlamıyordu. Beni sinirlendirmek zordu ama o bir istisnaydı, onun için zor olmamalıydı. Zira konu o olduğunda, bütün duyguları doruk noktasında yaşıyordum.

"Nasılmış bizim gibiler?"

"Kendinize sahip çıkabileceğinizi düşünür öyle ortamlara girersiniz, genelde safsınızdır ve bu en büyük zayıflığınızdır, bir dubleyle sarhoş olursunuz ve sonra ertesi sabah hiç tanımadığınız birinin yatağında uyanırsınız."

"Yeter." Ellerim titriyordu. Yaptıklarıyla alakam olmadığı

hâlde zararını kendim görüp üzüldüğüm, bedenimi olduğu gibi ruhumu da siyaha boyayan çirkin ruhlu insanların yaptıklarının ucu neden bana dokunuyordu? Bunu çekmek zorunda mıydım? "Bu saçmalığı dinlemek zorunda değilim. İndir beni."

"Öyle mi küçük hanım?" Ukala tavrı sinirlerimi zorlarken, bir elimle sertçe ceketimin deri kumaşını kavradım ve sıktım.

Soğuyan havanın acısını, gökyüzünü kaplayan bir fırtınanın habercisi bulutları hissedebiliyordum ama engel olamıyordum. Gökyüzü bile kızgındı ona.

Devam etti. "Şimdi inersen eve kadar yürümek zorunda kalırsın, bu saatte ne taksi ne otobüs geçer buralardan. Maçları izlemeye gelen zibidilerin eline düşersin."

"Kes şunu!"

Ve sert bir şimşek arabanın ön camından içeriyi aydınlatarak gökyüzünü yardığında, dikiz aynası titredi. Araba aniden durmuştu ama tutunduğum için ileriye savrulmamıştım.

"Neden aklın hep öyle şeylere çalışıyor? Ben kendimi koruyabilirim, ayrıca benzettiğin kız tiplemeleriyle alakam yok. O çok zeki beynin söylediklerimi klişe algılayabilir ama bu böyle, bunu o taş kafana sok!"

"Nasıl bir ülkede yaşadığımızdan haberin var mı senin? Millet bırak kediyi köpeği, damacanayı ulan damacanayı…"

"Anladım," dedim sertçe. "Konuyu kapatabilir miyiz artık?"

"Kapatamayız." Büyük yağmur damlaları cama vurarak dışarı çıkıp sırılsıklam olma isteğimi arttırırken seslerini daha iyi duyabilmek adına müzik çalara uzandım ve kapattım. "Beni takip edemezsin, gelsen bile dibimden ayrılmaman gerekir ama sürekli yanımda da duramazsın; durmazsan da oradan çıkışın olmaz, güzelim. Anlıyor musun? Bu bir oyun değil."

Güzelim dedi! diye haykırarak göğüs kafesimi tekmeleyen siyahlar içindeki kız sırnaşık ikoncanlar gibi kendini oradan oraya savururken, beyazlar içindeki kız sertçe oflayarak zemine uzandı ve ellerini karnında birleştirerek gözlerini kapattı. Sanırım yorgundu.

Sessizliği tercih ettim. Konuşursam, mesele uzayacaktı ve her ne kadar böyle anlarda gaza gelsem de onunla kavga etmek istemiyordum. Ağzımı açamayacak kadar yorgun hissediyordum bir kere, uykum olduğunu hissediyordum ama kafamı yastığa koyup ışıkları kapatsam uyuyamayacağımı da biliyordum.

O tanıdık izbe sokağa girip arabayı park ederek indiğimizde, arka koltuktaki siyah spor çantasını aldı ve bana hiç bakmadan ilerlemeye başladı. Soğuk ve kasvetli yağmur damlaları kaldırımları hoyratça döverken, hırkamın şapkasını da kafama örtüp peşinden koşturdum. Aynı evin bahçesinden içeri girerek aynı kapıdan geçtiğinde, bu sefer tereddüt etmeden peşinden merdivenlerden indim ve dar koridorda hemen arkasında takipte kaldım. Birkaç dakika sonra biri çizikli iki siyah kapıyla tekrar karşılaştığımda, arkasından görebildiğim kadarıyla düz siyah olanın kulpunu tutup çevirdiğini fark ettim, ben önceki gelişimde çizikli olandan içeri girip direkt olarak onun odasındaki dolaba girmiştim... Demek ki o kapı bazen odasından dışarıya hemen sıvışabilmek içindi.

Kapı, kalabalık ve büyük bir koridora açılıyordu. İnsanlar her yerdeydi, kenarlarda dikilip birilerini bekliyormuş gibi görünenler dışında ileriye ve geriye bir akış vardı.

Pamir, beklemeden ileriye doğru ilerlemeye başladığında tekrar peşine takılıp büyük adımlarına yetişmeye çalıştım. Muhtemelen arenanın girişi olan heybetli kapının önündeki büyük ve kaslı, korumaları gördüğümde bu sahnenin filmlerden fırlama olduğuna yemin edebilirdim. Siyah takım elbiseleri içinde en az elinde susturucu takılı bir silah olan kiralık katiller kadar korkunçlardı. Aslında nerede olduğumuzu düşünürsek öyle olmadıklarını da söyleyemezdim doğrusu.

Adamlar Pamir'i gördükleri an daha da dikleşerek geçmesine

izin verdiklerinde, normalde kimlik kontrolü yaptıklarını ve insanların üzerlerini aradıklarını fark ettim. Fakat ne yazık ki, arkasından gizlice girmeye çalışan bir kaçak gibi görünmüştüm o heybetli bedenlere ve kıyafetlerim de bunu destekler gibiydi. Tesadüfün bir taraflarına koymuştum yine.

"Dur bakalım orada sen." Boğuk sesiyle konuşan adam siyah gözlüklerinin ardından beni tam kolumdan sertçe yakaladığında kolumu kurtarmaya çalıştım. "Bırak."

"Nereye kaçıyorsun seni küçük kaçak kız?"

"Kaçtığım falan yok benim!" Sertçe sıktığı kolum, kangrenliğin ilk aşamasını emin adımlarla yürürken dişlerimi sıktım ve yukarıda fırtınaların kopmamasını diledim.

Okulun voleybol takımına girdiğim sene, ayak bileğimi zedelemiştim ve yere düştüğüm an kopan fırtınayı çok iyi hatırlıyordum. Nisan da biliyordu ki, her an patlamaya hazır bir bomba gibiydim.

"Yok ya, ben giydim zaten şapkayı kapüşonluyu da adamın arkasından sızmaya çalışıyorum. Sen kimi kandırdığını sanıyorsun lan?" Duvara dizilmiş, diğer korumalardan birine işaret etti. "Alın şunu da iyi bir dayak atın, aklı başına gelsin."

"Kız benimle."

Her an içeri akın eden kalabalığın içinden baygın ve sıkılmış bakışlarıyla beraber Pamir çıktığında, adamın eli ateş almış gibi hızla kolumu bıraktı ve elimle kolumu ovalamaya başladım.

"Öyle mi? Çok özür dilerim, efendim. Ben bilmiyordum."

"Öğrenmiş oldun."

Eliyle bileğimi yakalayarak kolumdan çektiğinde acıyı yok saymaya çalıştım, beni içeri çekiştiriyordu. Kolumun acısı önemli değildi, hatta tabiri caizse vız gelir tırıs giderdi. Canımı daha da yaktığı olmamış değildi, fiziksel acı bazen merhem gibi gelirdi hatta. Bir kuğunun kanatlarını kırmak bir kelebeği alıp küçük bir kavanozun içine tıkıştırmak gibiydi. Her ikisi de özgürlüğü ve ruhu yok ediyordu.

Arenaya giden koridordan sapıp başka bir koridora girdiğimizde, birkaç dakika sonunda onun odasına varabilmiştik. Kapıyı açıp beni içeri çekiştirdiğinde elini bileğimden çekti ve kapıyı kapattı.

"Buraya da mı kız atıyorsun lan yoksa…" Kaan yüzümü fark ettiğinde cümlesini keserek gözlerini ardına kadar açtı ve şaşkınlığını belli etti. "Nil? Senin burada ne işin var?"

Bir an, *Sabahki gibi elden ele gezen kapüşonlusunu yakmak için buradayım, o yanarken dumanını huzurla içime çektikten sonra gideceğim, söz,* demek istedim ama ağzımdan tek çıkan bıkkın bir, "Selam," oldu.

"Meraklı Melahat," diye mırıldandı Pamir, çantasını kenara atarak. "Taksiyle beni takip ederken kestim yolunu. Fark etmeyeceğim sandı herhalde, akıllı kız."

"Geçen sefer fark etmedin ama akıllı çocuk."

Nil 1-0 Pamir. Siyahlar içindeki kız gözlerini üzerime dikerek kahkaha attığında, beyazlar içindeki ona mayo giymiş orangutan misali bakarak göz devirdi ve uykusuna kaldığı yerden devam etti.

Kaan gülmemek için kendini tutarken kıkırdayarak kafası çevirdiğinde Pamir de altta kalmamak için, "Dalgınlığıma gelmiş," diye cevapladı beni.

"Eminim öyledir."

"Ne dedin sen?"

"Hiç." Hiç söylememiş gibi omuz silkip dudak büzerek kenara geçip oturduğumda arkama yaslandım.

"Her neyse," dedi ensesini ovarak. Acı kahvelerini üzerimden çekip derin bir nefes aldı ve Kaan'a dönüp, "Bugün çıkmayacaktım ama vazgeçtim," dedi.

Kaan mesajı almış gibi, "Ben bildireyim o zaman," diyerek odadan çıktığında, Pamir de üzerindeki ceketi ve kazağı sıyırıp banyoya geçti. Bakışlarımı onun dışında her yerde gezdirdiğim sırada görüş açımdan çıkmasına sevinerek rahatladığımda eğilip dirseklerimi bacaklarıma yasladım ve yüzümü avuçlarım arasına aldım. Düşünmeden hareket ediyordum, bunu yapmayı kesmeliydim. Başıma daha büyük belalar açabilirdi. Zaten üzerimdeki lanet beni yeterince zor durumlara sokuyordu, bir de bunlarla başa çıkabilmek hayli zordu.

Birkaç dakika sonra Pamir banyodan üzerinde ince siyah bir tişört giymiş bir şekilde çıktı ve bunu görünce tüylerim istemsizce diken diken oldu. Ben üzerimdekilere ek olarak ceketim varken bile üşüyordum, o nasıl kısa kollu bir tişört giyebiliyordu? Üşümüyor muydu?

Bazen onu çok fazla büyüttüğümü düşünüyordum. Ama zaten insana sevdiği kusursuz, mükemmel gelmez miydi? Tabii bu onda da malzeme olmadığı anlamına gelmezdi.

Kaan kulağından cep telefonunu çekerken içeri girdi. "Pamir, çabuk."

"Ne var lan?"

"Mine," dedi. "Buraya geliyor, onun bugün maçı yok dedim ama dinlemedi. Burada olduğunu biliyor."

İstemsizce yüzümü buruşturdum. O da mı biliyordu? Kim bilir kaç kere gelmişti buraya... Kim bilir neler yaşanmıştı bu odada... Bazen kendimi bu şehirden, hatta bu ülkeden uzaklara sürgün edesim geliyordu. Sanki şehrin, ülkenin her yerinde anıları vardı ve ben oralardan geçtiğim zanlar ayaklanıp üzerime üzerime yürüyorlardı. Hatıraların elleri olur muydu? Oluyor işte, o eller dönüp dolanıp boğazıma sarılıyordu ve ben boğuluyordum.

Sevmesinler seni. Sevemezler seni. Bilmezler seni sevmeyi, beceremezler.

"Sikeyim," diye mırıldandı Pamir etrafa bakarak. "Ne işi var? Niye geliyormuş?"

"Bir şeyler dedi ama anlamadım."

"İyi bok yedin." Ceketini bile almadan kapıya uzandı. "Onu burada görmemesi lazım, bende de kafa kalmadı kaldıracak. Biz çıkalım, sen de bara falan gitti diye idare et."

"Ya oğlum…" Kaan'ın yüzünü buruşturup sıkıntı yaptığı sırada kapıya tıklanınca ayağa kalktım.

"Has…" Pamir bana döndü ve kafasıyla dolabı işaret etti. "Çabuk."

Saklanmak istemeyen tarafım kapıyı açıp kaltakça, 'Pamir duşta canım, buyur ne diyeceksen bana söyle' demek istese de, bu tarafımın gülünç isteğini tereddüt etmeden itip dolabın kapağını açarak içeri girdim, ama dolap sanki küçülmüş gibi çok dardı. Bir-iki saniye sonra başka bir beden daha bana katıldığında dolabın kapakları kapandı ve dışarıdaki kapının açılma sesini işittim.

"Manyak mısın sen? Nefes alamıyorum," diye mırıldandım kafamı çevirip.

"Bir sus kızım be…" Bu cümlesi beynimin boş odalarında yankılanırken, dolabın koridora çıkan kapısını açmaya çalıştı ama başarısız oldu. "Ne oldu?" dedim içerisi gerçekten sıcak olmaya başladığında.

"Siktir," diye tısladı. "Anahtarları ceketimin cebinde kaldı."

Dilimi damağıma çarpıp seslice ofladığımda eliyle ağzımı kapattı ve dik durarak bana yukardan bakmaya başladı. Kaşlarımı çattım ve ona dik dik baktım, neden ağzımı kapatmıştı?

Mine'nin, "Ne demek burada değil?" diyen sesini duyduğumda, amacını da anlamıştım. Konuşmaları duymak için susmamı istemişti.

Kaan, "Ben gelmeden çıkmış herhalde," dedi ve boğazını temizleyip devam etti. "Hem sen ne diyecektin?"

"Boş ver," dedi Mine.

Yüzüyle aramda çok az bir mesafe vardı, nefesimden terleyen elini ağzımdan çekti ama yine de nefeslerimiz birbirine çarpıyordu işte.

Kim bilir Mine nasıl giyinmişti? Ben çirkin ördek yavrusu gibiydim şu hâlimle, siyah bile kurtaramamıştı bu sefer beni. Saçlarımı şapkamın içine tıkmıştım ve hırkamın kapüşonunu da geçirmiştim üzerine, tam bir erkek fatmaydım ve bunun saflık veya hoşlukla alakası yoktu. Üzerimde, pijamaları ve dağınık saçlarıyla gittiği bakkalda hoşlandığı çocuğa rastlayan kızın çaresizliği vardı.

Ne var ki, birkaç hafta önce bu kadar yakın durabileceğimizi söyleseydiniz gülüp geçerdim. Hem de öyle bir gülerdim ki, gözlerimden anlardınız çaresiz kalbime ne seviyede sert ve kasvetli yağmurların yağdığını. Gözbebeklerimden okuyabilirdiniz içimde alevlenen acıyı. Sonuçta ben dışarıya güçlü bir görünüm sergileyen ama içi paramparça etrafta dolanan siyahlar içindeki o kızdım, kim olduğunu bile bilmediği gizli bir dedikoducu kız tarafından satanist itiraflarına uğrayan, soğuk bakışlı, soğuk hareketleri olan... Ama kalbim cayır cayırdı işte. Kim tahmin edebilirdi ki?

Dudaklarından çıkan nefes eğdiği kafası yüzünden eğik bir açıyla dudaklarımı ısıtırken Mine'nin gittiğini fark ettim ama kapı sesi gelmemişti henüz.

Acı kahvelerinin hapsine girdiğimi hissettim, ama kafamı kaldırıp gözlerine bakamazdım. Lenslerim gözlerimi yeterince korumuyordu, böyle bir karanlıkta parıltılar belli olabilirdi. Beni lenssiz bir şekilde görse en iyi ihtimalle gözlerimin çıplak hâlinin bir lens olduğunu düşünür ve böyle lensleri satın aldığım için benimle dalga geçerdi ama gerçekler acıydı.

Gözlerim kısık bir şekilde göğsüne bakarken yüzüme bakmak için kafasını eğdiğini fark ettim. Onu durdurabilmek için elimi gövdesine attığımda ise itebilecek cesareti kendimde bulamadım, inip kalkan göğsü bedenime değiyordu. Yeterince eğildiğinde ise gözlerimi kapattım. Dudaklarımın üzerine fısıldarken tenime çarpan nefesi bedenimi titretti.

"Gerçekten," diye fısıldadı. "Sadece burayı merak ettiğin için mi beni takip ettin? Tek neden bu mu?"

Konuşsam, dudaklarım onunkilere değecek kadar yakınımda hissediyordum onu. Gözlerimi açsam, bu bir rüya çıkacaktı ve ben de uyanacaktım sanki.

Küçük çocuklar mezarlıkta koşuştururken, toprağın altındaki uyuyan yorgun bedenlerden ölüm sızarmış. Çocuklar gitmiş, ölüm uyanmış.

9

Ortamın sıcaklığına son veren hareket Kaan'ın gelip dolabın kapılarını sertçe açmasıydı ve buz gibi hava nefeslerimizle ısıttığımız havaya karıştı. İkimiz de tek kelime etmeden dolaptan çıktığımızda, Kaan bize şehir merkezinde goril görmüş gibi bakıyordu. Sonra bakışlarını Pamir'in üzerinde sabitleyerek, "Mine gitti," dedi. "Ne söyleyeceğini bana söylemedi. Ayrıca Kurul'la konuştum, yarım saat sonra ringe çıkıyorsun." Hemen ardından bana çevrilen bakışları görmezden gelerek kafamı hafifçe aşağı eğdim ve botlarıma bakmaya başladım.

"Ben şu kıza bakmaya gidiyorum." Pamir'in yutkunduktan sonra kurduğu bu cümlenin ardından ceketine yöneldiğini gördüm. Telefonunu ve anahtarlarını alıp cebine koydu. "Başıma dert açmasın yine, uydururum bir şeyler." Elini saçlarından geçirip hafifçe ensesini kaşıdı ve kaşlarını kaldırarak bakışlarını Kaan'a çevirdi tekrar. "Sen de şunun üzerinden gözlerini ayırma," derken işaret parmağını kaldırmış beni işaret ediyordu. "On dakikaya gelirim."

Kapıyı çarpıp çıkmadan hemen önce ona gözlerimi kısıp bakarak dil çıkarma isteğimi bastırdım ve kollarımı göğsümde birleştirerek seslice nefes verdim. "'Başıma dert açmasın yine' derken neyi kast etti? Mine daha önce buraya geldiğinde bir şeyler mi oldu?"

Kaan elini havaya kaldırıp, "Ohoo…" derken anlatmak istediğini anlamıştım. Ben kendi kitabımda değildim. Bu kitapta başrol değildim ben, fazlalıktım sadece. Yan roldüm. Etkisiz elemandım, işleri daha da güçleştiren aptalın tekiydim. Kitaplarda olduğu gibi çocuğun başına diğer erkeklerin kıza yanaşması üzerine dert açan, açmış olan Mine'ydi. Her ne kadar buraya geldiğinde onda saklansa da, başına bir şey gelme düşüncesine bile dayanamamıştı Pamir ve yalanının ortaya çıkmasını göze alarak peşinden gitmişti.

Ben mi?

Tam olarak oturmuş, sevdiğim adamın asıl kızı güvenli bir şekilde eve ulaştırmasını bekliyordum.

"Allah var yani şimdi güzel kız," diye söze başladı Kaan. "Ama bilerek yapıyordu. Pamir kıskansın, sahip çıksın, adam dövsün diye etraftakilere gösterip vermiyordu resmen. Millet sakıntılık yapınca da…"

"Demek ki insan ne kadar uzaktan görüp aylarca tanısa da, tam olarak bilmiyormuş nasıl biri olduğunu. Fikir bile yürütse tamamen yanlış çıkabiliyormuş. Ben Mine'yi böyle bilmezdim."

"Biz de öyle bilmezdik," diye cevapladı Kaan duvara yaslanarak. "Ama bir-iki ay sonra anladık. Tek derdi…"

Devam etmesini bekledim. Ondan ses çıkmayınca etrafta gezinen bakışlarımı gözlerine dikmiştim ama ağzını açıp cümlesine devam etmiyordu. "Tek derdi?" diye tekrar ettim, cümleye başladığı kelimelerini ama kafasını sağa ve sola salladı. "Bunları benim anlatmam pek doğru olmaz, belki Pamir anlatır."

Tek derdi ne olabilirdi? Para desen zengindi, popülerlik desen sahipti; sana bir günlüğüne kim olmak istersin diye sorsalar çoğu kişinin seçeceği türde bir kızdı.

"Ama Pamir sevdi?" Ucunda hafifçe çizilmiş bir soru işareti barındıran cümlemi duyduktan sonra omuz silken Kaan, "Ehh," dedi. "Seviyordu tabii ama kızın her geçen gün farklı bir yüzü çıkıyordu ortaya ve Pamir bunun farkındaydı. Yazın sonuna doğru verilen partide olanlardan sonra da ilişkisini kesti."

"Ama hâlâ etrafında dolanıyor Mine, ne ayak?"

Kaan güldü. "Sen ne kafa kızmışsın ya, helal vallahi. Hiç de dışarıdan göründüğü gibi değilsin."

Acı bir şekilde gülümsedim. "İnsanlar." Kafamı eğdim ve bu acı gülümsemeyi yüzümden silmeye çalıştım. Silmeye çalıştıkça her yere bulaşan vişne lekesi gibiydi bu acı gülümseme, geçmiyordu. Acılar bitmiyordu. "Yargılıyorlar. İşleri ne gerçi?"

Dudaklarını birbirine bastırıp gözlerini kaçırdı Kaan. Sessiz birkaç saniyenin ardından ise devam etti. "Mine, en başında sadece Pamir'in kalbine değil, bizim aramıza da sızdı. Arkadaşımız oldu. O yüzden Pamir onu artık takmasa da peşimizde dolanıyor, gideceğimiz yerlere bizimle beraber geliyor ve bizimle görünüyor."

"Sinsi," dedim sinirlenerek. "Sinsirella."

Bana katılırmışçasına güldü. "Aynen öyle."

"Peki erkek arkadaşına ne oldu? Başka biriyle çıktığını duymuştum."

Kaan az önce cebinden çıkartıp karıştırdığı telefonunu cebine tıkıştırırken sorumu cevapladı. "Hangisi? Mine birçok kişiyle çıkıyor."

Gözlerimi kapatıp sinirlerime hâkim olmaya çalışarak derin bir nefes aldım ve durgun bakışlarımı duvara diktim. *Mine birçok kişiyle çıkıyor.* Nasıl yapıyorlardı? Nasıl? Bir gün gerçekten karşılarına geçip bu soruyu sorduğumda, bana verecekleri cevaptan ölesiye korkuyordum. İnsanlığa dair kalan son umudumun bitmiş bir sigara gibi sönmesinden korkuyordum, içinde insan kelimesi geçen cümlelere dair bir inancımın kalmamasından korkuyordum Çünkü o zaman bencil olurdum, umursamaz olurdum, kalpsiz olurdum ve en önemlisi de öfkeme hiçbir zaman hâkim olamazdım. Bazen bu yüzden kendimi yüksek bir köprüden aşağı atasım geliyordu. Elinizde kontrol edemediğiniz güçlerle nefes almak demek, tüm dünyayı yok edecek bir atom bombasını yutmakla eş değerdi. Her şeyi yok edebilirdiniz, tek bir yanlış hareketinizle. Sadece mecazî anlamda tüm dünyanızın başına yıkılması yeterdi, sonra asıl yıkım başlardı. Bulutlar, şimşekler, sağanak, yumruk büyüklüğünde gökten yağan kar topları… Kim bilir… Tıpkı domino taşları gibi devrilirdik o zaman, tıpkı şimdi yavaş yavaş devrilen insanlık gibi. Biz kimdik, nereden gelmiştik? Hangi ara insanlar böyle duygusuz, karaktersiz, ikiyüzlü şeytanlara dönüşmüştü?

Sanki bazı insanlar şeytanın dünyadaki şubesinde sigortalı çalışıyorlardı.

"Pamir'leyken de…"

"Evet," dedi. Kalbimi tam ortasından yarıp geçen o cümleyi kurmak için bir saniye bile beklemedi. "Pamir'leyken de başkalarıyla görüşüyordu."

Dalga geçercesine güldüm. Dalga geçmek istiyordum. Ciddiye almamak ya da tam şu an bu odadan çıkıp bir şeyleri uçurarak onu daha iyi biri olmak için ölümüne korkutmak, tehdit etmek. En azından insan rolü yapabilmeliydi, bu kadar ağır olmamalıydı yaptıklarının sonuçları. Onun yaptıklarının ucu neden bana dokunuyordu? O ruhunu şeytana satmış bir iblis kızıydı. Hangisi daha ağırdı; sevdiğin adamın sevgisini yok sayıp onunlayken başkalarıyla da görüşmesi mi yoksa o adamın bunu gözleriyle görmesi mi? Ne yazık ki ikisi de gerçekti, en az benim kadar. Şimdi siyaha biraz daha sığınıyordum işte, biraz daha katıyordum onu canıma. Ve biraz daha akıtıyordum kanımı. Acı gerçekti, kalp kırıklığı gerçekti; ucu cayır cayır yanan demirlerin usulca göğüs kafesimin dürtmesinden bunu hissedebiliyordum. O kız ve Pamir hakkında biraz daha konuşursak da, göğüs kafesimi delip geçeceklerinden adım gibi emindim.

"Arenaya gidebilir miyiz?" dedim kapıya yönelerek. "Bu odanın havası çok boğucu." Adımlarım tam kapının önünde durduğunda Kaan'ın surat ifademi incelediğinin farkındaydım, onun eline yeterince koz vermiştim ve şimdi de bana can alıcı soruyu sormasından korkuyordum. Yalan söyleyemezdim, yalan söyleyemiyordum. Doğal olarak da onun Pamir'i yıllarca üzerine kat kat eklenen duygularla sevdiğim gerçeğini öğrenmesi bir dakikasını bile almazdı. Her ne kadar suskun, sessiz ve içine kapanık biri olsam da bir kere konuşmaya başladığımda veya bir soruya cevap verdiğimde, çok şey belli ediyordum. Sanırım bir şeyleri belli etmediğim tek şey hareketlerimdi, ki onlar da gökyüzüne yansıyorlardı. İçime attığım ne varsa, gökyüzü onların aynasıydı. İçimde kopan fırtınaların dışarıya yansıma stili de buydu.

"Nil…"

"Lütfen o soruyu sorma."

"Seni buradan çıkarmamı ister misin diyecektim."

Derin bir nefes patlayan bir balon gibi güme giderek ciğerlerimi rahatlattığında, tuttuğum oksijen karbondioksite dönüşerek havaya karıştı ve beynimde birleşip bir kargaşaya neden olan düşüncelerime son verdim. Neyse ki Kaan fark etmemişti. Bana neydi ki? Neden onunla ilgili sorular sormuştum Kaan'a? Ne olursa olsun, bir şey demese bile en azından Pamir'e ilgi duyduğumu düşünebilirdi. Sanırım bunu engelleyemezdim. Burada, onun gizlediği hayatının farkında bir şekilde onun soyunma odasındaydım; birazdan ringe çıkıp dövüşecekti ve ben de onu izleyecektim. Ya suratına bir yumruk yerse? Ya elini sakatlarsa? Ya canının yandığını görürsem?

O zaman şu yüzlerce insanın doluştuğu mekânda nefes alan tek bir canlı bırakmazdım işte.

"Bence de," dedim felaket hayalleri gözlerimin önünde sergilenip tüylerimi diken diken ederken. Felaket senaryosunda başrol bendim ve her şey onun suratı kanlar içinde yere devrilmesiyle başlıyordu. "Bence de beni buradan çıkarmalısın."

O kast ettiğim anlamı tabii ki anlamamıştı. Açtığım kapıdan ışıkları kapatarak beraber koridora çıktığımız anda karnımda bir şeylerin kıpır kıpır ettiğini hissettim. Odaya çıkan koridor dar ve havasızdı ama Pamir'in geçerken bıraktığı salep ve tarçın kokusunu alabiliyordum, silik de olsa. Bu kokunun kaynağına kafamı gömmek ve orada uyumak için nelerimi vermezdim... Sadece bir gece, usulca yanına uzanıp omzunda uyusam, beni yastık sanıp kollarının arasına alsa, hayatımda ilk defa takviyesiz saniyeler içinde uykuya dalsam ve sabah uyandığımda ona fark ettirmeden gitsem...

O benim istisnamdı. Bunu reddetmek kendimi kandırmam anlamına gelirdi ve ben kendimi kandırmak istemiyordum, bunun doğru olduğunu biliyordum. O benim tek gerçek istisnamdı. İnsanlarla arama çizdiğim sınırların çok ötesindeydi ve sınır ihlali yaptığı için kimsenin -benim bile- dokunamayacağım, zarar veremeyeceğim bir yerdeydi.

Bir insanın kalbinde onlarca oda bulunurdu, hayatının çeşitli evrelerinde sevdiği, âşık olduğu ve onda kalıcı yer edinen insanların ellerinde anahtarlarıyla geceleri içeri girip usulca kıvrılarak uyudukları. Belki gerçek hayatta o kadar masum değillerdi ama bir odacığa sahiplerdi işte. Ama benim kalbimin odacıklarının kilitlerinin hepsi aynıydı ve tek bir anahtar vardı. Pamir o anahtarı ellerinde tutmuyordu, Pamir o anahtarın ta kendisiydi.

Kalabalığa karıştığımız anda düşüncelerimle boğuşurken Kaan'ı göremediğimi fark ettim. Etrafımdan insanlar geçip gidiyordu, Arena'da dövüşün başlamasına on beş dakikanın kaldığının anonsun yapılıyordu ve bu yüzden acele edenler omzuma çarpıp geçiyorlardı ama etrafta Kaan'dan iz yoktu. Kenara çekilip onu kaybettiğimi fark edip geri dönmesi ve beni bulması için durduğumda, ayağıma takılan bir kutunun azizliğine uğradım. Sırtım sertçe ahşap kapıya vururken, kapı kapanmadığı için sarsılan bedenim durmadı. Kapı sonuna kadar açılıp sertçe duvara çarparken, bedenim de eş zamanlı bir şekilde yere çakılmıştı.

"Sen dediğimi yap, frenleri boşaltmayı unutma."

Omurgamda boylu boyunca geçen elektriğin azizliğine uğradığımı fark ederek silkelendim ve avuç içlerimi yere bastırarak acıyan sırtımın inlemesini içime gömdüm, bu bana sert bir dudak ısırığı olarak geri dönmüştü.

"Efendim?"

Yan dönüp kaşlarımı çatarak büyük bir inlemeyi boğazımdan aşağı gönderdiğim zaman, bunca kalabalığa rağmen dışarıda kopan fırtınanın seslerini işittiğimi fark ettim. Sesler boğuk fakat duyabileceğim kadar keskindi. Buna en azından işler daha da sarpa sarmadan halledebilmek adına gözlerimi sıkıca kapatıp güç dilenerek son verdiğimde, omurgamdaki keskin acı bir kez daha kendini gösterdi ve uykumun geldiğini hissettim. Esnememek için kendimi zor tutarken, az önce duyduğum seslerin bir serap olmasını diliyordum.

"Kızı kaldır ve mekândan dışarı at, ne bekliyorsun serseri!"

Histerik bir şekilde gülerek yanındaki kafasını eğmiş adama emirler yağdıran diğer takım elbiseli adama gözlerimi çevirdiğimde, onu daha önce gördüğüme yemin edebilirdim. Ve yanındaki hafif esmer, dalgalı saçları ve kirli bir sakalı olan bir diğer takım elbiseli adamı da.

Buraya ilk ve en son gelişimde, dövüşün izlendiği VIP bölümündeki adamdı bu; yanında, az önce bir diğer adama sertçe ve aşağılayarak emir veren de muhtemelen onun adamıydı.

Esmer, kalın bukleli olarak adlandırabileceğimiz hafif

kıvırcık saçları ve kahverengi gözleri olan adam, bana doğru ilerlemek için öne atılan adamı sadece elini kaldırarak durdurduğunda, gözleri tam olarak beni hedef almıştı. Bir süre beni incelediğini fark ettiğimde ayağa kalkmak için yeltendim ama sırtıma nükseden acı beni durdurdu; yardım almadan ayağa kalkmam, her şeyi göze alarak yukarıda düzelttiğim işleri yeniden bozabilirdi.

Pahalı ve parlak, siyah, yüzde yüz gerçek deri olduğuna kalıbımı basabileceğim, kokusuyla bile 'Ben pahalıyım!' diye bağıran ayakkabılar tam önümde durduğunda başımı kaldırdım ve onun kafasını eğerek bana baktığını gördüm. Elini yavaşça uzattı, kalkmam için yardımını kabul etmemi bekledi ve sert bakışları bir an olsun yumuşadı.

Yardıma ihtiyacım vardı, öte yandan onun elini tutmak kendimi sevdiğim adama ihanet ediyormuş gibi hissetmeme neden olurdu ve öyle bir ruh hâline girip bunu kabullenirdim ki, cezamı kendi ellerimle ve mazoşistçe kendim verirdim.

Seni umursamayan ve eski sevgilisinin peşinden giden adam için yerde acı içinde öylece durman da kendine ihanet değil mi? dedi beyazlar içindeki kız. Tamamen umursamaz hâlinden çıkmış, daha kendisiydi şimdi. Bu, benim tamamen psikopatça Pamir'e sadık kalan yanımın kendime haksızlık ettiğimi ve kendimi tükettiğimi düşünen kısmıydı.

Ama iyi düşün, Siyah Kuğu, dedi siyahlar içindeki kız. *Ten, tendir. Her türlü temas, sevdiğin adama ihanet değil midir? Üstelik onu tanımıyorsun bile, sence elleri gerçekten hijyenik midir? Sonra dolaylı yoldan…* Ve işte bu da, psikopatça Pamir'e sadık kalan ve tamamen yanlışlıkla da olsa başka bir erkeğe baktığımda beni suçlu psikolojisi içine sokan yanımdı.

O an kalbim, *yapma,* dedi ama beynim ise, *bu saçmalık, yardımını kabul et!* dedi.

Hayatımda bir defa olsun, beynimi, yani dolaylı yoldan

siyahlar içindeki kızı dinledim ve düşüncelerim tamamen değişti.

Bu yaptığım saçmalıktı, tamamen takıntılıktı, kasıntılıktı. Düşmüştüm, sırtım ağrıyordu ve adamın biri sadece elimden tutup beni kaldırmak istiyordu. Sonra teşekkürümü eder, gider ve Kaan'ı bulurdum nasıl olsa.

Elimi uzatıp onunla göz teması kurmamaya özen göstererek kalkmama yardım etmesine izin verdiğimde, yere düşmüş şapkama bir göz attım. Kapüşonum da inmişti ve şimdi uzun, düz ve kahve saçlarım omuzlarımdan aşağı dökülüyordu dağınık bir şekilde. Adam, ayağa kalkmama yardım ettikten hemen sonra gözlerini gözlerimden çekmeden, eğilip dudaklarını elimin üzerine bastırdı ve geri çekildi.

O an, ona bana yardım etmesi için izin verdiğime pişman oldum. Bir an önce eve gidip hiç olmamış gibi hisseden kadar elimin üzerini keselemek ve gerekirse derimi parçalamak istiyordum; nasıl olsa onun dudaklarını değdiremediği bir deri zamanla oluşur ve kendini iyileştirirdi, iz kalması önemli değildi.

Benim sevgim tehlikeliydi, kendimi diri diri yakıyordum ve bunun farkındaydım da. Ama sanki o da bilmediği her geçen gün üzerime benzin döküyordu.

"Yine karşılaştık, Afrodit."

Kalın dudaklarından dökülen bu üç kelime, tüylerimi diken diken ederken boğazımdan aşağı bir kova zehrin boşaldığını hissettim. Bu adam neler söylüyordu böyle? Afrodit de kimdi?

"Afrodit mi?" sorusu çıktı ağzımdan, aniden. "Sen kimsin?

Adamın kalın dudakları sağ tarafa doğru çekilip yamuk bir gülüş sergilediğinde, ona az önce gözümün önünde diri diri fare yutmuş gibi baktım. Elimi hâlâ tuttuğunu fark ettiğimde ise, tepkim sertçe geri çekmek olmuştu.

"Yeniden görüşeceğiz Afrodit," dedi adam şiir okur gibi. "O zaman dek, hoşça kal."

"Ne diyorsun sen be?" Adamın nahoş havasının karşısında çirkefliğim tuttu, sarf ettiğim cümleden sonra yüzümü buruşturarak bir adım geri gittim ve bu sefer sırtımın sızlayışını hiçe saydım. "Afrodit'miş, yeniden görüşecekmişiz… Kimsiniz siz ya? Adınız ne?"

"Yeniden görüştüğümüzde sana söyleyeceğim." Özgüven fışkıran bakışları yüzünden onu toprağa gömmek istedim, bu ne özgüvendi böyle?

"Yeniden görüşmeyeceğiz." Sertçe dudaklarımdan dökülen bu iki kelimenin arkasında sonuna kadar duracağımı belirterek kaşlarımı çattım. "Sarhoş falan mısınız bayım?" Elimi yüzünün önünde salladım. "Sizi hayatım boyunca bir kez olsun görmedim." Yalandı. "İlk defa gördüğünüz birine bu şekilde yaklaşmanız çok itici."

"Yalan söyleyemiyorsun, Afrodit," dediğinde yamuk gülüşü daha da derinleşmiş, yanağındaki çukur kendini göstermişti. Yine de Pamir'in gamzeleri daha çekici ve güzeldi, karşımda dikilen bu adamın gamzesiyle karşılaştırılamayacak bir cazibesi vardı. Görünce insanın parmak sokası, öpesi geliyordu bir kere.

"Bak hâlâ Afrodit diyor…" Kendi kendime sinirlenirken mırıldanarak sarf ettiğim bu cümle karşısında hafifçe güldü. Yüzümün iki yanından aşağı dökülen ve dağılmış saçlarımdan biri gözümün önüne düştüğünde, elini onu çekmek amacıyla kaldırdığını anladığım an gözlerimi kocaman açıp, "Hop, hop, hop!" diye bağırdım ve kendimi geriye çektim. Elinin havada asılı kalmasına şaşırır gibi bir hâli olmayan adam, tekrar gülerek elini geri indirdiğinde yüzümü buruşturdum. Kaan beni arıyor olmalıydı. "Her neyse," diye mırıldandım. "Ayağa kalkmama yardım ettiğiniz için teşekkür ederim, bayım. Umarım bir daha bu kadar içmezsiniz." Ve sonuna kadar açılmış kapıdan dışarıya çıkarak, bir elimle de belimi tuttum. Neden normal insanlar gibi popomun üzerine değil de sırtımın üzerine düşerdimki zaten? Popomun üzerine düşmek düşüşümü yavaşlatırdı bile ama sırtım omurgamı ve sinir damarlarımı barındırdığı için tehlikeli bir bölgeydi.

"Hoşça kal, Afrodit. Tekrar görüşeceğiz."

Sarhoş adamın dediklerini umursamayarak duymazdan geldim ve bunun için vicdan azabı çekmedim. Adam resmen elimi öpmüştü! Belki de yardım teklifini hiç kabul etmemeliydim… Yine de olan olmuştu. Şapkamı da orada bırakmıştım ama geri dönüp bir daha o adamın deli saçması laflarını dileyecek ve hareketlerini izleyecek hâlim yoktu.

İleriye doğru giden kalabalığın tersine ilerleyerek Kaan'ı bulmaya çalışırken, beni içeri girerken kaçak sanıp yakalayan korumayı fark ettim. Kenarda durmuş, cin gibi gözlerle etrafı süzüyordu. Adama gözükmemek için kenara geçeceğim sırada sertçe kolumdan çekilmemle dengemi sağlayamadan yere yığıldım.

Yere düşmek, artık benim için bir hobiydi. Yok canım, çekiştirin beni. Oradan oraya sürükleyen, ayaklarıma dolansın diye yoluma fırlatın her şeyi. Kırayım da kemiklerimi, görün gününüzü. O zaman kimin kafası uçuyor, kimin evinin tavanı gökyüzüne meydan okuyor görürüm ben sizi.

"Neredesin sen!"

Sert ve soğuk sesi kulaklarımı doldurduğunda, bir kez daha titreyen kalbimin hareketlerini her zamanki gibi dışarıya yansıtmayarak gözlerimi devirdim ve sakince, "Yerde," dedim. Üzerimde gezinen acı kahve gözleri odağına gözlerimi alırken korkuyordum, gözlerime bu kadar dikkatli bakmamalıydı. Yalnızlığın sessiz kapıları ardına zincirleyip bin bir zorluklarla kilit vurduğum sırlarımın açığa çıkışı bu kadar kolay olamazdı, olmamalıydı.

"Çok komik," diyerek sıkıntıyla homurdandı. "Seninle uğraşmak zorunda mıyım ben? Ne diye kayboluyorsun ortalıktan!” diye bağırırken, bir yandan da cep telefonunu kulağına tutuyordu. “Evet, buldum baş belasını... Hayır, git adamlarla konuş, bu gece maç falan yok! Bu sinirle adamı gebertirim ben, elimde kalır!”

“Hepiniz delirmişsiniz,” diye sızlandım sırtımın acısını yok sayıp ayağa kalkmaya çalışırken. “Biri Afrodit der sapıtır, diğeri durup dururken sinirlenir, atar yapar... Bir gün patlayacağım ama hadi hayırlısı.”

“Ne diyorsun sen ya?” diye sızlandı oflarken. Yerimden kalkamıyordum, belim gerçekten çok sızlıyordu. Sırtımda bir morluk oluştuğundan neredeyse emindim. “Kalksana kızım, ne debelenip duruyorsun?”

“Debelenip duruyor muyum?” Dehşetle ona baktım. “Keyfimden mi debeleniyorum, tirrek! Kalkamıyoruz işte!”

“Ne dedin sen ne dedin ne dedin?” Hafifçe kafasını eğip kaşlarını çattı. “Tirrek mi dedin sen bana?”

“Evet,” diye cevabı yapıştırdım, üzerine basa basa. “Tirrek.”

“Ulan tirrek senin ebendir!”

“Domuz kafalı!” *Güzel bir domuz.*

“Eşek kulaklı!”

“Goril suratlı!” *Güzel bir goril.*

“Maymun!”

“Davar!”

“Kes şunu!” Gerçekten kalkamadığımı anlamış gibi beni belimden tutup sağ omzundan baş aşağı sarkıttığında, fark etmeden daha da acıttığı belim ve sırtıma bir acı saplandı ama ses etmedim. *Beni kucaklamıştı, sırtından aşağı sarkıyordum.*

“Ne yapıyor-”

“Kes sesini,” dedi keskin ve mekanik bir sesle ve az önce beni görmemesi için kenara çekildiğim korumanın hemen yanından geçti. Adımları büyük ve hızlıydı. Geldiğimiz kapıdan karanlık duvarların arasına geri döndüğümüzde ve yalnız kaldığımızda bile, duyabildiğim tek ses nefes alışverişlerimizdi.

Böyle bir sahneyi hiç hayal etmemiştim. Onun yanındayken üç kuralım vardı:

1- Ne olursa olsun, hislerini belli edecek bir hareket yapma. Mimiklerine sahip çık.

2- Ona iltifat etme, hakaret et.

3- Bir şeyi söylemekte kararsız kaldığında sus. Hiç konuşmamak, söyleyip de pişman olmaktan iyidir.

Gerisi tamamen doğaçlamaydı. İhtimaller arasında onun beni susturarak kucakladığı ve omzunda baş aşağı sarkıtarak taşıdığı bir seçenek olmadığı için, bunu düşünüp ne yapmam gerektiğini akıl edememiştim. Beynim durmuştu.

Kolunu dizimin arkasında hissedebiliyordum, buradan tam olmasa da salep ve tarçın kokusunu alabiliyordum. Üzerine bu iki eşsiz tat sinmiş kıyafetleri, kıyafetlerime sürtündüğü için kokusu üzerime siner miydi acaba? Bunu çok isterdim. Kokusunun üzerime sinmesini. Ona ait bir tişörte sahip olmayı. Yastığını gizli gizli almayı değil de... Bizzat onun göğsünü yastık olarak kullanmayı.

Hayaller güzeldi, azizim. Güzeldi fakat öyle oldukları kadar imkânsızlardı da. Ve acımasız. Lâkin öyle olmasalardı, onlara hayal demezdik. Hatıra derdik, yaşanmışlık derdik, anımsama derdik... Hayal demezdik. Hayaller, içi pamuk şeker dolu koca balonlar gibiydiler. İnsanlar da bu masalda iğne misali, etrafa saçılmıştılar dik bir şekilde. Benim balonlarım her seferinde insanlardan birine denk gelirdi ve patlardı, bütün umutlarım o pamuk şekerlerle birlikte saçılırdı etrafa ve kimse toplamazdı, kimse toplamama yardım etmezdi. Kimse elime şişirip içini yeniden pamuk şekerle doldurmam için bana yeni bir balon uzatmazdı. Kimse o dik iğneleri bir daha balonlarımı patlatamasınlar diye toplamama yardım etmezdi.

Hayallerimiz kadar, yalnızdık. Fakat güzel yalnızdık. İyi yalnızdık. Bir hoş yalnızdık. Ve itiraf edin… *Siyah* yalnızdık.

Çünkü benim bedenim de, hayallerim de, yalnızlığım da siyahtı.

"Ne oldu, sustun?"

Terk edilmiş evin ortasındaki kapıdan dışarı çıktığımızda, ona rahatsızlık verdiğimi ve artık inmem gerektiğini düşünerek, "Beni indirir misin?" dedim nazikçe. Kapıyı ayağıyla kapattıktan sonra sadece içeriye girebildiği kadar ay ışığının aydınlattığı salonun ortasında beni yaşça yere indirdi, elleri hâlâ omuzlarımdaydı.

Sırtımın acısının bir nebze de olsa hafiflediğini düşünerek dikleştim ve bu hareketim, ellerini çekmesine sebep oldu. Suratında donuk bir ifade vardı. "Taşıdığın için teşekkür ederim."

Geçiştiren bir şekilde kafasını salladı. Bozulan soluk alış verişimi ona fark ettirmeden sessizce düzeltmeye çalışırken bu sefer ortamda duyulabilen tek ses, dışarıda sertçe, dolu bir şekilde yağan yağmurun sesiydi. Damlalar sert bir şekilde evin bahçeye açılan büyük cam kapısına çarpıyor, yağmurun şiddeti çatıdan gelen rüzgâr uğultularından belli oluyordu.

"Böyle susacaksan, taşımak sorun değil," dedi ukala bir tavırla. Sonra bir mırıltı çıktı ağzından. "Neyse."

Bir an geri dönecek sandım ama elini ensesine attıktan sonra kaşlarını çatarak bir süre bahçe kapısından görüldüğü kadarıyla yağmuru izledi. Bu suskunluğumuzu bozan şey ise, telefonumun sesiydi. Melanie Martinez'in *Had Matter* şarkısının giriş kısmı etrafa yayıldığında, Pamir'in kafası da yavaşça bana dönmüştü. Beklemeden telefonumu cebimden çıkardım ve ekrandaki 'ÇAĞRI' yazısına kısa bir süre bakakaldım.

Pamir'in, "Açmayacak mısın şunu?" sorusu, kapatacakken aramayı kabul etmemle son bulmuştu. Daha fazla mızmızlanmadan telefonu kulağıma götürdüm. "Efendim Çağrı?"

"Nil neredesin? Az önce eve geldim ama yoktun."

"Uyuyamadım," diyerek bir kez daha beyaz bir yalanın altına imzamı attım. "Biraz hava almaya çıkmıştım ama fazla uzaklaşmışım, gelirim birazdan."

"Fazla uzaklaştıysan gelip seni alayım, neredesin?"

"Yok, yok, gerek yok." Cevabım yeterli miydi? Yalan söylemeyi beceremediğimi söylemiş miydim? "Midem bulanıyor zaten, arabayı çekemem şimdi. Yağmurda ağır ağır yürüyerek gelirim ben."

"Islanmayasın?" diye ısrar etti. "Hava giderek kötüleşiyor, yağmur sokaklarda yürümek için fazla şiddetli değil mi?" Çağrı ne ara bu kadar ısrarcı olmuştu?

"Hayır, değil," diyerek onu cevaplarken, bir yandan da derin bir nefesi yavaşça ciğerlerime salıyordum. Saniyeler içinde, yağmurun şiddeti azaldı ve küçük buz taneleri ince, etkisiz yağmur damlalarına dönüştü. "Şimdi kapatmam gerek Çağrı, şarjım bitiyor. Gelince konuşuruz." Cevap vermesine fırsat vermeden telefonu kapattım.

"Sabahki şaklaban değil mi o?" sorusu döküldü dudaklarından. Omuz silkerek, "Evet," diye cevapladım. Birkaç gün bana evde arkadaşlık edecekti ama bunu bilmesine gerek yoktu, sonuçta o benim hiçbir şeyimdi. Daha fazla burada dikilmenin anlamsız olduğuna karar verdiğinde ise yağmurun da iyice yavaşlamasının üzerine, kafasıyla dışarıyı işaret etti. İkiletmeden yavaş adımlarla peşinden yürümeye başladım, sırtımın ağrısı da yavaş yavaş yok oluyordu. Sabah dans çalışmam vardı, bu yüzden bir an önce geçse iyi ederdi. Eve girdiğim an sıcak bir duş alıp uzanmam benim için en iyisiydi.

Onun büyük ve hızlı adımlarının yanında yarım ve yavaş kalan bedenimi fark ettiğinde, küfür eder gibi, "Uyuşuk," lafı döküldü dudaklarından. Ardından yanıma gelip hafifçe eğilerek bir kolunu bacaklarımın altından, diğer kolunu da sırtımdan geçirerek beni kucakladı. Düşmemek için boynuna tutunmak zorunda kaldığımda ve saniyeler içinde olup biten bu sahneyi fark ettiğimde, içimde kopan fırtınaları durdurmak mümkün değildi. Beni kucaklamıştı! Senelerce uzaktan izlediğim, gözlerine bakmaya kıyamadığım, bileği incindi de kötüleşmesin diye maçı iptal etmek için uğrunda fırtınalar kopardığım adamın kollarındaydım.

Ceketinin kapatamadığı teni kollarıma değdiği an, vücudundan vücuduma bir elektrik akımının geçtiğini hissettim. O elektrik akımı, şiddetini azaltacağı yerde daha da arttırdığında ise kalbimin bir an göğüs kafesimden dışarı fırlayacağını düşündüm ama bu düşünce, yavaşlatmaya çalıştığım ama hızlanan kesik nefeslerimin arasına karıştı ve gecenin karanlığında kayboldu. Uzun ve kahve saçlarım omuzlarımdan aşağı dökülüp, yağmur damlalarının gazabına uğrarken o bundan hiç de şikâyetçi gibi durmuyordu. Güçlü kolları, tıpkı ruhunun ruhumu kafeslediği gibi bedenimi kafeslemiş, hızlı adımlarla siyah Porsche'ye ilerliyordu.

Arabanın önüne geldiğimizde ön koltuğun kapısını açıp içeri geçmem için bekledi, yerleştiğimde ise kapıyı kapatıp etrafa göz attıktan sonra yanıma, sürücü koltuğuna bindi ve kapıyı kapattı. "Senin yüzünden maça çıkmadım," diye homurdandı, arabayı çalıştırıp bu ıssız ve karanlık sokağın sonuna doğru sürerken. Hızını azaltmadan keskin bir dönüş yaparak bu sefer ara sokakları değil de ana yolu seçtiğinde, daha da arttırarak ilerledi.

"Sinirini mi atamadın?" diye sordum, Kaan'la konuştuklarımızı hatırlayarak. Pamir içinde biriken öfkesini atmak için dövüşüyordu, geçen sefer benim onu takip etmem üzerine kendine sinirlenip, ringdeki adamı mahvedişini hatırladım. Bir saniye gözünü kırpmamış, durup da birazcık bile acımamıştı karşısındaki adama. Acımamalıydı da. Yoksa yüzü dağıtılan ve bitik hâlde yere yığılan karşısındaki ızbandut gibi kocaman olan adam değil de, kendisi olurdu.

Cevap vermedi, ama cevabını biliyorum. Öyleydi, sinirini atamamıştı. Ringe çıkıp dövüşmek yerine benimle eve gidiyordu. Belki de ikimiz de uyuyamayacaktık, farklı sebeplerden... O öfkesini dışarıya kusamadığı için, ben ise gerçekten uyuyamadığım için uyuyamayacaktım.

"Özür dilerim," diye mırıldandım istemsizce. Onu uykusundan etmek, kafasının dağılmasına engel olmak istemezdim. Tam bir kaz kafaydım, düşüncesizin tekiydim.

"Dileme," dedi sertçe. "Özür dileme, teşekkür etme, merak edip de Zırh'a gelme!"

Birden sesini daha da yükseltmesine anlam veremedim, boş yolda hızını gittikçe arttırırken gözünü bile kırpmadı ama ben her anlamda göğsümde sıkışan nefesimi hazmetmeye çalışırken bir an olsun bu günün iyi bitebileceğini düşünmüyordum bile, çok hızlı gidiyordu.

Zırh mekânın adı olmalıydı.

Kapanan gözlerimi açmaya zorlayarak, "Tamam," dedim sesimin titremesine izin vermeden. Devam etmedim. İçimde çığlık çığlığa büyüyen kelimelerin ucunu kestim ve yaktım.

Özür dileme, teşekkür etme, merak edip de Zırh'a gelme!

Alınganlık ediyorsun, diye fısıldadı o an siyahlar içindeki kız. Durgun bakışları üzerimde geziniyordu ve öylece dikiliyordu. *Alınganlık etme, Nil.*

Fakat beyazlar içindeki kız şiddetle bu düşüncenin aksini savundu. *Hiç de bile! Kendini ezdirme.*

Sustum. Kafamı camdan tarafa çevirip dudaklarımı birbirine bastırdım.

Birkaç saniye sonra, "Ya bak, Nil-" demişti ki, "Tamam, gerek yok," diyerek onu susturdum. Birkaç saniye sonra tekrar,

"Nil..." dedi. O üç harf, beni nitelendiren o üç harf dilinde tahta oturmuş gibiydi.

"Sus," dedim ama bu sefer sesini daha da yükselterek tekrar etti. "Nil, sen bir sus!" Derin bir nefes aldı. "Beni sakince dinle."

Öfkesinin bir anda kaybolmasına anlam veremeyerek merakla ona döndüğümde, suratında gayet ciddi bir ifadeyle yola odaklandığını fark ettim. "Sırtın iyi mi?"

"İyi." Bu sorusuna anlam verememiştim ki, "İyi," diye cevapladı. "Üç dediğim zaman, kapıyı açıp beraber atlayacağız, tamam mı?"

Dehşete düştüm. "Ne?"

"Frenler," dedi gözlerini yoldan ayırmadan çenesiyle işaret ederek. "Frenler boşaltılmış, tutmuyor. Nil, beni duydun mu? Üç deyince, kapıyı açıp atlıyoruz. Dağlık bir araziye gireceğim."

Hiddetle açılan gözlerim, yutkunamadığım için boğazımda takılı kalan yumru ve tüm vücuduma yayılan adrenalin birleştiğinde, ortaya biraz korkuyla harmanlanarak heyecanlanmış bir ben çıkmıştı. "N-nasıl? Ne demek frenler boşaltılmış? Ama..."

"Nil, beni duydun mu? Üç deyince," diye tekrar etti yumuşamış, ama hâlâ hafifçe boğuk gelen sesiyle ve düşünceler beynimi istilâ etti. Pamir dudaklarını yalayıp seslice nefes verdikten sonra, "Bir," dedi. Hızlıca emniyet kemerimi çıkardığımda, onun hiç takmamış olduğunu fark ettim.

Karanlık ve dağlık, boş bir araziye girmiştik. Araba büyük taşların ve işlenmemiş toprağın üzerinde delicesine sallanıyordu. Etraf çok sessizdi.

Ya çarpışma anından önce atlayamazsam? Ya atladığımda bir yerimi sakatlarsam, kontrol edemeyeceğim bir havaya maruz kalırsa dünya? Ya Pamir'e zarar gelirse?

"İki," dedi, sesi çok sakindi.

Kim boşaltmıştı frenleri?

"Sen dediğimi yap, frenleri boşaltmayı unutma."

Elimi kapının kulpuna getirdim ve açmak için hazır tuttum. Saniyeler sonra Pamir, "Üç!" diye bağırdığında ise, sertçe açtığım kapıdan bedenimi ileriye fırlattım ve bedenim, çamur olmuş toprak arazide çalılıkların üzerinde yuvarlanırken sıkıca yumdum gözlerimi. Saniyeler sonra, bütün vücudum ıslak yaprakların üzerine uzanmış bir şekilde sızlıyordu. Kafamı bir yere çarpmamış, kendimi sakatlamamıştım; korktuğum başıma gelmemişti.

Fakat aynı şeyi son model ve çok pahalı olduğu her zerresinden anlaşılan Porsche için söyleyemezdim. Büyük bir gürültüyle ilerideki ağaçlık alana ulaştığında çarparak, saniyeler sonra alev aldığında, büyük kara duman kümesleri iştahla gökyüzüne salıyordu kendini.

O an, nefesimi düzene sokarak ayağa kalkmaya çalışırken saf öfkeyle dolup taştığımı hissettim. Sırtım acıdığı ve düştüğüm için bunun kötü bir şey olduğunu düşünmüştüm ama artık düşüncelerimin tek bir parçası ile bu yönde değildi: İyi ki ayağım o kutuya takılmıştı, iyi ki düşmüştüm. Sarhoş sanıp bana 'Afrodit' diye seslenen esmer adamın, tam sırtım yeri boylarken kurduğu cümleyi harfi harfine hatırlıyordum. 'Sen dediğimi yap,' demişti. 'Frenleri boşaltmayı unutma.' Birileri Pamir'in canına kıymak, ona zarar vermek istemişti ve bu kişi, o odadaki adamdan başkası değildi.

'Afrodit' diye seslenmesi, elimi öpmesi ve onun yardımını kabul etmem aklıma gelince midem çalkalandı.

Beni görüp bu tarafa doğru gelen Pamir'i fark edince, avuçlarımın çamura bulanmasını umursamadan ayağa kalktım ve ne kadar çamura battığımı bilsem de silkelendim. "Bu da neydi böyle?" diye sordum, atlamanın etkisiyle hâlâ adrenalin damarlarımda dolaşırken.

"Sikik bir oyun," diye mırıldandı kendince ama sesi o

kadar kısık çıkmıştı ki ben bile zar zor duyabilmiştim. Siyah pantolonunun sağ paçası biraz çamur olmuştu, onun dışında ellerini üzerine sürdüğü belli oluyordu o kadar. Şükür ki ona bir şey olmamıştı.

Telefonunu çıkartıp bir numara tuşlarken onu izledim. Kaşları çatılmıştı, öfkeli görünüyordu. Arabadan atlamadan önceki sakin konuşmasından ve görünümünden eser yoktu, belki de benim panik olmamı önlemek için böyle bir yola başvurmuştu. Telefonunu kulağına götürüp aradığı taksi durağına buranın adresini verirken suratındaki ifadede tek bir değişiklik bile olmadı. Keskin hatlarının ötesinde, bir de böyle sert baktığında çok korkunç oluyordu; onu tanımayan biri bu ifadesiyle göz göze gelse, topuklarını vura vura arkasına bile bakmadan kaçardı belki de.

Sonunda telefonu kapatıp cebine attığında, "Kim yaptı bunu?" diye sordum gayet ciddi bir şekilde. "Ve neden yaptı?" Eğer o odadaki adam yapıyorduysa bile, neden yapıyordu? Derdi neydi?

Cevap vermedi, sorularımı siyahın bütün renkleri sömürüp yuttuğu gibi emdi ve tepki vermedi. "Bana cevap ver," dedim kolunu dürterek.

"Sana cevap vermek zorunda değilim."

"Zorundasın!" Sesimi yükselttim. "Bilmem farkında mısın ama az önce ağaçlara çarpıp patlayan aracın içinde ben de vardım. Ölebilirdim!" *Ölebilirdin! Zarar görebilirdin!* Fiziksel anlamda canım yanarsa, dünya da zarar görebilirdi. Kendimi düşündüğümden değildi ama yine de dikkat etmeliydim.

"Ama ölmedin," dedi sonucu vurgulayarak. "Birazdan da eve gidip yatağına girecek ve uyuyacaksın." Bir-iki adım üzerime doğru geldi ve kafasını eğip yüzünü yüzüme yaklaştırdı. "Bir daha da o meraklı yanına uyup insanları takip etmeyecek, işlerine burnunu sokmayacaksın. Anladın mı beni?"

"Anlamadım," diye diklendim ona doğru bir adım atarak. Yüreğim ağzımda atıyordu ama yaptığım hareketler, düşündüklerimin de ötesindeydi. Bir kız olarak kendimi ne hem cinsime, ne de karşı cinsime, genel olarak kimseye ezdirmezdim. Altta kalmak ve haksızlığa uğramak en nefret ettiğim ve dayanamadığım şeylerdi. "Anlatsana."

Histerik bir şekilde güldü ve hemen ardından eski, kaskatı hâline döndü. "Kızım senin kafan basmıyor mu? Az önce görmedin mi ne olduğunu? Beş dakika önce içinde olduğumuz arabaya bak!" Eliyle ileriyi işaret etti. "Ölebilirdim, dedin ya hani; evet, ölebilirdin! O yüzden fazla merak etme, başına bela açarsın."

İtiraf etmem gerekirse konuşmak, ikna etmekte iyi olduğunu söylemeliydim. Fakat kolay vazgeçen, pes eden biri değildim. Bu yüzden peşini bırakacağım söylenemezdi.

"Peşindeyim," dedim. "Dibindeyim." Bir adım daha yaklaştım. "Ölebilirdim." Kafamı hafifçe eğdim. "Ama dediğin gibi, ölmedim." Onu, onun laflarıyla vurmak paha biçilmezdi. "Ve nasıl bir belaya bulaştığını öğrenmeden de geri çekilmeye niyetim yok." Gözlerimle tam gözlerinin içine baktım.

Delici bakışlarını ucu alev almış mızraklı oklar hâlinde bana atıyormuş gibi gözlerimden çekmeden nefesini dışarı verdiği ve sıcak nefesinin yüzüme çarptığı sırada, bir araba kornasıyla kafalarımız aynı anda yana çevrildi.

Verdiğimiz adresle kolayca yolu bulan taksiye binmemiz ve yorgunluğumuzun başrol oynadığı sessizlikle eve gitmemiz, yaklaşık bir saatimizi almıştı.

O parayı verip benden biraz daha geç taksiden indiğinde, sarı araba tanıdık sokağın karanlık sularında kayboldu. Rüzgâr tenimi yalarken, yağmur da kendiliğinde şiddetini azaltmıştı. Bunu oradan ayrılmadan hemen önce, arabanın alevleri sönsün ve ormana sıçrayıp bir felakete neden olmasın diye yapmıştım.

Saat sabahın dördüydü, bu saate kadar olan şeylere inanamıyordum. Elleri cebinde, gayet sakin bir şekilde sert bakışlarını bir şey söylemem için üzerimde gezdiren Pamir'e döndüm ve kuruyan dudaklarımı dilimle ıslatarak, boğazımı temizledim. "Kaan'ı kaybettiğim sırada kenara çekilip beni bulması için avantaj sağlarken ayağım kenara bırakılmış kutulardan birine takıldı ve sırtüstü geriye düştüm, yaslandığım kapı açıldığında adamın biri diğerine, *Sen dediğimi yap, frenleri boşaltmayı unutma,* diyordu. Başta umursamadım ama sen frenler tutmuyor deyince fark ettim. Bil diye söylüyorum."

Ve onu düşünceleriyle baş başa bırakırken, bir kez olsun dönüp arkama bakmadan ilerleyip yolun karşısına geçtim ve saksının altındaki yedek anahtarı çıkartıp deliğe sokarak içeri girdim.

Yalnızca üç saat sonra duşumu almış, dinlenmiş fakat uyuyamamış bir şekilde dolaptaki kıyafetlerime göz atıyordum. Hepsi siyahtı, her yer siyahtı, sokaktan rastgele birini tutup odamı gösterseler ve fikirlerini sorsalar benim hakkımda psikopat, deli, kaçık kelimelerini kullanabilirdi ama neden odası rengârenk birininki çok tatlı oluyordu da, her tarafı siyaha boyamış birinin odası sade ve normal olmuyordu? İnsanların zoru neydi? Barbie, pembe rengiyle tanımlanırken çok tatlı, güzel ve iyiydi de; neden saçları, makyajı ve kıyafetleri dâhil her şeyiyle siyah olarak tanımlandığında kötü, bencil ve karanlık taraf olarak anılıyordu? İnsanların renklere yükledikleri bu ön yargılı anlam niyeydi?

Zifir'in mama kabını sepetinin hemen önüne bıraktıktan sonra dolaptan siyah, kare kesim, kolları dirseklerime kadar gelen bir kazak çıkardım. Altına da yırtık, siyah bir kot. İkisini de üzerime geçirdikten sonra siyah çoraplarımı giydim ve siyah kadife kabanımı askısından çıkartıp, siyah bere, siyah atkım ve spor çantamla beraber elime aldım. Önce GreenLight'a gitmeliydim, sonra okula gidecektim ve eve geleceğim anı sabırsızlıkla bekliyordum, çünkü deli gibi uykum vardı ve açıkçası bu sefer, geçen seferki girişimimde başaramadığım yastık aşırma operasyonumu tamamlayacaktım. Zifir, mama kabındaki yemeğini bitirmeye odaklanmışken, aşağı gelmek isteyebileceğini düşünerek kapıyı açık bıraktım ve hemen ardından merdivenlere yöneldim. Çağrı yaklaşık yarım saattir televizyonun karşısında kahvaltı yapıyor ve Playstation oynuyordu.

Mutfağa yönelerek Çağrı'nın yaptığı kreplerden birinin içine reçel doldurup bir bardak kahveyle beraber mideme yolladım. Dakikalar sonra ben kabanımı giyerken, Zifir de hızlı adımlarla merdivenlerden iniyordu. Kabanımın büyük düğmeleriyle oynamayı bırakıp eğilerek ona kucak açtığımda, anlamış gibi bana doğru koştu ve onu kucaklayıp doğruldum. "Çağrı, sakın bahçe ya da mutfak kapısını açık bırakayım deme," diye tembihledim. "Saat iki-üç gibi yemeğini verebilirsin ama hepsinin ölçeği buzdolabının üzerindeki notta yazılı bakmadan koyayım deme vallahi boyuna posuna bakmadan terlik manyağı yaparım seni. Bulaşıkları da makineye doldur ayrıca."

Beni dinlemediğini ve oyuna daldığını fark edince koltuktaki yastıklardan birini kafasına fırlattım. "Çağrı!"

"Efendim anne?"

Ağır bir kahkaha koyuverdim. "Çağrı, itiraf et. Annenin söylenmelerinden sürekli oraya buraya gidiyorsun değil mi?"

Kıkırdayarak sahte bir şekilde ofladı. "Ahh! Beni yakaladın."

"Saat iki, üç gibi Zifir'in yemeğini vermeyi unutma yeter," diyerek gözlerimi üzerine diktim. Ellerimin arasında öylece, masum bir şekilde gözlerini bana dikmiş bakan Zifir'in karnını son bir kez kaşıyarak yere bıraktığımda, ona el sallayıp beremi ve atkımı taktım. Uzanıp çantamı da aldığımda tam olarak hazırdım, fakat dışarıdaki soğuğun bana hazır olduğu söylenemezdi. Aslında üşümüyordum, bazen bu psikolojik olan hissettiğim bir şeydi sadece ama yine de kalın giyinmek hoşuma gidiyordu.

Evden çıkıp vakit kaybetmek istemediğim için bir taksiye binerek dakikalar içinde GreenLight'a ulaştığımda, ücreti ödeyerek taksiden indim ve direkt olarak soyunma odasına yöneldim. Üzerimi değiştirerek siyah bir tayt ve uzun, bol, askılı siyah düz bir tişört giydim ve ayağımdaki botları da kenara bırakıp siyah spor ayakkabılarımı geçirdim. Saçlarımı omuzlarımdan geriye iterek eşyalarımı dolabıma bıraktığımda ise tam vaktinde hazırdım. Haftaya gösteriye çıkacaktık ve Basketbol turnuvasının açılışını yapacaktık. Pamir'lerin yarın, yani cumartesi akşamı yapılacak ve onun bileği incindiği için etrafı birbirine katarak iptal ettirdiğim, ertelenen maçı kazacaklarından hiç şüphem yoktu.

Isınmak için esneme hareketlerine başladığım sırada, kenardaki dörtlü kız grubunun her zamanki gibi dedikodu üzerinde olduğunu gördüm. Eğer Dedikoducu Kız'ın kim olduğunu bulsaydım, onu eşek sudan gelinceye kadar döverdim. Ya da daha insancıl ama daha ağır olan bir yol kullanarak, ona iftiralar atardım; tıpkı bana yaptığı gibi. Ama susabilirdim de… Bu aralar ruh hâlim hiç belli olmuyordu. Ben daha kendimi kontrol edemiyorken, bu güç benim neyimeydi ki?

"İnanmıyorum, çıkıyor musunuz?"

Ümit Hoca nerede kalmıştı?

Helin'in, "Evet, çıkıyoruz," diyerek saçını sallaması ve bacaklarını esneterek yere oturması üzerine dikkatim tamamen dağıldı. Helin, Baran'la birlikte değil miydi? O kızların, Helin'in Baran'la çıktığını zaten bildiğini biliyordum.

"Hatta dün gece sabaha kadar çok güzel şeyler yaşadık, sabah beni buraya o bıraktı. Yarın da benim için maçta bir üçlük atacağını söyledi."

Helin'in cilveli ve her tarafından ego fışkıran sözlerine göz devirerek belimi esnetmek amacıyla ileri eğilip bacaklarımı dik tutarak avuç içlerimi yere yasladım.

"Mine'yle yeni ayrılmamışlar mıydı? Hemen ardından… Neyse. Birlikte olduğunuza inanamıyorum, fotoğrafta çok güzel çıkmışsın, çok yakışıyorsunuz!"

Durdum. Kafamı kaldırıp hemen önümde insanlara yalan ve tamamen uydurularak kurgulanmış masalları anlatan bu cadıya çevirdim gözlerimi. Helin. Ne demişti?

"Evet, çıkıyoruz. Hatta dün gece sabaha kadar çok güzel şeyler yaşadık, sabah beni buraya o bıraktı. Yarın da benim için maçta basket atacağını söyledi."

Pamir dün gece benimleydi, zira frenleri boşalmış bir arabadan atlayıp canımızı kurtarmakla meşguldük. Sabah dörtte eve yeni girmiştik ve Helin'in Pamir'in evinin adresini bile bilmediğine kalıbımı basardım.

"Yazık," diye mırıldandım kafamı yavaşça sağa ve sola sallarken.

Helin hiddetle başını bana çevirip, "Efendim?" dediğinde ise keyifle, dalga geçtiğimi belirterek ,"Hiç," dedim ve güldüm. Doğrularak, Ümit Hoca'nın da salona giriş yapmasıyla yerime doğru yürüdüm.

Pamir, hakkında kızların uydurdukları şeyleri ve dedikodular yüzünden Playboy damgası yediğini duysaydı ne düşünürdü acaba?

Az önceki kızlardan biri elinde tuttuğu cep telefonuyla yanıma gelerek, "Neden yazık diyorsun?" diye diklendiğinde, onu süzdüm. Saçlarını sımsıkı tepeden toplamıştı e hoş bir fiziği vardı. "Bak, fotoğrafları bile var. Bilip bilmeden konuşma, böyle yapınca cahil olmuyor musun?"

Uzattığı telefonun ekranına bakarak gözlerimi üzerinde gezdirdim. Dün sabah, Pamir, Çağrı'nın aniden fırlamasına şaşırıp ona yumruk atmasından sonra çekilmiş bir fotoğraf gibi duruyordu. Okulun birinci katında, Pamir elinde bir poşet tutuyordu ve Helin de hemen yanındaki tırabzanlara yaslanmış ona bir şeyler anlatıyordu. Pamir'in ifadesi her zamanki gibi durgun ve sertti. Ne var ki, onu hiç tanımayan biri Helin'le onun yakın olduğunu ve Helin'in de ona hararetli bir şekilde bir anısını anlattığını düşünebilirdi. Fotoğraf, tabii ki 'Yoksa yeni bir aşk mı doğuyor?' başlığı altında Dedikoducu Kız'ın sayfasındaydı.

"Peki sen? Öylesine saniyelik bir şey sorulurken bile çekilmiş olabilecek bu fotoğrafı sadece tek taraftan, çıkarları doğrultusunda yalan da olsa cevaplayabilecek bir taraftan 'Çıkıyoruz' olarak duyduğun için bilip bilmeden konuşuyorsun, böyle yapınca sen cahil olmuyor musun?" Yutkundum. "Ayrıca cahil, herkesin bilmesi gereken veya bilmesi bir şey kazandıracak bir konu hakkında hiçbir fikri olmamasına denir. Bu cahilliktir. Pamir ve Helin'in çıkıp çıkmamasının veya bu fotoğrafın bana ya da başka birine bir şey kazandıracağını düşünüyorsan en saf salaksındır, sonuç olarak bunu cahillik olarak yorumlayamazsın. Şimdi çekil git şuradan."

Kızın üzerimde takılı kalan, gözkapaklarını sonuna kadar zorladığı gözleri ve ağzını koca bir pasta diliminin tamamını alacak kadar açtığı, şaşkınlıktan cevap veremediği ya da cevap verecek bir şey bulamadığı bu anında yalnız bırakarak ön tarafa yürüdüm.

Ümit Hoca el çırparak her zamanki gibi dizilen öndeki dört kişinin ortasında yerini aldığında aynadan yerlere göz gezdirdi. "Kızlar, uyuyor musunuz? Yerlerinize!"

Helin'le kalan üçlü ve az önce şaşkın bir şekilde ortada bıraktığım kız nihayet kendine gelerek yerlerini aldığında, derin bir nefes verdim ve bakışlarımı onlardan çekip aynadaki yansımamın üzerine diktim.

★★★

"Bir şeyler saklıyorsun." Elindeki tepsiyi masaya bırakıp karşıma geçerek oturduğunda, tepsideki kahveyi alıp önüme çektim ve bir yudum aldım. Devam etti. "Ama sen sadece ne yapacağın karar veremediğin zamanlar birilerine susarsın, buna saklamak da denmez gerçi. Ama anlıyorum, çünkü doğru an geldiğinde bana anlatacağını biliyorum."

Nisan'ın belki de en iyi özelliklerinden biriydi, insanı gerçekten anlayabilmesi veya konunun ne olduğunu bilmeden empati kurabilmesi. Onun bu özelliğini gerçekten seviyordum, herkesin sahip olmadığı muazzam bir özellikti bu.

"Bu özelliğine bayılıyorum," diyerek ona gülümsediğimde, "Biliyorum," diye cevaplayarak gülümsememe eşlik etti ve kahvesini yudumladı. "Annenler hâlâ eve gelmiyorlar mı?"

Yüz ifadem daha ilk kelimeden pes ederek solduğunda sıkıntı içinde kafamı olumsuz anlamda salladım ve tekrar kahvemi yudumladım. "Beni terk ettiklerini falan düşünmeye başladım, eğer bugün de gelmezlerse yarın Tornado'ya gideceğim."

"Nil…" Nisan, etrafa göz atıp bana gizli bir sır verecekmiş gibi kafasını eğerek yaklaştığında kaşlarımı çatarak dudaklarından dökülecek kelimelere odaklandım. "Laboratuarlardaki güvenlik önlemlerinin yüzde yüz arttırıldığını duydum, Tornado'ya giriş çıkışlardaki güvenlik önlemleri çok sıkıymış ve orada gerçekten bir işi olmayan hiç kimse içeriye adımını atamıyormuş."

"Öyleyse henüz benimle tanışmadılar." Seslice nefes verip omuz silktim. "Hadi ama, sadece anne babasını görmek isteyen on sekiz yaşındaki bir kızım. Sence beni de mi içeri almazlar? Sadece ne olduğunu sormak için, beş dakika bile mi?"

"Haberlerde gördüm, herkes büyük bir şey olduğundan bahsediyor. Kimse ne olduğunu bilmiyor ama Tornado'nun ününü ve başarılarını biliyorsun Nil, kimse durup dururken güvenlik önlemlerini yüzde yüz arttırmaz. Anne ve babanın da artık hiç eve gelmemelerinin bir sebebi olmalı, değil mi?”

“Bilmiyorum,” diye mırıldandım. “Bir şeyler dönüyor ama bilmiyorum. Muhtemelen de en son benim haberim olacak. Ailem oranın sahibi, en yetkilileri Nisan. Ben onların tek evlatlarıyım, bana bir açıklama yapmayacak olsalar bile beni içeri almak zorundalar. Günlerdir yüzlerini görmüyorum, bu nasıl iş?”

“Ben de hiç anlamıyorum...” Konuyu dağıtmak ister gibi geri çekilip doğrulduğunda yüzüne bir gülümseme yerleştirdi. “Buğra da yarınki maça çıkıyor, benim için bir üçlük atacağını söyledi.”

İstemsizce güldüm. “Bu cümleyi aynı gün içinde ikinci defa duyuyorum.”

Anlamadığını belirten bakışlarını bana yolladığında ona açıklamadan önce bitmek üzere olan kahvemi son damlasına kadar içtim. “Helin, dün Pamir’e bir şey sorarken fotoğrafını çekmişler ve bu fotoğraf bir şekilde Dedikoducu Kız’ın eline geçmiş. O da web sayfasında ‘Yoksa yeni bir aşk mı doğuyor?’ başlığıyla yayımlamış, GreenLight’taki kızlar bunu konuşuyordu ve Helin utanmazca onları doğruladı. Çıkıyoruz dedi, gece birlikteydik dedi, sabah beni buraya o bıraktı, yarınki maçta benim için üçlük atacağını söyledi, dedi.”

“Nil...” Üzülüp üzülmediğimi ya da daha açıklayıcı olmam gerekirse; üzülme boyutumu ölçmek için -çünkü içinde Pamir adı geçen her cümleden kendime üzülmek için bir pay çıkartırdım- bakışlarını doğrudan gözlerime sabitlediğinde güldüm ve kafamı olumsuz anlamda salladım. “Pamir’le Helin birlikte değiller, Nisan. Pamir dün gece Helin’le değildi, sabah onu GreenLight’a bırakmadı, onun için üçlük atacağını söylemedi.” Çünkü o dün gece benimle birlikte Zırh’taydı,

Helin gibi biriyle işi olmazdı ve asla öyle bir cümle kurmazdı, en azından Helin'e. Ama bunları ona söyleyemezdim tabii.

"Sana bunları nereden bildiğini sormayacağım. Şimdi sana körü körüne, sorgusuz sualsiz güveniyorum çünkü en yakın arkadaşlar böyle yaparlar."

"Nisan," dedim gözlerimi büyültüp bakabildiğim en samimi hâlimle ona bakarak. "Sen cennetten falan mı düştün? Melek misin kızım sen?"

"Başkasının en kötü kâbusu olduğum kadar senin en huzur verici hayalinim." Gözlerini çevirip muzipçe baktı. "Değil mi Siyah Kuğu'm benim?"

"Lezbiyen olsan ilk bana yürürmüşsün gibi bir havan var şu an, Nisan."

Güldük. Uykum vardı, yorgundum, acıkmıştım ve bir an önce eve gidip çikolatalı kurabiye yapmak istiyordum ama ne yazık ki girmem gereken dört ders daha vardı.

Nisan'la ayrılıp sınıflarımıza yürüyeceğimiz sırada A Blok'a geçmek için bahçede ilerliyordum, okulumuz büyüktü ve üç bloktan oluşuyordu.

Kısa üç merdiveni çıktıktan sonra kapıdan içeri gireceğim sırada kolumdan çekilip durdurulmamla ilkel bir öfkenin beynime tırmandığını hissettim. İnsanların bana istemsizce çarpıyor olsa bile dokunması, beni sinirlendiriyordu bazen. Bunun sebebi bulamıyordum... Fakat salep ve tarçın kokusu kollarını kocaman açarak beni kucağına çektiğinde, bu beni rahatlattı. Dönerken 'Pamir?' dememek için zor tuttum kendimi.

Saçlarını her zamanki gibi hafifçe dikmişti, biraz dağınık duruyorlardı. Pürüzsüz buğday teni ve açık kumral saçlarıyla mükemmeldi. Dudaklarının iki kenarına kusursuz bir resmin son dokunuşları gibi yerleştirilmiş gamzeleri ona ayrı bir hava katıyordu. Boynu uzundu, boyu da uzundu. Üzerinde siyah bir kazak, siyah deri bir ceket ve siyah pantolon vardı. Siyah botlarıyla da siyahlar içindeki çocuktu bugün adeta. Ya da benimle takıla takıla iyice bana mı benzedi demeliydim? Bugün giydiğimiz kıyafetler neredeyse tıpatıp aynıydı ve bu hoşuma gitmişti.

Kolumu bırakıp göz teması kurduğunda, "Odada gördüğün adam," dedi ve o an bir an için bile olsa içimde filizlenen aptal umut kırıntılarına izin verdiğim için çok aptal olduğumu düşündüm. Beyazlar içindeki kız, eline bir süpürge aldı ve o kırıntıları süpürdü. Pamir de hemen ardından konuşmasına devam etti. "Nasıl biriydi? Yani görünüş olarak. Hatırlıyor musun?"

Hafızamı zorlayarak o ana dönmeye çalıştım. "Koyu kahve, bukleli ya da dalgalı diye tanımlayabileceğim saçları vardı ve boyu senin kadar uzundu. Lacivert bir takım elbise giyiyordu, kirli sakallıydı."

Birkaç saniye bekledikten sonra derin bir nefes alarak, "Aslında..." dedim ve dudaklarımı birbirine bastırdıktan sonra devam ettim. "Aslında onu Zırh'a ilk geldiğimde Kaan'la seni izlerken de görmüştüm. VIP bölümündeydi."

Pamir elini saçlarından geçirdi, bir şeyler düşündüğü belli oluyordu. Keşke kafasında neler döndüğünü ve ne düşündüğünü bilseydim... O zaman her şey daha kolay olabilirdi. O ulaşılması zor, kilitli bir kutu gibiydi ve o kutu sadece içeriden açılabiliyordu. İçeri girenin, bir daha çıkamayacağını bilsem bile o kutuya girmek isterdim, hatta girip de çıkamamak benim için muhtemelen bir ödül bile olurdu.

Eli ensesindeyken ve dişleriyle alt dudağına eziyet ederken görebildiğim kadarıyla sağ yanağında beliren gamzesine daldım. Salep ve tarçın kokusunun, tam olarak boynundan ve saçlarından geldiğine emindim. Bu akşam, yastıklarından birini almak için odasına uğradığımda banyosuna da bir bakmalıydım, böyle bir koku doğal olamazdı, değil mi? Her akşam duş aldığını düşünürsek, duş jeli ve şampuanı salep ve tarçın aromalı olmalıydı. Belki markalarını ve tam adlarını alabilirsem, deliksiz ve kusursuz uykunun da sırrını çözebilirdim?

Daldığım gamzesinin arka planında kalan bulanık görüntü, istemsizce netleştiğinde bakışlarım bahçenin hemen dışındaki arabada asılı kaldı. Siyah, büyük bir cipin arka koltuğunun camı açıktı ve buradan içindeki tanıdık simayı görebiliyordum. Bu VIP bölümünde ve odada gördüğüm, bana 'Afrodit' diye seslenen adamdı. Tam bana, gözlerimin içine bakıyordu; dirseğini açık camın kenarına yaslamıştı ve bir eliyle çenesini ovuşturuyordu.

"Pamir," dedim nefesim kesilirken. Beni duymadığını fark ettiğimde bir elim koluna gitti ve tekrar ettim. "Pamir."

"Efendim?" diye cevapladı beni, elini ensesinden çekip doğrularak. Gözlerini gözlerime çevirdi ve benden ona cevap vermemi bekledi.

"O burada," dedim sesimi soğuk tutarak. Freni boşalttırıp bizi ölümün kucağına kendi elleriyle iten adam burada.

10

SAHİLDEKİ PARK, 4 SAAT ÖNCE

Yıldızlar… Bu noktadan onları daha iyi görebiliyordum.

Bu belki etrafın sessiz ve gecenin en siyah zamanı olduğundandı, belki sahildeki lambaların bozuk olduğu için ışık vermediğinden kaynaklanan bir avantajdı ya da belki de beni içine hapseden ve yalnız bırakan, çocukluk anılarımın her bir adımda kaybolduğu o büyük evin etrafında veya içinde olmamamdan kaynaklanan bir sorundu. Bilmiyordum…

Birkaç adım gerimde, Pamir'le bir-iki hafta önce Siyah Kuğu lakabımla konuşabildiğim ve yan yana oturabildiğim bank duruyordu ve saat, birkaç akrep oku gerisine geldiğimizde bütün evlerin ışıklarının yandığı, ilerisine geldiğimizde ise güneşin doğacağı bir noktadaydı.

Terk edilmiş, zedelenmiş, yalnız başına bu siyah gecenin ortasında duran ve bu saatlerde çoktan unutulmuş bir parkın salıncağında oturuyordum. Tıpkı benim gibi.

Tuzla buz olacaklarını bile bile hayal kurmak boş geliyordu bazen ama eğer öyleyse, öleceğini bile bile neden yaşıyordu insan?

Saatler öncesine Tornado'nun kapısından, annemin birkaç

adım ötemde olduğu ve sıcaklığını hissedip konuşmaya ihtiyaç duyduğum o kapıdan sahtecilik ve dolandırıcılık damgasıyla güvenlik görevlilerince kovulmuştum. Ve buna annem göz yummuştu.

Ama o anı tekrar aklıma getirmek veya düşünmek istemiyordum... Çünkü buz gibi salıncak demiri ince çorabımın üzerinden soğukluğunu bedenime nüksettirirken, bir kez daha o dakikaları aklıma getirirsem biliyordum ki dizlerimin üzerine taşa geceye haykıracak, uzun zamandır yapmadığım bir şeyi yaparak ağlayacaktım.

Hırkamın cebindeki telefonum titreşmeye devam ediyordu, ekranda durmadan sırasıyla ÇAĞRI, NİSAN, BUĞRA adları yanıp sönüyordu ama artık aramaları cevaplamaya, konuşmaya, nefes almaya mecalim yoktu...

Anne ve babamı kendi ellerimle toprağa gömmüş gibi hissediyordum. Çünkü onlar belki de bunu çoktan benim için yapmışlardı.

Biraz ileride, diğerlerinden sıyrılmış, daha sönük duran küçük bir yıldız vardı. Uzansam, tutabilecek gibiydim sanki. Fakat bulutsuz, çıplak gökyüzüne başımı kaldırıp bakarken gözlerim acıyordu. Bu psişik güçlerimin ya da lenslerimin verdiği bir tepki miydi, yoksa yaşadıklarımın sonucunda gelişen bir şey miydi bilmiyordum.

Kimsesiz hissediyordum sadece. Ve yalnız başıma bu salıncakta otururken beynimin duvarlarında aynı kelime yankılanıyordu... *Kimsesiz.*

Böyle anlarda daha çok seviyordum siyahı. Yalnız da olsan güçlü gösterirdi; bu rengin asi ve asil bir ruhu vardı. Belki dışlanmıştı ama hiçbir renk her insanoğluna bu kadar yakışamazdı.

Birkaç dakika sonra, yanımdaki salıncağın hareket ettiğini ve ay ışığından yansıyan bir gölgenin daha bana katıldığını fark ettim. *Hemen yanımdaki salıncağa biri oturmuştu.*

Kulaklarım üşüdüğü için kapüşonumu kafama geçirdiğimden kafamı hareket ettirmeden hiçbir şey göremiyordum, bu yüzden ona dönmeyi ve kim olduğunu görmeyi planlıyordum ki bir mırıltı döküldü dudaklarından.

"Siyah Kuğu," dedi düz, sert ve soğuk bir ses, ruhunun parçalarının geceye karıştığı o dakikalarda.

Efendim? demek istedim, ne yazık ki o saniyelerde başıma kapüşon geçirdiğim için şükretmekle meşguldüm.

"Sen de buradasın demek…" Derin bir nefes verdi ve kafasını aynı benim gibi gökyüzüne çevirdi. "Gecenin bu saatinde, terk edilmiş bir parkta derin düşüncelerle yıldızları izleyen birinin, derin yaralı olmalı."

Sesimi oldukça pürüzlü ve solgun çıkarmaya çalışarak, "Öyle," dedim. Onunla konuştuğum zamanlar sesim aynen böyleydi.

O bu cümleleri Nil'e değil, Siyah Kuğu'ya kuruyordu.

"Peki senin derin yaran ne, *Siyah Kuğu?*"

Ondan beklemediğim bu beş kelimeyi işiten kulaklarım, doğruluğunu ve gerçekliğini sorgulamak için ona dönmemi ve yüzüne bakmamı istiyordu fakat ben ondan gelen tarçın ve salep kokularını alabiliyordum. Bu yüzden görsel olarak da doğrulamak isteyerek, kimliğimi belli etmek gibi bir tehlikeyi göze almama gerek yoktu.

"Anne ve babam," dedim pürüzlü, cılız ve solgun bir sesle. "Sanırım beni terk ettiler."

Sustu. Yaklaşık bir saat boyunca, o salıncaklarda oturup gökyüzündeki yıldızları izleyerek beraber sustuk.

Sonunda salıncaktan kalktığını, gölgesinden fark ettim.

Onun böyle bir cevaba söyleyeceği tek bir kelimesi bile yoktu.

Ve beni o soğuk, siyah gecede, terk edilmiş parkta, yıldızların altında yalnız bıraktı. Belki ben ağlayamadım ama… O gittikten sonra çok yağmurlar yağdı.

★★★

Herkesin geçmişte hatırlamak, bir daha bir saniyeliğine bile olsa yaşamamak ve o andaki hislerini bir daha asla hissetmemek istediği anlar vardır. Günlerce, haftalarca, aylarca ve hatta yıllarca o anda takılı kalabilirler. İnanın, bu hiç de zor değildir. Çünkü o an yelkovan akrebi kovalamayı bırakmıştır bir kere, tek katlı bir gecekondu evindeki o musluk damlamayı bırakmıştır, kalbiniz atmayı bırakmıştır… Aslında o an dünya durduğunda, siz ölmüşsünüzdür. Farkında değilsinizdir sadece. Senelerce, bedeniniz de ruhunuz gibi ölsün diye yaşamışsınızdır ve bunu anlamazsınız bile. O an bir daha gelene ve bedeniniz korkunç bir acıyla can verene kadar, son nefesinizde bile anlamazsınız.

İşte bu yüzden… Ben aslında, doğduğumda ölmüştüm bile.

Ümit Hoca'nın el çırpışını duydum. "Nil bir sorun mu var? Kafan başka yerde gibi. Kendini ritme vermiyorsun."

Omzumdan aşağı düşmüş siyah tişörtümün askısını düzeltip belime bağladığım hırkayı sıkılaştırdım. Gözümün önüne gelen saçlarımı kulaklarımın arkasında ittiğimde ise, arkamdaki iki kızdan ziyade aynada gözlerimi gözlerime dikmiş, dik dik bakıyordum.

Kızgındım. Bir şeye. Birine. Ama neye? Kime?

Belki de kendime.

"Baştan alıyoruz!"

Sağ ayağım gerideyken ilerideki sol ayağı sürüyerek hızla kendime çektiğimde diğer iki kızla beraber uyumlu koreografiyi beynimde iyice yoğurarak öncekiler gibi kaçırdığım harekete bu sefer kendimi iyice verdim. Anlamıyordum. İlacı almam için bir-iki günüm daha vardı, artık iyice alıştığımdan yorgun da değildim.

Neden böyleydim?

"Kes, kes, kes! Tamam!"

Ümit Hoca bir kez daha el çırptığında ve müziğin kesilmesi için bağırdığında nefes nefeseyken durdum ve bağdaş kurarak yere oturdum. Beklemeden geriye yaslanan sırtım dolayısıyla yere yattığımda ise ellerimle yüzümü kapatmıştım.

Neyi yanlış yapıyordum? Neden böyleydi?

Hiçbir şeyi kontrol edemiyordum!

Etrafımdaki sesler allak bullak bir tınıya dönüştüğünde, derin bir nefesi ciğerlerime çekip düşüncelerime bir mola vermeyi denedim. Olmadı.

Ümit hocanın olduğunu tahmin ettiğim el koluma dolandığında sesi de aynı anda kulaklarıma dolmuştu. "Yorgun musun Nil? Öyle olduğunu varsayıyorum. Yarınki çalışmada eski performansını istiyorum."

Ve yelkovan akrebi kovalamaya devam etti. Ben yerde uzanmaya, yağmur da yağmaya...

Üst kattan, kantindeki kahve makinesinden bir bardak kahve alıp sıcağıyla saniyeler içerisinde tüketerek, sevmesem de enerji olsun diye iki paket bitter çikolatayı bitirdim. Normal çikolatayı sevmiyordum fakat bitter daha katlanılabilirdi.

Kaç saat geçtiğini anlamadan, aynı şarkıda saatlerce dans etmek...

"Hayır, hayır," diye mırıldandım kendi kendime ve müziği değiştirmek için kenara bıraktığım uzaktan kumandayı elime aldım. Salonun büyük cadde cephesine bakan koyu mor perdeleri sonuna kadar açarak cama şiddetle çarpan yağmur damlalarını ve şehrin manzarasını gözler önüne serdim.

Ve müzik, değişti.

Bir kez daha.

Durdum. Şarkı odanın duvarlarına çarpıp yankılanmaya ve yağmur delicesine pencere camını dövmeye devam ederken, gözlerimi ayna üzerinden kendime sabitledim fakat kendime bakmıyordum. Dalmıştım...

"Kalbimi ıslatırdım, eğer silebilseydim bu yağmurla bütün acımı."

"Çekilir misiniz şuradan?" Omuz omuza verip yolumu kapatan korumaların arasından sıvışmaya çalıştım fakat izin vermiyorlardı. Ben onların kızıydım, nasıl olur da Tornado'ya, sahibi oldukları şirkete onları görmeye giremezdim? Üstelik kaç gündür eve gelmiyorlardı da... Onları son görüşümde ikisi de kör kütük sarhoş olmuştu ve sabah olduğunda da evden gitmişlerdi.

"Üzgünüz, hanımefendi. Lütfen işleri bizim için de zorlaştırmayın."

"Nasıl olur da giremem ya! Ben onların kızıyım, kızı!"

Adamlardan biri histerik bir şekilde güldüğünde, diğerinin de dudaklarının kıvrıldığını fark ettim. Diğerine göre daha esmer olan hafifçe eğilip benimle göz teması kurdu. "Onları görmek ya da röportaj alabilmek için senin kılığında günde kaç kişi geliyor buraya, haberin var mı senin? Biz de bunu yiyecek göz var mı?"

"Ya kızlarıyım diyorum, neden inanmıyorsunuz!" Aralarından geçmeye çalışmayı sürdürdüğüm saniyelerden birinde hafifçe ileriye itildiğim anda seslice bir, "Off!" çekip çantamdan cüzdanımı çıkardım.

"Bizi parayla satın alabileceğinizi mi düşünüyorsunuz bayan?"

Kafamı olumsuz anlamda sallayarak cüzdanımdaki katlı bölmelerden birinin içine koyduğum nüfuz cüzdanımı çıkardım ve gözlerinin önüne tuttum. "Bak, bak bakayım ne yazıyor anne baba bölümünde?"

Adamlardan biri kocaman gözlerle eline alıp, "Vaaay," dediğinde, diğeri de ona dönmüş meraklı gözlerle nüfuz cüzdanımı inceliyorlardı.

"Artık inandınız mı? Şimdi çekilin şuradan."

"Yalnız tebrik etmek lazım," dedi diğeri. "Bu gördüklerimizin en gerçekçi olanı. Sahte kimlikte çığır açmışsın kızım... Yalnız bu işi yapanlar sizden baya para kazanıyor olsa gerek. Korumalığı bırakıp sahtecilik ya da kaçakçılık piyasasına falan mı girsek?"

"Dalga geçiyor olmalısınız..." Yüzümü ovalayarak sertçe nefes verdim. Nasıl olur da içeri giremezdim? Nasıl olur da numara yaptığımı düşünebilirlerdi?

"Muhabir falan mısın? Bu aralar senin gibileri özellikle röportaj yapmak ve içeride neler olduğunun fotoğraflarını çekmek için çok geliyorlar."

"Değilim, yalan söylemiyorum..." Mırıldanışım cam duvarların ötesinde asansöre doğru yürüyen annemi görmemle yavaşlayıp kesilirken, "İşte, orada!" dedim parmağımla ileriyi işaret ederek. "Eğer biriniz ben burada beklerken gidip ona beni göstererek sorarsa böylece onun kızı olduğunu kanıtlayabilirim, lütfen! O gitmeden önce. Büyük bir yanlış yapıyorsunuz... Ben yalan söylemiyorum."

Adamlardan biri gözlerini kaçırarak diğerine döndü ve elini ensesine atarak konuşmaya başladı. "Azar işitmek istemiyorum, diğerleri bu kadar ısrarcı değildi. Git bir sor."

Korumalardan biri içeriye geçerek asansörü bekleyen anneme doğru yürümeye başladığında, yanımda kalan koruma, "Gerçekten onların kızı mısın?" diye sordu, bu sefer olup olmadığıma dair şüpheleri olduğunun farkındaydım ve biraz sonra bu cehennem dakikalar annemin gerçeği söylemesiyle son bulacaktı.

"Evet," diye cevapladım onu. "Uzun zamandır eve uğramıyorlar ve ben de merak ettiğim için buraya geldim. Bir arkadaşım güvenlik önlemlerinin arttırıldığını söylemişti ama bu kadar da arttırıldığını bilmiyordum doğrusu."

"Öyle. Sanırsın dünyayı kurtaracaklar... Ne bu kargaşa, bu kadar katılık hiç anlamıyorum."

Annemin yanından dönen koruma yanımıza ulaştığında, "Şimdi cevabını aldıysan içeri geçebilirim herhalde?" diyerek ona döndüm fakat o, "Seni küçük yalancı," diyerek tiksindirici bakışlarını üzerime dikti. Bahçede gezen korumalardan birkaçına beni işaret ederek, "Götürün şu dolandırıcıyı! Bir daha da Tornado'nun etrafından bile geçmesine izin vermeyin!" diye bağırdı.

Başımdan aşağı bir kova dolusu buz dökülmüştü sanki.

Korumalar beni kollarımdan yakalayıp zorla götürürken ise, uzaktan da olsa görebildiğim tek şey, asansörün kapısı kapanmadan beyaz *önlüğünün içindeki annemin üzerime diktiği düşünceli bakışlarıydı.*

Annemin neden böyle bir şey yaptığına anlam veremiyordum. Tek istediğim onların iyi olduğunu görüp birkaç dakika görüşebilmekti çünkü endişeleniyordum, o büyük binanın içinde bir şeyler dönüyordu ve bu yüzden annemle babam eve gelemiyorlardı. Eve gelmedikleri zaman dilimi içerisinde o binadan çıktıklarından bile şüpheliydim artık… Hatta emindim. O binanın içinde yaşayıp günlerdir dışarı çıkmadıkları üzerine bahse girebilirdim. Aman neden? Neden böyle bir yalan söyleyip içeri girmeme izin vermemişti? İşlerini beş dakikalığına bırakıp kızlarına küçük bir açıklama yapmak zor mu geliyordu artık? Buna bile vakitleri yok muydu?

Düşüncelerimin gittiği çirkin yönü ve müziği değiştirdim.

Pamir, dün sabah ona arabadaki o adamı gösterdikten sonra beni bileğimden yakalayıp okula sokmuştu ve hiçbir şey demeden ortadan kaybolmuştu. Sinirli olduğunu görebiliyordum, o adamı sevmediği de her hâlinden anlaşılıyordu. Daha doğrusu, kim arabasının frenlerini boşaltıp kaza yapmasını isteyen bir adamı severdi ki? Bunu düşünmek bile saçmaydı.

Yorgun bedenimdeki son güç kırıntılarıyla dans ederken aklımdan geçirdiğim tek şey *acaba* ile başlayan o can alıcı cümleydi. Acaba, filmlerdeki gibi, etrafımızda kol gezen tüm bu olaylar bir gün o ve beni, *biz* yapabilir miydi?

Aptal âşık yanımı bastırarak bu düşüncemi bencilce buldum ve bir kez daha düşünmeden paramparça edip kırıntılarını kafamda serili o dümdüz, siyah halının altına süpürdüm.

Olamaz mı? dedi beyazlar içindeki kız, fakat ona cevap vermedim. Verseydim, az önce yaptığım şeyin hiçbir anlamı kalmazdı. Bu çok bencilce bir düşünceydi ve bunu istemiyordum.

Şarkı bittiğinde değişerek o yorgunlukla ayağımın kaymasına neden oldum ve yere yığıldım. Derin nefes alışlarımın arasında, ayağa kalkmak için hiçbir çaba sarf etmiyordum. Oraya öylece oturmuş, saçlarımın yüzümün tamamını kapatırken avuçlarımı zemine dayamış bir şekilde yere eğilmiştim.

O anda, müziğin kapatıldığını ve dışarıdaki fırtınanın sesiyle yalnız kaldığımı fark ettim.

Ya da yalnız kalmamıştım.

Müziğin kapatılmasından birkaç saniye sonra siyah botlar tam önümde durduğunda, onu yüzümün önündeki saçlardan zar zor fark edebiliyordum. Bu yüzden elimi saçlarımın arasından geçirdim ve bedenimi geriye iterek kafamı kaldırdım.

Duyduğum kokunun bir rüya olmasından korkuyordum, fakat değildi. O bütün gerçekliği ve endamıyla karşımda duruyordu. Burada ne işi vardı? Beni görmüş müydü?

"Manyak mısın sen?" dedi kaşlarını çatarak. Ondan duymayı beklediğim sözler, elbette bunlar değildi.

Gözlerimi devirdim. "Yine ne yapmışım?" Ona verdiğim cevap da onun bana sorduğu soruyla eş değer bir saçmalık taşıyordu tabii.

"Dünden beri ortalıkta yoksun, milletin seni aramadığı yer kalmadı. Senin yüzünden bizimkiler de seni aramaya çıktı bu havada, antrenman da iptal oldu zaten." Kızgın gibiydi. O da beni aramıştı ama bunu gönüllü olarak yapmadığı her hâlinden belli oluyordu. "Kalk. Gidiyoruz."

"Gelmiyorum ben," dedim güç bela ayağa kalkarak. "Tek git. İyiyim, gördün işte. Diğerlerine söylersin." En son ne zaman uyumuştum? Zombi gibi gözüktüğümden emindim. Nisan bazen ortalıkta mezarından fırlamış hortlaklar gibi dolandığım için saçlarımı yüzüme attığımı söylerdi ama genellikle bunu insanlarla yakın olmamak için yapardım. Zaten çoğunun beni ürkütücü bulduğuna ve korktuğuna kalıbımı basardım.

"Yok ya, hizmetçin mi var senin burada?" Parmakları sertçe bileğime dolanarak hafifçe çektiğinde, "Değiştir üstünü, gidiyoruz," dedi ve cevabımı dinlemeden odadan çıktı. "Aşağıdayım!" Sesi koridorda eko yapmıştı.

Baş ağrımı dizginlemeye çalışarak pencereyi kapattım ve fişleri çekip ışıkları da söndürerek salondan çıktım. Yorgun adımlarımın hedefinde soyunma odası vardı fakat öyle yorgundum ki, üzerimi değiştirip duş alacak hâlim bile yoktu. Bunu dans ederken fark edemiyordum hiçbir zaman... Fakat ne zaman müzik dursa ve ben saklandığım hayallerden kopup gerçek dünyaya dönsem, gözlerimdeki pembe gözlükler çıkıyordu sanki ve ben siyahlığıma pembe bir gölge düşürüyordum. Belki de o toz pembe gözlükleri yerinden çıkartan içimdeki siyahlıktı... Gerçeklikle eş değer bir şekilde iş birliği yapan bu siyahlık ise, benim tek silahımdı. Hayal adil değildi çünkü. Hiç olmadı.

Spor çantamı omzuma takıp kepi de ters çevirerek başıma geçirdikten sonra omuzlarım dökülen uzun, kahve saçlarımı geriye ittim ve asansöre ilerledim. Cidden... Kaç gündür uyuyordum? Üç müydü ya da dört? Dört olmuş muydu? Bu gece salep kokan bir şeyler bulsam iyi olurdu... Belki de yastık olayını tekrar denemeliydim çünkü salep içmeye dayanabilecek metabolizmam ya da tat duyularım kalmamıştı artık. Kokusu nefis olan bir şeyin tadı nasıl olur da bu kadar acı gelebilirdi? Belki de tıpa tıp Pamir'e benzediği içindi. Dışı yakışıklı, kaslı, yarı zamanlı basketbolcu-yarı zamanlı dövüşçü, gülümsemenin en çok yakıştığı fakat bunu nadir zamanlarda görebileceğiniz biri ama içi, buzdan duvarlarla çevrilmiş... Belki de bu yüzden sevgi kırıntılarından yoksun bir şekilde o buz gibi bakışlarla dolaşıyordu ortalıkta. Sevgi sıcaklık değil miydi? O buzdan duvarların erimesinden kaçınıyor olabilirdi. Filmlerde böyle soğuk, sert ve kaba bir şekilde yaşamını sürdüren karakterlerin geçmişi yıkık dökük olurdu hep...

Ya da ben fazla film izliyordum.

Tabii, bunu hava olaylarını isteklerine göre değiştirebilen bir kızın söylemesi de ayrı bir ironiydi.

Aşağı indiğimde, lobideki güvenliğin yanında dikildiğini gördüm. Dışarıda sular seller gibi yağan yağmurun onu dışarı çıkmak için hiç de cezp etmediğinin farkındaydım. "Islanmaktan nefret ediyorum," diye mırıldandı ben yanına geldiğimde. "Evde değilken yağmur yağmasından da nefret ediyorum."

"Saat kaç?" Sorum onu daldığı karanlık sokaklardan ayırdığında dirseğini kırıp ceketini sıyırdı ve saate bakıp bana dönmeden, "Neredeyse altı," diye cevapladı. Kış aylarında olduğumuzdan, hava saat altı olmadan kararıyordu artık.

Kafasını bir anlığına bana çevirdikten sonra önüne dönerken hayalet görmüş gibi gözlerini kocaman açarak tekrar bana döndüğünde yerinden sıçramak üzere gibiydi. "Bu hâlin ne?" Gözlerimi işaret etti. "Saçlarını çirkinliğini gizlemek için önüne alıyorsun sanıyordum ama bu gözler ne? Gözaltların mosmor. Sen uyuyor musun?"

Ellerimi çırpıp zıplamamak için kendimi zor tutuyordum açıkçası. Benim için endişelenmiş miydi az önce? Ve birden fazla cümle mi kurmuştu?

Ya ben fazla abartıyordum.

Siyahlar ve beyazlar içindeki kızlar gözlerini devirip sertçe oflayarak yerde bağdaş kurdular ve kollarını göğüslerinde bağladılar.

"Bilmem," diye mırıldandım halsizce gözlerimi kırparken. "Uyumama sınırım doldu mu ki?" Bana yastıklarından birini ödünç vermeye ne dersin?

Acaba ona, evdeki bütün yastıkları kirliye attığımı söylesem ve bir yastık istesem, odasındaki yastıklardan birini verir miydi?

Ne saçma bahane ama... Uyuyamayınca, saksıyı da çalıştıramıyorsun herhalde Nil.

"Ne sınırı, ne sınırı?"

"Boş ver." Elimi umursamazca sallayıp kapıyı açarak kendimi yağmura attığımda, başımdaki kepi çıkartıp elime aldım ve yağmurun beni ıslatmasına izin verdim.

"Biraz daha ıslanırsan bütün yolu bu yağmurda yürümek zorunda kalırsın, haberin olsun."

Karşısında kimse yokmuş da, buz gibi duvara konuşuyormuş gibi bir ses tonu vardı. Düz, soğukluğunu metrelerce öteden hissettirebilecek, ağustosun ortasında olsak üşütecek... Yüz ifadesi de genelde düz olurdu gerçi; herkes krepini reçelli, peynirli, sucuklu alırken o sade alıyor gibiydi. Bir tek o sade alıyordu sanki... Herkesin dünyada bir ruh ikizi olduğuna inanıldığı varsayılıyorsa, o tek gibiydi. Tek. Ses tonu, sesi kısık olsa bile yüzlerce ses arasından kolayca ayırt edilebilirdi bu yüzden benim için.

Arkamı döndüğümde, kaşlarını kaldırarak üzerimi işaret ettiğini fark ettim. Boğuk bir sesle, "Üzerin," dedi. "Daha fazla ıslanırsan seni arabama almam."

Siyahlar içindeki kız, kulaklarını kabartarak itiraz dolu ifadesiyle beraber ayaklandığında *Hadi oradan!* diye bağırdı. *Senin arabana kalmadık!*

Cevaplamak adına boğazımı temizlediğimde, siyahlar içindeki beklenti dolu gözlerle bana döndü. *Değil mi Siyah Kuğu?*

"Tamam."

Tabii, onun bana söyletmeye çalıştığı, filmlerde böyle asi bir aptallığı yapıp daha sonra bütün yolu yalnız başına, yorgun argın ve ıslanarak yürümek zorunda kalan, eve hasta olmuş bir şekilde ıslak köpek yavrusu gibi bir tatlılıktan çok, ıslak bir kirpinin dokunduğu herkese batacağı bir şekilde varan kızların yaptığıydı. İkinci bir ihtimal daha vardı tabii; erkeğin kıyamayıp arabasıyla kızın hemen yanında durması ve onu arabaya binmeye ikna etmesi. Fakat söz konusu Pamir Yelkıran'dı. Çocukluğumdan beri tanıdığım adam son bir yıl içerisinde öyle değişmişti ki, her adımını ve her huyunu bildiğimi sanan ben bile bozguna uğramıştım. Bir sonraki adım on üç senelik üst düzey stalker yeteneğimin durup ceketini iliklemesiydi

Uçurumdu.

Çünkü karşımdaki adam, dışarıya gösterdiğinden çok daha farklı bir cevherdi ve o cevher önümdeki uçurumun dibinde gizliydi. O uçurumdan atlayıp gerçek benliğini bulmak ise asla karşılıksız değildi. Her zaman sizden bir şeyler götürürdü, birini keşfetmek neredeyse imkânsızın sözlük anlamıydı.

O uçurumdan atlamaya değer miydi peki? Kendimden ödün vermeye, hayatımın yarısına bile gelmemişken ruhumu parmaklarının arasında hapsetmeye değer miydi?

Uysal cevabıma kaşlarını kaldırarak tepki verdiğinde, omuz silkip hızlı adımlarla yanına yürüdüm. Yaklaşık dört gündür uyumadığımı da hesaba katarsak, benim 'hızlı' tabirim pek de hızlı olmuyordu tabii.

"Kaplumbağa mı kaçtı içine?" diye mırıldanırken yakaladım onu, duymadığımı varsaydığı için önüne dönüp kenardan kenardan yürümeyi kesmedi veya arkasına dönüp bana bakmadı. Omuzlarına geliyordum, aramızda bir kafa boyu mesafe vardı ve ben uzun olduğumu sanırdım. Uzaktan bu kadar uzun gözükmediğine emindim, en fazla burun hizasına gelirim diye düşünüyordum oysaki.

GreenLight, büyük bir dans şirketiydi aslında. Üst düzey dansçılar ülkeyi temsil etmek adına ulusal dans yarışmalarında yarışırdı, birçoğu şatafatlı açılışlara büyük paralarla zorla getirilen ve gösteri sergileyen burnu havada dansçılardı aslında ama televizyon, asla gerçeği yansıtmazdı. Ulusal müsabakalarda ülkeyi temsil etmek için oluşturulan grup ülkenin dört bir yanındaki şubeden gelen, en iyilerdi. Şarkılarını kendileri seçer, kombinasyona göre remiksler, tamamen kendi koreografileriyle sergiler ve üstler tarafından puanlanarak listelenirdi. Sadece iki tane kural vardı: GreenLight üye kimliği ve 18 yaş sınırı. Ve ben bu sene 18'imi dolduruyordum.

Kulübün altındaki kahve dükkânının kepenklerinin altında

Pamir'i takip ederken köşeyi döndüğümüz anda kaldırım kenarına öylece bırakılmış siyahlar içindeki arabaya topladım dikkatimi. Gerçekten, çok yorgundum. Öyle ki bulutlar bana yastık olarak gözüküyordu ve Pamir şu an yürüyen bir ısıtmalı battaniye gibiydi.

Elimdeki kepi tekrar kafama ters bir şekilde yerleştirip, az önce uzaktan kumandayla seri bir şekilde kilidini açtığı arabanın ön yolcu koltuğuna kendimi attım. Beyazlar içindeki kız, utanarak duvarların arkasına saklandı. Onları anlayamıyordum, sürekli ruh hallerini değiştirip kafamı karıştırıyorlardı ama şu an için, beyazlar içindeki Pamir'e olan bağlılığımı taşıyan olmalıydı. Siyahlar içindeki ise benim siyah tarafımı, asiliğimi ve dans edişimi yansıyordu.

Kemerimi bağlayıp kafamı geriye yasladım ve çantamı kucağıma alıp ellerimi üzerinde topladım. "Maç ne zaman?"

Cumartesiydi, bunu biliyordum. Yarındı.

"Pazartesi," cevabını verdikten hemen sonra motoru sessiz bir şekilde çalıştırdı ve araba yerinden gıdım oynamıyormuş gibi hareket etmeye başladı.

Bu kadar parayı baydıktan sonra, böyle sessiz ve rahat çalışmaması garip olurdu asıl.

"Nasıl pazartesi?" Kafamı kaldıramayacak kadar yorgun olmama rağmen kafamı ona doğru çevirdim ve şaşkınlığımı ortaya koydum. "Bize yarına hazırlanmamızı söylediler ama."

"Hazırlanmanızı mı?" Histerik bir şekilde küçük bir kıkırtı döküldü dudaklarından. "Ponpon kız falan mısın? Ya da kız basketbol takımı mı çıkacak bizden sonra?"

Gözlerimi devirip derin bir nefes verdim. "2015-2016 Liseler Arası Basketbol Yarışmaları'nın ilk karşılaşması olduğu için performans sergilememiz için bir grup oluşturuldu. İlk maç Kuzey Koleji ve Doğu Koleji arasında, yani siz ve başka bir lise daha. O yüzden…"

"Çok fazla gereksiz kelime kullandığının farkında mısın?" Kafasını saniyelik bir şekilde bana çevirip göz teması kurduktan sonra önüne döndü. *"Bu senenin ilk basketbol müsabakasında performans sergileyeceğiz. Bu. Bu kadar. Yedi kelime. Yedi cümle değil."*

Sinir bozucu, mırıltısı siyahlar içindeki kızın dudaklarından sıyrıldığı anda saçlarını taradığı alıp fırlatmaya hazır bir şekilde elini havaya kaldırdı ve yüzünü öfke bürüdü. *Kıçında şimşek çaktır şunun, çabuk! O halsizlikle de iki gün uyursun. Ben sadece seni düşünüyorum Nil. Yoksa o hergeleden nefret ettiğim falan yok.*

"Oyunculuğun çok iyi ama biraz daha insan taklidi yapman gerekiyor, sahnenin ortasında seti terk edip gidemezsin. Rolüne iyi çalış."

Güldü.

Sağ yanağındaki gamzesi kendini belli ettiğinde, eğer bu sahneyi tekrar tekrar görmemi sağlayacaksa sonsuza dek onunla laf dalaşına girebileceğimi ve bunu başlatan kişi olabileceğimi düşündüm. Bu düşünceye sağlıklı gözlerle bakmayan siyahlar içindeki, daha fazla seyirci kalmamak için gözlerini kapatıp alnına bir şaplak attığında, duvarların arkasındaki beyazlar içindeki kız kendini belli etti.

Şimdilik onların üzerine perde çekmek en iyisiydi.

"Ne gülüyorsun be?" dedim ruhsuzca. Öylesine bilinçsizce ve dengesizce söylemiştim ki, bir kez daha güldü. Bu sefer kahkahasının sesini duyabilmiştim. "Ayrıca bu araba patlamamış mıydı? Frenlerinin boşaltıldığını ve ormanlık alana giderken ağaca..." Durdum. Devam edecek enerjim olmadığını ve bilincimi kaybetme raddesine geldiğimi fark ettim. Gözlerim kapanmak üzereydi ve kafam cama doğru çevrili olduğundan eğer burada uyuyakalırsam fark etmeyeceğini düşündüm.

"Cidden," dedi. "En son ne zaman uyudun?"

Ve o kasvetle harmanlanmış soğuk, düz ve duvarla

konuşuyormuşçasına çıkan ses tonu bana ninni gibi geldiğinde ve ben, tutunmak için verdiğim mücadeleyi kaybettiğimde, kendimi o tanıdık boşluğa bıraktım. Çünkü arabası da onun gibi kokuyordu.

Tarçınlı salep.

"Dört…" kelimesi çıktı en son ağzımdan. Ve en son duyduğum şey, yağmur damlalarının sertçe arabanın camını dövdüğü anda gürüldeyen göğün sesiydi.

★★★

Bilinçsizce gördüğüm rüyalar beni başka bir boşluğun içine çekerken, acıyan gözlerimin ışığa duyduğu duyarlılığın parlaklığın aralanan boşluktan sızmasıyla daha da arttığını hissettim. Parmaklarımı hareket ettirebildiğimde elim havalandı ve kısa bir süre sonra yüzümde hissettim. Fakat hissettiğim bir şey daha vardı.

Tarçının keskin kokusu ve salebin insanı uyuşturan mayhoş tonu.

Üzerime bir kova dolusu tarçınlı salep dökülmüş gibi, her taraftan alıyordum o kokuyu. Dört bir yandan değil, her bir taraftan üzerime doğru geliyordu ve bunun farkındalığı beni derin bir köşeye itti.

Gözlerimi bir anda açarken, her bir noktaya hücum eden ışık huzmelerine karşı koymadım ve gözlerimin acısının birkaç kızıl damarın üzerinde belirmesine neden olmasına izin vererek ani bir refleksle doğruldum. Gözlerim cidden çok acıyorlardı. Ne kadar zamandır uyuyordum?

Nerede olduğumu fark ettiğim an, son anılarım beyin dağarcığıma hücum etti ve böylece, boğazımdaki kuruluk öksürmemi sağladı. Fakat şaşkınlıktan mı yoksa gerçekten boğazım kuruduğu için mi öksürüyordum, işte bu kısım tartışılmaya değerdi.

Ancak beklenilenin aksine, siyahlar ve beyazlar içindeki iki kız da oyunu şaşkınlık tarafında kullandı.

Onun odasındaydım çünkü.

Onun yatağının üzerindeydim.

Ve karşımda dikilip açık dolap kapaklarından kıyafet alan da *ondan* başkası değildi.

Ensesinde gözleri varmışçasına hiç kendini bozmadan, "Sonunda," diye mırıldandığını işittim. Birkaç parça kıyafet alıp dolabın kapaklarını kapattıktan sonra bana dönüp kısa bir göz temasında sonra sesini normal düzeye getirip dudaklarını bir kez daha bana hitap eden bir cümle için araladı. "Kış uykusuna yattığını sanıyordum, çok erken uyandın Siyah Ayı."

Düşüncelerim, *Ayı* kelimesinin yerine *Kuğu* kelimesini görmeyi ne kadar istediğimi bana fark ettirdiği sırada odayı terk etti ve kapı arkasından yavaşça kapandı.

"Siyah ayıymış." Üzerimdeki örtüyü çekiştirip kenara atarak ayağa kalktım. Hava karanlıktı, odasına girmek için tırmandığım ağacın dallarının dışarıdaki fırtına yüzünden şiddetle sarsıldığını görebiliyordum. Yüzüme gelen saçları bir kenara iterek uyuşmuş ayaklarımı çalıştırdım ve cam kenarına geçerek pencere kilidini açarak sürgüyü yukarı kaydırdım.

Bulutlar yağmuru yeryüzüne yağdırmıyor da, tükürüyordu sanki. Şiddetli rüzgârdan nasibimi alarak yüzüme yapışan ıslak yaprağı çekerek fırtınanın hafiflemesini sağlamak amacıyla pencerenin kenarlarından tutunarak gözlerimi kapattım.

Rüzgârın kesildiği saniyeler içerisinde, gözlerimi kapattığım anda gözlerimin içinden bütün vücuduma yayılan elektrik sayesinde gözlerimin ağrımasının uyku yüzünden olmadığını fark etmiştim. Bu düşünce gözlerimin normal olmadığını ve lens taktığım gerçeğini bir tokat gibi suratıma çarptı. Lenslerim kaymış olabilirler miydi? Ya çıkmışlarsa? Ya Pamir beni öyle gördüyse?

Her köşesi tarçınlı salebe bulanmış odanın dışına koştururken, loş ışıklarla aydınlatılmış koridorda ilerleyip banyo olduğunu düşündüğüm ilk kapının ardına attım kendimi. Hislerim beni yanıltmamıştı ve koyu bordoyla grinin hüküm sürdüğü bir banyoda buldum kendimi. Vakit kaybetmeden ışıkları açarak kapıyı kapattığımda ise, aynanın karşısında yalnız kaldım.

Çıplak gerçeğe balıklama atlayarak gözlerimi beklemeden aynadaki yansımamdan gözlerime çevirdiğimde, lensin kaymadığını, sadece gözlerimin beyaz kısımlarının kanlandığını fark ettim. Bu farkındalık derin bir nefesi rahatça ciğerlerime çekmeme neden olurken geriye gidip sırtımı duvara yasladım ve yavaşça yere kayarak oturdum.

Son bir haftadır kendi masalımın içinden başka bir masalın içine düşerken bulmuştum kendimi sanki. İnanılamayan olarak nitelendirilen ben ve paranormal güçlerim olması gerekirken, aynı adla nitelendiremediğim sadece merak ve tanıma içgüdüsü beni bu noktaya getirmişti.

Bir anlık ufak bir düşünceyle kalbimin ritmini hızlandıran ve huzurla kapattığım gözlerimi aralamama sebep olan cümle kafamda devamlı olarak yankılanmaya başladığında, kendimi hızla ayağa kalkıp etrafa göz gezdirerek merdivenler aşağı inerken buldum. *Pamir'in odası. Pamir'in evi. Pamir.*

Yedi yaşında, sokağına taşındığı zamandan beri saplantın olan çocuk. Saat beşte sahile giden, o bankta sahildeki kayalıklara çarpan dalgaları izleyen ve zaman geçtikçe senin gibi içinde sürüklendiğin o kalabalık yalnızlıktan, boşluğa sürüklenen çocuk. Her şeyini bildiğin, ama tanıdıkça yabancı gelen o çocuk. O adam.

Salondaki koltuklardan uzun olanın yanında durduğunu fark ettiğim çantamdan, dans ederken çıkarttığım siyah kot pantolonumu ve siyah salaş boğazlı kazağımı alıp kendimi tekrar banyoya attım. Üzerimi değiştirip artık kokma raddesine gelmiş çıkardığım parçaları da çantama tıkıp mutfaktan başlayarak beni hangi akılla evine getirdiğini sormak için can attığım şahsiyeti aramaya koyuldum.

Okkalı bir soruyu hak ediyordu.

Ne yazık ki evde, benim gelmediğimi fark edecek bir anne ve baba ya da kardeşim olmadığı gerçeği beni üzse ve bu üzüntü ruhumu biraz daha ezse de, buna alıştığımı kendime hatırlatmak adına ne zaman sıktığımı bilmediğim, yumruk yaptığım ellerimi yavaşça açarak Çağrı'yı düşündüm. O beni aramış olmalıydı.

Ama telefonumu o sabah GreenLight'a giderken evde bıraktığımı gözden kaçırıyordum. O sabah kendimde değildim açıkçası. Anne ve babam tarafından terk edilmiş, Pamir tarafından da merak dolu sorularla açıklamasız bir şekilde kalakalmıştım. Uykusuz, yorgun ve hırçındım. Havanın, bazı zamanlar -aslında çoğunlukla- ruh halime göre şekillendiğini ve ben bilinçsiz bir şekilde uyurken aynı bilinçsizlikle karmaşık bir hâl aldığını göz önünde bulundurursak, bir an önce bunu kontrol etmeyi öğrenmeliydim ama bir yolu yok gibiydi. Kâkül değildi ki bu, kestirdikten birkaç gün sonra alışayım… Gerçi ona da insanların alışabildiğini düşünmüyordum.

Üst ve alt kattaki odaların hepsini kontrol ettikten sonra Pamir'i hâlâ bulamayınca, koridorun sonunda bir alt kat olduğunu fark ettim. Bizim evimiz iki katlıydı, normal katın üzerinde bir kat daha vardı ve alt kat sadece kilerden oluşuyordu, diğerleri de görünüşte neredeyse aynı olduğundan bir fark olmadığını düşünürdüm hep ama bu evde sadece bir kiler değil de birkaç kapının olduğu bir alt kat daha var gibi görünüyordu.

Temkinli adımlarım merdivenin götürdüğü alt katı takip ederken, basketbol topunun sektirilme sesini işittim aniden ve hislerim beni soldaki iki kapının aksine sağda tek kalan kapıya doğru götürdü. Kulağımı kapıya dayayıp sesleri dinlediğimde ise hislerimin beni yanıltmadığını doğrulamış oldum. Biri içeride basketbol topunu sektiriyordu.

Yavaşça kapı kolunu çevirdiğim ve kapıyı araladığım sırada, normal odaların zemin-tavan uzaklığının iki katı olan bu odanın standart yüksekliğindeki potanın filesinden geçen ve sertçe yere çarpıp seken basketbol topunu gördüm. Fark edilmek 'sorun' olamayacak kadar küçük bir neden haline geldiğinde ise, kapıyı bedenimin geçeceği kadar aralayarak içeriye sızdım.

Hiç de küçük sayılayacak derecede bir büyüklüğü olan, basketbol için tasarlanmış bir çalışma odası gibiydi.

Ve Pamir Yelkıran, ileride, gümüş ve siyah renklerinin üzerinde can bulduğu eşofmanıyla basketbol oynuyordu.

Tam kapının önünde dikilip onu izlediğim sırada, biri uzun diğeri kısa olmak üzere iki adımda bir turnike atışı gerçekleştirdi ve zeminin ayaklarımın altından kaydığını hissettim. Ufak bir hava akımı veya hafif bir rüzgâr üzerime hücum etse, tek seferde yıkılacak gibiydim.

Fakat dışarıdan pek de öyle değildi.

Kollarını göğsünde toplamış, ağırlığını tek ayağına vermiş, dilini damağına sürtüp itici ve soğuk bakışlar atan alacaklılar gibiydim. O da buna göre tepkisini gösterdi zaten.

"Ne dikiliyorsun orada öyle alacaklılar gibi?" Topu el değiştirerek yavaş yavaş geriye doğru sürerken, sorduğu soruyu kavrayabilmek güçtü. O en çok basketbol oynarken güzeldi, çünkü o zaman başka bir şey düşünmüyordu. Onun en masum hâliydi bu.

"Alacağım var çünkü," dedim durgun bir sesle fark ettirmeden yutkunarak. *Evet, alacağım var bayım. Kalbim. Sizde kalmış. Biliyorum, siz çalmadınız ama avuçlarınıza uçmuş işte yaramaz. İnanın ilk defa oluyor. Lütfen ona zarar vermeyin ve nazik davranın.*

"Kızı bul, saklandığı delikten çıkar, evine götürmeyi teklif et bir de arabanda uyusun, evinde de kapıyı açan kimse olmadığı için getir kendi evine, yatağında uyut, bir de dikilsin karşında *alacağım var,* diye. Vay anasını."

Geriye gidip çizilmiş saha çizgilerinden çıkarak potaya seri bir şut attığında, o uzaklıktan topu sokabildiği file ve yerde seken zavallı top arasında gidip geldi bakışlarım.

"Telefonum yok, telefonum! Unutmuşum işte evde. Kuzenimi aramak için seninkini ödünç isteyecektim, Allah'ın hanzosu. Alt sokaktaki Ali Kemal Amca'nın odun toplamak için ormana gitmesine ne gerek yok var? Zira en büyük odun bir sokak üstüne duruyor. Hem de ona bütün kış yetecek kadar büyük ve kaba!"

Verdiğim cevabın şoku daha ona ulaşmadan o soğuk aurasından geri teperek bana döndüğünde, kafasını çevirip sinir bozucu bir şekilde gülümsedi. "İnsanın kendini bilmesi güzel bir şey tabi."

Beyazlar içindeki, *Allah, gamze!* diye tepinirken siyahlar içindekinin *İyi bir pastı, şimdi gol zamanı! Cevap ver!* diye söylendiğini duydum.

"Seninle laf dalaşına, pardon it dalaşına girecek vaktim yok, ver telefonunu da arayayım kuzenimi. Kurtuluyorsun işte benden, bak ne güzel." Adımlarımı sahaya yönelterek önünde durduğumda, topu henüz yeni almıştı ve potanın altındaydık. Terlediğinden ve ara vermeden oynadığından dolayı nefes nefese kalmıştı.

"Bir şartım var," dedi hafifçe eğilip kafasını yüzümle hizalarken. Biraz yakın durmuştum, o da bir adım gelince iyice dip dibe girmiştik ve bu benim algılarımın frekanslarını bozmaya yetecek bir şekilde parazit alarmı veriyordu.

Devam etmesini beklediğimi düşünerek, fısıldar gibi bir sesle derin nefeslerinin arasından, "Burada," kelimesiyle başladığı cümlenin devamını getirdi. *"Benimle oyna."*

Kalbimdeki damarların fokur fokur kaynayan kanlarla patlayacak hâle geldiğini hissettim, dışarıdaki fırtınanın dindiğini. Odanın köşesindeki büyük iki pencereden gelen sesler kesilmişti, içimdeki fırtına belki dinmemişti ama hafiflemiş gibiydi ve bu da onun en büyük göstergesiydi.

O an anladım. O sadece kendi çıkardığı fırtınayı dindirecek erişime izin sağlamamıştı, o kendinin sebep olmadığı fırtınaları da dindirecek güce sahipti. Hem de sadece birkaç kelimeyle.

Kokusu bile hiç sahip olamadığım o derin uykuları bahşediyordu kucağıma, bir durup dinlenip nefes alıyordum o zamanlar. Tırnaklarımla ağaç kabuğundan kazımaya çalıştığım o ulaşılabilmesi imkânsız huzur, ne acı ki yine ondan geliyordu. Bütün mutluluklarımın anahtarı gibiydi.

Ve inkâr edilmesi imkânsız gerçeklerden biri de şuydu ki; konu o olunca, siyahlar içindeki kızdan Şeker Kız Candy'ye dönüp etrafa gülücükler saçıyordum.

Tek kelime.

İğrenç.

"Alt tarafı telefonunu kullanmak istedim, ne alaka şimdi basketbol oyunu?"

Yakınımdan çıkıp doğrularak döndüğünde topu sektirmeye devam etti. "Sen bilirsin."

Kolunu tuttum. "Tamam, tamam, dur." Bileğimdeki ince siyah lastikle saçlarımı topladım onunla sahanın ortasına geçerek karşı karşıya durdum. "Üç deyince," dedi hafifçe eğilerek ve topu havaya atmak için kaldırdı.

"Şu an alıştırma yapmak için bana ihtiyacın var değil mi?" diye mırıldandım göz temasını bozmadan. Suratında sinsi bir gülüş vardı, muhtemelen bir süre top için peşinde dolanıp almaya çalışacağımı düşünüyordu. Şu an bana alıştırma yapmak için değil de, eğlenmek için ihtiyacı olduğunun farkındaydım. Gerçi bu bir ihtiyaç bile değildi. Fakat bilmediği bir şey daha vardı ki, basketbol oynamayı biliyordum ve karşısında bir dansçı duruyordu. Küçükken bale eğitimi almış, kısa bir süre jimnastik yaptıktan sonra ilk denemesinde GreenLight'a kabul edilen bir dansçı duruyordu hem de.

"Yarışmak için mi, yoksa eğlenmek için mi bilmiyorum," dedi dürüstçe. "Bunu sen belirleyeceksin."

Peki… En azından dürüsttü ve bunu açıkça söylüyordu.

"Başlayalım."

Topu yukarı fırlattı. Benden daha yukarıya zıplayabileceğini biliyordum, bu yüzden zıplarken omzundan destek aldım ve topa diktiği gözleri yavaşlamış saniyeler içerisinde bana dönerken gözlerini teğet geçip yukarıya yükselerek topu kaptığım gibi potaya yönelip sektirmeye başladım.

Şaşkın gözlerle arkasını dönüp topu sektirdiğimi gördüğünde yüzünün soğukluğundan ve sertliğinden ayrılmış bir şekilde tamamen savunmasız ve içinden gelen ifadeyle süslü olduğunu gördüm. Topu ondan aldığıma ve ilerisinde sektirdiğime inanmakta güçlü çekiyor gibiydi.

"Ne?" dedim kaşlarımı hafifçe çatıp hafif bir gülümsemeyle. "Daha önce maçlarda topu karşı takımın kaptanına hiç kaptırmadın mı?" Çünkü *kaptırmamıştı*.

Pamir Yelkıran, daha önce kimseye maç başlangıcında topu kaptırmamıştı.

"Daha önce kimseye top kaptırmadın," dedim suratından doğruladığımı düşünmesini sağlayarak. "Hatta daha önce kimseye yenilmedin bile…" Topu yeterince, hatta fazlaca sektirdiğimi düşünerek bir üçlük attığımda, top potadan geçerek basket oldu ve yere ilk çarpışının sert sesi, bu büyük odada yankı buldu. "Ama bugün, burada, ilk bana yenileceksin."

Suratındaki şaşkınlığı karşısında azılı bir rakip duruyormuş gibi zevkli bir sırıtma aldığında, onun bu ifadesi saniyeler içinde bana da bulaştı ve, "Kırk beş dakika," dedi saatine bakarak. "Tek sette bitecek. Tek pota."

Ardından önce ilçe, il ve bölge birinciliği olan basketbol takımının kaptanıyla teke tek bir basketbol maçına girişmiş oldum. Çok yakında ülke birinciliği de alarak ulusal yarışmalara çıkacağından da emindim gerçi... Geçen sene ilk denemede bölge birinciliğine kadar yükselmek, okulumuzun hiç görmediği bir başarıydı.

Kırk beş dakika boyunca, ilk on dakika büründüğü ciddiliği götürmek için elimden gelen her şeyi yaptım. Topu ondan kahkahalarla kaçırdığım anlar, basket attığımda fark etmeden dans ettiğim o kısa zamanlar... Tam olarak bir basketbol maçı değildi aslında, çünkü bir ara topu bacaklarının arasından yollayıp sektirerek saha dışından basket attığım bile olmuştu. Ben o kırk beş dakika boyunca onunla basketbol oynamamıştım, dans etmiştim sanki. O ise daha onuncu dakikadan gardını indirmişti bile. Suratından uzak diyarlara göç eden o gülümseme, böyle neşeli bir şekilde bu oyunu oynamamın en büyük nedeniydi belki de.

Kırk beş dakika dolduğunda ise ikimiz de aynı anda yere yığıldık. Duyulan tek ses sık aldığımız nefeslerimizdi ve bir de hâlâ hafifçe seken basketbol topu vardı tabii.

"Yendim seni," dedim kahkaha atarak. "Yenildin bana." Çok büyük bir şey kazanmış gibi ayaklarımı ve ellerimi sallayarak yerde yattığım yerde kahkaha atmaya başlayınca, "Yendim!" diye bağırdım. "Bölge şampiyonunu 18'indeki bir kız yendi! Ben bugün..."

Ayakta zıplamamı ve çığlık çığlığa bağırmamı arkadan elleriyle ağzımı kapatarak durdurduğunda elinin kapattığı dudaklarım arasından bile kıkırdıyordum. "Tamam, tamam, sus!"

Elini ısırıp bileğini çektiğimde nefes nefese karşısına dikildim. Saçları dağılmış ve terden hafif ıslanmıştı, benim de pek bir farkım yoktu gerçi. Bir dakika sessizce bekleyerek kendime gelmeyi denedim. Hemen ardından ise, "Telefon," dedim avucumu açıp ona tutarak. "Oyun da bittiğine göre, telefon."

Gözlerini devirerek döndü ve odanın kenarına bıraktığı hırkasının üzerindeki cep telefonunu alarak şifresini girdikten sonra yavaşça avucuma çarptı.

Ezberimdeki Nisan'ın telefon numarasını girerek yere oturup bağdaş kurdum ve açmasını bekledim. "Ne var?" diye açtı telefonu, huysuz bir homurdanmayla. Arkadan televizyon sesi geliyordu.

"Nisan, benim Nil."

Kısa bir çığlığı yarım keserek dehşet içinde sordu. "Ne? Nil?"

"Bir saniye." Telefonu kulağımdan uzaklaştırarak kafamı kaldırdım ve Pamir'e döndüm. "Beni bulduğundan ve burada olduğumdan kimsenin haberi yok mu?"

"Geçen sabahki şaklabana söylemiştim."

Burada şaklaban, Çağrı oluyordu.

"Açıklaması uzun sürer ama telefonumu ve anahtarımı evde unutmuşum, Çağrı'yı arayıp bir saat içinde evde olmasını söyleyebilir misin? Onda anahtar vardı."

"Ta-tamamdır."

Ve kapanış.

"Sağ ol," dedim kalkarken telefonu ona uzatarak. Saçımdaki tokayı çekip çıkardım ve tokanın arasından kurtulmuş tutamları da bir araya getirerek tekrar topladım. Kapıya doğru yürürken, telefonunda bir şeyler karıştıran Pamir'e döndü tekrar gözlerim. "Korkma, dedikoducu kıza söylemem." Lafının ardından göz kırparak odayı terk ettim.

Kapıyı kapattığım gibi de yere yığıldım.

Yüz ifadem ve davranışlarım, kalbime göre öyle sakindi ki... Beş metre uzağımdaki biri bile kalp atışlarımın ne denli hızlı olduğunu duyabilirdi, o da duymuştu muhtemelen fakat oyunun temposuna yormuştu tabi.

Oyunculuğu bir düşünmeliydim... Daha eğitim almamışken bu denli iyiysem...

Spor çantamdaki havluyla terimi kurulayarak az önceki kırk beş dakikanın ve dün akşamdan biri onunla birlikte içinde bulunduğum sahneleri düşündüm. Rüyalarımda bile görmüyordum bunları... Hepsinin ötesinde onu güldürebilmiştim bir kere.

Çıkmadan önce merdivenden yukarıya gelmesini bekledim ama gelmedi.

Her halükârda o hâlâ eski Pamir'di tabii... Diyorum ya, odun bu odun. Halis muhlis kereste mübarek. Malzemesinden masa yapsak yüz nesil görür bu.

Sonunda kabullenip çantamı da alarak çıktım evden, bahçeyi geçerken bu evin bizimkine kıyasla gerçekten daha da büyük olduğunu fark etmiştim.

Soyhan sokakları her zamanki gibi yağmurlarla ıslanmıştı fakat bu sefer ufak da olsa ilk defa kurumaya yüz tutmuştu bu kaldırımlar. Benden miydi bilmiyordum ama genelde, çoğunlukla ve her dakika atıştırma da olsa yağardı yağmur. Kar yağmazdı pek. Aslında hiç yağmazdı. Nisan'ın dediğine göre biz 12-13 yaşlarındayken yağmur en son. Hem de mevsim yazmış sanırsam.

Spor çantam bir kolumda, boynumda da havlumla eve doğru ilerlerken uzaktan Çağrı'nın geldiğini düşündüm. Bakışlarımdaki kızgınlığı görmüş olacak ki beni gördüğünde kızgınlığımı geçirmek için suratına yerleştirdiği gülümsemesi tuhaf bir hâl aldı ve ayakları ileriye doğru hareket ederken geriye doğru gitmeye başladı.

Ona elimle gelmesini işaret ettim, evin önünde durup ağırlığımı tek ayağımın üzerine vererek. "Gel, gel," diye mırıldandım kendi kendime elimle gelmesini işaret ederek. "Gel lan, gel!"

Ben mi? manasında kendini işaret etti bir ara sıyrılma umuduyla benden üç yaş büyük kuzenim, ona *kurtulamazsın* bakışı atarak buraya gelmeye ikna ettim.

İyice yaklaşmışken son bir umut, "Efendim?" diye mırıldandı tatlı olmaya çalışan bir şekilde ve çantamı aldı.

"Bir de benden üç yaş büyük, üniversiteye gidiyor olacak," dedim uzanıp kulağını tutarak ve eve doğru sürüklemeye başladım. Uzun boyu dolayısıyla eğiliyordu. "Sen buraya derslerini toparlaman için soluklanmaya mı geldin, yoksa geceleri arkadaşlarınla partilerden kulüplere akmaya mı? Hasan Amca duysa ne der bu hâline, ha?"

"Ya Nil vallahi bilerek gitmiyorum partilere, hem o parti olayını tamamen yanlış anlamışsın sen. Biz oturup deliler gibi ders çalışıyoruz!"

"Hı hı, içki içince ders daha kolay anlaşılıyor değil mi? O yüzden böyle kokuyorsun?"

"Evet," dedi eve girince sonunda kulağını elimden kurtararak. "Milli Eğitim açıklama yaptı. En iyi ders çalışma ortamı partilermiş, kafamızı da derslere en çok içki içince verebiliyormuşuz."

"Bak bir de dalga geçiyor!"

Portmantodaki terliklerden ikisini alıp merdivenlerden yukarı çıkıp benden kaçarken peşinden fırlattım ama sadece biri isabet etti.

Peşinden çıkıp azara devam edecektim ki, güçsüz bir kedi miyavlamasını işittim.

"Zifir!" diye bağırdım mutfaktan kedi maması paketi alıp merdiveni tırmanırken. "Daha kendine bakamıyorsun kızım sen, minnacık kedi senin neyine?"

★★★

Pazar günleri.

En nefret ettiğim günden bir önceki gün.

Ama bugün değil. Çünkü yarın basketbol maçı vardı ve

açılıştaki gösteride dans edenlerden biri bendim. Hatta öndeki üç kızdan biri bendim.

Saat akşam yediye geliyordu, dün akşam şaşırtıcı bir şekilde birkaç saat daha uyuyabilmiş, sabah erkenden kalkıp GreenLight'a giderek beş saat boyunca son kez yarın sergileyeceğimiz koreografiyi çalışmıştım. Hatta bu sabah ilk defa düzenli bir şekilde kahvaltı yapabilmiştim bile.

Açlığımı koca bir tabak tavuklu-mantarlı ve soya soslu makarnayla gidermiş, duşumu almış, kalın siyah eşofmanlarımın içinde, salonda uzanıyordum. Çağrı dünkü azarlama merasimimden sonra şaşırtıcı bir şekilde sabaha kadar ders çalışmış ve öğlen tekrar dışarıya çıkmıştı. Söylediğine göre Zühre Hoca onu tiyatro kulübüne yardım etmesi için çağırmış. Palyaço olayı ise tamamen ortama bir hava katmak içinmiş.

Saat dokuza yaklaşırken ve Zifir benimle oynamaktan yorulup koltuğun üzerine kıvrılmışken, sırtüstü yatıp tavanı izlediğim halıdan kalkıp yukarı çıktım ve dışarı çıkmak için üzerimi değiştirdim. Sabah Nisan'la buluşmuştuk ve ona uyuma olayı ve birkaç detayı anlatmıştım. Beni alışverişe sürükleyip sırf Buğra ona, *"Mavi sana ve gözlerine çok yakışıyor,"* dedi diye bir ton kıyafeti yorumlamam için yanında tutmuştu. Tabii, ona verdiğim cevaplar hep aynıydı.

"Siyah olsa ben de alırdım."

"Siyah olsa daha güzel dururdu sanki."

"Siyahı var mı bunun?"

"Sence de bu elbise siyah renkle daha asil durmaz mıydı? Nerede bunun tasarımcısı?"

Yine de ben de siyah birkaç parça bir şey almıştım. Eğer şimdi Nisan'ı arayıp benimle dışarı çıkmasını istersem muhtemelen etrafımda dönen olaylar kapsamında birçok soruya boğacaktı beni ama buna değerdi. Öğlenden beri yemek yemekten, sıkıcı televizyon programları izlemekten ciddi anlamda sıkılmıştım ve koltuğun üzerinde uyuyan Zifir'i düşünürsek, o da benden sıkılmıştı.

Saçlarımı salık bırakarak parmaklarımı aralarından geçirdim. Siyah, bol bir kazağı giyerek kollarını kıvırdım. Siyah bir pantolonu da altıma geçirerek ceketimi, anahtarlarımı, cüzdanımı ve telefonumu alarak aşağı kata yöneldiğimde, çok geçmeden bahçeden çıkmıştım.

Telefonum dışında her şeyi cebime sıkıştırarak rehberden Nisan'ı bulduğumda beklemeden aradım. "Ne yapıyorsun?"

Arkadan çalan Pillowtalk'ı duyabiliyordum.

"Sana da merhaba, iyiyim Nil'ciğim ne yapalım işte..." diyerek direkt olaya dalmamı kınayarak konuştuğunda hafifçe güldüm. "Buğra'yla dışarıdayız, sahilde bir kafe bulduk ama öyle böyle değil. Ne oldu?"

"Ha." Durdum. Dünyanın en acı anlarından biri, kankanla takılmak için aradığın zaman sevgilisiyle beraber dışarıda olduğunu fark ettiğin andı.

"Sen de gelsene," dedi durumu kurtarmak adına ne diyeceğimi anladığı zaman ama kesin bir dille, "Hayır, hayır," diyerek reddettim. "İki sevgilinin arasında fazlalık gibi dolaşan o arkadaş rolünü üstlenmek istemiyorum, cidden. Başka zaman artık. Buğra'ya selamlar, size iyi akşamlar." Ve telefonu kapattım.

Telefonu kapatır kapatmaz, tatlı bir esinti geriye doğru saçlarımı savurdu ve ileride gelen iki eli silahlı adamı o zaman fark ettim. Gecenin karanlığında, bu denli siyahlara bürünmek işte bu yüzden en iyisiydi. Dehşet içinde kendimi yan bahçenin duvarından atlarken bulmuştum saniyeler içinde. Adamların gölgeleri bahçe kapısının demirlerinden sızan ışık dolayısıyla yere yansıdığında, hemen arkamda, duvarın öteki tarafında olduklarını fark ettim.

"Kaçtı orospu çocuğu," diyerek duvara tekme attı biri. Çıkan sesle refleks olarak kendimi ileriye atsam da emekleme pozisyonunda duvarın dibine geri döndüm.

"Abi geri dönelim, bizim adamlar daha fena. Hem ufak bir sıyrıktı, yarın bir gün tekrar gelir o piç kurusuyla dibindekiler. Ama bizimkilerin yaralarıyla ilgilenmemiz lazım şu an."

"Siktir oradan, sanki o malların ne hâlde olduğunu çok önemsiyorsun. Bu sokağa girdiğine eminim, burada bir yerde o…"

"Abi…" diye başladı söze diğeri ama telefonundan gelen mekanik melodiyle sustu. Birkaç saniye içinde açmıştı telefonu ve, "Tamam abi," dedikten hemen sonra telefonu kapatıp cebine attığını gördüm gölgesinden.

"Malik aradı, geri dönüyoruz."

Ve dakikalar içinde sokağı terk ettiklerini gördüğümde, özgürce derin bir nefes alarak ayağa kalktım. *Malik.* Bu adı biliyordum.

"O Malik piçi de burada mı?" dedi Pamir banyonun karşısındaki kapıyı göstererek. Sanırım orası birazdan gideceği yere açılıyordu.

"Hem de başköşede."

Pamir'in doğum gününden bir önceki gece, onu takip ettiğim zaman dolabına saklandığımda Kaan'la konuşurlarken duymuştum. Ondan düşmanı gibi bahsetmişti.

Bahsi geçen kişi, Pamir olabilir miydi?

Silkelenip bahçeden çıktığımda, ileride, onun evinin hemen önünde adımlarımın durduğunu fark ettim. Sadece kontrol edecektim ne yaptığını, sorarsa dün burada bir şey unuttuğumu ve onu almaya geldiğimi bahane edebilirdim. Sadece iyi olup olmadığını kontrol edecektim. Sadece buydu.

Bahçeden içeriye girdiğim anda, yerdeki kan izlerini fark ettim.

Sonra tam olarak kapatılmamış, aralık kapıyı…

Elimden düşerek yere çarpan telefon gibi bir anda çöktü büyük bir sıkıntı, tam göğüs kafesimin içine. Orası onun yeriymiş gibi kuruldu, sanki en başından beri bunu bekliyormuş. Kontrol edemedim bir kez daha ve bu sefer öyle şiddetli bir şimşek çaktı ki, birkaç saniyeliğine bütün Soyhan bembeyaz oldu.

Bu sefer yerdeki kan izlerini silmek için yağdı yağmur, çünkü istese de silemezdi artık siyahlığımı.

11

Sahip olduğum şeylerin sayısı sınırlıydı. Hepsi elimde olmayan imkânlar doğrultusunda başkaları tarafından çizilen bir dairenin içindeydi ve bunu karşı taraf isterse yapabiliyordu. Nisan ve Zifir gibi. Aslında bakarsak, dairenin içinde üçümüzden başkası da yoktu. Küçük bir kalabalıktık. Anne ve baba terimleri bir süre sonra taşıdıkları anlam dolu anıları ve akrabalık bakımından yakınlık derecelerini kaybediyorlardı ve o an çemberin silik kesitinden dışarı fırlıyor, sonsuzluk kavramı içinde kayboluveriyorlardı.

Sanırım etrafımdaki herkes bir balonun içinde gökyüzüne süzülüp uzay boşluğunda kaybolmadan önce yapmam gereken ilk şey, çemberin içindekileri korumak ya da dışındakileri içeri çekmek değil de, çemberin içinde iki ayrı parça olarak dolanan bedenim ve ruhumu bir bütün haline getirmekti.

Bunu yapmam için de, *güven* bulmam gerekirdi.

Küçükken, herkese, *"İyi şansa inanır mısın?"* diye soran bir adamla tanışmıştım. Aynı adam, bana güvenin, aşkın sözlük anlamı olduğunu öğretmişti. Güven, sevgi demekti. Temelini güvenden alan her duygu bu doğrultuda ilerlerdi çünkü.

Nisan'a güveniyordum, etrafımda olan tek insana.

Fakat Pamir'e güvenmiyordum, onun yanındayken güveni *hissediyordum*. Hem kendime olanı, hem de onun tarafından, tarafıma nükseden o tatlı sıcağı.

Fakat şimdi hissedebildiğim tek şey, korkuydu. Biraz endişe rendelenmiş, bolca sarsıntı eklenmiş ve kaybetme duygusuyla körüklenen ateşte iyice pişmiş bir dünya dolusu korku.

Kanın metalik kokusunun yerden burnuma kadar gelip beni rahatsız edebilmesi imkânsızdı, bu psikolojik miydi bilmiyordum ama ediyordu işte. O metalik tat, sanki tadına bakmışım gibi damağıma sinmiş, boğazıma dolanmıştı sanki ve ben hayatımın sarsıntısını yaşıyor gibiydim. En sarsıntılı, en yüksek dereceli depremlere bile dayanabilmesi için inşa edilmiş bir gökdelendim sanki fakat kimsenin ruhunun duymayacağı bir artçıda hemen yıkılıvermiştim. Tuzla buz olmuştu bütün dünyanın anlamı. Değer verdiğim iki kişiyi kaybetmiştim sadece saatler önce ve şimdi de birini daha mı kurban vermeliydim sanki?

Yaşamak için başkasını kurban ediyorduysa herkes, ben bu seferki kaybımla başkasını kurban etmiyor, kendimi; bedenimi, ruhumu teslim ediyordum sanki düşman ellere.

En acısı da... Benim için bu kadar anlam ifade ettiğini bilmiyordum.

Gök yarılırcasına damlaları yeryüzüne yağdırırken ve yerdeki kan lekeleri her saniye biraz daha silinirken, o anın zaman kavramı içinde yok olmasını diledim ve adımlarımı koşar şeklinde eve, aralık kalmış ama uzaktan fark edilmeyen kapıya çevirdim.

Nefesi burnumdan mı alıyordum, ağzımdan mı yoksa başka bir taraflarımdan mı emin değildim ama kalbimi göğüs kafesimin içinde hissetmediğime emindim artık.

Salon karalıktı, ama bahçeden gelen hafif ışık dolayısıyla koltukların üzerindeki bedeni görebiliyor ve ağır nefes alışlarını duyabiliyordum. Ellerimin titreyişine hâkim olmaya çalışarak kapıyı kapattım ve çantamdan telefonumu çıkartmaya çalışırken ışıkları açtım.

Üzerinde siyah bir jean, siyah ince bir kazak ve siyah deri bir ceket vardı; salona inen iki küçük basamağın üzerinde ise iki damla kan.

Henüz koltuğun arkasındayken ve ileri hareket etmiyorken seslice yutkundum ve adının dudaklarımdan dökülmesine izin verdim. "P-Pamir?" Kekelemiştim. Ama bu beş harfi söyleyebildiğime dua etmeliydim asıl.

Hareket etmedi. Dışarıdaki adamların üzerine, şu an içimde filizlenen öfkeyi yağdırmalıydım fakat o an konuştuklarından pek de bir şey anlamadığım için bunu yapamamıştım.

Bir kez daha tekrar ettim.

"Pamir?"

Odayı etkisi altına almış metalik kan kokusunu ciğerlerim solurken, sesim salon boş bir depoymuş gibi eko yaptığında cesaretimi toplayıp ellerimi yumruk haline getirdim ve kendimi dizginlemeye çalıştım.

Adımlarım koltuğun ön kısmına doğru ilerlediğinde titrediğimi hissediyordum ama kendime engel olarak salonun ışıklarını açtım ve loş ışık bütün odayı aydınlatırken Pamir'in kendinden geçmek üzere olan ifadesi karanlıktan kurtularak gözlerimin önüne serildi.

"Hayır..." diye mırıldandım fakat birkaç saniye sonra sesimi duyan Pamir'in kapanmak üzere olan gözleri açıldı ve yutkundu. Kurumuş dudaklarının üzerinde dilini gezdirdikten sonra bakışları beni buldu ve hemen ardından ifadesiz yüzü, biçimli kaşlarının çatılmasıyla bozuldu. "Nil?"

"Evet, ben..." Gözlerimi siyah tişörtünün yırtılmış kısmında ve elinin boydan boya bulandığı kanda gezdirip sertçe yutkundum. "Dolaşmaya çıkmıştım ama oradaki adamlar konuşuyorlardı ve..." Elimle arka tarafı işaret ettim. "Yerde kan damlaları vardı... Kapı açıktı ve sonra..."

"Kendini benden uzak tutamıyorsun değil mi?"

Gözlerim yırtılmış ve kana bulandığı, parlamasından anlaşılan siyah tişörtünün kumaşından hızla, dehşete düşmüş bir ifadeyle gözlerini bulduğunda, kısa bir süre sonra kısılan gözlerinin alaycı bir ifade bürünmesinden ve kısık bir sesle gülmesinden sadece dalga geçtiğini anladım. Bunu fark edene kadar, nefesimi tuttuğumu bilmiyordum. Yavaşça ciğerlerimdeki havayı bıraktım. *İşte böyle, Nil. İşte böyle. O hiçbir şey bilmiyor. Hâlâ.*

"Kesinlikle hayır," dedim rahat bir ifadeyle histerik bir şekilde nefes vererek. "O adamlar…"

"Sorularına başlamadan önce…" dedi yayıldığı koltuktan doğrulmaya çalışarak. Yüzünü buruştursa da birkaç saniye içinde dikleşti ve sağ kolunu kaldırıp kalçasının biraz üzerinde, yırtılmış kumaşın olduğu yeri kavradı. "Daha önce hiç pansuman yapmış mıydın?"

"Sağlık dersinde nasıl yapıldığını görmüştüm ama daha önce hiç… Ahh, bir keresinde bisikletten düştüğümde yapmıştım ama dediğim gibi, o bir *bisikletten düşme yarasıydı.* Derinin hafif zedelenmesi ve sadece temizleyip yara bandı takılan türden. Kanın görünürde olması fakat zemine damlayacak kadar yoğun bir kesik olmaması durumu. Bu…" Tişörtünün kesik kısmını işaret ettim. "Ehliyetim var, ben sürerim. Hastaneye gidebiliriz."

Hızla kafasını salladı. "Küçüklük tecrüben yeterli ve… Hastane mi? Asla. Babam öğrenir."

"Babanın tüm o yeraltı dövüşlerini ve peşindeki adamları bilmemesi senin için daha tehlikeli değil mi? Ya da polis? Ne düşünüyorsun bilmiyorum ama o adamlar seni yaraladı ve ben onları dinlediğimde daha fazlasının olması gerektiğinden bahsediyorlardı. Buna adam öldürmeye teşebbüs derler Pamir. Cezası yedi yıldan başlıyor."

"İstediğimi polis ya da babam veremez." Bu sözler döküldü dudaklarından, karnının sağ tarafında kesik olan birine göre çok sakin konuşuyordu. "Ayrıca Zırh'ın varlığının ortaya çıkması beni de tehlikeye atar, ringin krallarında adım altın harflerle yazıyor."

"Sadece yasadışı işler çeviren sadece sen değilsin, onlar da bu işin içinde değil mi? Ben adam öldürmeye teşebbüsten yargılanıyor olsam geçerli bir neden uydurup yedi yıl içeri yatmayı, her şeyi ötüp cezamın üzerinde birkaç yıl daha eklenmesine tercih ederim. Bu gece ne oldu bilmiyorum ama bu yara-"

"Sorularına sonra devam et," dedi sakince sözümü keserek ve devam etti. "İlk yardım çantası yukarıda, soldan ikinci odada dolapta."

Seslice nefes vererek onu süzdüm. Sormaya devam etmek istiyordum, çünkü deli gibi merak ediyordum ama bundan önce yarasını görmemiştim ve ne kadar derin bilmiyordum. Enfeksiyon kapabilirdi. Bu düşünce ve ilerisi beni deli etti. "Hastane-"

"Hayır."

"Ama enfeksiyon-"

"Hayır."

"Pekâlâ." Saçlarımı kulağımın arkasına sıkıştırarak gitmeden önce durup ona döndüm. "Sihirli kelimeyi söyle." Ne diyordum ben?

"Ne kelimesi?"

"Sihirli kelime. *Lütfen.*"

"Bu senin zayıflığın falan mı?" diyerek kafasını geriye hattı ve gözlerini devirerek inledi.

"Gibi bir şey." Tamamen yarasını unutmuş gibiydim. "Sihirli kelimeyi söyle."

"Hayır."

"Biliyor musun, emir almayı hiç sevmem." Onun *zayıflığından* mı yararlanıyordum? Az önce duyduklarım ve kan damlalarından sonra eşiğinde olduğum krizi geçirecek olan ve sanki bütün salon kan olmuş gibi, korku filmlerinin gerilim sahnelerinden fırlama anda korkudan dizleri boşalan ben değilmişim gibi davranıyordum. Bu benim maskem miydi?

"Biliyor musun, kanama yüzünden ölürsem mezarımdan hortlayıp *beni kişisel fantezileri yüzünden ölüme terk etti* diyerek katil olarak göstereceğim kişi peşimdeki o adamlar değil de sen olacaksın. O zaman hapishanede bol bol emir alırsın."

Gözlerimi devirerek, "Bu iş burada bitmedi," diye mırıldandım dişlerimin arasından.

Kafasını kaldırıp gözlerini gözlerime sabitleyerek kaşlarını kaldırdı ve dudakları kıvrıldı. "Tabii ki bitti."

"Sadece," diye mırıldandım yavaş adımlarla oturduğu koltuğu arkamda bırakarak ilerleyip. "Eğer ölürsen sana sihirli kelimeyi söyletemeyeceğim ve bu işin asıl o zaman biteceği için uzatmıyorum…" Merdivenlerden çıkacağım sırada iki gün önce basketbol oynadığımız odaya giden merdivenlerin yerinde olmadığını fark ederek sıçradım. "Yok artık!"

Dönüp ona bunu soracağım sırada, kafasını geriye atıp gözlerini kapatarak dişlerini sıktığını fark ettim. Birkaç saniye sonra kafasını kaldırdı ve sağ kolu hareket ederek tişörtünü sıyırdı. Yarasına bakıyordu. *Canı yanıyordu.*

Ve ben ise karşısında durmuş ona yardım edeceğim yerde çene çalıyordum.

Alt kata inen merdivenleri soracağımı aklıma kazıyarak yukarı çıkan merdivenleri ikişer ikişer tırmandım ve hızla sola dönerek ikinci kapıdan içeri daldım. Burası gereksiz eşyaların doldurulduğu, kiler olarak kullanılan bir odaydı. Arkada sadece bir penceresi vardı ve yanında sallanan, işlemelerinden çok eski olduğu anlaşılan bir sandalye vardı. Daha fazla vakit kaybetmeden çift kapılı kahverengi dolabın kapaklarını açtım ve dik bir şekilde yerleştirilmiş büyük boy ilk yardım çantasını kaptığım gibi fırladım.

Aşağı indiğimde, kendi kendime söylenirken buldum kendimi. Nedense onun yanında çenem açılıyordu. "Bu ilk yardım çantasının küçük olması gerekmez miydi? Sanki her ay düzenli olarak yaralanıyormuşsun gibi…" Yanına ulaştığımda gözlerimi koltuktaki bedenine çevirdim. Kafasını geriye atmıştı ve âdem elmasını görebiliyordum. Bu açıdan salonun ışığı yüz hatlarına vurduğunda onu kitaplardan fırlamış bir melek gibi gösteriyordu ya da Yunan mitolojisindeki kusursuz fizikleri olan tanrılar gibi.

Onu orada öylece dikilip saatlerce izleyebilirdim tabii ama *küçüklük tecrübeleri* ve *Sağlık derslerinden* öğrendiğim kadarıyla, pansuman yapmam gereken bir kesiği vardı.

"Ceketini çıkar," dedim önünden geçip yanına otururken. Ben koltuğun ucuna oturup masaya yerleştirdiğim çantayı açarken, o da doğrulup ceketini çıkarıyordu.

Çantanın tam donanımlı olmasına şükrederken alkollü mendil, antiseptik solüsyon, pamuk çubuğu ve hidrojen peroksit çıkardım. "Eğer ölürsen mezarından fırlamadan önce başımda yeterince dert olduğunu hatırla lütfen." Ceketimi çıkarıp kazağımın kollarını iyice sıvadıktan sonra ellerimi temizledim ve bir bacağımı kırıp üzerine oturarak ona döndüm. Bu mesafe, yarasını temizleyebilmek için en uygunuydu fakat bu bile çok yakındı. Nefes alıp verişlerini hissedebiliyordum.

"Sakin ol, ölmeyeceğim." Tişörtünü tuttu ve kaldırdı. "Çıkarmamı ister misin?"

Kafamı kaldırıp attığı muzip bakışı ve dudaklarının kıvrılışını görmezden gelmeye çalışarak, "Hayır, böyle iyi," dedim.

Sonunda kesiğe gözlerimi çevirip dikkatice inceleyebildiğimce istemsizce yüzümü buruşturdum. "Ahh, cidden…"

"On beş adamla aynı anda tek başına dövüştüğün zaman gel, o zaman konuşuruz bu konu."

"On beş adamla aynı anda mı dövüştün?" dedim dehşetle ve

göz kapaklarımın sınırlarını zorlayarak kafamı kaldırdım. "Deli misin sen? Belanı mı arıyorsun?"

Hiç sorun yokmuş gibi omuz silkti. "İlk kez değildi bu ama diğerlerinden farklı olarak dikkatim dağıldı. Çok feci bir şekilde."

"Nasıl?"

"İlk saldırıp tekmelediğim şerefsiz aradan sıyrılıp arabamın üzerine benzin döküyordu," dedi aklına geldiği gibi sinirlerini tavana çıkartarak. "Pezevenk. Onun yüzünden bir haftada iki arabamı da kurban etmiş olacaktım."

"Aptal bir araba yüzünden mi yaralandın?" Sinirlenmiştim. "Arabanın üzerine benzin döküyor diye mi dikkatini dağıtmayı başardı yani?"

"Kaza yapıp arabayı haşat etme yalanının da bir kullanım süresi var, aynı hafta içinde iki kere söylenirse ne kadar inandırıcı olur sence? Faturalarım kontrol ediliyor."

"Yine de…" Omuzlarımın düştüğünü, konuşmanın gereksiz olduğunu hissettim. Daha fazla konuşmayarak antiseptik solüsyonun kapağını açtım ve alkollü mendilin üzerine dökerek kesiği temizlemeye başladım. Mendili yarasına bastırdığım anda karın kaslarının kasıldığını ve canının yandığını biliyordum ama ne kadar çabuk halledersem, enfeksiyon kapma riski o kadar azalırdı.

Kafasını tekrar geriye atıp kapalı gözkapaklarını sıkarak sertçe yutkunduğunu gördüm. Birkaç saniye sonra acısı hafiflediğinde, kafasını tekrar kaldırdı ve, "Bunu tekrar yapmadan önce haber ver," diyerek nefesini üfledi.

Sanki yeterince dibine girmemişim gibi sıcak nefesi yüzümü yaktığında, kafamı kaldırıp onunla yüzleşme ve cevap verme fikrimi rafa kaldırdım. Temizlediğim yaraya bakmak için kafasını daha fazla eğdiğinde, kafamı kaldırırsam aramızda hiç mesafe olmayacağının farkındaydım. Yarasını ve etrafındaki kanı temizlerken tişörtünün etrafa daha fazla kan bulaştırdığını fark ettiğimden, bezi kenara bırakıp, "Böyle olmayacak," diye mırıldandım ve ayaklanıp kırdığım dizimi koltuğa yasladım. Tişörtünün eteklerinden tutup haber bile vermeden yukarı kaldırarak çıkarıp kenara attığımda, yakınlığın verdiği farkındalık ile panikledim ve sağ kolum tutunmak için hemen yanındaki koltuk başlığını buldu. Kayan bedenimi tutmak için elleri belimi bulmuştu ve başım yana düşerken dudaklarımın çenesine değdiğini hissederek nefes nefese kalmıştım.

Bu adil değildi. Ama böyle bir salaklık yapacağımı biliyordum.

Kafasını yana çevirdiği anda dudak dudağa gelirdik. Yarasına zarar verip vermediğim düşüncesi beyin damarlarımı kasıp kavururken, belimdeki ellerinin varlığı dikkatimi dağıttı ve bunun hoşuma gittiği düşüncesi daha fazlasını istememe neden oldu. Birkaç saniye sonra diğer kolumun da boyunun yanından koltuğa tutunduğunu fark ettiğimde, çıplak tenimin boynuna değmiş olduğu düşüncesi tenimi karıncalandırdı.

Yüzünü bana dönmesini istediğim gerçeği göğüs kafesimden karnıma kadar tuhaf ama nahoş bir hissin yayılmasına sebep olurken sertçe yutkundum.

Birkaç saniye süren bu yakınlık, bana saatler sürmüş gibi geliyordu ve biz sanki dakikalardır öyle bekliyorduk. Ama öyle değildi, toplasan bir dakika bile etmezdi bu süre.

Omzum, kolum ve köprücük kemiğim arasında bir yerde duran kafasını yavaşça bana doğru döndürdüğünü hissettiğimde kalbim ağzımda atıyordu. *Kafasını çevirdiği an dudak dudağa gelirdik* ve o kafasını *çeviriyordu.*

Birkaç saniye sonra dudakları kulağıma yakın bir yerde durduğunda, "Dikkat et," diye mırıldandı yavaş ve sakin bir şekilde.

Beklediğini alamayan nefsim geri çekilmeme sebep olurken yavaşça kollarımı çektim ve doğruldum. Yüzünü yüzüme çevirmişti ve doğrudan gözlerime bakıyordu ama bu nahoş his bedenimi terk etmedikçe bir daha yüzüne bakabileceğimi sanmıyordum. Gözlerimi kasları dışında bir yere, yarasına çevirebildiğimde bir kez daha temiz bir alkollü mendile antiseptik solüsyon dökerek yarasına doğru tuttum ve bu sefer daha nazik bir şekilde yavaşça kesik ve mendili buluşturdum. Hafifçe suratını buruşturduğunu ama bunun sadece birkaç saniye sürdüğünü görebilmiştim.

Bir pamuk çubuğu alarak hidrojen perokside batırdım ve temizlediğim yaranın etrafında hafifçe gezdirdim. Parmaklarımın tenine değmemesi için çaba sarf ediyordum ve o da dikkatlice beni izliyordu.

Ama sırada antibiyotikli krem vardı ve parmaklarımın tenine değmemesi imkânsızdı. Bunu onun yapabileceğini söyleyebilirdim ama muhtemelen ilk sürdüğümde canı yanacaktı ve ben yanında öylece durup işe yaramaz bir şekilde izleyemezdim.

Kremi alıp kapağını açacağım sırada zilin çalmasıyla olduğum yerde dikleştim ve kafamı kaldırarak istemsizce göz göze geldim.

"Bizimkilerdir," dedi omuz silkerek. Bunun üzerine kremi kenara bırakıp ayağa kalktım ve koltuğun kenarındaki birkaç damla kan lekesine basmamaya özen göstererek kapıya yürüdüm. Kapının ardında aynen onun söylediği gibi, arkadaşları vardı. Kaan, Melih, Yaren, Mine ve Nisan'la randevuda olması gereken Buğra bile.

Kaan beni gördüğüne hiç şaşırmayarak, "Selam," diyerek içeri geçtiğinde Buğra da peşinden bana anlamlı bir bakış atarak ilerledi. Geride kalan Melih, Yaren ve Mine'nin suratında ise şaşkınlıktan küçük dilini yutmak üzere olan bir ifade vardı.

Yine de Melih ifadesini toparlamaya çalışarak selam verdi ve yanımdan sıyrılarak içeriye doğru yürüdü. Yaren de kendini düzeltip kafasıyla selam vererek içeri geçtiğinde Mine, beni baştan aşağıya süzerek kafasını dik tuttu ve boğazını temizleyerek göz temasından kaçınır bir şekilde içeriye yürüdü. Arkalarından kapıyı kapatarak içeriye geçtiğimde, onun *bizimkiler* grubuna kattığı herkesin içeride olduğunu gördüm. Tek fazlalık bendim.

Kaan, Pamir'in yanındaki tekli koltuğa geçerek, "O kadar da kötü değilmiş," diyerek bakışlarını Pamir'in krem sürüp kapatmak üzere olduğum yarasının üzerinde gezdirdiğinde, Yaren her zamanki nötr ifadesini takındı. Mine ise dehşete düşmüş bir şekilde kenarda dikiliyordu.

Melih kaşlarını kaldırarak, "Kötü değil mi?" diye söylenirken, araya girmek için ağzımı açtım fakat o sözüne devam etti. "Maça nasıl çıkacaksın lan? Acıdan bayıltacak kadar kötü olmayabilir ama maçta sorun yaratacaktır."

Endişe dört bir yanımı sarıp sarmalarken, Pamir'in, "Bakacağız bir şekilde," demesi, hiç de alev almış düşüncelerime su serpmedi.

Hâlâ kenarda dikildiğimi fark ettiğimde, "Ben gideyim o zaman…" diyerek geriyi işaret ettim fakat tam ceketimi alarak gideceğim sırada bana döndü. "Hastanı ameliyat masasında bırakıp gidiyorsun resmen. Acil bir işin yoksa otur da başladığın işi tamamla."

Sert ya da emir verir gibi konuşmamıştı. Onun ağzından ilk defa rica edercesine hafif ve yumuşak laflar duyuyordum aslında. Bu dostçaydı, düşmanca ya da hizmetkârına emir verircesine değil.

Herkesin gözleri üzerime çevrilmişken, daha fazla dikkat çekmek istemediğim için masanın etrafından dolanıp yanına oturdum ve eski pozisyonuma dönerek yan çevirdim bedenimi. Antibiyotikli kremi elimi alıp kapağını açarken, Kaan da dönmüş Mine'ye sesleniyordu. "Dünyadan Mine'ye, dünyadan Mine'ye! Eğer öyle dikilip sabaha kadar şaşkın ifadeni takınacaksan oluşacak kırışıklıkların için bir plastik cerrahından randevu alman gerekecek."

Bunu duyan Mine aniden ifadesini değiştirip Kaan'a somurtarak boş olan karşı koltuğa ilerlediğinde, gözünün üzerimde olduğunu fark ettim. Bana onun kardeşini vurmuşum da, bedelini canımla ödemem gerekiyormuş gibi düşmanca bakıyordu. Sanki ortalık karışsa ve herkes kendi canının derdine düşüp kaçsa, o bu karışıklıktan yararlanıp beni öldürecekmiş gibiydi.

Pamir, Mine'ye dönüp attığı bakışların farkına vardığında rahatsızca yerinde kıpırdandı. "Malik piçi bunu yarınki maça çıkmamam için yaptı," dedi sakince nefesini vererek. "Ulusal turnuvalara çıkmamı istemiyor. Yoluma taş koyuyor pezevenk."

Kremi elime sürüp kesiğin üzerine yayarak masaj yapmaya başladığımda, onları dinlemeyip yaraya odaklanmaya çalıştım ama masaya başladığım anda, elimin altındaki kaslarının bütün vücuduyla beraber gerildiğinin farkındaydım.

Melih gözleriyle beni işaret ederek, "Nil?" dedi, yanımda Pamir'in açtığı konuyu kast ederek.

Kaan kafasını sallayıp, "Karışık hikâye, biliyor biraz. Yabancı değil," diyerek açıklama yaptığında Mine'nin oturduğu koltukta sinirlendiğini hissettim. Yaren ise her zamanki rahatlığında koltuğa yayılmış, dirseklerini koltuğun kenarlarına yaslayıp parmaklarını karnının üzerinde kenetleyerek dinliyordu.

Melih'in meraklı bakışlarının, Kaan'ın açılmasıyla üzerime toplandığını hissettim.

Biraz daha krem alarak masaja devam ettim.

"Okulun etrafında dolanıyor," dedi Buğra geldiğinden beri ilk kez sesini çıkartarak. "Geçen hafta iki kez yakaladım." Ona Nisan'ı nasıl masa başında bırakıp buraya geldiğini sormak istiyordum ama konuyu dinledikçe ilginçleşiyor ve boyumu aşıyordu.

"Sadece o değil," dedi Melih dizlerinin üzerine dirseklerini yaslayıp hafifçe eğilerek. "Müdürle konuşup okula bağışçı olmuş, yarınki maçı izlemeye geleceğine bahse girerim."

"Bunu yapabilir mi?" dedi Yaren kaşlarını çatarak. "Okula kadar gelip dibimize girebilir mi?"

"Buradaki etken Müdür," diyerek araya girdi Melih. "Adam para manyağı resmen. Muhtemelen bağışı kendi mülküne geçirecek, Malik bunu biliyorsa onu kullanabilir."

Araya girip Malik'in *kim olduğunu,* onunla *ne dertleri olduğunu* ve Pamir'i *yaralayacak, öldürmeye kast edecek kadar* bu işin başlangıcında *ne yaşandığını* sormak istedim.

Bazen sadece istersin, diye mırıldandığını duydum siyahlar içindeki kızın ellerini açıp havaya kaldırarak.

Onu umursamayarak parmaklarımın değdiği tenin üzerindeki yaraya odaklanmaya çalıştım ama kulağım sürekli arada geçen konuya yöneliyordu. Normalde insanların ne konuştuklarını dinlemezdim ama bu sohbetin içinde Pamir Yelkıran da olduğu zaman işler değişiyordu.

"O adamın gelip gelmeyeceğini bilmem ama..." Ellerimi çekip kremi yedirdiğim teninde bir süre gözlerimi gezdirdim. Hemen ardından ellerimi çekmemle soru işareti dolu bakışlarını bana çeviren birkaç yüzün içinde Pamir'le göz teması kurarak konuşmama devam ettim. "Bu yarayla yarınki maça çıkman imkânsız. Hiçbir şekilde zıplayamaz, basket atamaz, karşı takımın kaptanıyla maçın başında topu almak için hareket edemez, hızlı olamaz ya da turnike atışları gerçekleştiremezsin. Yaran derin değil ama hiçbir tedavi bir gecede mucizevî bir şekilde iyileştirip hareketli bir basketbol maçına çıkmanı sağlayamaz."

Mine'ni yerinde kıpırdandı. "Nesin sen, rap yapan basketbolcu bir tıp öğrencisi falan mı?"

Pamir, Mine'yi umursamadan, "Keşke erkek olsaydın," diye mırıldandı. "Maçta beni yerime seni oynatırdım."

Kızarmak huyum değildi fakat yine de kafamı çevirip ilk yardım çantasından bir bandaj çıkardım.

"Bundan Nil'in basketbolda iyi olduğu sonucunu mu çıkarıyoruz?" dedi Buğra, kapıdan içeri girerken takındığı anlamlı bakışlardan atarak. Tabii bu anlamlı bakışları bir ben anlıyordum sanırım.

Ortaya atılıp, *bundan Pamir'i teke tek maçta yendiğim sonucunu çıkarıyoruz,* demek istedim. Ama onu yendikten sonra bağıra çağıra sevincimi dile getirirken beni susturduğunu göze alırsak, ben söylemediğim sürece o bu konuda ağzını açmayacaktı.

Fakat birkaç saniye sonra beni şaşırtacak bir hareket yaptı ve, "Beni yendi," dedi omuz silkerek. "Bu sana ne kadar iyi olduğu açıklıyor mu?"

Kaan dâhil herkesin gözleri sonuna kadar açılıp şaşkınlığını gizleyemeyecek bir raddeye geldiklerinde, "Yok artık," diye mırıldandı Yaren.

Buğra gözlerini kırpıştırarak, "Kızım sende ne cevherler varmış da haberimiz yokmuş bizim..." yorumunda bulunduğunda bandajı açıp yapıştırmak için kenarlarından dikkatlice tutup ellerimi yaranın etrafına yaslayarak sabitledim ve bastırdım.

Melih kaşlarını *vay be* dercesine kaldırıp silkelenirken, "Bir ara antrenmana falan gelip bizimle oyna," dedi. "Bunu görmek istiyorum."

Ve Mine göz devirerek bacak bacak üstüne attığında, altındaki kadife yeşil eteğin bacaklarını daha da gösterdiğini fark ettim. Ona dönüp, *erkekleri etkilemenin bacak bacak üzerine atıp dekolte göstermekten başka yolları da vardır,* diyerek az önce söylenenleri kanıt göstermek istiyordum ama herkesin içinde ona bunu söylemek için onun bana beslediği düşmanlığı, benim de ona beslemem gerekiyordu. Ne yazık ki bunun için fazla umursamazdım.

"Zırh'taki bu haftalık adının yazılı olduğu maçları iptal edeceğim," diyerek Mine'yle aramızda gelişen gerginliğe bir son verdi Kaan. "Özellikle bu yaralanma olayı duyulursa, yenilmez lakabının askıya alınması ve hatta rafa kaldırılması gerekecek. Ayrıca durumun kötüye de gidebilir."

"Şimdilik yarın akşam oynanacak maça odaklansanız daha iyi olur." Yaren bunu mantığını konuşturarak söylemişti. "Eğer daha ilk maçtan elenirseniz, bu seneki şampiyonluk olayını da bursları da unutun."

Anlamıyordum. Pamir zengindi, para içinde yüzüyordu çünkü her saniye resmen para basan bir babası vardı. Burs almasına gerek yoktu, burs olmadan da en iyi üniversitelere soyadını diploma olarak sunabilir ve kolayca bu işten sıyrılabilirdi. Bursu ne için istediğini anlayamıyordum.

"Başka şansım yok, maça çıkacağım," diyerek konuşmayı sonlandırdı Pamir. Birkaç dakikalık sohbetin ardından da gecenin geç bir saatinde olmamız ve sabah okul olduğu gerçeği göz önünde bulundurularak herkes ayaklanmıştı. Mine hariç.

Herkes ayaklanmış, iyi geceler diledikten sonra kapıya yönelmişken Pamir'in çaprazındaki koltuğu ucuna tünedi ve sesini olabildiğince yumuşak çıkarabilmek adına boğazını temizledi. "Burada kalabilirim," sözleri döküldü gül kurusu ruja boyadığı dudaklarından. "Rahatsızlanırsan ve yardıma ihtiyaç duyarsan yanında olabilirim ve…"

"Ama Pamir sevdi?"

Aklıma Zırh'taki odada Kaan'la olan konuşmalarımız dolmuştu bir anda.

"Eh, seviyordu tabii ama kızın her geçen gün farklı bir yüzü çıkıyordu ortaya ve Pamir bunun farkındaydı. Yazın sonuna doğru verilen partide olanlardan sonra da ilişkisini kesti."

Sertçe yutkundum.

"Peki erkek arkadaşına ne oldu? Başka biriyle çıktığını duymuştum."

"Hangisi? Mine birçok kişiyle çıkıyor."

Yere doğru uzanan boş ellerim istemsizce yumruk hâlini almıştı ve tırnaklarım avuç içimi acıtıyordu.

"Pamir'leyken de…"

"Evet."

Sevgisinin derinliğinden ve fazlalığından canı yanan bir kızdım ben. Mine ne hakla böyle olabiliyor, bu şekilde davranabiliyordu?

"Gerek yok," dedim sert ve durgun bir sesle Mine'ye dönerek. "Ben buradayım."

Her aklıma gelişinde oluk oluk kan sızıyordu beynime, bir gün kalbimi dinlemekten beyin ölümüm gerçekleşir de onu yaşayamadan gidersem diye korkuyordum.

Pamir'in hissiz ifadesi akıbetini korurken, Mine önce bana ve sonra da Pamir'e döndü onay almak istercesine. Pamir onun suratına bakan uzun bakışlarını yakalayınca umursamazca omuz silkti ve kafasını geriye yatırarak gözlerini kapattı.

Birkaç saniye içinde, Mine çantasını hırsla omzuna atıp tam önümden saçları suratıma çarpacak şekilde geçti ve hızla diğerlerinin ardından salonu terk etti. Sertçe çarpan kapının tok sesi bütün evde yankı bulurken, birbirine geçmiş avucum ve tırnaklarımı ayırarak bakışlarımı ellerime indirdim.

İki avucumda da iz çıkmıştı ve birkaç noktadan kan sızıyordu. Bunu nasıl becerebilmiştim ben böyle?

Birkaç dakikalık sessizlikten sonra dikildiğim kenardan ayrıldım ve ceketimi almak için koltuğun kenarına uzandım. Planım tam olarak eve gidip sıcak bir duş almak ve uyumaya çalışmaktı, eğer uyuyamazsam da yarınki -teknik olarak bugün- koreografiyi çalışırdım.

Ceketi kavrayan parmaklarım onu geri çekerken birkaç sıcak parmak bileğime dolandı. Teninin tenimle buluştuğu an bütün bedenime üzerime ikinci bir yıldırım düşmüş gibi bir elektrik verirken bakışlarım yavaşça mekanik bir şekilde ona döndü. Hâlâ başını geriye atmış bir şekilde gözleri kapalı olarak duruyordu, bir başkası uyuyor zannedebilirdi ama bileğime sarılmış parmaklardan anlaşılacağı kadarıyla uyumuyordu.

Açıklama beklediğim birkaç saniye boyunca parmakları bileğime sarılı bir şekilde kaldı. Ta ki, tutuşu gevşeyene ve dudakları aralanana kadar. "Nereye?"

Yutkundum. "Eve?"

"Az önce ne dediğini çabuk unuttun bakıyorum."

Kolumu çekip doğrularak sesli bir nefes verdim. "Onu öylesine söylemiştim."

Nahoş bir tınıyla, "Hastasını ameliyat masasında bırakan doktor…" diye mırıldandığında gözlerimi devirmemek için kendimi zor tuttum ama içimde verdiğim savaş aptal bir gurur mücadelesiydi.

Salak mısın? Daha ilk seferden onun evinde mi sabahlayacaksın? Çabuk eve! diye kızıyordu beyazlar içindeki kız.

Oysa siyahlar içindeki kızın düşünceleri bambaşkaydı. *Bakmaya kıyamadığın, birkaç adım yanında… Hem de yaralanmış. Ne var sanki kalsan yanında? Hem o da istiyor kalmanı, yoksa yakalar mıydı kolundan?*

Gurur! dedi Beyaz.

Aşk! dedi Siyah.

İkisi yeniden karmaşık cümlelerin havada gezdiği bir tartışmaya başlamadan dilime gelenleri söyledim bende.

"Tamam, tamam. Kalıyorum. Ama sadece yalancı çıkmamak için, bilesin. Bir de o kız çok gıcık…" Eski sevgilisi hakkında neler diyordum öyle?

Dudaklarını araladığında, gözlerini açıp yarasını umursamadan ayaklanarak bana bağırmasını bekledim. Eski sevgilisine öyle söylediğim için kızmasını, deliye dönmesini bekledim.

Bağırmadı. Kızmadı. Deliye dönmedi.

"Uykum geldi." Esnedi. Gözlerini açıp kafasını kaldırdıktan

sonra koltuktan kalkmaya yeltendi ve bunu yaparken yarasının acımasıyla vücudundaki kasların kasıldığını fark ettim. Yine de surat ifadesini aynı tutarak ayağa kalktı ve fırlattığım tişörtüne baktı. Yukarıdan başka bir tişört alabileceğini umuyordu sanırım. Sağ tarafa yöneldiğinde taktığım bandajın kanlandığını fark ettim. "Dur," dedim aniden. "Hareket etme, bir de maça çıkacağım diyorsun. Manyak mısın sen?" Kolundan tutup geriye çektim ve önüne geçtim. "Ben sana pijamalarını getiririm, sen koltuğa uzan."

"Çok duygulandım," dedi hafif dalgalı bir tınıyla. "Endişeleniyor musun sen?"

"Hayır, sadece insanlık görevimi yerine getiriyorum. Kimse yan evinde ölü bir komşu istemez."

Histerik bir şekilde gülerek kafasını çevirdi. "O zaman insanlık görevini yerine getirirken bir bardak da su getir."

Ona dönüp baygın bir bakış fırlattım. "Emriniz olur beyefendi, sıcak banyonuzu da hazırlamamı ister miydiniz?"

"Suyu olabildiğince soğuk tutarsan, neden olmasın?"

"Otur da dur iki dakika," diye mırıldandım kızar bir tınıyla. "Yaralı birine göre fazla enerji dolusun."

Bana dalgasına duygulu bir şekilde, "Bedenim yaralı, ruhum değil," dediğinde koltukların arasından geçip merdivene doğru yürürken dönüp yastıklardan birini kafasına fırlattım ve gönül rahatlığıyla merdivenlere yöneldim.

Bu yönünü daha önce hiç görmemiştim. Ona ilk defa bu kadar yaklaşabiliyordum ve engeller yoktu, sanki iki arkadaşmışız gibi dalga geçip durmuştu ve sinirlendiğimi hissetsem de hoşuma gitmedi diyemezdim. Her zaman sert ve duygusuz yanını görmek yorucu ve kabul edilmesi zordu ama o böyle biriydi işte, ben böyle birine böyle duygular besliyordum… Uzaktan tanıyıp hislerini giderek arttırdığın insanı gerçekten tanıdığında ve karanlıkta tuttuğu yüzünü aydınlıkta gördüğün zaman, sonuç hayal kırıklığı olabiliyordu. Ama benim bir beklentim yoktu. Beklentiler olmadığı zaman da hayal kırıklıkları olmuyordu.

Odasına girdiğim ilk birkaç saniye yoğun tarçın ve salep kokusu yüzünden kendime gelemedim. Dolabını açıp içinden pijamalarını çıkarmadan önce odanın içindeki banyoya geçip ellerimi yıkadım. Banyosundan ise şaşırtıcı bir şekilde karanfil kokusu geliyordu ama duş jelleri ve şampuanlarının bulunduğu rafa gözüm takıldığında, koku olarak karanfili tercih ettiğinden buranın böyle koktuğunu anladım.

Koyu lacivert pijamalarını, yastığını ve yorganını kaptığım gibi yavaşça aşağıya yöneldiğimde, merdivenlerden ellerim doluyken ve bakış açımın yüzde ellisinden fazlası kapalıyken inmek zordu. Bu yüzden fazla zaman harcamıştım.

Birkaç dakika sonra onu bıraktığım yerde uzaktan göremediğimde, ilk başta su istediği için mutfağa falan gittiğini sandım. Fakat sonra, koltukta kıvrılarak uyuduğunu gördüğümde, daha önce hiç hissetmediğim garip bir karıncalanma sardı bedenimi. Hafif yanar döner bir şekilde, bir eli kafasının altında ve diğeri yanından yaslı dururken uyumuştu. Işığın yüzüne düşüş açıları onu bir melek gibi gösteriyordu. Zırh'taki ringde onu o şekilde gören biri, onun böyle uyuduğunu bırakın hayal etmeyi, düşüncelerinin yakınından bile geçiremezdi.

O... Çok güzeldi.

Bir erkek olmak için çok güzeldi. Yakışıklılık veya güzel görünüm olayından bahsetmeyerek direkt olarak çok az erkeğin sahip olduğu güzellik kavramını bir erkeğe karşı kullanabilmek, bunu düşünebilmek kolay değildi ama Pamir öyleydi işte. Çok güzeldi. Açık kahve-koyu sarı saçları, kumral ten rengi, göz kapakları, kirpikleri, burnu, çenesi, yüz şekli, boynu, hafif belirgin âdem elması, geniş omuzları, kaslı bedeni ve hatta elleri bile. Sonra sesi... Hani, bir şarkı keşfeder ve ölümüne sever, hep sizin için özel kalacağını düşüp dinlemekten hiç bıkmayacağınızı düşünürdünüz ya. Ama bir zaman sonra bıkar, dinlemeyi bırakır, müzik listenizden siler ve unuturdunuz... Onun sesi bir şarkı olsaydı, ben onu dinlemekten gerçekten hiç bıkmazdım. Bir resim olsaydı, bir sandalye çekip karşısına oturur ve ömrümün sonuna kadar onu izlerdim.

Bazen görünmez olabilmek istiyordum. Böylece yanında onunla beraber yürüyebilir, onu takip ettiğim zamanlar varlığımı fark ettirmeden yanında olabilirdim. Küçükken düştüğünde kanayan dizinin yarası olurdum mesela, otobüste yan koltuğu boş sanırken oraya kıvrılmış; kulaklığından sızan müziği dinleyen bir misafir... İlk heyecanı olurdum belki, ilk oyuncağı, ilk gözyaşı, ilk sevinci, ilk mutluluğu, ilk üzüntüsü, ilk hayal kırıklığı... Eminim ki, onun hayal kırıklığı olmak bile güzel olurdu.

Orada öylece dikilmiş, elimdeki yorgan, yastık ve pijama takımıyla onu izliyordum. Kaç dakika geçtiğinin bir önemi yoktu, gerçekleşen olayların veya bu akşam çıkması gereken bir maçın olduğu, orada performans sergilemem gerektiği gerçeği önemli değildi. Saatin sabahın dördü olması önemli değildi. Kalbine buzdan duvarlar örmüş olması önemli değildi. Ona hiçbir zaman o şekilde dokunamayacağım, öpemeyeceğim, sarılamayacağım gerçeği önemini yitirmişti... Korkularını cesaret ve öfkeye dönüştüren, kimsenin karşısında savunmasız bir hâle düşmeyen bu adamın karşımdaki koltukta kıvrılmış bir şekilde uyuyor olması, dünyanın bütün gerçekliğini ve anlamını yitirmesine sebep olmuştu benim bakış açımdan. Evde ondan ve benden başka kimse yoktu... Sadece biz vardık, ben burada dikiliyordum ve o da uyuyordu. Sadece birkaç dakikalığına yukarı çıkmış ve birkaç eşya alıp geri dönmüştüm ama o bu kısa sürede kolayca uykuya dalabilmişti.

Sorun, *kolayca uykuya dalabilmesi* değildi elbet.

Sorun şuydu ki...

Bana güveniyordu.

Birkaç dakikalığına girdiğim transtan bileklerimin hissizleşmesinin üzerine elimdekilerin yere düşmesiyle çıktığımda, toparlanıp yastığı kaptığı gibi yavaşça kaldırdığım kafasının altına koydum. Bu, elini başının altından çekip biraz daha yan dönmesine sebep olmuştu ve şimdi yara alan bölgesi tamamen üst taraftaydı.

Çıplak göğsünden yayılan sıcaklığı hissedebiliyordum. Yine de bir dakikalığına oradan ayrılıp evin ısıtma sisteminin derecesini arttırdım ve geri dönerek yorganı bacaklarına örttüm. Aslında tamamını örtüp, karşı koltuğa kıvrılabilirdim fakat bandaj kanlanmıştı ve ne zaman kanlanırsa, mikrop kapmadan değiştirilmesi gerektiğini biliyordum. Üstelik eğer yarınki maça çıkmakta kararlıysa uyuduğu süre boyunca ona fark ettirmeden yarasına bakabilirdim, kremleyip masaj yapabilir ve bandaj değiştirebilirdim.

Fakat salep ve tarçın kokusu buradan öyle yoğun geliyordu ki...

İstemsizce eğildim ve kokunun kaynağını bulmak için ona yaklaştım. Neredeyse yüz yüzeydik ama yöneldiğim kısım, daha doğrusu tarçın ve salep kokusunun buram buram geldiği kısım boynuydu. Saçlarını çok yakından koklayıp dibine girdiğinizde ise hafif karanfil kokusu geliyordu fakat ne olursa olsun boynundan sızan salep ve tarçın kokusunun üzerine geçemezdi... Sanki bedenindeki kan tamamen salep ve tarçına bulanmıştı; şah damarı kalın ve yüzeye yakın olduğundan oradan daha fazla koku sızıyordu.

Fark etmeden eğildiğim boynunda, dudaklarım değmek üzereyken çektim kendimi. Neredeyse bir vampir gibi, onu boynundan öpecektim.

Koltuğun önünde bağdaş kurarak oturdum ve bandajını yavaşça çıkartıp etrafını temizleyerek kremlemek üzere ihtiyacım olan malzemeleri bulunduran çantaya döndüm.

★★★

Bulutların en gri tonlarında yeryüzüne kasvet yağdırdığı saatlerde, Pamir Yelkıran sertçe tıklanan kapının sesine tepki vererek göz kapaklarını kaldırdı. Birkaç saniye sonra geri kapanmıştı gözleri. Fakat kapıdaki ses tekrar ettiğinde, kendini zorlayarak devam etmek istediği uykudan kendini tamamen soyutladı ve yattığı yerde kıpırdandı.

Koltukta uyumuştu, dün gece gerçekleşen sahneler birer birer gözlerinin önünden geçerken kolunu kaldırıp gözlerini ovuşturdu ve hafifçe esnedi.

Üzerinde tişört yoktu ve göğsü çıplaktı fakat omuzlarına kadar örtülmüş yorganı görebiliyordu. Ayrıca evin ısısı da her zaman standart olarak tuttuğu sıcaklıktan daha yüksekti. Pamir genelde geceleri pek evde olmadığından ve sabaha doğru geldiğinden, bu tip işlerle pek uğraşmazdı. Evi hep ılık olurdu, soğuğa kayan bir derecede. Fakat bugün fazlasıyla sıcaktı.

Biraz daha hareketlenince görüş açısını kaplayan yorgan omuzlarından aşağı indi ve yarası çok derin bir şekilde sızladı. Ne garipti ki, dün gece insanı çileden çıkartıp onu acıdan bayıltacak hâle getiren yarası artık o kadar da sızlamıyordu.

Kapı bir kere daha tıklandı. Artık cep telefonu da kot pantolonunun içinde titreşiyordu. O an, yorganın üzerinden boynuna doğru uzanan bir tutam kahve saç fark etti. Tutamlar uzun ve gürdü, canlı ve düzdü. Birkaç saniye sonra kahve çekirdeğinin o nahoş kokusu burnuna doldu ve burun kıvırdı. Kahveden nefret ediyordu ve bu kokunun nereden geldiğini az çok biliyordu artık.

Kapı bir kez daha çaldı ve telefon titreşmeyi kesti.

Yorganı üzerinden atarak ve koltuktan destek alarak doğrulmaya çalıştığında, koltuğa başını yaslamış bir şekilde saçlarının rağbetine uğrayarak uyuyakalmış kumral kızı fark etti.

Nil.

Saç tutamları bütün suratını kaplamıştı. O şekilde nefes alabiliyor muydu? Bir an elini hareket ettirip saçlarına dokunacak gibi oldu ama kahve kokusu bunu engelledi. Kahve kokan aromalı sabun ve şampuanlar kullanıyor olabilir miydi? Belki de çok fazla kahve içtiğinden böyle kokuyordu. Olabilirdi. Ortaokulda metabolizması çok yavaş olduğu için üç öğün yeşil çay içen bir arkadaşı vardı, yeşil çay kokardı hep.

Gözlerini kapalı perdelerden içeriye sızmaya çalışan güneş ışıklarından saatin kaç olduğunu fark etti ama kafasını kaldırıp saate bakamayacak kadar halsizdi. Yine de son bir gayretle koltukta doğrularak, karnının önüne başını yaslamış kahve kokan kızı uyandırmadan oradan çıkmayı başardı.

Eli kasılan yarasının üzerine gittiğinde ise bandajı fark etti. Temiz, kuru ve beyazdı. Fakat dün gece uykuya dalmadan önce kanlandığına yemin edebilirdi.

Hemen ardından gözleri masanın üzerindeki çöp poşetine, büyük ilk yardım çantasına ve kenara bırakılmış, içi boş gözüken antibiyotikli kreme kaydı. Çöp poşetinin içine göz gezdirdiğinde, içinde bir sürü kanlı-kansız bandaj olduğunu fark etti. Kenardaki bitmiş antibiyotikli kremi çöp poşetinin içine atarak kahve kokan kıza gözlerini çevirdiğinde ise, koltuktan sarkan sağ elinde takılı kaldı gözleri.

O ellerde, tüm gece ve sabahın ilk ışıkları boyunca uyumayıp yarasını temizleyen, antibiyotikli krem sürüp masaj yapan, kanlandıkça tekrar temizleyip bandaj değiştiren ve sonrasında yorgun düşüp yanı başında uyuyakalan bir genç kızın emeği vardı.

Pamir bunu fark etti tüyleri diken diken oldu. Uzanıp sol elinin parmaklarına göz gezdirdiğinde de aynı sonuca ulaştığını fark edip göğüs kafesine bir huzursuzluk çöktü. Kokusunu sevmediği, saçlarını boğucu bulduğu ve çoğu zaman onu kendi düşünceleriyle çelişkiye düşürecek hareketleri olan bu kız, bütün gece ayakta kalıp ona yardım mı etmişti? Sorgulamadan, cevap istemeden, sızlanıp yarıda kesmeden?

Pamir evin bu sıcağında tir tir titrediğini hissetti, üşümüştü bir anda.

Hiçbir soğuğun tenini delip geçemediği Pamir Yelkıran, küçük elleri olan bu kızın fedakârlığı karşısında bu sıcakta üşümüştü.

Kapıya bu kez sertçe vurulduğunda beklemeden ve yarasını umursamadan bir kolunu kızın bacaklarının ve diğerini de kollarının altından geçirip onu kucaklayarak az önce kalktığı koltuğa boylu boyunca yatırdı ve üzerini yorganla örttükten sonra kapıya yöneldi.

Fakat birkaç saniye içinde geri dönüş yaparak kahve kokan kızın üzerine eğildi ve yüzündeki saçları kulaklarının arkasına doğru geriye çekti.

Gözleri büyüktü, ona bakan bir çift koca siyah gözü hatırlayabiliyordu. Bu kız nedenini bilmediği bir şekilde bir çift siyah lens takıyordu. Sürekli siyah giyiniyordu ve ona çok güçlü, çok asi bir görünüm sergiliyordu. Burnu ne büyük, ne de küçüktü fakat çok düzgündü. Dudakları iki dolgun çizgi halinde burnunun altındaki, çenesinin hemen üzerindeki kısımda, yerindeydi ve yakından bakınca kulağının altındaki doğum lekesini görebiliyordu.

Onu ilk defa bu kadar dikkatli inceliyor, gerçekten bakıyordu.

Fakat kahve kokusu yoğun bir şekilde tekrar hücum ettiğinde Pamir hızla geri çekildi ve bu yarasını sızlattı. Eğilip göz gezdirdiğinde tekrar kanamanın başladığını düşünmüştü fakat hiçbir şey yoktu. Bandaj bembeyazdı.

Cebindeki telefonu tekrar deli gibi titreşirken kapı bir kez daha gümbürdedi ve Pamir bu şekilde harekete geçerek telefonunu cebinden çıkarttı. Aynı anda kapıyı da açmıştı.

Melih ve Kaan kapıda onu bekliyorlardı. Kaan'ın kulağında telefonu vardı ve Pamir'in telefonunun ekranından da görebildiği kadarıyla onu arıyordu. Melih ise o kapıyı açtığı sırada kenardaki saksıların altını karıştırıyordu, muhtemelen herhangi bir yere konulmuş yedek bir anahtar arıyordu.

Kaan telefonu suratından indirirken öfkeyle sızlandı. "Oğlum, neredesin lan? Öldün sandık resmen! Saat kaç haberin var mı senin?"

Melih de doğrulup Kaan'ın yanına bir-iki adımda vardığında

Pamir'in üzerini süzüp yüzüne tırmandı ve sakince mırıldandı. "Uyuyor muydun?"

"Uyuyakalmışım," dedi Pamir uykulu bir şekilde sağ gözünü ovuştururken. "Kaç saat?" Elini ensesine attı ve hemen ardından saçlarından geçirdi parmaklarını. O fark etmemişti ama salep ve tarçın kokusunu alabiliyordu Melih ve Kaan. Pamir hiçbir zaman kendi kokusunu fark edememişti.

"Saat iki! Buraya gelebilmek için son iki dersi astık, devamsızlık sınırda. Ulan akşam maç var, dün gece doğru düzgün konuşamadık. Ne bok yiyeceğiz?"

Kaan'ın delirmiş gibi bir oraya bir buraya dönmesi Melih'in esnemesine sebep oldu. "Malik okulda," dedi yavaşça, Pamir'e çevirerek bakışlarını. "Müdür adama okulu gezdirdi ve…"

"Durun bir, durun, durun…" Pamir elini kaldırıp ikisini de susturduktan sonra elini yarasına götürdü. "Durumum iyi, maça çıkacağım. Malik bu akşam istediği galibiyeti alamayacak. Endişe edecek bir şey yok."

Kaan huzursuzca göz devirdi. "Adamdaki rahatlığa bak ya… Ulan adam okula girdi diyorum, bunun ne demek olduğundan haberin var mı senin?"

Melih, Pamir'e dönüp, "Kız içeride mi?" dedi çıplak göğsünü süzerek. "Nerede? Okula gelmedi."

Pamir bir an ortaokul çocukları gibi öfkelenip sana ne demek istedi fakat ağzından bambaşka bir cümle çıktı. "Neden?"

Kaan seslice nefes verdi ve sesini oldukça kısık tutarak sordu. "Nil'in Malik'i tanıma veya Malik'in Nil'i tanıma ihtimali yüzde kaç?"

Pamir durduğu yere mıhlandı. Önceden, arabasının frenlerinin boşaltıldığını fark ettiği gece kahve kokan kız ona Malik'ten bahsetmişti fark etmeden. Frenleri onun boşalttırdığından… Ve bir de, geçen gün Malik okulun etrafında dolanırken Nil'in onu fark etmesi ve Pamir'e söylemesi olayı vardı. Ne hikmetse, Pamir dönüp Nil'in gösterdiği yere baktığında Malik'in bakışları Pamir'de değil de, kahve kokan kızda, yani Nil'deydi.

Kanı kaydı, Pamir'in. Çiseleyen yağmurun şehre çökerttiği soğuk çıplak göğsünden içeri dolarken damarlarındaki kanın fokur fokur kaynadığını hissetti.

Siktir.

"Ne oldu?" dedi en ciddi ses tonlarından birini kullanarak.

Melih olduğu yerde kasılırken açık kapıdan içeride, salondaki koltukta uyuyan ve üzerine yorgan örtülmüş kızı fark çoktan fark etmişti bile. Bu yüzden nutku tutuldu ve konuşamadı. Onun güzel saçları ve güzel yüzü karşısında konuşmak gereksiz bir eylem kalırdı, o an sadece o güzelliği izlemek vardı. Başı yastıkta yan düşmüş, dudakları hafif aralık kalmıştı ve uzun, gür saçları koltuktan aşağı sarkıyordu.

Kaan, Melih'in konuşmayacağını fark ettikten sonra boğazını temizledi ve olayı açıklamayı ele aldı. "Yaren fark etmiş, Malik Müdür'ün odasındayken okuldan bir kız tarattırıyormuş. Adını bilmediği için görünüşünü tarif etmiş. Uzun kahve saçlar, büyük siyah gözler, kumral ten, uzun; ince bir fizik ve siyah kıyafetler. Sana da çok tanıdık gelmiyor mu? Müdür siyah kıyafetleri duyunca direkt Nil'in öğrenci kaydını çıkartmış ve göstermiş."

"O sikik beyinlinin o kızla ne işi olur?" *diye gürledi Pamir sertçe ve içeriyi işaret etti.* "Ulan kızın tek yaptığı…" *Yardım etmek.*

Sustu.

"Hepsi bu değil," *dedi Melih içerideki güzelliğe sabitlediği gözlerini orada takılı bırakarak ve devam etti.* "Malik cebinden bir-iki fotoğraf çıkartıp Nil'in vesikalık e-okul fotoğrafıyla karşılaştırmış."

Pamir, Melih'in içeriye baktığını fark edince cümlesini dinlediği sırada gözlerinden daldığı noktayı buldu. Kahve kokan kız. Bakışları tekrar Melih'i bulurken fark etmese de sağ elinin parmakları mekanik bir hareketle kapanıp yumruk şeklini almıştı.

"Kızın fotoğraflarının o orospu çocuğunda ne işi var?" *dedi Pamir her kelimenin üzerinde durarak artan sinirine hâkim olmaya çalışarak fakat boynunu sağa ve sola eğip kıtlatmasından da yola çıkıldığı üzere, sinirleniyordu.*

"Fotoğraflar kız okula yürürken, GreenLight'ın girişinde veya evden çıkarken çekilmiş, Pamir. Kızı takip ediyor."

Kaan'ın son sözleri Pamir'in sinirden gözlerini kapatıp kapının girişine yaslanmasına sebep olurken, Pamir fark etmeden de olsa Melih'in de içeriye bakabilmesini sağlayan görüş açısını da işgal etmişti.

Görüntü kesildiğinde kendine gelen Melih, birkaç saniye içinde girdiği transtan saliseyle çıkarak gözlerini Pamir'in üzerinde gezdirdi.

"Ne bu şimdi?" dedi Pamir dilini dudaklarının üzerinde gezdirerek sinirle. "Kızı takip mi ettiriyor? Neden?"

"Cevap çok basit değil mi?" Kaan gülüşüne biraz öfke karıştırarak sırıttığında Melih araya girerek, "Değil," dedi sertçe. "Aynı şey sen Mine'yle birlikteyken olmadı. Neden birden bire en fazla bir-iki kez yanında gördüğü bir kıza bulaşsın?"

"Dua et, sadece onu yanında gördüğü için bulaşıyor olsun." Kaan yutkunduktan ve aklındaki ihtimali tekrar gözden geçirdikten sonra devam etti. "Eğer ilgisi varsa…"

Kızın başında az dert vardı sanki, diye geçirdi içinden Pamir. Uyku sorunu çektiğini okulda veya iki gün önce gördüğünde fark etmişti. Bunun dışında bahçedeki birkaç kız onun hakkında konuşurken kulak misafiri olmuştu; anne ve babası büyük bir bilim şirketinde çalıştıklarından onları neredeyse hiç göremiyordu ve bu yüzden kendi içsel sorunlarıyla büyük bir karmaşa içinde çatışması büyük bir ihtimaldi. Kendini saatlerce dansa vererek de bedenine eziyet ediyordu. Ve o kahve kokusu? Sürekli öyle koktuğuna göre kahve aromalı şampuan olayını göz ardı edersek çok fazla kafein alıyor olmalıydı. Birkaç gün önce Nisan onun ortalarda olmadığı ve telefonlarını açmadığı için çocukları çıkışta toplayıp anlattıktan sonra Buğra'yla konuşurken e kadar endişeli olduğunu da hatırlıyordu. Benden başka hiç kimsesi yok, demişti Nisan. Başı etrafındaki olaylardan o kadar çok ağrıyor ki kendine zarar vermesinden korkuyorum.

Hayır, Pamir bunları bilerek hafızasında tutmuyordu ya da sonuna kadar hatırlayabilmek için çok dikkatli bir şekilde dinlememişti. Sadece hafızası çok, çok iyiydi.

Sadece, onun için neden endişelendiğini çözememişti.

"Kendi pisliklerinden nefes alabilmesine şaşırıyordum, bir de gönül işlerine mi girişecek?" Histerik bir kahkaha attı Pamir. "Siktirsin oradan. Cevap açık. Kızı yanımda gören kuşları haber uçurmuştur, bu da kızı açık hedef hâline getirir. Bu kadar."

"Ama…" diye başlayacak oldu Kaan söze ama Pamir, "Bu kadar," diye tekrar üstelediğinde devam etmedi.

Fakat Malik'in, kızdan hoşlandığı için de onu takip ettiriyor olma ihtimali çok yüksekti. Nil hoşlanılmayacak bir kız değildi.

"Kız içeride, siz gidin maça hazırlanın. Bir saat önceden sahada görüşürüz. Hadi eyvallah."

Ve kapı, Kaan ile Melih'in suratına sonbaharda esen sert bir rüzgâr gibi çarptı.

★★★

Korkunç bir rüya görmüşçesine sıçrayarak uyandığımda, nefes nefese ve terliydim. Fakat her zamanki gibi ne gördüğüm hakkında en ufak bir fikrim bile yoktu.

Cama vuran ağaç dalının hışırtısı kulaklarıma dolduğunda pencereye çevirdim bakışlarımı, yağmur yağmıyordu fakat rüzgâr öyle şiddetli esiyordu ki insana o küçük dalın camı kırabileceğini düşündürtüyordu.

Huzursuzca yerimde kıpırdanarak doğrulduğumda, havanın karardığını yeni idrak edebilmiştim. Allah aşkına, saat kaçtı? Kaç saattir uyuyordum?

Uyuduğum koltukta kıvrılmış, yorgan belime inmiş bir şekilde iki büklüm yatıyordum ve gözlerim kapandıkça mayışıyordum. Göz kapaklarım daha fazla uyku için yalvarıyordu sanki fakat bir şey beni kalkmaya itti.

Üzerimdeki yorganı ayaklarımla iterek doğrulup koltukta oturduğumda hâlâ Pamir'in evinde ve salonda olduğumu fark ettim. Kalkıp kenara bıraktığım ceketimi alarak telefonumu çıkardığımda ise, saatin 18:05 olduğunu fark ettim.

Tarihe gözlerimi çevirene kadar bir sorun yoktu.

"Hass-"

"Siktir," diye tamamladı soğuk bir ses beni.

Kafamı çevirip bedenimi arkaya döndürdüğümde Pamir'i fark ettim. Merdivenlerden yeni inmişti. Üzerinde eşofmanları, kolunda siyah spor bir çanta vardı ve elinde de arabasının anahtarlarıyla telefonu. Saçları her zamanki gibi mükemmel görünüyordu ve yüzü de aynı şekildeydi. Bakışları hissizdi fakat yine de onda bu akşam farklı bir şeyler vardı.

Gözleri parlıyordu.

Acı kahveler ışıl ışıl bakıyorlardı.

"Gözlerin kıpkırmızı," diyerek kaşlarıyla gözlerimi işaret ettiğini fark ettim. Bu doğruydu çünkü gözlerim deli gibi acıyordu, yine lenslerimle uyumuştum ve bunun göz için ne kadar zararlı olduğundan bahsetmeme gerek bile yoktu.

Ellerimle gözlerimi ovalayarak hafifçe esnedikten sonra boğazımı temizleyip yarasının olduğu yere baktım ve etrafa çevirdim gözlerimi. Çöp poşeti, krem, büyük ilk yardım çantası... Hiçbir şey yoktu ve ortalık toplanmıştı. "Yaran?" dedim sesimdeki endişeyi en aza indirmeye çalışarak ve yanına yürüdüm. "Yaran iyileşmedi, nasıl oynayacaksın? Sahanın ortasında kanama başlarsa bandaj dayanmaz, formana bulaşır."

"Sorun değil," dedi omuz silkerek. "*Neden* bilmiyorum ama dün geceki gibi değil yaram. Çok acımıyor, dayanabilirim."

Bir an aslında tam olarak *bildiğini* hissettim fakat bunun doğru olmadığını düşünmek istediğimden bunun boş bir kuruntu olduğuna kendimi inandırdım. Bir şeye doğrudan inanmak ve umutlanmak için aptal sanrılara ve tahminlere değil, gerçeklere ve açık sözlülüğe ihtiyacım vardı.

Umut... İnsanın umudu sıfır olunca, üzülmüyordu. Bir

beklentiniz olmadığı için de, hayal kırıklığı yaşamıyordunuz. Sıfır beklenti, sıfır hayal kırıklığı.

"Yine de..." diye itiraz edecek oldum fakat çok ileri gidiyordum. Ben onun neyiydim ki? Sadece yardım eden bir komşusuydum, o kadar. Onu Zırh'a kadar takip edip karanlık sırlarından birine ortak olan, oldukça meraklı bir komşu.

"O zaman..." diye başladım söze ve hemen kaşlarımı çatarak istemsizce ruh halimi değiştirdim. "Hazırlanmışsın bile, maç öncesinde açılış için gösteride olacağımı biliyordun! Neden beni uyandırmadın? Şimdi kendi kendime uyanmasam, üzerime kapıyı kilitleyip gidecek miydin yani?"

Kafasını yana yatırıp gözlerini kısarak, "Aslında kapıyı kilitlemeyecektim," diye mırıldandı.

"Çok komik," diye tısladım sinirle. "Bana iyi davran, yaranın nerede olduğunu çok iyi biliyorum. Tek bir tekmeyle yere sererim seni, cerrahlar zor kurtarır."

"Bak sen, çok hafife alıyorsun galiba sen beni?" Bir adım atıp bedenini tamamen bana çevirerek göz teması kurdu. Fakat o sırada, bu yaptığı hareketten ve cümlesinden bir anlam çıkarmak ve cevap vermek yerine kirpiklerini saymakla meşguldüm. Her bir aralığı sayılarak yerleştirilmişti sanki... Her insanın yaradılış serüveni bir saat sürüyorsa, onunki kesinlikle yirmi dört saat sürmüştü.

"Hadi ya?" Elimi uzanıp kanının yanındaki bandaj sarılı bölgeye avucumu açarak yasladığımda saniyesinde eli bileğime dolandı ve garip bir çekim durmamı sağladı. Elim, karın kaslarının yanındaki yarasının üzerinde yaslı bir şekilde kalmıştı ve bileğimi tuttuğundan elim tamamen eşofmanının hırkasının üzerinden dolaylı olarak ona dokunuyordu.

Bakışları değişmişti. "Ne yapıyorsun?"

"Elliyorum."

Gözlerim kocaman oldu. "Yani vuracaktım... Ben..."

Yutkundum. Suratında biraz sonra kahkahalarla yere yapışacak bir ifade vardı fakat ani bir hareketle yarası tekrar kanlanabileceğinin bilincinde bir şekilde kendini tutuyor gibiydi. "İyi be, git! Dua et gösteriden önce uyandım. Yoksa bitmiştin."

"Yok ya?" Hafifçe sırıtınca sağ yanağındaki gamze göz kırptı. "Ne yapardın?"

Ben ellerimi açıp sırayla, "Öncelikle şampuanına tutkal doldururdum, yemeğine müshil katardım, okul dolabına sen açtığında suratına pespembe boya fırlatacak şekilde bir düzenek kurardım..." diye saymaya başladığımda kahkahalar atarak geri çekildi ve gülerek portmantoya doğru yürüdü. "Nereye gidiyorsun be!"

"Bir git diyorsun bir nereye diyorsun, karar ver sen de artık..." diye mırıldanırken portmantonun yanından bir poşet aldığını fark ettim. İçine bakıp bana dönerek uzattığında, kaşlarımı çatmış bir şekilde poşeti süzüyordum. "O ne?"

"Buğra getirdi," dedi. "Ona da Nisan vermiş. Gösteride giyeceğiniz kıyafetmiş. Ama ben poşetin içinde kıyafet olduğunu sanmıyorum. Sana yanlışlıkla bir çift iç çamaşırı göndermiş olmasınlar?"

Gözlerimi devirerek yanına yürüdüm ve poşeti kaptığım için içindeki küçük siyah şortu; askılı, yarım siyah atleti ve küçük amigo kızların giydiği siyah eteği fark ettim. "Bu ne ya?"

"Değil mi ama?" Pamir seslice nefes verdi. "Neyse, hadi ben kaçtım. Çıkarken kapıyı kapatırsın."

★★★

Kaç dakikadır bilmiyordum ama uzunca bir süredir üzerimdeki bir-iki parça *kıyafete* göz gezdiriyordum. Pamir haklıydı, bunlar bir çift iç çamaşırıydı sanki. Koreografinin hareketliliği ve jimnastik hareketleri aklıma geldikçe üzerimdekileri çıkartıp kendi kıyafetlerimi giyesim geliyordu.

Minik şortu ve eteği aşağı çekiştirmeye çalıştım fakat spor kıyafetler olduklarından dolayı pek de işe yaramadı.

Ayna karşısında daha da vakit kaybetmeyerek büyük siyah hırkamı ve deri ceketimi üzerime geçirip düz, uzun saçlarımı omuzlarımdan geriye ittim. Spor çantamın içine ek olarak çıkışta giyeceğim kıyafetleri de koymuştum.

Telefonumu kısa bir süre için taktığım şarj cihazından çıkarıp saati kontrol ettikten sonra hızlı hareket ederek evden çıktım ve ana caddeye koşarak bir taksi durdurdum. Yürümeye vakit yoktu.

Yaklaşık on dakika içinde okula vardığımda büyük kapalı spor salonunun girişine kadar seyyar satıcılar ve sosisli satan birkaç öğrenci ile karşılaştım. Sonunda soyunma odalarına ilerleyip varabildiğimde ise içeride beni kızgın bir Ümit Hoca'nın beklediğini biliyordum.

Bütün kızlar ısınma hareketlerini tamamlamış, üzerlerindeki kıyafetlerle ayna karşısında makyaj tazeliyorlardı. Birkaç kızın geride yakışıklı basketbol oyuncuları hakkında dedikodu yaptığını işitebiliyordum.

"Nil!"

Ümit Hoca adımı onu gördüğüm en kızgın surat ifadesiyle söylediğinde, saniyeler içinde arkamı dönüp bugün buradan sağ çıkabilmek adına dua ettim.

"Neredesin sen! Bugünkü çalışmaya da gelmedin, bütün kızlar ısındı ve on dakika sonra sahnedeyiz. Baş dansçı ise ortalarda yok! Çıldırıyordum!"

Omuzlarına kadar gelen düz, kahve saçlarını tepesinde toplamış, sakalları biraz daha uzamış ve suratı koşuşturmadan mı yoksa sinirden mi bilinmez kıpkırmızı olmuştu.

Helin'in kenarda Ümit Hoca'nın beni azarlayan ifadesini

izlediğini görebiliyordum. Her zamanki gıcıklığı üzerinde, bir şekilde zaten kısa olan şortunu biraz daha yukarıya çekip bir külot hâlinde getirmişti resmen.

"Çabuk, sahaya!"

On üç kız ve yedi erkek, ısınma hareketlerini tamamlamış bir şekilde saha girişine doğru ilerledi. Giriş basitti, takla atarak ve jimnastik becerilerini sergileyerek yerini alıyordun. Asıl sorun üzerinde olacak bakışlardaydı.

Helin, saçları küt kesim sarışın bir kız -adının Gamze olduğunu hatırlıyordum- ve ben ilk üç olarak sondan giriş yapacağımız sırada, ilk Helin ve Gamze ilerleyip havada taklalar atarak yerlerine ilerlediler. Büyük basketbol sahasını ve karşılaşacak iki grubu buradan görebiliyordum, hepsi takımlarının olduğu bölümde VIP bir şekilde bizi izleyebileceklerdi. Asıl sorun aslında üzerimizdeki, daha doğrusu *üzerimdeki* gözler de değildi aslında… Asıl sorun, Pamir'in de orada olduğu gerçeğiydi ve ben bunu düşündükçe elim ayağıma dolanıyordu.

Yine de ilerleyip alkışlar eşliğinde havada bir kez takla attım ve hızlanıp altı kez art arda değişik türlerde taklalarımı sergileyerek Helin ve Gamze'nin biraz önünde, tam ortalarında yerimi aldım.

Müziğin giriş kısmı bütün salonda yankıladığında, koreografide olması gerektiği gibi hepimiz kolları iki yanında elleriyle birlikte açık bir şekilde bekliyorduk. Yirmi kişi aynı anda belimizdeki şapkayı mekanik bir hareketle ters bir şekilde kafamıza geçirdiğimizde ise, asıl oyun başlamıştı.

O birkaç salise içinde büyük salonda alkışlar, çığlıklar ve ıslıklar yankılanırken, gözlerim kenardaki Pamir'e ilişti. Kaan ve Melih'le ciddi bir konu konuşuyordu ve Buğra'nın da yanlarında oturup sürekli göz devirdiğini görebiliyordum. Kaan, Pamir'e dalmış hararetli bir şekilde cevap yetiştirirken Melih'le göz göze geldim. Bu ufak an, beni tedirgin ve pişman ederken hemen bakışlarımı sahanın yan tarafında, Müdür ve idaredeki çalışanların oturdukları kısımda gezdirdim.

Ve hayatımda hissettiğim en yabancı ürperti, bütün hücrelerimi ezip geçerek beni mağlup etti. Pamir'in küfürlerinin adında hayat bulduğu adam, o gece bana adım dışında başka bir isimle, bir Yunan tanrısının adıyla hitap eden adam, Malik, orada; Müdür'ün hemen sağında dikiliyordu.

Dudaklarını belli belirsiz bir şekilde, *"Afrodit,"* adıyla oynattığını fark ettiğimde her şey yavaş çekimde gibiydi. Önce midem altüst oldu, sonra koreografi dışında bir harekette bulunarak tökezledim.

Gözlerim, bana çevrilmiş kalabalığın dışında başka, çok özel bir çift gözle buluştuğunda ise bir anlığına da olsa o acı kahvelerin içine gömülüp sonsuza kadar orada yaşamayı diledim.

Beni şu an, şuradan çekip alsın ve götürsün istedim.

O gece bir yıldız kaymış...
Keşke sırf bunun için sevseydim seni.

12

Dünya üzerinde yaşayan milyarlarca insanın sıkıntı çekmediği tek bir an bile bulamazdınız. Herkesin kendi yaşamına göre değişen tarz ve büyüklükte sorunları vardı, bu inkâr veya göz ardı edilemez bir sorundu. Fakat asıl sıkıntı burada değildi.

Senin sorunun küçük, benimkinin yanında bir hiç, demek bencillikti. Kimse kimsenin sorunlarını küçümseyemezdi, tıpkı aynı şartlar içinde aynısını yaşamadan anlayamayacağı gibi. Küçümsememek, göz devirmemek, küçük olduğunu düşünseniz ve bile bunu belli edecek bir hareket yapmamak bu kadar da zor olamazdı...

Sanırım babamla en son oynadığım veya birlikte vakit geçirdiğim zaman sekiz yaşındaydım. Karne çıkışı beni lunaparka götürmüştü, beraber film seyretmiş ve dondurma almıştık. Aslında düşünürsek, o hafta çok güzel geçmişti. Anne ve babam evdeydi, annemle de birçok defa anne-kız alışverişe çıkmıştık. Annem çilekten nefret eder diye hep çilekli dondurma alır, çilekli parfümler sıkardım ve deli ederdim onu. Eğlenirdik. Bir keresinde üstümdeki tişörtü değiştirmeme izin vermediği ve kirlenmesini beklememi söylediği için gidip boya kalemlerimle tişörtün üzerini boyamıştım hatta.

Fakat seneler, annemle babamı da sanki yavaş yavaş yanlarında götürmüştü. Parça parça koparıp, sonsuzluğa savurmuş gibiydi ve arta kalanlar bana yetmiyordu.

Üzgündüm. Üzgün ve yalnız...

Hayatta oldukları gerçeği bana yetmediği için de bencil hissediyordum kendimi.

İlk kez ciddi bir çıkmazın içinde gibiydim bunu fark ettiğimde. En azından birkaç dakika öncesine kadar, tamamen ilk ciddi çaresizliğimi tattığımı sanıyordum. Ya da en büyüğünü.

Ayağım kaymıştı. Başım dönmüştü ve sağ kolum ileriye atılmıştı. Düşeceğim sanmıştım, yalpalamıştım. Koreografi dışı bir hareketti bu, mahvolmuştum. Üstelik baş dansçı olmam olayı daha da dramatik bir hâle getiriyordu.

"Sakin olur musun? Hallettin, kimse fark etmedi."

Yine de bu baş-dansçı olayını lehime çevirip koreografi dışı bir taklayla halletmiştim.

"Nisan haklı Nil, hallettin. Bunun için üzülmene değmez."

"Üzülmüyorum. Sadece nasıl böyle bir şey yaptım, aklım almıyor. Ümit Hoca çok kızacak! Zaten son tekrarları kaçırdım hep..."

Megafonlardan duyulan spor hocasının sesi bütün salonda yankılandığında, dirseklerimi bacaklarıma yaslamış saçlarımı çekiştiriyordum.

"Ve GreenLight dans ekibine bu geceki ilk maçtan önce bize sergiledikleri görkemli şovları için teşekkür ediyoruz! Harikaydınız!" Gürültülü alkışlar duvarlardan sekip beynimde yankı buluyordu sanki. "Yaklaşık yirmi dakika içinde, Kuzey Koleji ve Doğu Koleji arasında gerçekleşecek basketbol turnuvası başlayacaktır."

Yanıma bir bedenin oturduğunu hissettiğimde, birkaç gece önceki Siyah Kuğu olayını anımsadım. Ben salıncakta otururken Pamir de Siyah Kuğu olduğumu fark ederek yanımdaki salıncağa geçmişti ve o anda da aynı ürperti sarıştı bedenimi.

Bu yüzden yanıma oturan bedenin, Pamir'e ait olduğunu hissedebiliyordum.

Melih, Kaan, Buğra, Nisan ve Pamir buradaydı. İlk yarıda ufak bir akrobasi gösterisi sergileyecek olan kız amigo takımı yüzünden Mine ve Yaren ortalıkta yoktu. Muhtemelen kız soyunma odasında kıyafetlerini giyiyorlardı.

Yanımızdaki dört erkekle beraber iki kız olarak Nisan'la erkeklerin soyunma odasında durmamız da ayrı bir ironiydi zaten. Neyse ki içeride kimse yoktu ve takım sahada, Koç'larıyla beraber strateji geliştiriyorlardı.

"Siz neden buradasınız? Ben hallederim, üzerini değiştirince geliriz," dedi Nisan gözlerini etrafımızdaki dört erkeğe çevirerek. Saçlarımı ellerimden kurtarıp geriye yaslandığım sırada ise yanımda oturanın gerçekten de Pamir olduğunu anlamıştım.

"Siz bir gitsenize asıl, bizim bir işimiz var."

Konuşan yanımdaki buzdan şahsiyetti.

Kafamın üzerindeki bütün o soru işaretleriyle birlikte yanıma döndüğümde, Pamir'in omuz silktiğini gördüm. Melih de anlamamış gibiydi fakat Buğra ve Kaan gayet normaldi.

Bütün o kafama taktığım koreografi dışı hareket ve takla sahnesi umurumdan bir saniyede çıkarken Nisan'ın gözlerinden ufak şok kırıntılarını seçebiliyordum. Neler döndüğünü ve Pamir'in bunu diyecek kadar nasıl yakınlaştığımızı merak ettiğini biliyordum. Sormak istiyordu. Sormak istiyordu fakat göstermek istediği saygı buna engel oluyordu. Nisan anlayışlı, sevgi ve sadakat dolu biriydi. Ama bu... Buğra'nın da bu işe karıştığını ve ondan gizlediği şeyleri öğrendiği zaman aynı kalacak mıydı emin değildim. Bu ona zarar verirdi. En önemlisi, bu altılı grubun peşinde oldukları ve onlara bulaşan, adı 'Malik' olarak geçen kişi, etraflarındaki insanlara zarar verecek kadar çirkinleşirse... Bundan en başta Buğra'ya yakın olduğu için

Nisan zarar görürdü. Ayrıca Kaan ve Buğra kuzen oldukları için ve Kaan, Buğra'dan daha çok bu işin içinde olduğu için onu uyarması gerekmez miydi? Uyarmış mıydı?

"Kızın morali bozuk, ne işi..." Nisan'ın omzuna elini koyarak sözünü kesen Buğra, elini omzu boyunca kaydırıp elini tuttu ve, "Tamamdır, biz gidelim," dedi Melih ve Kaan'a da işaret ederek. Birkaç saniye içinde çıktılar ve giderken kapıyı da kapattılar.

"Ne işimiz varmış?"

Ayağa kalkıp sorumu yanıtsız bırakan Pamir, ilerleyip soyadının yazılı olduğu dolabı -bu onun dolabıydı- açtı ve içinden antibiyotikli kremle beraber yeni bir bandaj çıkardı.

"Sana söyledim," dedim kalkıp elindeki bandaj ve kremi alarak. "Bu işe yaramayacak. Basket atmak için sıçradığın anda canın yanacak."

"Katlanabilirim." Bunu gayet sert ve ciddi bir şekilde söylemişti. "Daha önce de olmuştu."

"Eminim ki daha önce olduğunda hemen ertesi akşam maça çıkmamıştın." *Ne? Daha önce de mi oldu? Nerede? Ne zaman? Nasıl? O zaman da mı gitmedin hastaneye?*

Kim yaptı pansumanını?

Mine mi?

İnsanı en çok, söyleyemeyip de içinde tuttuğu sözler yorardı ya hani... Dilimin ucundan çıkmayıp, orada takılı kalan sormak istediğim o kadar soru, sırf yetkim olmadığı için terslenme korkusuyla dilimin altına saklanmıştı sanki. Biliyordum. Onun en ufak bir hareketi bile, benim günlerimi çalardı benliğimden. Ağzıma içki sürmeden sarhoş sarhoş dolaştırırdı beni sokaklarda ama sonra merhemim de o olurdu.

Ne garip... Hem yara, hem merhem. Hem acıtıyor, hem de iyi hissettiriyor.

Elini saçlarından geçirip az önce kalktığımız yere oturdu ve üzerindeki formayı çıkarmak için tişörtünün uçlarından tuttu. "Yine de yan gelip yatmamıştım. Hem sabahtan beri bandaj hiç kanlanmadı." Tişörtü çıkartıp bandajı gösterdi. Bembeyazdı.

Bir an, *geceki tedavim işe yaramış,* diye ağzımdan kaçacak oldu fakat kendimi hemen düzeltip gözümün önüne gelen saçları geriye iterek yanına oturdum. Hiç ses çıkarmadan bandajı çıkarırken, dolapların sonundaki Kızılay sembollü ilk yardım dolabını hatırladım. Kirli bandajı çöpe atıp ilerleyerek dolaptan yarasının etrafını temizlemek için birkaç malzeme çıkarttım ve tekrar eski yerimi aldım. "Bu acıtacak." Gazlı bezle etrafını hızla temizledikten sonra kremi sürdüm ve parmaklarım kremi yedirmek adına tekrar teniyle birleşti.

Kıza bak, pansuman ayağına çocuğa elliyor, diyerek kendini yere atan siyahlar içindeki kız belirdi birden zihnimde. Beyazlar içindeki ise beyaz teninin kapladığı yanakları kıpkırmızı olmuş bir şekilde *yanıyorum, off çok sıcak!* deyip etrafta koşuşturuyordu.

Sanırım bazı aşırı yüklenen duygularımı bu iki velet sayesinde dışa vurmuyordum.

Sessizliği bozarak, "Zırh'ta ve okulun çevresinde gördüğün adam, onu sonradan başka bir yerde tekrar gördün mü?" diye sorduğunda teninde kayan kremlenmiş parmaklarım durdu. "Burada," diye mırıldandım. "Tribünlerde Müdür'ün yanında oturuyor."

Pamir de gerildi. Kafasını koyu mavi duvara yaslayarak kafasını bana doğru devirdi. "Onu biliyorum da... Sana bir şey dedi mi?"

Afrodit.

"Hayır." Sesim neredeyse fısıltı hâlinde çıkmıştı. "Yere düşmüştüm zaten. Kalkıp gittim."

Maç saatinin iyice yaklaşması üzerine kremlediğim teninin üzerine temiz bandajı sıkıca yapıştırdım fakat hareket etmesini kolay kılabilecek bir şekilde de hafifçe gevşettim.

İşim bittiğinde yanındaki formasına uzanıyordu. Formasını üzerinden geçirdikten sonra ayağa kalkıp gidecekken bileğinden tuttum. "Çıkma bu maça," dedim mırıldanır gibi. "Kesik ölümcül değil ama derindi, canın yanacak…"

"Bunu çoktan konuşmamış mıydık?" Bıkkın bir ifadele bana doğru döndüğünde, parmaklarımın hâlâ bileğinin üzerinde sarılı olduğunu fark ederek geri çektim ve sertçe yutkundum. İçimde kötü bir his vardı fakat bunu dile getiremiyordum. Belki birden aklıma gelir diye dudaklarımı araladım fakat ağzımdan çıkacak cümleyi bekleyen gözleri, o cümlenin hiçbir zaman çıkamayacağını fark ettiğinde sağa doğru devrildi ve, "O adamın etrafında gezinmemeye bak," diyerek soyunma odasını gözlerimin önünde geçen birkaç saniye içinde terk etti.

Sinir olduğumu belli eden bir ifadeyle dudaklarımı büzerek, "O odomon otrofondo gozonmomoyo bok," diye onu taklit ettim. "Sanki biz takip edip çıkıyoruz adamın karşısına. Dediği lafa bak. Çok da umurumda."

Ama *umurumdaydı* işte. Onun ağzından çıkacak tek bir harf bile benim umurumun çizildiği sınırların içini fethetmişti ve ben buna engel olamıyordum. Onu bu kadar umursamayı, böylesine şeyler hissetmeyi durduramıyordum. Senelerce durduramamıştım gerçi… Şimdi mi durdurabilecektim sanki? 11 yıl… Dile kolaydı ama sıra yaşamaya, anın içinde olmaya gelince işler zorlaşıyordu. Tek bildiğim… Acıtıyordu, onu sevmek.

Zaten her an, her saniye, her şey bana onu hatırlatırken bir de gözümün önünde beynimin içinde kurguladığım o kişiliğinin daha farklı ve çok derin olduğunu bilmek bunun içinden çıkılmaz bir hâl almasına sebep oluyordu. O senelerce düşüncelerimde yaşattığım Pamir Yelkıran değildi elbet, öyle olduğunu düşünmek tamamen benim aptallığımdı fakat öyle olmadığını fark ettiğim andan beri bu hissi azaltamamak, aksine senelerce hüküm sürdüğü kalbimde biraz daha alan kaplamasına neden olmak... İşte bunu nasıl bir kelimeyle açıklayabileceğimi hiç bilmiyordum doğrusu. Bu, etrafında dönen ve son zamanlarda benim de etrafıma sıçrayan olayların da verdiği adrenalin duygusu ve tehlikeyle birlikte beni daha da salak bir duruma düşürüyordu. Hadi ama... Neydi yanında durma sebebim? Nisan'ın Buğra'yla çıkıyor olması mı? En yakın arkadaşımın, en yakın arkadaşlarından biriyle çıkıyor olması mıydı gerçekten beni hâlâ onun çevresinde tutan?

Tabii ki değildi. Ve ben buna neyin sebep olduğunu bile bilmiyordum.

Düşüncelerim sürekli değişime uğruyor, sürekli kendi kendimi aldatıyor ve sonunda bir sonuca mutlaka varıyordum fakat salep ve tarçın kokusu etrafımı sarıp sarmaladığı an, kafamın içindeki o sonuç bir karahindibaya dönüşüyordu sanki ve Pamir onu acımadan üflüyordu, üstelik o nefeste savrulan sadece vardığım sonuç değildi, beni o sonuca götüren bütün fikirler ve kanılar da peşinden yok oluyordu.

Uzun sızlanmalarım sonucunda ben de peşinden çıkıp kızların soyunma odasına geçtim ve kenara bırakılan çantalar arasından kendi çantamı bularak gösteriden sonra değiştirmek için koyduğum dar siyah kotu, dökümlü siyah kazağı ve siyah deri ceketi çıkarttım. Poşete koyarak çantaya yerleştirdiğim siyah mat uzun botlarımı da çıkartıp hepsini hızlıca üstüme geçirdim ve çıkardıklarımı çantama tıkıştırarak telefonumu elime alıp dışarı çıktım. Buğra yüzünden tribünlerin en alt kısmında, oyuncuların oturduğu yerin hemen üstündeki koltuklarda ayakta durup Buğra'yla konuşan Nisan'ın yanına vardığımda maç başlamak üzereydi.

Buğra'nın, "Sana söyledim, bebeğim, bundan daha fazlası var," diyerek Nisan'a uzandığını duyabilmiştim. Nisan kaşlarını çatarak, "Anlamıyorum..." diye sızlandığında ise beni fark etmişlerdi.

Buğra onu öpemeyeceği için uzanıp elini tuttuktan sonra gözleri ben ve Nisan arasında mekik dokudu. "Birbirinize göz kulak olun." Ve gitti.

"Bu da neydi şimdi?" dedi Nisan saçlarını geriye atarak spot ışıklarıyla daha da canlı görünen yeşil gözlerini gözler önüne sererek. "Biz zaten her zaman birbirimize göz kulak oluyoruz." Takımın birleşip Koç'la beraber slogan attıkları sırada Buğra'yı işaret etti. "O bugün çok garip davranıyor. Geçen akşama kadar bir sorun yoktu…" Benimle beraber koltuklara oturduğunda dinlemeye devam ettim. "Aslında dün… Bir arama geldi ve… Kaan aradı, o gitti. Sen beni aradıktan on veya on beş dakika sonrasıydı. Onlarca kere özür diledi ve sonra beni bir taksiye bindirip gitti. Ne olduğunu anlayamadım bile."

Dün gece ben Pamir'in evindeyken, onların grubun tamamının da ardından eve gelmesinden bahsediyor olmalıydı. Muhtemelen Kaan haberi aldıktan sonra diğerlerine haber vermişti ve toplanıp gelmiştiler.

Ama Nisan…

Onun bütün bunlardan haberi yoktu. Benim de pek olduğum söylenemezdi ama Pamir'le beraber frenleri boşalmış boş bir arazide ormana doğru giden siyah bir Porsche'den atladığım göz önüne alındığında, olaylara gereğinden fazla girmiştim bile. İstemeden. Fark etmeden. Zırh'a adımımı attığım ilk andan itibaren kendimi o grubun yaşayabileceği herhangi bir olayın içinde bulmaya hazır olduğumu göstermiştim bir nevi ve bu hiçbir şeyden haberim yokken olmuştu. Sadece… Onu takip etmiştim. O seneye kadar her yıl öğleden sonra saat beşte yaptığım gibi. Ama bu sefer sahile gitmemişti, yürümemişti bile… Siyah bir çantayla birlikte arabasına atlamış ve yol almıştı ama ben utanmazca onu takip etmiştim. Bunu nasıl yapabilmiştim? Ya o Malik denen adamın emrindekilerle kavga etmeye gidiyor olsaydı? Ya Zırh'ta adamın biri o gece beni oradakilerin kişisel zevklerine kurban gitmemem için uyardığındaki zaman kurduğu felaket senaryolarından biri gerçekleşseydi?

Ben söyleyeyim, dedi siyahlar İçindeki el kaldırıp, hemen ardından yutkundu. *Çığlık atardın. Daha önce çığlık attığında ne olduğunu hatırlatmama gerek var mı?*

Çığlık.

İşte buydu. Anahtar kelime buydu. Çığlık. Düşünce gücü. Yağmurlar, şimşekler, gürleyen gök... *Aerokinezi.* Düşünce gücüyle göklere hükmedebilmek.

Ben on sekiz yaşında normal bir genç kız değildim. Her gün evde beni bekleyen bir ailem, herhangi bir kardeşim, çalışmam gereken yarı zamanlı bir kitapçı, beni ekleyen ödevler, erkek arkadaş dedikoduları yapabilmem için bir kız WhatsApp grubum ya da her an durum güncelleyebileceğim sosyal hesaplarım yoktu. Gecenin bir yarısı savunmasız bir şekilde ıssız bir sokakta yürürken peşime bir değil iki erkek takılsa bile neler yapabileceğim birkaç hafta önce göstermiştim zaten.

Maç başladığında tamamen Pamir'e odaklanmıştım. Gözlerim sanki formasının altında bandajlı duran yarasını görebilecekmiş gibi derine inermişçesine ona bakıyordu ve bir saniye bile ayırmak istemiyordum gözlerimi.

Ama kanaması olsaydı, ne yapabilirdim ki? Nasıl dikkat dağıtabilirdim? Onarımı yeni biten kapalı spor salonumuzun tavanını uçurarak mı? Bu insanlara zarar verirdi, hem maddi açıdan hem de can olarak.

Hakem topu yukarı fırlattığında Pamir hiç de yarasını umursuyormuş gibi özenli bir davranış göstermeden zıpladı, böylece karşı takımın kaptanından önce hızla topu kapıp karşı hücuma geçme şansı oldu ve maç işte böyle başladı.

İlk yarı sorunsuz bir şekilde geçiyordu, birkaç sayı fark atmıştık fakat buna rağmen iyi oynuyorlardı. Yine de inip maçı durdurmak ve acısına son vermek istiyordum. *Canı yanıyordu.* Bunu biliyordum. Olması gerekenden fazla nefessiz kalıyordu ve yarası onu çok zorluyordu. Yine de kırmızı üzerine koyu mor çizgileri olan takım formasının herhangi bir yerinde koyuluk yoktu, bu da kanama olmadığına işaretti. Fakat kanama olmaması, Pamir'in iyi olduğu anlamına gelmezdi.

"Onun nesi var?" dedi Nisan, ben dalıp parmaklarımla oynarken beni dürterek. "Ne oldu? Nesi var?" diyerek kafamı kaldırdım ve etrafı süzdüm. Malik'i buradan görebiliyordum. Müdür'le konuşuyor, yanında eğilmiş iki korumasıyla beraber maçı izliyordu. Birkaç saniye sonra gözleri bana çevrilince saniyesinde gözlerimi tekrar sahaya sahipledim. Aynı anda da tribünlerden yuhalama sesleri eşliğinde, "Bilerek yapıyorlar! Bu yasak!" çığlıkları yükselmeye başlamıştı.

"Şuraya bak," dedi Nisan, tam da korktuğum üzere Pamir'i göstererek.

Karşı takımın oyuncuları bilerek üzerine gidiyor, topu almaya çalışırken karnının sağ alt bölgesine mutlaka top veya dirsek vuruyorlardı. Topun tam olarak bandajın olduğu yere çarpmasıyla suratını buruşturdu.

Kanımdan nükseden sıcaklığı hissedebiliyordum, damarlarımda akan o sıvı kırmızı şey fokur fokur kaynıyordu ve gözlerim ciğerlerini sökmek istercesine karşı takımın oyuncuları arasında gidip geliyordu.

Birkaç saniye sonra karşı takımın kaptanının onlardan birine göz kırparak Pamir'i işaret ettiğini gördüğümde daha fazla dayanamayarak pasla topu alacağı sırada düşüncelerimi ona sabitledim ve hava akımının ayaklarının altından kaymasını sağlayarak kafa üstü yere düşmesini sağladım.

Aynı anda ilk yarının bittiğini bildiren ses bütün salonda yankılandı ve tribünler büyük bir dedikodu curcunasına boğuldu.

Pamir'i görebiliyordum. Elini bandajın olduğu yere götürmemek için büyük bir çaba harcıyordu, çünkü darbe yediği için artık her zamankinden daha fazla acıyordu. Peki bunu kim yapmıştı?

Aslında, düşünmeye bile gerek yoktu. Ona bunu yapan, Malik'in adamlarıydı. Onlar bıçağın nereyi sıyırdığını çok iyi biliyordular. *Malik buraya bunu izlemek için gelmişti.* Karşı takımdaki o iki çocuğun buraya gelmeden önce Malik'le görüştüğüne kalıbımı basardım.

Pamir Koç'un yanına doğru ilerlediğinde yanında dikilen Kaan ve Melih ona yardımcı olmak için atakta bulundular fakat iki elini de kaldırıp ağzını, "İyiyim, iyiyim," diye oynattı. Karşısına dikilip çok fena bir şekilde *bok iyisin!* diye bağırmak istiyordum.

Tribünden sahaya girilebilmesini sağlayan iki kapı vardı, ikisinde de iki adam dikiliyordu. Fakat atlayabilmek için bir buçuk metrelik bir duvar vardı. Eğer yanlarına gidebilirsem dikkatlerini dağıtabildiğim ilk anda oradan atlayabilirdim. Başka türlü sahaya girebilmeme imkân yoktu.

Nisan'a bir şey söylemeden hızla ayağa kalktığımda ağzı açık kalmış bir şekilde beni seyrederken buldum onu fakat sonuna kadar açılmış yeşil gözlerinde ne yaptığımı çok iyi bildiği yazıyordu, bu yüzden hızla çenesini kapattı ve arkasına yaslandı. Ellerindeki içecek ve yiyeceklerini kendilerine doğru çeken insanların önlerinden hızla geçtikten sonra, oturduğum koltuğa en yakın kapıya doğru ilerledim ve iki adamın yanına geldiğimde büyük bir endişeyle dönüp, "Adam boğuluyor!" diye bağırdım. Sağdaki adamın bir-iki adım oraya yöneldiği sırada ise omzundan destek alıp yukarı sıçradım ve duvarın üzerinden sahaya atlayarak doğruldum. Gösterdiğim yerde boğulan bir adam yoktu, orada erkek bile yoktu. Bir grup lise birinci sınıf oturmuş video çekiyorlardı.

Duvarın öteki tarafındaki iki adamın da hayretle bana dönüp eğilerek baktığını gördüğümde duvarın kenarından eğilerek hızlı adımlarla ileri yürüdüm ve Koç'un yanındaki dikilip konuşan Pamir görüş açıma girdi. Muhtemelen iyi olduğu ile ilgili bir şeyler zırvalıyordu fakat değildi, biliyordum.

Birkaç saniye sonra konuşmaları bittiğinde Koç elini omzuna atıp moral vermek istercesine sıvazladı ve diğerlerinin yanına gitti. Adımlarımı büyülterek ileriye atılıp yanına doğru koştuğumda beni fark ettiği ilk an gözlerini sonuna kadar açmış buraya nasıl geldiğime bakıyordu. "Duvardan atladım," dedim nefes nefese.

"Manyak mısın sen?" Kendi canının acısını unutmuşçasına geride bırakıp üzerinden atladığım duvarı süzüyordu.

"Hayır, sadece GreenLight'ta dansçıyım." Elimi salladım. "Konumuz bu değil! Asıl sen manyak mısın?" dedim fısıltıyla konuşurken bağırırcasına. "O iki çocuk, senin yarana bilerek vurdular ve o Malik..."

"Biliyorum, biliyorum," dedi elini saçlarından geçirip dilini dudağının üzerinde gezdirerek ve hemen ardından bakışları bana döndü. "Ama şu an kafasını çok fena çarptığı için bir sağlıkçı ona bakıyor." İleriyi gösterdi. Beyaz önlüklü bir adam bize arkasını dönmüş bir şekilde koltuğa gevşekçe oturmuş az önce ayağını kaydırdığım çocuğu kontrol ediyordu. "Nasıl oldu anlamadım, birden yere kapaklandı geri zekâlı."

"Kanaman var mı?" dedim ileriye atılıp formasının ucunu tutarak fakat elleri bileklerimi buldu ve kavradı. "Bu kadar insan etraftayken formamı mı çıkarmak istiyorsun? Cidden mi?" Histerik bir sırıtışla hafifçe güldü. "Benim için sorun yok, biliyorsun..."

"Öyle değil!" diye itiraz ettim. "Aman be! Endişelenende kabahat. Git ne bok yiyorsan ye!"

Bileklerimi kavrayan ellerini sertçe çekip arkamı dönüyorken sağ bileğimi tekrar kavrayan eli beni ona geri döndürdü. "Sen de dıştan sakin falan gözüküyorsun ama içinde dağ aslanı yatıyor resmen. Dur bir-iki dakika be kızım ya, ne bu atar hemen?"

"Formanı çıkarmadan nasıl bakacağım yara o zaman söyler misin lütfen Bay *Benim İçin Herkesin Ortasında Forma Çıkarmak Sorun Değil?*"

Bunu söylerken fark etmeden ellerimi belime de atmış, o çokbilmiş kız pozu yapmıştım.

Gözlerini etrafta gezdirirken kenardaki temiz havlulardan birini aldı ve omzuna asarak, "Bir şeyim yok, iyiyim, kanamıyor ve ağrımıyor da," dedi sakince.

Gözlerim kocaman açılmıştı. "Yani o kadar acıyor ki yaram uyuştu demek istiyorsun?" Diklenen omuzlarım yavaşça düştü. "Şoka falan girersin, terliyor musun sen?"

Alnına uzanan elimi çekip, "Hayır," dedi ciddiyetle. "Yeterince sert gelmedi zaten ve ilk yarı çoktan bitti, biraz daha dayanırsam ölmem herhalde."

"Ama o Malik denen alçak…"

"Biliyorum." Sağ elinin parmaklarını kehribardan kahveye dönen saçlarının arasında gezdirdikten sonra seslice nefes verdi. "O iki çocuğu muhtemelen yüklü miktarda para vererek kandırdı ama bilerek faul yaptıkları anlaşılırsa basketbol hayatları biter dibına koyduklarımın, farkında bile değil pezevenkler. Zaten kaptanları beyin sarsıntısı geçirmekle meşgul, diğeri de tek başına bir bok yapamaz. Şimdi marş marş," dedi omuzlarımdan tutup beni geriye döndürerek ve elleri hâlâ omuzlarımdayken ileri doğru yürütmeye başladı. "Atladığın duvardan tırmanıp doğruca koltuğuna gidiyorsun ve nasıl kazandığımızı iyice izliyorsun."

"Ama gerçekten acımıyor mu? Yani demek istediğim kanama…"

"Evet, evet, kanamıyor, her neyse, çıkışta değiştirirsin bandajı, şimdi ikiletme, kaybol."

Omuzlarımdaki baskı durduğunda ve bana dokunduğu an etrafımda tepe taklak olmuş dönen dünyam yeniden şekil kazanmaya başladığında, çoktan bana sinirle bakıp kapının kilidini açan iki gardiyan tipli adamla göz göze gelmiştim bile. Beni buraya, atladığım duvarına ve az önce kandırdığım iki adamın dibine bırakıp ikinci yarı için Koç'un yanına ulaşmıştı bile.

Sancılı birkaç dakikanın ardından karşı takımın ayağını kaydırdığım kaptanı olmadan başlayan ikinci yarı, Pamir'in koruduğu ben-kimseye-top-kaptırmam imajı çizilmeden devam ettiğinde Nisan maçı boş verip bir anda bana döndü. "Sekreterinizden iyi bir kız günü için randevu alabilmem mümkün mü Nil Hanım? Zira buradan bana anlatacağınız olaylar faturası bayağı bir kabarık gözüküyor da."

Dudağımı ısırıp önüme döndüm ve ellerimi bacaklarımın arasına sokarak başımı eğdim. "Ya Nisan ben gerçekten de özür dilerim, biliyorsun annemler yok ve…"

"Ahh, bir de o vardı değil mi?" dedi eliyle yavaşça alnına vurup koltuğa yaslanarak. Kafasını baygınca yaslandığı koltukta bana çevirdi. "Annen seni o şekilde gönderdikten sonra gerçekten hiç aramadı mı?"

"Hayır." Kafamız olumsuzca salladım. "Sanırım bir daha hiç eve gelmeyecekler. Geçen gün banka hesabıma her hafta düzenli harçlığımın onlarca kat fazlasının yatırıldığını fark ettim. Bir haftalık harçlığım neredeyse MacBook alacak düzeyde ve ben çıldırmak üzereyim. Sanki intihar edecek ya da yok olacaklarmış da bütün servetlerini düzenli olarak benim banka hesabıma geçiriyorlarmış gibi hissediyorum." Bunu geçen hafta fark edip şüphelenmiştim, Tornado'ya gittiğim zaman bu mevzuyu açmak içinde sabırsızlanıyordum fakat beni sahtecilikle suçlayıp oradan kovan korumaları onaylayabilecek kadar çıldırmış bir anneye sahip olduğumu kim düşünebilirdi ki? Bazen evlatlık olduğumu düşünmüyor değildim. Sanki vicdan azabı duyup benden uzaklaşıyorlardı.

"Hımm… Peki ya, Pamir?" dedi gözlerini gözlerime dikerek. Kaçmamı istemiyordu. "Az önce karşı takımın kaptanının ayağını kaydırdığına şahit oldum, Nil. Tamam, sen onun için yıllarca haberi olmadan birçok şey yaptın ama asla bir insana zarar vermemiştin. Neler oluyor anlamıyorum, o çocuklar neden Pamir'i sıkıştırmaya çalışıyorlardı? Yani demek istediğim, geçmişte bir düşmanlıkları falan mı var? Sen biliyor oluyorsun genelde böyle şeyleri."

Derin bir nefes verdim seslice. Gerçi bu gürültüde ne kadar duyuluyorduysa artık… En başından, Zırh sahnelerini döndürerek ve bolca kıvırarak, Malik veya Afrodit isminin asla geçmediği olayları anlattım. "En son dün akşam Pamir'in evinin önünden geçerken kan lekelerini fark ettim, ufak bir kavga sonucu yara almış ve bu yüzden ona pansuman yaptım. Buğra da muhtemelen Kaan'dan arama aldığı için apar topar seni taksiye bırakıp oraya gelmek zorunda kaldı... Ama yarası çok ciddi olmasa da kanlıydı. Şu an bu şekilde nasıl oynuyor bilmiyorum. Beni de dinlemiyor, acımıyor iyiyim falan diyor ama…"

Nisan eliyle beni durdurup sözlerimi kestiğinde, "Pekâlâ," dedi önüne dönüp kafasını da koltuğa yaslayabilecek bir şekilde yayılıp ve gözlerini kapattı. "Bu günlük bu kadar yeter. Sanırım anlatmamakla iyi yapıyordun. Bu arada ne dedin? Bir kulüpte dövüşüyor mu? Sanırım bunu kızlar tuvaletinde duymuştum ama inanmamıştım, o kadar ders ve antrenmanın dışında nasıl dövüşmeye vakit ayırabiliyordu ki? Üstelik son sınıf olduğu için artık kendi şirketlerine de gidip yavaş yavaş işleri öğrenmeye başladığını da duymuştum. Ne bu çocuk? Süpermen falan mı? Senin kendini klonlayabilen versiyonun falan olmasın?"

Kıkırdadım. "Hayır, değil… O sadece…" Gözlerimi sahaya

çevirdiğimde… *Bir, iki* ve *üç* adımda turnike atışı gerçekleştirdi. "Bilmiyorum…"

"Onu neden bu kadar çok seviyorsun Nil?"

Onun hayaletiyle geçirdiğim on bir yılın yıldızlı sorusuydu bu. *Neden o?* Ve ayrıca, cevabını veremeyeceğim ilk ve tek soruydu da. "Ben… Sadece… Bilmiyorum."

"Hep böyle olmaz mı zaten?" diye devam etti Nisan. "İnsan sadece… Âşık olur işte. Bir nedeni olmaz ki bunun. Ne diyeceksin? Yüzü gözü güzel mi? Hep aynı kalmazki insan… Sen o çok akıllı beynine, *görünüşü ve gücü mü beni ona bağlayan?* diye sormadan önce ben cevaplayayım hemen; kesinlikle koca ve yıldızlı bir hayır. Görünüşü için seven bir insan olsaydın bunca zaman tek baktığın o olmazdı. Sen başkasını görüp de geçerken bakınca bile varlığından bile haberdar olmayan bir çocuğa ihanet etmiş gibi hissediyorsun. Etrafında, okulda, Soyhan'da bir sürü güçlü, zengin ve yakışıklı erkek var ama biri gelip bütün zenginliğini teklif edip yakışıklılığını sana sunsa sen yine gözünün ucuyla bakmazsın bile. Çünkü aklının da, dilinin de, kalbinin de söylediği bir. Beş harf. İki hece. *Pamir.*"

"Çünkü bütün *kapı*lar ona çıkıyor işte…" diye mırıldandım sessizce. Bu gürültüde bağıra bağıra konuşsak bile zor duyururduk ya sesimizi… Nisan muhtemel duymuyordu bile. "Ondan kaçayım diye adım attığım bütün yolların sonunda yine o var." Haklısın Nisan, belki de o gerçekten kendini klonlayabilen, benim bir şekilde farklı bir versiyonum.

13

Mucizeler asla kendi kendine ortaya çıkmazdı. Her daim onlara doğru koşan bir umut ışığı olurdu ve bu ışık sizi gözetir, beklentilerinize giden yolda size ışık tutardı. O ışığın aydınlattığı yolda doğru adımları atıyor olduğunuz için beklediğiniz sonuca ulaşırdınız sadece, buna mucize diyemezdiniz. Hedefe ulaşmak diyebilirdiniz ya da tam on ikiden vurmak... Fakat bu mucize olmazdı.

Ama eğer mucizeler için bakıyorduysanız, Soyhan'da bunlardan görebilirdiniz. Hem de bolca.

Ve büyük ihtimalle de o gördüğünüz mucizelerin benimle ilgisi olma yüzdesi bayağı bir miktar yüksekti.

"Anlamıyorum hiç, sen görmedin mi Mine? Çocuğun ayağı normal yürürken kaydı da yere yapıştı resmen. Beyin sarsıntısı geçirmiş."

Yaren'in endişe dolu konuşması beni onun o çocuktan hoşlanabilmiş olduğu düşüncesine itti fakat bunu gereksiz konular katalogumun içine fırlattım.

Maç çıkışıydı, koca salonun içinde etrafı toparlayan görevliler dışında bir biz vardık. Erkeklerin üzerlerini değiştirmelerini bekliyorduk. Yaren ayakta dolanıyor, Mine yorulduğu için ayak bileklerini ovuşturuyor, Nisan da yanımdaki duvara yaslanmış bıkkınca Mine'yi süzüyordu.

"Yaren, yeter, karşı takımdandı adam zaten, bize uzak olsun da nereye yakın olursa olsun," diye mırıldandı Mine hafifçe inleyerek.

Hah. Dakikalarca çok aman aman bir koreografi sergilemiş gibi, bir de ayak bileklerini ovuşturması yok muydu? Bu kızın her hareketimi batıyordu bana yoksa gerçekten batacak hareketler mi yapıyordu bazen kendimi sorgulama derecesine geliyordum ama ben kimseye öylesine kin besleyecek biri de değildim. Sadece Mine'yle olan ilişkimi anlayamıyordum işte. Kendimle asla karşılaştırmazdım onu, biz tam altı dakika boyunca sahayı onlarca kez turlayıp havada taklalar atmış, yerlerde yuvarlanmıştık koreografi gereği... Onlarsa sadece popolarını sallayıp kollarını kaldırarak ponponlarını hareket ettirmişlerdi. Şu odada ayak bileğinin ağrımasından şikâyet edebilecek tek adam akıllı kişi benden başkası değildi.

"Ama..." diye itiraz edecek olduysa da vazgeçti Yaren ve uzun saçlarını geriye atarak bileğindeki lastik tokayla hafifçe topladı.

Uykum vardı. Hayvan gibi esnemek istiyordum, koca bir bardak sıcak süt ve peynirli tostu mideye indirip televizyon izlemek istiyordum öyle boş boş, saatlerce... Ben de yorgunluktan uyuyakalmak istiyordum. Ama uyuyamıyordum işte. Bu çok berbattı.

Yarasını bahane edip Pamir'de kalmayı istesem ne derdi acaba?

Muhtemelen, *Bu senin evine tekrar girmek istiyorum deme şeklin mi?* gibi bir şey mırıldanırdı.

Birkaç saniye sonra erkek soyunma odasının koyu lacivert kapısının açılma sesi duyulduğunda teker teker Buğra, Kaan, Melih ve Pamir çıktılar dışarıya. Buğra koyu kırmızı bir eşofman takımı giyinmişti, Kaan'ınkiler lacivert, Melih'inkiler siyahtı... Ve arkalarından gelen Pamir'in ise, üzerinde koyu gri bir eşofman takımı vardı. Kolunda bir spor çantası asılı duruyordu ve saçları dağılmıştı. Gözleri yorgun bakıyordu, elbette yorulmuştu! Dakikalarca oradan oraya koşturmuştu, üstelik yarası da vardı... Peki değer miydi inkâr etse de çektiği acıya? Bana kalırsa asla değmezdi fakat o değeceğini buraya gelerek göstermişti. Ki kazanmıştılar da. Büyük bir farkla kazanmışlardı hem de.

"Geberiyorum," diye mırıldandı Nisan kalkıp Buğra'nın kolunun altına girerken. Esnerken kafasını erkek arkadaşının boynuna gömmesiyle histerik bir şekilde gülüp kafamı çevirdim.

Kafamı çevirdiğim yerde Pamir'le göz göze gelmiştim. "Yaran?"

"İyi."

Gözlerimi devirip oturduğum yerden kalktım. "Bandajın değiştirilmeye ihtiyacı var mı?"

"Bu senin *kaslarını görmek istiyorum, çıkar üstündekileri* deme şeklin mi?"

İroniye gülmek istedim. Az önce başka bir konu hakkında düşünürken söyleyebileceği cümleyi hayal ettiğim gidişat aynen böyle bir şeydi.

Fakat dışıma sadece, "Çok komik," kelimeleri ve huysuzca yüz çevirme sahnesi yansıdı.

Kaan'ın cebinden telefonunu çıkarttığını gördüm. Saati kontrol edip başını kaldırdı. "Sabah okul var... Pazartesileri sikeyim. Ben direkt eve geçiyorum millet."

Kaan'ın el sallayıp ileriye adımlaması üzerine Yaren de, "Beni de bırak koca yürekli çocuk," diye mırıldandı ve peşine takıldı.

Hemen ardından Melih de canlandı. "Aynen ben de." Ortamızdan geçerken herkese göz gezdirip bende durmuştu bakışları. "İyi geceler..." dedi el sallayarak ve sonradan ekledi. "Hepinize."

Saniyeler içinde Buğra'nın kolları arasındaki Nisan gözlerini kapamış bir şekilde Buğra'ya yaslanıp yüzüne göstermişti bize. Uykulu uykulu el sallayarak bir şeyler mırıldandı ama anlayabildiğimiz pek de söylenemezdi. Buğra çeviri yapıyormuş gibi, "Biz de kaçtık o zaman," diyerek Nisan'ı kucaklayıp çıkışa ilerlediğinde arkalarından iç geçirmemek için zor tuttum kendimi.

Cidden. Kıskanmamak elde değil.

Sadece Pamir, Mine ve ben kaldığımızı fark ettiğimde Mine'nin ayağa kalkıp Pamir'in koluna tutunmasını saniyesi saniyesine izledim. Birkaç saniye sonra ağzını açacaktı ki sinir bozucu sesini en azından bu gece bir kez daha duymamak adına, "Size iyi geceler," dedim ve kenara bıraktığım siyah spor çantamı koluma takarak doğruldum.

Pamir'in Mine'yi eve bırakmasını hiç mi hiç istemiyordum ama eğer biraz daha kalırsam hepimizin başı ağrırdı, Mine kendini ayak bileğinin ağrıdığına inandırmıştı; bunu muhtemelen Pamir'in onu eve bırakması ve yalnız kalmak gibi nedenler yüzünden yapıyordu, ayrıca söylemek gerekirse de oyunculuğu çok iyiydi. Liseden sonra konservatuar düşünmeliydi.

İkisinin de tek bir kelime etmesine izin vermeden hızla arka kapıdan çıktığımda gecenin soğuğunun yüzüme çarptığını hissettim. Hemen ardından burnumun üzerine küçük bir yağmur damlası düştü ve kafamı yukarı kaldırıp karanlık gökyüzünü kaplayan kömür rengi kara bulutları seyre daldım.

Yaklaşık bir dakikanın sonunda burada dikilip yağmuru beklemenin bana hiçbir faydası olmayacağını düşünerek hızlı adımlarımı okulun çıkış kapısına, hemen ardından da eve giden sokağa yönlendirdim. Eğer biraz daha bekleseydim muhtemelen Pamir'i, Mine'yi arabasına bindirirken görecektim ve bu o an hafif çiseleyen yağmurun bir anda bardaktan boşanırcasına yağmasına neden olabilirdi. Hâlâ ve hâlâ kendimi kontrol edemiyordum. Ve duygularımı da.

Zaten en başında duygularımı kontrol edemediğimden açılmamış mıydı bu dert başıma?

Birkaç dakikalık yavaş ritimde yürüyüşünün ardından, sokak lambasından solumdaki binaya yansıyan gölgemin birkaç metre arkasında birkaç tane gölge daha fark ettim. Beraber yürüyen birkaç kişiydi bu fakat sarhoş olduktan sonra bir kızı kıstırma niyetiyle takip etmek için fazla sessizdiler.

Belki de dışarıda yenen lezzetli bir yemeğin ardından evlerine giden bir grup üniversite öğrencileriydiler?

Sol sokağa saparken göz ucuyla takım elbiseli ve üniversiteye gitmek için fazla geç kaldıklarını fark ettiğim birkaç adamı görebilme şansı yakaladım. *Kimi kandırıyordum?* Aynı Zırh'taki gangsterlere benziyorlardı. Kravatsız düz siyah bir takım elbise ve birkaç düğmesi açık gömlekler. Jöleli saçlar ve ne geride kalmak ne de beni geçmek için ısrar etmeyen adımlar…

Birkaç saniye içinde beynimin idrak yollarında kol gezen düşünceleri anlayabilme seviyesine erişebildim. Ya da başka bir değişle, jeton yeni düştü.

Takip ediliyordum.

Etraftaki birçok çıkmaz sokaktan birinin sonuna geldiğimi fark ettiğimde, beni buraya yönlendirenlerin onlar olduğunun da farkındaydım. Güçsüz bir rakip değildim, hemen arkamdaki insanların sayısı bunu değiştirmiyordu fakat benim için önemli olan ne istedikleriydi.

Arkamı dönerek geriye doğru birkaç adım attığımda sertçe yutkunarak durdum. "Kimsiniz siz? Ne istiyorsunuz?"

Adamlardan biri tek kaşını kaldırıp tehlikeli bir bakış atarak, "Sorun çıkarma ve bizimle gel," dedi. "Bu akşam gerçekten çok yorgunum. Seninle uğraşacak enerjim yok."

"Çok yazık, ben de tam şuralardan bir yerlerden bir grup testosteron hormonundan ibaret birkaç beden çıksın, beni zorla alıkoysunlar ama onlara zorluk çıkarmayayım diyordum."

"Dilin de pabuç gibi maşallah." Bunu boynuna koyu kırmızı bir atkı dolamış, ağzında sakız olan söylemişti.

"Patron bu kızı niye istedi?" diye sordu aralarından biri, diğerine. "Alacağı mı var?"

"Patronuna söyle, geçenlerde yerde bulduğum gururundan bahsediyorsa çoktan değersiz eşyalar kutusuna attım bile."

"Lafını geri al!" diye sıçradı ilk başta konuşan. Alnındaki kabaran damarı görebiliyordum fakat bu beni korkutmuyordu.

Omuz silktim. Alnındaki damarı belli olan adam kafasını yana çevirip iki kişiye beni işaret etti ve bir şeyler mırıldandı.

Patron mu? O da kimdi? Her kimse peşime taktığı bu adamlarına hiçbir şey yapamazdım. Yıllarca saklı tuttuğum küçük sırrımı sırf kendimi korumak uğruna açığa çıkaramazdım.

Kafamı hafifçe arkaya çevirdiğimde Grafiti sanatçılarına malzeme olmuş uzun duvarın kenarına yerleştirilmiş iki siyah konteynırı fark ettim. Üzerime doğru gelen iki iri yarı gangster tipli adamın daha fazla yaklaşmalarına müsaade etmeyerek çantamı omzumdan çapraz bir şekilde geçirdiğim gibi konteynırın üzerine tek bir hamlede çıktım ve elimle duvardan destek alarak ormanlık bölgeye atladım.

Saniyeler içinde kendimi toz toprağın içinde bulmuştum. Adamın sesi de daha gür ve sinirli bir şekilde etrafta yankılanıyordu. "Ne duruyorsunuz? Yakalayın kızı!"

Konteynırın kapağının ağırlık sonucu içe göçen mekanik sesini duyduğum an yerden kalkarak koşmaya başladım. Adamlar birer birer duvardan atlıyor, doğrudan üzerime doğru koşuyorlardı. Orman yoluna çıkan patikanın üzerinde ilerlerken ayaklarının takılıp yere düşmeleri için hızlı tempodaki koşuşumu sürdürürken havanın ağırlığıyla ve rüzgâr akımıyla oynadım. Böylece asfalt yola çıkabilmem onlara daha uzak mesafedeyken gerçekleşebilmişti.

Karanlık yolda yorgunluğumun ve uykusuzluğumun el

verebildiği kadar hızlı koşarken yutkunamadığımı hissettiğim an durakladım ve ani duraklamam sonucu beni artık taşıyamayan bacaklarımın boşalmasıyla yere yığıldım. Kaç dakikadır koşuyordum? Geriye dönüp baktığımda adamlardan hiçbir iz yoktu. Sadece ıslak asfalt, çiseleyen yağmur ve yorgun bir beden vardı bu karanlık gecede.

Birkaç dakika orada öylece dururken bacaklarımı açtım ve yerden destek alarak ayağa kalkmaya çalıştım.

Fakat birkaç saniye sonra, silkelenme işlemimin hızı yavaşladı ve durdu. Dizlerimi silkelerken arkamdan geldiğini fark ettiğim sarı bir araba farıyla olduğum yere tamamen çivilenmiştim.

Bana arabanın artık ilerlemediğini düşündüren şey, tam olarak artık ilerlemeyen veya hareket etmeyen far ışığıydı. Tam bedenime düşüyor ve karanlık gecede ıslak asfalta gölgemi düşürüyordu. Tok birkaç kapı açılma ve kapanma sesinin ardından, "Nereye kaçabileceğini düşünüyordun ki?" sorusunu yönelten, tanıdık bir ses işittim. Arkamı dönmeme gerek yoktu, bu az önceki alnında damarı şişen adamdı.

Yine de yavaş hareketlerle tamamen doğrulup arkamı döndüm ve ellerimi kalçamın üzerinde sabitledim. "Cidden, çok yoruldum. Suyunuz var mı?" Tabii ki *dalga geçiyordum.*

"Hayır ama yüzüne yiyebileceğin ve insanı oldukça ferahlatan bir pamuk dolusu eterimiz var," dedi arka kapıdan çıkan, muhtemelen yirmilerinin sonlarında olan adam. Saçlarını bir güzel jölelemişti ve nane kokusunu buradan alabiliyordum.

"Vazgeçtim, kalsın," diye mırıldandım fakat ciddi anlamda çok yorulmuştum. Kalbim ilk defa etrafta baş harfi P ile başlayan insan evladı yokken sıkışıyordu ve bu gerçek bir sıkışmaydı bu yüzden nefesimi düzene sokmaya çalışıyordum. Yorulmuştum. Uykusuzluğun verdiği sinir damarlarımda dolaşıyordu ve ne zaman patlayacağımı merak ediyordum. Sicim gibi bir yağmur etrafta kol gezerken çıplak ayak çimenlerin üzerinde yürümek istiyordum, ancak böyle atabiliyordum içime biriken sebepsiz öfkeyi.

"Hadi alın kızı da gidelim, başımıza yeterince bela açtı. Patron bekliyor."

Eterden bahseden adam ellerini ceplerine atarak bana doğru yaklaşmaya başladığı an, bunun cidden büyük bir sorun teşkil ettiğinin ve hayatımın tehlikede olduğunun farkındaydım. Birincisi, Patron dedikleri kimdi ve ikincisi, neden beni istiyordu? Organ mafyasına kurban gidemeyecek kadar güçlüydüm fakat bu sayıdaki insanla doğaüstü güçlerim aracılığıyla başa çıkamazdım... Hepsi aynı rüyayı göremezdi, aynı hayali veya aynı serabı. Bende bir gariplik olduğunu fark etmeleri çok zaman almazdı.

Onları biraz daha oyalayıp zaman kazanmak için gözlerimi yolun ilerisini kapatmış üç siyah BMW'nun üzerinde gezdiriyordum ki, kapısı açık arabalarından çıkmış bayıltılmış bir halde yanlarına taşınmamı bekleyen bir grup erkeğin gözlerinde aynı anda parlayan ışıkları gördüm. Hayır, üzerlerine nur inmemişti veya mucizevî bir şekilde yok olmamışlardı. Sadece yolun öteki yanından başka bir araba muhtemelen birkaç metre gerimde durmuştu ve gözlerindeki de onun far ışığıydı.

Lütfen, diye dua ederken buldum kendimi. *Biliyorum çok fazla dua eden biri değilim ama bana kulak ver. Lütfen arkamdaki araçta bana yardım edebilecek biri olsun. Lütfen. Lütfen. Lütfen.*

Soruların cevaplarını bilirken eli uyuştuğu için yazamayan ve süresi dolmak üzere olan bir öğrenci gibi hissediyordum kendimi ve bu hayatımın sınavıydı sanki.

Farlar parıltısı birkaç ton azaltırken arkamdan iki kere tok bir kapı sesi duydum ve yavaşça arkama döndüm fakat yine de farların ışığı göz alıcıydı. Elimi kaldırıp gözlerime siper ettiğimde ise, birkaç adım gerimde, elleri rahat bir şekilde koyu gri eşofmanın ceplerinde duran, heybetli boyunun, kaslarının ve ince yapısının kapladığı bedenini gözlerimin önüne sunan biri olduğunu fark ettim.

Pamir, dağılmış saçları ve yorgun bakan gözlerinin ardında dimdik duran güçlü görüntüsüyle doğrudan ileriye, alnında damarları şişen adama bakıyordu.

"Biliyor musun Soner, birkaç gündür hiç ringe çıkmadım," dedi kafasını yana çevirerek ve dilini yanağının iç kısmında gezdirdi. "Tam da canımın birilerini pataklamak istediği ana denk geldiniz, tebrikler."

Şimdi daha net görebiliyordum. Altısı arkada, üçü önde olmak üzere dokuz adam karşımdaydı ve Pamir'in Soner olarak hitap ettiği adam dışında diğer herkes birkaç adım geri gitmişti.

"Seninle ilgili bir şey yok," dedi alnında damarı şişen, Pamir'in Soner dediği adam. "Arabalardan birini çekelim ve yoluna devam et, bizi ve bu kızı burada hiç görmedin."

Pamir kaşlarını kaldırıp tehlikeli bir şekilde güldü. "Hadi ya, görmedim öyle mi?"

Soner kafasını salladı, çok ciddi bakıyordu.

"Ama gördüm," dedi Pamir kafasını hafifçe yana yatırarak. "Tüh, ne yapacağız şimdi?"

Soner'e en yakın adam birkaç adım ileri gidip ona, "Abi..." diye söylendiğinde, Soner onu koluyla geri itip, "Patron kızı ona getirmemizi emretti," dedi ciddi ifadesini bozmadan. "Kız bizimle gelecek."

"Nesiniz siz, mafya filmlerinden fırlama bir grup gangster mi?" Ellerimi belime koydum. "Patronunuza iletin, gelmiyorum ben! Çok görüşmek istiyorsa kendi gelsin."

Soner yumruğunu sıkarak, "Yelkıran," dedi sert tonuyla. "Kıza bir şey yapmayacağız. Yarın sabah onu tek parça halinde evinde bulabilirsin."

"Ya da şu an sizinle hiç gelmez ve ben onu evine bırakırım, böylece herkes mutlu olur, değil mi Soner? Bence öyle." Pamir bana doğru bir-iki adım atmış ve tam yanımda durmuştu. Eşofmanının ceplerine soktuğu elleri yüzünden kırdığı sağ dirseği, ellerimi belime koyduğum için kırdığım dirseğime hafife değiyordu. Tenimin karıncalandığını hissettim. Birkaç milimetrelik ufak bir sıyrık denebilecek kadar hafif bir dokunuş ile bile.

Soner kafasını olumsuzca salladı. "Hayır, bu Patron'un istediği değil."

"Ama benim istediğim bu," diye mekanik bir sesle cevap verdi Pamir. Arkasında gitmelerini istediklerini açıkça belirten adamları çenesiyle işaret edip, "Bence adamlarını dinlesen iyi olur," diye devam etti. "Patronuna da gerçekleşmesi olanaksız isteklerinden vazgeçmesi gerektiğini iletirsin." Hafifçe bana döndü ve arabayı işaret etti. "Bin."

Tam dönüp ilerleyecektim ki Soner, "Bir adım daha atma," dedi sesini yükselterek. "Yanlış yöne gidiyorsun. Buraya geleceksin."

Pamir ateş saçan gözlerini gözlerime çevirdi. "Ne diyorsam onu yap."

Bir kez daha dönüp Soner'i dinleyeceğim yere adımlarımı hızlandırıp siyah Porsche'ye yürüdüm ve kendimi hızla ön koltuğa atıp kapıyı kapattım.

Sözlerin değil de gözlerin konuştuğu birkaç saniyenin sonunda Pamir rahat bir hareketle dönüp kendini yanımdaki sürücü koltuğuna attı ve kapıyı kapattı.

"Nasıl geçeceğiz?" Yolu kapatan üç BMW'yu işaret ettim.

"Açacaklar," dedi mekanik bir sesle.

Birkaç saniyenin sonunda, öyle de oldu. Adamlar seri hareketlerle arabalarına binerken Soner denilen adam biraz daha o pozisyonda kaldı ve her hücresinden öfke taşar bir şekilde dönüp öndeki BMW'nun ön koltuğuna attı kendini. BMW'lar sırayla yanımızdan geçip aksi yönde ilerlerken Pamir de gaza bastı ve siyah Porsche sessiz bir şekilde ıslak asfaltta ilerlemeye başladı.

Sormak istediğim o kadar çok soru vardı ki… Öncelikle, o adamlar da neyin nesiydi? Soner kimdi ve onu nereden tanıyordu? Patron kimdi? Neden onların beni ona getirmesini istemişti? Pamir'in bu saatte bu yolda ne işi vardı ve…

Ahh.

Mine'nin evi ormanın diğer ucunda kalıyordu. Onu bıraktıktan sonra dönüş yolunda ben ve o adamlarla karşılaşmış olmalıydı.

Sanırım ilk defa Mine'nin sırnaşık halleri işime yaramıştı. Yine de bunun için ona teşekkür edecek değildim, hâlâ onun nasıl böyle biri olabildiğine kafa yormakla meşguldüm.

"Teşekkür ederim," dedim kafamı yan çevirerek gözlerine bakmayı umarken fakat gözünü yoldan çekmeden ilerledi ve cevap vermedi.

Omuz silkerek kafamı cam tarafına çevirdim ve hâlâ hafifçe çiselemekte olan yağmuru izledim. Sanki benim izlememi bekliyormuş gibi birkaç saniye sonra yağmur hızlandığında, silecekler birkaç dakikada bir camı silmekten devamlı çalışıyor bir hâle gelmişti. Nihayet tanıdık sokağa giriş yaptığımızda, arabasını evlerinin kapalı garajına sürdü ve garaj uzaktan kumandayla hızlı bir şekilde açıldıktan sonra içeri park etti. Şiddetli yağmur garajın kapanan kapısına vurduğu her an *tıp, tıp, tıp* seslerini bırakırken arka cebimdeki telefon titredi.

Pamir'in arabasından çıkıp spor çantasını alarak tek kelime etmeden içeri geçen kapıdan girdiğini ve kapıyı açık bıraktığını gördüm.

Telefonumu çıkartıp ekranı aydınlattığımda ise, Çağrı'dan gelen bir mesaj olduğunu gördüm.

Birkaç günlüğüne eve geri dönüyorum, sonra tekrar geleceğim. Zifir'e su ve yemek bıraktım. (22.05)

Mesajı iki saat önce yollamıştı. Bu da demek oluyordu ki şu an ev boştu.

Telefonu kilitleyip arka cebime geri yolladıktan sonra Pamir'in açık bıraktığı kapıdan içeri geçip kapıyı kapattım. Mutfağın ışığı açıktı, spor çanta askılığın dibindeydi ve hırkası da üzerine bırakılmıştı.

Çantamı kenara bırakıp mutfağa geçtiğimde, su ısıtıcısına su koyduğunu gördüm. Hemen ardından uzanıp büyük bir kupa çıkardı ve poşet çayların olduğunu tahmin ettiğim kutunun içinden bir yeşil çay poşeti çıkartıp bardağın içine astı.

"Sorularım var," dedim yanına geçip onun önünde durduğu tezgâha kalçamı yaslayarak ve kollarımı göğsümde birleştirdim.

"Ne güzel," dedi. "Herkesin soruları vardır."

"O adamlar kimdi ve neden yolumu kestiler?" Kafamı ona çevirip gözlerine baktım. "Onları nereden tanıyorsun? Şu öndeki... Soner?"

"İçecek bir şey istersen dolapta soğuk içecekler var ya da burada sıcak su." Su ısıtıcısını gösterdi. Suyun ısındığını gösteren kırmızı ışık yandığında ısıtıcı otomatik olarak durdu ve Pamir de tutup kupasını sıcak suyla doldurdu.

"Sorularıma cevap ver!" diyerek koluna tutundum. "Böyle kaçamazsın. Orada resmen zorla alı konuluyordum!"

"Ama konulmadın," diye devam etti. "Sessizce uyuyup sabah okula gitmek için ne kadar güzel bir gece değil mi?"

"Hayır, asıl sorularımı yanıtlaman için gayet güzel bir gece." Altını çizdim. "*Uzun.*"

Kaşlarını kaldırıp muzipçe baktı.

"Yani cevaplarını kısa kesmemen konusunu söylüyorum, ben sadece benim de hayatıma dâhil olan bu konu hakkında bilgi almaya çalışıyorum. Onlar yine gelecekler mi? Patron dedikleri kim? Beni neden götürmek istiyorlardı?"

"Onu ben de bilmiyorum," dedi kupasından uzun bir yudum alıp tezgâha kalçasını yaslarken. "Aslında öğrenmeye çalıştığım şey de tam olarak bu. Neden seni *istiyorlardı?*"

"O adam…" Önüme dönüp cümleleri kafamda toparlamaya çalıştım. "Kimdi… Soner? Ya Patron?"

"Malik piçi," dedi öfkelendiği her hâlinden belli olurken ama derin bir nefes alıp tekrar çayını yudumladı. "Patron o oluyor. Tam olarak o değil ama bizzat babası. Soner de onların en büyük adamlarından biri. Muhtemelen en güvendikleri."

"Malik'le olan ilgin ne?"

Hızla toparladı. "Çay?"

"Sevmem," diye mırıldandım arkamı dönüp bitki çaylarının ve kurutulmuş meyvelerin olduğu raflarda göz gezdirirken. Hemen köşede bir kahve kavanozu buldum fakat ambalajı geçen senekilerdendi. "Bu ne?" dedim ilerleyip kahve kavanozunu elime alırken ve çevirip on kullanma tarihine baktım. Bir hafta kalmıştı.

Pamir çayını yudumlayıp, "Kahve, *nefret ederim,*" diye söylendi. "Muhtemelen annem ziyaretlerinin birinde içmek için aldı, markete uğradığım zaman alışveriş listemde olacak en son şey tam olarak o elinde tuttuğun şey."

"Şey değil," diye düzelttim. "*Kahve.* Ve nasıl olur da sevmezsin? Yeryüzündeki en harika içecek bu."

Suratını buruşturdu. Bu hareketiyle daha da konuyu dağıtmak istemedim ve kavanozu çöp kutusuna fırlattım. Ben kahve kavanozunu bir haftadan fazla bitirilmemiş bir şekilde evde tutmuyordum, o zaman bayatlardı, gerçi iki günde bittiği için kilerde stokluyordum bu yüzden bir hafta boyunca açık kalmasına da gerek olmadığı çünkü bir kavanozun o kadar uzun süre hayatta kalamadığı da söylenebilirdi.

"Malik?" diye tekrar ettim bakışlarımı üzerinde gezdirirken, tam karşısında duruyordum. Bir an *belimden çekse,* diye bir hayal geçti gözlerimin önünden. *Bedenini bedenime yaslasa, dudaklarını boynumda gezdirdikten hemen sonra dudaklarıma...*

Ve gözlerimin önünde tuzla buz olan bir hayal daha.

"Bu sana anlatabileceğim bir konu değil." Ciddi ve sert ses tonuyla konuşmuştu. Bu ses tonunu nadir kullanırdı, normaldeki düz ve sakin tavrının aksine uyarı içeren bir ses tonuydu. *Daha da ileriye gitme,* der gibiydi. *Canın yanar. Yakarım.*

Kalbimdeki sevginle nefes aldığım her saniye yanıyorum zaten. Hayattayken cehennemi yaşıyorum ben haberin yok senin.

"*Anlatamayacağın* bir konu mu yoksa *anlatmayacağın* mı?"

Gözlerini gözlerime dikti. Öyle sert bakıyordu ki, bakışlarını kupasına çevirse elinde parçalanacağına emindim. "Mine'nin yaptığı bu muydu? Susmak, kabullenmek ve sessiz kalmak." Lafı kaçtı ağzımdan. *Yani... Beyinsizlik?*

Beyazlar içindeki gözlerini sıkıca yumarak kendini ondan gelecek darbeye hazırlarken, siyahlar içindeki tamamen göğsünü gererek cesur bir bakışlar ayakta kaldı.

"Yapması gereken de buydu. Soruların sinirlerimi bozmaya başladı." Kupasını tezgâha bırakarak mutfaktan çıktı. Peşinden giderken ışıkları da kapatıp yukarı çıkan adımlarını takip ettim. Koridora çıkarken aklıma aşağıdan kaybolan merdivenler gelmişti. Aşağı kata inen merdivenler geçen sefer ortadan kaybolmuşlardı. "Peki ya aşağıdaki merdivenler?" diye sordum peşinden ışıklarını yaktığı odasına girerken. "Basketbol oynadığımız zaman aşağıdaki odalara inen bir merdiven olduğuna emindim ama..." Tişörtünü çıkardı.

"Susman için tişörtümü çıkartmam gerektiğini bilseydim bunu çok önceden yapardım."

"Sana özel değil ama bazen çenem çok açılıyor." *Yalandı.* Ben ömrümde Nisan'a bile böyle otomatiğe bağlayıp sorular sorduğumu ya da konuştuğumu hatırlamıyordum.

Bandajının olduğu yerde gözlerimi gezdirdiğimi fark

ettiğinde dolabın kapılarını açmak için uzattığı elleri durdu ve kafasını eğip bandaja baktı. Biçimli ve kaslı vücudu her hücresiyle kasılırken, "Bandajını değiştireceğim," dedim bir anda.

"Konuda konuya atlıyorsun," dedi kaşlarını garip bir şekilde çatıp gözlerini gözlerimle buluşturarak. "Çok kafa karıştırıcısın."

"Hemen geliyorum." Hızlıca konuşarak adımlarımı odanın dışına attım ve geçen seferki odaya dalarak tıbbî malzemelerin olduğu çantayı alıp geri döndüm.

Döndüğümde altına siyah bir eşofman geçirmişti ama üzeri çıplaktı. Beni görünce dolabın kapılarını kapatıp yatağının kenarına oturdu ve yan döndü.

Çantayı açıp bandajını değiştirmek için birkaç malzeme çıkardım ve yanına oturdum.

"Evinde şu an kim var?" diye sordu kafasını eğmiş, gözlerini çıkarmakta olduğum bandaja çevirmişken. Bandajı çıkartıp kesiği temizledim ve antibiyotikli krem sürmeye başladım.

"Çağrı vardı ama evine dönmüş," diye mırıldandım sessizce. "Haftaya gelir yine."

Elini yeni bandajı tuttuğum koluma sardıktan sonra bakışlarımı gözlerine çıkarmamı sağladı. "Bu gece burada kalıyorsun."

"Sorun değil, üç-beş adamın etrafımı çevreleyip beni götürmek istemeleri kâbuslarıma girecek değil ve ya korkmuyorum, korkmadım da."

"Yanlış anladın," dedi elini bandajı kesiğine yapıştırmam için çekerken. "Bu bir istek veya rica değil. Bu bir *emir*."

Kaşlarım çatıldı ve bandajı yapıştıran parmaklarım durdu. Gözlerim gözlerine kenetlenirken bakışlarındaki yakıcı sertliği hissediyordum. "Ne demek bu bir *emir?*"

"Demek oluyor ki, bu onların ilk deneyişiydi fakat son olmayacak. Onlar patronlarından seni götürmek için emir aldılar ve seni alana dek geri dönmeyecekler demek bu. İşlerini kaybetmek istemiyorlarsa bahaneleri olmamalı, bu uğurda evine girip seni uykundayken alıp götürebilirler bile."

"Bu bir *varsayım*."

"Bu onların yapabileceklerinin sadece bir kısmı."

Bandajı hallettikten sonra çantayı toparlayıp kenara koydum ve kirli bandajla beraber kullandığım pamuk ve gazlı bezi masasının yanındaki çöp kutusuna attım.

Beyazlar içindeki kalmak için çığlıklar atarken siyahlar içindeki kız ona saldırıp saçını başını yolmamak için kendini zor tutuyor gibiydi. Siyah saçlarını geriye atarak *burada kalamazsın*, dedi. *Ona bu kadar yakınken bir daha kendine hâkim olamayabilirsin.*

Gürültülü bir şimşek bütün odayı aydınlatırken ışıkların söndüğünü o an, parlama bittikten hemen sonra fark ettim. "Şalterler atmış olabilir mi?"

"Bilmiyorum." Dışarıdaki sokak ışığının vurduğu kadar görebildiğim bedeni yataktan kalktıktan sonra odadan çıktı.

"Beni bekle…" diye mırıldandım fakat çoktan aşağıya doğru ilerlediğinden beni duyması imkânsızdı. Koridora çıktığımda, bu karanlık merdivenleri nasıl bulduğunu ve düşmeden nasıl bu kadar hızlı inebildiğini düşünerek arka cebime sıkıştırdığım telefonun alt kutucuğunu kaldırarak el fenerini açtım ve merdivenleri bulduktan hemen sonra dikkatlice aşağı indim.

"Diğer evlerde de ışık yok," diye mırıldandı yanımdan geçerken.

Nefesimi tuttuğum kısa an içinde ödüm patlayacaktı neredeyse. "Ruh gibi geçtin resmen, ödümü kopardın."

Gözlerim yere bakar bir şekilde etraf bu kadar karanlık olduğu için lenslerimin arkasından gözlerimin belirgin olmasından korkarak ilerlemek, mayın tarlasında kulaklıklarımdan metal rock sızarken koşmak gibi bir şeydi. Ne zaman bir mayına basacaktım ve ne zaman tek bir hareketimle patlayacaktı merak ediyordum doğrusu.

"Zifir," dedim endişeli sesimle.

"Ne?" diye fısıldadı.

"Zifir…" Tekrar ettim. "Hayır… Onu evde yalnız bırakamam. Henüz çok küçük. Zarar görebilir."

El fenerini kapatarak telefonu arka cebime ittim ve dış kapıya doğru yürüdüm fakat birkaç saniye sonra, "Dur!" sesi geldi arkamdan ve kolumu gün içinde bilmem kaçıncı kez kavrayarak beni bir kalp krizinin eşiğine kadar getirdi. "Zifir neydi? Kedin mi?"

"Evet." Gözlerime bakmaması için kapıya döndüm. "Onu almam gerek. Burada kalmam gerekiyorsa tamam kalırım ama onu da yanıma almama izin ver."

Birkaç saniye düşündükten sonra kolumu bırakıp portmantoya yöneldi ve birkaç hışırtı eşliğinde kafama bir kumaş fırlattı. "Giy bunu, deli gibi yağmur yağıyor."

Fırlattığı şeyin yağmurluk olduğunu fark ettiğimde üzerime geçirdim ve o da çıplak teninin üzerine geçirdiği sarı yağmurlukla birlikte benden önce dışarı çıkarak hemen ardından beni de peşinde sürükledi. Bileğimi tuttuğu eli sayesinde sert yağmur damlalarının vurduğu soğuk kaldırımlarda hızla yürürken adımlarının büyüklüğüne yetişmeye çalıştım. Bacaklarım uzundu fakat onun kadar uzun adım atamıyordum yine de. Bu tempoda birkaç kilometre yürümeye kalksam ayaklarımın altı alev alırdı.

Evimin bahçesine girdiğimizde ilerleyip anahtarı deliğe soktum ve açılan kapının ardından içeriye dalıp yağmurluğun şapkasını indirdim.

İçeri girdikten sonra kapıyı kapatan Pamir de indirmişti. "Harika," dedi. "Karanlığın içinde simsiyah minik bir kedi arıyoruz."

"Adımlarını dikkatli at, uyuyor olabilir. O zaman üstüne basarsın."

"Bak bu daha da harika."

Cep telefonlarımızın el fenerleri eşliğinde alt katı taramayı bitirip yukarıya çıktığımızda, Pamir benden ayrılıp oturma odasına geçti ve ben de o gittikten sonra koridorun uç noktalarına bakıp odama geçtim.

Odamın bütünü siyah olduğundan, Zifir gibi minik ve siyah bir kedi için bir de uyuyorsa etrafı taramam çok da mümkün olmazdı. Yine de el fenerinin parlaklığını arttırıp önce yerleri, sonra da yatağımın üzerini taradım. Birkaç saniye sonra duvarın kenarlarına telefonu tutarken elimden kaymasıyla, yatağımın altını boylaması bir oldu. Sıkıntıyla oflayıp kolumu uzatarak telefonu ararken ona ulaşamadığımı ve göremediğimi bile fark etmem yalnızca birkaç saniyemi aldı. Bunun için Pamir'e ihtiyacım vardı.

Derken, hafif aralık bıraktığım siyah ahşap kapının açılma sesini duydum. Onu yağlamam gerekiyordu çünkü açılıp kapanırken gıcırdıyordu. Şimdi yine aynı gıcırdama sesini duymuştum.

Ayağa kalkarak Pamir'in bedenini seçebildiğim an ağzımı açmadan hemen önce koluna tutundum. "Pa-"

Fakat saniyeler içinde kolumu çekip ters döndürerek beni duvara yasladı ve bedeni bedenimi kaplayarak tenime yaslandı. Telefonunun ışığını suratıma tutarken gözlerime diktiği gözlerimden beni başkası sandığını fark etmiştim. "Ne yapıyorsun ya?" dedim fısıltıyla kolumu çekmeye çalışırken. "Ahh, acıdı."

"Sen miydin? Başkası sandım."

Karşısından çıkıp duvara yaslanan sırtımı çektikten sonra, "Bendim tabii, başkasını mı bekliyordun?" diye söylendim. "Şu paranoyak düşüncelerini bitir kafanda, evde sadece ikimiz varız. Bir de benim küçük siyah tüy yumağım. Nerede bu kedi…" Fakat son kelimemin ardından, ayağım Zifir'in sepeti olabilecek bir şeye takıldı ve dengem bozuldu. Düşmemek için Pamir'in kolundan çektim fakat kalçam yarasının olduğu yer olarak tahmin ettiğim yere çarptığında, seslice inledi ve birkaç saniye içinde büyük bir gürültüyle kendimi yerde, onun üzerinde buldum. Alnım sertçe alnına çarpmıştı ve dudaklarım yanağına değiyordu.

"Siktir," diye bir küfür kaçtı dudaklarının arasından.

İnleyerek ellerimi kafasının yanında avuç içlerim zemine değecek şekilde sabitledim ve kafamı kaldırmak için hareketlendim fakat boynumu acıtmıştım ve bu yüzden kafamı kaldırmam gereken yerde zamanında kaldıramadım. Bunun yerine dudaklarım dudaklarına sürtündü ve ben sadece birkaç santimetre uzaklaşabilmişken kaskatı kesildim. Onun bedeninin de hemen altımda kaskatı kesildiğine yemin edebilirdim.

"Yaran..." dedim sessizce. "Ben... Özür dilerim..."

"Önemli değil," dedi monoton bir sesle fakat ses tonu çok garipti. Birkaç saniye sonra yüzüstü düşmüş telefonunun odayı aydınlattığı kadarıyla gözlerinin bir şeye odaklandığını fark ettim.

Dudaklarıma.

Burnum ve çenemin ortasındaki iki parça ete.

Kalkmak için yeltendim fakat onun hiç hareket etmediğini fark ettim. Gözleri dudaklarımdan çekilmemişken, aniden sağ tarafa doğru döndü ve o an, kolunun altına doğru sığınan Zifir'i gördük aynı anda. Kafasını yağmurluğun örttüğü koluna sürtüp yerini ayarladıktan sonra gözlerini yumdu ve orada uyuyakaldı.

"Kedin de senin gibi," diğer mırıldandı ben hâlâ üzerindeyken.

"Sen bana yılışık mı demek istiyorsun?"

"Hayır, *yarım* demek istiyorum."

Zifir'in yayıldığı kolunu çekerek huzursuz olmasına sebep olurken doğruldu ve böylece tam olarak kucağına oturmuş oldum. "Yarım derken, neyi kast ediyorsun?"

Gözlerini gözlerime dikti. "Hiç."

"Geçiştirme," dedim sertçe. "Cevap ver. Neyi kast ettin?"

"Spor salonunda neden Mine'yi benimle bırakıp gittin?"

Gözlerimi kaçırdım. "Orada yalnızca fazlalıktım."

"Hayır," dedi yüzünü yüzüme yaklaştırarak. "Yarımsın. Bu yüzden böylesin."

Bakışlarının tekrar dudaklarıma kaydığını fark ettiğimde yakınlığımızın verdiği heyecanla duygularım kontrolden çıktı ve güçlü bir şimşek, odayı saniyeliğine aydınlattı. Hemen ardından sesi duyuldu ve bu ses, kalbime bir ağrının saplanmasına neden oldu. Daha fazla kontrolden çıkmamak adına üzerinden kalktım. "Seni anlayamıyorum."

Tek bir hamleyle o da ayağa kalktığında eğilip Zifir'i aldı ve döndü. "Boş ver, bazen ben de kendimi anlayamıyorum."

14

Dışarıya çıkıp etrafınıza baktığınızda, her yaştan insanı kolaylıkla görebilirsiniz ama yüz ifadeleri veya dış görünüşleri farklılık gösterir fakat hepsinin kesin olan ve bunu dile getirseniz bile önyargı olarak yargılanmayacak bir ortak noktaları vardır: hepsi incinmiştir. Çünkü insanlığın doğasında vardır bu. Kimse incinmeden, zarar görmeden, tamamen huzur ve refah içerisinde büyüyemez. Büyümenin ilk kuralıdır bu, olgunlaşmayı gerektirir. Değişmektir bu. İlk altın kuraldır, büyürken değişmek.

Zifir'in minik bedenini hemen yanıma yatırdığımda, gece 3'ü vurmuştu duvardaki saat. Dışarıda yer yer şimşekler çakıyor, gök gürüldüyordu ve benim durdurmak adına hiç de yeltenmişliğim olduğu söylenemezdi. Bence Soyhan böyle güzeldi hem... Yağmurlu. Kasvetli. Kaldırımları ıslak, tam kalbinden vurulmuş bir şehir... Rüzgârlar âşıkların kalplerinden geliyor, gök gürültüleri kafalarındaki *sürreal çatışma*. Şimşekler ise, düşüncelerinin arasında kol gezinen zehir. En sevdiğim şeyden, kahveden nefret eden bir adamı seviyordum. Üstelik Nisan çoğu zaman bana çok fazla kahve içtiğim için kahve koktuğumu söylerdi... Eğer gerçekten öyleydiyse, Pamir için yanımda durmak zor olabilir miydi? Ben de et kokusundan nefret ederdim mesela ama Pamir et koksa, zehirlese bile vazgeçmezdim solumaktan.

Başımı yastığa yaslayıp dik uzandım bu seferde. Uyuyamıyordum, benden beklenildiği gibi... Bir sürpriz olmamıştı elbette, Pamir'in kendi gibi kokan siyah ipek çarşaflarla donatılmış geniş yatağında değildim. Hâlbuki yeterince yer vardı. Bunun yerine, muhtemelen misafir odası olarak adlandırılabilecek, sade lila ve beyaz renkleriyle süslenmiş bir odadaydım. Pamir'in odasının hemen yanıydı ve çift pencereli büyük cam, ufak bir balkona açılıyordu. Esnek yapım sayesinde yan balkona atlasam, onun odasına geçebilirdim. Ya da aşağı, buz gibi suyla dolu havuzun içine düşerdim... Cidden, burada yaz mevsiminde bile yağmur yağarken havuz buranın neresineydi? Gözlerimi kapatıp içimden bir dakika kadar saydım. *Elli yedi, elli sekiz, elli dokuz, altmış...*

Olmuyordu. Uyumam gerektiğini bütün hücrelerimle hissediyordum ama olmuyordu. Sınavlarıma çalışmam gerekiyordu, yarın matematik dersinde ortalamamızı etkileyecek bir teste girecektik ve ben sadece derste dinlediğim kadarını biliyordum ama onları da unuttuğuma neredeyse emindim. Onun dışında, perşembe gününden itibaren sınav haftasına giriyorduk ve bilim bakalım açılışı hangi dersle yapıyorduk? Tabii ki matematik! Başımdaki yorganı çekip bir hışımla ayağa kalktığımda, saat üçü yedi geçiyordu. Minik siyah Zifir bütün siyahlığımla içinde kaybolduğum lacivert yorganın üzerinde çoktan tatlı uykulara dalmıştı ama aynı şey benim için söylenemezdi. Altımdaki pijamanın belinden kurtulan siyah aletimi düzeltip saçlarımı yüzümden çektim ve bütün cesaretimi toplayarak odamdan çıktım. Ufak bir yastık çalma operasyonu gerçekleştirmeliydim. Sessizce aralık kapıdan sıyrılıp Pamir'in kapısının önünde dikildiğimde, derin bir nefes alıp sakin kalmaya çalıştım fakat nafileydi. Adının baş harfini bile duyduğumda kalp ritmim olması gerekenin kat kat üzerine tırmanıyordu ve ben o yokuştan tepe taklak yuvarlanırken bile engel olamıyordum kendime, tutuklu kalıyordum onda ve bunun kendime ne denli zarar verdiğini bile bile yapmaya devam ediyordum. Ondan uzak kalamıyordum. Parmaklarım, yalnızca bir saat önce dudaklarının sürtündüğü dudaklarıma gitti. *Ahh.* Bu bir öpücük sayılır mıydı? Sayılmazdı. Ama benim geri zekâlı beynim o kahve kavanozuna dokunsa bile umutlanmaya ayarlanmıştı ve fabrika ayarlarına dönmüyordu işte.*Aptal. Aptal, aptal, aptal, aptal.*

Yavaşça asıldım kapı koluna ve ufak bir tıkırtıyla açıldı kapı. *Ya şimdi ya da asla.* Parmak ucunda ilerleyerek yatağının başına vardığımda, duyduğum tek ses onun nefes alışverişi ve camı tıklatan yağmurun sesiydi. Yatağının önünde durarak gözlerimi ona çevirdiğimde titredim. Üstü çıplak yatmıştı ve ipek siyah yorgan belinden aşağısını örtüyordu. Yüzüstü uzanmıştı, ellerinin ikisi de yastığın altondaydı ve yanağını yastığa yaslanış bir şekilde, benden tarafa bakıyordu. Neyse ki gözleri kapalıydı ve huzurlu görünüyordu. Acaba rüyasında ne görüyordu? *Umarım lezzetli bir kahve içtiğini görüyordur,* diye geçirdim içimden. *Umarım sabah kalkar ve koca bir bardak kahve içtikten sonra tiryakisi olur.* Toplamda dört yastık vardı. İkisi başının altında, biri yastığın altına giren sol kolunun yanında ve diğeri de yatağın başlığına dayalı hâlde, Pamir'in başının altındaki yastıkların yarısının altına girmiş vaziyetteydi. Nasıl alabilirdim? Sanki hava çok sıcakmış gibi aralık bıraktığı cama yönelip kapattım ilk olarak. Hemen ardından kafasını çevirdiği yönden uzandım ve alabilmesi en az riskli yastığa uzandım. Eğildiğim an suratıma yoğun bir tarçınlı salep kokusu çarptı ve esnememek için zor tuttum kendimi. Hemen şuraya kıvrılabilirdim ama o kadar da kaybetmemiştim henüz kendimi. Siyah ipek yastığa değen parmak uçlarım açık pencere yüzünden buz kesmiş kumaşı kavrarken, çok hafif bir şekilde yukarı çektim fakat işler istediğim gibi gitmedi.

Bileğime sarılan sıcak parmaklar kolumu bükerken havalandığımı hissettim. Bir saniye sonra havalanan vücudum bedeninin olduğu ama artık boş kalmış sıcak siyah ipeğe savruldu ve sırtım yatağıyla buluştu. İki kolum da kafamın yanlarına uzanmış bir şekilde bileklerimden onun elleriyle adeta zincirlenmişken bacaklarıyla bacaklarımı kıstırdı ve üzerimde şınav çeker pozisyonda kaldı. "Ne yapıyorsun?" Titrediğimde bunu ona belli etmemek için zayıf ifademi sertleştirerek kaşlarımı çattım ve, "Asıl sen ne yapıyorsun?" dedim tuhaf bir tonlamayla. Evet, odasına izinsiz girip yastık hırsızlığı yapmak üzereyken iş üstünde yakalanmıştım... Pencereden girip sessiz birkaç hareket eşliğinde hunharca kapıp kaçmak daha kolaydı.

"Yastık..." Yutkundum. *Gözlerim.* Gözlerime lenslerimi delercesine, sanki o ince tabakayı eritip ardında gizlenen milyonlarca yıldız ve gök cismini gerçekten görebilecekmiş gibi bakıyordu. Ruhu ruhumu tek celsede boşuyor, bir saniyede yok ediyordu. Bilincimin gerisinde şekillenen dört duvar arasına kısılmış ve yapayalnız kalmıştım yine, o buz gibi pürüzlü siyah duvarlar bana ışık vaat etmiyorlardı fakat onlardan ışık isteyen de yoktu. Ama acı kahvelerinde kaybolduğum bir çift göz beni sanki yeterince üşümüyormuşum gibi o duvarlara yaslayacak güçteydi ve hareket etmek, düşünmek, tepki vermek zorlaşıyordu. *Neredeydim? Ne yapıyordum? Neden buradaydım?*

Sadece bir saniye ve puf... Hepsi uçmuştu.

"Yastık?" Sokak lambasından süzülen ışık sayesinde görebildiğim yüzünde kaşlarından birini kaldırarak sorduğu, bir bakıma devam ettirmemi istediği kelime kulaklarıma dolduğunda nefesim tıkandı. *Yastık?*

"Yastık alacaktım," dedim hızlıca gözlerimi kırpıştırarak. "Odadaki yastığı Zifir mülküne geçirmiş durumda ve ben yastık olmadan uyuyamam." *Kokun olmadan uyuyamam.*

"Eee? Ve sen de kediyi kenara koyup yastığı alamadın mı yani?" Bunu az öncekine oranla fazla düz ve monoton bir sesle söylemişti. Bakışlarındaki derinlikten korktuğum için sonunda gözlerimi başka yerlere çevirebildim. "Hayır… Ahh, neden tartışıyoruz ki? Sadece aptal bir yastık."Fark ettirmeden yumruğumu sıktım. "Kalkar mısın üzerimden? Omzumu çıkardın resmen, hayvan."

Tepkime şaşırdığını gizlemek konusunda geç kalarak yanıma devrildiğinde, yorganın altına girerek arkasındaki yastığı fırlattı ve yataktan kalkar kalkmaz havada yakaladığım yastığa zafer bakışları attım. "Teşekkürler."

"Sabah ben uyanmadan hiçbir yere gitmiyorsun."

Uykulu sesi kulaklarımda çınlayarak ben odadan çıkmadan önce kulaklarıma dolduğunda adımlarımı durdurmadan kapıyı kapattım ve buram buram onun gibi kokan yastığa sarılıp parmak ucunda odama geri döndüm. Zifir'i sıçratmadan yatağa girip başımın altındaki yastığı kenara fırlatarak ondan aldığım siyah ipeğe baş koyup gözlerimi kapattığımda, artık lenslerimi çıkarmadığım için zerre rahatsızlık duymuyordum. Alışmıştım.

★★★

Zihnimin uzak köşelerinde yankılanan bir gürültü duyduğumda, göz kapaklarımı açılmaları için zorladım fakat bu hareketim daha da mayışarak bilinçsizce öteki tarafa dönmemden başka bir işe yaramadı. Birkaç saniye sonra, aynı gürültüyü daha da keskin bir şekilde işittiğimde, hemen ardından boğuk bir küfür de geldi. "Siktir."

Ne oluyor ya? Düşüncelerimin arasında beyaz ve siyah iki

benliğimin göğüs kafesimde kıvrılarak gürültüyü duymamak için yorganları kafalarına çektiklerini hissedebiliyordum. Benim yapmak istediğim de tam olarak buydu çünkü deliksiz uyku, bu aralar normalden biraz fazla olsa da nadiren kapımı çalıyordu ve ben bunun nasıl büyük bir nimet olduğunu bilirken geri çevirmek istemiyordum.

Ama Pamir Yelkıran'ın evindeydim. Zırh adlı yeraltındaki gizli ve karanlık işlerin döndüğü bir arenada dövüşen, profesyonel basketbol oynayan, gecenin bir yarısı onu evinde yaralı bir halde bulduğum, yolumu kesen haydutların sayıca fazla olmalarına rağmen ondan ürküp geri çekildikleri, onu durdurmak isteyen birilerinin arabasının frenlerini boşalttığı ve ölüme beş kala beraber kurtulduğum adamdı Pamir. Boş odalarından birinde uyuyorsam ve dışarıdan bu saatte gürültü geliyorsa, sanırım böylesine yüce saydığım bir nimeti uzun da olsa bir süreliğine rafa kaldırmak zorundaydım.

Yorganı itip yatağın üzerinden indikten sonra, yere kadar uzanan perdenin ucuyla oynayan Zifir'e bir bakış attım. Arkasındaki hareketliliği gören küçük yaramaz, patilerini perdeden çekti ve üzerime doğru koştu. Eğilip onu kucağıma aldıktan sonra kapıyı yavaşça açarak dışarı çıktım.

Pamir, elindeki tabaklardan birini düşürüp kırmış, kırıkları merdivenden aşağı doğru savulmuştu. "Onu nasıl becerdin?" diye mırıldanarak yanına gittim istemsizce. "Bunlar ne?"

"Tabak," dedi gözleriyle işaret ederek. "Hani içine yemek konulup yeniliyor ya, ondan."

"Sağ ol ya, bilmiyordum," diyerek geçiştirmiş gibi gösterdim onu ama tabii ki aklımda, soyut olarak istesem de geçiştiremezdim. Birkaç saniye sonra Zifir'in kucağımdan inip merdivenlerden aşağı hızla inmesiyle olduğum yere çivilendim.

"Neyse," diye mırıldandı içinden konuşuyormuş gibi bir edayla. Sonra bana dönüp baştan aşağı süzdü. "Hazırlan, okula gidiyoruz. Yürümek ya da taksi beklemek zorunda kalmak istemiyorsan on beş dakika içinde kapıda olursun."

Çok şey sormak istiyordum… Mesela o tabakları neden aşağıya indirmek istemişti? Sonra, sonra bir de… Gizlenen merdiven ve kaybolan alt kat olayı vardı. Onu da aydınlığa kavuşturmam gerekiyordu ama sanki sorsam beni tersleyecekmiş gibi geliyordu. Tek bir hareketiyle bile ruh hâlime yön veren bu adamdan korkmuyor değildim, ben bir baruttum ve o da ateşti. Asla bir araya gelmemeliydik.

Zifir'in tamamen aklımdan çıktığı dakikaların içindeyken, onda bıraktığım hiçbir eşyamı umursamadan anahtarımı kaptığım gibi dışarı çıktım ve koşarak eve geçtim. İçeri girer girmez yukarıya depar atarak üzerimdekileri çıkardım ve üç dakika içinde duş alarak üzerime siyah kot bir pantolon, siyah kalın boğazlı bir kazak geçirdim. Uzun bağcıklı botlarımı da ayağıma geçirdiğim gibi çantamı ve montumu da alarak aşağı indim. Yaklaşık on dakika sonra, Pamir'in evinin önünde yalnızca havluyla suyunu aldığım saçlarımı elimdeki tarakla taramakla meşguldüm. O kapıdan çıktığında, ben de tarağı çantama attım ve görmemiş olması için dua ettim.

"Geldim," dedim o yanımdan geçerek önceden garajdan çıkardığı arabasına doğru yürürken.

Yanımdan geçerken bana bakmadan mırıldandı. "İki dakika geç kaldın."

Duş bile aldım! Peşi sıra dolanıp ön koltuğa bindikten sonra çantamı arka koltuğa bıraktım. "Yaran nasıl oldu?" Ve yine düşünülmeden dilden dökülen bir cümle daha…

Eliyle fermuarı açık ceketini sıyırıp siyah kazağının üzerinden bandajın olduğu yere dokundu ve, "İyi," diye mırıldandı. Hemen ardından arabayı çalıştırmış, ana caddeye doğru sürmeye başlamıştı.

Sessizliği seven ve fazla soru sorulduğunda boğulan

biri olarak sormak istediğim sorular teker teker boğazıma dizildiğinde, uzanıp klimayı açtım ve kafamı cama çevirdim. Onu sıkarsam, beni kenarda indirecek ve bu yağmurda saçlarım ıslakken okula yürütecek kapasiteye sahip bir insandı, onu tanıyordum. Bu yüzden çenemi kapalı tutmaya çalıştım fakat bu pek uzun sürmedi. "Evindeki alt kata inen merdiven nasıl ortadan kayboldu?"

"Ben de ne zaman patlak verecek soruları diye düşünüyordum," diye mırıldandı sessizce. Direksiyonu kırıp ilk dönemeçten sağa döndüğünde okul uzakta göründü.

"Sonuç olarak?"

"Alt kat bana özel, kimsenin girmesini istemiyorum bu yüzden bu sorunun gidişatını hiç beğenmedim."

"Ama ben basketbol oynarken alt kattaydım?"

"O bir seferlikti."

"Seni yenişim de mi bir seferlikti?"

"Biz orada basketbol oynamadık, dans ettik."

Gözleri yavaşça bana dönerken, acı kahvelere kilitlenmiş göz bebeklerimin titrediğini hissettim. Göz bebeklerinden göz bebeklerime akan bir soğukluk vardı ve ben onun her hücresinden alıyordum aynı soğuğu.

Dikkat et de üşütme bari, diye bir espri patlattı siyahlar içindeki fakat beyaz olan onu bir tekmesiyle uçurumdan aşağı itti. Buna kahkahalarla gülmek istiyordum.

"Yani sen dans ettin, bu senin uzmanlık alanın. Elbette kazanacaktın."

"Şu an ilk defa biri seni yendiği için çok fena uyduruyorsun, farkındasın değil mi?" Tek kaşımı kaldırarak ona sorduğum soruya karşılık olarak yamuk bir gülüş sergiledi ve önüne döndü. Tam o sırada okula giriş yapmıştık. Camlardaki filmler sayesinde içi görünmeyen lüks siyah araba elbette dikkat çekiyordu fakat içinde bir Pamir Yelkıran olduğu gerçeği bence çok daha ilgi çekiyordu ki, bahçeye girdiğimiz an bahçede olanların dışında camlara da bir yığılma olmuştu.

"Geri mi çıksan?" diye mırıldandım istemsizce. "Fanlarınla uğraşmak istemiyorum. Geri çıkalım, biraz geride indir beni."

"Oldu, hanımefendi. Başka bir arzunuz?"

Arabayı kolayca park ettikten sonra hızla emniyet kemerini çözerek arabadan çıkmasını şaşkın gözlerle izledim. Birkaç saniye sonra önünde sonunda bu arabadan çıkacağımın farkında olarak yavaşça kapıyı açtım ve hızla bedenimi dışarı attım. Aynı anda, "Gıcık," diye söylenmekle de meşguldüm. "Gösteriş meraklısı, anlayışsız domuz."

Çantasını tek omzuna takarak önümde durdu ve, "Çıkışta tam burada ol. Bir dakika geç kalma," diye geveledi ağzında. Sonra ise bizi izleyen gözlere dönüp okula yürüdü.

Elime koca siyah bir kalem alıp onu beynimde biçimlendirdiğim özelliklerden *anlayışlı,* kelimesinin üzerini kocaman çizdim. Karaladım. O sayfayı buruşturup fırlattım.

Gözlerimi yere çevirerek okula hızla girmek adına yemekhanenin kapısından içeriye daldım ve adımlarımı kimya laboratuarına çevirdim. İki kat yukarı çıktıktan sonra kimya notlarımı almak üzere dolabımın kilidini açacaktım ki, gri dolabın alt alta oyulmuş üç bölmesinden ikincisinde içeri girerken takılmış mavi bir zarf buldum. Şifreyi girerek zarfı ellerime aldıktan sonra kimya notlarımın üzerine koydum ve dolabımı kapatarak koridorda ilerledim.

Zarfın herhangi bir yerinden yazı yoktu, bu yüzden daha fazla beklemek istemeyip kenarından yırttığım zarfın içinden mavi bir kâğıdı kavradı parmaklarım ve onu çekip dışarı çıkardım. Yaldız renklerle yazılmış küçük bir nottu bu.

Çıkışta terk edilmiş geminin önüne gel, Afrodit.
-Ares

Başta bir şaka sanıp, "Ne bu? Yunan tanrıcılığı falan mı oynuyoruz?" diyerek etrafı süzdüm fakat koridor boştu ve herhangi bir şaka olarak da gözükmüyordu. Birkaç saniye sonra Malik denen adamın bana Afrodit adıyla seslendiği anılar hafızama dolduğunda, garip bir ürperti ensemden parmak uçlarıma kadar takip etti beni. Bu O'ydu. Malik'ti. *Buradaydı.*

Korkutucu rüzgârın uğultusu açık koridor camlarından içeri dolduğunda ellerimin titremesini durduramadım. Birkaç saniyelik odaklanma ile rüzgâr akımını camlara yönelttiğimde, yağmurun ıslattığı camlar gürültüyle kapandı ve koridoru bir sessizlik kapladı.

Derse geç kalmıştım. Yoksa bu koridorun boş olmasını açıklayabilecek başka bir neden yoktu ortada.

Çantamdaki siyah bereyi çıkartıp kafama taktıktan sonra saçlarımı önüme aldım ve zarfı kâğıtla beraber yırtım çöp kutusuna attım. Hızlı adımlarım koridorun sonuna ilerlerken sağa döndüm ve kapıyı tıklattıktan hemen sonra laboratuarın kapısını açarak içeri girdim. "Özür dilerim hocam, girebilir miyim?"

Kırklarının başındaki kimya hocamız burnuna kadar düşürdüğü gözlüklerinin üzerinden beni süzdükten sonra elindeki kâğıdı incelemeyi bırakıp, "Geç bakalım," dedi hissiz bir tonlamayla ve arkasını dönerek tahtaya büyük harflerle BIG BANG yazdı.

Orta sıralardaki Nisan'ı gözüme kestirerek her zaman benim için aralık bıraktığı boş sıraya süzüldüm usulca ve başımı eğerek oturdum.

"Neredesin sen?" diye sordu Nisan, kızgın bir ses tonuyla. "Zehra Hoca alıyordu vallahi yoklamayı, zor durdurdum. Devamsızlık son bulvarda zaten."

"Emin ol buraya uçarak geldim," diye söylendim rahatlayarak derin bir nefes verirken.

"Şimdi de uçmayı mı keşfettin?" Kocaman açtığı gözleri ve iyice kıstığı sesiyle bu dediğime gerçek anlamıyla inanmışa benziyordu fakat ona, "Hayır," dedim. "Yani, Pamir'in siyah canavarı uçmuyor sayılıyorsa, uçaklar yüzüyor bence."

"Bir dakika... Ne!"

"Yavaş kızım, yavaş!" diye gürledi Zehra Hoca hemen bize dönerek. "Kimdi o hadsiz! Ben buraya çocuklar geri kalmasın diye hasta yatağımdan kalkıp geliyorum, sizin yaptığınız şu rezilliğe bakın! Vallahi kırarım sözlü notlarınızı çatır çatır, sesim de çıkmıyor zaten, sessiz olun da ders dinleyin az!"

Nisan Hoca dönmeden önce çoktan ağzını kapatıp kocaman açtığı gözleriyle sıraya kapaklanmıştı bile. Hocanın siniri hafifledikten ve kendi kendine söylenme raddesine geldikten sonra sınıftaki uğultular ve üzerimdeki bakışlar da yarıya indi ve Nisan yavaşça kaldırdı kafasını. "Sabah mı karşılaştınız? Peki seni okula girmeden indirdi değil mi? Ayrı geldiniz?"

Kafamı olumsuz anlamda sallayıp başımı yan bir şekilde sıraya yatırdım ve olabildiğince kısık sesle konuşmaya çalıştım. "Hayır... Uyuz domuz işte! Herkesin önünde indim arabasından. Sabahtan beri sanki ünlü biriymişim de okula devam etme zorunluluğundan buraya geliyormuşum gibi onlarca bakış altında ezildim durdum. Sanki ayıplı kasedim okulun sitesine konmuş gibi utana utana yeri izledim Nisan, boynum tutuldu yemin ederim. Yerin desenini izleyip örüntü düzenini bile çıkardım kafamda."

Avcunu alnına şaplatıp ofladığında sızlanıp kafamı sıraya yüz üstü gömdüm ve gözlerimi kapattım sıkıca. Bugün hiçbir şey yememeliydim, içmemeliydim. En az bir hafta kızlar tuvaletine girmemeliydim.

Yaklaşık yirmi dakika sonra Zehra Hoca'nın anlattıkları ve manyetik formüller tahtayı süslerken jet hızıyla onları notlarıma ekliyordum. Konu kıvrak bir u dönüşü yaptığında, önlerden bir kız hocaya bir soru yöneltmişti. "Peki hocam, bu manyetik haritaya bakıp telekinezinin gerçek olduğunu söyleyebilir miyiz?"

"Pek çok yönden göz yanıltıcı örnekleri olsa da, böyle bir şeyin üç ana dalda toplanmış fen kanunlarına aykırı olduğunu söyleyebilirim Zeynep'ciğim. Teknik olarak da, bir insanın düşünce gücüyle eşyaları hareket ettirmesi imkânsızdır. Çünkü insanlık şu güne kadar beyin kapasitesinin en fazla sadece %3'ünü kullanabilmiştir."

İstemsizce elim havalandığında, Zehra Hoca bana söz vermişti bile. "Peki ya aerokinezi?"

Zehra Hoca'nın kaşları havalandı. "Düşünce gücüyle hava olaylarını kontrol edebilmek?" diye sanki yanlış sormuşum gibi onaylamak istercesine baktığında kafamı salladım, küçümseyici bir şekilde kahkaha attı. "Sanırım çok fazla Marvel izliyorsunuz, çocuklar. Size böyle şeylere inanmayın demiyorum tabii ki fakat üzülerek söylüyorum ki birçok fantastik olay düzmecedir ve böyle şeyler sadece filmlerde olur. Hayatınızı böyle şeylere adayıp da mahvetmemenizi diliyorum, bu dalların tanımlarını bilseniz sizin için yeter de artar bile."

Tam o sırada zil çaldığında Zehra Hoca'nın sesini bugünlük son kez duydum. "İyi günler, çocuklar. Hava soğuk, siz de benim gibi çevrenizdekilerin sözünü dinlemeyip şık olacağım diye mont giymeyi ihmal etmeyin!"

"Bir an el ele tutuşup *Merry Christmas* söyleyeceğiz sandım." Nisan kitaplarını toplayıp sıradan çıktıktan sonra notlarımı toparlatıp elime aldım ve peşinden dışarı çıktım. "Söylediğini sen de duydun mu? Telekinezi, aerokinezi... Bunlar saçmalıkmış. Kim mezun ediyor bu kimya öğretmenlerini? Büyürken hayallerini falan mı çalıyorlar bu yetişkinlerin?"

Omuz silkti. "Kimyagerlerin böyle mucizelere açık olduğunu düşünüyordum. A- sanırım çok fena yanılmışım ya da B- Zehra

Hoca tam bir budala."

"Ben C diyorum. Gidip kahve alalım."

Kantine indiğimizde kahve birer bardak kahve alarak bahçeye çıktık. Kantindeki kahveler evde yaptıklarım kadar iyi ve yoğun değillerdi fakat idare ederlerdi.

"Belki de kendi kendimi sıkıntıya sokuyorumdur boşuna," dedim etrafı süzerken. "Belki de okul bahçesinde, herkesin gözünün önündeyken Pamir Yelkıran'ın arabasından inmek o kadar da kötü bir şey değildir."

Nisan tam ağzını açmış, konuşacaktı ki oturacağımız bankını kenara çekilme sesini duyduk. İki kız ellerindeki bitki çaylarıyla beraber bizim oturacağımız banka oturdular ve diğerine göre daha esmer olan duymamızı istediğini açık ve net bir şekilde belli ederek bağıra bağıra söylendi."Hayır anlamıyorum, kızın bir özelliği de yok ki. Mine gibi taş bebek dururken bu sırf bacaktan oluşan siyah şey neden ilgisini çeksin Pamir'in?"

Nisan söyleyeceği şeyi bırakıp kızlara döndüğünde kolundan çekmek üzereydim ama bana engel oldu ve kendi bildiğini okudu. Az önce konuşan ve ona kafa sallayan iki kızın ortasında dikilip kahvesini bacakları ıslanacak şekilde, havadan yere döktü. "Ahh, pardon kızlar! Bu arada, o melek kalıbına soktuğunuz taş bebek Mine'nizin beyni de giderek taşlaşmış, öyle ki artık düşünemiyor. Belki de Pamir bu yüzden ondan tamamen vazgeçmiştir, ha?"

Dönüp beni de koluna takarak okul binasına yürüttüğünde, ona yandan bir bakış fırlattım fakat o bunun yerine, "Kahvemi ziyan ettim…" diye mırıldanıp yavru köpek bakışı atarak benimkine uzandı.

Saatler sonra, akrep dörde yelkovan beşe ulaştığında nihayet okul bitmişti. Mine'yle karşılaşmamış, Nisan'a anlatabileceğim kadar çok şey anlatmış, kızlar tuvaletine hiç girmemiş ve ilk teneffüsteki laf atan kızlar gibilerine rastlamamıştım. Onun yerine Buğra ve Nisan'ın flörtleşmelerini izlemiş, yemek saati boyunca da etrafta podyumlardan fırlamış, en son elinde basketbol topuyla çekilmiş fotoğrafı Dedikoducu Kız'ın flaş haber sayfalarını süsleyen bir doksan boylarında yürüyen bir meteor aramıştım. Sonuç, boş kümeydi. Buradan son iki derse matematik koyan okul yönetimine saygılar, sevgiler.

Sabahki arabada inme olayı fotoğraflanmış ve abartılmış yazılarla dolu bir şekilde dedikodu sitesini süslemişti, bu olaydan kârlı çıkan bir Dedikoducu Kız vardı sanırım... Kıza her seferinde iyi ya da kötü malzeme çıkıyordu.

Zilin çoktan çaldığı ve okulun baykuşların kol gezdiği mezarlıktan farksız bir sessizliğe büründüğü dakikalarda Pamir'in arabasının önündeydim fakat zil çalalı on beş dakikayı geçiyordu, nefret ettikleri okuldan jet hızıyla ayrılan öğrencilerden geriye en ufak bir yoz bulutu bile kalmayacak kadar beklemiştim.

Sonunda çiseleyen yağmurun azizliğine uğramama adına kapüşonlumu kafama geçirip okuldan ayrıldım ve orman yolundan eve yürümeye başladım.

Parmak uçlarıma kadar çektiğim kazaktan tırnaklarıma damlayan yağmur sularının sesini duyamıyordum bu sefer, bana bu ıssız yolda Emre Aydın eşlik ediyordu çünkü.

"Renksiz hayaller dolu, dökülen gözyaşlarım. Ezikliği kalbimde, yaşanmış tüm aşkların."

Odamdayken çarpıştığımızda, onun üzerine düştüğümde ve dudaklarımız sürtündüğünde hissettiğim his sardı bütün bedenimi.

"Tüm acı anıları, bana bırakıp gitme. Beni bana ver artık, peşinden sürükleme."

Yağmurun iyice hızlandığı dakikalarda yolun ortasında durduğumu yeni fark edebilmiştim.

Okul çıkışlarımda beni hep babam veya annem alırdı.

Öğle yemeği vaktinde her gün sırayla beni okuldan alır, eve götürür, yemeğimi hazırlar ve kapıyı üzerime kilitleyip kimselere açmamam gerektiğini söyler, zil çalsa bile yerimden kıpırdamamı tembihlerlerdi. Soyhan'ın yağmurlu havasında hafta sonları dâhil her gün evden okula, okuldan eve giderdim ve bu çok sıradandı. Yedi yaşındaydınız, alfabeyi ve matematik işlemlerini iki bilim insanı ebeveyne sahip olmanın farklı bir yanı olarak 5 yaşında çoktan öğrenmiştiniz ve her 7 yaşındaki çocuk gibi macera arıyordunuz. Bir gün, sıra babamdaydı. Sırt çantamdaki acil durum telefonundan ona mesaj çekip okuldan çıkmış ve saatlerce yağmurda yürümüştüm. Hayatımda ilk defa o gün yağmurdan ıslanmıştım. Hayatımda ilk defa o gün yağmur iliklerime kadar işlemişti, iç çamaşırlarıma kadar her zerremden yağmur suyu damlıyordu ıslak kaldırımlara. Issız köşelerde çetelerin toplaştığı sokaklardan, girmeyi çok istediğim GreenLight kulübü köşelerine; en işlek caddelerden, o soğuk hava bir başına bırakılmış sahile kadar köşe bucak gezmiştim. Özgürlüğü ilk defa 7 yaşımda tatmıştım, o gün hem 7 yaşımdaydım; hem de 17. O gün hem 17 yaşındaydım, hem de 47. O gün benim etraftaki insanları izledikten sonra en arkada oturarak her şeye ve bütün o gereksiz laflara maruz kalmamın son günüydü aynı zamanda. Boş boş yaşamamın, ruhsuz bakışlarımın, biraz da olsa soğuk benliğimin ve hiç hissetmemiş, insanlardan köşe bucak kaçan ve dört duvar arasında yapayalnız kalakalmış kalbimin ürktüğü, çamurlu çocuk parklarına zincir vurmuş ruhumun titreyişinin son günüydü. Çünkü o gün, onu görmüştüm. Yedi yaşındaki küçük bir kız çocuğu, yağmurun altında sırılsıklam olmuşken, birkaç ev ileride siyah bir cipin bagajından küçük bir koli taşıyan siyahlar içindeki bir çocuğu gördüğünde en fazla ne kadar sevebilirse, o kadar sevmiştim ben onu minik yüreğimle.

"Duymak istiyorum, duymak istiyorum, kalbimde ruhunu duymak istiyorum."

Gece, ondan yastık almak için o uyurken odasına girdiğim an aklıma geldiğinde gülümsedim.

"Görmek istiyorum, görmek istiyorum, gözümde gözünü görmek istiyorum."

Üşüttüğümden mi bilinmez, çatalı çıkan sesimle eşlik ettim Emre'ye. "İncitme kalbimi, bırakıp gitme… Sana kendimi verdim, beni yok etme. Ne olur suskun durma, bir şeyler söyle. Karanlığın içinde kaybolma öyle…"

Sarsak bir şekilde ileri attığım adımlarım bir kez daha tökezlememle durduğunda, şarkının nakarat kısmı geçmişti ve kulaklıklarımdan biri kulağımdan fırlamıştı.

O sırada, arkamda bir siyahlık fark ettim. Siyah bir Porsche. Başında Pamir Yelkıran. Gözlerini dikmiş, ona çevirdiğim gözlerime bakıyor doğrudan. İki eli de direksiyonda… Hayal gücümün sınırsız olduğunu bilmesem, dakikalardır arkamda gizliden sessizce beni takip ediyor sanırım, o derece bir durgunluk var üzerinde.

"Duyabilsem kalbini, okuyabilsem seni. Sessiz feryatlarını, acı ağıtlarını. Tüm haykırışlarını, hissetmek istiyorum. Sana yaklaşıp senle, ölmek istiyorum."

"Duymak istiyorum," diye mırıldandım istemsizce. Gözleri saniyesinde dudaklarıma kaymıştı, ne dediğimi dudaklarımdan okuyabilir miydi?

Kalbimin çarpıntısı hızlandığından mıdır bilinmez, güçlü bir şimşek bütün yolu aydınlattı ve birkaç saniye sonra da sesi doldu kulaklarıma. Kulaklıklarımı çıkardıktan sonra sessiz adımlarla dönüp geri yürüdüm ve arabanın kapısını açarak içeri oturdum. Emniyet kemerimi sakince bağladıktan sonra kapıyı kapattım ve geriye yaslanıp önüme baktım. Öylece. Bomboş bir şekilde.

O da konuşmadı. Beraber sustuk.

Belki de bu birbirimize söyleyebileceğimiz en güzel sözlerdi.

Birkaç saniye sonra gaza bastığında, şakır şakır yağan yağmur camları ıslatırken yukarıda ve kalbimde kopan fırtınaların eşliğinde orman yolundan çıkarak sahil yoluna geçtik. Lodosun etkisi çok korkutucu boyutlardaydı. Sessizlik giderek artarken bir ara elinin müzik çalara gittiğini gördüm, kafamı cama çevirdiğimden tam olarak görememiştim.

Ve yarım kalmış bir şarkı devam etti.

"Çocuklar toplanıp gittiler içimden. Dünle unutmak arasındayım şimdi. Sen yoksun inan bir tek sen lazımken. Ses ver, yapma, burada bırakma bizi."

Yapma, bırakma bizi.

Araba büyük bir marketin önünde durduğunda şarkı da değişmişti. Uzanıp müzik çaları kapattım ve ona döndüm. "Niye burada durduk?"

"Eve birkaç bir şey almam lazım."

Kafamı sallayarak emniyet kemerimi çözdüm ve aynı anda arabadan inip kapıları kapattık. Yağmurda fazla kalmamak için hızla girişten içeri girdiğimizde, kenardan küçük bir market arabası çektim. "Pekâlâ, ne alıyoruz?"

Tek kaşını kaldırarak tuttuğum küçük market arabasına endişeli bir bakış attı ve, "Alacağımız şeylerin ona sığacağını sanmıyorum," dedi.

"Ne alacağız ki?" diye tekrar ettim.

Alt dudağını emerek etrafa göz gezdirdi ve eliyle bütün rafları işaret etti. "Yeni bir eve taşınmışsın da mutfakta hiçbir şey yokmuş, akşam da önemli bir misafirin geliyormuş gibi düşün."

"Pizza sipariş edelim?"

"Ellilerindeki bir babaanneye pizza mı yedireceksin?"

Bakışlarımı üzerinde gezdirdim. Ona kaşlarımı kaldırarak baktığımda kenardan en büyük arabayı çekti ve omuz silkti.

Görünüşe göre akşam yemeğinde bir misafiri vardı ve bu ellilerinde bir babaanneydi.

Naneli çay ve normal çay paketleri üzerinde bakışlarını gezdirirken, karar veremediğini belli ederek ikisini de arabaya koydu. Gözlerimi devirerek iki büyük boy paketi de arabanın içinden aldım ve, "Her öğün on bardak çay içen birine pek benzemiyorsun, ne diye bu kadar çay? Küçük boy al bari," diye söylendim. Paketleri geri koyup küçük boy olanlardan aldım.

Kolumdan çekti. "Ben süreyim, sen seç ve arabaya koy. Anlaştık?"

"Kabul."

Süt ürünlerinin olduğu raftan makarnaların olduğu yere geçtiğimde, birkaç paket çubuk makarnayı alt raftan aldım fakat arabaya koymadan önce elimden birini kaptı ve, "Bu ne?" dedi. "Yassıları yok mu bunun?"

"Nasıl?"

"Ben bunları yiyemiyorum," dedi. "Yassı olanlardan al."

Ona garip bir bakış atıp elindekiyle birlikte kucağımdakileri de rafa geri koydum ve yassı makarnalardan market arabasına doldurdum.

Reyondan reyona dolanırken bütün marketi satın aldığımızı fark ettim. Market arabasından dışarı narlar, yumurtalar, peynirler, yer fıstıkları, sebzeler, meyveler, makarnalar, et reyonu ürünleri taşıyordu. Eğer ben böylesine dolu bir market arabasının başında olsaydım, imkânı yok kımıldatamazdım ama Pamir sanki çok hafifmiş de kayıyormuş gibi bir de kendi kollarını koyup yaslanmış, öyle sürüyordu.

"Başka bir şey?" diye söylenip etrafa bakarken arabayı bırakıp ileri yürüdüğünü gördüm. "Nereye..." diye söylenirken sucukları test edilmesi için pişiren reklamcı kızın yanına gittiğini fark ettim. Kız esmerdi, uzun siyah saçları kıvrılmış bir şekilde göğüslerinden aşağı dökülüyordu ve altındaki mini etek-topuklu rugan ayakkabılar hiç de hoş bir sahnenin yaklaşmadığını işaret ediyordu. Market arabasının başına gidip reyonlara çarpa çarpa güç bela Pamir'in üzerine sürdüm. Market arabası bir an elimden kaydığında yamuk yumuk birkaç hareketle beraber Pamir'in üzerine doğru ilerledi.

Tam sucukların önünde duracakken ona doğru gelen market arabasını son anda fark eden Pamir, yön değiştirip kıvrak bir hamleyle market arabasını durdurdu. Reyon başındaki kız ise Pamir'e bakıp gülümsüyordu. "Sucuklarımızdan denemek ister miydiniz?"

"Hayır, istemezdik," diye söylendim. "Artık eve gidebilir miyiz? Kollarım koptu sabahtan beri."

Pamir kaşlarını çatarak arabayı bana doğru itti. "Kolların mı koptu? Karıştırıyorsun herhalde, sabahtan beri yüz ton ağırlığı oradan oraya sürükleyen benim."

"Hah! Kaslarını gösteriş olsun diye yaptığını biliyordum," diye mırıldandım sessizce fakat beni dinlemedi. Kızın kürdanla uzattığı sucuklardan birini ağzına attı ve hoşnut olmuş bir şekilde kısa bir mırıltı çıkardı.

Kız sucuklarla ilgili gereksiz birkaç bir şey sıralarken gülümsemekten yırtılacak dudaklarını sanki olabilecekmiş gibi biraz daha gerdi ve gözlerini aynı anda gözlerini Pamir'in vücudunda gezdirdi.

Sinirlerimin tepeme sıçradığı saniyelerde, Pamir de resmen kızı dinliyordu. Kazağımı parmak uçlarıma kadar çekerek elimi yumruk yaptım ve dişlerimi sıktım.

Sert bir şimşek sanki üzerimize düşüyormuş gibi bütün marketi inlettiğinde, ses sisteminden çalan müzik de ufak bozulmalarla durdu. Reyondaki kız da ürkmüş gibi titreyip etrafına baktığında kaşlarını çatmıştı.

Pamir gözlerini etrafta gezdirdi. "Yine çıldırdı bu hava."

Evet, çıldırdı! Ama hava değil, ben! Ben çıldırdım! Sen çıldırttın beni!

"Gidebilir miyiz artık?"

"Sen bana şu sucuklardan iki paket versene," diyerek reyonun kenarlarında asılı sucukları işaret etti. Kız, "Çok memnun kalacaksınız," diye mırıldanırken iki paket uzattı. "Eğer memnun kalmazsanız, buraya gelip beni bulabilirsiniz. Her zaman buradayım, öğlen 2'den akşam 7'ye kadar."

"Yazık!" diye parladım hemen. "Yani çok yazık, saat 4'e kadar okulumuz var ve ondan sonra da geç saatlere kadar antrenmanları oluyor." Pamir'in elindeki sucukları kapıp arabaya attım. "Yine memnun kalmazsak ben gelir konuşurum sizinle. Ne vardı? Para iadesi falan mı?"

"Aslında hayır ama..." diye mırıldanırken kız, dudağını ısırdı ve gözlerini tekrar Pamir'e çevirdi.

Şiddetli bir şimşek bir saniyeliğine bütün marketi bembeyaz ettiğinde, "Hava daha da kötüleşmeden gitsek ya?" diye söylendim Pamir'in koluna vurup. Kafasını salladı.

Ben dolu market arabasını döndürmeye çalışırken reyondaki kıza göz kırptığını görünce, sinirden market arabası tekrar elimden kaydı ve salçaların olduğu rafa doğru gitti.

Pamir öne atılıp arabayı tek eliyle tuttuğunda, "Aman be kızım, sana da market arabası bırakılmıyor," diye söylendi ve kuruyemişlerin arasından kasaya doğru gitti.

Olduğum yerde somurtup ayağımı sertçe yere vurdum. Bu haksızlıktı! Ben reyonda sucukların promosyonunu yapan bir kız olsam, eminim üstüm başım soğan sarımsak kokardı ve Pamir asla yanıma gelmezdi.

On dakikalık poşetleme işlemi sonucunda dört poşeti Porsche'nin bagajına yerleştirdik ve sonunda, gök gürültülü şimşekli bir sağanak yağış eşliğinde arabaya binip eve dönebildik.

15

Araba Pamir'in evinin önünde durduğunda yağmur da durmuştu. Kapıyı açıp bagajdan bir-iki poşet aldım, Pamir de kalanını almıştı. Ben üç poşette zorlanırken o elindeki yediden fazla poşetle gayet rahat görünüyordu. Kapıları kapatıp eve doğru yürüdüğümüzde ise, kapıda arkası dönük bekleyen bir siluet gördüm. Pamir de bunu fark etmişti fakat bir kez durakladıktan sonra yoluna devam etti. Peşinden kapının tümseğine çıktığımızda, kapının önünde yanındaki valiziyle dikilen ellilerinde bir kadın gördüm. Griye boyanmış saçları özenle taranmıştı, üzerinde bordo bir manto ve siyah deri eldivenler vardı. Buruşmuş beyaz teninin üzerindeki dudaklarına sürdüğü bordo ruju fark ettiğimde, gençliğinde çok hoş bir bayan olduğunu düşündüm. Onu yakında süzdüğümde ise, düşündüğümden daha yaşlı olduğunu fark ettim.

"Pamir!" diye seslendi kadın. "Yavrum, nerelerdesin kaç saattir? Arayacaktım ama şarjım bitti, bak bekliyorum, kapıda kaldım..."

Ve ellerinde poşet taşıyan, yağmurda ıslanmış uzun saçları beline kadar uzanan, siyahlar içindeki kızı gördü; yani beni...

"Ahh," diye bir ses çıkardı. Pamir'e seslendi ama beni süzüyordu. "Pamir, bu güzel kızımız da kim?"

"Önce bir içeri geçsek ya?" diye soran Pamir, çoktan poşetleri yere bırakmış, kapıyı açmış bir şekilde içeriyi işaret ediyordu. Kadın valizinin sürgüsünden tutup içeri geçerken ben de poşetlerle beraber girip mutfağa yürüdüm ve elimdekileri masanın üzerine bırakıp salona geçtim.

Altmışlarındaki bu şirin büyükanne, muhtemelen Pamir'in büyükannesiydi. Markete gitmemiz bu yüzden gerçekleşmişti, reyondaki kızın Pamir'le ilgilenmesi de bu büyükanne yüzündendi o zaman ve...

Ahh.

Aferin, üç kuruşluk aklın vardı onu da kaybet Nil. Onu da kaybet. Hiç vakit harcama hemen kaybet.

Siyahlar içindeki kız arkasında saçlarını ören beyazlar içindekinin ellerinden kurtularak yarısı örülmüş saçını bozdu ve az önce söylediklerinden sonra kendi köşesine çekilip ortalıktan kayboldu. Onun yokluğunda yalnız kalan beyazlar içindeki ise omuz silkip seslice nefes vererek kendi tarafına doğru yürüdü.

"Babaanne bu bir arkadaşım, evi tadilatta bu yüzden birkaç gündür bende kalıyor," diye tanıttı beni Pamir. Kalbime giden damarla büzülüp *arkadaş* kelimesinde kendilerini asarlarken, yüzüme bir gülümseme yerleştirdim ve, "Merhaba," dedim. "Ben Nil."

"Merhaba kızım, ben de Gülbahar fakat madem benim biricik oğlumun arkadaşısın, pek de mesafeye gerek yok, değil mi Pamir'ciğim?" Babaannesi, Pamir'in beline doladığı eliyle sırtına vurdu ve ona dönüp gülümsedi. Pamir de ona göre bayağı kısa kalan babaannesinin boynuna kolunu dolayıp eğilerek ona gülümsediğinde, kısılan gözlerini ve gülümsemesinin yanında çukurlaşan gamzesini izledim.

Ne olursun, bana da bir kez şöyle gülümse.

"Tamam, yeter bu kadar şımarma. Sizi bilmiyorum ama ben kurt gibi açıktım," diye mırıldandı Gülbahar Babaanne mantosunu çıkartarak. Uzun elbisesinin kollarını sıvadı ve, "Şöyle güzel bir güveç mi yapsak Pamir? Yanına da bolca yeşillik?" diye sordu.

"Çok güzel bir soru," diyerek kenara çekildi Pamir. "Ama benim yukarıda biraz işim var, siz poşetleri yerleştirin ben geliyorum."

"İyi, kaç bakalım..." Bana dönerek güldü Gülbahar Babaanne. Gülerken yüzündeki kırışıklıklar çıktı ortaya ve gözleri kısıldı tıpkı Pamir gibi.

Babaannesi bile bu kadar güzelken, kendi nasıl çirkin olurdu sahi? Ailecek güzeldiler. Aile boyu bir güzellik geziniyordu damarlarındaki kanda.

"Sen nasılsın bakalım Nil? Aynı okulda mısınız Pamir'le?" Sorularına başlayan Gülbahar Babaanne, koluma girerek beni mutfağa doğru sürüklediğinde, Pamir de kenardaki büyük valizi aldığı gibi seri adımlarla merdivenlerden yukarı çıktı.

Mutfağa geçtiğimizde, hem Gülbahar Babaanne'nin sorularını yanıtlıyor, hem de aldıklarımızı dolaba yerleştiriyordum.

"Eh be oğlum, ben geleceğim dediğim zaman mı tutuyor markete gideceğin? Ben yokken ne yiyor bu Nil? Biliyor musun?"

Gülümseyip yumurtaları da yerleştirdim. "Genelde dışarıda oluyor; arkadaşlarıyla, antrenmanlarda, maçlarında... O yüzden dışarıdan yiyordur muhtemelen."

"Bak kızım," diyerek elini omzuma koydu. "Benim gözüm tuttu seni. Ben yokken yine dışarıdan yemeye devam eder bu, sen gel arada yemek yap da buzdolabına koyuver, olur mu? Hep dışarıdan hep dışarıdan olmazki ama ev yemeklerinin tadı da vitamini de bambaşka."

Seni bir de bana sor be Gülbahar Babaanne, diye geçirdim içimden. *Bir çikolatalı kurabiye, bir de makarna biliyorum. Yanında da süt içiyorum. Çok egzotik yemekler biliyorum da, yapmıyorum ben.*

Belki de annemin yemek kitaplarını dizdiği rafların tozunu alma vaktim gelmiştir.

"Bence şöyle güzel bir köfte yapalım babaanne, sen ne diyorsun?"

Dirseklerine kadar sıvadığı, üzerine yapışan, beş düğmesinden üçü açık olan tişörtü, siyah eşofmanı ve dağılmış saçlarıyla mutfağa giriş yapan Pamir, ellerini çırptıktan sonra son kalan poşetteki sebzeleri aldı ve masanın üzerine çıkardı.

Tam o sırada, ben onu süzerken ve gözleri bir saniyeliğine benimkilerle çakışmışken, arka plandan gelen bir miyavlama sesi, bütün ortamı bozdu. Gülbahar babaanne kocaman olmuş gözleriyle, "Evde kedi mi var?" dedi etrafı süzerek. Ses tonundan veya surat ifadesinden anlayamamıştım kedileri sevip sevmediğini.

Ayaklarıma dolanan Zifir'i kucaklayıp, "Benim kedim, Zifir," diye mırıldadım Gülbahar babaanneye dönerek.

Bir sessizlik oldu.

"Ayy hanimiş benim minik kediciğim! Yerim ben seni, yerim, yerim, canım benim, canım, canım..."

Üzerime doğru atılıp Zifir'i kucağına alan Gülbahar babaanneye bir bakış attım. Pamir ise elini saçlarından geçirip histerik bir şekilde güldü ve bana dönüp onu işaret etti. "Kedilere zaafı var."

Anladığımı gösteren bir bakış atıp kısaca, "Hı..." diye bir ses çıkardım ve, "O zaman ben hazırlayayım mı akşam yemeğini?" diye sordum kucağındaki Zifir'i seven Gülbahar babaanneye.

"Siz başlayın, ben şu minnak şeyle birazcık daha oynayıp geleyim o zaman hemen."

Gülbahar babaanne Zifir'le mutfağı terk ettiğinde, Pamir de işaret parmaklarını oval bir şekilde kaydırıp parantez içinde söylediğini belli edercesine, "Gelmedi." dedi. Hafifçe gülüp kenardaki bezle tezgâhı sildim. "O zaman sen sebzeleri yıka, ben de etleri doğrayayım."

Yaklaşık yarım saat sonra güveç hazırdı ve pişmek üzere üstü alüminyum folyo ile kapalı bir şekilde fırına verilmişti. Salatayı hazırlamak için masanın üzerine çıkarılmış yeşillikleri alacağım sırada Pamir'in pencere kenarından bir şeye baktığını gördüm. Perdeyi hafifçe çekmişti ve cama vuran yağmuru izlemediği kesindi çünkü kaşları çatıktı. "Neye bakıyorsun?" İrkildi, aynı odada olduğumuzu unutmuş gibiydi. Dönüp bana baktığında, "Hiçbir şey," diye geveledi ağzında ama bir şey olduğunu hissetmiştim. Birkaç dakika daha öyle kaldığında salatayı yapmaya başladım. On dakika sonunda tuzsuz, yağsız, limonsuz ve nar ekşisiz bir salata yapmayı becermiştim. Güveç piştiği zaman da bu eksik dört malzemeyi ekleyerek işi bitirebilirdim.

Cam kenarından çıktığında fırına bakmak bahanesiyle az önce olduğu yere yöneldim. O kendine bir bardak su doldururken, ben de çaktırmadan perdeyi kaldırarak dışarı baktım fakat yağmur damlalarının üzerine yapıştığı buğulu camın ardında anormal olarak hiçbir şey gözükmüyordu.

Birkaç saniye sonra Gülbahar babaannenin neşeli sesi odayı aydınlattı. "Eee, güveci ne zaman yapıyoruz?"

★★★

"Nasılsınız bakalım çocuklar?"

Turuncu saçlı matematik hocamız bugün sanki çok güzel bir günmüş gibi gülümseyerek sınıfa giriş yaptığında, üzerindeki renkli kıyafetleri süzdüm. Pembe bir gömlek, kot pantolon ve koyu yeşil ayakkabılar giymişti.

"Hava ne kadar da güzel, değil mi?"

O an bütün sınıf gözlerini pencerelerden dışarı çevirdi ve büyük bir uğultuyla esen rüzgârın salladığı ağaçları izledik.

Evet, evde battaniyenin altına kıvrılıp ölmek için çok güzel bir gündü.

Nisan kolumu dürttüğünde ona dönerek *ne oldu?* bakışı attım.

"Çantasına bak," dedi gözleriyle işaret ederek. "Sınavları okumuş."

Gözlerimi devirdim. Bunun yetmediğini düşünerek kollarımı sıraya dayandım ve başımı üzerine kapayarak seslice ofladım. Matematik sınavım berbat geçmişti ve nasıl düzelteceğim hakkında en ufak bir fikrim yoktu.

"Tahmin edebildiğiniz üzere, sınavlarınızı okudum," diyerek konuya giriş yapan turuncu saçlı öğretmenimiz -adının B harfi ile başladığına yemin edebilirdim-, yerine geçtikten sonra yoklama defterini imzaladı ve çantasındaki kâğıt destesini çıkartarak sınıfta gözlerini gezdirdi. Sınıftan itiraz ve yorgunluk nidaları yükseldi.

"Aaa, yok öyle mızmızlanma! Zaten yeterince geciktirdim kâğıtlarınızı okumayı, yeter bu kadar bana tatil dedim ve dün akşam oturdum okudum hepsini. Şimdi, adını söylediğim gelip kâğıdına tahtada baksın ve işi bittikten sonra masama koysun. Cevap anahtarı da burada."

Sırayla okundu isimler gerginliğin köşe bucak bütün sınıfı sardığı dakikalardı. Adım okunduğunda, hocanın yakıcı bakışları eşliğinde kâğıdımı aldım elime ve gözlerimi kapattım. *Lütfen 50'yi geçeyim, lütfen, lütfen, lütfen. Lütfen en azından 50'yi geçeyim...*

Ve göz kapaklarım açıldı.

"Kırk sekiz buçuk mu?"

Nisan'ın da ardımdan kâğıdı okunduğunda, gözlerini büyülterek kendi kâğıdına çevirdi. "Yetmiş sekiz. Geçmişim... Dur bir dakika ya, sevinemedim bak şimdi."

Cevap anahtarına hiç bakmadan soluğu hocanın yanında aldım. "Hocam, her şeyi anladım ama bu buçuk ne?"

"Haa… O mu? Kırk dokuz aldım da bir puandan geçemedim deme diye buçuk puan kırdım."

Avucumu açıp sertçe alnıma şaplak attım.

"Üzülmene gerek yok Nil," dedi turuncu saçlı hocamız elindeki son kâğıda bakarak. "Bence seni Pamir çalıştırabilir, dün sizi beraber gördüm. Yakın arkadaşsınız sanırım, kabul edeceğine eminim." Sesini yükselterek Pamir'i çağırdı ve elindeki kâğıdı salladı. "Değil mi Pamir?"

Pamir'le aynı matematik hocasından ders alıyorduk, bu yüzden aynı sınıftaydık. Hocanın sözlerini duyan Pamir, sırasından kalkarak yavaş adımlarla ve hissiz bir ifadeyle yanımıza yürüdükten sonra masanın önünde durdu ve kâğıdı almak için elini uzattı. Hoca gülümseyerek almasına izin vererek kâğıdı Pamir'in ellerine bıraktı. "100."

"Yuh!" demekten alıkoyamadım kendimi. Kendi kâğıdımı bırakıp onun yanında durarak kafamı kâğıdına eğdim. Bütün kâğıt doluydu ve sayfanın sağ üst köşesine kırmızı bir kalemle 100 yazılmıştı.

Gözlerimle de doğruladığım bu an karşısında siyah ve beyaz yanımın ikisi de ayağa kalkıp alkışlamaya başladılar.

Ders bittiğinde Nisan'la beraber sınıftan çıkarken, hoca kolumdan tutup beni çevirerek ela gözlerini gözlerime sabitledi. "Nil'ciğim, notlarına bir baktım da… Daha önce hiç doksan beşin altına düşmemişsin. Bu yüzden seni bir kez daha sınav yapmaya karar verdim. Haftaya farklı ve daha zor sorularla yeniden sınava gireceksin, çok çalış."

Gözlerimi kocaman açarak, "Çok teşekkür ederim!" diyerek heyecanımı gösterdim. "Hocam, cidden çok teşekkür ederim. Çabanızı boşa çıkarmayacağım!"

"İnşallah kızım, inşallah."

Birkaç saat sonra Buğra'nın gelmesiyle Nisan yanımdan ayrılmıştı ve ben de kafamı kaldırmış, gökyüzündeki bulutları süzüyordum.

Küçükken kar yağmasını o kadar çok isterdim ki… Odamın penceresinde yağmuru izler dururdum, karı hayal ederdim; eldivenlerimi, beremi, atkımı takıp montumu ve botlarımı giyerek anne ve babamla burnu havuçtan, gözleri zeytinden bir kardan adam yapmayı… Bir keresinde anne ve babam işlerinden vakit bulabilmişlerdi ve beni Uludağ'a götürmeye söz vermişlerdi fakat bu sözleri, sadece birer kelimeden ibaret kalmıştı. Onlar bazen… İşlerini kızlarından bile önce tutabiliyorlardı.

Ve onları çok özlüyordum. Pamir'in babaannesini gördükçe aklıma onların unuttuğum sıcaklığı geliyordu ve lanet olsun ki kalbim bir kez daha kan pompalama görevinden başka durumlara burnunu sokarak… Onları özlüyordu. Özlüyordum.

Sevmek ve özlemek gibi iki ağır duyguyu en hassas yerlerinden iğnelemişlerdi kalbime ve daha fazla dayanamıyordum. Hiç gelmeyecek birini beklemekten ve gitmiş bir anne babaya özlem duymaktan yorulmuş, bitmiş, mahvolmuştum. En azından bir taraftan bir destek gelseydi yamulmuş direncimi dik tutabilirdim fakat zavallı kalbim, hissettiklerimin ağırlığı altında eziliyordu ve artık direnemiyordum. Belki birkaç gün… Ve sonra, tamamen dibi boylayacaktım. İpleri hissizliğin keskin ruhu ile çevrili bir salıncakta sallanıyordum ve tutunmazsam, kalbim intihar edecekti.

"Gökten vahiy inmesini falan mı bekliyorsun?" diye boğuk bir ses kulaklarıma doldu. "Çünkü matematik sınavın duaya kaldıysa hiç girme daha iyi." Bu Pamir'in sesiydi. Birkaç saniye sonra önüme geçerek görüş açıma girdiğinde otoparka ilerlemeye başladı.

Peşinden koşarak ona yetiştim. "Haftaya kurtarmaya gireceğimi biliyor musun?"

"Biray Hoca yufka yürekli olduğundan dayanamaz öğrencilerine, kanaat olarak seni kurtarmaya sokacağını tahmin etmiştim."

Arabanın kilidini açarak şoför koltuğuna yerleştiğinde, peşinden yanına binerek kapıları kapattım ve dudaklarımı sertçe birbirine bastırdım.

Hayır, ondan bana matematik çalıştırmasını rica etmeyecektim.

"Akşam işim var."

"Daha sormadım bile!"

Okulun otoparkından çıkarken bana dönüp, "Beyninde nasıl tilkiler döndüğünü biliyorum," diye söylendi. "Ben olsam kopya çekerdim."

"Ama başka boş günüm yok..." Bu haftam öyle doluydu ki. GreenLight grup çalışma saatlerimin neredeyse hepsini atlamıştım, Ümit Hoca beni öldürecekti. Ayrıca bu hafta ödev teslimleri vardı ve ben çoğunu bitirmemiştim bile. "Nasıl 100 aldın?"

Ağzından bir, "Hah," mırıltısı çıktı. "Ben de bu soruyu nasıl yuttu da yumurtlamıyor diye düşünüyordum. Kötü bir çocuğum diye notlarım da kötü mü olacak sandın?"

"Hayır ama..." *Evet.* "Nereye gideceksin bu akşam?"

"Hesap vermeyi çok önceden bıraktım ben." Kırmızı ışık sonunda yeşile döndüğünde arabayı sola kırdı ve ana caddeye çıktı. Bir süre sessiz kaldım. Bu süre evin önünde durduğumuz ana kadar devam etti ve sonunda, "O zaman ben kendi evime gidiyorum," diyerek ona döndüm. "Test kitaplarım da orada hem."

Gözlerini bana çevirdi. "Olmaz."

"Neden?"

"Bir kere de şu soruyu sormadan söylediklerime uysan, basketbol topunu dürüm yapıp yiyeceğim ya."

"Bak ben bunu unutmam."

Emniyet kemerini çözerek arabadan çıktığından ben de peşinden çıkıp kapıyı kapattım. "Bıraktığın için teşekkürler."

Geriye dönmüş, eve doğru yürüyecektim ki kolumdan yakaladı. "Test kitaplarını al, Gülbahar Sultan'ın yanında çöz ne çözeceksen. Evde yalnız kalma."

"Annem babam yok mu sanki benim…" Çatılan kaşlarım gevşedi. "Sen nereden biliyorsun annemle babamın eve gelmediğini?"

Bir elini beline koyarak diğer elini saçlarından geçirdi ve geriye dönerek ufak bir küfür mırıldandı.

"Nereden biliyorsun dedim?"

"Buğra söyledi. Ona da Nisan söylemiştir. Şimdi koş al test kitaplarını bekliyorum burada. Eve girdiğini göreceğim."

Sertçe çektim kolumu elinden. Hem cevap vermiyordu, hem de üzerine gidince çeviriyordu resmen konuyu. Hem de öyle bir çeviriyordu ki, verdiği cevap karşısında insan ne sorduğunu bile hatırlamıyordu.

Çantamdan anahtarımı çıkarıp kilide soktum. Kilidi tek seferde çevirmemle kapı açıldı.

En son geldiğimde kapıyı üç defa kilitlediğimden emindim.

Temkinli bir şekilde adım atmadan elimle kapıyı yavaşça ittiğimde, gördüğüm manzara karşısında donakaldım. Koltuklar ters çevrilmişti, çerçeveler yerdeydi, dolaplardaki porselenler ve bardaklar paramparçaydı, televizyon bile sabitlendiği duvardan çıkarılıp paramparça olmuştu.

Gözlerimin kocaman olduğu saniyelerde içime büyük bir korku yayıldı, ayaklarım istemsizce geriye giderken takıldığım taş yüzünden yere düştüm. Avuç içlerimin çizilip kanadığını hissedebiliyordum ama hiçbir şey yapamıyordum.

Birkaç saniye sonra Pamir yanımda bitmişti. "Ne oldu? Ne gördün?" Yanıma eğildi. Elleri bileklerime sarılırken avuç içlerime bakarak yüzünü buruşturdu ve kalkmama yardım etti. "Bırak beni şimdi," diye söylendim dehşetle. "Biri eve girmiş."

"Ne?" Gözlerini aralık kapıya çevirdi. "Bekle burada."

Üzerimi silkelediğim, avuç içlerime batmış taşları temizlediğim ve acımasın diye üflediğim ama daha da acıttığım dakikaların sonunda, Pamir merdivenlerden inerken göründü.

"İçeride kimse yok ama bir şeyden eminim, her kim girdiyse amacı bir şeyler çalmak değildi."

"Neden öyle söyledin?" diye sordum. "Bir şeyler biliyorsun, değil mi Pamir? Bir şeyler biliyorsun ve bana söylemiyorsun, değil mi?"

"Şimdi bunun sırası değil, gel benimle." Elimi tuttu. Sağ eli sol elimi kavrarken avuç içlerimdeki yaralar bir anda iyileşti. Beni kırılmış vazoların, yerle bir olmuş salonun ortasından geçirerek merdivenlerden çıkardı ve aralık kapıdan odama çekti. "Test kitaplarını al da gidelim, hadi."

Odama girmişti.

"Odama girdin." Dondum.

"Evde kimsenin olmadığını söyledim ve odana bakmasam komik olurdu, değil mi?"

Gözlerimi gözleriyle eşleştirdim. Lenslerimin altında can bulan uzayı görebiliyordu sanki ve ben de onun gözlerinde hiç tadamayacağım güzellikte bir kahve görüyordum. Bu kahve acıydı, içsem canımı çok yakardı, belli ama içmek istiyordum yine de. Hata yapmaktan alıkoyamazdı insan kendini… Uyarılsa da, karşısındaki ona *ben ettim, sen etme* dese de yapacağı hatalara kucak açardı bazen insan. Ama onun adının geçtiği her hatamı yüreğim yansa da dövme diye kalbime yazdırırdım ben.

"Beni hâlâ garip bulmuyor musun?" diyerek odamın siyah duvarlarında, siyah eşyalarında gezdirdim gözlerimi ve üzerimi de süzmesi için bekledim onu.

"Yalnız bir ayrıntıyı kaçırmışsın, saçların hâlâ kahve." *Acı kahve. Kahvenin acı tonu benim saçlarım. Tüm siyahlığımın içindeki acı bir kahve tonusun sen, dokunmaya, incitmeye kıyamadığım…*

"Bu senin dalga geçme stilin mi?"

"Siyah takıntını fark etmedim değil," diye itiraf etti ve hemen ardından etrafı işaret etti. "Eh, tamam bu da biraz fazla olmuş ama… Benim daha değişik fantezilerim var."

Güldüm. "Ne kadar değişik olabilir ki?"

Bana yaramaz bir sırıtış yolladığında suratımı buruşturdum.

"Ne?" dedi. "Ne anladın ki sen şimdi bu bakışımdan?"

Gülerek omuz silktim.

Etrafına göz gezdirerek kitaplarımın olduğu rafta dolandı. "Mesela küçükken çileği yapraklarıyla beraber yermişim, bu yüzden çilekten iğrenirim."

"Ne?" Kahkaha attım. "Hiç görmedin mi başkasından?"

"Hatırlamıyorum. Ama lütfen, kişisel fantezilere saygı."

Ellerimi kaldırdım. "Tamam, tamam, bir şey demiyorum." Çalışma masamın üzerindeki dizilmiş test kitaplarından matematikle ilgili olanları aldım. "Evi ne yapacağız?"

"Şimdilik küçük bir çantaya gerekli eşyalarını koy, birkaç gün daha bizde kal. Halledeceğim ben bunu."

Dolabın üzerindeki siyah büyük spor çantamı çıkarırken, "Ben de öğreneceğim," diye mırıldandım. "Bak, evim dağılmış. Büyük patron mudur Malik midir nedir, her kimse ve neden yapıyorsa, ne biliyorsan anlat artık lütfen. Adamlar evime kadar giriyor ve ben başkasının evinde yaşamak zorunda kalıyorum."

Kaşlarını çatıp yutkundu. "Ne varmış evimde?"

Dolabımın kapaklarını açtıktan sonra ona döndüm. "Ne varmış değil, ne yokmuş! Kahve yok mesela."

"Dün markete gittiğimizde alsaydın ya," diyerek yatağıma oturdu.

"Ne bileyim işte…" Dolabıma döndüm. İki eşofman takımı, iki kazak, bir hırka… *İç çamaşırları.* "Pamir," diye söylendim arkamı dönerek. "Kapat gözlerini."

"Böyle söyleyince anlamadık sanki."

Ayağımın dibindeki yastığı alıp kafasına fırlattım. "Ya bir sus da kapat gözlerini!"

"Tamam, tamam," diyerek sonunda gözlerini kapattığında, üç çift iç çamaşırı ve bir paket pedi çantanın en dibine sıkıştırdım. Bir normal, bir de kot iki siyah pantolonu ve birkaç çift çorabı da çantadan içeri tıktığımda işim bitmişti.

"Nil."

"Gözlerini aç demedim."

"Nil."

"Daha alacaklarım var…"

"Bu zarf ne?"

Arkamı döndüm. Yatağıma dizilmiş kadife yastıklardan birinin altında ucu gözüken mavi bir zarf vardı. "Bilmiyorum."

Yanına gittiğimde uzanıp zarfı aldı ve döndürerek etrafında bir yazı aradı fakat bulamadı. Bana bakmadan zarfı açıp içinden kâğıdı çıkardığında, altın harflerle yazılmış bir not oluğunu gördük. Zihnim bunu hemen analiz ederek tanıdık görüntüyü düşüncelerime sundu. "Dün," diye mırıldandım sessizce. "Dün de böyle bir zarfı dolabımın içinde bulmuştum."

"Ve bunu şimdi mi söylüyorsun?" diyerek sesini yükseltti ve ayağa kalktı.

"Ne bağırıyorsun?"

"Afrodit, Ares… Bana bundan şimdi mi bahsediyorsun?"

Kendimi erkek arkadaşımı aldatmış gibi hissediyordum. "Sevgilim misin de sana gerzek bir herifin bana Afrodit diye seslendiğinden bahsedeyim?"

Bana yaklaştı ve dibime girerek göz teması kurdu. "Güzelim bak, sen hâlâ olayın ciddiyetini kavrayamamışsın. Bu herif bir nedenden dolayı sana takıntılı hale gelmek üzere ki bence çoktan gelmiş, sen hâlâ bunu ortaokuldaki *Ali Ayşe'yi seviyor* olayı sanıyorsun."

"Bağırma bana!" Telefonumu çıkardım. "Polisi arayacağım ben."

"Saçmalama ver şu telefonu." Uzanıp tek seferde kaptı

telefonumu. "Dün bulduğun notta ne yazıyordu?"

"Ne yazıyor o notta?"

"İlk ben sordum Nil. Ne yazıyordu o siktiğimin notunda?"

"Okul çıkışı onunla buluşmamı istiyordu. Altına Ares yazılmıştı. Bana Afrodit diye seslendiği için aklıma direkt Malik geldi ama ciddiye almadım, sana söyleyecektim ama notu yırtıp attıktan sonra tamamen unutmuşum." Elindeki notu bana uzattı. Uzanıp aldığımda ise dünkü notun devam niteliğini taşıyan, mavi kâğıda altın rengi harflerle yazılmış kelimeleri okuyabildim.

Sen gelmedin ama ben de beklemedim zaten Afrodit. Ama bu sefer ben geldim ve sen yoktun. Bir dahaki sefere sıra sende.

-Ares

"Topladın mı eşyalarını?"

Kafamı salladım. Birkaç bir şey daha sıkıştırdığım çantamı alarak aşağı indiğinde peşinden merdivenlerden indim. Hızlıca dağılmış salondan da çıktığımızda kapıyı kapatarak üç kere kilitledim. Artık ne faydası olacaksa…

Arkasından yürüyerek onların evine geldiğimizde, anahtarını çıkartıp kapıyı açtı. İçeride Gülbahar Sultan vardı, Zifir'le beraber mutfaktan çıktıklarında bize bakıp, "Bak geldiler işte," diye söylendi gülerek. Kucağında durmayan Zifir'i eğilip yere bırakan Gülbahar Sultan, küçük siyah kedimin kollarıma gelmesini izledi.

"Oğlum hadi yıkayın ellerinizi de sofraya geçin, dün güveci siz yaptınız bugünkü yemekleri de tembellik etmeyip ben hazırladım."

Pamir ağzını açmış bir bahane sunmaya hazırlanıyordu ki Gülbahar Sultan elini kaldırdı. "Hiç itiraz istemiyorum bir kere, önce banyoya ve sonra da doğruca sofraya."

Sessiz bir öğlen yemeğinin ardından kafeinsizlikten bulanmış beynim eşliğinde çantamı da alarak yukarıya, kaldığım odaya çıktım. Masanın üzerine test kitaplarımı çıkartarak üzerime siyah bir eşofman ve kapüşonlu geçirerek kolları sıvadım. Keşke bir bardak da kahve olsaydı…

Fakat hava karardığında ve saat 9'u vurduğunda, polinomlar ve fonksiyonlar arasında kalarak can verdiğimi fark ettim. Kaç saattir bu odaya tıkılmıştım ve sorularla bakışıyordum farkında bile değildim. Tek yaptığım çözümlü soruları deftere geçirmek ve formülleri çıkarmaktı.

Şarja taktığım telefonumu çıkartarak cebime sıkıştırdım ve odanın kapısını açarak sessizce dışarı çıktım. Merdivenlerden inerken etrafı süzüyordum. Gerçekten büyük ve ferah bir evdi, çoğunlukla lacivert gibi koyu renkler kullanılmıştı.

Salonda arkası dönük bir şekilde Zifir'i kollarına alarak bir tartışma programı izleyen Gülbahar Sultan'ı görünce ses verip vermemek arasında kaldım ve fakat rahatını bozmamak adına düz devam edip kapıyı sessizce açarak dışarı çıktım. Çimler hâlâ nemli olsa da bugün hiç yağmur yağmamıştı ve her taraf kuruydu. Kafama kapüşonumu geçirerek karanlığa uzanan sokakta kulaklıklarımı takarak yürüdüm. Nereye gittiğimin farkında bile değildim. Kulaklığımdan Nil Karaibrahimgil'in *Rüzgâr* şarkısı sızıyordu.

Hani zaman her şeye ilaç ya, yalanmış, ahh.

Hani aşklar hep gelip geçer ya, kalırmış, ahh.

Geldiğim yer ise, aynı adres olmuştu. Sahildeki park. Fakat bu sefer, yalnız değildim. İkili salıncaklardan biri doluydu. *Pamir buradaydı.*

Rüzgâr esti üstüme üstüme oof…

Seni vurdu yüzüme yüzüme oof…

Yavaş adımlarla boş salıncağa yürüdüm. Yavaşça geçip oturarak hafifçe sallandım.

Kulaklıklarımı çıkartmıştım fakat şarkıyı durdurmamıştım. Omuzlarımdan sarkan kulaklıklardan dışarıya şarkının sözleri dökülüyordu.

Hani zaman her şeye ilaç ya, yalanmış, ahh.

Hani aşklar hep gelip geçer ya, kalırmış, ahh.

"Bir gün o kapüşonunu indireceğim."

Hafifçe gülümseyerek başımı eğdim. Devam etti. "Bu adil değil, sen kim olduğumu biliyorsun ama ben bilmiyorum."

Konuşamazdım. Artık hasta değildim ve sesim yerine gelmişti, tanırdı sesimi.

Yaklaşık yarım saat boyunca ben hafifçe sallandım, o da öylece durdu o salıncakta ve yıldızları izledi. Kafamı ona çevirmemek için kendimi zor tutuyordum. Ay ışığının suratına vurduğundaki görüntüsünün ne kadar mükemmel olduğunu düşünerek bu istediğimi bastırmaya çalıştım fakat daha da çoğaltmaktan başka bir halta yaramadı.

Kalbimin göğüs kafesimin içinde debelendiğimi fark ettiğimde yavaşça salıncaktan kalktım ve geri yürümeye başladım. Bakışlarının sırtımda olduğunu hissedebiliyordum fakat durmadım. Bunun beni durdurmasına izin vermedim. Yaklaşık yirmi dakikalık bir yürüyüşün sonunda eve vardığımda kapıyı tıklatmak zorunda kalmıştım, anahtarım yoktu.

"Ahh, sen miydin Nil? Ne zaman çıktın sen?" diyerek kapıyı sonuna kadar açan Gülbahar Sultan'a, "Rahatsız etmek istemedim, biraz hava alıp döndüm hemen fakat anahtarım yoktu, rahatsız ettiğim için özür dilerim," diye cevap verdim.

"Yok kızım, ne özrü estağfurullah."

İçeri geçtim. Ruhsuz adımlarla merdivenleri çıktım ve kapüşonumu indirmeden odaya girerek yatağın üzerine attım kendimi. Tavanı izlemeye başladım.

Gözlerim doldu.

Annem yoktu, babam yoktu, kimsem yoktu. Pamir

vardı, buradaydı evet ama varlığı da yokluğu da birdi. Ona sarılamıyordum, onunla uyuyamıyordum, tenine dokunamıyordum, öpemiyordum. İzlerken bile gizlice yapıyordum bunu, ulu orta yapsam da fark etse verecek bir cevabım yoktu çünkü. *Ben seni küçüklüğümden beri çok seviyorum Pamir Yelkıran,* diyemezdim. *Seni o kadar çok seviyorum ki içim acıyor.*

Ağladım.

Dünyanın kitaplarda okuduğum kadar adil, masallarda gösterildiği kadar masum ve filmlerde izlediğim kadar pembe olmadığını fark ettiğimde yalnızca 15 yaşındaydım.

Ben 15 yaşındaydım.

Elif 12 yaşındaydı belki.

Ahmet sadece 8'indeydi,

Ve Nazlı belki de 18'indeydi.

Küçük bedenlerimize, minik kalplerimize karşın öyle bir ruhumuz vardı ki anne karnında oluşmuş ve her saniye büyüyen, gelişen vücudumuza sığmıyordu.

Çok konuşmuyorduk biz, çok çaba sarf etmiyorduk hayatta kalmak için ya da her dakika büyük bir savaş veriyorduk hakkımızda *yaşıyor* denilebilmesi için.

Küçüğüz daha. Belki tam anlamıyla yaşamaya başlamadık bile. Tepki vermiyoruz bu yüzden çok; fazla sakin, fazla sessiz, fazla durgunuz. Kalbimizin attığını söyleyebilmek için göğsümüzü dinlemekten çok bir kalp cerrahına ihtiyacınız var.

Yorgunuz. Yalnızız. Korkuyoruz. Hayallerimizden asıldık.

Öyle yorgunuz ki, sorsanız nefes alıyoruz elbet ama bugün mezarımızı kazmaya hazırız yarın ölmek için.

Öyle yalnızız ki konuşmayı, kendi dilimizi unuttuk, düşünceler yetiyor sadece yeterince kalabalık olmaya, bizim yalnızlığımız bile çok kalabalık aslında.

Ve öylesine bir korku dolaşıyor ki damarlarımızda... En

çok kendimizden korkuyoruz biz. Diğerlerine verdiğimiz veya vereceğimiz zararlardan, işlediğimiz ya da işleyeceğimiz günahlardan.

Bizim bile hatırlayamadığımız kâbuslar korkutuyor bizi.

Uyuyamıyoruz.

Umutlarımızı saçlarımızdan koparıp, dipsiz bir uçuruma sarkıtıyorlar bulutlara bağlayarak. Atlasak değer mi düşmeye? Dibe çakılmak acı vermez artık, biz acının en saf halini saç diplerimizden ayak uçlarımıza kadar hissettik, zirvesini gördüğümüz dağ; dibini gördüğümüz kuyu korkutmaz artık buz tutmuş yüreklerimizi. *En fazla paramparça oluruz*, deriz. *Daha önce yaşamadığımız şey değil*.

Atlasak, bizi elimizden tutup geri çekecek biri yok, paraşütümüz yok, kanatlarımız yok, hiç kimse yok.

Bir keresinde uçmak istediğimizi söylediğimizde kopardılar bizim kanatlarımızı. Çocukluğumuzda neşeli çocuk sesleri eşliğinde oyun parklarında değil, ürkütücü rüzgâr uğultusu eşliğinde mezarlıklarda oynadık biz. *Bu yaşta bu ne dert?* dediler, baktılar ama görmediler. *Anlat,* dediler, duydular belki ama dinlemediler. Bizim uyuyamadığımız gecelerin sabahları hiç aydın olmadı.

Biz öldük, onlar gömdüler.

Bunları anlatabileceğim bir annem yoktu yanımda. Ölü olsaydı anca bu kadar kötü hissedebilirdim belki de.

Bu düşünceyi hemen kafamdan uzaklaştırdım.

Kulaklığımdan Pera'nın *Affet* şarkısı sızdığını fark ettiğimde onları kulaklarıma yerleştirdim.

Yakıp geçti bak bir yangın, yaşadığım her anın acısı içimde.
Bir kanser ya da bir salgın, hücrelerimde…
Bir gün solacağını bile bir gül gibiyim, açıyorum bak yine de.
Bir gün duracağını bilen bir kalp gibiyim, atıyorum bak yine de.
Gözlerimi sildim.

Unutmam, bir kurşun sıksan bile.

Kapının tıklatıldığını fark ettiğimde hızla doğrularak boğazımı temizledim ve kulaklıklarımı çıkartıp matematik kitaplarımı yığdığım masanın başına geçtim.

Kapı açıldığında içeri Pamir girdi. "Sabahtan beri matematik mi çalışıyorsun sen?"

Saate çevirdim bakışlarımı; akrep onu, yelkovan dokuzu gösteriyordu. On bire çeyrek vardı. "Çalışmak mı? Ben çalışmaya çalışıyorum ama yine de sen bilirsin. Matematik bu, bir anda çalışırsam beynim kısa devre falan yapabilir. O yüzden ben de ilk olarak çalışmaya çalışayım dedim."

Güldü. Odanın kapısını kapatarak yanımdaki sandalyeye oturduğunda gözlerim parladı ama aynı anda ciğerime dolan salep ve tarçın kokusu boğazımı yaktı. "Yoksa fikrini mi değiştirdin?"

"Hâlâ gitmem gereken bir yer var, sadece birkaç bir şey göstereyim dedim gitmeden. Sevap sonuçta. Nereyi anlamadın?"

"Ters fonksiyon," diyerek kitabı önüne ittim. Formülleri not aldığım kâğıdı da çıkararak önüne koydum. "Bunlar da formüller."

"Bunları formülle ezberlemeye çalışırsan maksimum on güne unutursun," diyerek kalemimi aldı ve ilk sayfayı açtı.

"Nasıl yani? Sen formül ezberlemiyor musun?" diye sordum kitaba çevirdiği kahvenin acı tonu gözlerini izlerken.

"Cık," diye bir ses çıkardıktan sonra benim iki saatimi harcayıp yinede çözemediğim, sayfayı mahvettiğim soruyu saniyeler içinde çözerek önüme itti kitabı. "Matematik mantık işidir. Şanslısın ki Biray Hoca'ya denk geldin, o da formül kullanarak anlatmıyor ama muhtemelen dersi dinlemediğin ya da dinlesen de anlamadığın için fark etmedin bile."

"Dikkatim çok çabuk dağılıyor."

"Kafana taktığın bir sorunun varsa derslere girmeden önce unutmanı tavsiye ederim."

Evet, bir sorun var maalesef, demek istedim. *Sensin. Bu sene aynı matematik dersini almaya başladığımızdan beri bu dersi dinleyemiyorum.*

Bu çok berbat.

"Başka?"

"Polinomlar ama…"

Yüz beş sayfa ileriye giderek polinomlar testini açtı. "Polinomlar da bir çeşit fonksiyondur, sadece harfler değişiyor. Çok basit bir konu."

"Yaa, tabii."

Yarım saat boyunca bana anlattığı polinomları dinledim. Bazen dikkatim ona kayıyordu fakat ben ona baktığımda o da bana bakıyordu ve bu şekilde gözlerimi hemen teste geri çeviriyordum. En sonunda kenardaki post itlerden birine iki kere tekrar ettiği soruyu ve cevabı yazarak alnıma yapıştırdı. Bunu yaptığını fark ettiğimde irkilip geri çekildim. "Bu neydi şimdi?"

"Çıkarma onu, madem anlamıyorsun ezberle. Sınavda çıkarsa kenara not alır ona göre çözersin."

"Hani mantık olayıydı matematik?"

"Matematik mantık olayı olmasına öyle de, sende o aranan mantık yok."

"Ya!" Omzuna vurdum. Sırıtarak bembeyaz dişlerini gösterdi ve, "Benden bu kadar," diyerek ayaklandı.

"Nereye ya? Biraz daha anlatsaydın?"

"Çocuklara sözüm var, olmaz. Sen anlattıklarımın üzerinden geç."

Ellerimi belime koyup, "O zaman ben de geleceğim," diye itiraz ettim. "Hem çok sıkıldım, saatlerdir odadan dışarı adımımı atmadım. Hava almış olurum." *Yalana da iyice alıştın ha,* lafıyla ifşa etti beni siyahlar içindeki.

Pamir kafasını olumsuz olarak sağa ve sola doğru salladı. "Gideceğim yerde hava almaktan çok, havasızlıktan ve sigara dumanından ölürsün."

"Olsun, o da hava. Hem hava değişikliği olur."

Tek kaşını kaldırarak dediklerime inanamıyormuş gibi beni süzdüğünde, ona ne kadar ciddi olduğumu göstermek adına daha da ciddi baktım. Sonunda, "Off, tamam," diye mırıldandı. "On dakikaya bahçede ol." Ve odayı terk etti.

Çantama tıkıştırdığım siyah kot pantolonu ve siyah kazağı giyerek ceketimi üzerime geçirdim ve poşete koyup çantama tıktığım uzun botlarımı da alarak aşağı indim. Gülbahar Sultan uyumuş olmalıydı, Zifir onun hazırladığı küçük bir sepetin içinde uyuyordu.

Saçlarımı açarak omuzlarımdan sarkıttıktan sonra botlarımın bağcıklarını bağlayarak kapıyı sessizce açtım ve dışarı çıkarak kapattım. Siyah Porsche evin hemen önündeydi ve Pamir sürücü koltuğundaydı. Arabaya yaklaştığımda gözlerini bana çevirdi ve arabaya binmemi izledi. Kapıyı kapattıktan sonra emniyet kemerimi bağladım ve arka cebimdeki telefonumu çıkartıp ceketimin cebine attım.

Gaza basarak karanlık sokağın içine daldığında ne giydiğini inceleyebilme fırsatı bulmuştum. Bu garipti çünkü aynı şekilde giyinmiştik; siyah kazak, siyah ceket, siyah botlar… Siyah bir araba ve içinde sadece ikimiz.

Sessizlikten rahatsız olduğum dakikalarda konuşmak istedim fakat gecenin bu saatinde bana ters fonksiyon ve polinom anlatmış biri olarak rahatsız olacağını fark ettiğimde müzik çaları açtım. Çalan ilk şarkı Duman'ın *Her Şeyi Yak* şarkısıydı.

Seni içime çektim bir nefeste, yüreğim tutuklu göğsüm kafeste, yanacağız ikimiz de ateşte, bir kıvılcım yeter hazırım bak…

Değiştirmedi, sesini açtı.

Aşk için ölmeli aşk, o zaman aşk.

Kafamı yaslayıp camdan geçtiğimiz evleri izledim. Belki az önce geçtiğimiz apartmanın içindeki bir dairede korktuğu için odasından yalın ayak çıkarak anne ve babasının arasına onlara sarılarak yatan küçük bir çocuk yaşıyordu. Bu benim hayalimdi. Ama hiçbir zaman anne ve babamı yataklarında bulamamıştım...

Belki de az önceki mavi evde annesinin uyuyamadığı için masal okuduğu küçük bir kız çocuğu uykuya dalmak üzereydi. Bu da benim hayalimdi. Ama annem ya da babamın bana masal okuyacak vakitleri olmamıştı hiç.

Düşüncelerimi dağıtarak sessiz ve boş sokaklarda ilerleyişimizi izledim bir süre. Pamir arabayı hızlı bir şekilde sürüyordu, sanki gitmek istediği yere bir an önce ulaşmak ister gibiydi.

Sonunda Mavi Cadde'ye geldiğimizde otoparklardan birine hızlıca park etti arabayı. Aynı anda arabadan çıkarak kapıları kapattık ve sessiz gecenin içine onun yanında yürüdüm.

Mavi Cadde, Soyhan'ın en ünlü caddelerinden biriydi. Arabaların girişi yasaktı ve bu uzun caddede istediğin her şeyi bulabilirdiniz. Tabii durum böyle olunca karanlık işlerin de döndüğü bir caddeye dönüyordu burası fakat kimse kimseye bulaşmazdı. Etrafa dikkatlice bakarsanız, çocuklarıyla dondurma yemeye gelmiş aileleri de görebilirsiniz; arkadaşlarıyla içmeye gelmiş gençleri de.

"Nereye gidiyoruz?" diye sordum sonunda Mavi Cadde'ye girdiğimizde. Bu saatte bile insan seliydi burası.

Ahh. Bazen en çok bu saatte.

Birkaç dakika yürüdükten sonra mavi neon renklerle *Guerriers D'Armure* yazan oyun salonu tarzı bir yere girdik. Pamir arka cebinden çıkardığı bir kartı girişteki korumalardan birine gösterip geçti ve ben de siyahlar içindeki korumaları süzerek içeriye girdim. "Guerriers D'Armure ne demek?"

"Zırh Savaşçıları," diye mırıldandı ben içeriyi süzerken. Çok büyük bir yerdi, dışarıdan böyle gözükmüyordu oysa. Bar bölümü en köşedeydi ve bütün salon boyunca uzanıyordu. Kenarda bilardo salonuna giden bir bölüm, onun yanında da bowling salonuna giden başka bir bölüm vardı. Ayrıca poker gibi kumar oyunlarının oynandığı kısımlar da mevcuttu. "Burası yasadışı, değil mi? Kapıdaki korumalar da bu yüzdendi."

Cevap vermedi fakat reddetmedi de.

Adımları bilardo salonuna yöneldiğinde peşinden içeri girdim ve en köşedeki masaya ilerlediğinde yanında yürüdüm. Tanımadığım üç erkek ve iki kız vardı bilardo masasının önünde. Çocuklardan biri bir atış gerçekleştirdiğinde kızlardan biri de onu öptü.

Dudaktan.

Sevgilisidir muhtemelen, diyerek geçiştirdim fakat giydiği elbise ve yaptığı makyaj bana başka bir şeyleri anımsatıyordu.

İyice yaklaştığımızda çocuklardan birinin Kaan olduğu çarptı gözüme.

"Ooo Pamir, nasılsın kardeşim?" diyerek Pamir'e döndü az önce atış yapan çocuk. Kenardaki içki bardaklarını fark ettiğimde burnuma dolan ağır kokunun kaynağını anlayabilmiştim şimdi.

"İyidir," diye cevapladı onu Pamir ve diğer çocuğa da başıyla selam verdi. Kaan ona başıyla ileriyi işaret ederek, "Diğerleri bowlingde," dediğinde Mine'nin de burada olup olmadığını düşündüm. Muhtemelen buradaydı.

Alan metal müzik kulaklarımı tırmalarken bana döndü az önce atış yapan çocuk. "Ve eli boş da gelmemişsin. Merhaba güzellik."

Pamir araya girdi. "Buradan değil."

Çocuk dudaklarını büzdü. "Hadi ya, şansımı sikeyim."

"Ufak bir turnuvaya ne dersin Yelkıran?" diyerek bilardo sopasını elinde çeviren, arkada kalan çocuk öne atıldı ve sopayı bırakarak ellerini masaya dayadı. Gözleri yeşildi, saçları ise sarı. Az önce diğer kızın belinden tutmuştu ve içkisini son yudumuna kadar içmişti.

"Zaten bunun için burada değil miyiz?" diyerek cevapladı

onu Pamir ve kenardan bir sopa kaptı. Bunu izleyebilirdim doğrusu ama bilardodan zerre anladığım söylenemezdi.

Kenara geçerek Kaan'ın yanında durduğumda, "Dört kişisiniz, ikili grup mu olacaksınız?" diye sordum kollarımı göğsümde birleştirerek. Kaan kafasını salladı ve Pamir'le el sıkıştı. İçi boş üçgen bir şeklin içine topları sıkıştırdıktan sonra çıkardılar ve atışlara başladılar. İlk olarak sarı saçlı yeşil gözlü olan çocuk attı.

Burnuma sigara kokuları geliyordu. Sigaradan nefret ediyordum. İçki kokusuyla da birleştiğinde çekilmez oluyordu.

Birkaç atış sonrasında, karşı takımdaki sarı saçlı yeşil gözlü ve diğer çocuğun dibinden ayrılmayan iki kızdan siyah saçlı esmer olanın gözlerinin Pamir'e kaydığını fark ettim. Diğeri de gözüne Kaan'ı kestirmiş gibiydi. Ve sonunda, ikisi de anlaşmış gibi aynı anda yavaş yavaş Pamir ve Kaan'a yaklaşmaya başladılar.

Ufak bir sinir dalgası vücudumu sardığında kafamı çevirip başka yerlere odaklanmaya çalıştım. Ahh, karşı masadaki adamın kırmızı çorapları mesela. Ne kadar güzel, kırmızı bir çorap… Neyden bahsediyordum ben? Palyaço gibi durmuştu.

Gözlerimi çevirerek bilardo masasındaki topları izledim. Hayır. Gözüm ona kaymamalıydı. O kız yanında duruyordu ve elini onun omzuna atmıştı. Hayır. *Bakma. Hayır.*

Kızın elini masaya koyduğunu fark ettiğimde yaklaşarak istemsizce masaya dokundum. Vücudumdan akan elektriğin, parmak uçlarımdan masaya aktığını hissediyordum. O sırada, o kız ve atışını yapmakta olan sarı saçlı çocuğun geri sıçradığını fark ettim.

"Siktir," diye mırıldandı çocuk geri çekilirken ve elini tuttu. Kız da kendini geri çekmişti ve artık eli Pamir'in omzunda değildi.

"Ne oldu lan?" diye sordu Kaan.

"Elektrik çarptı birden," diye mırıldandı çocuk. Kız

konuşmamıştı fakat ona da aynı şey olduğundan emindim. Elimi hızla çekerek avcumu açtım ve parmaklarımı izledim. Parmak uçlarımdan geçen bir elektrik dalgası görmedim desem yalan olurdu. Derin bir nefes alarak geriye çekildim ve duvara yaslandım.

Pamir çocuğu dürttü. "Neyse, hadi devam."

Çocuk kafasını sallayarak atışını gerçekleştirdiğinde, başarılı bir atış olmuş olmalı ki Kaan'ın yanındaki kız yavaşça onu alkışladı.

Birkaç dakika sonra, "Bittiniz," diyerek atışını gerçekleştirdi Pamir ve sopasını masaya bıraktı. "Keşke bahis girseydik."

Sarışın olan değil de diğeri, kumral çocuk da sopası isyankâr bir şekilde masaya attı. "Ulan yine kazandı şerefsiz."

Sarışın olan da histerik bir şekilde güldü. "Bence bu sefer şu güzelliğe şov olsun diye sayı vermedi hiç, baksana şu surat ifadesine."

Göz devirdi Pamir. Kaan onun omzuna vurduktan sonra, "Neyse hadi beyler, ben ısmarlıyorum," diyerek bar bölümünü işaret etti. "İşte bu," diye mırıldanan sarışın çocuk, bana dönüp göz kırptıktan sonra kumral olanla birlikte Kaan'ın peşinden gittiler.

Pamir, ben ve o iki kız olarak kaldığımızda, az önce eline elektrik çarpmasına vesile olduğum kız tam gülümseyip Pamir'in yanına gelecekti ki Pamir'in ona attığı bakışla yüz seksen derece dönerek diğer kızla beraber kumar oynayanların olduğu bölüme yöneldiler.

"Hiçbir şey anlamadım," diye mırıldandım bilardo masasının önünde durarak. "Ne yaptınız şimdi siz?"

"Bu isteka," diyerek sopayı gösterdi ve ardından küçük, tebeşir olarak bildiğim taşı gösterdi. "Ve bu da tebeşir. İstekanın topa vuruş sırasında kaymasını engellemek için kullanıyoruz."

"En çok kullanılan üç tür bilardo var fakat biz Amerikan

Bilardosu oynuyoruz," diyerek topları topladı ve gruplandırdı. "Düz olarak 1-7 arasında numaralandırılmış yedi top var, pijamalı olanlar ise 9-15 arasında. 8 numaralı siyah bir top ve bir de vuruş yapılan beyaz bir top var. Yani toplam 15 tane."

"Amaç ne?"

"İki gruptan birini tamamlayıp siyah topu en son topun girdiği cebe veya oyuncunun söyleyeceği cebe girmesi. 1 ve 15 farklı olmak üzere orta ceplere girdirilmesi zorunlu."

"Anladım."*Anlamadım.*

İstekalardan birini alarak onun sıraladığı toplara doğru tuttum. Az önce böyle tutuyorlardı.

Fakat, "Öyle değil," diye mırıldandı Pamir. Arkama geçip, elimden tuttuğunda ve istekayı yönlendirdiğinde, kafası kafamın hemen yanındaydı. Dakikalardır soluduğum sigara ve içki kokusundan sonra bu koku cennet gibi gelmişti. Salep ve tarçın… Pamir Yelkıran kokusu. Koku mükemmel, tadı acı.

"Böyle."

İki eli de elimin üzerindeydi. Göğsü sırtıma yaslıydı.

Şu anı durdurabilmek için her şeyimi verebilirdim… Anlasam da, anlamış gibi davranabilir ve tekrar göstermesini isteyebilirdim. Fakat istemedim. Ve peri masalı birkaç saniye içinde bitti.

"Pamir," diye mırıldandım o geri çekildiğinde aynı pozisyonda kalarak.

Fakat onun da sertleşmiş surat ifadesinden anlaşılıyordu her şey. "Gördüm."

Malik -ya da Ares mi demeliydim?- siyah bir takımın içinde arkasındaki iki kulaklıklı muhtemelen koruma olan adamların önünde, mekâna giriş yapmıştı. Belki de çoktan buradaydı ve dakikalardır bizi izliyordu.

Pamir'in çıkardığı ceketinin altına giydiği ve kollarını sıvadığı kazağının açıkta bıraktığı kollarında belirginleşiş damarları fark ettim. Ufak bir kâğıt kesiğinin bile litrelerce kan akıtabileceği kadar belirgindiler, kabartmalı harita gibi.

Gözlerini bizden ayırmayan Malik, adımlarını buraya çevirdiğinde istemsizce gerildim. "Buraya geliyor," diye mırıldanmaktan alıkoyamadım kendimi.

"Kimleri görüyorum, kimleri…"

Pamir cevap vermekte geç kalmadı. "Kafanı soktuğun o bok çukurundan çıkarsan da işlerini adamlarına hallettireceğin yerde kendin halletsen daha kimleri göreceksin kimleri de, haberin yok."

Gözlerini kapattığı birkaç saniye içinde güldü Malik, açtığında ise donuk gözleri beni bulmuştu. "Ahh, Afrodit. Kalbimi kırıyorsun, neden mektuplarıma cevap vermiyorsun?"

Pamir önüme geçerek görüş açımı kapattığında, "Siktir git şuradan, gece gece asabımı bozma benim," diyerek sesini yükseltti. Birkaç kişinin dikkatini çektiğimizi fark etmiştim, üzerimizdeki gözleri hissedebiliyordum.

"Çekilir misin Pamir? Afrodit'le konuşuyorum ben, seninle değil."

"Ona öyle seslenme," diyerek sesini bir tık daha yükseltti Pamir. Sinirlerine hâkim olmaya çalıştığının farkındaydım, Malik biraz daha ileri gitse üzerine atlayıp onu yumruk manyağı yapmaktan hiç çekinmeyeceğinin de farkındaydım ama elimden ne gelir diye düşünmekten ileri gidemiyordum.

O sırada, Kaan'ı gördüm. Buğra'yı, Melih'i, Yaren'i ve hatta Mine'yi de.

Malik arkasında onları fark ettiğinde, "Ahh, ne güzel," diye mırıldandı keyifle gülerek. "Şimdi elimizde öfkeli bir ring şampiyonu, onun yakın üç arkadaşı, bir tekvandocu ve bir de ponpon kızımız var."

Mine itiraz etti. "Ben amigoyum, ponpon kız değil!"

"Her neyse."

Pamir'in yanına geçerek görüş açımı düzelttiğimde, Malik'in gözlerini Pamir'e diktiğini fark ettim. Pamir, "Yüzünün ortasında bir yumruk morluğu istemezsin bence," diye mırıldandı. "En azından bugün değil. Hele yarınki zirve toplantısına katılacakken, bence hiç değil."

"Mantıklı," diyerek onu onayladı Malik ve güldü. Böyle çok… Şizofren gibi görünüyordu.

"Nasıl bir adamın yanında olduğunu biliyor musun Afrodit?" Malik bu soruyu bana yönelttiğinde kilitlendim. "Onu tanıdığını mı sanıyorsun?"

Buğra sesini yükselterek, "Git artık, Malik!" dediğinde Malik ona bir bakış atarak önüne döndü ve ellerini pantolonunun ceplerine soktu.

Malik aramızdaki mesafeye rağmen, sanki bana çok gizli bir şey söyleyecekmiş gibi eğilip bir eliyle ağzını kapattı ve dudaklarını oynattı.

Ağzından dökülen beş harfi net bir şekilde anlayabildiğimde, bir çivi kadar kaskatı kesildim ve sert bir çekiç tam kafamdan beni olduğum yere sabitledi. Yavaş çekimde her şeyi görebiliyordum fakat hareket edemiyordum. Pamir'in öne doğru atılışı, Malik'in çenesine doğru bir yumruk patlatışı ve ettiği küfürler, Malik'in yanındaki iki korumanın Pamir'e doğru atılışı fakat Kaan, Buğra, Yaren ve Melih'in onları etkisiz hale getirişi… Her hafta ringlerde stres atan bir adama karşı takım elbiseler içinde dolanan bir zengin züppenin hiç şansı yoktu.

Malik de Pamir'e karşılık verdiğinde, Pamir kafasını geri çekerek yumruktan kaçtı ve kolunu bükerek onu ileri itti. "Defol! Defol yoksa elimden bir kaza çıkacak!"

Ağzından kan gelen Malik, eliyle ağzını silerken dengede durmakta zorlanıyor gibiydi ama yine de gülümsedi. Sanki acı çekmiyordu. "İyi geceler, Pamir Yelkıran."

Ve Pamir şiddetli bir küfrü daha serbest bıraktı dudaklarından.

Kavgayı etraftan izleyenler Malik ve korumalarını dışarıya çıkartırken Pamir'le göz göze geldik. O birkaç saniye içinde birçok şey gördüm gözlerinde: Acı, pişmanlık, geçmişe dönebilme isteği... Ama en çok da kaçıp gitme isteği gördüm. Ölme isteği.

Buğra, Kaan ve Melih'in yaklaşıp onu sakinleştirme planları suya düştüğünde kenardaki ceketini giyip kalabalığı yararak hızlı adımlarla dışarıya yürüdü Pamir. O an, dizlerimdeki bütün güç çekilmişti sanki ama yine de koştum peşinden. Girdiğimiz yönün tersine giderek yangın çıkışını takip ettiğinde, yangın merdivenlerinden atladığını gördüm. Beklemeden ardından atladıktan sonra, arkasından bağırdım. "Pamir!"

Elleriyle saçlarını çekiştirirken, "Uzak dur benden!" diye bağırdı elleriyle iterek. "Uzak dur! Uzak dur!"

"Hayır!" diye bağırdım ona karşılık. "Bağırmak istiyorsan tamam bağır ama ben hiçbir yere gitmiyorum!"

Kenardaki duvara elini yasladıktan sonra birkaç saniyede nefesini düzene soktu ve gözlerini kapattı. Sakinleşmesini beklediğim birkaç dakikalık sessizliğin sonunda, "Gidelim," diye söylendim kolunu tutarak ve çektim ama yerinden santim kıpırdamadı. Bunun yerine beni çektiğinde, sırtım sertçe duvarla buluştu ve kolunun hızla yanımdan geçmesinin sonucu olarak yüzüme çarpan rüzgârla titredi. *Yumruk yaptığı elini duvara vurmuştu.* Önümde durdu. "Ne yapacağım?" diye mırıldandı sessizce, sesi çatallaşmıştı. "Şimdi ben ne yapacağım Nil?"

Sağ eli boynumun yanından duvara yaslıyken, şimdi ben dakikalarca son hızımda koşmuş gibi hissediyordum. Kalbimin ritmi bozulmuştu ve nefeslerim hızlanmıştı. Korkuyordum, deli gibi nefes alıyordum ve göğsüm hızla inip kalkıyordu.

Acı çekiyormuş gibi suratını buruşturduğunda kafasını eğdi ve alnını alnıma yasladı. Gözlerim dolmuştu. Korkudan mı, şaşkınlıktan mı, kalbimin ritmi yüzünden canım yandığından mıydı bilmiyordum ama bir yaş aktı sol gözümden.

İlk gözyaşı sağ gözünden akarsa mutluluktan, sol gözünden akarsa acıdandır demişlerdi.

"Kalbinin ritmini duyabiliyorum," diye mırıldandı. "Aptal kız."

Ve sıcak nefesi yüzüme çarparken, Malik'in dudaklarından geçirdiği beş harf geldi gözümün önüne.

Katil.

16

"Yoruldum artık."

Elimi üzerinde gezdirdiğim toprağın kuru olduğunu fark ettiğimde, beynimde şimşeklerin çakmasına izin verdim. İnce bir esinti okşadı tenimi fakat henüz yağmamalıydı yağmur.

"Nasıl becerdin gidebilmeyi?"

Aldığım saksıyı oturduğum mezar taşının kenarına bıraktıktan sonra her zaman ektiğim gibi ellerimle açtım menekşenin yerini. "Kaçtın sen... Evet, evet. Kaçtın. Tam olarak bunu yaptın. Kaçtın bu dünyadan ve beni onunla yalnız bıraktın."

"Sen gitmesen böyle olmazdı belki... Nasıl bir tanışma hazırlardın bize, anlatsana? Belki beni sıcak bir yaz gecesi cesaretlendirirdin ona itiraf etmem için ve..." Burnumu çektim. "Şimdiye üçümüzün çok güzel anıları olurdu. Belki de dördümüzün... Şu hoşlandığın çocukla gelirdiniz ve çifte randevu yapardık. Sinema? Sahil? Deniz? Kamp?" Açtığım yere yerleştirmek için saksıdaki menekşenin dibini kazdım. "Bak, hava soğuk. Senin yüzünden hep. Kalbim de böyle çünkü benim... Bir sen gittin, bir de ben hiç gelmeyecek birini bekledim."

"*Yağmur*," dedim sesim titrerken. "Sen sevmezdin buraları, soğuk diye. Üşümekten nefret ederdin hep. Oralar sıcak mı?" Çenemin kasıldığını hissedebiliyordum. "Orada üşümüyorsun değil mi Yağmur?"

"Bak, üşürsen çok kızarım." Sesim çatallaşıyordu. "Boşa gitmiş olursun çünkü o zaman. Ha orada üşümüşsün, ha Soyhan'da." Menekşeyi köklerinden alıp diğerlerinin yanına açtığım toprağa diktim ve bir elimle tutarak diğer elimle etrafını toprakladım. "Sonra..." *Sol* gözümden bir yaş düştü. "Sonra Nisan'da katılırdı bize. Onu hatırlıyorsun değil mi? Anlatıyorum ya sana hep. Keşke tanışabilseydiniz... Bir gün birine anlatmaya cesaret edebilirsem bu muhtemelen Nisan olur ve sana söz veriyorum, onu seninle tanıştıracağım." Menekşeyi dikebilmiştim. "Onun da seninkiler gibi kocaman renkli gözleri var... Senin gibi piyano çalamıyor ama kemanla ilgileniyor."

Sustum.

"Bana *aptal kız*, dedi biliyor musun?" Artık hangi gözümden yaş aktığını kestiremiyordum. "Kalbimin hızlı attığını fark etti o yakınımdayken."

Yağmur çiselemeye başlamıştı.

Kafamı kaldırıp gökyüzüne baktım. *Burada olduğunu biliyordum, Yağmur. Beni dinlediğini biliyorum.*

"Belki bunca yıl sonra... Belki..."

Yapamadım. Devam edemedim. Hüngür hüngür ağlamaya başlamıştım. Ellerim, üzerinde adı ve hayat çetelesi yazılı arkadaşımın toprağını sıkıyordu.

Annesinin biriciği, babasının minik kuşu,
Nil'in Yağmur'u,
Yağmur Salkım
21.05.1998 - 30.08.2010

"Neden gittin? Neden yalnız bıraktın beni?"

Çocukluk arkadaşım, biriciğimdi, her şeyi beraber yaptığım hiç olmamış kız kardeşimdi... Küçükken beraber yazlıktaki Ayşe Teyze'nin ayvalarını alıp kaçardık... Sinirli kadındı, kovalardı hep bizi ama biz onun bizi aradığı zamanlar çoktan sahile ulaşmış, yiyor olurduk o güzel ayvaları. Sonra... Sonra ilk kez âşık olduğumuzda da o başka bir semte taşınmış olsa bile hep konuşmuştuk. Ben bize geldiğinde ona o zamanlar adını bilmediğim, Pamir'i göstermiştim ve o da bana sahilde basketbol oynayan bir çocuğu göstermişti. Onlarla ilgili hayaller kurmuştuk hep... Mesela ilk korku filmine sevgililerimizle beraber gelecektik, herkes yapmacık da olsa korkudan sevgilisine sarılırken biz de aynı duyguyu tatmak istiyorduk. Ya da... Deniz gidip beraber deve güreşi yapacaktık. Daha yeni tanışmışken arkadaş ortamımızda dönen bir şişe olacaktı ve sorular eşliğinde onlara belirsiz bir sevgi itirafında bulunacaktık.

Ama bunların hiçbiri olmamıştı çünkü o taşındığı semtte büyük bir zorbalığa uğrayarak intihar etmişti. Çünkü o artık yükünü taşıyamadığı bir lösemi hastasıydı, babası yoktu, annesi tedavi masraflarını karşılayabilmek amacıyla evlere temizliğe gidiyordu ve o okulda zorbalığa uğruyordu, çünkü stresten fazla yiyerek kilolar almıştı ve dalga konusu oluyordu, çünkü her gece kan kusmaktan bıkmıştı ve artık kuramadığı hayalleri boğazına batıyor, nefesini kesiyordu.

Yorgun düşmüş bedenini okulun çatısından aşağı attığında sadece 12 yaşındaydı, fazlası değildi. Onu çatıdan kendini atması değil de insanların iğrenç yargıları, çirkin kalpleri ve düşüncesiz sözleri öldürmüştü. Onun katili insanlığın bizzat kendisiydi.

Ondan geriye ise sadece açmaya korktuğum bir koli dolusu günlük kalmıştı yatağımın altında... Annesi şimdilerde hâlâ bir rehabilitasyon merkezindeydi ve tedaviye cevap vermiyordu.

"Sen dünyadaki en bencil en iyi arkadaşsın," diye fısıldadım, gözyaşlarımı gizleyen yağmura kafamı kaldırmış ıslanırken. "Beni sensiz bıraktın. Bunu nasıl yapabildin? Neden bana söylemedin? Neden!"

Sert bir şimşek gökyüzünü ateşe verirken sakinleşmeye çalıştım fakat yapamıyordum.

"Birlikte üstesinden gelebilirdik..." *Neden izin vermedin? Neden her gün mükemmel bir hayatın olduğunu bana anlatırken aslında cehennemi yaşattın kendine? Kaç kere kahkahalar atarken ben telefonu kapattıktan sonra hıçkıra hıçkıra ağladın? Neden bana sürekli saçlarımı uzatmam gerektiğini söyledin, neden onları boyamama, dalgalandırmama izin vermedin? Kestirmeme engel oldun?*

Gençliğinin baharına girdiğin zamanlarda onlara sahip olamadığın için mi?

"Şimdi bütün saçlarımı yolmak istiyorum," diyerek eğildim ve kafamı aşağıya eğerken parmaklarımı saçlarımdan geçirdim. "Kökünden kesmek istiyorum. Kilo almak, şişmanlamak istiyorum. Babam yok diye annem temizliğe gitsin de, okulda dalga konusunu olayım, zorbalığa maruz kalayım istiyorum ben Yağmur!"

"Böyle yaşayamıyorum... Kimsem yok." Kafamı kaldırdım. "Nisan'a bile yalan söylemek zorunda kalıyorum... Bu yüzden onun varlığı bile o kadar silik ki... Onu kandırıyorum."

"Annem görmek istemiyor beni." Artık çamur olmuş toprak avuçlarımı kahveye bularken, "Babam da..." diye başladım söze fakat durmamı sağlayan bir beden girdi görüş açıma. Üzerinde siyah botlar, siyah bir pantolon, siyah kalın bir kazak ve siyah deri ceket vardı. Klasik Pamir gibi giyinmişti...

Fakat o değildi.

Ruhuma ilmek ilmek işlenmiş bir çaresizliğin kol gezdiği derin sularda yüzüyordum. Bir balık değildim, yüzücü hiç değildim. Birkaç saniye sonra çırpınmayı bırakacak ve derinlere gömülecek gibiydim, o maviliklerde nefes almayı bırakmamı isteyen bir yalnızlık vardı ve biz, ikimiz dört duvar arasında her baş başa kalışımızda karşı karşıya geliyorduk.

Alnı alnıma yaslıyken ve gözleri gözlerimdeyken, nefes almak sadece bir fiilden ibaretti. Ya da ben o an yaptığım her şeyi kalbimle yapıyordum; kalbimle nefes alıyordum mesela. İçime çektiğim her nefes kalbime doluyordu ve bu acıtıyordu.

Sükûnet, yalnızlığıma yarenlik etmek adına güzel bir seçenekti fakat ben, onu da bir kenara iterek yok olmayı seçecek kadar aptallaşmıştım.

"Lenslerin," dedi sert ifadesi yok olurken. İşte o zaman, o ana dek yapmadığım bir aptallığı yapmış oldum. Gözlerimi onun göğsünde dolanan anın hayaletinden kaydırarak gözlerine çıkardım ve tüm çıplaklığımla acı bir kahvenin içine düştüm. Tatlandırılmak adına filtre bir fincan kahvenin içine atılmış küp şeker gibiydim, varlığım da yokluğum da fark etmiyordu o kahveyi içen insan için ve ben eriyip yok olduğumla kalıyordum, o kaynar sularda.

"Çıkar."

İdrak etmekte zorlandım.

Lenslerin. Çıkar.

"Lenslerini çıkar."

Düşünmeden ettiğim hareketlere bir yenisini ekleyerek kolunun altından geçtim ve hızla beni kollarıyla sardığı kapandan çıktım. Gözlerimi silerek ona sırtım dönükken, "Gidebilir miyiz artık?" dediğimde, bir gözyaşı bulutu daha dağladı gözlerimi ve kafamı kaldırıp gökyüzüne bakmaya başladım.

Ses vermedi. Bunun yerine birkaç saniye sonra yanıma doğru yürümeye başladığında, hemen yanımdan geçerek, "Düş önüme," gibi bir cümle kurdu ve önümden ilerlemeye başladı.

Ona uydum. Biri beni yönlendirmezse ayaklarım beni sahil kenarına sürükleyecekti, kayalıklardan kayacaktım sanki ve o an, yüzmeyi unutacak gibiydim. Uçurumdan atlarken kanatları kırılan bir kuş, denizin içinde yüzgeçlerine kramp giren bir balık gibiydim şimdi... ve eğer kendime gelemezsem, bu sefer kendi sonunu kendi yazan bir yazara dönüşecektim.

Gece siyahı arabanın kapıları açıldığında kendimi içeriye resmen tıktım ve emniyet kemerimi bağladıktan hemen sonra koltuğa yaslanarak gözlerimi sıkıca yumdum. Sessiz ve bana göre uzun soluklu bir yolculuğun ardından araba evin önünde durduğunda, kapıyı açarak dışarı çıktım ve hızla evin kapısının önüne yürüdüm. O da arabayı evin önüne bıraktıktan sonra gelip kapıyı açarak içeri geçmem için yol açtı ve hemen ardından yukarı, benim olmayan ama içinde eşyalarımı barındıran odaya geçtim.

Uykusuzluk, tenimin altında gezinen zehirli yılan misali bütün hücrelerimde dolanıyor ve beni yorgun bırakıyordu. Üzerimde ne varsa çıkartıp eşofmanlarımı giydikten sonra pencereyi sonuna kadar açarak gecenin buz gibi soğuğunu odadan içeri buyur ettim ve önünde dikildim.

Anne, ne yapıyorsun şimdi? Baba, eskisi kadar çok kahve içiyor musun benim gibi? Babaanne, bir gün sen de dedemin anısına bile olsa mutlu numarası yaptığın o huzurevinden çıkıp kalır mısın bende? Kahve yapsam, yalandan da olsa fal bakar mısın bana?

Başka… Başka kimse yoktu. Nisan da benimle yalnız kalmıyordu artık, Buğra'sı vardı onun. Ve benim için bu evde tıkılmak acıma acı katıyor gibiydi.

Sabah saat 6'ya kadar odanın içinde dört gezdikten, müzik dinledikten, günlük yazmaya çalıştıktan ve film izledikten sonra altıma siyah kalın bir tayt ve üzerime de bol kesim uzun kollu ince bir tişört geçirdim. Bir hırka ve ceketi de kat kat üzerime giyindikten sonra çantamın içine okulda giyinmek için siyah bir kot ve kazak koydum. Telefonuma kulaklıklarımı takıp, kulaklıklarımı da kulağıma geçirdikten sonra çalan müziğin sesini açarak sessizce odadan sıyrıldım ve merdivenlerden inerek aynı sessizlikte evi terk ettim.

Ümit Hoca beni öldürmeden ve pozisyonumdan kovulmadan gidip çalışmalara katılmalıydım, ayrıca dans etmeye de ihtiyacım vardı fakat eve girebileceğimi sanmıyordum.

Hafif çiseleyen yağmur ve sert rüzgâr etkisinde saçlarım oradan oraya uçuşurken yirmi dakikalık bir yürüyüş sonunda sokağın sonundaki kahve dükkânından aldığım büyük boy kahveyi de bitirmiştim. GreenLight'tan içeri girdikten sonra hızla Ümit Hoca'nın sınıfının olduğu salona çıktım ve açık kapıdan içeri girerek ısınan öğrencilerin *arasına karıştım. Çantamı, ceketimi ve hırkamı askılığa astıktan sonra esnemek için hazırdım.*

Yirmi dakikalık esneme hareketinden sonra Ümit Hoca el çırparak içeri girdiğinde, başındaki ters taktığı şapkayı çıkartıp saçlarını düzelterek tekrar taktı ve, "Evet millet, How Ya Doin'? koreografisini baştan alıyoruz. Gamze, bu sefer geçişleri daha yumuşak yap, Mertcan sen dans ederken çok ileri gidiyorsun bu yüzden ayaklarına sahip çık ve... Nil?"

Bir anda tüm bakışların bana döndüğünü hissettim.

"Siyah Kuğu'muz dans grubuna teşrif de ederler miymiş?"

"Hocam..." diyecek oldum fakat, "Tamam, tamam, affettim," diyerek geçiştirdi. "Herkesin sorunları olabilir, kendini bir istisna sanıyorsan çok yanılıyorsun küçük kuğu, sana kızmayacağım. Kızmama bayıldığını biliyorum ama hayır." Güldü. "Şimdi, şarkıyla DJ arkadaşım sayesinde biraz oynadık ve Where Are U Now ritmi de ekledik. Koreografi aynı. Nil, yerine geç. Başlıyoruz."

Ve bam. Gerisi silikti... Ümit Hoca'nın yanlışlıkla açtığı bir şarkı beni seneler öncesine götürmüştü ve okula gitmek yerine mezarlıkta, burada bulmuştum kendimi.

Çünkü o zamanlar Yağmur'la hep dinlerdik o şarkıyı. Sahilde kayalık üzerinde zıplarken söylerdik. Moralimiz bozukken birimiz başlatırdı, sonra devam ettirirdi diğerimiz ve düzelirdi moralimiz.

Arkadaşım eş, arkadaşım şek, arkadaşım eşek...

Orada öylece dikiliyordu ve hiçbir şey söylemiyordu. Ne zamandan beri buradaydı? Neden buradaydı? Beni mi takip etmişti? Neden öyle bakıyordu?

Görmüş müydü her şeyi?

Bütün çaresizliğimi... En zayıf noktamı.

Sevgimi.

Benim en zayıf noktam birine hissettiğim yoğun sevgiydi, verdiğim değerdi. Bana her şeyi yaptırabilir, hiç girmediğim kalıplara sokabilirdi ve kendimi ben bile tanıyamazdım.

Ve sen… Bütün güzel hayallerin katilisin şimdi.

"Dün yine seni andım," diye mırıldandım neşeli şarkının aksine hüzünlü çıkan çatlak sesimle. "Gözlerim doldu." Burnumu çektim. "O tatlı günlerimiz…" Toprağını avuçladım. "Bir anı oldu."

Devam edemedim.

Ayrılık geldi başa, diye devam etti durgun suratıyla siyahlar içindeki kız ve hemen ardından, gözlerini diktiği zeminden ayıramayan beyazlar içindeki kız devam etti: *Katlanmak gerek…*

"Seni," diye devam etmek istedim fakat yapamıyordum. Soğuk vücut ısıma rağmen donuyordum. "Çok çok… Özledim," *Hayır. Gitmedin. Yalan.* "Arkadaşım eşek."

Orada öylece kalakaldığım dakikaların sonu kesilmiş ucuna bağlanmış sağlam ipler gibi uzuyor, bükülüyordu. Gözlerimdeki uzayın içinde bir yerlerde kara bir delik açılmıştı sanki ve bedenime zarar vermeden bütün ruhumu içine çekiyordu.

Toparlandıktan sonra ayağa kalkarak kenardaki çantamı aldım ve ön cebimdeki telefonun titreşimini hissettim. Tam elimi cebe atmış, telefonumu çıkarmıştım ki beni sırılsıklam eden yağmur bir anda kesildi.

Ama hayır… Yağmur kesilmemişti, sadece üzerime şemsiye tutan bir beden belirmişti karşımda.

Telefonun ekranında ise *Pamir* yazıyordu. *Kalpkıran.*

Telefonu hızla cebime atarak, "Ne işin var burada senin?" dedim ve başıma tuttuğu şemsiyenin altından çıktım. Çünkü karşımda dikilen gözünün altı hafif morarmış Malik'ten başkası değildi.

"İnat etme, ıslanıyorsun. Hasta olacaksın." Şemsiyeyi tekrar başımın üzerinde tuttu. "Zarar verecek değilim."

"Buna neden inanmadım?"

Güldü. "Çünkü O'nun etrafındasın," dedi yerde gezdirdiği gözlerini gözlerime çıkartarak. "Ve O'nun etkisi altındasın,

Afrodit. Sana gerçekleri anlatmama izin ver."

"Sen kafamı daha fazla karıştırmaktan başka bir işe yaramazsın," dedim sertçe. "O yüzden lütfen git. Konuşmak istemiyorum." Arkamı dönüp gidecekken birkaç adımda yanıma gelip bileğimden tuttu. "O geceden sonra ortada neler döndüğünü hiç merak etmiyor musun gerçekten?"

Etmiyor değildim fakat Malik'e güvenemiyordum. "Neden bana Afrodit diyorsun?"

Dudağının kenarı kıvrıldı. "Çünkü çok güzelsin."

"Küstah." Kolumu çektim.

"Ne zamandan beri iltifat etmek küstahlık oldu?"

"Ukala." Bakışlarımı yüzüne yöneldi ve gözlerimi gözlerine sabitledim. "Gideceğim ve sen de kolumdan tutup beni durdurmak gibi bir aptallığı tekrarlamayacaksın." Sertçe kaşlarımı çatarak ciddi bir havayla baktığım kestane gözlerinden gözlerimi çeker çekmez taş toprak yolda ilerlemeye başladım. Planım tam olarak caddeye yürüyerek bir taksi durdurmaktı, fakat daha caddeye gelmeden birkaç adımda kendimi durdurdum.

"Sen bilirsin," dedi çünkü Malik. *"Uranüs'ün Kızı."*

Dondum. "Ne?"

Omuz silkti.

Hızla bedenimi ona döndürdüğümde aramızda birkaç adımlık mesafe vardı ve rahat bir tavırla orada şemsiyesinin altında öylece dikiliyordu. "Neden öyle söyledin?" dedim içim titrerken. Hayır. Bilmiyordu. Bilmesine imkân yoktu. Biliyor *olamazdı.*

"Bilmiyor musun?" dedi gevşekçe sırıtırken. "Afrodit, Yunan mitolojisine göre Uranüs'ün kızıdır. Buna neden bu kadar şaşırdın anlayamadım."

Bu bir mesaj mıydı, yoksa sadece öyle mi hitap etmek istemişti anlayamamıştım. Zaten bu kafayla anlamam pek de normal sayılamazdı. "Benimle neden konuşmak istiyorsun?" diye sordum ona. Bir yandan da ters bir hareketi olursa diye gözlerim üzerindeydi. "Adamların... Beni götürmek istiyorlardı. Ve sen de bilardo gecesini hatırla."

Gözü sızlamış gibi elini hafifçe gözaltında gezdirdiğinde, "Eh," dedi. "Unutmak pek mümkün değil."

"Bu benim sorumun cevabı değildi."

"Belki de başka bir sorunun cevabıydı." Omuz silkti. "Kim bilir? Belki de hiç sorulmamış bir sorunun... Belki de sormak istediğin ama soramadığın bir sorunun..."

"Sen sarhoş falan mısın?" Histerik bir şekilde gülerek beni ne kadar öfkelendirdiğini ona göstermek istedim. Fakat kafasını salladı ve tekrar omuz silkti. "Benim seninle değil, *bedeninle* konuşmam gereken bir konu var."

Suratımı buruşturarak yumruğumu sıktım. Güçlü bir şimşeğin ardından gök gürültüsü kulaklarımı doldururken onun tepkisini izledim. Kaşlarını kaldırarak çevirdiği şemsiyesinin ardından bakışlarını gökyüzüne çevirdiğinde, "Yanlış anlama," dedi. "Bunun seninle yatmak ya da sana sahip olmak gibi bir anlamı yok. Elbette öyle bir şey olamaz demiyorum sana ama benim söylediğim cümlenin, senin henüz fark edemeyeceğin kadar farklı bir anlamı var."

Benim seninle değil, bedeninle konuşmam gereken bir konu var, sözü bana gayet de potansiyel bir tecavüzcü sözü gibi geldi, dedi siyahlar içindeki kız. Seni gözüm tutmadı Malik, sende potansiyel tecavüzcü Coşkun ışığı görüyorum.

"Bu tartışmaya girmeyeceğim," dedim. "Gidiyorum." Birkaç saniye yüzüne bakıp beni engellemeyeceğinden emin olduktan sonra olduğum yerde yüz seksen derece dönerek mezarlıktan çıktım ve yalnızlığıma eşlik eden yağmur ile birlikte caddeye yürüdüm.

★★★

Mantığımın karşısına sandalye çekip oturmuş kalbimle karşı karşıyaydım. Mantığımın bana sunduğu bin seçenek varken, kalbimin sunduğu tek seçeneği seçmekte ısrarcıydım.

"Ne demek biliyor?"

"Öyle söylemedim. Sadece, sanki... İma etmiş gibiydi. Sanki biliyor da gizliyor gibiydi."

Nisan'ın pudinginin paketini açıp kaşığını içine daldırmasını izledim. Ben ise karşısına geçmiş köftelerimle oynuyordum. Kötü bir sabahın ardından okula gelmek pek tercihim değildi tabii, fakat devamsızlık diye bir gerçek vardı. Üstelik benim için okula gelip izin kâğıdı imzalayacak bir velim de yok gibi görünüyordu.

"Pamir'in arkadaşı olduğuna göre, Pamir de mi biliyor o zaman?"

"Arkadaş değiller," dedim çatalımı tabağımın kenarına bırakıp geriye yaslanarak. "Hatta düşmanlar bile diyebilirim ama bunun kaynağını bilmiyorum. Anlattığım gibi, onu tesadüfen görmüştüm ve bana o günden beri Afrodit deyip duruyor."

Kendi kendimle dört duvar arasında yalnız kaldığım zamanlar cevaplayamadığım sorular üzerime üzerime geliyordu fakat bu noktada, güvendiğiniz bir arkadaşınız var olması devreye girmesi gerçekten bazen her şeye bedeldi. Sonuçta bazen aşktan bile geriye ne kalırdı ki? Ama giden her şeyden bir şey kalırdı işte, dostluklar kalırdı. Arkadaşlıklar kalırdı. Bu bazen *her şey*'in kelime anlamı olabiliyordu.

"*Uranüs'ün Kızı* demek, açık açık *sen gökyüzünün hâkiminin kızısın,* demek. Afrodit'in de Uranüs'ün kızı olduğunu herkes bilir." Nisan şüpheli bakışlarla beni süzdü. "Kimseye bir açık vermediğine eminsin değil mi?"

"Sihirli Annem mi çekiyoruz burada Nisan?" dedim

baygınca bakarak. "Havayla oynarken ellerimden renkli ışıltılı parıltılar mı çıkıyor? Normalden daha yorgun hissediyorum sadece, hepsi bu."

"E o zaman bütün bunları nereden uyduruyor bu adam!" Sinirle pudingini tepsisine geri bıraktı ve dirseklerini masaya yasladı. "Ve... Sen sabah oraya gittiğinde..."

Ucu zehre banmış keskin bıçaklar kalbimi dürtüklerken tepki vermedim. "Sorun yok Nisan, onun hakkında konuşabilirsin."

"Yani sen Yağmur'un yanına gittiğinde, nasıl oldu da yanında bitebildi? Seni takip mi ediyor bu adam?"

"Bilmiyorum, çıldıracağım," diye mırıldandım kısık bir sesle ve yüzümü avuçladım. Sabah olanları gidip Pamir'e anlatmak isteğiyle yanıp tutuşuyordum fakat beyefendi sabahtan beri okulda yoktu!

"Pamir'e söyleyecek misin?" diye sordu çekingen bir tavırla, etrafı süzerek. "Gerçi beyefendi henüz okula teşrif edemediler. Hastadır belki, kalk size gidelim sana çorba yapmayı öğreteyim de müstakbel sevgiline yaran bari azıcık."

Kenardaki peçeteyi buruşturup kafasına fırlattım. "Ne diyorsun sen ya!"

"Biliyordum," dedi dudaklarını birbirine bilmiş bir gülümsemeyle bastırarak ve beni işaret edip ellerini seslice birbirine çarptı. "Biliyordum!"

"Ne biliyorsun bana da anlat, ben de öğreneyim," diyerek ön sezgilerinin yanılgılarını suratına vurmak adına dikleşip kollarımı göğsümde birleştirdim. "Hadi, hadi anlat bekliyorum."

"Off!" Omuzlarını düşürüp suratını astı. Beni takmıyormuş gibi elini masanın üzerindeki cep telefonuna attı ve birkaç bir şeye tıkladıktan sonra telefonunu önüme bıraktı. "Ben de anlat diye bekliyorum, ama nerede benim akıllı arkadaşım? Hani aklı nerede, kalbi nerede?" Sonra beni şöyle bir süzdü. "Gerçi, kalbinin nerede olduğu belli ama..."

Ama onu dinlemiyordum. Önümdeki telefonda Dedikoducu Kız'ın sayfası açıktı ve ekranda birkaç ay önce olsa çığlıklara boğulup yatağımın üzerinde zıplamaktan yayları kıracağım haber gözlerimin önüne serildi.

Bir sürü fotoğrafımız vardı. Çoğu ben onun evinin önündeyken, evine girerken, evinden birlikte çıkarken ve ben onun arabasına binerken çekilmişti. Gece fotoğrafı bile vardı.

"Suratıma flaş patlatmışlar ve ben fark etmemişim öyle mi?"

Nisan karşımda gülerek elini salladı. "Aman, sen de onların bir taraflarında iki şimşek çaktırırsın ödeşirsiniz."

"Çok komik," diyerek yazıyı okumadan telefonunu önüne geri ittim. Yazı klasik, *Okulumuzun buzdan altın prensi…* Sözleriyle başlıyordu ve gerisi malumdu. Bir sürü saçma sapan şey yazılmış olmalıydı. "Buğra'ya falan sorup soruştursana biraz, kim bu Dedikoducu Kız? Cidden artık canıma tak etti. Hakkımda uydurdukları yetmiyormuş gibi bir de şimdi adımı çıkartacak. Üstelik onunla… Ben onu yıllardır…" Devam etmedim. "Dava edeceğim bu siteyi. Yeter artık!"

"Sakin ol ama bence bu seferki haber çok iyi," dedi omuz silkerek. "En azından diğer kızlar yerlerini bilecek artık. Düşünsene, sana laf ettiklerinde Pamir'e etmiş gibi olacaklar. Bunun korkusu bin yıl yeter onlara."

"Yaa," diyerek uzattım son harfi ve suratımı ekşittim. "Pamir de hazırdı zaten hemen beni sahiplenmeye. Hatta annem babam gelmiyor ya artık eve, evlat edinir belki. O zaman da genç baba kızına şehvet duyuyor diye yazarlar."

"Aman be Nil, sen de…"

Esnedim. Gözlerimi ovuşturarak parmaklarımı saçlarımdan geçirdiğimde, Nisan'ın eli de bileğime dokunmuştu. "Kaç gün oldu?" dedi durgun bir ifadeyle.

"Dört gün sanırım," diye cevapladım onu.

"Dört gündür uyumuyorsun yani?"

"Evet."

"İnternette beşinci günden sonra çeşitli hasarlar meydana geldiğini okumuştum ama sen yedi gündür uyumuyorken bile kalkıp dans edebiliyorsun," dedi meraklı bir edayla. "Mucize bir varlıksın, biliyorsun değil mi?"

"Benim zihnim bulanıyor," diye cevapladım onu. "Düşüncelerim karışıyor. Odaklanmakta zorluk çekiyorum, görüşüm bulanıklaşıyor ve dengem bozuluyor. Fazla yorgun ve halsiz oluyorum. Seksen yaşındaki bir anneanne gibi hissediyorum ama bunun dışında bir şey olmuyor. Yani, rekorum yedi gün olduğu için bu kadarını biliyorum sadece."

"Ama bugün de aynen öyle gibisin?"

"Bu aralar fazla alıştım pek zaman geçmeden uyuyabilmeye." İstemsizce tebessüm ettim. Aklıma ondan yastık çalmak için odasına gizlice girdiğim anların hatıraları doluyordu ve istemsizce mutlu oluyordum. "Sanırım o yüzden, uykusuzum…"

"Günlük kahve tozunu alabildin mi?"

Gözlerimi devirdim. "Hayır, son iki gündür bu sabah hariç hiç kahve içmedim biliyor musun? Pamir'in evinde kahve yok, kahveden nefret ediyor ve bir şey der diye ben de alıp bulunduramıyorum mutfakta. Anca sabah okula giderken ki o da kendisi bırakmadığı zamanlarda."

Göz kırpıp muzipçe gülümsedi. "İyi alıştın ha."

Pamir'in okulda olmadığı ve matematik dersinin sıkıcılığında kaybolduğumuz bir günün sonunda eve -daha doğrusu, Pamir'in evine- varabildiğimde, kapıyı ben çalmadan Gülbahar Sultan açmıştı.

"Ahh, Nil! Sonunda geldin, ben de seni bekliyordum. Tatlım benim biraz dışarı çıkmam gerekiyor, Zifir'in yemeğini verdim ve onunla biraz oynadım, şu an salonda." Topuklu ayakkabılarını giydikten sonra kenardan çantasını aldı ve omzuna taktı. "Akşam belki biraz gecikebilirim, uzun zamandır görmediğim bir kız arkadaşımın yanına gideceğim."

"Tamamdır Gülbahar Sultan," diyerek yorgun bir gülümseme gönderdim ona. "Çok güzel olmuşsunuz."

"Teşekkürler bitanem, hadi iyi uykular sana, belli ki yorulmuşsun." Yanaklarımdan öptükten sonra el salladı ve bahçeden çıkıp ana caddeye giden yolda ilerlemeye başladı.

Dalgınlığım sonucu içeri girerken pervaza ayağım takıldı fakat ufak bir tutunmayla düşmekten kurtuldum. Yavaş hareketlerle gözlerim yarı açık şekilde kapıyı kapatıp çantamı kenara bıraktım ve iyi gelmesi umuduyla evde kimse yokken hızlı bir duş aldım.

Kurutma makinesini bulamamıştım, bu yüzden saçlarımı tarayıp havluyla nemini almakla yetindim.

Kısa süre içinde televizyon izlemiş, mutfağı karıştırarak bir şeyler atıştırmış ve telefonda şarjım bitene kadar Nisan'la mesajlaşmıştım. Birkaç kere dalgınlığına gelip Buğra'ya göndereceği mesajı bana, bana göndereceği mesajı da Buğra'ya yollamıştı. Uyku problemi olan ben miydim, o muydu belli değildi.

Havanın çoktan karardığı, evin sessizlikle kavrulduğu dakikalarda yavaşça ayağa kalkarak salonun kenarındaki yemek masası bölümüne geçtim. Anılarım canlanmıştı adeta.

Masanın başköşesindeki sandalyeyi okşayarak oturdum. Burada oturmuştu. Hatırlıyordum. On beşinci yaş günüydü, ona siyah bir defter hediye etmiştim ve ilk sayfasına beyaz bir kalemle gecelerimi alacak bir kuğu çizmiştim. O zamanlar GreenLight'a yeni katılmıştım ve tam da o sıralar bana Siyah Kuğu lakabı takılmıştı.

Onca hediyenin içinden birkaç tanesini yanımızda açarken, benimkini de açması ve ufak da olsa bir göz göze gelme anının yaşanması için partinin sonuna kadar beklemiştim fakat ne hediyemi açmıştı; ne de göz göze gelmiştik. Hiçbir şey yaşanmamıştı. Siliktim, hayalet gibiydim yanında. Gerçi, saçlarından yüzünü bile göremediği siyahlara bürünmüş korkutucu bir kızın onca renkli hediye paketinin arasına bıraktığı siyah paketini kim açardı ki? O da açmamıştı, bunun için onu suçlayamazdım.

Belki de defter eline hiç geçmemişti, sonradan gereksizler gibi bir kenara kaldırmıştı ve gecelerce uğraştığım çizimime bakmamıştı bile.

O gün çalan şarkı hâlâ çınlardı kulaklarımda...

Kalbin işine bak, yüzüne bakamaz... Ağlar durur, sen uyurken.

Kaan gitar çalmıştı o gün ve bu şarkıyı söylemişti herkese. Pamir'in de dudaklarını oynattığından şarkıyı bildiğine emindim fakat sesini duyamamıştım bu şarkının sözlerinde.

Yerimi bilmem, bilmem ne taraftayım... Sesimi duymam, ne zamandır araftayım?

Yedi yaşından beri, araftaydım. 7 Aralık günü 18'imi bitirdiğimde, on iki yılı geride bırakacaktım. Bu hastalıklıydı, bu bırakılması gereken bir alışkanlıktı; uyuşturucu gibi. Sanki her sene *son bir kere daha,* dermiş gibi bir hap daha içmiştim ve geldiğim nokta buydu. *Beni uyutan tek şey onun kokusuydu.*

Kapanmaya yer arayan gözlerimi en azından dinlendirmek amacıyla koltukların oraya geçtim ve oturup sırtımı yumuşak deriye yaslayarak gözlerimi kapattım. *Araf.* Onun kalbimin kapılarını araladığı noktaydı bu. O günden sonra tek kişi değil, iki kişi olmuştum çünkü. Sadece kendimi değil, hatta bazen kendimi hiç değil; onu düşünmüştüm hep. İki gece boyunca uyumadan hazırladığım fizik projem mi ıslanacak? Önemli değil. Onun yağmura, ıslanmaya ihtiyacı var. Altı gündür uyumadım ve kılımı kıpırdatacak hâlim yok ama onun için yağacak yağmuru engelliyor, gökyüzündeki bulutları mı dağıtıyorum? Önemli olan ben değilim, onun antrenmanı var ve spor salonu tadilatta. Onun buna ihtiyacı var. Onun *bana* ihtiyacı var.

Bilmediğin anlarda yanında olacağım.

Esnedim. Elimde ağzımı örterek bir kez daha esnedim ve koltuğa başımı yaslayarak gözlerimi daha sıkı kapattım. Saat kaçtı? 10'u geçmişti en son ve yarın sabah okul vardı. Uyumam gerekiyordu.

Uyuyamıyordum. İlacım evde değildi. Odasının kapısı da kilitliydi hem... Yastık hırsızlığı da yapamazdım. Ama belki, çamaşır sepetindeki bir tişörtünü koklasam...

Zorlukla bedenimi ayağa kaldırdım.

Genç kızın uykusuzluktan yorgun düşen bedeni ilerledi. Bir adım, iki adım, üç adım... Ayağını masanın kenarına çarptı fakat durmadı. Gözleri çok kısık bir şekilde açıkken önünü doğru düzgün göremiyordu bile. Sağ elini uzun, gür ve kahve tonlarındaki saçlarından geçirdi ve kuru dudaklarını yaladı. Hızlanmak istedi, dayanamıyordu artık. Hem uyku ilacı da kendi odasında kalmıştı... Giremezdi artık o eve. Güvenli değildi.

Güven... Güven neredeydi? Bu evde yaşıyordu elbet, fakat henüz buralarda değildi.

İlerledi.

Ta ki, salep ve tarçının birbirine karışmayan eşsiz uyumunun tek bedende buluştu sıcak bir gökyüzüne çarpana kadar.

Siyah bir gökyüzüne. Ya da koyu gri... Her ne ise, güçlü bir sağanağa ruhunu teslim etmiş ağır bulutların kol gezdiği bir gökyüzüne.

İki koku burun deliklerinden içeri göğüs kafesine dolduğu anda sendeledi ve geri tartıldı.

Fakat o sıcak, siyah gökyüzü ona kollarını sardı. "Nil?"

Çok geçti. Kız uykuya teslim etmişti yorgun bedenini çoktan. Çünkü güven artık buradaydı.

Bedeninin yere düşeceğini fark eden adam eğilip onu kollarının arasına aldı ve uzun saçları aşağıya sarkarken sonsuz boşluk içine savruldu.

Ve adamı o gece, kahve kokusu ilk kez rahatsız etmedi.

17

Sen kan kırmızısı güllerin peşinden koşarken yüreğim kadar siyah papatya ezdin be adam.

Tozlu bir zeminin ortasında oturuyorum, karanlık ve sessiz bir geceye uzanmış parlak Ay eşlik ediyor yalnızlığıma. Öyle sessizim, öyle sessiz bir gece ve öylesine siyah.

Avuçlarım acıyor, soğuk zemine basan avuç içlerimi keskin taşlar kesiyor sanki ama zemin pürüzsüz; sadece tozlu.

Bir hırlama doluyor kulaklarıma; bir haykırış, bir çığlık, bir avcının avını sahipleniş sesi gibi. Korkuyorum. Acı avuç içlerimden bileklerime ve oradan da kollarıma yayılırken bunu umursamıyorum bile, hızla doğruluyor ve ayağa kalkıyorum.

İleride asilliğin tanımı olarak o duruyor; elleri cebinde ve ağaçlardan birine yaslanmış. Ay ışığının sihri keskin yüz hatlarına vuruyor.

Bir hırlama daha,

Ve koşuyorum.

O da benimle aynı anda başlıyor koşmaya. Onun peşinden koşuyorum ben de ama gözlerim kapalı. Duyduklarım sadece onun adım sesleri oluyor, gözlerim kapalıyken görüyorum sanki onu; öyle karışmış ruhuma.

Arkamdan gelen sesler yaklaşıyor gibi gittikçe, fakat önümdeki adım seslerinin sahibine öyle tam ki güvenim, yüzdelik kısmından taşıyor bütün duygular.

Öyle kör etmiş ki gözlerimi bu his, fark etmiyorum genişçe bir araziye *yayılmış dipsiz bir kuyunun önüne getirdiğini beni; bir adım kala.*

Ve yine fark etmiyorum; takip ettiğim ve beni kovalayan kişinin aynı kişi olduğunu.

Titreyerek adı çıkıyor dudaklarımdan. "Pamir?"

Gerimde, biliyorum. Sırtımı dönüyorum kuyuya ve ona dönüyorum. Gülümsüyor bana, sağ yanağındaki gamzeyi belli ediyor ay ışığı ve gözlerine hapis oluyor hislerim.

Acı kahve, diye fısıldıyor zihnime bir ses. Bir bardak getirseler, gözyaşlarını kahve niyetine içebilecek psikolojideyim.

Fakat gülümseyişi aynı masumlukta, aynı güzellikte kalmıyor. Keskinleşiyor, uzuyor, sivrileşiyor, şeytanîleşiyor. Avuç içlerimden başlayan acı, kollarımdan bütün vücuduma yayılıyor. Bir kez daha söylemek istiyorum adını ama hareket edemiyorum.

Bir adım atıyor. Bir adım daha ve bir adım daha. Adımlar birbirini takip ediyor ve üzerime doğru geliyor. Her adımında yüzündeki sinsilik sönüyor ve ifadesi donuklaşıyor.

Dibime giriyor, öyle yaklaşıyor ki bir zaman sonra nefesi nefesime karışıyor ve gözlerime dikiyor acı kahvelerini. Ona asılıyor ruhum; bedenimi çıkardığım sandalye oluyor önce, sonra boğazıma geçirdiğim ip... ve ardından sallandığım boşluk oluyor birden. Boğulduğumu hissediyorum.

"Siyah Kuğu," diye fısıldıyor bana.

Ve ben bu iki sözcüğü onun dudaklarından duymak için her şeyini verebileceğini söyleyen kız, göğüs kafesimden yükselen bir acıyla kalakalıyorum.

Acı en son kalbime ulaşıyor.

Üzerimde bembeyaz bir elbise... Gelinlik kadar beyaz.

Kalbime saplı bir bıçak. Ucuna zehir diye sürdüğü duygular.

Güzel hayallerin katili, benim de katilim oluveriyor. Anlıyorum, biliyorum... Yeni fark edebiliyorum bunu ancak.

Son bir nefes dilenircesine içime çektiğim oksijen, bana hayat olsun derken ciğerlerimi yakarak dehşetle gözlerimi aralamamı sağladığında, tutunmak adına yumuşak yorganlardan başka bir şey bulamadığım yatakta doğruldum ve öksürdüm.

Katil, diye fısıldadı bir ses zihnimde.

Sırtımdan boynuma ilerleyen acı, aniden hareket etmemin cezasını hemen kestiğini belli ederek inlememi sağladığında gözlerim birkaç saniyeliğine tekrar kapandı.

Gözlerimi aralayıp etrafta gezdirdim bakışlarımı. Onun odasındaydım.

Aralık pencereden içeri sızan rüzgâr, perdeleri hoş bir dansın eşiğinde bırakırken parmak uçlarımın altındaki sıcaklığı hissettim ve yan tarafıma döndü hemen gözlerim.

Boştu.

Fakat o kısım kırışmıştı ve orada olan bedenin sıcaklığı henüz terk etmemişti.

Bu düşünceyle titredim. Yanımda uyuyan bir Pamir Yelkıran... Aynı yatağı paylaştığımız, bütün gece boyunca... Belki sarılabildiğim... Büyük bir kahkaha attı aniden, siyahlar içindeki kız. Katıla güldü zihnimin kuytu köşelerinde gizlice kurduğum hayallere.

Katil, demişti Malik onun için. Katil. Onun katili olabileceği tek şey benim hayallerimdi. Eğer bir cinayet işlenmişse o da bu gece işlenmiş birkaç hayalin katliydi ve tek suçlu da O'ydu.

Ondan bizzat duymadığım hiçbir şey için başkalarına aldırmayacak, inanmayacak ve güvenmeyecektim. İstesem bile yapamazdım bunu.

Terlemiş bedenimi yataktan aşağı inmeye zorlayarak odadan çıktım ve banyoya geçtim. Soğuk suyla yüzümü yıkadıktan sonra üzerimdekileri süzdüm. Dün akşam giydiklerimdi bunlar. Sahi ben nasıl gelmiştim onun odasına, onun yatağına? Son kontrol edişimde odası kilitliydi ve ayrıca bana verilmiş bir oda vardı.

Eşyalarımın olduğu odaya geçip saati kontrol ettikten sonra

siyah bir pantolon, siyah uzun kollu bir tişört ve üzerine de siyah bir kapüşonlu geçirdim. Ceketimi de aldıktan sonra merdivenlerden aşağı indim.

Zifir salondaki koltuklardan birinde kıvrılmış uyuyordu.

İşin garibi, masanın üzerinde büyük boy bir kahve paketi vardı.

Kaşlarımı çatarak merak dolu bakışlarım eşliğinde paketi aldığım gibi etrafı aramaya başladım. Saat henüz 7'ydi.

Mutfakta, üzerinde beyaz bir tişört ve siyah pantolon varken onu gördüğümde, tost makinesinin önünde bekliyordu. Elinde bir bardak vardı ve rengi pembeyle turuncu arasına sıkışmış bir renkti.

"Günaydın," dedim sessizce içeriye girerek.

İçeceğini içerken kafasıyla selam verdi.

"Bu ne?" Elimdeki kahve paketini gösterdim.

"Kahve," dedi baygın bakışlarla.

"Onu biliyoruz. Burada ne işi var?"

"Sana aldım?"

Çatılmış kaşlarım ışık hızıyla gevşerken gözlerimi kırpıştırdım. "Sen? Bana? Kahve aldın?"

"Ne var bunda garip karşılanacak?" Omuz silkerek raftan iki tabak çıkardı. "Birkaç bir şey alıyordum, o şeyi görünce ondan da alayım dedim."

"Ama sen kahveden nefret edersin."

Bedenini bana çevirip tek kaşını kaldırdı. "İstemiyorsan onu hâlâ çöpe atabilirim?"

"Saçmalama!" diyerek karşı çıktım ve yavaş adımlarla bar sandalyelerinden birine oturdum. "Ben…"

Hızlıca, "Evet, teşekkür zırvası, falan… Önemli değil," dedi ve tost makinesinden iki tost çıkartıp tabaklara koydu. Birini benim önüme bırakıp, karşıma oturdu ve diğerini de kendi aldı. "Isıtıcıda sıcak su var."

Sevinçle el çırparak paketle beraber kalkıp büyük bir kupa çıkardım. Kupa iki kaşık kahve koyduktan sonra bir küp şeker attım ve çok az süt ekleyerek sıcak suyu da boşalttım. Evde kahve içmeyeli kaç gün oluyordu? Çok özlemiştim.

Sıcak olmasına bakmadan büyük bir yudum alarak karşısındaki yerime geçtiğimde, önüme bıraktığım kupaya suratını buruşturarak, "O kupaya adını falan yaz, içeceksen kahveyi bir tek onda iç bundan sonra. Diğerleri de kokmasın," dedi.

Gözlerimi devirerek, "Aman," dedim. "Kokutur hemen biricik bardaklarını. Hem neden nefret ediyorsun kahveden bu kadar? Bir kerecik denesene." Kahve bardağını yüzüne doğru uzattım fakat refleks olarak geri çekildi ve burnunu tıkadı.

Somurtarak bardağı geri çektiğimde, bir yudum daha alarak önüme bıraktığı tosttan bir ısırık aldım. O da tostunu yarılamış, garip renkli içeceğinden içiyordu. "Asıl o ne?" dedim bardaktaki şeyi göstererek. "Rengi bir garip."

"Elma, portakal, limon, havuç, kivi, mandalina, zencefil ve nane," dedi tek bir nefeste.

"Çüş," diye bir ses çıkardım. "Asıl ona *ıyy* be! O ne öyle, toplamışsın bütün manavı."

"Sağlık," dedi üzerine basarak ve içeceği hafifçe uzatıp başıyla selam verdikten sonra birkaç büyük yudum daha aldı.

Kusuyormuş gibi hareketler yaptıktan sonra kahveden bir yudum daha aldım. Bu sefer de o suratını buruşturdu.

Göz devirip kısaca dil çıkardıktan sonra muhabbete girmeyerek tostumu ve kahvemi bitirdim. O da garip renkli meyve karışımı içeceğini ve tostunu bitirdikten sonra kalkmıştı. Tabakları ve bardakları sudan geçirip makineye dizdikten sonra, peşinden mutfaktan çıktım. "Ben nasıl geldim o odaya?" diye sordum ona yetişerek. "En son salondaydım."

"Kafanı göğsüme çarpıp bayıldın."

Gözlerimi kırpıştırdıktan sonra kaşlarımı kaldırarak, "Öyle mi oldu?" diye sordum kendime fakat sanki içki içmiş de sarhoş olmuşum gibi, salondaki koltukta oturuşumdan sonrasını hatırlamıyordum.

"Beş dakikan var," dedi saatinde bakarak. "Kapıdayım."

Ve ceketini alıp çıktı.

Dün akşam kapının önüne bıraktığım çantamı alıp botlarımı giyerek peşinden çıktıktan sonra, kapıyı kapatıp siyah Porsche'ye yürüdüm ve kapıyı açıp ön koltuğa bindim.

Sanırım bu duruma alışmıştım, artık normal geliyordu.

Fakat iki gece önce bana dediklerinden sonra süregelen bir utanç kaynatıyordu hâlâ kanımı. *Aptal kız*, demişti. *Kalbinin ritmini duyabiliyorum, aptal kız.*

"Telefonu yanında süs olarak taşı diye mi verdiler sana?"

Okula doğru sürüyordu.

"Ne?"

"Telefonun diyorum, dün sabah aradım ama açmadın."

Malik'le tartıştığım dakikalarda, onun aradığını hatırlıyordum. Fakat ortalık karışmasın diye telefonu sessize alıp cebime koymuştum.

"Ha, evet... Meşguldüm," diye yanıtladım onu. "Sonra arayacaktım fakat unutmuşum."

Cevap vermedi. Malik'le aramızda geçen konuşmayı anlatmalı mıydım? Anlatmalıydım, fakat doğru zaman mıydı? Emin değildim. Vakit kaybetmek akıl kârı değildi, Pamir Yelkıran'a da uyacağını pek zannetmiyordum ama yine de emin değildim. "Dün neden okula gelmedin?"

"Öğlen bir şirket toplantısı vardı, ona katılmam gerekti. Akşam da yemek vardı," diyerek kısa kesti. "Hımm," dedim bakışlarımı parmaklarıma indirerek. Onlarla oynamaya başladım.

"Çıkar ağzındaki baklayı," diyerek rahat bir tavırla

direksiyonu sağa kırdı ve okulun olduğu caddeye dönüş yaptık.

Yirmi saniyelik deli cesareti, dedim kendi kendime ve dudaklarımı araladım. "Şey, Malik…"

Aniden gaza yüklenerek arabayı durduğunda kemerimi takmış olsam bile cama savrulmak üzereydim. "Ne yapıyorsun be!"

Caddenin ortasında durmuş bir arabanın şoför koltuğuna oturmuş Yelkıran, ciddi ve sert ifadesiyle bana döndü. "Ne olmuş o orospu çocuğuna?"

Titredim. 20 saniyelik deli cesareti yalan olmuştu, az önceki hareketinden sonra ona söylemek için daha sakin bir anını kollamam gerektiğini yeni fark edebilmiştim.

"Hiçbir şey," dedim çabucak. "N-neden düşman olduğunuzu soracaktım sadece."

Derin bir nefesi dudaklarından dışarı üfleyerek elini saçlarından geçirdi ve önüne döndü. Gaza yüklenerek tekrar sürüşe geçtiğinde sorumu yanıtsız bırakarak, "Akşam Zırh'a gideceğim," dedi ve okulun olduğu sokağa girdik. "Babaannem sorarsa bir şey çaktırma."

Hemen, "Ben de geleceğim," diye atladım fakat keskin bir dille, "Hayır," dedi.

"Takip ederim."

"Hayır."

"Taciz ederim."

Okulun otoparkına girdiğimiz anda duyduğuna inanamayarak büyüttüğü gözlerini bana çevirdi ve histerik bir kahkaha attı. "Aa, manyağa bak."

"Ciddiyim, ben de geleceğim. Hem yalnız gitmiyorsun oraya, Kaan da orada oluyor. Onun yanından ayrılmam, söz veriyorum. Ben de geleceğim."

"Hayır," dedi tekrar ciddiliğinden ödün vermeyerek ve kısa bir hamleyle arabayı park etti.

Aynı anda çıkıp kapıları kapattığımızda, peşine takıldım. "Lütfen," dedim fakat yineledi: "Hayır."

"Lütfen, lütfen, lütfen, lütfen…"

"Hayır, dedim," diyerek bir kez daha yinelemiş oldu fakat pes etmeye niyetim yoktu.

"Ya kavga çıkardığım yok, olaylara karıştığım yok, neden gelemiyormuşum? Bak seni babaannene söylerim," diyerek tehdit ediyordum ki, bir anda yanımızda Kaan belirdi.

"Ne oluyor bakalım burada?"

Gözlerini devirdi Pamir ve arabayı kilitlediği anahtarını cebine attı. "Yok bir şey abicim, yok."

"Hayır, var," diyerek itiraz ettim. "Akşam Zırh'a gidecekmişsiniz, ben de gelmek istiyorum."

"Al işte," dedi Pamir beni Kaan'a işaret edip. "Hep sen alıştırdın şunu oraya."

"Ben ne yaptım ya?" diyerek itiraz etti Kaan ama Pamir devam etti. "Koruyoruz, kolluyoruz, biz olmasak ne boklara kurban gideceğinden haberi olmuyor kızın, güvenli sanıyor orayı. O yüzden bu istek."

İtiraz ettim. "Ne alakası var? Ben kendimi savunabilirim. Küçükken tekvandoya gittim."

Tırnaklarını açarak, "Küçükken," dedi ve üstüne bastı Pamir. "Artık büyüdün ve her şeyi unutmuş olman büyük ihtimal. Ayrıca karşında dikilen izbandut gibi adamlara karşı en ufak bir şansın bile yok. Adam üflese uçacaksın."

"Yaa tamam, kavga etmeyin," dedi Kaan ellerini kaldırarak. "Sen maçtayken ben Nil'i gözümün önünden ayırmam abi, eğer izin vermezsek merakı daha da artacak ve merak can yakar, bilirsin."

"Bunu senin bilmen gerekiyor," diyerek üzerime geldi Pamir. "Duydun mu bunu? Merak can yakar."

"Ben acı severim," diyerek ona karşı durduğumda suratını

ekşitti. "Her neyse," dedim. "Şimdi sınıfıma gidiyorum ama akşam ben de geleceğim. Konu kapanmıştır."

"Nasıl kapanmıştır ya? Müzayede mi bu da en yüksek teklifi alınca kapatıyorsun? Kapatmıyorum lan konuyu, kapanmadı konu. Gel buraya!"

Koridorun ortasında ben merdivenlerden çıkarken bağırışını görmezden gelerek el salladım ve iki kat yukarıya çıkarak dolabımın olduğu koridora çıktım.

Kendimi koruyamayacağımı mı düşünüyordu cidden? Gayet de koruyabilirdim kendimi ben. Tek bir kişiden, iki kişiden değil, aynı anda on kişiden; yüz kişiden bile koruyabilirdim kendimi. Fakat o bilmiyordu tabii.

Dolabımdan biyoloji kitabımı ve notlarımı çıkartırken, biyoloji sınıfına doğru ilerleyen Buğra ve Nisan'ı fark ettim. Yan yana yürürken bir şey konuşuyor, gülüşüyorlardı.

Dolabımın kapağını kapatıp yanlarına koşturdum ve kolumu Nisan'ın boynuna dolayarak, "N'abersiniz, bakalım?" diye sordum neşeli bir sesle.

Sen ve neşeli ses? diyerek göğüs kabarttı siyahlar içindeki kız. Beyazlar içinde olan da saklandığı kabuğundan kafasını uzatmış, kaldırdığı kaşları ve meraklı gözleriyle beni süzüyordu.

Ben de sormak istedim kendime, *az önce ne yaptım?* diye. Yaşıtlarımın normalde her gün rahatça yapabildikleri, kimsenin sorgulamadığı bir hareketti bu ve elbette, onlara göre normal bir ses tonu.

Bana göre değildi.

"Hayırdır Nil? Ne bu neşe?"

★★★

Bir sörf tahtasının üzerindeydi tüm insanlık sanki, bir an hiç dalga yok diye hayıflanırken diğer an bir tsunaminin içinde buluyordu kendini... En çok istediği şeyin fazlası yok ediyordu kendini. Bana da onun sevgisi fazlaydı işte... Yutuyordu ruhumu her saniyesinde ama yine de ona doğru çekilmekten kurtaramıyordum kendimi.

Peki bu sevginin kaynağı, bu sevgiye hazırlanmış ortam nereden geliyordu? Belki de bir anda herkesin beni terk etmesi en büyük etkendi... Kim bilir?

Küçükken babamla oynadığımız oyunları hatırlıyorum kısa da olsa, parça parça. Halının üzerinde aslancılık oynardık. Aslanları çok severdik babamla, çizgi filmler yerine aslan belgeselleri izler; kükreyişlerini taklit etmeye çalışırdık. Ben edemezdim pek, beceremezdim çocuk sesimle o kükreyişi. Benden çıksa çıksa gece lavaboya kalktığınızda ayağınızla üstüne bastığınız pembe ayıcık sesi çıkardı. Babam da gülerdi hep... Bu yüzden Galatasaray'ı tutuyorduk. Akşamları oturup maçlarını izlerdik. Biz babamla geniş koltuklara sığamazdık o maç geceleri, omuzlarının üzerine alırdı beni, turlatırdı gol attıklarında evi. Annem de mısır patlatırdı bize. Bir gün aslan kalıbı almıştı, üçümüz de oturup kurabiye hamurundan aslan motifi çıkartmıştık. Ben şekeri fazla döktüğümden fazla tatlı olmuştu ve annem tatlıyı hiç sevmezdi ama o akşam süt ve aslanlı kurabiye yemiştik. Tabii annem ve babam kahve içmişti. Uzun soluklu istek cümlelerimi ve tüm çocuk cazibemi kullanarak bir yudum alabilmiştim ancak o akşam ve o bir yudum, benim tadını ilk kez aldığım ama ileride tiryakisi olacak kadar çok içeceğim başka bir diyarın kapılarını aralamıştı benim için.

Siyah takıntım çok mu fazlaydı? Olabilirdi. İnsanların ne dediği umurumda bile değildi çünlü beni hayatta tutan parçalarımdan biri buydu.

Anne ve babamla geçirdiğim mutlu aile tablosu şiddetli depremler sonrası beraber astığımız o yaldızlı duvardan düştüğünde yalnızca yedi yaşındaydım. Kalbimde oluşan boşluk öylesine büyüktü ki ve etrafımda tutunacağım tek bir dal bile yoktu… Kayalıkların dibinden düşmeye mecburdum, ellerim kayıyordu. Karanlıktı ve etrafta kimse yoktu. Yağmur yağıyordu… Yağmuru seviyordum çünkü beni acıtıyordu. Beni çok fena acıtıyordu. Bana kaybettiklerimi, feda ettiklerimi ve ödün verdiklerimi hatırlatıyordu. Ben bu hayatta kendimden çok fazla ödün vermiştim, çok fazla vazgeçmiştim kendimden ve asla geri dönmemiştim. İyi bir şey olduğunda yaşayamamıştım mutluluğumu, aval aval etrafa bakıp beni üzecek bir şey aramıştım. Mutluluk uzun sürmezdi fakat hüznün kasveti insanların kemiklerine işlemişti; öldüğünüzde ve çürüyen bir ceset olarak kaldığınızda dahi, hüzün kokardı mezarlarınız. Engel olamazdı kimse buna, bu yüzden mezarlıklara hangi insanı götürürseniz götürün, nedensizce üzülürlerdi ve hatta ağlarlardı bile.

Peki o mezarlıklar gerçekten zamanı geldiğinde mi açılıyordu? İnsan gerçekten vakit geldiğinde mi ölürdü, yoksa yaşarken de ölmek mümkün müydü? Belki de yaşayamamıştı henüz o bedenler, hazır değillerdi. Ne olduğunu bile anlayamadan kaybetmişlerdi kendilerini. Onlara düşerken bir el uzatılmamıştı ve hayatla tüm bağlarını koparmışlardı.

Yedi yaşımı hatırlıyordum, o günü hatırlıyordum. Evin önündeki kaldırıma oturmuş, anne ve babamın artık neden bana vakit ayıramadıklarını sorguluyordum. Bir de üzerine mutfakta onlar konuşurken duymuştum Yağmur'ların başka bir semte taşınacaklarını. Okul yeterince sıkıcıydı, en yakın arkadaşım gidiyordu ve ailemin bende bıraktığı boşluk büyüktü. O boşluğu doldurmam gerekiyordu. Birine aşırı değer vermek için, sevmek için zemin hazırlamıştım resmen kendime. Sonra onu görmüştüm… Bir-iki ev ilerideki yerin önünde iki kamyon vardı ve içeri eşyalar taşınıyordu. Sonra siyah, büyük bir jip gelmişti ve büyük bir adamla beraber benim yaşlarımda bir çocuk inmişti arabadan. Basketbol topu kolunun altındaydı ve etrafı süzüyordu. Çitlerin gerisine kendimi sürüyerek, aralıktan onu izlemeye başlamıştım. Topunu ileri atıp, bagajı açmış ve küçük kolileri taşımaya başlamıştı eve. En az bir saat boyunca onu izlemiştim ve havanın karardığının farkında bile değildim.

Hafifçe hareket ettirdim dudaklarımı ve gülümsedim. Ders boştu, hoca raporluydu ve herkes aşağıda antrenmandaki futbol takımını izliyordu. Ben de okulun çatısına çıkmıştım. Kiremitlerin üzerine yatmış, gökyüzünü izliyordum. Bugün hava durgundu. Bulutluydu fakat arada güneş yüzünü gösteriyordu. Dengesizdi sanırım, böyle tanımlayabilirdim.

Düşüncelerimin etkisiyle istemsizce titreyen ellerimi yüzümün hizasında havaya kaldırıp gözlerimi onlara diktiğimde, yine istemsizce gelen bir dürtüyle sertçe yumruk yaptım ve tırnaklarım avuç içlerimi delene kadar sıktım.

Birkaç saniye sonra kan toplamış tırnak izleriyle dolu avuçlarımı açtığımda, manzara inanılmazdı. Kol damarlarım lacivert-mavi gibi bir rengin can bulduğu ışıltıyla avuç içlerime doğru uzanmıştı ve büyülenmiştim. Gözlerimi sıkıca kapatıp tekrar açarak göz gezdirdiğimde, bunun bir rüya olmadığının veya hayal görmediğimin farkına vararak sertçe yutkundum.

İnanılmazdı.

Bazen nasıl hayatta kalabildiğimi düşünmüyor değildim. Sonuçta her gece üzerinize dünyanın yörüngesinden geçen bir kuyruklu yıldızın oluşturduğu şimşek düşmüyordu.

Ölü olmam gerekirdi. Benim yanım Yağmur'un yanıydı, hemen yanında toprağın altında eşlik ediyor olmalıydım ona. En azından ben de yalnız olmazdım, o da.

Aniden nükseden bir öfkeyle dolduğumu fark ettiğimde kırdığım dirseklerimi sertçe doğrulttum ve parmaklarımı da kaldırarak bulutlara odaklandım.

Parmaklarımın ucundan, gökyüzüne yükselen akımın etrafa

saçtığı ışık kümesi gözlerimi alırken şaşkınlık ve heyecan dolu bir duygunun karışımından dolayı ayağım kaydı ve az önce ayağımın bastığı kiremit çatıdan aşağı düştü. Kızlar kalkmaya çalışarak titreyen ellerimle buraya çıktığım açık pencereden içeri attım bedenimi. Demir merdivenden korku içinden inerken *biri görmüş müdür?* telaşı beni ele geçirdi ve tökezledim.

Ellerim titriyordu.

Az önce ne yapmıştım ben öyle?

Dudaklarımı birbirine bastırarak soğuktan donmuş avuçlarımı sıktım ve merdivenlerden inersem tepe taklak yuvarlanabileceğim düşüncesiyle asansörün düğmesine bastım. Birbirine çarpan dizlerim boşaldığında, duvardan tutunarak ona yaslandım ve birkaç saniye dinginleşmeye çalıştım. Nefes nefeseydim, son hızımla bir kilometre koşmuştum sanki...

Asansörün kapıları ufak bir tın sesiyle açıldığında, içindeki kız öğrenci bana yargılayıcı bir surat ifadesiyle bakmaya başladı fakat ona dikkatimi tam olarak veremeden asansör kabinine bindim. Benim adımlarımla aynı anda onun adımları hareket etmişti ve çıkmıştı. Koridordan sağa döndüğünü görebilmiştim sadece.

İkinci kata bastığımda, asansördeki dijital saatten zilin çalmasına yirmi dakika olduğunu gördüm ve derin bir nefes alarak bedenimi asansörün kabinine yasladım. Toparlanmak ve son derse girmek için yalnızca yirmi dakikam vardı. Bir an önce kızlar tuvaletine gitmeli ve kendimi kabinlerden birine kilitlemeliydim.

Ne zaman kendimle ilgili yeni bir şey keşfetsem, böyle oluyordu. Az önce de o anlardan birini yaşamıştım ve resmen, vücudumdaki damarların mavi-lacivert karışımı parlak ve ışıldayan bir renk alarak avuç içlerime doğru ilerlediğini görmüş, vücudumdan gökyüzüne sürüklenen akımı da görmekle kalmamış, her hücremle hissetmiştim.

Asansör ikinci katta durduğunda hızla çıkarak boş koridorun sonuna doğru ilerledim. Okul çok büyük olduğundan, her katta dört merdiven ve iki lavabo vardı. Merdivenlerin biri sağ kanatta, biri ortada, biri sol kanttaydı ve diğeri de yangın merdiveniydi fakat her zaman açık olurdu. Lavabolar da biri bir uçta, diğeri de diğer uçta olacak şekilde her katta bu düzende yapılmıştı.

Sağ kanat daha yakın geldiğinden o tarafa yönelip koşarak kızlar tuvaletinin kapısından içeri girdim ve uzun bir soluk aldım. Fakat yalnız değildim.

Üzerindeki minik amigo şortu ve atletiyle, düzleştirilmiş sarı saçları ve dağılmış makyajıyla karşımda duran kişi Mine'den başkası değildi. Sadece… Onu böyle görmeye alışık değildim.

Onun hâlini gördükten sonra az önce yaşadıklarımı unutan kalbim onun hakkında düşündüklerimi bir kenara iterek yumuşadı ve ona, "İyi misin?" diye sormaya itti beni.

Sesim boş ve büyük tuvalette yankılanırken, ellerini yasladığı mermerden çekerek, "Ha ha ha," diye güldü zorla ve kafasını bana çevirdiğinde dağılmış rujunu gördüm. "İyi miyim?" Tekrar güldü. "İyi miyim! Cidden bunu mu soruyorsun bana!"

Bir adım geriye gittiğimde, ne olursa olsun ona yardımcı olmam gerektiğini düşündüm ve birkaç adım ileriye giderek, "Su getirmemi ister misin?"diye sordum.

Tekrar yüksek sesle kahkaha attığında, birden, "Orospu!" diye bağırdı. "Bak kızım, çevrendekiler fiziğini, dans ediyor oluşunu falan beğeniyor olabilirler ama bana göre sen gördüğüm en berbat dansçısın! Tüm samimiyetimle söylüyorum bunu. Hakaret olarak da ister algıla ister algılama, insanın dans etme anlayışını bitiren birisin. Ya sen hiç Tan Sağtürk, Matt Stefanina veya en basitinden Beyonce'nin konser videolarını izlemedin mi cidden? Dans dışında güzel olabilirsin ama dansta gerçekten vasatsın! Hiçbir şekilde GreenLight'ta dans etmeyi hak etmiyorsun!"

Öfkesinin yöneldiği noktadan yumuşayan kalbim, ezilip büzülürken göğüs kafesimin içinde sıkışan nefesimi düzene sokmaya çalıştım. "Mine sen…" Yutkundum. Ona verebileceğim en iyi cevap, belki de teşekkür etmekti. "Ben… Teşekkür ederim."

"Niye teşekkür ediyorsun!" diye bağırarak itti beni omuzlarımdan ve derince aldığı nefesi suratıma çarptı.

"Bunlar senin düşüncelerin," dedim ellerimi nereye koyacağımı bileyerek bacaklarıma sürterken. Avuç içlerime terlemişti. "Onları değiştiremem, ancak saygı duyabilirim ve duyuyorum da. Kendimi savunmak istemiyorum çünkü dediğim gibi bunlar senin düşüncelerin. Sevmek zorunda değilim, katılmıyor da olabilirim ama saygı duymak zorundayım." Gözlerimi yerde gezdirdikten sonra titreyen ellerimi arkamda birleştirerek devam ettim. "Ve… Negatif de olsa düşüncelerini benimle paylaştığın için teşekkür ederim. Eğer sana yardımcı olacaksa…"

"Senden nefret ediyorum!" diye bağırdı ağlamaklı bir sesle. "Sen tek derdi popülerlik olan birisin! Söyle hangi tarafı yüzünden yaklaştın, elimden aldın sevgilimi! Parası mı çekti dikkatini, ben veririm sana para! Popüler mi olmak istiyorsun? Ortamlara sokarım ben seni! Yakışıklı, karizmatik, basketbol oynuyor diye mi? Benim öyle tonla arkadaşım var, ayarlarım birini!"

Saçlarını yolmaya başladığında, "Ne saçmalıyorsun sen?" diyerek suratımı buruşturdum ve ellerini saçlarından çekmek amacıyla bir adım ilerledim fakat gerileyerek, "Dokunma!" diye bağırdı bana.

"Bilmez miyim ben senin gibileri! İki yılımı verdim ben ona be, iki yılımı! İki yıldır peşindeyim, iki yıldır! Bırakır mıyım onu senin gibi yeni yetmelere!"

"Mine ne diyorsun sen? Kendine gel!" diye bağırdım onun

gibi sesimi yükselterek fakat kafasını kaldırdığı anda kıpkırmızı olmuş gözleriyle kenetlendi gözlerim. Makyajı bütün yüzüne dağılmıştı ve yüzü şişmişti. Berbat hâldeydi.

"Evine girerken fotoğrafların var!" diyerek üstüme geldi fakat çekilerek vurmasına engel oldum. "Mine kendine gel!"

"Altına mı giriyorsun yanında dolaşmak için! Sabah paranı bırakıyor mu bari başucuna? Yetiyor mu miktarı yoksa her gece arttırmasını istiyor musun, ha? Söylesene! Her sabaha onun arabasından iniyorsun, çıkışta onun arabasına biniyorsun!"

"Sus," dedim benden çıktığına inanamadığım bir sesle. İşin boyutu değişiyordu ve ben de değişiyordum. Parmak uçlarımdan saç diplerime kadar her noktamı saran hücreyi hissedebiliyordum, bu çok rahatsız edici bir duyguydu.

"Annen baban yok mu kızım senin, yetiştirmiyorlar mı seni ahlak kurallarına göre! Hiç mi öğrenmedin onlardan bunları yoksa öğretmediler mi sana? Yoksa annen de senin gibi…"

Bir *şak,* sesi yankılandı lavabonun duvarlarında. Sağ elim sızladı.

Aynı anda kapı açıldı ve birkaç çığlık eşlik etti duvarlarda yankı bulan tokat sesine.

Yana savrulan kafasını yavaşça çeviren Mine, iki eliyle de az önce tokat attığım yanağını tutuyordu. "Seni küçük kaltak," diye mırıldandı. "Ona asla sahip olamayacaksın, seni asla sevmeyecek. Onu pençene düşüremeyeceksin, asla izin vermeyeceğim buna. Üç günlük Nil'ler için iki yıllık Mine'sinden vazgeçmez Pamir!"

Onun suratına attığım tokadın binlerce kat ağırı kalbime atılmış gibi bir adım geri sendelediğimde, Mine hâlâ konuşuyordu fakat ne dediğini dinleyemiyordum. Birkaç kız içeri girip onu omuzlarından tutuyor, üzerime gelmesine engel olmaya çalışıyordu ve aynı zamanda da bana laf ettiklerini duyabiliyordum, ona tokat attığımı görmüşlerdi.

İşin disiplin boyutunu bir kenara bırakan ve hiçbir tarafına takmayan bedenim kilitlenmeden hemen önce açık kapıdan dışarı fırladım. Aynı anda zil çalmıştı.

Üç günlük Nil'ler için, iki yıllık Mine'sinden vazgeçmez Pamir.

Uzayan koridorun sonundaki çıkış gözümde giderek uzaklaşırken, bunun gözlerimde birikmiş gözyaşlarının bir yan etkisi olduğunu fark ettiğimde dengem sarsıldı ve durmaya zorladım kendimi. Merdivenlerin başından inen Kaan, Melik, Pamir ve Yaren'i görebilmiştim sadece, hemen ardından durmaya zorladığım bacaklarımı bu sefer de tekrardan koşmaya zorladım ve yangın merdiveninin kapısından içeri fırlayarak koşar adım aşağı indim. Yuvarlanmak, başımı bir yere çarpmak ve hastanelik olmak umurum değildi.

Ona asla sahip olamayacaksın.

"Sus," diye fısıldadım koşarken ve gözlerimi bir saniyeliğine kapattıktan hemen sonra çıkış kapısıyla uğraşmadan ağaçlar yardımıyla okulun duvarına tırmandım. Hızımı alamadan duvardan atladığımda, ne yöne koştuğumun bilince değildim.

Seni asla sevmeyecek.

"Dur, yeter!" Caddeye atladım. Sıkışan trafiğin önünde araçların aniden frene yüklenmesini umursamadan koştum.

Onu pençene düşüremeyeceksin, asla izin vermeyeceğim buna.

"Yapma..." Dayanamıyordum.

Caddenin ortasında önüne atladığım taksiye binerek hızla adresi söyledim ve elimi göğüs kafesimin üzerine koyarak nefesimi düzene sokmaya çalıştım fakat nafileydi, boğazımdan geçtiği yeri keserek yukarı çıkmaya zorlanan hıçkırıklar bir bir dizilmiş, düşüncelerimle birleşerek her silişimde tekrar diziyordu gözyaşlarını gözlerime.

Dayanak noktamdı o benim. Kimse yokken, onun hayali vardı yanımda. Onun hayali uyutmuştu beni çoğu gece. Tam düşerken uçurumun dibinden, uzatmıştı ellerini ve ona tutunmuştum ben. Şimdi elimi keseceklerini söylüyorlardı, o fark etmeden de olsa beni tutmuştu ve şimdi de hiç fark etmeden bırakacaktı.

İzin vermeyecektim. Asıl ben bunun olmasına izin vermeyecektim.

Üç günlük Nil'ler için iki yıllık Mine'sinden vazgeçmez Pamir!

"Abla," dedi taksici dikiz aynasından benimle göz göze gelerek. Endişeli bakışlarımın ardından ona baktım ve sözünü devam ettirmesini bekledim.

"Arkadaki araba tanıdık mı? Selektör yapıyor. Yol veriyorum geçmiyor."

Hızla çarpan kalbimin ardından arka koltukta döndüm ve camdan arkamızdan gelen arabayı süzdü gözlerim. Hemen tanımıştım. *Siyah Porsche.*

"Daha hızlı gidebilir miyiz?" dedim çatallı çıkan sesimle. "Bir an önce eve gitmek istiyorum." Gerçi ev dediğimde, onun eviydi… Onun evinin odalarından biri.

Kapıyı kilitleyip etrafı dağıtmak ve geberene kadar müzik dinleyip, sonra da etrafı toplarken sakinleşmek için iyi zamanlama.

Taksi verdiğim adrese göre evin önünde durduğunda, taksimetrede yazan parayı uzatıp, "Üstü kalsın," diyerek hızla dışarı çıktım istikametimi değiştirerek, kendi evime yöneldim. Koşmaktan bir hâl olmuş bacaklarımla eve koşturdum ve hızla saksının içindeki toprağa daldırdım ellerimi. Plastik küçük bir paketin içindeki anahtarı avuçlarımın içine aldığımda, ağlıyordum. Mine'nin hareketleri, söyledikleri, ona attığım tokat gitmiyordu aklımdan. Anneme hakaret edecek kadar düşmüştü.

Anahtarı titreyen ellerimle kilide soktuğum sırada, Pamir de Porsche'den çıkmış, ciddi bir ifadeyle bu tarafa doğru geliyordu. "Nil!" diye seslendi fakat durmadım. Açık kapıdan içeri girdikten sonra etrafın ne kadar dağıldığına bakmadan yukarı koşturdum ve odamdan içeri girdikten sonra kapıyı hızla kapatarak kilitledim.

Üç günlük Nil'ler için iki yıllık Mine'sinden vazgeçmez Pamir!

"Sus diyorum, dur diyorum, yapma diyorum!" diye bağırdım o şiddetle vücuduma dolan adrenalin bedenimi harekete geçirdi. Masanın üzerindeki kitaplarımı ve kalan her şeyi ellerimle aşağı ittiğimde, hıçkırıklarım boğazıma dizilmişti. "Benim sevgim üç günlük değil," diye fısıldadım dolaba vururken. "Ben onu popülerliği için değil, parası için değil…"

"Bana dayanak noktası olduğu için sevdim."

Yatağımın üzerindeki yastıkları duvara savururken gözümün önünde Mine'nin saldırgan ve dağılmış suratı beliriyordu. Şimdi beni de dağıtmıştı.

Okulun altın kızı… Altın kız olmanın değeri vardı, altın bir kalbe sahip değilken?

"Ben sadece… Sevdim işte."

Dizlerimin üzerine çökerken kapının şiddetle çalınışını işitmişti kulaklarım. Buradaydı, kapının hemen diğer ucundaydı ve adımı haykırıyordu.

"Nil, aç şu kapıyı! Bak delirtme beni kızım, hiç acımam kırarım!"

Kırar mıydı sahi? Gerçi işi buydu onun. *Kalp kıran.* Kalbimi kırdığın gibi mi kırarın kapıyı da? Düşünmeden, ne yaptığının farkında bile olmadan, hiç bilmeden… Hiç bilmeden bile, böylesine keskin kırıklar bırakabiliyordun göğüs kafesimin içinde, işte senin değerin de bu yüzden böyleydi bende.

Başımı ellerimin arasına alarak yere eğildim ve gözümün önüne gelen mutlu aile tablosunu silmeye çalıştım. Neredeydi anne ve babam? Neredeydiler? Neden yanımda yoktular? Neden kimse ihtiyacım olduğunda yanımda olmuyordu! Neden ben de erkek arkadaşlarımı konuşamıyordum annemle, neden babamla alış verişe gidemiyorduk artık! Neden beraber

Galatasaray maçlarını izleyip, aslan gibi kükreyemiyorduk!

O an, annemin pürüzsüz ve hoş tınılı sesi çınladı kulaklarımda. *"Bir küçücük aslancık varmış, çöllerde ko-ko-koşar oynarmış... Annesi onu çok çok severmiş, sen benim ca-ca-canımsın dermiş..."*

"Canımsın," diye fısıldadım kendi kendime. Dört duvar arasına sıkışmış ruhum tenine ilmek ilmek soğuk işlenmiş odanın her bir köşesinde parçalandı. Fakat birkaç saniye sonra, sessizliğin ortasına bomba gibi düşen sert bir kırılma sesi kulaklarımda çınladı.

Güçlü eller omuzlarımdan tutup beni kaldırdığında geri çekilip yüzümü dönecektim ki ensemden tutarak beni göğsüne bastırdı ve kollarını etrafıma doladı.

Bir şarkı sözü doldu kulaklarımda, tamamen hayal ürünüm olduğunu biliyordum fakat odamın içinde yakı buldu sanki Emre Aydın'ın sesi. *"Sil gözünün yalnızlıklarını, o an fısılda duvarlara adımı. Bin bıçak var sırtımda; biniyle de adaşsın her biri, hayran sana."*

"Şşt," diye fısıldadı kokusu genzime dolarken. "Yapma böyle... Ne var bu kadar ağlanacak?"

Sen varsın.

İlahi, diye mırıldanarak histerik bir kahkaha attı siyahlar içindeki Nil. *Sevdiğin adamın kollarında, yine aynı adam için mi ağlıyorsun yani?*

Boşta kalmış kollarımı etrafına dolarak alnımı kazağına yasladım ve kokusunu çektim içime. Öyle şefkatle söylemişti ki az önce söylediği cümleyi, öyle güzel söylemişti ki... Dudaklarına mühürlenmiş bu birkaç sözcüğü ses kaydına alıp, sonsuza dek yanımda taşıyabilirdim.

Odadaki tek sesin kısık nefes seslerimiz olduğunu işittiğimde, durgunlaşan hırçın tarafım geri çekilerek kendime gelmemi sağladı ve o an, odadaki tek sesin sadece nefeslerimiz olmadığını fark ettim. *Penceremin camını tıklatan yağmur.*

Hayır. Çığlık.

Ben burayı böylesine harp alanına çevirirken, dışarıda nasıl bir fırtına kopmuştu kim bilir.

Dizginlenen kalbim ve nefes alış aralığım sonunda dakikalardır ona sarılı bir şekilde durduğum gerçeği düşüncelerimin arasına yıldırım gibi düşerken, dudaklarımı birbirine bastırdım ve yavaşça sırtımı okşayan elini hissettim.

En acısı da sabaha kadar böyle kalabileceğimi ve göğsünde uyuyabileceğimi bilerek, ondan ayrılmam gerçeğiyle yüzleşmekti.

Bedeniyle temasını kesmesini sağlamak amacıyla hareket ettirdiğim kollarımı, bedenimle beraber geri çekerek gözlerimi kapattım ve ona bakmadan ayağa kalkarken gözlerimi sildim. Burnumu çekerek elimi bir tarak gibi saçlarımdan geçirdim ve, "Ben…" diye mırıldandım fakat o da hemen toparlandı ve, "Gece saat 10'da kapının önünde ol," diye mırıldandı.

"Ne?"

"Zırh'a gelmek istemiyor muydun?" diyerek beni aydınlattıktan sonra, ona döndüm. Gözlerimin içine baktıktan sonra kafasını çevirip cebinden bir anahtar çıkardı ve havaya kaldırıp komodinin üzerine koydu. "Bu evin anahtarı. Ben şimdi geri dönmek zorundayım ama sen doğruca eve gidip toparlanıyorsun."

Arkasını döndüğü gibi gidecekken, "Giderken bir dakika beklemem, ona göre hazır ol," diyerek yerinden çıkardığı kapıya bir bakış attı ve görüş alanımdan çıkarak kayboldu.

"Kalp kıran," diye fısıldadım sessizce. "Bu sefer yara da sendin, merhem de."

Dağıttığım etrafa ve kırılan kapıya bakmamaya çalışarak gözümün önüne gelen saçlarımı kulağımın arkasına ittim ve bıraktığı anahtarı alarak evden çıktım. Siyah Porsche sokakta değildi, üstelik her taraf ıslanmıştı ve yağmur yağmaya devam ediyordu.

Yorulmuş bedenimi son kez hızla birkaç ev ileriye sürüklediğimde, Pamir'in bana verdiği anahtarla kapıyı açtım ve içeri girdikten sonra anahtarı kenara bırakarak üzerime doğru koşan Zifir'i kucakladım. Acıkmış olmalıydı ki sırnaşıyordu deli kedi.

Burnumu çekerek hasta olabilme ihtimalimi değerlendirirken, Zifir'in mama ve su kabını hazırlayarak salona geçtim fakat Gülbahar teyze yoktu. Merdivenlerden yukarı çıkarken, "Gülbahar Sultan?" diye seslendim ama ses gelmediğinde evde olmadığını anlamıştım.

Hızla merdivenlere yönelerek yukarı çıktım ve kendimi toparlamak adına üzerime rahat bir şeyler geçirerek kapıları kilitleyip evden çıktım. Okul çıkışı iki saatlik çalışmaya kalmak zaten aklımda vardı fakat Mine'nin sarf ettiği sözler beni dansa iyice itmişti. Ne olduğumu biliyordum ve ben kötü dans etmiyordum. Pamir'in evinde kalmamın bir sebebi vardı ve onun yanında olmamın sebepleri söylediklerine kendini körü körüne inandırmış bir sarışının dudaklarından dökülen yalanlardan çok daha farklıydı, hassastı; kimsenin anlayamayacağı kadar özeldi.

Bu kadar özeldi ve ben senelerdir Pamir Yelkıran'ın anlamasını bekliyordum.

Keşfedilmemiş bir adaya düşmüş, sabaha kadar hiç gelmeyecek bir gemiyi bekliyordum şimdi... Gerçi onu sevmek de böyle değil miydi? İstanbul trafiğinde köprüyü beş dakikada geçmek kadar imkânsızdı. Ne kadar gaza basarsam basayım, önümde bir kilometre uzunluğunda bir kuyruk vardı ve özel biri değildim ki bana yer versinlerdi.

Dinen yağmurun altında etrafa yayılmış toprak kokusu eşliğinde GreenLight'a yürüdüm. Öfkemin tamamen yok olmadığı bariz ortaydı fakat bedenim ona sarılmış olmanın şokunu üzerinden atabilmiş değildi de; bu yüzden bir denge söz konusuydu. İflah olmaz öfkem ve uzun zamandır ilk defa uykuya daldığım zamanlar hissedebildiğim o eşsiz huzur farklı kulvarlardaydılar, ben ise sadece bitiş çizgisinin birkaç adım ötesinde onları bekliyordum. Hangisi galip gelecekti? Sonuç beklediğim gibi çıkmazsa, bu kabul edilebilir miydi?

Asla.

Hayatım boyunca bir kere olsun sığmamıştım kabuğuma, ben ne rüzgârlar görmüştüm ki bir kez olsun istemediğim bir şeye sürüklenmemiştim... Şimdi bu kıyılarıma vuran lodos mu altüst edecekti beni? İzin vermezdim. Zaafım tek bir kişi üzerineydi ve bundan ilerisine gitmeyecekti. Kalbimin tek bir odası vardı ve tıka basa doluydu, tek bir kişinin varlığıyla. Bir kere her yere sinmişti salep ve tarçın kokusu... Bir tek ben tadını alamıyordum o kokunun fakat her hücremle hissedebiliyordum.

Kulübe girdiğimde hızla üst kata çıkarak ana salonun yanındaki salona girdim. Çantamı kenara bırakmadan hemen önce Nisan'a iyi olduğumu içeren fakat dönerken çantamı unutmaması gerektiğini belirten bir mesaj atarak her şeyi bir kenara bıraktım ve ceketimi çıkartıp askılığa astıktan hemen sonra dört duvarından üçü -tavanı dâhil- ayna olan odanın ortasında durarak birkaç temel ısınma ve esneme hareketine başladım.

Birkaç dakika sonra bitirdiğimde, otomatik müzik çaların kumandasını alarak Ciara'nın *Dance We're Making Love* şarkısını açmıştım.

Şarkı başlamadan önce verilen on saniyelik boşluğun ardından etrafa yayılan kadının sesi eşliğinde sağ kolumu kafamla aynı anda kaldırıp yana uzattım. Saliseler içinde bedenimi döndürerek yere eğilmiş ve geri dönerek hareketin tam tersini tekrar etmiştim.

Dans etmek bir oyun değildi, çoğu zaman çok tehlikeli bir

silaha dönüşebilirdi ve eğer hayatınızı bu dört harfin içinde barındırdığı asilik ile birleştirirseniz, karanlık tarafınızın ortaya çıkamayacağına dair garanti verilemezdi. Pamir'le basketbol oynadığım zaman bu tarafımı kullanmıştım işte. O haklıydı... Biz o gün basketbol oynamamıştık, dans etmiştik. Onu da bedenimin sürüklendiği uyumun içine çekmiştim ve ne olduğunun farkına bile varamadan, *bana yenilmişti*. Tıpkı benim yıllarca hiç bıkmadan, defalarca kez aynı yerden ona yenilişim gibi.

Bana Siyah Kuğu demelerinin asıl nedeni kelimenin önündeki renk sıfatı değildi, ben hip-hop dansını zarif hareketlerle jimnastik ve baleyle birleştiren bir dansçıydım... Dans etmeye başladığım andan itibaren Nil Han kimliğimden soyunarak *Siyah Kuğu* adı altına sığınıyordum, tıpkı geceleri de aynı metodu kullanarak sevdiğim adamla konuşmam gibi.

Şarkı son demlerinde çalkalanırken aralık kapıdan içeri sızan alkış sesleri ciğerlerime doldurduğum nefesi kesti. "Doğrusu iki yıl öncenin koreografisini hâlâ hatırlıyor olmanı beklemezdim fakat..." diye başladı sözüne Baran ve birkaç adım ileri gelerek aynadan benimle göz teması kurdu. "Şimdi anlaşılıyor Ümit Hoca'nın seni neden baş dansçı yaptığı. Dans ederken sana hiç dikkat etmemiştim fakat büyülendim."

Durgun ifademi bozmadan sağ elimi saçlarımdan geçirdim ve çantamın yanına ilerledim. "Ailen sana insanları aralık kapılardan gizlice izlemen gerektiğini öğretmedi mi Baran?"

Helin'in sevgilisiydi. En sevdiği spor danstan öte Helin'le kırıştırmak olan lise son sınıftaki erkek modelimiz, birden kapı aralığından beni izlemeye karar vermişken ona sıcak veya soğuk bir teşekkürle yaklaşabileceğim pek söylenemezdi. Bu yüzden sorumun hemen ardından attığı çapkın fakat Pamir'dekinin aksine iğrenç görünen sırıtışına suratımı buruşturdum ve çantamla ceketimi alarak yanından geçmeye yeltendim.

Fakat izin vermedi. "Bu ne cüret?"

Omuz silkerek ellerini kaldırdı ve dudaklarını büzüp, "Kuru bir teşekkürü bile çok mu görüyorsun arkadaşına?" diye sordu.

"Sen benim arkadaşım değilsin," dedim tükürür gibi iğneleyerek. "Şimdi çekil şuradan."

"Ya çekilmezsem?"

Bileklerime dolan akım kuvvetiyle ciğerlerimi patlatacak kadar şişiren bir nefesi çektim içime ve hızla yana ittim onu. Benden uzun boylu ve yapılı olmasına rağmen kenara itebildiğim bedeninin açtığı boşluktan geçerken arkamda bıraktığım şaşkınlık dolu suratı ve dehşet dolu ifadeyi sezebiliyordum fakat özellikle bugün, kimseyi çekecek psikolojide değildim.

Hızla çoktan dolmuş ana salona geçerek diğerleri gibi eşyalarımı kenara bıraktım ve esneme hareketlerine devam ettim. Birkaç dakika sonra Baran, hemen ardından da Ümit Hoca girmişti salona.

"Evet millet, toplanın bakalım," diyerek her zamanki el çırparak giriş hareketini yaparken, dört bir yana dağılmış GreenLight dansçıları onun yanına gitti ve ben de hemen artlarından onları takip ettim. "Bugün size yeni bir şeyler getirdim," diye devam etti sözlerine."Bu yüzden hepiniz sağ köşeye geçip oturun ve izleyin."

Uzun duvarın önüne geçerek arka taraftakiler ayakta duracak, öndekiler oturacak şekilde dizildiğimizde, "Sen değil Nil," diyerek beni işaret etti Ümit Hoca. "Bugün Siyah Kuğu'muz gösterecek size."

"Ben mi?" diyerek şüpheyle tam oturacakken kendimi durdurdum ve yavaşça doğrularak endişeli bakışlarımı Ümit Hoca'ya gönderdim.

"Buradaki en eski ve kıdemli dansçı sensin," dedi Ümit Hoca. "Cem'in düzenlediği *Stand Down*'ı hatırlıyor musun?"

Little Mix'in bir şarkısıydı fakat GreenLight'ın DJ'i Cem

tarafından değiştirilerek daha da hareketlendirilmişti. En fenası da bu ilk sahneye çıktığımız şarkıydı ve bunun için İstanbul'a gitmiştik. Sadece 16 yaşındaydım o zamanlar. Sadece en iyi dans eden on kız ve beş erkek dansçıyı yaş ayırt etmeden bir stadın açılışında sahneye çıkarmışlardı ve en küçük dansçı bendim. Hayatımın en heyecanlı günlerinden biriydi.

"Hatırlıyorum."

"Sadece solo kısımları tekrar etmen yeterli, yani ilk bir buçuk dakika. Hazırsan başlatıyorum."

Yumruklarımı seri bir şekilde birkaç kere sıkıp açarak Ümit Hoca'yı onayladım ve beni izleyen kalabalığın önüne geçerek derin bir nefes aldım.

"Bak kızım, çevrendekiler fiziğini, dans ediyor oluşunu falan beğeniyor olabilirler ama bana göre sen gördüğüm en berbat dansçısın! Tüm samimiyetimle söylüyorum bunu. Hakaret olarak da ister algıla ister algılama, insanın dans etme anlayışını bitiren birisin. Ya sen hiç Tan Sağtürk, Matt Stefanina veya en basitinden Beyonce'nin konser videolarını izlemedin mi cidden? Dans dışında güzel olabilirsin ama dansta gerçekten vasatsın! Hiçbir şekilde GreenLight'ta dans etmeyi hak etmiyorsun!"

Hayır. Bu sözler doğru değildi.

Şarkının giriş kısmı salonda yankılandığında ritme uykun keskin hareketler yaparak yerimde bir daire çizdim ve ileri atıldım. Böylece bir saniyesini bile unutmadığım koreografi sanki o gündeymişim, yine ilk kez sahnedeymişim gibi ilkel bir heyecanla hücrelerimde canlandı.

Birçok kez bir saniye beklenmeyen hırçın koreografiye uyarak yere eğildim ve hareketlerin birer birer tenimin üzerinde hâkimiyet kurmasına izin verdim. Bedenimi savurdum, takla attım ve geri çektim kendimi, yerde sürünerek bacaklarımı birleştirdim ve tek harekette ayaklandıktan hemen sonra iki kez art arda eğilip doğruldum.

Hareket etmeyen tek bir parçamı bile bulamazdınız bu şarkıda.

Bir buçuk dakika bana saniye gibi gelen zaman diliminin içinde esneyip, saniyelere sıkıştırılırken sonunda tek bir hareketle dönüp geri kayarak durduğumda, nefeslerim boğazıma dizildi ve kafamı aşağıya eğerek saçlarımın yüzümü kapatmasına izin verdim.

Başka Ümit Hoca olmak üzere alkışlayan ellerin sahiplerini görebiliyordum. Birkaç kişi ıslık çalıyor, çok beğendiklerine işaret eden seslerle tebrik ediyorlardı beni.

"Şimdi neden baş dansçı Nil, anladınız mı?" diyerek sessizce kalabalığa söylendi Ümit Hoca. "Çünkü berbat dans ediyor."

Ümit Hoca ve ben dâhil herkes güldü.

Yine de hiçbir şey için kendimi kanıtlamama ihtiyacım yoktu; olmadığım bir şey değildim ve tam olarak olduğum kişiydim ben. Artık veya eksi yoktu çünkü nötr durumdaydım, her iki tarafım arasında bir barış antlaşması imzalanmıştı ve bu barış, uzun süre boyunca bozulacağa benzemiyordu. En azından ben izin vermeyecektim. Hayatı nötr yaşamayı öğrenmeliydi insan… Üzüntü içinde boğulmamalıydı ama Pollyanna'cılık oynamaya da lüzum yoktu. Her gülümsemesinin ardından beklenen bir kötülük olduğu zaman ne anlamı kaldırdı geçici tebessümlerin? En acısı da o tebessümlerim acı bir versiyona bürünmeleriydi çünkü o zaman umut denen hayat sıvısını dibini görene kadar harcamış oluyordunuz.

İki saat olarak planladığım çalışma saatim beş saate çıkmıştı ve ben bunun farkında bile değildim. En sonunda Ümit Hoca'nın bitirmesiyle *Stand Down*'ın koreografisini bütün diğer dansçılara öğretmiş bir şekilde eşyalarımı aldım ve soyunma odalarına ilerledim. Hızla duş kabinlerinden birine girerek üç dakikalık hızlı bir duş aldığımda, aynı hızda yanımda getirdiğim temiz kıyafetlerimi üzerime geçirdim ve taradığım ıslak saçlarımla beraber rahatlamış bir şekilde diğerleri de üzerlerinin değiştirirken ayrıldım odadan.

Öfke yenilmiş bir şekilde kendini yine kendi keskin ipleriyle karanlık bir odada asarken, huzur kafamdaki artık boş kalmış tahta yavaşça oturdu ve sakinleştiğimi hissettim.

Dans etmesem, muhtemelen siyahlara içine bürünmemden çıkardıkları önyargı dolu bakışların barındırdığı yalanlarla dolu dedikoduları birer birer herkesin gözü önünde gerçeğe dönüştürürdüm. İçimde bastırdığım asiliğim ve bütün o sağlığa zararlı duygular tek tek ortaya çıkardı ve ben şimdi olduğumdan çok farklı birine dönüşürdüm.

Her zamanki gibi asansörü bırakmış, merdivenlere yöneleceğim sırada yeşil tişörtlü bir bedenin önüme dikilmesiyle durdum ve birkaç adım geriledim. "Bana bir teşekkür borçlusun."

"Kimseye hiçbir şey borçlu değilim ben," diye geveledim Baran'a ve bıkkınca oflayarak elimi nemli saçlarımdan geçirdim. "Çekil şuradan, beni kaba kuvvet kullanmak zorunda bırakma."

"Daha demin nasıl bir kuvvetle benim gibi birini yerinden hareket ettirebildin bilmiyorum ama zayıf anıma denk gelmiştin ufaklık," diye fısıldadı iğneleyici bir tonda. "Bir daha dene de göreyim seni."

"Bu diyaloga girmek zorunda değilim, çekil şuradan."

"Çekilmiyorum."

Büyük bir oflama ve derin bir nefes verişin ardından hücrelerimde mitoz bölünüp çoğalan öfkemi kontrol altına almak adına ensemi ovaladım ve delici bakışlarım gözlerini buldu. Benimle derdi neydi ki? Neden çıkıp gitmeme izin vermiyordu? Yeterince geç kalmıştım zaten, eve gidip üzerimi değiştirene kadar Pamir çoktan kapıda dikiliyor olurdu ve bensiz gitmesine izin veremezdim.

Bir kez daha parmak uçlarımda hissettiğim güçle onu

itecektim ki, Helin'in soyunma odasından çıkarak yanımıza geldiğini gördüm. "Ne yapıyorsunuz siz burada? Baran?"

"Hiç," dedi Baran gülerek ve onu kollarının arasına alıp gözlerini üzerime dikti. "Konuşuyorduk sadece."

"Ne hakkında?"

Baygın bakışlarımı Helin'e çevirdim. "Sevgiline tasma taksan iyi olur."

Bir kez daha gevelemesine izin vermeden merdiven tırabzanlarından tutundum ve bir buçuk metre aşağıya atlayarak hızımı almadan aynı tempoyla katlardan aşağı inerek zemine ulaştım. Zemin kattaki büyük kapıdan çıkarak atıştıran yağmur eşliğinde ana caddeye çıktığımda ise, çok fazla yorulduğumu fark ederek bir taksiye bindim ve dakikalar içinde evin önündeydim.

Cebimdeki anahtarı çıkartarak içeri girerken bir yandan da telefonumdaki cevapsız aramaları kontrol ediyordum. Nisan sekiz kere aramıştı ve Pamir'in de bir cevapsız araması vardı. Nisan'a yarın okulda konuşabileceğimizle ilgili kısa bir mesaj çektikten sonra ayakkabılarımı çıkarttım ve içeri geçtim.

Koltukta çayını yudumlayan Gülbahar Sultan, kucağında Zifir'le beraber bir tartışma programı izliyordu. "Merhaba Gülbahar Sultan," dedim yorgun bir sesle.

"Kızım o surat ne öyle?" diye sordu kaşlarını çatarak. "Bir şeyler yedin mi sen? Nefessiz beş kilometre koşmuşsun gibi halsiz görünüyorsun."

"Dans kulübünde tahmin ettiğimden biraz daha uzun kaldım sadece." Gülümsemeye çalıştım ve yanındaki koltuğa oturdum.

"Dans mı ediyorsun?" diye sordu Gülbahar Sultan merak dolu bir tınıyla ve sorularını ardı ardına dizdi. Nerede, ne zamandır ve hangi tarzda dans ettiğimi sordu ve bunlar sorarken gözlerinde bir ışıltı gördüğüme yemin edebilirdim. Sanırım seviyordu fakat... Hip-hop değil, baleye ilgisi vardı. Anlattığına göre gençliğinde bale eğitimi almıştı ve hoş bir balerindi fakat sonradan ayağını sert bir şekilde burkması ve çapraz bağlarının kopması sonucunda bırakmak zorunda kalmıştı.

Yaklaşık yirmi dakikalık bir sohbetin ardından Zifir'in tüylerini okşayarak izin istedikten sonra yukarı çıktığımda, Pamir'in odasının ışıklarının kapalı olduğunu ve henüz gelmediğini fark ettim.

Nemli saçlarımı bir kez daha tarayıp düzelttikten sonra altıma siyah, işlemeli bir külotlu çorap geçirdim. Onun üzerinde de dizlerime kadar gelen siyah, muz çorap giydim ve siyah, kalın kot şortumu bacaklarımdan yukarı çekerek fermuarını kapatıp düğmesini ilikledim. Siyah, askılı spor atletin üzerine salaş, yine siyah ve uzun kollu kalın bir kazak geçirdikten sonra gümüş rengi fermuarlı diğer ceketimi eşyalarımı doldurduğum çantamdan çıkardım ve üzerime geçirip telefonumu cebime sıkıştırdım.

Aşağıya inerek kalan son on dakikamda hızlı bir kahve içtiğimde, yanında da masanın üzerindeki birkaç kurabiyeden yemiştim. Sonunda tam vaktinde deri botlarımı giyerek dışarı çıktığımda, siyah Porsche kapının önündeydi ve o da, kaputa yaslanmış bir şekilde telefonuyla ilgileniyordu.

Yanına ulaştığımda karşısında dikilerek, "Bir dakika bile gecikmedim," diye mırıldandım, etrafa göz gezdirirken. Rüzgâr narindi fakat soğuktu. "Ne okuyorsun?"

"Hakkımdaki yalan dedikoducu kız haberlerini," diyerek telefonunun ekranını bana gösterdi. Arama kutucuğuna kendi adını yazmıştı bir sürü haber başlığı vardı, dedikoducu kızın sayfasında. "Sen de seninkileri okumak ister misin?" diye devam etti. "Bak mesela burada, Mine'yle kavga ettiğine dair bir yalan haber var." Kaşlarını çatarak kafasını yan yatırdı. "Ya da dur, belki de *yalan* dememeliydim."

"Ne?" Şoke olmuş bir ifadeyle ona bakarken telefonunu adım ve açtığı ana sayfadaki haber başlığını okudum. *Asi siyah kızımız sonunda tırnaklarını çıkardı, hem de okulun altın kızına karşı!*

"Kim bu kız?" diye sordum burnumdan solurken. "Kim bu dedikoducu manyak da olup biten her şeyi böyle bir anda haberleştirecek kadar iyi biliyor? Tanıyor musun sen onu?"

"Tanıyor olsaydım bu site hâlâ aktif olmazdı." Ve seri bir hareketle telefonunu cebine atıp doğruldu. "Mine'yle kavga ettiğin için mi ağladın?"

"Hayır." *Ben bu sabah Mine'yle değil, kendimle kavga ettiğim için ağladım.*

Beyazlar içindeki kızın üzerine siyah bulaşmıştı ve yer yer gri lekeler oluşmuştu üzerinde; aynı şey siyahlar içindeki için de geçerliydi... Üzerine beyaz damlalar damlamıştı ve o da griye bulanmıştı.

Ne savaş, ne barış.

Nötr.

"O zaman sebebi neydi? Matematikten falan mı kaldın?"

"Keşke buna ağlayabilecek kadar sulu göz olsaydım. Ancak her zorluğun ağlayabileceği kadar zayıf biri olsam, kendi gözyaşı denizimde boğulurdum sanırım," diye mırıldandım yere bakarak ve ön koltuğun kapısını açtım. "Gidebilir miyiz artık?"

İtiraz etmeden dolanıp bindiğinde kapılar kapandıktan sonra gaza bastı ve aklıma gelen ufak bir detayla saçlarımı tek omzumda toplayarak ona döndüm. "Bugün beni aramışsın?"

"Evet," diye cevapladı sakin bir sesle fakat devam etmediğinde, "Evet?" diye tekrar ederek gerçek bir cevap beklediğimi belirttim. "Ne söyleyecektin?"

"Açsaydın öğrenirdin," dedi ve kısaca kestirip attı. Tam olarak bunu yaptığını fark ettiğimde ise emniyet kemerimi bağlayarak karanlık Soyhan sokaklarında gece siyah bir arabayla kaybolmamızı izledim, en ön sıradan.

Rahatsız edici bir sessizliğin koynunda kavrulurken kafamı cama doğru çevirdim ve hızla yanından geçip gittiğimiz ağaçları izledim. Oradaydılar fakat Pamir arabayı hızlı kullanıyordu, sanki orada hiç yokmuş gibi geçiyorduk yanlarından.

Hiç olmamış gibi.

Bir gün öyle davranabilir miydik sahiden? Hiç olmamış gibi. Bir gün onun evinden ayrılacaktım, ki zaten Amerika'ya yerleşme planlarından uzun zamandır haberim vardı. Fakat inanmak istemiyordum, böyle bir şeye alıştırmak istemiyordum kendimi. Ona bu kadar yaklaşmışken yokluğu beni içine çeken bir kara deliğe dönüşür, etrafımda ne varsa benimle birlikte karanlığa gömerdi.

Terk edilmiş evlerin yer yer dikildiği sokağa giriş yaptığımızda, arabayı çalılıkların dibine park etti ve emniyet kemerini çözdükten hemen sonra kısa bir süre içinde kapıyı açarak dışarı çıktı. Hemen peşinden indiğimde, aynı anda kapıları kapattık ve o uzaktan kumandayla kapıları kilitlerken dolaşıp ortada buluşarak Zırh'a inen karanlık merdiveni içinde barındıran bahçeli eve yürüdük. Birkaç dakika sonra sessizlik rahatsız edici boyutundan çok daha ileri bir düzeye ulaştığında, merdivenin kapısını açarken ona, "Bana öğlen neden o hâlde olduğumu sormayacak mısın?" diye sordum ve açtığı kapıdan aşağı ilk adımını atarken onu izledim.

Hemen ardından inerken, adım seslerine göre hareket ediyordum. Bir süre içinde aşağı indikten sonra keskin bir sesle, "Beni ilgilendirmez," dedi sanki kendini de buna inandırmak istiyormuş gibi.

Seni ilgilendirmesini isterdim.

"Ama daha ağlanacak çok şey yaşarsın," diye devam etti karanlık tünelde ilerlerken. "Şimdiden boşa harcama gözyaşlarını. Konu her neyse değmez. En azından 18 yaşını mahvedecek kadar."

Benim bütün hayatım mahvolmuş, demek istedim. On sekiz yaşım da güme gitse ne fark eder? On dokuzum da onu izlemeyecek mi sanki?

Doğru. Belki de gözyaşlarımı gidişine saklamalıyım. Uçağa bineceğin sabah hiç uyuyamadığım için şişmiş gözlerimle bir de ağlarsam, lenslerim zarar görür ve çıkarmak zorunda kalırım. Bu şekilde onları çıplak bir şekilde görebilirsin. Böylece de arkana bakmadan kaçarsın ve bana bir daha asla aynı gözle bakmazsın.

"Kırıldığın yerden incinirsin," diye mırıldandım arkasından ilerlerken. "Zayıf noktan o kısım olmuştur artık, belli etmemeye çalışırsın ama can kırıkları ruhuna batarken ses etmeden duramazsın."

Birkaç saniye sonra dolabına açılan kapının kolunu kavramışken, "Yine de kimse duymaz," diye devam ettirdi beni şaşırtarak. Kapı kolu çevrildi ve dolabın içine açılan kapıyı çekti. Önden giderken beklemeden arkasından atıldım ve kapı üzerimize kapanırken dolabın kapakları açıldı.

Aydınlık odaya girdikten sonra masanın üzerindeki ceketi fark eden Pamir, "Kaan," diye açıkladı kısaca ve kendi ceketini de çıkartarak kenara bıraktı.

"Yaran tam olarak iyileşmedi, değil mi?" diye mırıldandım gözlerimi kazağının üzerinden yarasının olduğu yerde gezdirirken.

"Bilmiyorum ama artık acımıyor," dediğinde, birkaç adımda yanına giderek kazağını kaldırdım ve kapanmış yarasına baktım. Dibine girmiştim resmen ve şimdi de heyecandan geri çekilemiyordum. "Dövüşebilecek misin?"

"Bu ne ki," diyerek histerik bir şekilde güldüğünü duydum. "Bir keresinde…" diye devam edecekti ki, aniden kapı açıldı ve aynı anda kafalarımızı o tarafa çevirdik.

"Oha," dedi Kaan gözlerini üzerimize dikerek. "Ben çıkayım istersen abi? Yalnız bırakayım? Tamam ya, devam edin siz."

Pamir *ciddi misin?* diyen bakışlarını Kaan'ın üzerinde gezdirirken ani bir dürtüyle kazağını indirdim ve geri çekildim. "Burada kahve bulunur mu?"

"Cık," diye bir ses çıkardı Kaan ve kapıyı kapatıp kendini kanepenin üzerine attı. "Pamir'in sahip olduğu hiçbir mülkün sınırlarının içerisinde kahve bulamazsın."

Kaan'a dönüp, "Evinde var ama," diyerek kaşlarımı kaldırdığımda, o da gözlerini sonuna kadar açarak Pamir'e, "Ciddi misin sen lan?" diye sordu. Pamir ona baygın bakışlarını gönderdikten hemen sonra kenardaki mini buz dolabını işaret etti. "Hayır ama meyve kokteylimden var."

"Iyy," lafı çıktı aniden ağzımdan. "Nasıl içiyorsun o şeyi?"

"O da benim kahvem."

Elimi sallayarak doğruldum. "Kahvenin K'siyle bile aynı cümlede kullanmayalım lütfen o sıvıyı, midem kalkıyor." Dudaklarımı birbirine bastırdıktan hemen sonra, "Su?" diye mırıldandım.

Eğilip mini buzdolabından hiç açılmamış bir şişe çıkarttı ve bana attı. Havada yakaladığım soğuk su şişesine bir bakış atarak derin bir nefes aldım. Bir kez olsun açamamıştım şişelerin kapaklarını... Hatta bu yüzden evdeki meyve suyunun kapağını bıçakla parçalamışlığım ve bozulmasın diye jelatin geçirdiğim bile olmuştu. Onca artist hareket yapabiliyorken ve Pamir Yelkıran'ı basketbolda yenebiliyorken, şişelerin kapaklarını açamıyor olmam da hayatın cilvesiydi doğrusu.

Birkaç denememden ve ıkınmamdan sonra şişenin kapağına delici bakışlarımdan gönderdim fakat düşünce gücüyle de açılacak hâli yoktu.

Ya da vardı.

Fakat daha önce hiç denememekle beraber Pamir ve Kaan ile aynı odadaydım.

Neyse ki şişenin kapağını açamadığımı fark eden Pamir, Kaan ile konuşmasına, "Ama," diye devam ederken yanıma gelip elimden şişeyi aldı ve tek çevirişte açarak geri verdi. "Kokteyle katılacak. İhaleyi almakta kararlı ama hayal kırıklığına uğrayacak. İçeceğime zehir karıştırmadığı sürece o sözleşmenin altında kesin olarak imzamız var."

Suyu kafama dikerken Kaan'ın, "Ceren ne zaman geliyor?" dediğini duydum. "O mesele hâlâ kapanmadı değil mi? Baban ve deden seni bu konuda hâlâ zorluyor ve bu gidişle istediklerini alacaklar."

"Şirketlerin birleşmesi saçmalık, bu fikri hiçbir zaman desteklemedim ve hiçbir zaman desteklemeyeceğim de. Tamamen bizim zararımıza bir şirket evliliğine imza atmak istiyorlar, sundukları sebepler çok zayıf. Asla istediklerini alamayacaklar."

Konuşmalarından hiçbir şey anlamadığımı söylesem, pek de yersiz olmazdı sanırım fakat yine de çenemi kapalı tuttum ve Pamir'in banyoya girip kapıyı kapatmasını izledim.

"Bahsettiğiniz kişi Malik mi?" Kaan'a yönelttiğim bu soru, onun olumlu şekilde kafasını sallamasına sebep olmuştu. "Pamir 20 yaşında olduğu için şirkette söz sahibi, değil mi? O yüzden bu kurul toplantıları, ihale mevzuları..."

"Aynen öyle," diye cevapladı Kaan. "Aman karışayım deme, beynin yanar. İlk giriştiğimde motorları bir hafta soğutamamıştım ben, devrelerim yanmıştı resmen. Ama onun kafası çok iyi çalışıyor, hallediyor her şeyi. O olmasa dedesi çoktan batırmıştı şirketi."

"Babasıyla arası iyi değil diye biliyorum," diye devam ettim. "Ama dedesinden haberdar değildim. Gülbahar Sultan çok tatlı biri."

Kaan'ın gözleri parladı. "Onunla tanıştın mı? Hayatımda tanıdığım en kafa babaanne. Çok da sever beni... Gitmeden uğrayayım da, elini öpeyim bir gün."

"Dedikodumu mu yapıyorsunuz siz?" diyerek çıktı banyodan Pamir. Üzerinde saten, yerlere kadar uzanan siyah bir bornoz vardı. Dövüş için hazırlandığını biliyordum.

Kaan, "Rakibinin uzak doğudan geldiğini duydum," dediğinde, ikimiz de ayaklanmıştık odadan çıkmak için. "Aman ha yumruk yiyeyim deme, kokteyl var biliyorsun. Yüzüne fondöten falan sürülsün istemiyorsan yani..."

"Anladık," diye kestirip attı Pamir ve ikisi de odanın koridora açılan kapısının önüne geldiklerinde, onları peşlerinden takip ettim. Odanın ışıklarını söndürüp kapıyı kilitledikten sonra seslerin yankı bulduğu koridordan geçtik ve kulağımı tırmalayan seslere doğru her adımda biraz daha yaklaştık.

Pamir tok ve ciddi bir sesle, "Ben burada ayrılıyorum," diyerek bana döndüğünde, eliyle saçlarını karıştırışını izledim. "Ama sen Kaan'ın dibinden ayrılmıyorsun."

"Sen de yarana yumruk yememeye dikkat ediyorsun," dedim ve bornozunun altındaki siyah sporcu atletini işaret ettim. "Yerinde olsam o atleti çıkarmazdım. Bu resmen aslanın önüne taze et atmak gibi. Yara izin gel bana vur diye bağırıyor."

Kafasını ağır bir şekilde salladı ve Kaan'a da bir bakış attıktan sonra ringe giden koridorda ilerledi. "Biz nereye gidiyoruz şimdi?"

"VIP bölümünün yanındaki cam kısma, beni takip et."

"Oraya gitmek istemiyorum..." diye mırıldandım fakat peşinden yürüyordum.

Merdivenlerden çıktıktan sonra, "Neden?" diye sordu fakat ulaşmıştık bile. "Malik denen adam buradan izlemiyor mu maçları?" Aralık kapıdan içeriyi, deri koltuklarla donatılmış VIP kısmını işaret ettim.

"Evet," dedi ve camdan aşağıyı işaret etti. "Fakat bugün aşağıdan izlemeyi tercih etmiş."

Onun gibi cam duvarın dibine girerek tıka basa dolu stadın çevresini inceledim. Ringin hemen karşısındaki koltukların ilk sırasında oturuyordu, geriye yaslanmıştı ve gözleri ringdeydi.

"Bugün maça çıkmamalıydı," dedim nefes vererek. "Daha bir hafta anca oldu, yarası iyileşmiş sayılmaz."

"Öyleyse şanslı," diye cevapladı beni ve devam etti. "Çünkü rakibi de atletini çıkartacağa benzemiyor."

Ringe adım attıklarında camın bu tarafına gelen boğuk çığlık seslerinin daha da yükseldiğini duydum. Karşısındaki adam çekik gözlü, uzak doğulu olduğu belli olan fakat hangi ülkeden olduğunu tahmin edemediğim, cüsseli bir kas yığınıydı. Ama Pamir üzerine yapışan siyah sporcu atleti ve siyah şortuyla ondan daha güzel duruyordu. Kas her şey değildi, olması büyük bir artıydı tabii fakat aşırısı bence bir erkekte hoş durmuyordu.

Hakem ortalarına geçip düdüğü öttürdüğünde -en azından yanaklarının şişip söndüğünü görebilmiştim- ve elini salladığında kenara çekilerek ringi tamamen onlara bıraktı.

"Dün sabah mezarlıktaydım," dedim gözlerimi kapatarak ve Pamir'e söyleyemediğim bu olayı Kaan'a anlatmaya başladım. "Malik geldi, neden oradaydı bilmiyorum ama oradaydı ve biz karşılaştık. Laf atıp durdu, yine Afrodit dedi ve anlamadığım şeyler ima etti. Sonra gittim zaten oradan."

"Ve bunu Pamir'e söyleyemedin, çünkü?"

"Adını duyunca bile deli oluyor," diyerek gözlerimi açtım ve ellerimi saçlarımdan geçirdim. "Aralarında ne olup bittiğini bile bilmiyorum ve buna kurban gidiyormuş gibi hissediyorum, bilmeye hakkım yok mu Kaan?" *Ve o gün bir şeyler daha ima etti fakat öncekilerin aksine bu sefer sanırım anladım,* diye devam etmek istedim sözüme fakat edemezdim. *Uranüs'ün kızı.*

"Bunu sana anlatabilecek yetkili bir rolüm yok bu masalda," diye cevapladı sorumu. "Eğer anlatmak isterse, günün birinde bunu sana Pamir anlatacaktır." Bana döndü. "Ama bu sözüme dikkat et: *Pamir* dedim, Malik demedim. Malik'in ağzından aralarındaki düşmanlık ile ilgili ne duyarsan duy, sakın inanma ve bu ithamlarla Pamir'i suçlama."

Merakım gittikçe katlanırken, "Tamam," dedim keskin bir ifadeyle.

İlerleyen dakikalarda dövüşün daha da hareketlendiğini anladığım zamanlar, gözlerimi kaçırıyordum fakat Pamir'in tek yumruk bile yememiş olduğu gerçeği beni şoke ediyordu. Karşısındaki adamın yumruklarından çevik hareketlerle kurtuluyor, kurtulma anında ufak hamlelerini yapıyordu. Adam dövüşün başından beri deli gibi oradan oraya zıplamıştı resmen ve Pamir'den kat kat daha yorgun olduğu belliydi. "Taktiğini anladım," dedim Kaan'a, Pamir'i işaret ederek. "Önce karşısındakinin yorulmasını bekliyor ve bu şekilde ısınıyor, rakibi yorulduğu anda da işi bitiyor."

"Bazen uzun sürüyor bu işi bitirme olayı," diyerek dudaklarını büzdü Kaan. "O günkü ruh hâline bağlı gerçi."

"Para mı alıyor bu işten?"

"Hayır," diye itiraz etti. "Onun paraya ihtiyacı yok. Zevkine yapıyor."

Bu düşünce beni korkuturken, "Sadist?" diye bir kelime çıktı ağzımdan soru şeklinde. "Veya mazoşist?"

"İkisi de değil, sadece öfkeli."

"Bu kadar öfkelenecek neler yaşadı çok merak ediyorum." Kollarımı göğsümde birleştirerek seslice nefes verdim. "Ne zaman ve neden başladı dövüşmeye peki? Burayı nereden biliyordu?" Etrafı süzerken bir soru daha ekledim yığınıma. "Buranın sahibi kim? Yasal değil."

"Birçok zengin şirket sahiplerinin karanlık tutkusudur dövüş izlemek, tabii ek olarak dövüşmek isteyen ve bu işe para kazanmak adına adam çıkartan da var. Pamir'in tercihi dövüşmekten yana oldu. Neden, nasıl ve ne zaman başladığı gibi detaylar da..."

"Anladım," dedim gözlerimi ona çevirerek. "Bunu bana anlatabilecek yetkili bir yönün yok bu masalda. Ama yanıldığın bir nokta var... Biz bir masalın içinde değiliz, masallar iyi sonla biter. Ben sonumuzun iyi olacağına inanmıyorum."

"Her zaman umut vardır," dedi elleri cebinde bana dönerek. "Sadece bazen sana öylece gelmesini beklemek yerine senin ilerlemen gerekir."

"Peki ya felçsen?"

Baştan aşağı beni süzerek güldü. "Nil, sen sapasağlamsın. Sana bir tavsiye… Umut her zaman aydınlık yerlerde değildir, bazen onu karanlıkta aramayı bilmek gerekir." Ve bakışları ringe, Pamir'in üzerine döndü.

Pamir, seri bir hareketle adamı kolunda tutup sırtının üzerinden takla attırarak yere savurduğunda adam hafifçe kıpırdandı fakat ayağa kalkacak dermanı kalmamıştı. Hakem adamın başında ona kadar saydıktan sonra, kalkmadığını görünce Pamir'in kolunu havaya kaldırdı ve *şampiyon* diye bağırdığını okudum dudaklarından.

Derin bir nefes alarak Kaan'a döndüm. "Lavabo ne tarafta?"

★★★

Doğru zamanda yapılmış hamleler sonrası kısa sürede yere serdiği rakibine bir bakış atan Pamir, galip geldikten sonra ringin esnek kalın iplerini gererek atladı ve ona su ile havlu getiren kızın elindeki havluyu boynuna sararak sudan birkaç yudum içti.

"Vay, vay, vay, kimleri görüyorum?" diye bir alkış sesi yükseldi, onca gürültünün arasında yanına yaklaşan bedenden. Adamın üzerinde siyah bir takım elbise vardı, dalgalı saçları her zamanki gibi dağınık duruyordu ve yüzündeki sakal kemikli çenesini tamamlıyordu.

"Git başımdan Malik," diye bir mırıltı çıktı Pamir'in ağzından. Yorgundu, yorgun olduğu zaman bir şeylere öfkelenmiyordu ve bu yüzden deliksiz bir şekilde uyuyabiliyordu; tabii kâbusları saymazsak… Çünkü hayallerin istem dışı bilincini okşadığı anların tam tersini, ona cehennemi yaşatan kâbusları bazen onu yorgunluktan ölüyor olsa dahi merhamet göstermiyordu.

"Niye?" diye sordu karşısındaki takım elbise içindeki beden. "Eve dönüp rahat rahat uyuyabilesin diye mi? Hiç sanmıyorum."

Gözlerini deviren Pamir, onun bu sözlerine kulak asmadan ringe girdiği koridora geçecekken, "Kızın pek de yanında olmuyorsun," diye başlayan bir cümleyle istemsizce durdurdu hareket eden ayaklarını ve dinledi. "Daha dün sabah mezarlıkta yalnız başınaydı... Oralar ormanlık alan, bilirsin. Dikkat et, kurt kapar kızı."

"Ne diyorsun lan sen?" diyerek keskin bir dönüş yaptı Pamir. "Oğlum bak ringden az önce indim, hızımı alamam asıl sen dikkat et."

Güldü Malik. Bunun üzerine dikine girip yakasından tutan Pamir, dilinden zehir damlatan keskin uçlu, sapından fırlatıldığında kalbe saplanıp felç eden bir tartışmaya girdi. "Ne dedin lan kıza?"

"Hiç," diye cevapladı Malik, gülerek. "Dokunmadım bile." Sonra kolundan tutup çektiği an geldi aklına. "Ahh, dokunmuş olabilirim."

Ve bu sözler ona yetti. Yumruk yaptığı elini karşısındaki dingilin suratında patlatan Pamir, aynı anda geriye düşmesi için onu yakasından tutmayı da bırakmıştı. Malik'in bedeni yumruğun şiddetiyle geriye tartılıp koltukların başladığı sıranın başında oturan adamların dibine düşerken, o sıra ve arka taraflarda olayı görenler ayaklandı.

"Dokunmayacaksın," diye bağırdı Pamir, Malik'in üzerine giderek. "Konuşmayacaksın," diye devam etti ve üzerine çıkıp tekrar vurdu. "Bakmayacaksın bile."

Yumrukları Malik'in canını zerre acıtmazken, dışarıdan görülen şiddetin boyu dehşet büyüklükteydi. Hakem ve statta çalışan görevliler yanlarına koşup Pamir'i Malik'in üzerinde çektiklerinde, Pamir de kendine hâkim olmaya çalışıyordu fakat nafileydi.

"Bu kadar yeter, Yelkıran," dedi Malik, dudağındaki kanı elinin tersiyle silerken ve dişlerine dolmuş kanı gülümseyerek ona sergiledi. "Ben cevabımı aldım."

Malik, adamlarıyla beraber ringin çıkışındaki koridora girerken Pamir, "Tamam, tamam bırak!" diyerek omuzlarına masaj yapıp onu gevşetmeye çalışan kızı bırakmaya zorladı. Görevli adamlar da sürekli,

"Abi sakin ol," diyorlardı ama Pamir onların ne dediğini bir kenara bırakarak boş koltuklardan birine oturdu ve açtığı bacaklarının üzerine dirseklerini yaslayarak, yüzünü ellerinin arasına alıp sıkıntılı bir şekilde saçlarından geçirdi parmaklarını ve o eşsiz renkli tutamlarını çekiştirdi.

★★★

Ellerimi yıkarken, koyu lacivert ve kırık beyaz renkli fayansların üzerinde gözlerimi gezdirdikten sonra yavaşça aynaya, karşımdaki kendime çevirdim ve yıkadığım ellerimi kurulamak amacıyla musluğu kapatıp iki parça kâğıt havlu çektim.

Saatin kaç olduğunu bilmiyordum, nemli ellerimi ceketimin cebine atıp da bakacak hâlim yoktu doğrusu. Dövüş bittiğine göre, en fazla yarım saate buradan çıkardık. Eğer bu gece uyuyamazsam da gidip yarınki matematik sınavı için biraz daha çalışırdım ve sabah o şekilde okula giderdim… Sonuçta dün gece çok rahat bir uyku çekmiştim ve esnemekten bir hâl olana dek, yani yarına kadar, bu beni idare ederdi.

Kaan, Pamir'in odasına giden koridorun önünde beni bekliyordu. Lenslerime bu sabah damla damlatmadığım için gözlerimi biraz acıtıyorlardı ya da bu benim yorgunluğumun yaşattığı psikolojik bir andı. Emin değildim.

Kaan'ın cevap veremediği sorularımın altında yatan olayları düşünürken, lavabodan çıktım ve merdivenlerden aşağı inmeye başladım. Fakat tam son basamağı atladığımda, karşıdan gelen siyahlar içindeki adamları gördüm ve yerime çivilendim.

Bu Malik'ti, dudağı patlamıştı ve sol gözünün kenarı kızarmıştı. Arkasında iki tane adam vardı. Birini hemen tanıdım.

Orman yolunda beni kıstırdıklarında, Pamir'in gelip tartıştığı Soner denen adamdı bu. Malik'in yanında yürüyor ve ona bir şeyler söylüyordu. Birkaç saniye sonra arkalarından başka bir adam elinde buz torbasıyla koşturdu.

"Yelkıran seni gözden çıkarmış bakıyorum," diyerek sinir bozucu gülümsemelerinden birini attı Malik. Aslında böyle biri olmasaydı yakışıklı ve birçok genç kızı peşinden koşturan bir adam olabilirdi. "Zırh'a getiriyor seni ve üstüne üslük bir de yalnız bırakıyor."

"Yalnız değilim," diye cevapladım onu.

"Ahh, tabii," dedi. "Hayalet arkadaşın Casper da yanında değil mi? Söylesene, ne tarafa el sallayacağım Afrodit?"

"Çekil git şuradan Malik," dedim sinirle ve yanından geçmeye çalıştım fakat adamları izin vermedi.

"Bana *Ares* de, Afrodit."

"Bu senin adın değil."

"İlk adımın ne olduğunu biliyorsun, ikincisini değil."

Malik Ares? Ares Malik? İki adı mı vardı?

"Malik ya da Ares, her neysen işte! Yol ver," dedim tekrar geçmek için hamle yaparak fakat bu hareketime güldü.

Gözlerimi kapatıp derin bir nefes alırken sinirlenmemeye çalıştım fakat elde değildi, suratını her kim dağıttıysa bir yumruk da ben patlatmak istiyordum. Sahi... Kim dağıtmıştı suratını?

Tam, "Kim dövdü seni?" diye soracakken, onların arkasına ve benim de tam karşıma gelen karanlık koridordan, "Sen hâlâ akıllanmadın mı lan?" diye boğuk bir ses yükseldi.

Pamir üzerine siyah bornozumsu şeyi giyerken, bir yandan da gözünü Malik'ten ayırmıyordu. Öfkeyle yürüyen ayakları Malik'i ezip geçmek istiyor gibiydi. Şimdi karşımdaki takım elbiseli sinir varlığın suratının kim tarafından dağıtıldığı belli oluyordu.

"Her neyse," diyerek Pamir'e döndü Malik. "Yarın akşamki kokteylde görüşürüz, Yelkıran." Ve yanımdan adamlarıyla beraber yürüyerek geçti, koridordan sağa döndüklerinden onları göremez oldum.

"Ringden indiğinde hızını alamadın da mı daldın adama?"

diye sordum kendimi gülmeye zorlayarak fakat ifadesi öyle ciddi ve keskindi ki, bir an gözlerinden bedenime ucuna zehir bulanmış oklar fırlayacak sandım.

Hiçbir şey söylemeden kolumdan tuttu ve beni Kaan'ın beklediği, odasına doğru giden koridora sürükledi. "Ne oluyor?" diye sordum fakat hedefe kilitlenmişti sanki. Koridorun başında bekleyen Kaan'ın yanından geçerken ona bile bir şey söylemedi ama Kaan sanki anlamış gibi kaşlarını çatarak, ciddi bir ifadeyle bizi takip etti. Sonunda odasına girdiğimizde ışıklar açıktı.

"Maçı kaçırdım," diyerek dudak büzmüştü Yaren. "Evime altı kilometre uzaklıktaki Zırh'a taksiyle gelmek çok acı verici bir olaydı." Koltukta bacak bacak üzerine atmış bir şekilde oturuyordu ve tek kulağında kulaklık vardı.

"Ve ben de," diyerek mini buzdolabından bir şişe su kaptı Melih. Benim aksime tek çevirişte açarak kafasına dikti fakat sonra, üçümüzün de suratının şeklini gördüğünde suyu bir kenara bıraktı. "Ne oldu lan?"

Kolumu sonunda rahat bırakan Pamir, üzerindeki bornozumsu şeyi bir kenara attı ve, "Malik yine durmuyor, götüne rahat batıyor herifin," diye öfkeyle söylenerek banyoya girdi. Anlam veremediğim sessiz dakikaların sonunda sanki bir dakikada duş almış gibi -ki muhtemelen öyleydi- üzerini değiştirmiş bir şekilde çıktı banyodan. Üzerinde siyah, vücudunu saran kısa kollu bir tişört, altında siyah bir pantolon vardı ve elinde de koyu gri bir hırka tutuyordu. "Sana kızın yanından bir saniye bile ayrılmayacaksın demiştim," diyerek Kaan'a yöneldi Pamir ve hırkasını üzerine geçirdi.

"Lavaboya gitti," diye cevapladı onu Kaan. "Ne yapsaydım? Ayy dur ben de geleyim, bir makyaj tazelerim falan mı deseydim?"

Kaan'ın cevabı onu tatmin etmemiş gibi bana dönen Pamir, "Ne dedi o piç?" diye sordu bu sefer öfkeyle.

"Afrodit, Ares diye bir şeyler saçmaladı durdu," dedim kafamı sallayarak. "Sonra sen geldin ve gitti zaten."

"Bir dakika, bir dakika," diyerek araya girdi Yaren. "Afrodit mi? O ne alaka?"

Kaan sorusunu cevapladı. "Nil'in adını kullanmıyor, Afrodit diye sesleniyor."

"Siktir," diye bir inleme yükseldi Yaren'in dudaklarından ve ayağa kalkıp kulaklığını çıkarttı. "Siktir, cidden böyle mi söylüyor?"

"Ne oldu ki?" Pamir durup bakışlarını Yaren'e çevirdiğinde, Melih de yudum yudum içtiği suyunu bitirip pet şişeyi çöpe attı.

"Yunan mitolojisine göre aşkın ve güzelliğin tanrıçası Afrodit'tir," diye başladı söze Yaren. Ağırlığımı tek ayağıma vererek ellerimi ceketimin ceplerine soktum ve onu dinledim.

"Afrodit ile Hephaistos evlidir fakat bu evlilik Afrodit'in isteği dışında gerçekleşmiştir. Bu yüzden savaş tanrısı Ares onu baştan çıkarır ve evliliği boyunca Afrodit kocası Hephaistos'u Ares ile aldatır. Ares'in en büyük aşkıdır Afrodit." Yutkundu. "Ve Malik'in ikinci adı *Ares*."

"Bu saçmalık..." diyerek söze başlayan Melih'in cümlesini kesen Pamir, insanın içini titreten sertlikte bir tonla, "Çıkın," dedi.

Melih, Yaren, Kaan ve ben; dördümüz birbirimize anlamsız bakışlar atarken, "Odadan çıkın," diyerek dudaklarını yaladı ve kaldırdığı bakışlarını gözlerime sabitledi.

Yaren, Melih ve Kaan onu dinleyerek açtıkları kapının ardına çıkarken, kapı üzerimize kapandı ve yalnızca ikimiz kaldık.

Üzerime doğru yürüyerek geriye gitmemi sağladı ve birkaç saniye sonra sinirlerine hâkim olmaya çalışan bir tutumla, "Dün sabah mezarlıkta mıydın?" diye sordu.

Ona anlatmalıydım. Ona, arabayı ani frenle durdurduğunda kaza yapacak olsak bile anlatmalıydım.

"Evet," diye mırıldandım durgun bir sesle.

"Ve Malik de oradaydı," dedi sesinin tonunu yükselterek. "Ama sen bana söylemedin. Odanda bulduğum mavi zarftan sonra benden bir şey saklamazsın sanıyordum, çok yanılmışım."

"Saklamıyordum," diye söze başlamışken göz kapaklarım titremişti sanki. "Uygun zamanı bekliyordum... Dün arabadayken anlatmaya çalıştım fakat sen arabayı aniden durdurunca..." Devam edemedim.

"Ne?" diye devam etti yerime. "Ben arabayı aniden durdurunca, ne!" Omuzlarımdan tuttu. "Ne söyledi?" dedi. "Bir şey yaptı mı?"

"Ha-hayır." Omuzlarımı tutan ellerine çevirdim kafamı fakat tekrar konuşmasıyla gözlerine bakmak zorunda kalmıştım.

"Neden söylemedin?"

"Ben..." Yutkundum ve omuzlarımı tutan ellerini geri çekmesini sağlayarak geri gidip sırtımı duvara yasladım. "Hiçbir şey olmadı, birkaç bir şey zırvaladı ve sonra gittim zaten... Önemsiz olduğunu düşündüğüm için dakikasında seni arayıp söylemek gibi bir şey yapmak istemedim. Adını duyunca bile öfkeleniyorsun."

"Bundan sonra iste o zaman!" diye bağırdı.

"Ama bu çok gereksiz bir olaydı, haberin olmasa da bir şey değişmezdi!" diyerek sesimi yükselttim ben de. Resmen karı koca gibi kavga ediyorduk! Bu dünyanın en saçma şeyiydi.

"Olacak," diye bağırdı ve beni kollarını uzatıp avuç içlerini duvara dayayarak kafesinin içine aldı. "Haberim olacak! Yediğin her halttan haberim olacak, anlıyor musun?"

18

TORNADO, SOYHAN - 23:38

Gökyüzünün gürültülü bir fırtınaya ev sahipliği yaptığı bir gecede, uzaktan kırılgan gözüken şimşek ağları bir anda gökyüzünü yardı ve ağaçlık alana bahşetti ışıltısını. Birkaç saniye sonra gök de peşinden gürüldediğinde, beyaz önlüğü içindeki yorgun kadın endişeli bakışlarını boyuna cam kaplı duvardan masa başındaki kocasına çevirdi. "Kaç gün oluyor Levent? Kaç gün?"

Elindeki kalemi bırakıp gözlüklerini çıkardıktan sonra şakaklarını ovan kocası, sandalyesinde geriye yaslanarak derin bir nefes verdi. "Bilmiyorum Nursel, saymadım doğrusu. Kaç gün, kaç gece... Sen sayıyor musun?"

"En son gördüğümüzden bu yana bir buçuk ay, en son ilgilendiğimizden yana ise beş yıl geçti Levent."

Bilgisayar, dosya ve kimya aletleri dolu beyaz odada gezdirdi kadın bakışlarını ve kollarını kendi etrafına dolayıp dolu gözlerini kırptı. "Ben kızımı özledim."

Bir anlığına eli titredi adamın. Kırlaşmaya başlamış saçlarını yolmak istercesine ellerini saçlarından geçirdi ve ofladı. "Ben de Nursel. Ben de."

"O zaman neden buradayız?" diye bir çığlık kopardı kadın, duvarlarında yankı yapan çaresizliğini fark etmeden hemen önce, dudakları titredikten ise hemen sonra. "Neden hâlâ bu gökdelenin içine sıkıştık? Neden en sonunda ne olacağını bile bile hâlâ olmayan bir

çözüm yolu arıyoruz? Neden şu an kızımızın yanında değiliz de, bu dört duvar arasındayız Levent?"

Adam, dönen büyük koltuğundan kalkarak beyaz önlüğünü düzeltti ve masanın etrafından dolaşarak cam duvarın kenarında, dışarıda kopan fırtınayı izleyen karısını kolları arasına aldı. "Çünkü çok şey biliyoruz, bitanem," diye fısıldadı kulağına ve sımsıkı kapattı gözlerini. "Ve bu yüzden bizden çok şey bekliyorlar."

Keşke kulaklarını kesip atabilseydi o gece adam, keşke bunu yapabilseydi de biricik karısının hıçkırıklarını duymasaydı, acısını duymasaydı bu kadar derinden.

Keşke.

★★★

Gökyüzünün insanların kirlenmiş kalpleriyle tüm bağını kopardığı için en saf hâlini; kar tanelerini göstermediği bir şehirde, ayak basılan kaldırımların silkelenip yalnızca yağmurun sükûnetini kabul ettiği bir zamanda, cennet ve cehennemin arasındaki araf çizgisinde sıkışmış bir yerlerde, ölüm ve yaşam arasında gidip geliyordum.

Öyle ki, en ufak bir rüzgârda bile savruluveriyordu bütün kırıntılarım, ben henüz paramparça kalakaldığımı bile fark edemeden çoktan darmadağın olmuş bir şekilde yeryüzüne dağılmıştı yaşam diye içtiğim ruhum... Pandora'nın kutusuna hapsetmişlerdi sanki tüm benliğimi, üzerine *açmayın, ölümcüldür,* yazsalar dahi siyahlar içinde bir prens gelip kilidi açıyordu ve bu hikâyenin sonu, her masalın aksine keskin ve buz gibi bir uçurumun dibinde bitiyordu.

Ve beni o uçurumdan aşağı iten insan, elimi tutan insanla aynı kişiydi. Sahi, en çok da bu ironiye gülmüyor muydu insan?

Yediğin her halttan haberim olacak, anlıyor musun?

Tabii, bu emir bazlı uyarıyı da göz önünde bulundurursak,

benim matematik çalışmayı bırakıp koşarak Pamir'e 11 yılı nasıl atlattığımı anlatmam gerekiyordu.

Ders çalışmadığım için beni azarlayacak, elimdeki telefonu notlarım düştüğü için alıkoyacak, gece geç saatlere kadar durduğumda odamın ışığını kapatıp *iyi geceler,* uyarısı yapacak, tutmamış pilavın lapalığına suratını buruşturup yine de severek yediği yalanını uyduracak, akşamları dışarı çıkmak için yalvar yakar izin alabileceğim bir ebeveynim bile yoktu yanımda. Bir hafta sonra doğum günümdü fakat 18. yaşımı bitirdiğim saniyelerde yanımda bile olamayacak bir aileye doğmuştum ben... Belki de önceki hayatımda çok büyük bir günah işlemiştim ve bu da Tanrı'nın beni cezalandırış şekliydi.

Eğer öyleyse, umarım önceki hayatımda mutlu olmuşumdur. Gülümsemişimdir umarım gelecek kötüyü düşünmeden ve sevilmişimdir, sevdiğim gibi.

Belki de çok can yakmışımdır önceki hayatımda, o yüzden şimdi böyle hissetmek zorundayımdır.

Belki de içine bir sürü top sıkıştırılmış bu galaksiler bir yalandan ibarettir ve biz hepimiz, ertesi sabah uyanacağızdır. Aslında olduğumuz kişi değilizdir, sadece bir rüyadır ve...

Belki de uyanamayız bile.

"Nil, kızım?"

Kulaklarımda çınlayan ve bir anne tebessümüyle gülümseyen iki kelimeye fazla sanal gözüyle bakmadan hemen önce kafamı matematik testlerinden kaldırdım ve gözüme çarpan kahve kupasından yukarıya çıkarıp, yanan koridor ışığına çevirdim bakışlarımı.

"Gülbahar Sultan..." diye bir mırıldanış döküldü dudaklarımdan. "Uyuyamadın mı?"

"Ahh kızım," diyerek tebessüm etti. Üzerinde koyu tonlarda bir gecelik ve bornozu vardı. "Asıl ben sana sormalıyım. Uyuyamadın mı? Saat sabahın beşi, ne yapıyorsun orada?"

Salonda, pencerenin kenarındaki masaya matematik kitaplarını yaymış, resmen test çözüyordum. Ya da çözmeye çalışıyordum.

Pekâlâ, çözmeye *çalışmaya* çalışıyordum diyerek kapatalım biz en iyisi konuyu.

"Bugün mutlaka geçmem gereken önemli bir matematik sınavım var," diyerek elimi dağılmış saçlarımdan geçirdim. "Zaten pek uykum da yoktu, ben de çalışayım dedim."

Zırh'tan çıkışımız ve eve gelişimiz öyle bulanıktı ki... Söylediği son sözlerden sonra kendi kendine sinirlenip kapıyı açarak dışarı çıktığını hatırlıyordum. Yaren ve Melih'e bir şeyler söylemişti, sonra peşinden arabaya koşturmuştum ve bütün yolu uyuklayarak geçirmiştim. Uykunun dibini sıyırmak, dalma evresinde olmak ama asla tam anlamıyla uyuyamamak ne rahatsız edici bir duyguydu öyle... Bir kez daha anlamıştım uykunun değerini. İnsan kendinde olmayan veya sonradan eksikliğini hissettiği çünkü terk edildiği şeylerin paha biçilemez olduklarını çok sonra anlıyordu kesinlikle.

"Ben de su içmeye kalkmıştım," dedi Gülbahar Sultan, mutfağı göstererek. "O zaman ben seni daha fazla rahatsız etmeyeyim... Allah zihin açıklığı versin yavrum, sınavında başarılar."

"Teşekkür ederim."

"Ha, bir de..." Tam mutfağa dönmüştü ki, bedenin tekrar bana doğru çevirdi ve biraz düşündükten sonra, "Az önce çıkan Pamir'di, değil mi?" diye sordu. "Sen biliyor musun? Yani... Hâlâ sabahları gidiyor mu?"

"Nasıl?"

Çuvallamış bir gülüş attı bana. "Eh, yani koşuya. Koşuya gidiyor mu hala?"

"Ahh, evet," diye aptalca mırıldandım fakat kendi sesimi ben bile duyamamıştım. "Yani görmüştüm birkaç kere."

"Az önce gördüm de, soramadan gitti. Üzerinde de eşofmanları, kulaklıkları falan vardı. Neyse, sana tekrar kolay gelsin Nil kızım ama bak uyku düzenini bozma böyle, uyku önemli. Hele de siz daha gençsiniz, hâlâ büyüyorsunuz. Dikkat edin böyle şeylere."

Uyku önemli.

Uyuyamıyorum.

"Tamamdır Gülbahar Sultan, isteğin başım üstüne," diyerek güldüm ve kafamı salladım. Birkaç saniye gülümseyip beni süzdükten sonra mutfağa geçti.

Birkaç dakika önce bir tıkırtı duyumsamıştım fakat Pamir olduğunu düşünmemiştim. Hemen yanımdaki pencereye çarpan rüzgârın uğutlusu bana en güzel şarkılardan fırlama bir melodi kadar hoş gelirken bu ses eşliğinde matematik problemleriyle boğuşmak dikkatimi fazlasıyla dağıtıyordu doğrusu.

Kalkıp kendime bir bardak daha kahve yaptıktan sonra kahve lekeleriyle bezenmiş kirli kupaları makineye dizerek yeni kahvemi de alıp yerime geri geçtim ve biraz da yaprak testlerle boğuştum.

Matematik, içinde verilen savaştan canlı çıkılması mümkün olmayan üçüncü dünya savaşına benziyordu. Yani, eğer üçüncü bir dünya savaşı çıksaydı eminim sağ dönülmesi imkânsız bir harp olurdu. Şimdiki teknoloji ile ülkeler kazanmaya değil de, düşmanın hücrelerini kaç parçaya bölebileceği gibi bilim ağırlıklı girişimlerde bulunurdu. Biyolojik silah. Çok mantıklı.

Ya da kafayı yedim.

"Tebrik ediyorum seni matematik," dedim bir saatin sonunda. "Delirttin beni. Beynimin içinde hücrelerin biri Karadeniz Horon'u teperken, diğeri okulunu Miley Cyrus'ın *Wrecking Ball*'uyla yıkmayı planlıyor. Beyazla siyah oturmuş denklem dedikodusu yapıyor şu an, köprüden geçerken sen ne verdin, neyle girdin, ne çıktın diye."

Çözemediğim sayfayı çevirip arka sayfadaki ilk soruya geçtim, "Tamam, tamam sakin Nil," diye kendi kendimle bir kez daha konuşarak derin bir nefes verdim. Fakat soruyu okurken verdiğim nefes içime kaçtı. "Yok ebenin halay çeken analitik düzlemi."

"Neydi bunun formülü?" Elimdeki kalemle saçlarımı karıştırdım. Kafamdan bir şeyler sallayarak hatırladığım kadarıyla yazdığım formülü soruya uyguladığımda, bulduğum cevap şıklardaki cevapların yaklaşık yirmi beş katı çıktı.

"Deterjan yok mu deterjan? Getirin içmeyen şerefsiz."

"Bak getiririm."

Damarlarımda ayran misali çalkalanan kan beynime sıçradığında, bembeyaz tenimin domates misali kıpkırmızı kesildiği haberi saniyesinde beynime ulaştı ve sıçrayıp ayağa kalktım. "S-sen?"

Omuzu salonun kapısının pervazına yaslamış, koşmaktan terlediği belli olan, koyu gri eşofman ve şortu içinde bir Pamir Yelkıran dikiliyordu karşımda ve kaşları havalanmıştı. "Deterjan diyorum, kilerde. Getiriyim hemen istersen?"

Avucumu sertçe alnıma çarparak başımı eğdim. "Dalga geçme. Kalırsam istediğim üniversiteyi kazanamam, matematikten kalırsam belge alamam. Ortalamam düşer. Olmaz."

"O zaman," dedi ve yanıma doğru ilerledi. Test kitaplarının yanında duran post-it kâğıt destelerini ve kalemimi aldı. Kâğıtlara birkaç formül yazdıktan sonra eline alıp yanıma geldi ve çıkardığı ilk post-it'i çıkartıp yapışkan yerinden alnıma yapıştırdı. "Ne yapıyorsun?"

"Alnındakiler için aynaya bakman gerekecek," diye mırıldandı birkaç tanesini de kollarıma yapıştırırken. "Ama iyi haber, kolundakileri görmek için çıplak göz yeter." Sonra da bakışlarını gözlerime çevirdi. "Gerçi ne kadar çıplak bir çift göz, tartışılır."

Gözlerimi devirdim. "Niye yaptın ki şimdi bunu?"

"Kaan'a da yapıyordum, inan bana işe yarıyor," diye cevapladı beni ve yazdığı post-it'ler bittikten sonra geri çekilip şaheserine bir göz attı. "Yalnız fosforlu sarı, pembe, yeşil ve mavi açtı seni."

"Disko topuna benzedim," dedim somurtarak.

"İyi tarafından bak, matematikten geçeceksin."

"Bak geçmezsem uykunda gelir çıkmaz kalemle suratına bıyık, sivilce falan çizerim. Tek kaş dolanırsın ortalıkta."

"Tehditlere de bak sen," diye gülerek kalemi masaya geri bıraktı ve devam etti. "Ben duş alacağım, indiğimde hazır ol çıkalım."

Ona *ciddi misin?* gibisinden bir bakış attım. "Bu hâlde mi?"

"Kızma huysuz disko topu, ne güzel işte bak parlayacaksın bugün. Belki hocanın gözleri kamaşır göremez de, kopya çekersin."

"Aman, aman, sen dua etme. Kabul olmaz seninkiler. Geri teper falan şimdi... Sen duş almaya gitmiyor muydun hem?"

"Ben seni anlayamıyorum ya, kullanma kılavuzun etiketin falan yok mu senin?" diye sordu kafasını eğip beni süzerek.

"Ya!" diye çıkıştım sertçe, gülmemek için kendimi zor tutarken.

Dönüp yamuk bir gülüşle gevşek bir şekilde asker selamı verdi ve adımları yukarıya tırmanan merdivenleri takip ederek gözden kaybolmasını sağladı.

Ders kitaplarımı toplayarak masanın üzerindeki kısa işlemeli örtüyü ve vazoyu kaldırdığım yerine geri yerleştirdim, hemen ardından ise peşinden yukarı çıktım ve bana verilmiş odaya geçerek üzerimdekileri çıkardım. Siyah kot pantolonumu, siyah atletimi ve bol, büyük siyah hırkamı geçirdim üzerime. Saçlarımı da ellerimle düzeltip çantamı hazırladım ve üzerimden çıkardığım post-itleri üst üste dizip notlarımın arasına attım.

Yalnızca birkaç ay önce, fotoğrafım gösterildiğinde aynı

okulda okuduğumuzun garantisini bile veremeyecek derecede beni görmeyen bir adamın evinde, bir odaya sahiptim şimdi. Sesini duymak için yanından geçtiğim adam, her gün benimle konuşuyordu ve bazen gülümsüyordu bile. Bu nadir anları fotoğraflayarak ölümsüzleştirecek bir fotoğrafçı kiralamak istiyordum şimdi… Bir film setindeymişiz de her adımımız planlanmış gibi, arka planda durarak her anı fotoğraflayacak biri.

Çantamı da alarak aşağı indiğimde hırkamın kollarını dirseklerime kadar çekerek meyve ve sebzelerini sıktığı aletin fişini taktım. Ne koyuyordu içine?

Elma, havuç, portakal nane, zencefil… Lahana da var mıydı?

Dolabı açarak diğer malzemeleri de çıkartıp hepsini yıkadım ve sırayla aletin içine atıp suyun çıktığı bölmeye yerleştirdiğim büyük bardağa dolmasını bekledim. Sonunda doğadaki bütün renkler birbirine girmiş de en son galaksiler içine tükürmüş gibi bir renk ortaya çıktığında doğru yaptığımı anlamıştım.

Kendime de kahve yapmak için ısınmaya su koydum fakat Pamir hâlâ gelmemişti.

Tezgâhın üzerinde duran garip renkli sıvı dolu bardağın buz gibi camını kavradı parmaklarım ve istemsizce suratımı buruşturdum fakat hemen ardından koklamak için kaldırdım. Keskin bir nane kokusu tat duyularımın önünde dans ederken zencefil ve ağır havuç kokusu hemen ardından bastırdı ve daha fazla dayanamayarak diğer elimle burnumu tıkayıp bir yudum aldım.

"Öğk! Bu ne? Nasıl içiyor bu adam bunu? En az matematik problemleri kadar iğrenç!"

Bir havluya saçlarını kurulayan Pamir, sanki anlaşmış gibi siyalara bürünmüş bir şekilde Mutfak kapısından içeriye girdiğinde histerik bir gülüşle gözlerini üzerimde gezdirdi.

"Manyak mısın sen bunu içiyorsun?" diye sordum buruşturduğum suratımla, tat duyumun mahvolduğunu göstermek istercesine.

"İlk haftadan sonra tadı o kadar da kötü gelmiyor," diyerek elimdeki bardağa uzandı ve beklemeden büyük iki yudum alırken buzdolabını açtı.

Benim içtiğim bardaktan içmişti.

İşte geliyor, diye fısıldadı siyahlar içindeki bana çaktırmak istemeden elini ağzına kapatıp.

Şimdi biz dolaylı yoldan da olsa öpüşmüş mü oluyoruz?

"Tat alma organlarına daha fazla bu eziyeti çektirmene bir insan olarak müsaade edemem, ver dökeceğim ben onu."

Kafasını çevirerek bir bakış attı. "Kahveden iyidir."

Kaşlarımı çattım. "Hiç de bile! O şeyi içe içe damak tadın bozulmuş senin!"

Buzdolabını kapatarak karşıma geçti ve bardağı sonuna kadar kafasına dikti. "Meyve-sebze suları içmeye başlamadan önce de kahveden nefret ediyordum."

Omuzlarımı düşürdüm. "Hiç içmedin mi peki?"

Bitmiş bardağı omzumun yanından kolunu uzatarak lavaboya bıraktı ve üzerime eğilmişken, "Gitsek mi artık?" diye mırıldanıp birkaç saniye içinde mutfağı terk etti.

Resmen kahveden nefret ediyordu! Buna inanamıyordum. Şu hayatta taptığım tek şeyden, kahveden, ciddi ciddi nefret ediyordu ve konusunu açınca bile hemen değiştiriyordu.

Hızlı adımlarımla kaynamış suyu bırakıp kahve yapmaktan zaman olmadığı için vazgeçerek mutfaktan çıktım ve çantamı da alarak botlarım ve montumla beraber peşinden çıktım.

Kasım ayının son günlerini yaşamamız bir yana, hava sıcaklıkları normallerin üzerinde hızlı bir düşüş yaşamıştı ve soğuğu hissedebiliyordum. Bir tişört ve pantolonla dışarı çıktığınız taktirde kemiklerinizi dondurup burnunuzun ucundan sarkacak buz sarkıkları oluşturabilecek derecedeydi artık.

Porsche'ye bindiğim andan itibaren formüllerin teker

teker üzerinden geçtiğim ve kafamı kaldırmadığım kısa bir yolculuğun ardından, okula vardığımızda notlarımı toparlayıp elime alarak arabadan çıktım ve aynı anda kapıları kapattık. O kapıları kilitledikten, ben de üzerimi düzelttikten sonra binanın girişine giden yolda yan yana geldiğimizde, "Çıkışta bir işim olabilir, beni bekleme," diye mırıldandım ve hızlı adımlarla cevap vermesine müsaade etmeden girişten sola saparak merdivenlerden yukarı çıktım.

Uzun zamandır gönüllü olarak arada çalıştığım şehir kütüphanesine gidemiyor, Cafer Amca'yı göremiyordum.

Boş zamanlarımda ve sıkıldığım anlarda gidip kitapların yerleştirilmesine yardım ettiğim, büyüklüğü içinde kaybolduğum ve huzur bulduğum nadir yerden biriydi. Kafamı dağıtıyordu bir kere… Her cuma, küçük çocukların gelip Cafer Amca'nın hikâyelerini dinlemesine de kulak misafiri oluyordum hem. Onlarla beraber dinliyor, bazen Cafer Amca'nın onlara aldığı küçük çikolataları dağıtıyor ve bazen de ben masal oluyordum onlara.

Fakat uzun zamandır gitmiyordum.

Hızlı adımlarla kantine çıkarak bir tost ve kahve aldım, dersin başlamasına yarım saatin kaldığı dakikalarda tıklım tıklım dolu olan kantinde ise yer aramaya başladım gözlerimle. En sonunda arkalarda oturan Buğra, Nisan, Melih, Kaan ve Yaren'i gördüğümde seslice nefes verip yanlarına yürüdüm. "Günaydın."

Herkes aynı şekilde selam verirken Nisan'ın dertli bir şekilde, "Oradan bakınca gün aymış gibi mi duruyorum?" demesi üzerine, kitaplarımı masanın üzerine bırakıp oturmadan hemen önce, "Hayırdır?" diye sordum.

Melih, Nisan'a bir bakış atarak gülüp cevapladı beni. "Arkadaş coğrafyadan kalıyormuş da."

Kaan, Yaren'le aynı şekilde telefonuna gömülmüşken beni dinleyen birinin olduğunu görmek güzeldi.

Bunun üzerine Nisan seslice ellerini masaya çarpıp konuştu. "Şu Arda'ya mı sorsam acaba? Sence çalıştırır mı beni?"

Buğra gözlerini kocaman açarak ona döndü. "Hayır," dedi. "Hayır. Çalıştırmaz."

Nisan da aynı şekilde Buğra'ya döndü. "Çalıştırmaz mı, yoksa çalıştıramaz mı?"

"Ona gittiğin an bacaklarıyla kafası yer değiştireceği için çalıştırmak istese de çalıştıramaz."

Gözlerini kıstı Nisan. "Cani."

"Ben çalıştırırım seni," diye devam ettin Buğra.

"İyi de senin Coğrafyan benden vasat."

"O zaman önce kendim çalışır, sonra da seni çalıştırırım."

"Hepinizden iğreniyorum," diyerek araya girdi Yaren ruhsuz ve bayık gözleriyle Nisan ve Buğra'yı süzerek. "Cidden. Özellikle siz ikinizden. Rahat rahat yalnız olamıyor bile insan! Birazdan gidip İnsan Hakları Yalnızlar Bürosu'nu arayıp sizi şikâyet edeceğim."

Kaan kafasını telefonundan kaldırdı. "Öyle bir yer olduğunu sanmıyorum."

"Oldururuz," diyerek gözlerini kıstı Yaren ve, "Ben yalnızlığımla baş başa kalmaya gidiyorum, çekin şu pembe sevginizi gözlerimin önünden," diye devam ettikten hemen sonra telefonunu da alarak masadan kalktı ve çıkışa ilerledi.

"Yalnızlık Sendromu ve Yaren Kutlu ile gün aymamış sabahları izlediniz," dedi Kaan hemen ardından. "Bizi tercih ettiğiniz için teşekkür ederiz."

Güldüm.

"O kitaplar ne Nil?"

Kafamı kaldırarak Melih'i süzdüm. Sağ kulağındaki siyah, nokta şeklindeki küpe, saçları, kıyafeti, gözleri ve diğer her şey her zamanki gibi uyum hâlindeydi. "Matematikten kalıyordum ama sağ olsun Biray Hoca kanaat kullanmak için beni bir sınava daha sokacak, yüksek almam lazım."

"İnanmak başarmanın yarısıdır," diyerek bana gülümsedi Nisan ve dudaklarını büzdü.

Fakat hemen ardından Buğra araya girdi. "O zaman Nil 100 alacağına inanırsa 50 puan cepte mi?"

Araya girdim hızlıca. "50 puan yeter bana."

Melih ve Kaan aynı anda Buğra'ya dönüp suratını buruştururken Nisan da, "Ayrıldık biliyorsun değil mi?" diyerek suratına tükürür gibi oldu.

Kaan, Melih, Buğra ve Nisan'la birlikte formül ezberlemeye çalıştığım yirmi dakikanın sonunda kazasız belasız bir şekilde kanaat sınavına girebildiğimde, kâğıdı doldurmuş bir şekilde Biray Hoca'ya teslim edebilmiştim.

Kâğıdın dolu olması artı değildi, zira ben her zaman dolu kâğıt verirdim. Saçmalardım işte… Doğru ya da yanlış anladığım on soruluk klasik sınavın sonucu geldiğinde çıkardı ortaya asıl nasıl bir iş çıkardığım. Geçen seneye kadar her şey iyiyken bu sene YGS'de çıkar diye eklenen birkaç birinci ve ikinci sınıf matematik konusu bocalamama sebep olmuştu maalesef.

Dokuz ve onuncu sınıflarda öğretilen, sonraki iki yıl boyunca gösterilmeyen konuların YGS ve LYS'de çıkması da biraz gösterişti bence. Bu yanlışlarının sonunda farkına varan sevgili eğitim bakanlığı ise son anda eklemişti konuları müfredata. Ortalık da karışmıştı tabi… Ver elini matematik, geometri, polinom, fonksiyon, analitik düzlemler, koordinat sistemleri, denklemler, paraboller…

Ömrümü çürüttünüz, ömrümü.

Öğle teneffüsünün son dakikalarında Nisan, Buğra, Melih, Kaan ve Yaren ile birlikte zilin başından beri tıkıldığımız ve tıkındığımız yemekhaneden tek başıma çıkarak üst katlardaki lavabolara yöneldim. Diğerlerine göre daha boş oluyorlardı.

Son iki basamağı tek seferde çıkarak sola döneceğim sırada cebimdeki telefonumun titremesiyle elimi cebime atıp çıkarttım ve kilidi açıp mesaja tıkladım.

Adımlarımı durdurarak hızla kafamı telefonun ekranından kaldırdım ve etrafı süzdüm. Öğretmenler odasına giren müdür yardımcısı ve duyuru panosunun önündeki iki kızdan başka kimse yoktu etrafta.

Benimle mi buluşacaktı? Koskoca Dedikoducu Kız, benimle mi buluşacaktı? Bu mümkün değildi. Benim için bir tuzak hazırlamış olabilir miydi? Sonuçta böyle şeyler olmuyor değildi bu okulda. Her sene başında dokuzlara içi su dolu balonlar atılıyordu bu okulda, bazen DK imzası altında -Dedikoducu Kız- sabah dolabını açan bir öğrenci renkli sürprizlerle karşılaşabiliyordu; akrilik boyalar, köpük gibi. Akşama haberi büyük bir resimle okulun Dedikoducu Kız sitesine yükleniyordu tabii.

Büyük bir okulduk. Fakat bu her büyük okulun başına gelen bir şey değildi. Dedikoducu Kız'ı sevdiğimi söyleyemezdim, her ne kadar herkes hakkında bir şeyler uyduruyor olsa da insanın kendine yapılması üzerinde daha büyük bir etki bırakıyordu. Elbette nefret kalıcı değildi fakat canının yandığı her yolun koca taşlarını içini acıtanın kafasında kırmak mubahtı.

Yani bence.

En fazla ne olabilir ki düşüncesiyle olduğum yerde yüz seksen derece dönerek alt kata indim ve hızla 11/C'nin karşısındaki kızlar tuvaletine girip kapıyı kapattım.

Fakat içerisi boştu. Sağ tarafa döşenmiş kapısı açık dört kabin, hemen karşılarındaki lavabo ve aynalı tezgâhlar… Hepsi boştu.

Yavaş adımlarla ilerleyerek üçüncü kabine girdim ve baştan aşağı dikkatlice süzmeye başladım. Klozetin kapağı kapalıydı;

her şey yerli yerindeydi. Kapıyı çekip kapatarak arkasında bir şey olup olmadığına bakacağım sırada tuvaletin kapısı sertçe açılarak duvara çarptı ve Mine'nin sesi duvarlarda yankılandı.

"Bıktım ben bu kızın şımarıklıklarından!"

Titreyen elimle yavaşça zaten kapanmış olan kapıyı hafifçe ittirdim ve sessizce sürgüyü çektim.

"Duydun değil mi o geri zekâlının bana söylediklerini? Geçen gün de söyledi aynılarını, bu yüzden patladım o Nil paçozuna. Var mı böyle bir şey ya? Kız basketbol maçında iki kıvırttı diye resmen amigo takımına istiyor Gözde Hoca onu! Kaptanlığımı da alacak elimden, biliyorum ben. Bak Pamir'i nasıl kaptı iki günde? Siz onu sessiz, saf biri sanıyorsunuz ama sinsi o kız, sinsi şeytan! Uzaktan izleyip sessizce sokuluyor."

Musluk sesi kulaklarıma dolduğumda geriye giderek klozetin üzerine oturdum ve bacaklarımı yukarıya kaldırarak kendime çektim. Onu dinlemem yanlıştı ama Dedikoducu Kız'ın neden beni buraya gönderdiğini yeni anlıyordum. Mine'nin söyleyeceklerini duymam için göndermişti.

Birkaç saniyelik sessizliğinin ardında, "Bana bak ya, beni dinle," diyerek gittikçe sinirlendiğini ses tonundan belli eden Mine'nin sesini işittiğimde, telefonla konuşmadığını, burada üçüncü bir kişinin daha olduğunu fark ettim.

"Bir de neymiş, bize yardımcı olabilirmiş, dans ve koreografi hâkimiyeti konusunda çok iyiymiş… Siktirsin oradan! Bok gibi dans ediyor."

Durakladı. "Yani… Bakma öyle. Birazcık iyi olabilir ama bu amigo takımını ele geçireceği anlamına gelmez. Kesin Gözde Hoca'yla da o Nil cadalozu konuştu. Görüyorsun değil mi? Koltuğumu kapmaya, yerimi almaya çalışıyor."

Bir an klozetten kalkıp kabinden çıkacak gibi oldum fakat sonra bunu yapmamın bana hiçbir şey kazandırmayacağını fark ettim. Kendi kafasında kurduğu kurgulara kendini inandıran ve o sahte dünyasının içinde yaşayan birini tutup o kendi kurgusal hayatından gerçek dünyaya çekmeye çalışırsanız, hayal kırıklığına uğrayabilirdi. Aslında yapmam gereken şey tam olarak buydu ama Mine'ye bu iyiliği yapmak için bir sebep yoktu.

Gözde Hoca, kadın beden eğitimi öğretmenimizdi. Aynı zamanda amigo takımının koreografi hocasıydı; Mine kaptan olduğu için ona danışıyor, ondan tavsiye alıyor ve ortak bir şekilde ortaya o dönemin koreografisi çıkıyordu. Gözde Hoca bu ve takım için beni istediyse, Mine'nin çıldırması muhtemeldi ki olmuştu bile.

"Ama bak gör sen, ne yapacağım ben ona. Hayatını karartacağım kızım ben onun, hayatını. O tatlı sıcak yatağında huzurlu uykular çekerken bir anda kötü bir kâbus olarak yer edineceğim hayatında. Uykuları kaçacak."

Birkaç adım sesi ve *pat.*

Oturduğum klozetin üzerinden yavaşça inerek kabinin sürgüsünü çektim ve içeriden çıktım.

Kirpiklerim titriyordu. Avuç içlerim acıyordu. Göğsümü şuracıkta hançerle deşiyorlardı da sanki ben de öylece durmuş gıkım çıkmadan izliyordum onları.

Bana bunu nede yapıyorlardı?

Oradan bakınca çok mükemmel bir hayata sahip gibi mi görünüyordum? Anne ve babam bile yanımda değildi, uyuyamıyordum, korkuyordum ama belli etmiyordum, kaybettiklerim ve vazgeçtiklerim gökyüzündeki yıldızların sayısı kadardı. Bir gün saymaya kalksam…

Yutkunmaya çalışarak kafamı kaldırıp, karşımdaki aynaya baktığımda saniyesinde başımı geri indirdim ve musluğu açarak hızla su çarptım suratıma. Daha çok, daha çok, daha çok… Daha fazla su geriyordu. Buz gibi su. Söndürmem lazımdı. Ciğerim yanıyordu.

Nasıl da beceriyordum orada öylece sessizce oturarak her saniye yeni bir düşman kazandırmaya kendime? Nasıl yapabiliyordum bunu cidden?

Kuru havluları teker teker çekerek yüzümü ve ellerimi sildikten sonra hızla lavabodan çıktım ve dolabıma yürüdüm. Ne olursa olsun hayatın bir saati vardı ve o saat bir saniye olsun durmuyordu, benim de durmamam gerekirdi. Bu yüzden fizik notlarımı alarak fizik sınıfına yürümeye başladım.

Sessiz ve sakin geçen üç dersin ardından Nisan'ı Buğra'ya teslim ettikten sonra boş koridorda dışarı yürümeye başladım. Zil çaldıktan sonra birkaç dakika sınıfta bekliyorduk ya da eşyalarımızı toplarken yavaş davranıyorduk, bu süreçte okul binası boşalıyordu ve biz de sakin bir şekilde alt kata inebiliyorduk. Zil çaldığında sınıftan çıkıp o kalabalığın arasına dalmak tam bir cehennemdi... İtişip kakışarak geçmeye çalışmaktansa birkaç dakika beklemek çok daha mantıklıydı.

Kapının önünde dikilen ve hâlâ çıkmakta olan öğrencilerin arasından otopark kısmında, Porsche'sine yaslanmış Pamir'i gördüğümde yutkunmak zorunda hissettim kendimi. Omzumdaki çantamı çıkartıp tekrar takarak etrafı süzdüm ve derin bir nefes aldım. Soğuk hava molekülleri soğuk tenimin sardığı burnumun içini de buz kestirmişti sonunda.

Yanına vardığımda, "Nasıl geçti?" diye sordu matematik sınavını kast ederek.

"Dolu kâğıt verdim ama bilmiyorum," diye geveledim ağzımda. "Yine de öncekinden iyiydi. Bir de şey... Çıkışta işim var demiştim. Beni mi bekliyorsun?"

"Telefonunu açsaydın şu an evde uzanıyor olurdum," dedi ukalaca ve kafasını yana eğdi. "Artık cidden olarak taşıdığını düşünmeye başlıyorum."

Gözlerimi baygınca üzerinde gezdirdiğimde, "Ne bu iş?" diye sordu tek kaşını kaldırarak.

"Kütüphaneye gideceğim, benim senin gibi yumruklu şiddet içerikli hobilerim yok maalesef, çok sıkıcıyım."

Doğruldu. "Birincisi, katıldığım dövüşlerin hiçbiri şiddet için değil, bu spor. İkincisi de, kütüphane sıkıcı değildir."

Kaşlarımı kaldırdım. "Kütüphaneyi ve kitapları sıkıcı bulmuyor musun? Senin gibilerin…" Durdum. Bu cümleyi kurmam ne kadar doğruydu.

Al işte, der gibi kafasını çevirdikten sonra tekrar bana döndürdü bakışlarını. "Ne? Önce derslerimin berbat olduğunu düşündün; bunu inkâr etme çünkü matematik notumu duyduğunda yüzündeki ifadeyi gördüm. Sonra dövüşlerimi insancıl olmayan bir yöntemle yaptığımı düşündün ve şimdi de kitapları sıkıcı bulduğumu düşündüğünü ortaya koyuyorsun. Sen beni ne sanıyorsun? Mafya falan mı?"

"Ben…" Kafamı çevirdim. "Affedersin. Bilmiyorum… Daha önce hiç böyle şeylere tanık olmadım ve işlerin filmlerdeki gibi işlemediği ortada." Saçmaladığımı fark ettiğimde gözlerine çevirdim gözlerimi. "Bu konuyu kapatabilir miyiz?"

Seslice nefes verip kafasını salladı.

"Neyse, kütüphaneye gidiyorum ben," diyerek bedenimi çıkış kapısına çevirdim fakat sert bir sesle, "Hayır," dedi.

"Ne demek *hayır?*"

"Yani ben bırakırım seni." Elini ensesine attıktan birkaç saniye sonra çekip, "Atla," diye devam etti ve dönüp bindi.

Kapalı gökyüzünü izledikten sonra derin bir nefesi ciğerlerime çektim ve ön koltuğa binerek kapıyı kapattım. "Şehir merkezindeki büyük kütüphane."

Pamir gibi zeki birinin, Mine gibi birini geçmişte de olsa sevmiş olabildiği gerçeğine inanamıyordum. Onca zaman Mine'nin nasıl biri olduğunun farkına varamamış mıydı cidden ya da aşkı gözünü kör mü etmişti? Bunu ona sorabilmeyi isterdim. Olgun davranışları vardı ve sorumsuz biri değildi, ayrıca dersleri çok iyiydi ve kitapları da sıkıcı bulmuyordu... Basketbol oynuyor, dövüşüyordu da. Nazikti, saygılıydı, ölçülüydü. Yakışıklıydı, kusursuz bir yüze ve dünyanın en güzel gözlerine sahipti. Bir kere bile sivilcelendiğini görmemiştim, ayrıca hep fitti ve sabahları koşuya çıkıyordu. Eskiden akşamüstleri saat beşte giderdi sahildeki parka, bu aralar ise geceleri... Siyah Kuğu ile birlikte. Aptal değildim, Siyah Kuğu'nun kim olduğunu önünde sonunda öğreneceğinin farkındaydım ve bunun nasıl olacağını çok merak ediyordum da.

Ve merak ettiğim bir şey daha vardı... Ne zaman gidecekti? Bu sene sonunda mı? Çok erkendi. Daha söyleyememiştim ona gerçekleri. Hiçbir şey anlatamamıştım ki... Onca sene susmuştum oysaki. Avazım çıkana kadar susmuştum. Çığlık çığlığa susmuştum. Şimdi de sesim kısılana kadar anlatmam gerekmez miydi?

Yirmi beş dakikalık bir yolculuğun ardından kütüphanenin önünde durduğumuzda arabayı park etti ve, "Bıraktığın için teşekkürler," diyerek arabadan indim. Kimsenin yüzüne bakacak mecalim yoktu... Kitapların arasında kaybolmak istiyordum bu akşam.

Kapıdan içeri girdiğim an, kâğıt kokusu yüzüme çarptı ve bu kısa anı gözlerimi kapatıp derince içime çekerek değerlendirdim.

"Nil, kızım?"

Cafer Amca'nın sesini duyduğum an kapıdan geçerek, "Cafer Amca!" diye seslendim ve ona sarıldım. Cafer Amca, altmışlarında bir kitap aşığıydı. Çocukluğundan beri biriktirdiği kitaplarla yirmi sene önce bu kütüphaneyi açtığında burası bu kadar da büyük değildi fakat sonradan çok destek görerek, büyümüştü. Gerçekten büyük ve eski bir kütüphaneydi. Emekli olduğunda tamamen kendini buraya verdiğini ve bu yüzden eşinin evde huysuzlandığını biliyordum... Karısının hayali daha çok, sıcak bir yerlere göç edip yaşlılığını orada geçirmekti fakat Cafer Amca kopamamıştı can damarından.

"Ahh be kızım, nerelerdesin sen kaç haftadır? Vallahi unuttun sandım burayı."

Kollarından ayrılarak, "Sorma Cafer Amca, sorma..." dedim gülerek ve etrafı süzdüm. Kalabalık değildi. "Sonra seninle karşılıklı bir kahve içerken anlatırım, olur mu?"

"İyi bakalım," diye cevapladı beni gülerek. Hemen ardından bakışları arkama kayıp yukarı çıktığında, "Bu beyefendi kim, tanıştırmayacak mısın bizi Nil?" sorusunu sordu ve saniyesinde kalbim tekledi. Peşimden mi gelmişti?

Hızla arkamı döndüğümde, Pamir'le karşılaşmayı beklemiyordum. Öylece arkamda dikilmiş, etrafı süzüyordu. "Sen gitmiyor muydun eve?"

Ona sorduğumu fark ettiğinde bana bakmadan, "Burayı dışarıdan çok görmüştüm fakat sandığım kadar küçük değilmiş," diye mırıldandı ve Cafer Amca'ya dönerek elini uzattı. "Ben Pamir."

"Pek de beyefendi duruyor," dedi Cafer Amca bana imalı imalı bakarak.

Bazen Cafer Amca'ya ondan bahsederdim ama yüzeysel olarak... Asla isim sormazdı, asla detaylara inmezdi, asla konuşmak istemeyeceğim konulara inmezdi. Fakat şimdi, o olduğunu anladığına kalıbımı basabilirdim.

"Eee," diyerek Cafer Amca'ya döndüm. "Bugün nereyi vereceksin bana? Bak çalışma masalarının olduğu bölümü istemiyorum, biliyorsun gürültü yapıyorum azar işitiyorum sonra milletten."

"Orası çoktan düzenlendi," diye cevapladı beni Cafer Amca, Pamir'e dönerek. "Sen arkadaşınla en sondaki tarih kitaplarını düzenle bugün, hem az önce ayırıp götürdüm oranın kitaplarını." Bakışlarını ben ve Pamir arasında gezdirip gülümsedi. "Hadi bakalım, kolay gelsin size."

Cafer Amca ortadan kaybolduğunda, "Hadi gidelim,"

diyerek Pamir'e döndükten birkaç saniye sonra peşimden soru sorarak gelmeye başladı. "Buraya kitap okumak, ödev yapmak için falan gelmedin mi yani?"

"Hayır," diye cevapladım onu. "Buraya kafamı dağıtmak için yardım etmeye geliyorum. İstemiyorsan hâlâ gidebilirsin."

"Bedava mı yapıyorsun?"

Arkama ters bir bakış yollayarak, "Yok bir de para alacaktım," diye dalga geçtim ve tarih bölümüne girerek rafların arasında dolandım. "Sen arka taraftan başla istersen, ben de buraları düzelteyim. Kitapların kenarlarına yapıştırılmış numara ve harfe göre yerleştiriyoruz."

Ceketini çıkartıp kenara bıraktı. "Tamamdır."

Dönüp gittiğinde, arkasından aptal bir sırıtışla bakakaldığımı fark ettim. Onu sevmeye âşık olmuş, kendine acı çektirmeye bayılan bir psikopat olarak bunu bırakmam gerektiğinin farkındaydım çünkü tamamen umutsuz bir vakaydım ama yine de nefes aldığım sürece o zamanında kırılmış umut parçalarının içimde olacaklarını biliyordum. Kalbime batıyorlardı, hissedebiliyordum.

Rafların üzerlerine deste deste bırakılmış kitapları kenara dizerek alt raflardan başladım ve sırayla kitapları yerleştirdim. Buraya ilk geldiğim günü hatırlıyordum... O zamanlar henüz yeni yıldırım kazasını geçirmiştim ve kontrol edemiyordum. Moralim bozuktu ve dokuzuncu sınıfın ilk haftasıydı. Yağan yağmur yetmiyormuş gibi, bir de şemsiyem uçmuştu ve daha fazla ıslanıp hasta olmamak adına cadde boyunca koşmuş, sonunda birçok insan gibi buraya sığınmıştım. Cafer Amca o kadar insanın içinden sırılsıklam olduğum için benimle ilgilenmiş, bana kahve ikram etmişti içim ısınsın diye. O gün eksik yanlarımdan birinin burayla tamamlandığını hissetmiştim işte... Bir dost kazanmıştım ve bir de yuva. Sığınmak için bir liman, bir nefes alma noktası. *Burası.*

Üst raflar kalmıştı fakat merdivene ihtiyacım vardı. Bu yüzden ön taraflara ilerleyerek kayıt işlemleriyle ilgilenen kızın yanında evrakları düzenleyen Cafer Amca'nın yanına gittim. "Cafer Amca, üst raflar kaldır bir tek ama yetişemiyorum. Merdiven nerede?"

"Ah..." dedi Cafer Amca. "Merdivenimiz arızalandı. Hafta sonu yenisi gelecek ama o zamana kadar ben de düzenleyemiyorum üst rafları be kızım."

"Ha," diye bir ses çıkardım. "Tamam o zaman, ne yapalım. Hafta sonunu bekleyeceğiz artık."

"Baksana sen bir bana," diyerek gülümsedi ve masanın arkasından çıkıp yanıma geldi. "Şu çocuk, boylu poslu olan, hani senin anlattığın..."

"O," dedim tek nefeste.

Gözleri kısıldıktan birkaç saniye sonra dudakları naif bir tebessümle büküldü ve, "Ben adamı gözünden tanırım," diye bir cümle kurdu. "O çocuk, iyi biri. Umarım bir gün..."

"Gidiyor, Cafer Amca. Gidiyor. Söylemiştim ya sana hani? Birkaç ay sonra gidiyor. Bu konuları konuşmasak?" Zar zor kurabildiğim cümlenin sonunda ne söyleyeceğini beklemeden Tarih bölümüne geri döndüğümde, yere oturup sırtımı geriye yaslanarak bacaklarımı ileri doğru açtım ve kafamı geriye attım.

Yıllarca gözümün önünden ayrılmayan, uzaktan izlediğim çocukla sonunda bir sebepten, bir şekilde yakınlaşabilmiştik ama o gidecekti.

İşte bu, hayatın bana attığı ağır kazıkların başında geliyordu.

"Ben bitirdim," diye bir ses doldu kulaklarıma hemen birkaç adım ileriden. Hemen toparlanarak kalktığımda rafların girişinde dikildiğini fark ettim. Kalktığımı gördüğünde devam etti. "Ama en üst raf kaldı. Merdiven yok mu?"

Ben üstteki üç rafı bitirememişken, onda sadece biri mi kalmıştı yani? "Sen yutmuşsun ya merdiveni, ne gerek var başkasına," diye mırıldandım sessizce.

"Efendim?"

"Arızalıymış," diyerek cevapladım bu sefer normal ses tonumla. "Ben de düzenleyemedim üst rafları."

"Hımm," dedi düşünürmüş gibi üst rafları ve beni süzerek. "Ne oldu?"

"Bir fikrim var aslında ama…" Vazgeçmiş gibi hemen ardından, "Kabul etmezsin," diyerek bana döndüğünde, "Ne yapacaksın?" diye sordum. "Beni yukarı mı fırlatacaksın?"

"Omuzlarımın üzerine alacağım."

Dehşetle açılan gözlerimi Pamir ve kitaplıklar üzerinde gezdirerek, "Yok artık," diye mırıldandım.

"Ne var?" dedi bana doğru adımlayarak. Tam önümde durarak gözlerini gözlerime sabitledikten sonra dönüp eğildi ve bir elini omzuna vurduktan sonra iki elini de kafasının yanında kaldırıp tutmam için açtı. "Hadi."

İtiraz edemezdim.

Edemedim de zaten.

Parmaklarımı doğrultup ellerimi onunkilere doğru uzattığımda, ikisi de kavradı. Bir bacağımı yavaşça kaldırıp omuzlarından aşağı sarkıttığımda, diğerini de hızlı bir harekette diğer omzuna getirdim ve bileklerinden aldığım güçle doğruldum. Doğrulurken, "Tahmin ettiğimden de ağırmışsın," diye söylendi.

Sağ bacağımı kaldırıp göğsüne vurduğumda ise inledi.

Kalbimin atışlarını kontrol edemiyordum artık. Öyle hızlı çarpıyordu ki, duyamıyordum bile. Göğüs kafesimin içinden çıkmak için bir yol bulsa iki dakika beklemeden kanatlanıp uçacaktı sanki.

Rafın başına doğru ilerlediğinde düşecek gibi olduğumdan sağa tartıldım ama elleriyle ellerimden daha sıkı kavrayarak düzeltti. "Of, düşeceğim şimdi. İndir beni," diye mırıldandım fakat cevap vermedi. Kitaplardan birine uzanacağım sırada, tek elimi elinden çektiğimden tekrar düşmeye ramak kala beni tuttuğunda, "Düşeceğim!" diye fısıldadım kütüphanede olduğumuzu hatırlayarak.

"Sorun yok, seni yakalarım."

Yakalamadın.

İçim titredi. Beyazlar içindeki titrek ve korkak sesiyle mırıldandığında içim burkuldu.

11 sene önce yakalamadın.

Tekrar dengemi sağlayamayıp ofladığımda güldüğünü duydum. "Bir de GreenLight'ta dansçıyım diyorsun. Daha dengeni sağlayamıyorsun, nasıl aldılar seni oraya?"

"Dansçı değil, baş dansçı diyeceksin," gibi komik bir cümle ağzımdan kaçtığında kendim de gülmeye başlamıştım. Hem ellerine tutunup dengede kalmaya çalışıyor, hem laf yetiştiriyor hem de gülüyordum.

Başka birkaç gülme sesi kulaklarıma dolduğunda, Pamir'le aynı anda kafalarımızı kaldırıp seslerin geldiği yöne çevirdik başımızı. Rafların başındaki üç kız bize gizlice bakmaya çalışıp gülüşüyorlardı. Onları fark ettiğimizi anladıklarında hemen biri, "Pardon!" diye açıklama yaptı ve diğer ikisiyle beraber kaçtılar.

Saniyesinde ciddi bir görünüme bürünürken boğazımı temizledim ve, "Yukarıya dizilecek kitapları nereye koymuştuk?" diye sordum.

Eski soğuk, boğuk ve sert ses tonunun geri döndüğünü bas bas bağıran sesi, "Şurada," diyerek kendiyle beraber beni de döndürdüğünde, bu sefer aynı yerden tekrar bir ses geldi.

"Nil, kızım?"

"Cafer Amca?" diye sordum rafların başındaki Cafer Amca'ya.

"Yanlış bir zaman da mı geldim?" diye sordu.

Buna karşılık Pamir, "Ne oldu?" diye sorduğunda o da, "Ne yapıyorsunuz?" diye karşılık verdi.

Bu garip soruya soruyla karşılık verme olayını bozmak amacıyla, "Üst raflardaki kitapları yerleştirmeye çalışıyorduk," diye mırıldandım.

"Ahh," diye bir ses çıkardı Cafer Amca. "Bırakın siz yavrum, ben o rafları hafta sonuna bıraktım. Tozları falan da alınacak zaten. Hem işiniz de bitmiş, çıkın isterseniz siz."

"Ha." Ellerini tutan ellerim gevşediğinde, "Ben ineyim o zaman," diye mırıldandım. Birkaç saniye içinde eğilip inmemi sağladı. "Sağ ol."

Hemen ardından, "Arabadayım ben," diye söylenerek göz teması kurduktan sonra Cafer Amca'yla, "Tanıştığıma memnun oldum," diyerek el sıkıştı ve çıkışa yürüdü.

"Ne oldu?" diye sordum, o gittikten hemen sonra Cafer Amca'nın yanına yürüyerek.

"Benim bu çocuğu hiç gözüm tutmadı kızım."

Kıkırdayarak, "Kıskandın mı?" diye mırıldadım sarılıp omuzlarını sıvazlayarak.

"Yok," dedi. "Ondan değil. Ama vallahi tutmadı kızım benim gözüm bu çocuğu. Bu üzer seni. Uzak dur sen bundan."

"Durabilseydim…"

"Durabilseydin seneler önce almıştın kalbini ondan tabi," diye devam etti. "Neyse, ben de ki de laf işte. Yine de sen kendine dikkat et kızım."

"Sağ ol amcacığım," diye mırıldandım kafamı sallayarak. "O zaman ben çıkıyorum, sana kolay gelsin. Sonra yine uğrarım."

Pamir'i ilk gördüğümde benim de gözüm tutmamıştı aslında. Daha onu ilk gördüğüm andan biliyordum büyük bir şeyler olacağını… O an içimde kopan fırtınalar, şimdilerde gökyüzüne ev sahipliği yapıyordu ve bu akıl almaz bir şekilde korkutucu geliyordu.

Küçük masalarda ders çalışan ve araştırmalarını yapan öğrencilerin aralarından geçerek çıkışa yürüdüm. Dışarıda yağmur çiseliyordu; kütüphanenin büyük camlarına vuran su damlalarından anlayabiliyordum bunu.

Kapıları açtığım ilk saniyeden açık yerlerimden içeriye dolan soğuk rüzgâr, refleks olarak montumun fermuarını çeneme kadar çekmemi sağladı. Montun kollarını da uzatıp parmak uçlarıma kadar çektiğimde gitmek için hazır olan Porsche gözlerimin önüne serilmişti. Derin bir nefes alarak soğuğu içeri buyur ettikten sonra daha fazla beklemeden arabanın ön koltuğuna bindim ve kapıyı kapattım. Ben kapıyı kapattıktan hemen sonra Pamir de gaza basmıştı.

"Benim gözüm hiç tutmadı bu Cafer Amca'yı."

Güldüm. "Merak etme, o da seni sevmemiş."

"Ha karşılıklı yani," diye devam etti. "Neyse. Akşam ben yokum, babaannem de yok. Çıkarken kapıyı üzerine kilitleyeceğim haberin olsun."

"Kapıdan kilitlersen bacadan çıkarım," diyerek emniyet kemerimi bağladım. "Zırh'a gidiyorsan mümkünatı yok tek gitmenin, ben de geleceğim."

"Ha evet Zırh'a gidiyorum, babaannem de merak etmiş o da geliyor hatta benimle yan taraftaki babaanne dövüşlerine katılacakmış."

"Ha ha ha, çok komik," diye söylenerek ona döndüm. "Babaanne deme Gülbahar Sultan'a Allah aşkına, hiç babaannelik bir tipi var mı o kadının?"

"Ne diyeyim? Ahmet, Mehmet, Mahmut mu diyeyim? Babaannem işte, babaanne diyoruz biz de."

Gerçi o da haklıydı. Ben olsam büyükanne derdim… Büyükanne lafı uyardı da hem. Ama sonuçta onun tercihiydi, burada neyi tartışıyorduk ki zaten biz?

Dakikaları kovalayan sessizliğin soluğu kesildiğinde, sessiz Porsche Soyhan sokaklarında kayboldu ve normaline göre daha uzun bir yolculuğun sonunda araba evin önünde durduğunda, çantamı da alıp indim ve onun da inmesini bekledim. Sonunda kapıları kapatıp kilitleyerek eve yürümeye başladığımızda yeri izliyordum. Yağmur çiseliyordu. Ama o, sanki bana söyleyecek bir şeyi varmış gibi kafasını sürekli bana çeviriyordu ama sonra kendini durdurup geri çeviriyordu. "Bir şey mi söyleyeceksin?" diye sordum sonunda kapının önüne geldiğimizde.

"Hayır," dedi biraz bekledikten sonra anahtarlarını çıkarırken. Kilide soktu ve iki kere çevirdiğinde kapı açıldı.

"Hoş geldiniz!"

Ve neşeli bir ses doldu kulaklarıma. Gülbahar Sultan kucağında Zifir'le mutfaktan çıktığında, "Biz de sizi bekliyorduk, harika yemekler yaptık!" diye şakıdı.

★★★

Şimdiki aşkları tanımlamamız istenseydi ben muhtemelen çiğnemeye başladıktan iki dakika sonra tadı geçen şekerli meyve aromalı sakızlara benzetirdim.

Küçükken az nasibimi almamıştım onlardan... Sürekli çiğnediğim için dişçileri de sürekli ziyaret ediyordum. Sağ olsunlar en korkulu rüyalarımdan biri olmuşlardı.

Peki ya neydi aşkın tanımı tam olarak? İçine çektikçe bağımlısı olduğun, seni içten içe öldüren uyuşturucu mu yoksa gerçekten de çiğnedikten sonra tadı geçen meyve aromalı sakızlar mı? Belki de ikisi birdendi, hatta daha da fazlasıydı; kim bilirdi.

Kucağımdan yukarıya tırmanmaya çalışan Zifir'i yakalayıp yeniden uzattığım bacaklarımın üzerine koyduğumda, tekrar karnımdan yukarı doğru çıkmaya yeltendi fakat elimde oynadığım ip yumağını gördüğünde fikri değişmişçesine gerileyip kafasını hızla oynattı.

"Bunu sevdin mi?" dedim elimdeki kırmızı yumağı göstererek. Gülbahar teyze vermişti.

Topu bir elimden diğerine atarken, o da geriye çekilip hızla bir sağ elime bir de sol elime çeviriyordu kafasını. Sonunda topu sağ elimde bıraktığımda bir saniye beklemeden atladı ve yumağı kaptığı gibi yerde onunla beraber yuvarlanmaya başladı. Sırtımı yasladığım dolaptan çekerek halıda ileriye sürükledim bedenimi ve bağdaş kurarak onu izlemeye başladım. Büyüyordu.

Birkaç saniye sonra kapı iki kere tıklandıktan sonra açıldığında, bedenimi kapıya doğru çevirip kafamı kaldırdım.

Pamir üzerinde siyah, jilet gibi bir takımla kafasını aralık kapıdan içeriye uzatmıştı fakat tam olarak göremiyordum.

"Bir baksana," dedi hızlıca.

"Ne oldu?" diye sordum ayaklanarak. Bir şey söylemek üzereydi fakat durdu. İstemsizce kaşlarım çatıldığında sorumu tekrar etmek üzereydim ki kafasını eğip kendiyle çelişiyormuş gibi olumsuz yönde sallayarak, "Ya da boş ver," diye mırıldanıp kapıyı da kapatarak çıktı.

Merak hissi içimde bir şeyleri uyandırdığında sağ elimi saçlarımdan geçirerek üzerimi düzelttim ve ardından ben de çıktım odadan. Aynı anda onun odasının kapısı da kapatılmıştı.

Hızla yürüyüp odasının kapısını çalmadan içeri girdiğimde, telefonuna uzandığını gördüm fakat içeri girdiğim an kafası bana döndü.

"Ya söyle," dedim ısrarla ve kapısını kapattım.

Üzerinde siyah bir takım vardı, içine beyaz bir gömlek giymişti ve ceketinin cebinde de beyaz bir mendil vardı. Saçlarını özenle taramıştı. Toplanmış yatağının üzerinde bir de siyah gömlek vardı. Sanırım ikisi arasında kalıp, beyaz olanı tercih etmişti.

"Boş ver," diyerek telefonuna geri döndü ve kilidini açarak rehbere girdi.

"Boş veremem," diyerek tekrar ısrar ettim. "Söyle."

"Ya bak," diyerek ofladı ve elini ensesine götürdü. "Bu akşam sektördeki önemli kişiliklerin, babam ve dedem başta olmak üzere katıldıkları bir kokteyl daveti var ve benim de gitmem gerekiyor ama yalnız gidemem." Telefonunu gösterdi. "Yaren telefonunu açmıyor ve Mine de…"

Sözünü kestim. "Bir dakika bir dakika," diyerek lafını böldüm. "Yani yanında götüreceğin bir kıza ihtiyacın var?"

Kafasını yukarı kaldırıp oflayarak, "Yani, gibi," diye mırıldandı.

"Öyle mi değil mi?"

"Off, evet."

"Ben gelirim," diye atladım hemen heyecanımı belli etmemeye çalışarak. "Yani ben gelirim. Yaren telefonunu açmıyormuş zaten, hem Mine…" Yüzümü buruşturdum.

Kolunu uzatıp saatini açtı ve bakışlarını ona çevirip, "Ama yarım saat vaktin var," dedi. "Hazırlanabilecek misin?"

Güldüm. "Sen beni bir ruju iki saatte süren kızlardan mı sanıyorsun?" Elim ayağıma dolanmadan, "Eve uğrayıp geleceğim," dedim hızlıca. "Yarım saat sonra aşağıda buluşuruz."

Ve hızla odasını terk ederek odama geri dönüp evimin anahtarlarını aldım. Zifir hâlâ kırmızı ipten topuyla halıda yuvarlanırken ışıkları açık bırakıp merdivenlerden aşağıya yardırdım ve koşarak evden çıktım. Nereye gittiğimiz önemli değildi, bir şekilde bana ihtiyacı vardı ve bunu o bile dile getiremiyordu. Yanında yer almak ise benim için bir ödül sayılırdı. Mutluluğun göğsümde kanat çırptığını hissedebiliyordum, karşımda bir ayna olsaydı yüzümdeki gülümsemeyle de bunu kanıtlayabilirdim gerçi.

Evin kapısının önüne geldiğimde anahtarları elimin titremesini durdurmaya çalışarak hızla deliğe geçirdim ve kilidi açarak içeri girip ışıkları yaktım.

Bütün salon toplanmıştı. Temizlenmişti. Etrafta tek bir kırık cam parçası, tek bir dağınıklık bile yoktu.

Şaşkınlık içinde kapıyı kapatarak salonun ortasında dolandığımda, bunu kimin yaptığı kestirememiştim. Gerçi, Malik'in bunu *severim de döverim de* hesabıyla yaptırmış olması muhtemeldi de.

Yine de yarım saat vaktim olduğunu hatırlayarak hızla merdivenlerden yukarı, odama çıktım ve ışıkları yakarak dolabımın kapaklarını açtım. Siyahlar içindeki kıyafetlerimi teker teker eleyerek en sondaki elbiselerime denk geldiğimde, geçen seneki doğum günümde gelen hediye paketlerinden birinin içinden çıkan, hiç giymediğim siyah tüllü kısa elbiseyi çıkardım. Normalde straplez olan elbisenin göğüs kısmından yukarı gelen tül onu straplez adı altından çıkarmıştı ve denediğimde üzerime tam oturduğunu fark etmiştim.

Dolabın altındaki önceden aldığım fakat giymeye fırsat bulamadığım platform topuklu, bileğe kadar gelen süet ayakkabıları çıkartıp elbiseyle beraber yatağın üzerine koydum ve temiz iç çamaşırları çıkarak hızla odamdaki banyoma girip kapıyı kilitledim. Beş altı dakikalık kısa bir duşun ardından elbiseyi ve ayakkabıları giydiğimde, bir yandan da fön makinesini takmış saçlarımı kurutmaya çalışıyordum.

Sonunda saçlarım kuruduğunda daha önce hiç kullanmadığım fakat geçen sene Nisan'ın hediye olarak aldığı maşayı çıkartıp fişe taktım ve çekmecelerimi karıştırarak kaldırdığım makyaj malzemelerini çıkarttım.

Saçlarımın uçlarına doğru dalgalar katarak sprey sıktığımda, elimi yakmadığıma şükrederek maşayı soğuması için kenara kaldırdım ve saçlarımı yaktığım için ufak bir özür mırıldanarak makyaj malzemelerimin üzerinde gözlerimi gezdirdim.

Hiçbir tecrübem yoktu. Sadece elimin altında bulunsun, belki lazım olur diye Nisan'ın doldurmalarına gelerek almıştım. Şimdi iyi ki almışım diyordum fakat gözüme sokmadan en ufak bir şeyi bile kullanabileceğimi zannetmiyordum.

Gözlerimi odamdaki saatin üzerine diktiğimde yalnızca on dakikam kaldığını fark ettim.

Hızla siyah göz kaleminin kapağını açtığımda, Nisan'ın Buğra'nın doğum günü partisine giderken yaptığı gibi bir elimle alt göz kapağımı aşağıya çekerek içini doldurdum. Aynı işlemi diğerine de yaptığımda gözüme batırmadığım için şükrediyordum. Eyeliner'a hiç bulaşmadan göz diplerime ufak bir siyah far işlemi uyguladığımda, maskarayla da dikkatlice kirpiklerimin üzerinden geçtim ve onu da bitirdiğimde gözlerimi koyu bordo rujun üzerinde gezdirdim.

Sürebilir miydim?

Rujun kapağını açarak rengine göz gezdirdim. Çok koyu bir tondu ve böyle bakınca güzel geliyordu ama dudaklarımı mahvetme ihtimalim de vardı.

Yine de risk alarak aynanın önüne eğildim ve dudaklarımın iç bölgelerinden başlayarak boyamaya devam ettim. Belki iki saat gibi uzun bir sürede halletmek abartıydı ama iki dakika boyunca düzgün bir şekilde sürmeye çalıştığımı hesaba katarsak diğer kızları sanırım anlıyordum. Sonuçta bunun dudak kalemiydi, pudrasıydı, şusuydu buşuydu derken iki saat çok da uzun gelmiyordu artık.

Omzuma asabileceğim süet küçük siyah bir çantayı ve kalın, siyah, düz bir ceketi de yanıma alarak odadan çıktım ve merdivenlerden dikkatlice inerek toplanmış salon eşliğinde evden çıkıp kapıları kilitledim. Gerçi... Kilitlemek bir işe yarıyor muydu orası tartışılırdı bu dakikadan sonra.

Topuklularla ayağımı burkmamaya çalışarak Pamir'in evine ilerlemeye başladığımda, onun da kapıda olduğunu fark ettim. Kapıyı açık bırakarak dışarı çıktığında Porsche'nin ışıkları yanıp söndü ve böylece kilidini açmış olduğunu anladım.

"Yetiştim," dedim yanına ulaştığımda ve gözlerimi telefonumun saatinde gezdirdim. "Hem de daha bir dakikam var. Yirmi dokuz dakikada hazırlandım."

Önce bana bir saniyeliğine dönüp elindeki telefona geri döndü fakat hemen ardından tekrar kafasını bana çevirerek baştan aşağı süzdü.

Nefes nefese kalmıştım, gözlerimin içi parlıyor olmalıydı ve biraz da olsa sırıttığıma emindim. Dondurma bekleyen beş yaşındaki saçları iki kulak yapılmış neşeli kızlardan farkım yoktu şimdi.

Gözlerimde takılı kaldığında dudaklarını aralayıp bir şeyler söyleyecek oldu ama hemen ardından yan taraftan gelen Gülbahar Sultan'ın sesiyle ikimiz de o tarafa döndük.

"Ben hazırım çocuklar!" diye neşeli bir sesle kapıyı kapattı Gülbahar Sultan ve yanımıza doğru yürüdü. Üzerinde bordo, kürk tarzı bir mont vardı ve onun altında da krem rengi uzun bir elbise. Saçları kabartılmıştı ve dudaklarında açık bordo, koyu pembeye kaçan bir ruj vardı.

"Geldiğini duyunca çok sevindim Nil," diyerek çantasını diğer eline aldı ve koluma girdi Gülbahar Sultan. "Dur bir bakayım sana, çok güzel olmuşsun!"

"Teşekkür ederim, o sizin güzelliğiniz," diyerek kibarca selamladım onu ve gülümsedim.

"E hadi," dedi Gülbahar Sultan arabayı göstererek. "Gitmiyor muyuz? Nihat çılgına dönmüştür şimdi. Geç kalmayalım."

Nihat diye bahsettiği kişinin kim olduğunu sormaya kalmadan, Pamir'in açtığı arka kapıdan Gülbahar Sultan içeriye bindi ama ben de dolanıp binecekken Pamir bileğimden tuttu ve Gülbahar Sultan'ın kapısını kapatarak ön koltuğun kapısını açtı, sonra da kafasıyla nazikçe işaret etti.

Bakışlarımı gözlerine çıkartarak ondaki anlamı çözmeye çalıştım ama aklından ne geçiyor bilmiyordum. Sonunda adımlarımı kapısı açık ön koltuğa atarak bindim ve arkamdan kapımı kapatıp dolanarak yanıma binmesini izledim.

Yol boyunca süren sessizliği Gülbahar Sultan'ın Sezen Aksu

isteği bozduğunda, Pamir yüklü müzik listesini açtı ve arabanın içini Sezen Aksu'nun *Sorma* şarkısı doldurdu.

Kafamı geriye yaslayarak cama çevirdim kalan yol boyunca. Gökyüzü açıktı bu gece ve dolunay vardı. Yıldızlar kıskanmış gibi düzenli bir şekilde ayın etrafına dizilmişti ve hepsi göz kamaştırıyordu.

Yaklaşık on beş dakika sonra araba büyük bir malikânenin önünde durduğunda, iki vale arabanın yanına yanaştı ve biri Pamir'in, diğeri de hem benim hem de Gülbahar Sultan'ın kapısını açarak geri çekildi. Açılan kapıdan çıkarken, Pamir de anahtarı yanındaki valeye teslim ediyordu.

"Hiç özlememişim burayı," diye mırıldandığını duydum Gülbahar Sultan'ın. Hemen ardından bana dönüp gülümseyerek göz kırptı.

Pamir, arabanın etrafından dönüp gelirken ondaki değişikliği ancak fark edebilmiştim. "Siyahla değiştirmişsin," diye mırıldandım istemsizce gömleğini işaret ederek. Gömleğini ve mendili siyah olanlarla değiştirmişti.

Bir an gülümsedikten sonra kulağıma eğilip iç gıdıklayıcı bir tonda, "*Siyah* giyineceğini biliyordum," diye mırıldandı.

Kalbimin içindeki küçük odacık ezilip büzülerek, şiddetli bir depremle sallanırken onu öylece bırakarak geri çekildi ve kolunu kırıp uzattı.

Gözlerim anlamsızca etrafı süzerken yavaş ve şok olmuş bir ifadeyle kolumu kolundan geçirerek koluna girdim. Ceketinin ve ceketimin üzerinden de olsa kolu koluma değdiğinde kafamı başka bir tarafa çevirerek Gülbahar Sultan'ı izledim. Ona doğru gelen ellilerinin sonlarındaki adamı izliyordu gülümseyen gözlerle.

"Nihat Bey," diyerek selam verdi Pamir adama. Demek ki Nihat Bey buydu.

"Yapma ama Pamir," diye mırıldandı Gülbahar Sultan,

Nihat Bey'in koluna girerek. "Dedene burada da mı böyle davranacaksın?"

Nihat Bey araya girerek gözlerini Gülbahar Sultan'a çevirdi. "Eşek her yerde eşek Gülbahar Sultan." Hemen ardından ise bana çevirdi. "Bu güzel kızımız da kim?"

"Bu Nil," dedi Gülbahar Sultan. "Çok asil değil mi?"

"Tanıştığıma memnun oldum," diyerek kafasıyla selam vererek gülümsedi Nihat Bey. Aynı şekilde selam verdim.

Hemen ardından Pamir, "İçeride görüşürüz," diyerek yürümeye başladığında, kolunda olduğumdan otomatik olarak ben de yürümeye başladım. "Bana söylemeyi unuttuğun bir şey mi var?"

"Hayır," diye cevapladı. "Ama dur, bekle, bir tane var."

"Ne?"

Kapıdan içeri girerken ceketimi görevlilere teslim ettiğimde hâlâ söylemesini bekliyordum. İçerideki kalabalığa göz atarak bakışlarımı etrafta gezdirirken beni cevapladı. "Seni olduğun kişi olarak değil, başka biri olarak tanıtacağım."

Güldüm. "Nasıl? İngiltere prensesi falan mı diyeceksin?"

"Öyle değil."

Yer yer bırakılmış uzun, yuvarlak masalar ve en köşede de bir bar vardı. Erkeklerin hepsi takım elbiseler içindeydi ve yaş aralıkları 20-60 arasındaydı. Kadınlar da aynı şekilde eşlerinin yanındaydı ve gerçekten ciddi bir ortamda olduğumu o an kavrayabilmiştim. Beethoven'ın adını hatırlayamadığım bir parçası ortamdaki konuşmaların üzerinde gezinirken, "Peki nasıl?" diye sordum kafamı ona çevirerek. Aynı anda o da kafasını bana çevirdi ve gözlerini üzerimde gezdirdikten hemen sonra kafasını geri çevirdi. "Kabul ediyor musun?" diye sordu sadece.

"Nasıl olduğunu söylemedin," diye ısrar ettim.

Kalabalığın arasında ilerlerken boğuk bir sesle, "Merak etme, zarar görmeyeceksin," dedi. "Kabul ediyor musun?"

"Peki o zaman," dedim omuz silkerek. En fazla ne diyebilirdi ki? Hem kafam da bulanmıştı. Tam olarak neyi kast ettiğini anlayamamıştım. Başka biri olarak tanıtmak? Kime tanıtacaktı ki?

Yukarıya doğru iki koldan çıkan merdivenlerin ortasındaki masaya doğru gittiğimizi fark ettiğimde, yüzümdeki ifadeyi kontrol etmeye çalışarak peşinden yürüdüm. Birkaç saniye sonra masaya ulaştığımızda, "İyi geceler, baba," gibi bir cümle çıktı Pamir'in ağzından karşımızdaki adama karşı. Hemen yanındaki sarışın kadına da, "Anne," diyerek başıyla selam verdiğinde başımdan aşağı kaynar sular döküldüğünü hissettim.

Anne ve babası tam karşımda duruyordu ve hemen yanımda da 11 yıldır peşinde dolandığım çocuk vardı.

Babasının hatları tıpkı Pamir'inkiler gibiydi ve acı kahve gözleri tıpkı onun gibi bakıyordu. Saçları özenle taranmıştı ve siyah beyaz bir takım giymişti. Annesinin ise saçları tıpkı hatırladığım gibi sarı ve özenliydi. Siyah kalın bir kemeri olan beyaz bir elbise giymişti.

Annesi gözlerini üzerimde gezdirdikten sonra bir şey fark etmiş gibi şaşkınlıkla bana baktı. "Nil?"

"Evet, benim," diye mırıldandım.

"Seni görmeyeli uzun zaman oluyor," diyerek gözlerini üzerimde gezdirmeye devam etti. "Büyümüşsün. Nasılsın?"

"İyiyim, siz?"

"Levent'in kızı mı?" diyerek araya girdi Parmas diye hatırladığım adam. Pamir'in babasıydı.

Kafasını sallayarak onu onayladı Miray Hanım. Annesinin adı da hatırladığım kadarıyla Miray'dı.

"Merhaba," diyerek bana döndü Parmas Bey ve işaret parmağını Pamir'le aramda gezdirdi. "Siz, tanışıyor musunuz?"

O sırada Gülbahar Sultan ve Nihat Bey'in de bu tarafa geldiğini görmüştüm. Parmas Bey'in sorusu onların gelişiyle havada asılı kalmıştı fakat birkaç saniye sonra, Gülbahar Sultan ve Nihat Bey geldikten hemen sonra, Pamir soruyu havada yakaladı ve kolunun kolumdan çıktığını, belime yerleştiğini ve beni kendine çektiğini hissettim.

Bedenim ona doğru döndüğünde dudaklarını alnımda hissetmiştim.

"Biz birlikteyiz."

O gece, adının yazıldığı yerden öptün beni.

Aniden istemsizce öksürmeye başladığımda, "Helal helal," diyerek parmaklarını belime bastırdığını hissettim. Masadaki suya uzanıp uzattığında kafama dikerken Gülbahar Sultan'ın, "Ayy, biliyordum!" diyerek çocuklar gibi sevindiğini gördüm. Parmas ve Nihat Bey'in bakışları ise anında birbirine dönmüştü ve şiddetlenmişti. Miray Hanım ise ne söyleyeceğini bilemez hâlde bakışlarını etrafta gezdiriyordu.

"Çocuklar, çok sevindim!" diyerek tekrar etti Gülbahar Sultan büyüttüğü gözleri ve kocaman gülümsemesiyle.

Ne diyordu bu çocuk? Sadece beraber geleceği bir kıza ihtiyacı yok muydu? Bu yalan da nereden çıkmıştı?

Seni olduğun kişi olarak değil, başka biri olarak tanıtacağım.

Miray Hanım gülümsemeye ramak kala, "Gerçekten birlikte misiniz?" diye sorduğunda, Pamir tekrar etti. "Birlikteyiz."

Yapmacıktan sırıtıp gülerken arada ona dönerek kimsenin duymayacağı bir şekilde, "Birlikte miyiz?" diye sordum ve etrafta bakışlarımı gezdirdim. "Bundan neden benim haberim yok?"

Annesine gülümseyip kulağıma eğildi. "Az önce oldu."

Buraya Yaren'i getirseydi, onu aynen böyle tanıştıracaktı. Başka bir kızı getirse, onu da. Mine'yi getirse...

Onu da.

Babası Parmas Bey konuyu değiştirerek ceketinin cebindeki telefonundan gözlerini ayırdığında, "Ceren'in de uçağı kötü hava koşulları nedeniyle rötar yapıp duruyormuş," diye mırıldandı. "Bu gece bize katılamayacak."

Gülbahar Sultan kafasını çevirip kendi kendine fısıldadı. "Katılmasın zaten o şeytan."

Nihat Bey ise bunu duyduğunu belli ederek ona döndü. "Ayıp ediyorsun sultanım."

"Aman, ne ayıbı be."

Donmuş bakışlarımı yere çevirerek tabir-i caizse *hunharca* atan kalbime bir dur demek niyetindeyken, "Neyse, size iyi eğlenceler, yatırımcılar geldiğinde tekrar uğrarım," diye bir ses duydum. Bu hemen yanımdaki Pamir'in sesiydi fakat fazla ciddiydi.

Masadakilere başıyla selam verdiğinde ve oradan ayrıldığımızda, "Bu ne demek oluyor Pamir?" diyerek ona dönmeye çalıştım ama kolu hâlâ belime sarılı olduğundan kımıldayamadım.

"Beni kurtardın demek oluyor, bir nevi sana borçlandım," diye mırıldandı bar tarafına doğru ilerlerken ve dönen sandalyelerden birine oturdu. "Tabii bu biraz başlangıç oldu."

Karşısına oturdum. "Ne diyorsun, anlamıyorum. Biraz daha açıklayıcı olsan?"

"Olacağım, tamam," diyerek ayağa kalktı. "Söz. Ama şimdi burada otur sen, birazdan döneceğim."

"Nereye gidi-"

Tam gidecekken geri döndü. "Buradaki kimseyle konuşma."

"Kiminle konuşup konuşamayacağımı sen söyleyemezsin," dedim hızlıca, bir söz bölünme vakası daha yaşamak istemediğim için.

"Şimdilik," dedi. "Şimdilik söyleyebilirim."

"Hayır!" diyerek itiraz etmek istedim ama çoktan gitmişti.

Kalabalığın arasına karıştığını gördüğümde, ilerideki yaşlı bir çiftin yanına gittiğini fark ettim. Adamla el sıkıştığında ve kadının da elini nazikçe öptüğünde, burada olmamızın sebebinin aslında iş olduğunu yeni fark ediyordum. *Yatırımcılar,* babası ve dedesinin burada olması…

Peki, beni neden kız arkadaşı olarak tanıştırmıştı? Bundaki amacı anlayamamıştım sadece. Öylece oturmuş bir açıklama bekliyordum ve yapabildiğim tek şey de buydu.

Yirmilerindeki, turuncu sakallı barmen bana dönüp, "İçecek bir şeyler ister misin?" diye sorduğunda düşünmeden, "Alkolsüz bir meyve kokteyli lütfen," diye mırıldandım ve sırtımı tezgâha yaslayarak etrafı süzdüm. Herkes konuşuyordu, herkes bir şeylerle uğraşıyordu ve garsonlar sürekli gelip bardak bardak içki servis ediyordu.

Zaman geçtikçe daha da öfkeleniyordum sanki, bir açıklama istiyordum ve açıklamam oradan oraya dolaşıp insanlarla konuşuyordu.

Barmen önüme yeşil bir kokteyl bıraktığında süsünü çıkartıp bardağı tek nefeste kafama diktim. Susamıştım ve tadı önemli değildi.

Ama çok garip bir tadı vardı. "Bir tane daha alabilir miyim?"

Meyveler birbirine karışmıştı ve tadı gerçekten çok garipti. Pamir her sabah bunun iki kat karışığı bulamaç zıkkım bir şey içiyordu ve içtiğim meyve kokteyli bile bana onu hatırlatıyordu!

Kendime inanamıyordum!

Barmenin önüme bıraktığı bardağın süsünü tekrar çıkartıp kafama diktim. "Bir tane daha."

İyiden iyiye alkolsüz meyve kokteyliyle sarhoş oluyordum sanki.

"Merhaba Afrodit."

Duyduğum sesle buz kesildim ve uzandığım üçüncü kokteyl parmaklarımın arasında kaldı. Sağıma dönerken, az önce Pamir'in oturduğu yerde şimdi Malik'in olduğunu fark ettim fakat bu bana bir şey hissettirmedi. İfadesizce onu süzdükten sonra, "Senin burada ne işin var?" diye sordum ve kokteylin yarısını içtim.

"Burası yatırımcılar için düzenlenmiş bir parti," diye mırıldandı ve ellerini açarak güldü. "Bil bakalım ben neyim?"

"Her yerde kaşıma çıkan uyuz bir domuz mu?"

Tekrar güldü. "Hayır, bir yatırımcı. "

"O zaman git de birilerine yatırım yap."

"Bu gece değil," dedi. "Bu gece senin için geldim."

O an, keşke Pamir kitaplardaki erkek karakter gibi gelip asıl kıza yavşayan çocuğu dövse, diye düşündüm. Bunu istedim. Beni kıskanmasını. Gelip Malik'e kafa göz dalmasını.

Ama o yatırımcılarıyla o kadar meşguldü ki beni görmüyordu bile. Nerede olduğunu bile bilmiyordum.

Kokteyli kafama dikip bir tane daha istedim ve karşımda oturmuş ahlâksızca beni süzen Malik'i dövdüğümü hayal ettim.

Kaçıncı olduğunu sayamadığım kokteyli tekrar kafama dikerken, "Yavaş," diye mırıldandı. "Kaç tane içtin?"

Güldüm. "Bilmem."

Barmene dönerek, "Kaç tane içti?" diye tekrar etti sorusunu.

"Bu beşinci."

"Aptal herif!" diyerek aniden çıkıştı Malik ve ayağa kalktı. "Sadece bir tane içecekti, en fazla iki! Ona beş tane vermeni söyleyen kimdi?"

"Ne oluyor ya?" diye kızarak ayaklandığımda, bir an dengemi sağlayamayarak sandalyeye tutundum. Midem bulanıyordu.

"Kendi istedi," dedi barmen bayık gözlerle Malik'i süzerek.

Öfkelendim.

Ben neye öfkeliydim?

Pamir'e.

Daha da öfkelendim.

Güçlü bir şimşek büyük camlardan ileride aydınlandığında, öyle şiddetli bir şekilde yeryüzüne düştü ki şamdanlar sallandı.

"Siktir," diye bir küfür mırıldandı Malik kafasını eğerek.

İnsanlar da korkmuş, etrafa bakıyordu ve fısıldaşıyorlardı artık.

Güldüm.

"Otur," dedi. "Otur. Pamir piçi nerede?"

Tekrar güldüm ama bu sefer üzgün bir gülüştü bu. *"Hayallerimde."*

"Dur burada," dedi ciddi bir sesle ve beni sandalyeme geri oturttu.

Endişeli gözlerle beni süzerken telefonunu çıkartıp ilerledi ve kulağına tutup, "Neredesin sen lan!" diye gürlediğinde, o da kalabalığa karışmıştı artık.

Sesler boğuk boğuk geliyordu. Tezgâha dönüp kollarıma gömdüm kafamı ve aniden bastıran bir hıçkırık dalgasıyla boğuştum.

"Ritim yok!"
"300'e şarj edin!"
Uzun ve aynı devam eden ritimsiz bir makine sesi.
"Ritim yok!"
"320!"
Uzun ve aynı devam eden ritimsiz bir makine sesi.
"Onu kaybettik Nursel! Bırak!"
"Hayır! 340'a şarj edin, çabuk!"
"Nursel!"

"Nil?" diye bir ses duydum bütün o boğukluğun arasından. Tok, ciddi ama endişeli gibi çıkan, sert ve soğuk bir ses. "İyi misin?"

Soğuk kolumun üzerinde elini hissettim. Sıcak elini. Kendimi bildim bileli sopsoğuktum ben… Vücut ısım normal değildi bu yüzden bazen zor durumlarda kalıyordum.

"Nil?" diye tekrar ettiğinde hayal dünyamdan sıyrılıp kafamı kaldırdım ve bütün o ses ve ışıkla boğuşmaya çalışarak araladım gözlerimi. Başım dönüyordu, midem bulanıyordu ve daha önce hiç hissetmediğim kadar rahatsız hissediyordum.

Bulanık görüntü düzeldiğinde, karşımdakinin Pamir olduğunu seçebilmiştim. Dudaklarını yalayıp elini saçlarından geçirdikten sonra eğilip kokladı ve yüzünü buruşturdu. "İçtin mi sen?"

"Meyve kokteyli..." diye mırıldandım yavaşça ve barmene döndüm. Turuncu sakallı ve bayık gözlü barmen gitmiş, yerine başka biri gelmişti. "Alkolsüz..." diye devam etmek istedim ama tekrar hıçkırmaya başlamıştım.

"Tamam, tamam, gel," dedi ve kollarımdan tutup kaldırdı beni. Belime sarılıp beni merdivenlere doğru yürütmeye çalıştığında, ardı ardına hıçkırmaya devam ettim. Sonunda, "Nefesini tutmaya çalış," diye fısıldadı basamaklara ulaştığımızda.

Nefesimi tuttum.

Yaklaşık bir-iki dakika sonra hem merdivenler, hem de hıçkırığım bitmişti.

Kocaman bir evin içindeydik. Aşağıdan gelen klasik müziğin ve kalabalığın konuşma seslerini duyabiliyordum. Hâlâ aynı yerdeydik. Ama her şey yine de çok bulanıktı, ayırt edemiyordum... Başım çatlayacak gibiydi.

"Gel," dedi ve koridorun sonundaki odalardan birine girdik. İçeri girdikten hemen sonra kapıyı kapattığında, buranın büyük bir oda olduğunu fark ettim. Büyük bir yatak vardı, duvara monte edilmiş büyük dolaplar, büyük bir çalışma masası, kişisel bir banyo, bir balkon, açık büyük bir pencere ve rüzgârda savrulan bir tül ve bu ses... "Yağmur mu yağıyor?"

"Sanırım," diye cevapladı. "Gel, yüzünü yıkayalım."

"Neresi burası? Çıkalım buradan."

"Benim odam," diye cevapladı isteksizce.

"Nasıl?"

"Bu malikâne," dedi gözlerini yukarıdan bana doğru çevirip. "Yelkıran ailesine ait. Annem, babam, Nihat Bey ve büyükannem burada kalıyor. Burası da benim odam, yani burada kalırken öyleydi."

"Neden böylesin?" diye sordum kolumu çekerken ve karşısında durmaya çalıştım. Başım dönüyordu fakat dik durabilmiştim.

"Nasıl?"

"Yani..." Gözlerimi üzerinde gezdirdim. "Hiç umudun yok mu mutlu sonlara?"

Dalga geçiyormuş gibi güldü. "Umuttan bahsediyorsak, ben o konu açıldığında sigara yakıyorum."

Cevabımı almış gibi gözlerimi yere çevirdim. Onu on bir yıldır tanıyor olsam bile, asla tam olarak tanıdığımı söyleyemezdim çünkü daha onunla ilk konuştuğum an fark etmiştim kapalı bir sır kutusu gibi olduğunu. Bir şeyler vardı, bir şeyler yaşanmıştı ve belki de geçmişte çok yakınken şimdi Malik'le bu hâle gelmişti.

Sonuç olarak sıfır çarpı sıfır, elde var sıfır.

"Beni neden kız arkadaşın olarak tanıttığını söylemedin," dedim boğuk bir sesle. Ayrıca, içki mi içmiştim ben? Barmenden alkolsüz istememe rağmen, bana alkolü mü vermişti? Tecrübesizliğimin başıma dert açacağını tahmin etmezdim...

Elinin ışıkları açmak için düğmeye gittiğini fark ettiğimde, "Dur," dedim. "Işıkları açma, lütfen."

Derin bir nefes vererek, "Bahsettikleri kız," dedi. "Ceren. Babam ve Nihat Bey'in beni evlendirmek istedikleri kız. Bir nevi şirket evliliği yapmak istiyorlar ama bunun bize hiçbir yararı yok, aksine bana zararı var."

İstemsizce kaşlarımı kaldırarak sindirmeye çalıştım.

“E-evlilik mi?”

Kafasını sallayıp elleriyle yüzünü sıvazladı. “Çok saçma… En ufak bir mantık bile yok. Neden istiyorlar hiçbir fikrim yok. Akıllarında ne var bana söylemiyorlar. Tek istedikleri iki şirketi birleştirmek ve bunun garantisi olarak da karşı tarafın kızıyla beni evlendirmek.”

“Yok artık!” diyerek itiraz ettim.

“Eğer birlikte olduğum biri olduğuna inanırlarsa, belki beni buna zorlamaktan vazgeçerler diye düşündüm o yüzden lütfen hiçbir şeyi bozma,” diye devam etti.

Her şey iyi, güzeldi de…

Seni kullandı, diye fısıldadı siyahlar içindeki büyük bir öfkeyle. *Sana ihtiyacı yok, seni kullandı!*

“Gel,” diyerek bana yaklaştı ve kolumu tuttu. “Yüzünü yıkayalım.”

“Bırak,” dedim aniden damarlarımda hissettiğim bir öfkeyle.

“Sarhoşsun,” diyerek itiraz etti. “Önce bir kendine gel, temiz kafayla tekrar konuşuruz.”

“Bırak!” diyerek gürledim bu sefer, kolumu hızla çekerek ve istemsizce öfkemin yansıması olarak, şiddetli bir şimşek aydınlattı odayı. Birkaç saniye sonra da gök gürültüsü geldi ardından.

“Ben var ya ben…” diye mırıldandım ama kelimelerimi kontrol edemiyordum. “Kendime inanamıyorum!” Bana yaklaşmaya çalıştığında kenardaki vazoyu alıp ayaklarının dibine fırlattım.

“Nil, sakin ol!” diye bağırdı.

Duyguların zindan olduğu parmaklıkların ardında ziyan olmuş satırlar, cümleler, harfler…

“Hayır!”

Hayaller. Umutlar. Bekleyişler.

“Yalnız bırak beni!” diye devam ettim.

Vazgeçişler.

Bu sefer de o, "Hayır!" diye bağırdığında elime geçen başka bir şeyi fırlattım. "Git!"

"Gitmiyorum!"

"Beni kullanma!" diye bağırdım ona doğru yürüyüp. "Sakın, sakın bir daha beni kullanma! Ben senin pis işlerine alet edebileceğin biri değilim! Hayatına böyle dâhil olacaksam hiç olmayayım daha iyi!"

Bileklerimden yakalayıp çekti beni ve durdurmaya çalıştı. "Bir dur!"

"Hayır!" diye bağırdım tekrardan. Rüzgâr öyle şiddetliydi ki, perdeler yerinde durmuyorlardı. Açık balkon ve pencereden içeriye dolan bütün hüzün şimdi benim ayaklarıma dolanıyordu.

O ana kadar, gözlerimin dolduğunun farkında bile değildim. Sonunda geriye gitme serüvenim kalçamın tezgâha yaslanmasıyla durduğunda, derin derin nefesler alıyordum. Beni durdurmak amacıyla çok yaklaşmıştı ve şimdi o da derin nefesler alıyordu.

"Senden nefret ediyorum," diye mırıldandım gözlerine karşı. Doğrudan, hiçbir engel olmadan gözlerine bakıyordum. Oda karanlıktı ama acı kahvelerini görebiliyordum ve lenslerimin ardında parlayan yıldızları bir nebze olsun görebildiğini de biliyordum.

"*Gözlerin,*" dedi şaşkınca, öyle yakındı ki şaşkınlığının boyutu beni de çarpmıştı.

O an, dünya sanki bir otobüs oldu ve arkalardan biri *durdurun dünyayı, inecek var!* diye bağırdı. Şoför de durdurdu dünyayı.

Elimde biletimle kalakaldım.

Alkolün damarlarımda dolandığı dakikalarda bütün o gürültü, geçmiş ya da gelecek umurumda olmadı. Boyu benden uzun olduğu için yukarıya kaldırdığım başımın ona yaklaştığını, burnumun burnuna değmesiyle fark ettim. Aramızda kalan ve bileklerimden tuttuğu ellerimi tutan elleri gevşedi ve yavaşça özgürlüğüne kavuştu. Alt ve üst kirpiklerim birbirine geçtiğinde, kalbime dolan adrenalin duygusu bir anda patlak verdi ve dudaklarım onunkilere yaslandı.

Durdu. Tıpkı kitaplarda okuduğum gibi, tıpkı filmlerde izlediğim gibi, tıpkı anlattıkları gibi her şey durdu. J. K. Rowling yazmayı bıraktı. Akdeniz ile Atlantik Okyanusu birbirine karıştı. Yağmur duracağı yerde daha da alevlendi. Bir şeyler kırıldı içimde, bir şeyler söküldü; sonra elinde iğne iplik, çıkageldi birisi ve dikmeye başladı kanayan yerlerimden.

Geri çekilecek sandım, geri adım atacak ve bırakacak, hatta tek kelime etmeden bırakıp gidecek ya da hiç olmamış gibi davranmaktan bahsedecek… Ama öyle olmadı.

Dudakları dudaklarımla çıktığı savaştan galip gelerek beni esir aldığında elleri belimi buldu ve yukarıya çıkarak bedenimi kaldırıp tezgâha oturtturdu. Birkaç saniye sonra bacaklarım bedeninin iki yanından aşağı sarkıyordu ve dudakları dudaklarımın üzerinden çeneme kaymıştı. Ellerim boynundaydı, elmacık kemiklerinin üzerinde ve saçlarında dolaşıyordu.

His her yerdeydi. Dokunduğum her yerinde, teninde, dudaklarında, gözlerinde, saçlarında, kokusunda, *ruhunda*. Ruhuma dokunan ruhunda.

Sonunda durmamız gerektiğini fark ettiğinde nefes nefese geri çekilmişti ve alnını alnıma yaslayarak gözlerini kapatmıştı.

"Sen…" dedim sesimin titrememesine özen göstermeye çalışarak. "Sen gerçekten çok kötü birisin."

Dudakları muzip bir gülümsemeyle aralandı. "Öyle mi dersin?"

Bazen uyumak dinlenmek değil, kaçmak oluyor… Ve ben hiç kaçamıyorum. Ölmek için yaşıyoruz, anlasana.

19

Önceden tesadüflere inanırdım. Bana göre kader yoktu; o an yaptığımız tercihlere geleceğimizi adım adım biz çizerdik sadece. Ve diğerlerinin geleceği rengârenk boya kalemleriyle boyanırken, benimki karakalem olarak karanlığa karışırdı.

Güneşin aydınlattığı meydanlardan ziyade, perdeleri sonuna kadar çekilmiş dört duvar arasıydı benim yuvam. Düşüncelere boğulduğum, sorguladığım, cevap aradığım, kendimle baş başa kaldığım tek yerdi çünkü orası. Düşüncelerimden fırlayan deli hayaller duvarlardan sekip kalbimi nişan alırdı her defasında, çünkü o rüyaların içindeki başrol her zaman aynı kişiydi.

Kokusu ciğerlerimi patlatacak derecede huzur kokan, karşımdaki adam.

Ruhu ruhuma, dudakları dudaklarıma karışmış adam.

Rüzgârın uğultusu açık pencereden içeriye dolarken düzene girmiş nefes alış verişim, sonunda dakikalardır ciğerlerime dolan tarçın ve salep kokusunu idrak edebildi ve esnememek için zor tuttum kendimi.

"Ben," dedim midemdeki alkol çalkalanarak kelebekleri teker teker öldürürken. "Söylemem gereken…" Bir elimi kaldırıp göğsüne koyarak kendimi yavaşça geri çekmeye çalıştığımda gözlerimi zorlukla açık tutabiliyordum. Uykunun çekimi inanılmaz güçlüydü ve ben sarhoştum. Bu dayanma gücümü yarı yarıya indiriyordu.

Duraksız bir şekilde gözlerime baktığını fark ettiğimde bir açıklama yapmam gerektiğini de anlamıştım ama dudaklarım açılmıyordu.

"Özür dilerim…" diye başladı söze fakat daha fazla tutamadım kendimi.

Biz uyumaya çalışıyoruz, acı uyanmaya.

Bilincimin son kırıntıları su yüzünde boğulurken gözlerim kapandı ve kafamın düşerek göğsüne yaslandığını hissettim, boşlukta savrulmadan hemen önce.

"Ahh, hadi ama… Yine mi?"

★★★

Saniyesi saniyesine aklıma kazıdığım rüyalarla birlikte zihnimdeki bir kara delikten aşağı düştüğümü fark ettiğimde, ani bir refleksle gün ışığına açtım gözlerimi. Tavanın aşırı beyaz görüntüsü rahatsız ediyordu ve yastıklardan ya silinmeye yüz tutmuş ya da hayal ürünüm olan bir koku geliyordu: salep ve tarçın.

Kirpiklerim gözlerime yapışırken yüzümü aşırı rahatsız bir şekilde hissediyordum ve ayaklarım ağrıyordu. Şu an olduğum yere eli silahlı adamlar girse ve beni kaçırmaya kalksalar hiç tereddüt etmez, tekrar uyuyakalırdım sanki.

Sonra da seni kaçırdıkları yeri başlarına yıkıp analarından emdiğin sütü başka bir taraflarından çıkartırdın, diyerek esnedi siyahlar içindeki. Beyaz olan ortalıklarda gözükmüyordu. Hangisinin iyi, hangisinin kötü olduğunu ayırt edemiyordum artık… Önceden sürekli değişen bir ruh hâlleri vardır ama artık ikisi de kişiliklerini oturtmuş gibiydiler. Biri asi, cesur ve saldırgan; diğeri ise korkak, çekingen ve sessiz.

Düşüncelerimin ortasına bir çığ gibi düşen görüntüler

kalbimi titretirken kendime daha fazla uzanma hakkı tanımadım ve yorganı iterek yatakta doğruldum. Burası bir misafir odasına benziyordu. Ahşap ve beyazın hüküm sürdüğü, küçük sayılamayacak genişlikte bir oda.

Başım çatlayacak gibiydi. Saç diplerimi kavrayarak her bir tutamı arkaya ittikten sonra ayağa kalkıp üzerimdeki elbiseyi süzdüm. Kırış kırış olmuştu artık ve eteği kalçama kadar sıyrılmıştı. Üzerimi çekiştirerek düzelttim ve kenardaki kapıyı açarak odanın kişisel banyosuna adım attım. Ahşaba uyacak şekilde kahve ve krem rengi tonlarında dizayn edilmişti.

Aynaya bakmamaya özen göstererek bol suyla yüzümü yıkadıktan sonra, kafamı kaldırıp aynaya bakacak cesareti buldum ama hemen ardından suratımı buruşturarak kafamı çevirdim. Okuldakiler beni bir de bu makyajı akmış hâlimle görseler, bu sefer ben yapıştırırdım alnıma *Dikkat, Satanist'im*, diye.

Yüzümü iyice yıkayıp bütün boyadan arınarak eski hâlime döndüğümde, havluyla kurulanıp içeriye döndüm ve yatağın üzerine oturarak yüzümü ellerimin arasına aldım.

Düşün Nil, düşün.

Dün gece ne oldu?

Dudaklar.

Hayır.

"Sen gerçekten kötü birisin."

"Öyle mi dersin?"

Hayır...

Kavga ederken anın getirdiği adrenalin ve alkolün verdiği cesaret sonucu ona fazla yakınlaşmıştım ve o da beni öpmüştü. Dudaktan.

Soğuk sudan buz kesmiş parmak uçlarımı dudaklarımda gezdirdim. Gerçekten bu olmuş muydu? Böyle bir şey yaşanmış mıydı?

Heyecandan küt küt atan kalbim onun sayesinde her seferinde biraz daha zorluyordu sınırlarını. Her seferinde biraz daha hızlı, biraz daha ve daha da hızlı atıyordu…

Üstüne üstük bir de üç gündür uyumamanın verdiği uykusuzluk sonucu kokusunu aldığım an göğsüne bayılıp orada uyuyakalmıştım. Ben şimdi nasıl bakacaktım onun yüzüne? Ne diyecektim? Nasıl davranacaktım? Bunun olduğuna inanamıyordum!

Bir yandan ufak da olsa bir yönden karşılık bulduğuna sevinen kalbim bu yükü daha fazla kaldıramayacağına kanaat getirmek istercesine ağrıyordu. Damarlarımdan kalbime ulaşan kan her saniyede bir defa ateş ediyormuş gibi canımı acıtmaya başladığında, ayağa kalkarak gözlerimi kapattım ve elim istemsizce kalbimin olduğu yere gitti.

Birkaç derin nefesten sonra acı yok olduğunda, "Kendine gel Nil," diye mırıldanarak elimi saçlarımdan geçirdim.

Tam o sırada kapı çaldı. "Girebilir miyim?"

"G-gir," dedim aniden fakat bunu ne düşünmüştüm, ne de sesimin titremesine engel olabilmiştim…

Kapı açıldığında, Pamir üzerinde siyah, kalın bir kapüşonlu ve koyu renk kot pantolonuyla içeri girdi. Saçları biraz dağınık olsa da yine de düzgündü ve gözleri kıpkırmızıydı.

Bir an ağladı zannettim. Zihnimde bir araya gelip bir cümle oluşturan bu dört kelime bana birkaç saniyeliğine cehennemi yaşatırken bu saçma ve gereksiz düşünceyi beynimin tozlu raflarına kaldırarak hayal de olsa daha fazla saçmalamamayı diledim. Dün gece yüzünden uykusuz olabilirdi. Sonuçta benimle ilgilenmekten buraya gelme amacını gerçekleştirememiş de olabilirdi ve bunun sorumlusu… Tamamen bendim.

"Hazırsan çıkıyoruz," dedi doğrudan gözlerime bakarak, normal bir tınıyla.

"Fark etmez," diye cevapladım onu. Dışarıdan fazla sakin,

fazla durgundum fakat içimde kopan fırtınalar göğüs kafesimin içindeki kalbime tekme tokat dalmış, onu yerden yere vuruyordu. *Fark etmez* mi? Cidden mi?

"Aşağıdayım," diyerek kapıyı kapatıp gittiğinde, çığlık atmamak için kendimi tuttuğumdan yatağın üzerine atlayıp yastığı dişledim ve bastırılmış çığlık mırıltıları çıkarmaya başladım. Bu delilikti! Böyle bir şeye hazır değildim!

Ani bir kapı açılma sesinin ardından, "Ha bir de…" diyerek sesini tekrar duyduğumda gözlerimi kocaman açarak hemen toparlandım ve ayağa fırladım. "Hemen eve dönmeyeceğim," diye devam etti ve beni garip gözlerle süzdü. Suçüstü yakalanmış gibi hissediyordum kendimi. "Uğramam gereken bir yer var ama istersen seni eve bırakabilirim."

"Fark etmez," dedim tekrardan, hissiz bir tonla.

"Tamam," dediğinde hemen ardından tekrar, "Fark etmez," dedim ama gözlerimi büyülterek anında düzelttim. "Yani tamam."

Kafasını sallayıp salaklığıma gülerek dışarıya çıktığında bu sefer gerçekten gittiğinden emin olmak için birkaç dakika bekledim. Hemen ardından yatağın içine girerek yorganı tepeme kadar çektiğimde, sanki saklambaç oynuyormuşuz ve ben saklanmak için yorgan altından daha iyi bir yer bulamamışım gibi ayaklarımı da içeriye çektim ve yorganın içinde kıvrıldım.

Bu çok utanç vericiydi… Nasıl tam anlamıyla gözlerinin kaçırmadan gözlerimin içine bakabiliyordu? Ben bakamıyordum.

Gerçi, normalde de pek fazla bakamıyordum ben.

Uzatmadan toparlanarak kendime kısaca bir çeki düzen verdikten sonra yatağın kenarına bırakıldığını fark ettiğim çantamı, ceketimi ve ayakkabılarımı da alarak odadan çıktım. Sessizce malikânenin büyük merdivenlerinden aşağı inerken, aşağıda etrafı toplayan görevliler olduğunu fark etmiştim. Son merdivende tırabzanlardan tutunarak ayakkabılarımı ayağıma geçirdim ve ceketimi de üzerime giyinerek hızlı adımlarla çıkışa yürüdüm.

İki kapılı büyük çıkıştan çıktığımda, kocaman bir bahçe ve sınırları dışında kalan ormanlık arazi direkt olarak ilgimi çekmişti. Burası fazla ferah ve düşünmek için oldukça iyi bir yerdi. Sessizdi, dün gecenin aksine.

Adımlarım Aralık'a gireceğimiz şu son Kasım günlerinde bile canlı kalmayı başarabilmiş, güzel ve düzenli bahçenin dışına doğru ilerlediğinde, film kaplı camların ardından içeride Pamir olduğunu düşündüğüm siyah Porsche görüş alanıma girdi. Ben kapıyı ağır bir hareketle açtıktan sonra geri kapatırken, dün gece fark etmediğim bir şeyi fark ettim.

Malikâne geniş bir araziye yayılmıştı ve az önce çıktığımı sandığım bahçenin tamamı bu kadarla sınırlı değildi. Asıl çıkış kapısının önündeki siyahlara bürünmüş, mafya adamları misali bu havada siyah güneş gözlükleri ve boyunlarından çıkıp kulaklarına uzanan kulaklıklarla dikilen adamları fark ettiğimde, olduğum yere çakılarak etrafı süzdüm. Burası neresiydi böyle? Yelkıran ailesi neyin nesiydi de, böyle korunuyordu?

Porsche'nin önünden ilerleyerek döndüğüm sırada, adamlardan birinin ilerleyip kapımı açmasını şaşkın bakışlarla izledim. Binerken istemsizce, "Sağ ol," dedim ve kapıyı kapatmasını izledim.

"Onlara teşekkür etmene gerek yok. İşleri bu, bunun için para alıyorlar," dedi Pamir dirseğini cama yasladığı eliyle çenesini ovuştururken.

"Evet, öyle olabilir ama nezaketen teşekkür etsem ölmem ya?" Gözlerimi devirmemek için zor tuttum kendimi. "Bu nasıl bir düşünce böyle?" Kendime hâkim olamıyordum. "Eğer ekmek almaya gittiğinde hiçbir şey demeden donuk bir ifadeyle çıkarsan, bu senin odunluğundur fakat çıkarken gülümseyip teşekkür ederek hayırlı işler dilersen, hiçbir şey kaybetmez, üzerine bir de mutlu olursun. Karşındaki kişinin de çalışma verimini arttıracağına yemin edebilirim. En azından bir teşekkür etmek çok mu zor?"

Durdu. Donuk bakan acı kahve irislerinin ardından, bayık bakışlarla ve hissiz bir görünümle başını bana çevirdikten sonra, "Ben ekmek almaya gitmem," dedi.

Hemen ardından gazı kökledi.

"Bravo," dedim onu alkışlayarak. "Koca bir paragraftan sonra verdiğin cevap cidden bu mu?"

Kafasını bir anlığına çevirerek yamuk bir şekilde gülümsediğinde yüzümdeki ifade söndü ve başımı hemen cam tarafa çevirerek kaşlarımı çatıp durum değerlendirmesi yaptım.

Her gülümseyişinde veya bunun gibi kalbimi tekleyecek bir hareket yaptığında arkasında sapasağlam durduğum fikrin ne olduğunu bile unutup, *ne saçmalıyordum ben ya?* Diye düşünürsem ne olurdu hâlim?

Koruma olarak adlandırdığım siyah giyen adamlar kapıları açtıktan sonra geçişe izin verdiklerinde, orman yoluna çıktık. Birkaç saniye süren sessizliğin ortasında bomba gibi düşen sesi kulaklarımdan çınlamadan hemen önce ise, müzik çalara uzanmak üzereydim fakat durdum.

Gözlerini yoldan ayırmadan, "Alkol alınca çenen açılıyor herhalde," dedikten sonra yoklamak amacıyla kafasını bana çevirdi fakat bu en fazla birkaç saniye sürdü.

"H-ha," diye bir ses çıkardım. Kendimi tokatlamak istiyordum! "Alkol mü almışım? Demek o yüzden hatırlamıyorum dün geceyi."

Siyahlar içindeki öfkeyle ayaklanarak bağırdı. *Ne tokatlaması kızım? Tokatlamak az gelir! Kiralık katil kiralayalım biz sana, temiz iş. Böyle atraksiyonlara, şaklabanlıklara falan hiç gerek yok! Hatırlamıyorum ne demektir ya?*

Birkaç saniyeliğine ona döndürdüğüm bakışlarımdan

kaşlarının çatıldığını gördüğümde, "Üzerine falan mı kustum?" diye sordum.

Aferin, aferin, dedi siyahlar içindeki ayakta alkışlayarak. *Oscar'lık oyuncusun yemin ediyorum. Konservatuar düşün sen bence.*

"İlk alkol alışındı senin değil mi?" diye sordu ama daha çok kendine soruyor gibiydi ve kısık sesle mırıldanmıştı. Birkaç saniye sonra bir şey aklına gelmiş gibi öfkeyle direksiyona vurduğunda yerimde sıçradım. "O orospu çocuğunun ebesini sikeceğim! Ense diplerindeki saçlarından kavrayıp alkol havuzunda boğacağım onu, sonrada teker teker sökeceğim her bir uzvunu. Bu sefer çok ileri gitti."

"S-sakin ol," diye mırıldandım fakat sesim onunkine nazaran fazla kısık çıkmıştı. "Malik'ten mi bahsediyorsun?"

"Ares mi, Malik mi artık her ne boksa!"

"Tamam, tamam," dedim tekrar ederek. Kafasını dağıtmak, öfkesini ondan uzaklaştırmam gerekiyordu. "Gideceğimiz yere gitmeden önce kahve içelim mi?"

Çatık kaşları biraz yumuşamıştı fakat sertliğini kaybetmemişti. Kafasını çevirip, "Dalga mı geçiyorsun sen benimle?" diye sordu.

Kahveden nefret eden adama en sinirli anlarından birinde, kahve içmeyi teklif etmiştim. Gerçekten ilerleme kaydediyordum: kendimi öldürtmek konusunda.

"Salep sever misin?" diye sordum koltuğa sinerek.

"Salep mi?" diye tekrar etti.

Kafamı salladım. "Salep. Tarçınlı salep."

Bir elini ensesine götürüp saçlarını karıştırdıktan sonra, "Bilmiyorum," dedi. "Pek tercih ettiğim bir şey değil. Sıcak içecekler olarak bir tek çay çeşitlerini seviyorum, sanırım daha önce içmedim."

"Gittiğimiz yerde salep var mıdır peki?"

"Otele gidiyoruz," dedi. "Yani gidiyorum. Gelmek istediğine emin misin?"

"Alt tarafı bir otel," dedim omuz silkerek. "Geleceğim."

"Ankara'da."

"Ne?"

"Ankara'da," dedi tekrar ederek. "En az dört saat sürecek bir yolculuktan bahsediyorum. Gelmek istediğine emin misin? Seni eve bırakabilirim. Büyükannem dönmüş olabilir ama o zamanda Nisan'da kalabilirsin."

Müzik çaları açarak, "Yapacak bir işim yok," dedim. "Hem Ankara'yı merak ediyorum. Ben de geleceğim."

"Gezmek istiyorsan vaktimiz kalmayabilir."

"Beni vazgeçirmeye mi çalışıyorsun?"

Güldü. "Ne münasebet."

Müzik çaları ilk açtığımda başta hoş bir gitar melodisi ile bir kadın sesi doldurdu arabanın içini ve hemen ardından anlayamadığım bir dilde sözler döküldü. Tınısı ve başlangıcı o kadar güzeldi ki, bir an sözlerinin ne denli güzel olabileceği hayaline kapıldım. "Bu hangi dilde?"

"Sevdin mi?"

"Güzelmiş," diye mırıldandım. "Hintçe mi?"

"Evet," dedi. "Zorla götürüldüğüm ama sevdiğim bir filmin şarkılarından biri."

Geriye yaslanarak camı açtım ve yavaşça elimi dışarıya çıkararak rüzgârın tenimde dans etmesine izin verdim. Bir dakika sonra şarkı tekrar nakaratına geldiğinde ise, "Keşke sözlerin anlamını da bilseydim," diye mırıldandım. "Google'da var mıdır çevirisi?"

Kafasını bir an bana çevirerek dışarıya sarkıttığım kolumu izledi. Hemen ardında ise müzik çalara uzandı. "Ya hayır," dedim. "Kapatma. Değiştirme de. Lütfen."

Fakat durmadı. "Uyuz," diye mırıldandım.

Birkaç saniye sonra aynı gitar melodisi kulaklarıma dolduğunda ise, şarkıyı başa sardığını anlamıştım. Hakaretim için duyduğum pişmanlık yüreğimden bedenime yayıldığında, rüzgârın soğukluğundan titremeyen bedenim ruhuma atılan çizikten titredi. Hemen karşımda, ondan beklenmeyecek bir hareketle bıçağını tenime sürtmüş, hemen ardından bedenimi değil de ruhumu çizmişti bıçağın keskin tarafı. Tuhaftı ki, acıtmamıştı. Bu sefer hissettiğim huzurdan başka bir şey değildi.

Kızın sesi girdiğinde, "Günlerim burada bitiyor," diye mırıldandı. "Sabah burada oluyor, burada yaşayıp ölmeliyim. Burası Tapınak ve Medine."

"Senin sokakların," diye devam etti. "Bana uyuyor sokakların, senin sokakların."

Şarkıyı benim için çevirdiğini fark ettiğimde burnumun direği sızlamaya başlamıştı. Dün geceden kalma alkol aç midemde çalkalanırken dudaklarımı ısırdım fakat çok geç kalmıştım. Gözlerim dolmuştu. Kafamı yukarıya kaldırarak onları geri gönderdim fakat dışarıda atıştırmaya başlayan yağmura engel olamadım. Kısa süre içerisinde dışarıya sarkan kolum da ıslanmaya başlamıştı ama yine de geri çekmedim.

"Bana böyle acı çektiriyor, senin sokakların," diye devam etti. Ardından kadının hoş tınılı sesi girdiğinde bir süre bekledi. Sözleri düz bir şekilde söylüyordu fakat böyleyken bile o kadar anlamlıydı ki…

"Sen benim uykumda uyuyorsun," dedi. "Sen benim gözyaşlarımda ağlıyorsun. Hayallerimde senin fısıltın… *Sen yokken bile sen varsın.* Sen benim acımın sonucusun. Benim kalbimin duaları, istekleri senin sokakların."

Sen yokken bile sen varsın.

Nakarat tekrar ettiğinde sustu. Ardından sözler bu sefer erkeğin ağzından söylenmeye devam ettiğinde ise o da devam etti. "Sen ve benim ilişkimiz nasıl, yüzü adı yok ama yine de çok derin… Bu anlar ipek gibi. Bizden kaybolmamalılar. Vaktin kafilesini durdur, artık kalpten ayrılmamalı."

Dur, demek istedim. *Yapma.* Milyonlarca hücremin arasından biri sana âşık değilse onu da yolunda kurban edeceğim bu gece.

Ama durmadı. O durmadı, ben de siyaha tutunmayan renksiz son hücremi de elime kalem alıp siyaha boyadım. Beyazlar içindeki yüzüne siyah mürekkep bulaşmış bir şekilde siyah olanın yanına oturarak bağdaş kurduğunda, gözleri kapalıydı fakat huzurla dinliyordu. *Onu* dinliyordu. *O* da dinliyordu.

Teri galliyan, galliyan teri galliyan… Yoonhi tadpaveen, gallian teri… Galliyan.

"Senin sokakların, senin sokakların," dedi son birkaç kelimeyi söylediğini belirtmek istercesine. "Bana uyuyor senin sokakların, senin sokakların."

Bir filiz yeşerdi yüreğimin ortasında. Güneş yüzü görmeden o karanlığın içine umut gibi doğdu ve hızla büyüdü. Onu sulamadım, gün ışığına çıkarmadım, havasız dört duvar bir odada aniden çıkıverdi betonların içinden ve açılan siyah papatyanın yapraklarından, kanatları parlak, siyah bir kelebek kanatlandı.

"Güzel şarkıymış," demekle kaldım. Sesim titremesin diye içimde kaç kere prova etmiştim, saymamıştım bile.

"Öyledir," dedi.

Öyle mi dersin?

Bulanan kafamı sallayarak hafifçe geriye kayıp uzandığımda, kolumu geri çekerek camı kapattım. Yağmur birkaç dakika sonra dinivermişti.

"Hayret," diye mırıldandı kendi kendine. "İlk defa bu kadar çabuk son bulan bir Soyhan yağmuru görüyorum."

Beyazlar içindeki kız, kanatlanan siyah kelebeğin konması için işaret parmağını eğdiğinde *Neden acaba?* diye mırıldandı. O ürkek, korkak ve çekingen tavrından eser yoktu şimdi. Siyah kelebek şaşırtıcı bir şekilde sanki en başından beri yeri orasıymış gibi işaret parmağına konduğunda ise onu hayretler içinde izledim.

Birkaç saniye sonra kelebeğin konduğu yerden bir grilik, beyazlar içindekinin tenini kapladığında saniyeler içinde tamamen griye dönüştü. Artık beyazlar içindeki değildi, griler içindekiydi.

"Film neyi anlatıyordu?" diye sordum, sakinleşebildikten ve eski durgunluğuma dönebildikten sonra. Yaklaşık yarım saatlik bir sessizlikten sonra aklımın hâlâ şarkıda olduğunun bir kanıtıydı bu. "Şarkı sözlerinden anlaşıldığı kadarıyla bir aşk filmi. Senin gibiler öyle vıcık vıcık şeyler izlemez sanıyordum."

"Bu da dördüncü önyargın," diyerek parladı. "Aslında yalan sayılmaz, izlemem ama büyükannem çok ısrar etmişti ve ertesi gün onun doğum günüydü. Kıramamıştım." Seslice nefes verdi ve birkaç saniyeliğine bana baktıktan sonra yola geri çevirdi bakışlarını. "Bir adam var. Kötü bir adam. Kötü işler yapıyor, öfkeyle hareket ediyor. Aslında bütün geçmişi acısına dayanıyor ama kimse bu gerçeği bilmiyor. Bir gün yine ona yanlış yapan bir adamı festivalin ortasında öldürdüğünde, öldürdüğü adamın oğlu da bu kötü adama silah çekiyor. Adam daha fazla sinirlenerek çocuğun peşinden gidiyor ve çocuk masanın altına saklanıyor. Tam son hızla masanın altına girdiğinde, çocuğu ürkek bir şekilde orada kapana kısılmış bir hâlde görüyor ve aklına geçmişteki anıları doluyor. O da küçükken, ailesi katledilirken evlerindeki masanın altındaydı çünkü."

"Ne demek öldürüyor?" diye sordum. "Sırf öfkesi için…"

"Emrinde çalıştığı zengin bir adam var. Geçmişte ailesinin katledenlerden intikamını almasını sağlamış zengin bir adam. O yüzden," diyerek devam etti. "Orada çocuğa bakarken kalakalıyor ve böylece polis onu yakalayıp sorguya çekiyorlar. Sorguya çektikleri yere ise fotoğraf çekmeyi seven bir kız, bir bilgi için geliyor ve adamı görüyor. Adamın peşinde dolanıyor, onu bir arkadaşını kaçırması için ikna etmeye çalışıyor. Böyle cıvıl cıvıl, fıkralar anlatan bir kız. Sonunda adam kızı ne kadar korkutsa da kızın korkmadığını anlayınca, kabul ediyor ve bir huzur evine gidiyorlar. Meğersem kızın kaçırmak istediği arkadaşı çok yaşlı bir adammış. Ölmeden onu evlendirmek istediği içinmiş her şey."

Onu ilk defa bir şeyi anlatmak için bu kadar hevesli görüyordum. Her şeyi geçtim, ilk defa uzun uzun cümleler kuruyordu ve bir şeyler anlatıyordu bana. Kendimi geçtim, en yakın arkadaşı Kaan'a bile bu kadar uzun konuştuğunu görmemiştim daha önce. Kısa cümleler kuran, sonuç odaklı biriydi sonuçta Pamir Yelkıran. Bir şeyi iki kere tekrar etmekten, kahveden, tavuktan ve doğal olarak benim kokumdan da nefret eden biriydi.

Kahve koktuğumu biliyordum. Çok fazla içtiğim için böyle bir şey mümkündü. Asıl anlamadığım şey, sıfır denebilecek kadar hiç içmediği tarçınlı salep kokmasıydı karşımdaki adamın. Bu imkânsız, inanılmaz üzeri bir şeydi. Bir insan böyle kokabilir miydi? Bu sadece tarçın ve salep değildi, güven ve huzurun kokusuydu ayrıca.

Otoban çıkışına doğru sürerken devam etti. "Adam düğün boyunca kızı izliyor. Kız huzur evindeki herkesin evlendiği şen şakrak bir düğün organize ediyor ve sürekli gülümsüyor. En son yerde kızın günlüğünü buluyor adam. İçinde dilekleri yazan bir günlük. Gerçek şu ki, kız hasta ve ölmek üzere. Tek isteği ölmeden önce günlüğüne yazdığı dilekleri gerçekleştirebilmek. Adam ona yardım etmek istiyor bu yüzden kapısında sabahlıyor. Beraber dileklerini gerçekleştiriyorlar ve kızı tedavi ettiriyor adam. En sonunda evlenmişlerken, adamın işe başlayacağı sabah kız, psikopat bir adamın saldırısı sonucu çatıdaki evlerinden aşağı düşüyor ve ölüyor. Aslında filmin tamamı adamın intikamını kapsıyor, önceden yaşadıkları bu olaylarda kesit kesit gösteriliyor. Kötü olarak adlandırdığım adam bu psikopatı bulup, ölesiye dövdükten sonra cebine parasını tıkıştırıp hastaneye sürüklüyor her defasında fakat en son, ölen sevdiği kızın hamile olduğunu öğrendiğinde çılgına dönüyor."

"Hamile mi?" diye sordum. "Büyük trajedi. Ben bu filmi izlesem en az bir beş yıl etkisinden çıkamam herhalde."

"Normalde bu tür filmler izlemem ama, ben de sevmiştim," diye mırıldandı. "Neyse. Yaklaşık bir haftalık kelime kotamı da doldurduğuma göre şimdi çeneni kapat ve en azından varana kadar tek kelime etme."

Gülerek kafamı tekrar camdan tarafa çevirdim. Ne garip adamdı ama.

Birkaç saniye sonra hafif bir mırıltıya ev sahipliği yaptık boğuk sesi. "Doğdu. Tutunmaya çalıştı. Tutunamadı. Rol yaptı. *Öldü.*"

Tüylerim diken diken oldu. Acı bir duygu boğazımdan yukarıya doğru tırnaklarını geçirerek tırmanmaya çalışırken tek kelime etmeden önüme döndüm ve parmaklarımla oynamaya başladım.

Saat sekizden, bire kadar yaptığımız sessiz yolculuk sonunda arabanın bir otelin önünde durmasıyla sonlandığında, "Geldik," diye mırıldandı ve dışarıya çıkarak anahtarları arabayı park etmesi için valeye uzattı. Bir diğerinin açtığı kapıdan teşekkür ederek çıktıktan sonra, arabanın etrafından dolanıp yanına vardım.

"Şimdi?" diye sordum etraftaki yüksek binaları süzerken.

"Gel," dedi bakışlarını üzerimden çektikten sonra. Beni süzdüğünü fark etmemiştim.

Bileğimden tutan eli beni onun gittiği yöne sürüklediğinde otele gitmediğimizi fark ettim. Hemen yanındaki mağazaya gidiyorduk. "Bir şey mi alacaksın?" diye sordum, mağazaya gittiğimizi anladıktan hemen sonra.

"Ben değil de," dedi dönüp üzerimi ve ayaklarımı işaret ettikten sonra. "Sana alsak iyi olacak."

"Siz kendinizden başkasını da düşünür müydünüz Pamir Bey?" diye sordum mağazanın içine girdikten sonra kolumu bıraktığında.

"E gidelim o zaman," dedi hemen fakat gözlerimi büyülterek kolundan tuttum. "Aman! Gözünü seveyim, yapma. Sen getirmesen beni buraya ben çıplak ayak falan dolaşacaktım zaten." Ayağımdaki topukluları eğilerek çıkardım ve elime aldım. "Bunları giymektense yalın ayak dolaşırım daha iyi."

"Acele et o zaman," dedi saatini kontrol ettikten sonra. "Madem iki saatte bir ruju anca süren kızlardan değilsin, buradan beş dakikada çıkmamız gerek."

Ciddi şekilde doğrulup kafamı salladım.

Siyahların dolandığı askılardan bedenime uygun siyah bir kot pantolon ve siyah bir kazak çıkardığımda, ayakkabıların dizildiği raflara yöneldim ve düz taban bir çift botu ayak numarama göre seçip aldım. "Ben tamamımı," diyerek kasaya yöneldiğimde, görüş alanım bir anda kapandı ve burnum, yüzüme atılmış yünlü kumaşın etkisiyle kaşındı.

Boş sağ elimle kafama fırlatılmış koyu pembe kazağı dehşet verici gözlerle süzerek, "Gerçekten mi?" diye mırıldandım.

Kafasını salladıktan sonra kenardan açık renk bir lacivert pantolon aldı ve, "Hatta altına da bu," dedi.

"Göz zevkimi katlediyorsun şu an," dedim kazağı kenara bırakarak fakat durmadı. Beyaz bir çift topuklu ayakkabıyı gösterdi. "Altına da şunlar."

Sanki daha fazlası olabilirmiş gibi gözlerimi büyülterek, "Ehh yok artık," diye mırıldandım. "Bu kadar dalga yeter."

Gözlerini bana çevirip muzipçe güldüğünde sırtımı ona dönüp kasaya ilerledim fakat istemsizce ben de sırıtıyordum. Sırıtmamak elde miydi?

Kasadaki üç kişilik sıranın arkasına geçerek çantamdan cüzdanımı çıkarttıktan sonra, seçtiklerimi tezgâhın üzerine bırakarak sıranın bana gelmesini bekledim. Bir dakikanın sonunda kasa boşaldığında ise alacaklarımı kasiyere uzatmıştım. "Kart mı yoksa nakit mi?"

"Nakit."

"Nakit."

Solumdan gelen sesle kafamı çevirdim. Pamir cüzdanından üç tane yüzlük çıkartıp kasiyere uzattığında, "Hayır," dedim kolunu tutup. "Benim kıyafetlerim. Ben ödeyeceğim."

"Bu klişeyi bana yaşatma şimdi," dedi gözlerini bana çevirerek ve kolunu elimden çekip kurtararak kasiyere uzattı.

Gözlerimi başka tarafa çevirerek ofladım ve poşeti alarak sinirle ona bakmadan kabinlere doğru yürüdüm. Kapıyı kapatıp kilitleyerek üzerimi değiştirdiğimde, kazağın üzerine de kendi ceketimi giyerek topuklularla elbiseyi poşete attım. Birkaç dakikadan kısa süren bu kıyafet değiştirme faslının ardından ise kabinlerden çıkarak çıkışta bekleyen Pamir'in yanına yürüdüm. "Sırf tartışmamak için müsaade ettim ama sana kıyafetlerin parasını ödeyeceğimden emin olabilirsin," dedim bakışlarımı kendimden emin bir şekilde yüzüne çıkartarak ve çantamı açmaya yeltendim fakat elini bileğime sararak, "Manyak mısın kızım?" diye sordu. "Alt tarafı bir-iki parça kıyafet. Bunun lafını mı yaptıracaksın şimdi bana burada?"

"Of," dedim seslice ve elimi çektim. "Tamam ama bir daha yapma."

Güldü. "Bir daha olacak yani?"

"Ya!" Omzuna vurdum.

Hemen yanımızda bulunan otel görkemli ve büyüktü. Sık pencerelerle donatılmış ve altın renginde bir görüntüsü vardı. New York etiketli Tumblr gönderilerinden fırlamış gibiydi.

Pamir'in yanında, elimdeki poşetle ilerlerken poşeti tek kelime etmeden elime aldı ve resepsiyona bıraktı. Hemen ardından kafeterya bölümüne ilerlediğimizde ise, havuzlu bahçe manzarası olan güzel, büyük ve altın rengi ağırlıklı dizaynı süzdü gözlerim. Büyük ve ferahtı. Fazla dolu değildi ama boş olduğunu da söyleyemezdiniz.

Durup biraz etrafı süzdükten sonra, cam kenarında oturduğu sandalyeden ayağa kalkan, bizim yaşlarımızdaki kumral ve esmer arasında sıkışmış çocuğu fark ettim. Belirgin, düz ve koyu renk kaşları ve uzun kirpiklerinin çevrelediği uzun kirpikleri vardı. Saçları ise yukarıya dikilmişti.

Yanına ilerleyen Pamir'i takip ettikten sonra masanın önünde durdum.

"Vay, kuzen," diyerek Pamir'le selamlaştı. "Kaç ay oluyor görüşmeyeli?"

"En son yazın görüşmüştük işte Emir," diye cevapladı Pamir onu ve geri çekildi.

"Bu kız?" diye sordu adının Emir olduğunu öğrendiğim çocuk. Cevap beklemeden elini uzatarak, "Merhaba," dediğinde, hafifçe gülümseyip elini sıktım. "Merhaba."

"Nil," dedi beni göstererek ve hemen ardından da kuzenini işaret etti. "Bu da Emirhan, kuzenim. Kısaca Emir."

"Tanıştığıma memnun oldum," diyerek gülümsedi.

"Ben de."

"Eee geçin oturun," dedi Emir sandalyesine geri dönerken. Geçip cam kenarına oturduktan sonra dirseklerimi masaya dayayarak çenemi avucuma yasladım ve dışarıyı izlemeye başladım. Havuz güzel görünüyordu ve bakımlı çimler de ıslanmıştı.

"Fazla kalmayacağım, şirketin buradaki ayağına da uğramam gerek," diyerek kısaca ve konuya girmek istediğini belirtti Pamir ve düşüncelerimi doğrularcasına devam etti sözüne. "Kısaca konuya geçelim."

"Zarraf," dedi Emir ciddileşen ses tonuyla. "Özge'yi takip ettiriyor. Son birkaç aydır var bu ama önceden başladığına eminim, saklanmak konusunda çok iyiler ama ilk açıklarında fark edilebilirler. Malik'in bu kadar ileriye gidebileceğini düşünmemiştim ama yurtdışında okuması bir şeyi değiştirmiyor gibi görünüyor. Onu Soyhan'a dönmeye ikna edeceğim ki zaten ben de dönmeyi düşünüyordum."

Zarraf, Malik'in soyadı olmalıydı.

Öfkesini bastırmaya çalışan Pamir bugünün onun sınırlarını zorladığının farkında bir şekilde parmaklarının saçlarından geçirerek saç diplerini çekiştirdiğinde gözlerini kapatarak burnundan solur bir şekilde, "Ne zaman fark ettin?" diye sordu.

"Okul çıkışı evine bıraktığım zaman takip edildiğimizi anladım. Beş araba geriden geldikleri için fark edilmeleri imkânsız gibiydi ama ileride bir kaza meydana geldiği için ara sokaklardan birine girince fark ettim. Özge'ye çaktırmadım ama o da huzursuz, farkında olduğunu biliyorum sadece dile getirmeye korkuyor."

"Takibi emrettirdiği dilini kesip yedireceğim o herife," diye mırıldandı öfkeyle. "Bu sefer kurtulamayacak elimden."

Emir endişeli bakışlarını Pamir'in üzerinde gezdirdi. "En başından beri onun yurtdışında okuması fikri saçmalıktı. Onu kaçırmak yerine olaylarla yüzleşmen gerek, Pamir. Neden anlamıyorsun? Olay bu değil, olay kaçmak değil."

"Benim hiçbir şeyden kaçtığım yok!" dedi Pamir öfkeyle ayağa kalkarak. "Sadece etrafımdakileri korumaya çalışıyorum. Onları uzaklaştırmam bir şeyi değiştirmiyor, anlasana. Zaten belirli bir noktadan sonra hepsi gidiyor."

"Sakin ol kuzen," diyerek etraftaki bakışları süzdü Emir ve gözlerini bana çevirdi. "Nil," dedi. "Biliyor mu?"

Pamir yüzünü ovarak oturduğu yerde dikleşip, "Salep içecektik hani," dedi ve içecek bölümünü gösterdi. "Alıp gelsene. Mümkünse oyalan."

"Daha fazla açık sözlü olamazdın herhalde," diye

mırıldanarak ayağa kalktım ve Emir'e döndüm. "Sen?" "Yok, teşekkür ederim. Ben bir şey almayacağım."

"Peki,"diyerek kafamı salladım ve masadan uzaklaşarak garsonların siparişleri aldığı kısıma yürüdüm. "İki tarçınlı salep alabilir miyim?"

"Hemen hanımefendi."

Sırtımı tezgâha yaslayıp kollarımı göğsümde birleştirerek Pamir ve Emir'in oturduğu masayı gözüme kestirdiğimde, tartışmalarını izledim. Buradan hiçbir şey duyulmuyordu.

Konuştukları konuya kulak misafiri olmam bir yana, soru işaretlerimin mayoz üreyerek çoğaldığını fark etmemiş değildim.

Özge kimdi? Malik neden onu takip ettiriyordu? Neden yurtdışında okumak zorunda kalmıştı? Emir, Soyhan'a dönmek derken neyden bahsediyordu?

Birkaç dakika sonra telefonum çalmaya başladığında, ceketimin cebinden çıkartarak ekrana diktim gözlerimi. *Kaan Vuslat.*

"Efendim Kaan?" diye sordum telefon açar açmaz. "Hayırdır?"

"Hayır, hayır," diye mırıldandı. "Şimdi ilk Ankara uçağına atlayıp mesaj atacağım adrese geliyorsun."

"Ne?"

"Acil durum," dedi hızlıca. "Acilen gelmen lazım. Neredeysen çık, bir bilet al ve hemen gel buraya."

"Kaan," dedim etrafı süzerek. "Ben zaten Ankara'dayım şu an."

"Nasıl?"

"Pamir'le geldim. Bir işi varmış."

"Harika!" diye parladı bir anda. "Dinle, Pamir birazdan buradaki şirkete gelecek. Seninle konuşmam gereken bir konu var. O sırada bir şekilde karşınıza çıkıp seninle yalnız kalmaya çalışacağım, Pamir duysa eşek sudan gelinceye kadar ring ipleriyle arasında sektirir beni o yüzden seni aradığım dâhil hiçbir şeyi ona söylemek yok. Tamam mı?”

“Tamam,” diyerek kabul ettim. “Ama anlamadım, ne konuşacağız?”

“Gelince öğrenirsin,” diye cevapladı. “Şimdi kapatmam gerek. Görüşürüz.”

“Görüşürüz.”

Griye bulanmış beyaz mırıldandı. *Entrika kokusu alıyorum.*

Siyahlar içindeki de onu takip etti. *Aşırı entrika kokusu alıyorum.*

Havayı kokladım. *Ben de tarçınlı salep kokusu alıyorum.*

“İki tarçınlı salep,” diye bir ses duydum hemen arkamdan. “Hazır.”

Dönüp görevliye teşekkür ederek parasını ödedikten sonra iki kapalı karton bardağı da alarak geri döndüm. Birini Pamir'in önüne bırakmışken ve yerime geçip oturacakken, “Oturmana hiç gerek yok çünkü gidiyoruz,” dedi Pamir ve oturmama engel oldu. “Peki,” diyerek masanın başında dikildiğimde Emir de, “Tekrar tanıştığıma memnun oldum,” diyerek elimi sıktı ve Pamir'le de vedalaştıktan sonra masadan kalkarak asansörlerin olduğu yere doğru yürüdü.

Pamir elindeki karton bardağın kapağını açıp koklayarak, “Bu muymuş salep?” dedi ve kapağı tekrar kapatarak bir yudum aldı. “Tadı garip.”

“Ben küçükken tadı bana deterjanlı gibi gelirdi aslında.” *Yakın bir zamana kadar da öyleydi.* “Sonra alıştım. Yan içtikçe.”

“Zorla falan mı içirdiler?” diye sordu Vale'den anahtarları ve poşeti alırken. “Neden tadı deterjanlı gibi gelirken içmeye devam ettin?”

Senin yüzünden.

“Bilmem,” dedim gülerek. “Garip huylarım vardır. Hem sen

birini ilk bakışta sevmedin diye, onunla konuşmaktan vazgeçtin mi hemen? Tanımadan yargılamak olur bu."

"İyi de ikisi farklı şeyler," dedi.

"Değil işte," diye cevap verdim ona fakat öyle kısık sesle söylemiştim ki, ben bile zor duymuştum.

Arabaya binerken poşeti arkaya attı ve kapıları kapattıktan sonra bir yudum daha aldığı salep bardağını, bardakların konulması için yapılmış yuvarlak boşluğa oturttu. "Gerçekten garip bir tadı var."

"Bana huzur veriyor," dedim. "Güven veriyor. Sakinleştiriyor. Isıtıyor."

Gülerek kafasını salladı. "Kalorifer sistemi mi bu salep, ne diyorsun kızım ya uçtun gittin yine."

Güldüm. "Boş ver, anlamazsın."

Gaza bastığında hızla otelin önünden ana caddeye çıktık. "Kızılay'ın trafiği de çekilmez şimdi," diye mırıldandı ara sokaklardan birine dalarken.

"Şimdi nereye gidiyoruz?"

Sorumu, gözlerini etrafta gezdirirken, "Buradaki şirkete," diyerek cevapladığında Kaan'ın söylediklerini düşündüm.

Bana söyleyecek ne gibi önemli bir şeyi olabilirdi ki? Telefonda da söyleyebilirdi. Normalde çok meraklı bir insan olduğum söylenemezdi ama değer verdiğim insanlar konusunda dünyanın en meraklı kızına dönüşebilirdim.

Liseye geçtiğimde ve aynı okulda okuyacağımızı öğrendiğimde, onu gördüğüm her gün onun hakkında merak ettiğim şeylerin sayısı katlanarak artmıştı ve ben de bu yüzden internet üzerindeki bütün sosyal medya hesaplarının altını üstüne getirmiş, üstüne Instagram'dan takip ettiği arkadaşlarının hesaplarını da araştırmıştım. Yanlışlıkla babasının telefonunu ve iletişim bilgilerini bulunca da şaşkınlıktan açtığım bütün sekmeleri kapatarak kahkahalar içinde yatakta tepinmiştim.

Ankara'nın Soyhan'a göre daha soğuk bir havası vardı. Hatta çok daha soğuk. Hava kapalıydı fakat yağmur yağmıyordu, rüzgâr dışarıdaki insanların bedenlerini oyarken hızlanmamız sonucu camdan gördüğüm ağaç, bina ve insan siluetleri bulanıklaştığında geri çekilerek koltuğa yaslandım.

Yaklaşık on beş dakika sonra tamamı cam kamlı, büyük bir binanın yeraltı otoparkına girdiğimizde, Pamir arabayı tek seferde boş bir yere park etti ve bana bir bakış attıktan sonra arabadan indi. O kapıyı çarparken, ben de kapıyı açmış dışarı çıkıyordum.

Soru sormak istemediğimden ağzımı kapalı tutarak girişe ilerlemesini izledikten sonra peşinden koşturdum ve yukarı tırmanan yürüyen merdivenlere bindik. Bir kat yukarı çıktıktan sonra ise güvenlikten geçtik.

Asansörlere yürürken danışmadakilerin gözünün Pamir'in üzerine dikildiğini fark etmiştim. Telefonla konuşan kız eli ayağına dolanmış bir şekilde diğerleri gibi gözlerini büyülterek masanın görünmeyen iç tarafında bir şeyler aramaya başladığında birkaç saniye içinde eli cep telefonuna gitti.

Yan yana dizilmiş üç asansörden ilk gelene bindiğimizde ise kısa süre içinde 12. kata çıkmıştık.

Duvarları bile cam kaplı ofislerin arasından geçerken ilerideki büyük odayı yeni fark edebilmiştim. Kapının yanındaki bölümde büyük ve siyah harflerle YÖNETİCİ yazıyordu.

Hemen yanındaki danışmaya yürüdüğünü fark ettiğimde, kız onu fark eder etmez kalkıp, "Hoş geldiniz Pamir Bey," dedi çekingen bir tavırla. "Yatırımcıların gönderdiği sözleşmeyi istediğiniz maddeleri avukatlar eşliğinde düzenleyerek onlara geri postaladım ve…"

Gerisi dinlemedim. İleride bir kahve bölümü vardı ve sıcak kahve bana göz kırpıyordu. Bir bardak kafeine ihtiyacım olduğunu biliyordum. Kafein bağımlısı olabilirdim.

Pamir'in asistan kızla konuşması bittiğinde kapıyı açtı fakat gelmediğimi görünce dönüp *niye orada dikiliyorsun?* gibisinden bir bakış attı. Danışmanın uzağındaydım, kızı tam olarak görememiştim bile. Koridorun ortasında dikiliyordum.

"Sen git, ben kahve alacağım," dedim gerideki içecekler için düzenlenmiş kısmı göstererek. Kafasını salladıktan sonra içeriye girdi ve kapıyı kapattı.

Kahve bölümüne ilerlerken, bu sayede Kaan'la da konuşabileceğim gerçeği döküldü parça parça zihnime ve elim telefonuma gitti fakat önce bir bardak kahve almalıydım.

Kahve makinesinin içindeki aparatı çıkartarak karton bir bardağa kahveyi doldurduktan sonra bir yudum aldım ve kahveyi bitirene kadar koridorda turladım. Birkaç dakika sonra telefonum titrediğinde ise kahvem de eş zamanlı olarak bitmişti.

Geldiğiniz haberini aldım, 12. katın gerisine doğru gel. (Kaan Vuslat, 14:15)

Boş karton bardağı buruşturup çöpe atarak katın gerisine doğru ilerledim. Zaman ayırıp cam kenarına gidebilsem, bütün şehrin ayaklarımın altına serildiği görüntüsüyle karşılaşacağımdan hiç şüphem yoktu fakat bunun için beklemeden katın sonuna doğru yürüdüm.

Kaan tam olarak sağ taraftaki büyük camın kenarında dikiliyordu. Elindeki bardaktan duman çıkıyordu ve sağ dirseğini cama yaslamıştı.

"Geldim," dedim yanına yürüdükten sonra. "Sorun ne?"

"Sorun bu kadın," diyerek cep telefonunu önüme uzattı. Kaşlarımı çatarak telefonu aldığımda ise, ekranda bakımlı ve 20'lerinin sonlarında dolanan güzel bir kadın olduğunu fark ettim. "Ve?"

"Ve," diye devam etti. "Seninle ortalığı biraz karıştırmak zorundayız."

Kafam karışmıştı. "Nasıl?"

"Şu an fotoğrafına baktığın kadın eğer anlaşma sağlanırsa şirketin en büyük yatırımcılarından biri hâline gelecek ve tek derdi içerideki uyuz herifle evlenmek," dedi ve içeceğini yudumladıktan sonra devam etti. "Yarım saat sonra karşıdaki restoranda buluşacaklar ve eğer Pamir geçit verir de anlaşmaya imzasını atarsa hayatının hatasını yapacak. Kadını kaybetsek de kazansak da hiçbir şey değişmiyor, ondan sonraki yatırımcılardan birini de seçebiliriz. Seçenek çok. Ama bu kadına burada yer yok."

Kanım kaynadı. "Nasıl olacak o?" diye sordum. "Pamir'in parmaklarını falan mı keseceğiz imza atmasın diye? Ayrıca bu ne ya? Sıraya mı girmişler bu adam için? Yok Mine, yok Ceren, şimdi de bu kadın… Gına geldi."

Kaan telefonunu alırken güldü. "Bunu senden ben istemiyorum aslında," dedi boştaki elini ensesine götürürken. "Gülbahar Sultan istiyor." Cebinden altın rengi, nişan törenlerinde gelin ve damadın taktığı türden bir yüzük çıkardı. Başka bir tane daha çıkarttığında bunun bir pırlanta olduğunu fark ettim. Biri nişan, diğeri evlenme teklifi için takılan iki yüzük. "Sen Pamir'in nişanlısı rolünü oynayacaksın ve bu da yüzüklerin," diyerek bana uzattı. "Onlar oturduktan on beş dakika sonra Pamir'i arayıp iki dakikalığına dışarı çağıracağım, senin görevin o iki dakikalık kısa zamanda kadına Pamir'in nişanlısı olduğunu ve başka sularda avlanması gerektiğini söylemek."

"Kendimi aksiyon filmlerinin içinde gibi hissediyorum," diyerek el çırptım ve yüzükleri cebime attım. "Bir taşla iki kuğu." *Hem kadını Pamir'den uzaklaştırmış olacağım, hem de gelecekte bu kadın yüzünden oluşabilecek sorunları engellemiş olacağım.*

"Tamamdır."

Birkaç dakika daha adının Şebnem Bataklı olduğunu

öğrendiğim kadın hakkında konuştuktan sonra beraber Pamir'in girdiği odaya doğru yürüdük.

Birkaç saniye sonra Pamir de dışarıya çıktığında, "Kaan?" diyerek kapıyı kapatıp bir bakış attı. "Hayırdır?"

"Emir'le konuşmuşsun?" dedi Kaan, Pamir'le selamlaşırken. "Birkaç gün içinde Soyhan'a gelecekmiş. Özge'yi dönmeye ikna edememiş sanırım."

Pamir alnını ovdu. "Cadı," dedi. "Ben ona bir sorayım da orada yediği haltların hesabını, ondan sonra konuşacağız bakalım geliyor muymuş gelmiyor muymuş diye."

Özge kim, sorsana geri zekâlı, diye çemkirdi siyahlar içindeki fakat merakımdan gebersem de ağzımı açıp tek kelime etmedim. Ya cevaptan korkuyordum ya da terslenceğimden. Emin değildim. Belki de sormak istemediğimdendi bu inadım.

Yalan.

"Madem buradasın," dedi Kaan'dan bana dönerek. "Bak gezmek istiyordun, Kaan gezdirsin seni. Bir saatlik bir işim var, sonra döneriz eve."

"Olur," dedim durgun bir tonla. Birkaç dakika sonra beraber aşağı inmiş bir şekilde lobide ayrılmıştık. O çıkışa ilerlerken, Kaan ve ben ise sanki nereleri gezeceğimiz konusunda bir plan yapıyormuş gibi konuşuyorduk fakat o gittikten sonra konuyu direkt değiştirdik. "Sana mesaj attıktan sonra restoranın arka kapısından içeri girip kadının masasına oturabilirsin. Telefonun pantolonunun cebinde ve titreşimde olsun. Bir aksilik olursa çaldıracağım."

"Tamamdır," diyerek onay verdim.

Yaklaşık yirmi dakika sonra restoranın arka kapısında Kaan'dan gelecek mesajı bekliyordum.

Ooo entrikalar kraliçesi de buradaymış.

Gözlerimi devirerek siyahlar içindekine bir sus işareti yaptım.

Aman be, tamam. Anladık. Önemli bir operasyonun ortasındasın. Sustuk.

Beklediğim mesaj birkaç saniye sonra geldiğinde ise yüzükleri çıkartıp arka arkaya tek parmağıma taktım ve arka girişten girerek içerideki masaları süzdüm. Ortalardaki bir masada, tek başına, rujunu tazelediğini gördüğümde yüzümü buruşturarak masasına doğru yürüdüm. Vücudunu saran beyaz, kısa bir elbisenin içindeydi ve bir de bacak bacak üstüne atmıştı.

"N'aber?" diyerek rahat bir tavırla karşısına oturdum.

Anında rujunu ve aynasını çantasına atarak, "Pardon?" diye sordu. "Siz?"

Elimi çevirip yüzükleri gösterdim. "Yemek yediğin adamın nişanlısı, evleneceği kızım."

Kalbim oklavalarla dövülürken iki büklüm kalmamak için kendimi zor tuttum. *Nişanlısı, evleneceği kız?* Ne kadar da kolay söyleyebilmiştim öyle...

"Ne?" dedi dehşet içerisinde ve kaşları çatıldı saniyesinde.

"Aynen öyle," dedim geriye yaslanıp onun gibi bacak bacak üzerine atarak. Hemen ardından iki garson yemekleri servis ettiğinde önüme soslu tavuk ve baharatlı makarna bırakılmıştı. Salata ve içecekler de servis edilirken, "Bu tabağı sen mi sipariş ettin?" dedim yüzde doksanı kırmızı rujdan oluşan Şebnem Bataklı'ya dönerek.

"E-evet," dedi şaşırma merasimi sürerken. "Buranın soslu tavuğu çok meşhurdur. Pamir Bey gelmeyince ben de yemekleri önden sipariş edeyim de..."

Sözünü keserek tabağı garsona geri uzattım. "Tavuğu az pişmiş kırmızı etle değiştirebilir miyiz? Pamir tavuk sevmez."

Haftalar önce, okul bahçesinde onunla yer kavgası yaptığımız ve beni popülerlerin inine sızmaya çalışan sinsi bir tilki olarak adlandırdığı gün, yemeğindeki tavukları seçerek kenara yığmış ve yememişti.

Garson, "Tabii efendim," diyerek tabakla birlikte geri döndüğünde, kadın şaşkın bakışlarıyla bana döndü.

"Evleneceğini bilmiyordum," dedi kendiyle çatıştığı bir ses tonuyla. "Bana kimse bunu söylemedi!"

"Ben söylüyorum ya işte," diye cevapladım onu. "Derdin de anlaşma yapmak falan değil, onu ağına düşürmek. Bunu da söylüyorum açık açık ama yükselmek istediğin pozisyon çoktan doldu tatlım." *Gıcıklığına da olsa tatlım dediğim için kendimi asla affetmeyeceğim.* Iyy. Tatlım. Canım. Bunlar kadar samimiyetsiz başka kelime olabilir miydi?

Şebnem Bataklı bir hışımla ayağa kalktıktan sonra, "Bunu size ödeteceğim," diyerek çantasını aldı.

Kahkaha attım. "Hadi oradan. Bize ödetebileceğin tek şey şu yemeğin hesabı."

Kadın mosmor bir şekilde hızla restoranı terk ettiğinde, kalkıp onun oturduğu yere geçerek soslu tavuk ve makarnaya bir göz attım. Sabahtan beri hiçbir şey yememem bir yana, karnım zil çalıyordu.

Birkaç dakika sonra da Pamir içeriye girdiğinde, üzerinde takım elbise olduğunu fark ettim. Adımları buraya yönelirken masada Şebnem Bataklı denilen kadın yerine beni gördüğünde, kaşları çatıldı ve bir an duraklasa da yürümeye devam etti. "Senin burada ne işin var?"

"Arkadaşının bir işi çıkmış, gitti," dedim omuz silkerek. "Neyse, ben de acıkmıştım zaten. Hadi otur yiyelim."

Şaşkınlık ve karışıklık dolu bakışlarının arasında yerine oturduğunda, hemen ardından garson da onun tabağını getirdi. "Soslu tavuğunuz, az pişmiş kırmızı etle değiştirildi efendim."

"Nasıl?" diye sordu Pamir garsona fakat garson servisini yaptıktan hemen sonra gitmişti.

Bana döndüğünde ise ne yapacağımı bilemeyerek iki küçük parça tavuğu ve birkaç çatal makarnayı ağzıma doldurdum ve ellerimi kaldırarak omuz silktim.

Bu hâlime gülerek yemeğini yemeye başladığında, ben de suyu yudumladım. Son yarım saatte çevirdiğim entrikayı 18 yıllık hayatıma yaysak, anca her saniyeye normal olacak derecede bölüştürebilirdik sanırım.

"O yüzükler ne?"

Sorusuyla yutkunduğum tavuk boğazımda kaldığında, suyu kafama dikerek boğazımı temizledim. "Ne? Ne yüzüğü?"

Çenesiyle çatal tutan elimdeki yüzükleri işaret etti.

Has...

"Kaan'la gezerken beğenip almıştım," dedim hızlıca. "Ama şimdi bakıyorum da, hiç güzel durmuyormuş." İki yüzüğü de çıkartıp cebime attıktan sonra ona gülümseyip kafamı eğerek yemeğime devam ettim.

Telefonum tekrar titrediğinde, pantolonumun cebinden çıkartarak ekranda beliren mesaja göz gezdirdim. Kaan'dandı.

Mission completed, my suç ortağı. İyi iş çıkardın.

Üstüne bir de kendime Pamir'le yemek ayarladım, diye düşündüm. Aslında erkekler haklıydı. Kadınlar çok tehlikeliydi. Bugünkü potansiyelimden anlamıştım bunu. Benim içimden bile böyle mücadeleci bir vahşi kaplan çıktıysa, diğer kızları düşünemiyordum bile...

Bunu Nisan'a anlatmalıydım.

Yemekler bittiğinde hesabı ödeyip beraber kalkmıştık. Restorandan çıkarken hâlâ Özge olayına takıldığını fark etmiştim. Yürüdüğüm yolda ayağıma ip gibi dolanmıştı sanki ve biraz sonra yere düşecektim fakat yine de sormak istemiyordum.

Karşıdan karşıya geçtikten sonra kapalı otoparka yürürken, adımlarının ne kadar büyük olduğunu fark ettim. Bu takım zaten uzun olan boyunu daha da uzun göstermişti.

Fotoğrafını çekmek istiyordum. Başkasının çektiği fotoğraflardan değil, kendi çektiklerimden görmek istiyordum onu.

Belki de dün geceyi hatırlamadığımı söyleyerek hayatımın hatasını yapmıştım.

Sessizce arabaya bindiğimizde geri geri giderek otopark çıkışına sürdü fakat ilk dönemeçte arabayı durdurmuştu. "Ne oldu?" diye sordum.

"Tek bir şey soracağım," dedi.

"Sor."

"Tavuğun et ile değiştirilmesini sen mi istedin?"

Ona döndüm. "Evimin salonunu sen mi temizlettin?"

Dudakları bir sırıtışla aydınlanırken kafasını bana çevirdi. "Sen gerçekten çok kötü bir kızsın."

Güldüm. "Öyle mi dersin?"

İstemsizce ağzımdan kaçırdığım laf ile dejavu hissinin ekşi tadı damağımı yardı.

"Sen… Sen gerçekten çok kötü birisin."
"Öyle mi dersin?"

Gaza yüklenerek ana caddeden bir U dönüşüyle geri döndüğümüzde, "Dün geceyi hatırlamadığına emin misin?" diye bir soru yöneltti.

"Evet," dedim fakat dalga geçtiğimin farkında olduğunu biliyordum. "Hatırlamıyorum."

Hemen ardından, arabanın ön camından bir ışık yansıdı içeriye. Sarı ışınları tenimi ısıtırken, bulutların ardından gülümseyen güneşe başımı çevirdim ve gökyüzünü izledim.

20

Doğum günüme üç gün kala, aralık ayının soğuk günlerinden birinde yine Soyhan'da, ait olduğum yerdeydim.

Yapraklar kış mevsiminin haşin rüzgârlarında kuruyan ağaç dallarından dans ederek düşüyor, sonra başka bir rüzgârla daha da ileriye savruluyorlardı. Tıpkı insanlar gibi. Zamanı geldiğinde ailelerin himayesinden çıkan ve kendi özgürlüklerine kavuşan, bunu başardıkları için sevinirken de en ufak bir rüzgârda savrulan bizden başkası değildi. Ama böyleydi hayat. Savrula savrula öğretirdi yaşamayı.

Ankara'dan döndükten sonra kayda değer hiçbir şey olmamıştı. Birkaç gün stabil bir şekilde geçmişti ve ben ne olduğunu anlamadan işte bugüne gelişmiştik…

Enerji doluydum bugün. Pamir'in aşağı katta olduğu dakikalarda yastıklarını çalıyordum çünkü ve uyuyabiliyordum.

Bu çok manyakça bir şey! diyordu siyahlar içindeki.

Artık griye dönmüş olan ise fark etmesinden endişeleniyordu.

Beden dersinde, kapalı spor salonundaydık. Pamir, Kaan, Melih ve Buğra, birkaç gün sonra başka bir liseyle basketbol maçına çıkacakları için tüm takımı toplamış, antrenman yapıyorlardı. Mine de dolayısıyla amigo takımını toplamıştı ve onlar da basketbol sahasının biraz daha ilerisinde, küçücük şortlarının içinde ısınma hareketleriyle başlamışlardı işe.

Beden hocası ise serbest bırakmıştı bizi. Sınıf listesindeki adlar sırayla okunuyor, gelenler ikişer ikişer karşılıklı bir şekilde voleybolda paslaşma, manşet, smaç ve servis gibi temel hareketlerden sınava tabii tutuluyor, not aldıktan hemen sonra ise benim oturduğum gibi kenara geçip oturuyordu.

Çoğu uyukluyordu tabii. *Nisan gibi.*

Kolumla onu dürterek, "Kalk artık," diye mırıldandım sessizce. "Gören de benim sevgilim antrenman yapıyor diye tribünlerin bu tarafına oturduk sanacak."

"Yalan değil," diye mırıldandı ve gözlerini açmadan kafasını omzuma yasladı.

"Ne demek yalan değil? Buğra diyorum, hani Kaan'ın kuzeni olan. Ayy cevap ver bana vallahi atarım seni sahaya!"

"Sen ne manyak bir şey oldun böyle ya," derken bir yandan da gözlerini ovuşturuyordu. "Sahaya atmakla tehdit etmeler, sinirlenince çatıları uçurmak istemeler falan…"

Seslice nefes verip önüme döndüm ve koltukta kayarak kucağımdaki yastığa sarıldım. Nisan dün gece uyuyamadığı için okula yastığını getirmişti ama sonra tribünlerdeki koltuklara koyamayacağını anladığı için bana vermişti.

Gözlerim yavaşça sahaya çevrildiğinde, Pamir'in Kaan'a pis bir sırıtış yolladıktan sonra iki savunmayı ve bir bloğu da atlatarak bir üçlük attığını gördüm. Hemen ardından yanındaki Buğra'yla ufak bir el hareketi yaptılar ve antrenmanları devam ederken gözleri bir anda benim olduğum tarafa döndü. *Bana mı bakıyor o?*

Yok, kucağındaki yastığa bakıyor. Çocuğa nesnelerle mesaj yolluyorsun kızım! Sen, o, yastık, yatak…

Kucağımdaki yastığı çekip siyahlar içindekinin kafasına geçirmek istedim.

Ama sadece istedim.

Pamir'in bakışları devam ederken Buğra yanından geçip

omzunu sıvazladığında arkasına geçti ve bana muzip bir gülüş yolladı.

Ona gözlerimi büyültüp kaşlarımı kaldırdığımda aniden Pamir tekrar bana döndü ve başımı çevirip bütün saçlarımı yüzümün önüne attım. *Beni böyle görmek zorunda mısın Pamir?* Demek istediğim, neden sana şirin şirin bakarken görmüyorsun? Neden saçlarımın çok güzel gözüktüğü bir gün değil ya da favori kazağımı giydiğim gün? Neden şimdi? Neden bu suratla? Neden üzerimde eşofmanlarım varken?

Cesaretimi toplayıp yavaşça saçlarımı çektiğimde, tribünlerin önündeki beden hocamız Serkan Hoca'yla göz göze geldim. "Sen!" dedi sesini duyurabilmek adına bana bağırarak.

Nisan aniden sıçradı. "Ne oluyor ya?"

"Nil'di değil mi?" diye devam etti Serkan Hoca. Kafamı sallayınca da sinirli ifadesi yüzündeyken çenesiyle gelmemi işaret etti.

"Geliyorum," diyerek ayağa kalktıktan birkaç saniye sonra hızla aşağı inmiş, Serkan Hoca'nın yanında bitivermiştim.

"Al bu formayı," dedi elindeki siyah, kenarları bordo olan takım formasını uzatarak. "Soyunma odasında giyin gel çabuk."

"Nasıl?" Elimdeki kız voleybol takımının formasını süzdüm. "Ben mi?"

"Yok, eben," diyerek dalga geçtiğinde yutkundum. "Takımdaki Leyla ayak bileğini kırmış ve birkaç gün sonra maçımız var. Az önce not verirken de en yüksek notu sen aldın. Bu yüzden takıma girmek zorundasın," diye devam etti. "İtiraz etme hakkın yok, yoksa notunu kırarım."

Eğer bir 12. sınıfsanız ve bütün notlarınız yüksekse, en ufak bir pürüzü bile kabul edemezdiniz. Bu yüzden hiçbir şey demeden hızla soyunma odasına koştum ve siyah eşofmanlarımı çıkarak önce küçük, siyah şortu sonra da uzun, kenarlarında ince bordo çizgiler olan siyah formayı giydim. Eşofmanlarımı dolabıma geri tıkayarak spor salonuna geri döndüğümde ise, voleybol takımı sahada hazırdı. Voleybol sahası bir uçta, basketbol sahası bir uçtaydı şimdi ve ortada da amigolar çalışıyorlardı.

Kenardan yürüyerek Serkan Hoca'yı kızdırmamak adına hızlı olmaya çalışırken, karşıdan bana doğru gelen Gözde Hoca'yı gördüm. Başka bir deyişle, Amigo takımının sorumluluğu üzerinde olan beden eğitimi hocamızı.

"Merhaba Nil, nasılsın?"

"İyiyim hocam, siz nasılsınız?"

"Ben de iyiyim. Antrenmana gidiyorsun sanırım, şey diyecektim…" Söze nasıl başlaması gerektiğini bilmezmiş gibi gözlerini etrafta gezdirdi. "Geçen maçta çok iyi performans sergiledin. Acaba amigo takımımıza da bir yardımın dokunur mu diye düşünüyordum."

Bunu söyleyeceğini biliyordum. Mine'nin kızgın olduğu şey de tam olarak buydu. "Teşekkür ederim hocam fakat biliyorsunuz ki 12. sınıfım, buna ek olarak düzenli bir şekilde gitmem gereken bir dans kulübüm var ve üstüne bir de voleybol takımına girdim."

"Anlıyorum," diyerek araya girdi Gözde Hoca ve gülümseyerek omzumu sıvazladı. "Başarılar dilerim, Nil. Üzerinde bu kadar yük olduğunu bilmiyordum."

Sormayın hocam, sormayın. Bunlar daha fragman…

Gözde Hoca iyi şanslar dileyerek ortadan kaybolduğunda, Serkan Hoca'nın yanına doğru hızlı adımlarımla yürümeye devam ettim. En nihayetinde, "Geldim hocam," diyerek yanında bitmiştim.

"Harika," dedi. "Şimdi pasöre geç."

Kafamı sallayarak sahaya girdiğimde, altı oyunculuk kadromuz da tamamlanmış oldu. Fakat bir eksiklik vardı.

Yanımdaki kız, "Hocam, karşı takım?" diye sorduğunda, Serkan Hoca gülümseyerek boynundaki düdüğünü dudaklarına götürdü ve böylelikle karşıda gerçekleştirilen basketbol antrenmanı da durmuş oldu. "Pamir!" diye bağırdı. "Kaan, Buğra, Melih, Gürkan ve Ali'yi de alarak buraya gel!"

Ve o an, ne yapacağını anladığımda, başımdan aşağı kaynar sular boşaldı.

"Basketbol takımının en yakışıklılarıyla mı çalışacağız?" diyerek kıkırdadı arka çaprazımdaki kız. Esmerdi ve güzel bir fiziği vardı. O yanındakiyle kıkırdarken diğerleri de heyecanlı görünüyorlardı.

Başımı aşağıya çevirerek üzgün bir bakış attım yere doğru. *Neden ben?* Sanki yere gönderdiğim negatif enerji kızlara çarpacak da kör olacaklarmış gibi hissediyordum. Bu bende gülme isteği yarattı. *Kör bir voleybol takımı.*

Pamir, diğerleriyle beraber buraya doğru gelirken beni gördüğünde kaşlarını çatarak üzerimdekilerle süzdü. *Senin burada ne işin var?* diye bakıyordu sanki.

Serkan Hoca elini açınca, Pamir de basketbol topunu karnından hizalayarak Serkan Hoca'ya attı ve Serkan Hoca da topların olduğu sepete fırlattı.

"Hocam?" diye sordu Melih ellerini açarak ama Pamir anlamış gibi sahanın boş takım tarafını süzüyordu.

"Şimdi sizi tehdit edeceğim…" diyerek söze başlamak istedi Serkan Hoca ama Pamir sözünü bölerek, "Tamamdır hocam," dedi ve *o iş bende* der gibi pasörün olması gereken yerin yanında, ön çaprazımda yerini aldı.

Diğer çocuklardan adının Gürkan olduğunu bildiğim çocuk, "Hayda…" diye mırıldanarak arka üçlüden birinin yerine geçtiğinde, Kaan pasör olmuştu ve onun diğer tarafını da Melih doldurmuştu. Böylece Buğra ve Ali de arkaya geçti.

"Vay be," diye mırıldandı Serkan Hoca, elinde voleybol topuyla gelirken. "Kırk yıl düşünsem basketbol takımının, voleybol maçlarında takıma yardımcı olabileceği aklıma gelmezdi."

Bileğimdeki lastik tokayla saçlarımı bağlarken yere eğilmiş kafamı ani bir refleksle kaldırdım ve bana yönelen bakışların sahibine baktım. *Pamir.*

Neden sürekli bana bakıyordu? Şu birkaç gün içerisinde de onu bana bakarken yakalamıştım hep. Aslında buna yakalanmak denmezdi. Yakaladım demek için onu fark ettiğini fark ettiği an bakışlarını kaçırması gerekirdi ama Pamir bakışlarını *kaçırmıyordu.* Aksine daha yoğun bakıyordu.

Serkan Hoca, "Bayanlar önden," diyerek erkeklerden onay aldıktan sonra servis için az önceki esmer kıza topu uzattığında, kız çizginin dışına giderek terbiye ettiği topla servis atmak için düdüğü bekledi. Serkan Hoca düdüğe üflediğinde ise, kız bir adım ileri fırlayarak topu havaya attı ve sert bir şekilde karşıya yolladı.

Topu Ali denen çocuk parmak pasla Pamir'e yolladı, Pamir de Buğra'ya attı ve Buğra da sert bir şekilde smaç bastı.

Topu parmak pasla yavaşlatarak geri gönderdiğimde ise hemen arkamdaki kız sert bir smaçla karşılık verdi.

Pamir topu Kaan'a attığında, Kaan zıplayıp sertçe smaç basacakmış gibi hareketlendi ama bu numarayı biliyordum. Arkadakiler manşetle cevap vermek için hazırlanırken, onun ufak dokunuşu altında sadece on santim ileriye giden topu yere düşmeden önce parmak pasla daha yukarıya kaldırdım ve arkaya gönderdim.

"Vay be!" diye bir ses çıkardı Serkan Hoca. "İyisin Nil!"

"Kız dehşet," dedi Kaan ellerini sallayarak ve Pamir'in de kafasını çevirirken güldüğünü gördüm.

Arkamdaki kız topu yanındakine kaldırdı ve o da manşetle karşıya gönderdi. Gürkan ise topu bir manşetle Pamir'e attı. Nasıl karşılık verecek diye beklerken, parmak pasla topu arka çaprazımdaki esmer kıza gönderdiğini gördüm ama top kızın arkasına yol alıyordu.

"Lütfen çizgi olmasın," diye mırıldandığını duydum yanımdaki kızın ama birkaç saniye sonra top çizgiye düştüğünde Serkan Hoca düdüğünü çaldı.

"Vay be!" diye bir ses daha çıkardı ve alkışladı. "Bundan sonra voleybol takımını basketbol takımıyla çalıştırmayı düşünüyorum, ben böyle dehşet bir oyun görmedim! Resmen top dakikalarca havada kaldı."

Gülerek Serkan Hoca'nın neşesine sevindiğimi göstermek istedim fakat gözlerim tekrar Pamir'e kaydığında, filenin ağları aramızdayken göz göze geldik ve gülüşümün yavaşça solduğunu hissettim.

Artık korkmaya başlıyordum.

Servis attıkları için top karşı tarafa geçtiğinde, birkaç dakika boyunca karşılıklı sayı yaptık. Birkaç kere onlar alıyordu, birkaç kere biz alıyorduk ama yine de öndeydiler. Asıl alanları basketbol olmasına rağmen *öndeydiler.*

Her sayıda yer değiştirdiğimiz için en son hâlimizle ben ve Pamir arka taraftaydık, az önceki esmer kız ise öndeydi ve sıra onlardaydı. Kız, servis atmak için geriye giden Pamir'e doğru gülümsediğinde bir an Pamir'in de gülümsediğini görür gibi oldum. *Bu bir tür flört müydü?*

Pamir'in attığı servis bana doğru gelirken, istemsizce kimseye pas vermeden topla doğrudan, fazlasıyla sert bir şekilde, yerine geçen Pamir'in kafasına doğru smaç bastım. Topu fark ettiği için ellerini yüzüne siper etti ve top kollarına çarpıp durdu. "Ne oluyor lan!"

"Siktir," diyerek gülmeye başladı Kaan ama Serkan Hoca'nın bakışlarıyla susmak zorunda kalmıştı.

"Yoruldunuz, tamam," dedi Serkan Hoca imalı bakışlarını bana doğru çevirerek. "Bugünlük bu kadar yeter. Maçtan önce bir kere daha antrenmanımız var, bu yüzden sabah erken gelmenizi rica ediyorum." Erkeklere döndü. "Ve sizin de."

"Ne?" dedi adı Gürkan olan, esmer çocuk. "Hocam bizim zaten basketbol antrenmanlarımız va-

Serkan Hoca en sert ifadesiyle ona döndü. "İtiraz istemiyorum."

Melih aramızdaki filenin altından geçerek yanıma geldiğinde, "Sıkı smaçtı," diyerek güldü ama saki bir şeylere kırılmış gibiydi.

"Bir şey mi oldu?" diye sordum.

"Sadece…" Soyunma odalarına doğru yürürken mırıldandı. "Görmemek mümkün değil."

"Neyi?" dedim bakışlarım soyunma odalarına ilerleyen topluluğun en önündeki Pamir'e kayarken. Daha doğrusu *sırtına*. Arkadan ensesi çok güzel görüyordu doğrusu.

"Yapma Nil," dedi kısık bir sesle ve hemen ardından ve çenesiyle ileriyi göstererek fısıldadı. "Size bir aracı lazım. Birbirinizi birbirinize ayarlayamazsınız."

Yere çakıldım. Arkamdan gelen kız aniden durmam üzerine bana çarptığında, özür dileyerek geri çekildim ve, "Bunu ona söyleyemezsin," diyerek Melih'e döndüm.

"Farkında değil mi sanıyorsun?" diye sordu.

"Ne?" Dehşetle ona baktım.

"Ben sadece söylüyorum," dedi eğlenceli bir tınıyla ve ellerini teslim olurcasına kaldırdı. Hemen ardından yoluna devam ettiğinde, koridorun başındaki Pamir'in başının bir anlığına arkaya döndüğünü gördüm.

Bir anda neler döndüğünü unutarak hızla geriye döndüm ve tribünlere koşmaya başladım. Merdivenlerden ikişerli üçerli çıkarken, birkaç saniye sonra Nisan'ın yanındaydım.

Yastığa sarılmış bir şekilde tribünlere uzanmıştı.

"Nisan, kalk!" dedim hızlıca ve kollarından tutarak sarsmaya başladım. "Kalk! Çabuk!"

"Depreeem!" diye bağırarak doğruldu hızlıca ve gözleri hâlâ kapalıyken yastığını bir silahmış gibi doğrulttu. "Suçlu nerede?

Asayiş şube, 4540 merkez…”

“Dur, ne yapıyorsun?” diyerek kafama çarptığı yastığı çektim elinden. “Nisan, ne diyorsun?”

“Ha,” dedi gözlerini hafif de olsa aralayabilmişken ve bana dönüp yutkundu. “Kızım sen manyak mısın ya? Ben bir gecelik uykusuzluğumla yerlere seriliyorum, sen kaç gece uykusuz kalkıyor üzerine dans ediyorsun, okula geliyorsun… Nesin sen? Hayır yani cidden nesin?”

Gülerek bir anda, “Melih bana Pamir’in bildiğini söyledi,” dedim. “Yani söylemese de, ima etti. Asıl korkunç olan, Pamir’in birkaç gündür korkunç bir şekilde bakışlarının sürekli üzerimde olması.”

“Bunun neresi korkunç?”

“Bu yanlış!” dedim kısık sesle. “Bu hikâye bu şekilde değil. Beni sonsuza dek ona platonik kalmam gerekiyordu ama sanki…”

“Sanki yavaş yavaş karşılık buluyorsun değil mi?” diye sordu. Kafamı salladım.

“Öpüşmenizden beri bu işin tamam olduğunu biliyordum zaten,” diyerek esnediğinde yastığını benden geri aldı. “Ama ben yapacağımı biliyorum.”

“Ne yapacaksın?”

Yastığıyla beraber kalktığı yere geri yattığında, “Uyuyacağım,” diye mırıldandı.

★★★

Eskiden çalışması zevkli gelen, şimdilerde büyük bir işkenceye dönüşen matematik dersinin son dakikalarındaydık. Arka çaprazımda oturan Pamir’in cama yansıyan görüntüsüne bakıyor, tahtada anlamadığım problemler çözen hocayı dinlemeye çalışıyordum. Ciddi anlamda bütün dikkatim dağılmıştı. Önceden konulara geçmeden çalışır, üzerinden geçer ve testleri çözerek hazır bir şekilde okula gelirdim böylece anlamakta çok da güçlük çekmezdim ama son iki ayda hayatım ters düz olmuştu.

Birkaç dakika sonra zil çaldığında, açık defterimi ve kalem kutumu toplayarak elime aldım ve sıramdan kalkarak ilerlemeye başladım. Hemen arkamdan da Pamir geliyordu.

Biray Hoca, "Nil," diyerek adımı söylediğinde durdum. "Efendim hocam?"

"Matematik sınavından kaç aldığını merak etmiyor musun?"

"Kâğıdıma bakabildiniz mi?" diyerek hızla masasının yanına geçtiğimde, Pamir de yanımda bekliyordu. Birkaç saniye neden yanımda beklediğini sorguladım ve sonunda yolu tıkadığım aklıma geldi. Ama ona geçit vermedim, dursun istiyordum. Sonuçta beni o çalıştırmıştı.

"Al bakalım," diyerek sınav kâğıdımı bana uzattı ve, "Tebrikler," diye devam etti. "Benim şimdi çıkmam gerek, zil çaldığında kâğıdını öğretmenler odasına getirirsin."

Biray Hoca gittiğinde, Pamir, "Hadi tamam geçmeme izin vermiyorsun onu anladık da, kâğıdı neden çevirmiyorsun?" diye sordu çeneyle masanın üzerinde ters dönmüş kâğıdı göstererek.

Verecek bir cevap bulamadığımda, seslice nefes vererek bir anda kâğıdımı elime aldım ve önünü çevirdim.

"98!" diye bağırdım gözlerimi kocaman açarak. O anki sevinçle Pamir'e döndüm ve resmen üzerine atlayarak kollarımı boynuna doladım. "Teşekkür ederim, teşekkür ederim, teşekkür ederim!"

Lise sondayken matematikten 98 almak... İnanılmazdı. Kopya çekmeden, soruları çalmadan bunu başarabildiğim için kendimle gurur duyuyordum.

Birkaç saniye sonra sevincimin kokusu utançla birleşip bir yanık kokusu çıkarmaya başladığında, bu koku burnumda dans etti ve o an ne yaptığımı anladım.

Çocuğa ahtapot gibi yapışmıştım.

Hızla geri çekilerek, "Yani, teşekkür ederim," dedim başımı yerde tutarak ve yüzüme gelen saçları elimle kulağımın arkasına ittim. "Bu mükemmel bir not. Senin sayende."

"Sen buna mükemmel mi diyorsun?" diyerek kaşlarını çattı. "Benim öğrencimdin ve sınavdan 98 mi aldın?" Hızla elimdeki kâğıdı kaparak hocanın iki puanı kırdığı soruyu aradı. Gözleri 8. soruyu bulduğunda ise, "Dalga geçiyor olmalısın," diye mırıldandı.

"O kadar formül ve karışıklık arasında her şeyi halledebildin ama aptal bir toplama işleminde mi hata yaptın?"

"Dalga geçiyor olmalısın," diyerek kahkaha attım ve kâğıdımı elinden çektim. "Şimdi burada iki puanın lafını mı yapacaksın?"

"Dalga mı? O umursamadığın iki puan, senin önüne binlerce kişiyi ekleyecek. Farkında değil misin?"

"Bunu tartıştığımıza inanamıyorum!" Kâğıdı defterimin üzerine koyarak sınıfın çıkışına doğru yürümeye başladığımda kolumdan çekti.

"Bırak," dedim sertçe. "Ciddi ciddi iki puan için tartıştık."

"Nil, bak…" diyerek lafına başlayacak oldu ama bakışlarımı gördüğünde, yüzündeki ifade boş bir şekilde durgunlaştı. *Doğrudan gözlerime bakıyordu.*

Ben bunu neden daha önce anlayamamıştım?

Hızla kolumu çekerek koridorda koştum ve alt kata inip kâğıdımı öğretmenler odasındaki Biray Hoca'ya teslim ettikten sonra en üst kattaki boş, kızlar tuvaletine girerek soluklandım.

Kokteylin olduğu gece, onun odasındayken gözlerimi fark etmişti. Evet, siyah lenslerimin ardındaki gerçeği çıplak bir şekilde görememişti belki ama o karanlık ortamda, dibime kadar girip doğrudan gözlerime bakması… Kilit nokta burasıydı. Gözlerimdeki cisimler parlıyordu ve yeterince karanlık bir ortamda, yeterince yakınıma gelindiğinde, tam olarak görülmese bile fark edilmemesi imkânsızdı.

Pamir'in bakışları bu yüzden sürekli üzerimde, daha doğrusu *gözlerimdeydi.* Merak ediyordu. Neler döndüğünü çözmeye çalışıyordu.

Son dersin zili çaldığında hızlıca Pamir'e bir mesaj çekerek, eve Nisan'la dönmek istediğimi söyledim ve kitaplarımı da alarak lavabodan çıktım. Tam telefonu kapatacağım sırada ise, mesajlarımda bir artış olduğunu gözlemledim.

Bir WhatsApp grubu oluşturulmuştu ve içinde ben de vardım. Grubu oluşturan Yaren'di; grup içinde Pamir başta olmak üzere Kaan'ı, Mine'yi, Melih'i, Buğra'yı, Nisan'ı ve beni barındırıyordu. Grubun adı ise KK'16'ydı. *Kuzey Koleji 2016 Mezunları,* diye düşündüm ve hızla mesajların başına çıktım.

Başta herkes sırayla soru işareti atmıştı ve Yaren de birkaç bir şey yazıp onları susturmuştu. Gerisi ise Yaren ve Mine'nin Gucci markalı lacivert bir elbiseyi eleştirmelerini kapsıyordu.

Adımlarımı dolabıma çevirerek defterimi yerine bıraktım ve fizik notlarımla birlikte fizik laboratuarına yürümeye başladım.

Yaklaşık bir saat sonra, Pamir'e söylediğimin aksine Nisan'ı hiç görmemiş bir şekilde okulun arka kapısından çıktığımda, ellerimi montumun cebine sokmadan hemen önce fermuarını boğazlı kazağımın boğazına kadar çektim ve öğrencilerle dolu sokaktan aşağıya doğru saptım.

Aslında pek de tekin bir yer değildi burası fakat ön kapıdan çıksaydım, Pamir'in beni fark edebilme ihtimali yükselirdi.

Ona kızgındım. Sevincimi elinin tersiyle itmiş, iki puanlık bir hata yaptığım için beni yerden yere vurmuştu resmen. Herkes onun gibi mükemmel olmak zorunda değildi ki!

Telefonumu ve kulaklığımı çıkartarak barların dizili olduğu sokağın aşağısına doğru yürümeye başladım. Geriye baktığımda sokakta sadece ben ve arkamdan gelen, bizim okuldan olduğuna emin olduğum iki çocuk vardı. The Fray'in en sevdiğim şarkılarından biri olan *You Found Me* ile bir kulak ziyafeti çekmeye başladığımda, internetim açık olduğu için WhatsApp grubundan gelen mesajlar bildirim kutuma düşüyordu.

Yaren ve Mine ise hâlâ aptal, lacivert bir elbise hakkında tartışıyorlardı. Mine beyaz olanın daha iyi olduğunu söylüyordu ama Yaren, Mine'nin beğendiği renge berbat diyordu.

Sokağın caddeye indiğini fark ettiğimde arabaların gürültülerinin dinlediğim şarkıların ötesine geçmelerini istemediğim için soldan başka bir sokağa saptım ve gülerek Mine ve Yaren'in tartışmalarını okumaya devam ettim.

Gerçekten çok saçma bir konuda tartışıyorlardı.

Başımı gökyüzüne çevirmişken arkamdaki iki çocuğun benden hemen sonra sokağa girdiğini ve ikisinin de kaçamak bakışlar attığını fark ettiğimde, adımlarımı hızlandırarak sokağın sonuna doğru yürümeye devam ettim.

Tekrar geriye baktığımda ise, onların da adımlarını hızlandırmış olduklarını gördüm ve bu şekilde takip edildiğimi anladım.

Grubun ses kaydı düğmesini basılı tutarak kulaklığımdan faydalanarak, "Pekâlâ, bu ilginç gelecek ama sanırım takip ediliyorum," diye mırıldandım ve bir kez daha arkama dönerek onları süzdüm. Kesinlikle bizim okuldandılar!

"Siktir," diye bir küfür mırıldandım çocuklardan birinin cebine attığı bıçağı gördüğümde. "Bunların derdi ne? Bıçakları var."

Sokağın sonunun çöp konteynırlarıyla dolu çıkmaz bir sokak olduğunu fark ettiğimde ise başka bir sokağa saparak konuşmaya devam ettim. "Belki bilmek istersiniz diye söylüyorum, Tayfun Sokak'ta-" Fakat konuşmam yarıda kesildi.

Birkaç gün önceki gibi kalbim sıkıştığında, bir adım daha ileri atamaz oldum ve sol tarafım uyuştu.

Yere eğilerek birkaç dakika kendime gelmeyi bekledim. Nefes alışverişlerim normalin üzerinde hızlıydı ve kalbimin ritmi çok hızlanmıştı.

Kulaklıklarımı çıkartarak arkamdan gelen ayak seslerini dinledim. Kaçış yoksa, *çözüm bendim.* Kafamı çevirmiş arkadan gelen iki çocuğu süzerken, taş zemine dayadığım avuçlarımın üzerinde çığlık atmama yetecek kadar bir ağırlık hissettiğimde güçlü bir çığlık attım.

"Kimse sana yalnız kalmaman gerektiğinden bahsetmedi mi küçük kız?" diye mırıldandı karşımdaki mafyadan bozma herif. "Özellikle Yelkıran'a yapışık bir şekilde dolaşırken."

"Çek. Ayağını. Hemen." Sertçe, her kelimenin üzerinde durarak.

"Yoksa?" diye sordu bana yukarıdan bakarken. Kafamı kaldırarak ona, "Yoksa," dedim. "Olacaklardan ben sorumlu değilim."

Göğüs kafesimi ve sol yanımı kaplayan uyuşma, kalbimin ağrısının geçmesiyle beraber dindiğinde, tam öfkemi karşımdaki adamı güçlü bir hava akımıyla duvara yapıştıracak bir şekilde odaklamışken, ayaklarının arasından sokağa giren siyah Porsche'yi gördüm.

"Ahh, geldi seninki… Neyse, başka zaman artık," dedi ayağını üzerimden çekerek ve devam etti. "Ama o zaman, çok da uzak değil güzellik." Ben yüzünü tam olarak göremeden arkamdaki iki çocukla beraber sokağın çıkışına doğru koşmaya başladıklarında, adrenalinden bir kahkaha atarak popomun üzerine oturdum ve bacaklarımı ileriye uzatarak üzerine bastığı ellerimi ovuşturmaya başladım.

Siyah Porsche'nin kapısı ile onların gitmesinin hemen ardından açılmıştı. "Siktir," diye bir küfür dolandı ağzına, önümde eğilip yüzüme bakarken. "Sana yalnız kalma dedim, değil mi? Ama sen sikik bir tartışma yüzünden bana yalan söyledin!"

"Yalan değil bu," dedim kollarımı kavrayıp beni ayağa kaldırmak için uzanan kollarının yardımı olmadan kendi başıma ayağa kalkarken. "Gurur sadece."

Genelde adını bile anmadığın çünkü konu o olduğunda işe yaramayan, ama en gereksiz anlarda bahane ettiğin şu aptal şey mi? diye sordu siyahlar içindeki.

Griye bürünmüş olanın ise düşünceleri başka bir tarafa odaklıydı. *Onları öldürmeliydin, elinden kaçırdın!*

"Siktiğimin gururu," diye mırıldandı. Sinirli olduğu küfürlerinden belliydi. "Nisan'la gidecekmişmiş." Ayağa kalktığımda ise bakışlarını ovaladığım ellerime çevirmişti. "Yüzlerini görebildin mi?"

"Hayır," dedim kısaca. "Herif ellerimin üzerine ayağını basınca görüş açımı tamamen kapatmış oldu."

"Çok güzel oldu," dedi dalga geçtiğini belli ederek, sinirli olduğu surat ifadesinden belliydi.

"Bir ara yüzünü kendime maske yapacağım," diye homurdanarak arabaya yürüdüm. "Sen gelmesen görecektim adamın yüzünü! Seni görünce hemen kaçıyorlar." Yolcu koltuğuna bindikten sonra ona döndüm. "Sen ne yaptın bu adamlara?"

Geriye doğru sürerek caddeye inerken, "Ben sadece düzenli olarak Zırh'a gittim," dedi. "Onlar da düzenli olarak Zırh'a geldiler."

"Seni ringde o şekilde izledikleri için mi korkuyorlar diyorsun?" diye sorduğumda, kırmızı ışıklara takılmıştık.

Kafasını bana çevirerek uzandı.

Kalbim hızlanırken nefesimi tuttum. O ise sadece, uzanıp emniyet kemerimi takmakla ve bana rahatlatıcı kokusunu bahşetmekle kaldı. İşi bittiğinde ne kadar yakınıma geldiğini fark etmemiş bir şekilde geri çekilmişti.

"Aynı ringdeyken savurduğum birkaç yumrukla yere serildikten sonra on saniye içinde ayağa kalkamadılar diyorum."

Bu cevap üzerine koltuğuma iyice sindikten sonra,

bakışlarımı camdan dışarıya çevirdim ve sessizce yutkundum.

Kim bilir onca zaman Zırh'ta dövüşürken neler gelmişti başına. Daima yendiğini biliyordum fakat yine de bazen okula dudağının kenarı kabuk bağlamış ya da kaşının kenarı patlamış bir şekilde geldiği görüntülerini aklımdan uzaklaştıramıyordum.

O çok güçlü biriydi.

Yine de iki puanlık bir hata yaptığım için beni azarlamıştı.

Bu yüzden ona küs olmalıydım.

Fakat çenemi tutamadım. "Sence kimdiler?"

"Bilmiyorum," diye mırıldandı. "Herhangi biri olabilirler. Ringde yere devirdiğim her adamın bana karşı bir öfkesi olduğunu biliyorum, adlarını en öfkelileri başa yazdığım bir listeye not almıyorum maalesef."

"Önümdeki adamın kim olduğunu bilmiyorum ama..." Başımı ona çevirdim. "Arkamdaki iki çocuk da bizim okuldandı, Pamir. Onları gördüm."

Sokağın başına girdiğimizde hızla arabayı durdurdu ve bana döndü. "Ne?"

"Onları gördüm," diye tekrar ettim. "Bizim okuldandılar."

"Ve bunu bana şimdi mi söylüyorsun?"

"Kusura bakma," diyerek atarlandım. "Arabandan çıktığın an bunu suratına doğru bağırarak söylemeliydim değil mi?"

Sıkıntıyla nefes vererek tekrar gaza yüklendi ve evin olduğu sokakta ilerlemeye başladık. "Orada olduğumu nereden bildin?"

"Çıkışta Nisan, Buğra'ylaydı," dedi bir elini saçlarından geçirerek ve o el, aşağıya doğru kayıp ensesini buldu. "Ona sorduğumda seni öğleden beri görmediğini söyleyince yalan söylediğini anladım. Sonra şu ses kayıtları..."

"Ses kayıtlarımı mı dinledin?"

Bir şey aklında gelmiş gibi tekrar sinirlendiğinde, "Ne oldu?" dedim bakışlarını süzerek. "Yok bir şey," dedi ve evin önüne geldiğimizde yolun ortasında durdu. "Sen in, benim bir işim var."

Ne olduğunu sormak istiyordum fakat bunu sorabilecek cesarete sahip değildim doğrusu. Onun yerine, "Peki," diyebildim sadece ve kapıyı açarak aşağı indim. Eve yürüdükten sonra, bana verdiğini anahtarlarla kapıyı açıp içeri girene kadar beni izledi ve hemen ardından gaza basıp ortadan kayboldu.

Sıkıntıyla çantamı ve anahtarları bir kenara atarak içeriye doğru yürümeye başladığımda, bana doğru koşan Zifir'i eğilerek kucağıma aldım. Bir tek o kalmıştı… Gülbahar Sultan da biz Ankara'dan döndüğümüzde, evine geri dönmüştü.

Acıyan ve kızarmış ellerim için bir krem bulmalıydım.

Yukarıya çıkarak hızlıca duş aldıktan sonra mutfağa geçerek dolabı karıştırmaya başladım. Midem açlıktan büzüşerek nokta hâline gelmişti resmen.

★★★

Dışarıdaki soğuk havanın içerideki sıcaklık ile etkileşime geçerek camlarda kalın bir buğuya sebep olduğu dakikalardan birinde, koltuğa uzanmış tırnağına taşırmadan kırmızı ojeyi sürmeye çalışan sarışın kız, bir yandan da sabah arkadaşı ile açtıkları gruba ses kaydı gönderiyordu.

Birkaç saniye sonra, o anlattığı şeye devam ederken zil çaldığında, "Kapı açık!" diye seslendi içeriye doğru. Muhtemelen temizlikçileri gelmişti.

"Sonra da artık dayanamayan şortu ufak bir bacak açma hareketiyle yırtıldı, düşünebiliyor mu-"

"Mine!"

Genç kız, parmağı hâlâ ses kaydı düğmesindeyken ayağa kalkarak açık kapının önündeki, okulun ve bu civarın en yakışıklı çocuğuna çevirdi bakışlarını. "Pamir?" dedi neşeyle. "Hoş geldin!" Ve telefonunu koltuğun üzerine attı.

Gülerek, hızlı adımlarla dışarıdaki havaya nazaran üzerine giydiği minik şortu ve askılı tişörtüyle karşısındaki oğlana koşturdu. "İçeri girsene."

Kapı rüzgârdan hızla çarparken, Pamir hızla Mine'nin üzerine yürüyerek kolundan çekti ve duvara yasladı. "Sana bulaşma demiştim," dedi sertçe. "Sana, o kıza bulaşmaman gerektiğini söylemiştim."

"Aman be, çektik ya şikâyetimizi geri!" dedi Mine, kaşlarını çatarak. Tuvalette ettikleri kavga neticesinde Nil, Mine'ye tokat atmıştı ve açık kapıdan içeriyi gören kamera her şeyi kayıt altına almıştı. Üstelik şahitler de vardı. Olayı kolayca kendi tarafına çevirip, masum kızı oynayabilirdi ve tam olarak bunu yapmayı düşünüyordu fakat aynı gün içerisinde, Pamir gelip onu sertçe, aynı şu an olduğu gibi tehdit etmişti.

"Ses kayıtlarını benden beş dakika önce dinlediğini biliyorum," dedi Pamir. Aklında Nil'in kızarmış elleri geldikçe çılgına dönüyordu. "Ama sen o küçük kulaklarının duyduğu yardım çağrısını görmezden gelip sikik bir elbiseyi tartışmaya devam ettin!" Eğer Mine, ses kayıtlarını dinlediği an Pamir'i uyarsaydı, Nil'in elleri zarar görmemiş olurdu.

Mine sustu.

Pamir ise, "Bir daha olmayacak," dedi yumruğunu sertçe yanındaki duvara geçirerek. "Bir daha, adının ona en ufak bir zarar verecek olaya karıştığını duyarsam, elindeki her şeyi alırım."

Yumruğun sol tarafından duvara çarpmasıyla birlikte sertçe irkilen Mine, korkarak kafasını sallamaya başladı ve Pamir, onu yeterince korkuttuğunu anladığında, "Güzel," diye mırıldanarak evi terk etti.

★★★

Fırına verdiğim beşamel soslu makarnanın önünde bağdaş kurmuş bir şekilde beklerken, gün içinde milyonuncu kez titreyen telefonuma uzanarak sıkıntıyla Yaren'in gruba attığı ses kaydını açtım. Amigo takımındaki kızlardan birinin şortunun yırtılmasıyla ilgili bir şey soruyordu. Mine'den de ona cevap geldiğini gördüğümde ses kaydını açtım ve telefonu yanıma koydum.

Bunları dinlediğime inanamıyordum, gerçekten canım çok

sıkılmış olmalıydı.

Bacaklarıma sürtünen Zifir'i kucaklayıp önüme yatırdım ve karnını okşamaya başladım.

"Sonra da artık dayanamayan şortu ufak bir bacak açma hareketiyle yırtıldı, düşünebiliyor mu-"

Mine'nin sesi kesildiğinde ses kaydına başka birinin sesi girdi. *"Mine!"*

Zifir'in karnını okşamayı kestim. *"Pamir?"* diyen Mine'nin neşeli sesi de kulaklarıma dolduğunda, ses kaydı burada bitmişti ve bundan sonra hiç konuşma olmamıştı.

Ne yani, beni orada öyle bulduktan sonra eve bırakıp koşa koşa Mine'ye mi gitmişti? Buna inanamıyordum! Gerçekten inanılmazdı!

Melih haklı falan değildi. Pamir duygularımdan haberdar olsa bile *umursamıyordu.* Mine bana gıcık olmakta haklıydı. Onun tarafından bakınca, erkek arkadaşının evinde yatıp kalkan bir...

Geriye doğru uzanıp homurdanarak nemli saçlarımı karıştırdım sertçe. Buna gerçekten inanamıyordum!

Birkaç dakika sonra, fırın ayarladığım dakikaya göre otomatik olarak bir tık sesi çıkartarak kapandığında, eş zamanlı olarak evin kapısı da açılmıştı. Yayıldığım yerden kalkarak elime kalın eldivenler geçirdim ve fırının kapağını açıp makarnayı tezgâhın üzerine çıkardıktan sonra mutfaktan çıkarak portmantoya ceketini asan Pamir'i somurtkan bir ifadeyle süzdüm.

Beni gördükten sonra hızla üzerime doğru gelerek kolumdan çektiğinde, sırtımı hızla duvarla buluşturdu ve, "Sakın," dedi. "Sakın bana bir daha yalan söyleme."

Cevap veremedim. Orada öylece, yüzü yüzüme bu kadar yakında duruyorken dudaklarım, iflah olmaz bir şekilde dudaklarına kapanmayı arzuluyorken kendimden nefret ediyordum.

Birkaç saniye daha öylece gözlerime baktıktan sonra, dönüp merdivenlere yöneldiğinde yukarı çıktı.

Başkasını seven birini sevmek, tahminimden daha çok acıtıyordu canımı. Onu başkasıyla görmek, teninin başkasınınkine değmesi, başkasını öpmesi, başkasını sevmesi, başkasının ona her istediğinde sarılabiliyor olması... Bunca zaman yokluğunda onu vazgeçmeden sevmek de bir başarıydı elbet ama kimse karşına geçip seni tebrik etmiyor, bunun için plaket vermiyordu. Bunu karşılıksız yapıyordun ve onca zaman boyunca gözlerin onu her bulduğunda, için acıyordu. Kalp denen o gereksiz organ, onu gördüğü an damarlarına kan pompalamak dışında her boku yapıyordu ve sen sadece seyirci kalabiliyordun!

Şimdi olduğu gibi. Sadece seyirci kalabilmek.

Bu çok can yakıcıydı.

Tenimin üzerine kezzap dökülüyormuş gibi hissettiriyordu. Saçlarım kısacık kesilmişti sanki ya da dans etmeyi bırakmış gibiydim... Beni hayata bağlayan, nefes almamı sağlayan damarlarımdan biri kopmuştu ve artık nefes almam çok daha zordu.

Mutfağa geri dönerek dolan gözlerimdeki yaşları geri ittim ve sakinleşmeyi diledim. Yaptığım makarnadan bir dilim kendime koyarak hepsini bitirdim ve Zifir'in de mamasını koyduktan sonra Pamir'in aşağıya doğru gelen adım seslerini duyduğum için tekrar mutfaktan çıktım ve bakışlarımı merdivenlere çevirdim.

Altında gri bir eşofman altı vardı, üzerinde ise hiçbir şey yoktu. Islak saçlarını elindeki havluyla kurularken merdivenlerden aşağıya iniyordu ve saçlarından göğüs kaslarına, oradan baklavalarına damlayan su damlacıklarının izlediği yol kesinlikle kıvrımlı ve bol virajlıydı.

Yutkundum.

Kendime hâkim olmalı, soğukkanlı olmalıydım. En sonunda ise buradan gitmek istediğimi, Nisan'larda kalabileceğimi söylemeliydim.

Evet.

"Makarna..." diye geveledim ağzımda, aşağıya inmesine üç merdiven kala durmuş beni izliyordu. "Sıcak... Beşamel..." Yutkunarak elimi saçlarıma götürdüm ve diğer elimle de mutfağı işaret ettim. "Fırında... Iıı..."

"Ne diyorsun?" diye sordu kaşlarını *anlamıyorum* dercesine çatmışken.

"Hiç," dedim boğazımı temizleyerek. "Üzerine bir şey giyer misin lütfen?" *Lütfen giyme.*

Havluyu saçlarından çekerek eğilip çıplak göğsünü süzdü ve hemen ardından eğlenmiş gibi serseri bir şekilde gülümseyen bakışlarını bana çevirdi. "Tamam." Ve dönerek tekrar yukarı çıkmaya başladı.

O gittikten sonra mutfağa tekrar geri dönecekken, zilin çınlayan sesi kulaklarıma doldu. Adımlarımı kapıya çevirerek yavaşça açtığımda, karşımda en fazla 18-19 yaşlarında olacak bir çocuk buldum.

"Merhaba," dedi dişlerini göstererek gülümserken. "Ben buranın yabancısıyım da. Etrafta soracak birini bulamadım. Şu adres neresi acaba?"

Dışarıya doğru bir adım atarak çocuğun elindeki kâğıdı alacağım sırada, soğuk bir metalin ölüm kokan tadı damağımı yardı. Kanım dondu. Metalin soğuk benliği, karnımdaki yerini belli etmek istercesine yerini benimserken, ufak ve kısık sesli bir inleme döküldü dudaklarımdan. Kapının pervazına tutunmaya çalıştığım sırada üzerime eğilip bıçağı çevirdi.

Kanın yere dökülürken çıkardığı ses kulaklarımda yankı bulurken, bu sefer bıçağı çekti ve bir anda önümdeki varlığı ortadan kayboldu. Görüşüm bulanıklaşırken, acının varlığı bütün bedenimi esir aldı ve her hücremin teker teker can çekiştiğini hissettim. Bu çok farklıydı.

Acı her yerdeydi.

Bir süre sonra çok derin bir karanlığa çekildiğimi hissettim. Sanki ruhum, bedenimden çekilmek için kendini dışarıya atmaya çalışıyor gibiydi. Karanlığıma ve aydınlığıma kafes olan bedenim, yere yığılırken sağır edici bir gök gürültüsü kapladı gökyüzünü.

Şimşeğin sesini son kez duyuyormuş gibi bir hisse kapıldım ardından.

Ve karanlık tüm varlığımı emdi.

Devam edecek…

TEŞEKKÜR

Beni bir gece ansızın bu kitaba başlatan burukluğuma teşekkür ederim.

Sancılı kapak sürecimi kolaylıkla atlatmamı sağlayan İrem Ç.'ye, tökezlediğimde kolumdan tutup kaldıran Lara K.'ye, dersine iki saat olmasına rağmen sabahın 7'sinde aradığımda her daim telefonunu açan Deniz S.'ye ve her koşulda bana inanmayı bırakmayan aileme teşekkür ederim.

Ama bunların ötesinde...

Beni bunca zaman desteklemiş, yanımda durmuş, yorumları ve mesajlarıyla iyileştirmiş her bir okuruma teşekkür ederim. Bu kitap şu an elinizde, birazdan rafınıza koyacaksınız; belki güzel bir fuar anımız oldu sizinle, gülerek imzaladım kitabınızı ve güzel bir fotoğraf çekindik. İmzaladığım sayfanın sağ üst köşesine attığım o tarih var ya, işte o tarih benim sizi gerçekten hissettiğim tarihtir. Siz beni canlı canlı karşınızda görmediniz, sizi gören bendim; bunu unutmayın. Bizi unutmayın. Bu kitabı unutmayın. Bu kitabın anısını unutmayın.

Şimdi çevirebilirsiniz sayfayı. Sizi siyah bir sayfa karşılayacak, tamamen siyah. O sayfa sizin için. İstediğiniz kadar yazabilirsiniz, burukluğunuzu; kitabı bitirdiğiniz an veya okurken hissettiğiniz duyguları, yalnızca ellerinizde tuttuğunuz bu sayfaların ve cümlelerin nasıl da sizi katledebildiğini anladığınız anı yazın.

Benim okumam için yazın veya kendinize saklayın ve zamanı geldiğinde o sayfayı siyah boyayla boyayın.

Ne kadar hata yaparsanız yapın yeniden başlayabileceğiniz gerçeğini hatırlayın.

Sizi, bana kazandırdıklarınızı ve bu yıllarımı asla unutmayacağım. Her şey için teşekkür ederim.

Serimizin ikinci kitabında görüşmek dileğiyle!

Sevgilerle,
B.A